1,000,000 Books

are available to read at

Forgotten Books

www.ForgottenBooks.com

Read online
Download PDF
Purchase in print

ISBN 978-0-259-77002-2
PIBN 10633963

This book is a reproduction of an important historical work. Forgotten Books uses state-of-the-art technology to digitally reconstruct the work, preserving the original format whilst repairing imperfections present in the aged copy. In rare cases, an imperfection in the original, such as a blemish or missing page, may be replicated in our edition. We do, however, repair the vast majority of imperfections successfully; any imperfections that remain are intentionally left to preserve the state of such historical works.

Forgotten Books is a registered trademark of FB &c Ltd.
Copyright © 2018 FB &c Ltd.
FB &c Ltd, Dalton House, 60 Windsor Avenue, London, SW19 2RR.
Company number 08720141. Registered in England and Wales.

For support please visit www.forgottenbooks.com

1 MONTH OF FREE READING

at

www.ForgottenBooks.com

By purchasing this book you are eligible for one month membership to ForgottenBooks.com, giving you unlimited access to our entire collection of over 1,000,000 titles via our web site and mobile apps.

To claim your free month visit:

www.forgottenbooks.com/free633963

* Offer is valid for 45 days from date of purchase. Terms and conditions apply.

English
Français
Deutsche
Italiano
Español
Português

www.forgottenbooks.com

Mythology Photography **Fiction** Fishing Christianity **Art** Cooking Essays Buddhism Freemasonry Medicine **Biology** Music **Ancient Egypt** Evolution Carpentry Physics Dance Geology **Mathematics** Fitness Shakespeare **Folklore** Yoga Marketing **Confidence** Immortality Biographies Poetry **Psychology** Witchcraft Electronics Chemistry History **Law** Accounting **Philosophy** Anthropology Alchemy Drama Quantum Mechanics Atheism Sexual Health **Ancient History** **Entrepreneurship** Languages Sport Paleontology Needlework Islam **Metaphysics** Investment Archaeology Parenting Statistics Criminology **Motivational**

BREMISCHES JAHRBUCH.

HERAUSGEGEBEN

VON DER

ABTHEILUNG DES KÜNSTLERVEREINS
FÜR BREMISCHE GESCHICHTE UND ALTERTHÜMER.

VIERTER BAND.

ERSTE HÄLFTE.

BREMEN.
VERLAG VON C. ED. MÜLLER.
1869.

12856

Fünfter Bericht

des Geschäftsausschusses der Abtheilung des Künstlervereins für Bremische Geschichte und Alterthümer,

die Wirksamkeit derselben vom October 1867 bis October 1868 betreffend.

Indem der Geschäftsausschuss der Verpflichtung nachkommt, einen Bericht über die Wirksamkeit der historischen Abtheilung des Künstlervereins während des letzten Verwaltungsjahres zu erstatten, befindet er sich nicht in der Lage, auf erhebliche Fortschritte oder besondere Erfolge ihrer Arbeiten hinzuweisen. Wenn wir nach der Erfüllung der Aufgaben unserer Abtheilung fragen, so ist höchstens zu sagen, dass ihre Thätigkeit sich in dem überlieferten Geleise regelmässig fortbewegte. Aber es darf nicht verschwiegen werden, dass einer Reihe in unserem Kreise angeregter Arbeiten und Unternehmungen, die in den früheren Jahresberichten Erwähnung gefunden haben, aus Mangel geeigneter Arbeitskräfte keine oder nur geringe Förderung zu Theil geworden ist. Wir wollen deshalb nicht unterlassen, denjenigen, welche an der Erfüllung unserer Aufgaben durch Vorträge in den Versammlungen oder anderweitige Fürsorge für die Angelegenheiten unseres Vereins auch in dem letzten Jahre mitwirkten, unseren herzlichen Dank auszusprechen.

Die acht Versammlungen, welche in der Zeit vom 25. November vor. J. bis zum 18. Mai d. J. gehalten wurden, waren mit Ausnahme einer zur Erledigung blos geschäftlicher Angelegenheiten abgehaltenen, vorzugsweise zur Entgegennahme wissenschaftlicher Vorträge und kleinerer auf die Zwecke unserer Vereinigung bezüglichen Mittheilungen und deren Besprechung gewidmet. Jene Vorträge, sowie die bedeutenderen Mittheilungen behandelten folgende Gegenstände:

II

1. Ausgrabungen bei Langen im Amt Lehe und bei Heppens und dabei aufgefundene Alterthümer (Herr Hermann Allmers aus Rechtenfleth);

2. Leben und Werke der Bremer Malerin Henriette Thiessen, geb. 1788 (derselbe);

3. Walfischfang und Grönlandsfahrten von der Weser (Herr M. Lindeman);

4. die Bremische Factorei auf Helgoland im 15. und 16. Jahrhundert (Dr. H. A. Schumacher);

5. Roland (Dr. E. H Meyer)*);

6. Geschichte der Seezeichen auf Wangeroge (Dr. H. A. Schumacher);

7. Geschichte der Bremer Flagge (Senator Dr. J. H. W. Smidt);

8. die Pipinsburg bei Sievern im Herzogthum Bremen (Dr. med. W. O. Focke);

9. Culturhistorische Skizzen aus Bremen (Stadtbibliothekar J. G. Kohl);

10. die politische Stellung Bremens zur Zeit des Unabhängigkeitskampfes der Niederlande (Senator Dr. J. H W. Smidt).

Es ist ausserdem dankend anzuerkennen, dass Herr Dr. med H von Eelking an mehreren Abenden verschiedene Gegenstände aus seiner werthvollen Antiquitätensammlung im Versammlungslocale zur Ansicht ausgelegt hatte und besprach.

Von den literarischen Unternehmungen der Abtheilung ist auch in diesem Jahre nur das Bremische Jahrbuch zu erwähnen. Der dritte Band desselben konnte, der im letzten Bericht gemachten Ankündigung gemäss, gegen Ende des vorigen Jahres ausgegeben werden. Seitdem ist ein vierter Band in Arbeit genommen, der seines grösseren Umfangs wegen, wie ehedem der zweite, in zwei Abtheilungen erscheinen wird; und zwar wartet die erste, um zu erscheinen, nur noch auf den Druck dieses Berichtes, während die zweite auch noch in diesem

---

*) Seitdem in dem diesjährigen Programm der hiesigen Hauptschule gedruckt. — Die Arbeit hat eine erfreuliche Correspondenz mit der Redaction der Newyorker Wochenschrift „The Nation" veranlasst, welche sich die Vermittlung deutscher und amerikanischer Geistesbildung eifrig angelegen sein lässt und aus den Mittheilungen hiesiger Blätter über den erwähnten Vortrag Anlass genommen hatte, die Resultate desselben ihren Lesern mitzutheilen.

Jahre folgen wird. Der neue Band wird sich der Beachtung der Freunde Bremischer Geschichte ganz besonders durch eine ausführliche Monographie über Albert Hardenberg empfehlen, die wir Herrn Dr. theol. Bernhard Spiegel, Prediger zu Osnabrück, verdanken. Wir haben um so weniger Bedenken getragen, diese umfangreiche Arbeit in das Jahrbuch aufzunehmen, da der Gegenstand eine der wichtigsten und anziehendsten Episoden unserer städtischen Geschichte bildet, sich auch zu einer anderen Art der Veröffentlichung in nächster Zeit keine Aussicht bot. Da es uns durch die gefällige Vermittlung des Herrn H. Meier, Lehrer zu Emden, möglich war, von dem dort befindlichen Porträt Hardenbergs, einem vortrefflichen Oelgemälde, eine wohlgelungene Photographie zu erhalten, so haben wir Fürsorge getragen, dass das Buch mit einem in Lithographie ausgeführtem Bilde unseres zweiten Reformators geschmückt werde.

Herrn Dr Spiegel aber hat die Abtheilung durch Ernennung zum correspondirenden Mitgliede ihren Dank für eine so erhebliche Mitwirkung auf ihrem Arbeitsfelde ausgedrückt.

Der im vorigen Jahre verheissene Bericht über den Inhalt unserer Sammlung von Alterthümern und Kunstgegenständen hat noch nicht vollendet werden können, weil die diesem Zweige unserer Arbeiten vorstehende Commission es vorziehen zu sollen geglaubt hat, denselben zu einem Verzeichniss aller überhaupt nachweisbaren historischen Denkmäler und Reliquien Bremens zu erweitern. Unsere Mitglieder werden die Verzögerung, die ihnen nun eine erheblich werthvollere Arbeit in Aussicht stellt, gewiss gern entschuldigen. Inzwischen haben wir die angenehme Pflicht, eine Reihe neuer Erwerbungen für das künftige historische Museum Bremens zur Anzeige zu bringen und namentlich für die folgenden Geschenke[*]) den gütigen Gebern unseren herzlichen Dank auszusprechen:

1. von der hiesigen Handelskammer
   a) 20 Wappenfenster aus dem ehemaligen Pundsack'schen Hause am Markte,
   b) eine Holzplatte mit Schnitzwerk aus dem ehemaligen Schneemann'schen Hause daselbst, in zwei Bildern den

---

[*]) Wir berichtigen bei dieser Gelegenheit, dass die auf S. 9 des vorigjährigen Berichts erwähnte Leinwandtapete ein Geschenk des Herrn I. C. Asendorpf ist.

Sündenfall und Abrahams Opfer darstellend, mit der Aufschrift: „Christus ist mein Leben, Sterben ist mein Gewinn. F. H. R. 1610.",

c) eine grosse Menge alter Wachssiegel von Urkunden des 15. und 16. Jahrhunderts, die grösstentheils damals lebenden hiesigen Bürgern angehörten;

2. von Herrn Bauunternehmer Herm. Meyer

ein Stein-Relief, mythologische Figuren (Tritone u. Nereide) darstellend, aus der Renaissancezeit, in der hinteren Mauer des Hauses Oberstrasse Nr. 51 gefunden;

3. von Herrn Chr. Warnken

Stücke von einer Ledertapete mit farbigem und stark vergoldetem Arabesken-Muster aus dem Giebelhause am Markt Nr. 16;

4. von Herrn H. Allmers in Rechtenfleth (theilweise durch Austausch gegen ein unteritalisches Henkelgefäss erworben)

a) Todtenurne nebst darauf befindlichem, kleinerem, mit eingravirten Figuren verziertem Thongefäss und einer in dem letzteren liegenden durchbohrten Perle, in einer alten Grabstätte bei Langen (Amt Lehe) gefunden,

b) Bruchstücke einer bei Hagen gefundenen Todtenurne,

c) Steinmeissel aus einem Hünengrabe bei Hagen,

d) Steinmeissel, beim Bau der Eisenbahn in der Nähe von Lesum gefunden,

e) Framea von Bronze aus einem Sandhügel bei Ottersberg,

f) Lanzenspitze von Bronze, bei Bederkesa gefunden,

g) photographische Abbildung des alten Grabsteins auf dem ehemaligen Banter Kirchhofe bei Heppens;

5. von Herrn Albrecht Poppe

Zeichnungen von Hausmarken im Lande Wursten;

6. von Herrn Dr. F. Buchenau

a) eine steinerne Geschützkugel aus dem ehemaligen Zwinger,

b) kleines ringförmiges Instrument von gebranntem Thon in einer Kiesgrube bei Neustadt am Rübenberge gefunden;

7. von Herrn Lehrer L. Halenbeck

Instrument aus Syenit, bei Leuchtenburg gefunden;

8. von Herrn Dr. jur. F. Mohr
hölzerne Truhe mit Schnitzerei, die Geburt Christi darstellend, mit der Inschrift: „De gebordt Christ werdt apenbar den Herden dorch der Engel Schar. Anno 1611.";

9. von Herrn Schulvorsteher Debbe
   a) Steinaxt, auf dem Felde bei Stuhr im Oldenburgischen gefunden,
   b) kleine Thonpfeifen aus Irland, sogen. Old Irish Dudeens, aus dem Ende des 16. oder dem Anfange des 17. Jahrhunderts;

10. von Herrn Apotheker C. B. Keysser
ein in Bremen beim Bau eines Hauses gefundener Goldgulden vom Kaiser Ludwig dem Bayern (1328—1347), Avers: Bild des auf dem Throne sitzenden Kaisers, daneben Schild mit Doppeladler, Umschrift (in Capitalbuchstaben) „Ludovicus dei gra(tia) Romanorum (imp) crator." Revers: gleicharmiges Kreuz mit Kleeblattverzierung an den Enden, Umschrift (desgleichen) „Christus vincit. Christus regnat. Christus imperat.";

11. von Herrn C. H. Noltenius
ein Bremer Doppelgroschen vom Jahre 1512;

12. von Herrn Dr. D. R. Ehmck
   a) ein Bremer Doppelgroschen vom Jahre 1546,
   b) ein Bremer Zwölfgrotenstück vom Jahre 1654,
   c) eine Sammlung der bis Ende 1867 in Gebrauch gewesenen Bremischen Post-Freimarken;

13. von einem Ungenannten
   a) ein Bremer Groschen vom J. 1547,
   b) eine kleine silberne Denkmünze auf die Kurfürstin Magdalena Sybilla von Sachsen, geborene Markgräfin von Brandenburg, geb. 1612, gest. 20. März 1637. Die Hauptseite zeigt Namen, Geburtsjahr und Todestag in lateinischer Schrift, die Rückseite einen Immortellenkranz, welcher das Wort „Manet" umschliesst,
   c) zwei kleine unbekannte Silbermünzen;

14. von Herrn Senator Dr. Lampe
Reliquien aus der Zeit der Freiheitskriege, bestehend in
   a) einem eisernen Schmuck, Halskette mit hanseatischem Kreuz mit den Inschriften „Sieg bei Leipzig d. 16.—19.

Octbr. 1813" auf der Vorderseite und „Paris d. 31. März 1814" auf der Rückseite,

b) ein gleichfalls als Schmuck getragenes rothes hanseatisches Kreuz von Holz, worauf mit vergoldeten Lettern die Inschrift steht: „Gott mit uns. 1814.",

c) kleine silberne, ebenfalls als Schmuck getragene Denkmünze, Avers: geflügelte weibliche Figur, die ein Schwert in der einen Hand trägt, mit der anderen den Siegeskranz reicht, Umschrift „Gott segnete die vereinigten Heere", Revers: Inschrift „Befreiung von Bremen d 4. Nov. 1813."

Ferner sind von käuflichen Erwerbungen zu erwähnen:

1. Oelbild, Portrait eines Mannes (Brustbild) darstellend, ein Werk des Bremer Malers Simon Peter Tilmann gen. Schenk aus dem Jahre 1661, zuletzt im Besitz der Erben des verstorbenen Protonotars Gütschow zu Lübeck befindlich;

2. eine Steinaxt, auf einem Acker bei Hemlingen in einer Tiefe von drei Spatenstichen gefunden,

3. eine Begräbnisslaterne von Messing aus dem 18. Jahrhundert,

4. Gipsabguss der auf einem Kronleuchter in St. Martini-Kirche befindlichen Figuren des heiligen Martin und der ihn umstehenden Bettler.

Im Interesse dieses Theils unserer Aufgaben hat die Abtheilung in ihrer Versammlung vom 17. März d. J. den Beschluss gefasst, der Alterthümer-Commission anheimzugeben, dass jedes Mitglied derselben von den ihm zur Kunde gelangenden Antiquitäten, welche für die Abtheilung erworben werden oder erworben werden können, thunlichst bald den übrigen Mitgliedern der Commission, insbesondere dem Schriftführer derselben, Mittheilung machen, und namentlich nicht ohne ausdrückliche Genehmigung der Commission eine Restauration, Reparatur oder Reinigung solcher Gegenstände vornehmen lassen wolle. Für die Aufgaben eines historischen Vereins ist selbstverständlich der geschichtliche Standpunkt wichtiger als der ästhetische, und die in jenem Beschlusse ausgesprochene Instruction verfolgt demgemäss den Zweck, jede Reliquie der Vergangenheit mindestens so lange vor willkürlicher Aenderung zu bewahren, bis ihr historischer Charakter und ihre etwaigen geschichtlichen Beziehungen, soweit thunlich, bestimmt sind. Wir erlauben uns daher, an den erwähnten Beschluss hier zu erinnern und ihn den sämmtlichen Mitgliedern der Abtheilung, welche in der Lage sind, zur Vermehrung unserer Sammlung beizutragen, zur Beachtung zu empfehlen.

Uebrigens haben wir in Bezug auf die Thätigkeit der genannten Commission noch das Folgende zu erwähnen. Die bei Heppens und an einigen anderen Orten unserer Umgegend, z B. Damgast, Rodenkirchen, Langwarden geschehenen interessanten Ausgrabungen alter Särge haben sie veranlasst, Abbildungen des im hiesigen Dome befindlichen ähnlichen Grabsteins und der viel besprochenen verwandten Denkmäler in Köln an die Freunde und Kenner unserer niederdeutschen Geschichte zu versenden, damit eine möglichst genaue Kenntniss der einschlagenden Alterthümer vermittelt werde. Ausserdem sind von ihr besondere Nachforschungen über die Alterthümerfunde angestellt, die auf dem Hohenwege der Mellum stattgefunden haben sollen. Dieselben sind indess noch nicht zum Abschluss gebracht.

Wir können diesen Gegenstand nicht verlassen, ohne der Inspection des Rathhauses für die grosse Gefälligkeit, mit welcher sie während des Umbaues der Künstlervereinslocalitäten der Alterthümersammlung der Abtheilung in dem Rathhause ein schützendes Dach gewährt hat, unseren verbindlichsten Dank zu wiederholen

Auch dieses Mal erinnert uns der Rückblick auf das verflossene Jahr an den Verlust zweier verdienstvoller Mitbürger und Mitglieder unseres Vereins. Friedrich Pletzer, dem Vorbereiter, Begründer und mehrjährigen Leiter des Künstlervereins, gebührt ein dankbares Andenken auch von Seiten unserer Abtheilung, nicht blos weil er in den Jahren 1862—1864 auch ihr Präsident war und sie im Jahre 1864 noch besonders durch Uebernahme eines Preisrichteramts unterstützte, sondern vor Allem, weil der durch seine Wirksamkeit in der hiesigen Bevölkerung rege gewordene Sinn für wissenschaftliche und künstlerische Interessen auch den der bremischen Geschichte gewidmeten Arbeiten die fördernde Theilnahme grösserer Kreise zuführte. Seine Absicht, eine Darstellung des Lebens und namentlich der dichterischen Thätigkeit des in den Jahren 1677—1688 in Bremen wirkenden Predigers und Liederdichters Joachim Neander zu liefern, haben seine körperlichen Leiden, denen am 9. Juni d. J. der Tod ein Ziel setzte, nicht mehr zur Ausführung gelangen lassen. — Am 31. August d. J. wurde Richter Johann Daniel Noltenius von seinem gesegneten, durch die Verehrung seiner Mitbürger belohnten Wirken abgerufen. Trotz seiner grossen Vorliebe für die vaterstädtische Geschichte erlaubte die gewissenhafte Erfüllung seiner bedeutenden amtlichen Obliegenheiten ihm in den letzten Jahren freilich nur selten, an den Arbeiten der Abtheilung Theil zu nehmen, die unter anderen Umständen von einer so gründlichen Kenntniss unserer Institutionen vielfache Förderung würden erhalten haben. Um so mehr mussten wir ihm für die Mitwirkung bei dem vorerwähnten Preisrichteramt, sowie bei dem Smidt-Ausschusse, der für den nächsten Band des Jahrbuches Proben seiner Vorarbeiten in Aussicht gestellt hat, dankbar sein und mögen bei dieser Gelegenheit wohl erwähnen, dass Richter Noltenius in seiner früheren Stellung als Archivar seine Musse zu dankenswerthen Vorarbeiten für die Veröffentlichung der Quellen unserer älteren Stadtgeschichte vielfach benutzt hat.

Indem wir unseren Bericht mit einem Auszuge aus der letzten Jahresrechnung, welche der Generalversammlung des Künstlervereins am 5. November d. J zugleich mit der Hauptrechnung des letzteren, nach Richtigbefinden von Seiten der Revisoren, vorgelegt ist, abschliessen, haben wir aufs Neue eine Abnahme der Zahl unserer Mitglieder zu beklagen, und sehen uns daher um so dringlicher zu der Bitte an dieselben veranlasst, ihr Interesse für die Geschichte unserer Vaterstadt auch ferner zu bewahren und, wenn nicht durch selbstthätige Theilnahme an den der Erforschung derselben gewidmeten Arbeiten, so doch durch Vermehrung der Mittel, welche dieselbe fördern können, zu bethätigen. Der jetzige Fond, von dem ein erheblicher Theil für die durch das letzte Preisausschreiben übernommenen Verbindlichkeiten verfügbar bleiben muss, wird ohne kräftigere Zuschüsse rasch schwinden, sobald für ein bremisches Alterthumsmuseum ein Local zur Verfügung steht und dessen Ausstattung ernstlich in Angriff genommen wird.

Rechnung vom 1. April 1867 bis 31. März 1868.

A. Einnahmen.

Beiträge von 333 Mitgliedern	333 ℳ.	—	₰	
Zinsen von belegten Geldern	28 „	36 „		
			361 ℳ.	36 ₰

B. Ausgaben.

Versandte Exemplare des Jahrbuchs	18 ℳ.	50 ₰		
Erwerbung von Alterthümern und Kunstgegenständen	66 „	64 „		
Lohn an den Boten	30 „	— „		
Desgleichen für Eincassirungen	4 „	45 „		
Insertionen	7 „	70 „		
Porto, Copialien und Verschiedenes	25 „	15 „		
			153 „	28 „
Daraus ergab sich ein Ueberschuss von			208 ℳ.	8 ₰
welcher den vorigjährigen Saldo von			980 „	35 „
vermehrte zu einem Baarvermögen von			1188 ℳ.	43 ₰
Unter Hinzurechnung der auf das Conto für Erwerbungen gebuchten			451 „	40 „
beträgt das ganze zu Buch stehende Vermögen			1640 ℳ.	11 ₰

Der Kreis der mit der Abtheilung in Schriftenaustausch stehenden Vereine ist, wie Anlage I. ausweist, erheblich erweitert worden.

Das Ausschreiben in Betreff der durch die Ansgar-Feier angeregten wissenschaftlichen Preisaufgabe, deren Lösung wir für das Jahr 1870 mit Spannung entgegensehen, werden wir bei der Veröffentlichung dieses Berichts als Anlage II. wieder abdrucken lassen.

Bremen, Anfang November 1868.

Der Geschäftsausschuss.

Anlage I.
Verzeichniss der Vereine und Institute,
mit welchen die Abtheilung des Künstlervereins für Bremische Geschichte und Alterthümer in Schriftenaustausch steht.

1. Historischer Verein für Schwaben und Neuburg zu Augsburg.
2. Gesellschaft für vaterländische Alterthümer zu Basel.
3. Verein für Geschichte der Mark Brandenburg zu Berlin.
4. Verein für Geschichte Berlins zu Berlin.
5. Verein von Alterthumsfreunden im Rheinlande zu Bonn.
6. Historischer Verein für Ermland zu Braunsberg.
7. Stadtbibliothek zu Braunschweig.
8. Verein für Geschichte und Alterthumskunde Schlesiens zu Breslau.
9. Historischer Verein für das Grossherzogthum Hessen zu Darmstadt.
10. Gelehrte Esthnische Gesellschaft zu Dorpat.
11. Gesellschaft für bildende Kunst und vaterländische Alterthümer zu Emden.
12. Verein für Geschichte und Alterthumskunde zu Erfurt.
13. Verein für Geschichte und Alterthumskunde zu Frankfurt a. M.
14. Alterthumsverein zu Freiberg in Sachsen.
15. Gesellschaft zur Beförderung der Geschichtskunde zu Freiburg im Breisgau.
16. Historischer Verein für Steiermark zu Gratz.
17. Gesellschaft für Pommersche Geschichte und Alterthumskunde, Neuvorpommersche Abtheilung zu Greifswald.
18. Thüringisch-Sächsischer Verein zur Erforschung vaterländischer Alterthümer in Halle a. d. S.
19. Verein für Hamburgische Geschichte zu Hamburg.
20. Historischer Verein für Niedersachsen zu Hannover.
21. Verein für Thüringisch-Sächsische Geschichte und Alterthumskunde zu Jena.
22. Verein für Hessische Geschichte zu Kassel.
23. Schleswig-Holstein-Lauenburgische Gesellschaft für vaterländische Geschichte und Antiquarische Gesellschaft zu Kiel.
24. Historischer Verein für den Niederrhein zu Köln.
25. Het Friesch Genootschap van Geschied-Oudheid-en-Taalkunde zu Leuwarden.
26. De Maatschappij der Nederlandsche Letterkunde zu Leyden.
27. Verein für Lübeckische Geschichte zu Lübeck.

28. Alterthumsverein zu Lüneburg in Lüneburg.
29. Société pour la recherche et la conservation des monuments historiques dans le grand duché de Luxembourg zu Luxemburg.
30. Verein zur Erforschung Rheinischer Geschichte und Alterthümer zu Mainz.
31. Kurländische Gesellschaft für Literatur und Kunst zu Mitau.
32. Verein für Geschichte und Alterthumskunde Westfalens zu Münster.
33. Historische Commission der K. Bayerischen Akademie der Wissenschaften zu München.
34. Cercle archéologique du Pays de Waas zu St. Nicolaas (Belgien).
35. Germanisches Museum in Nürnberg.
36. Historischer Verein zu Osnabrück.
37. Kaiserliche archaeologische Commission in St. Petersburg.
38. Gesellschaft für Geschichte und Alterthumskunde der russischen Ostsee-Provinzen zu Riga.
39. Esthländische Literarische Gesellschaft zu Reval.
40. Verein für Mecklenburgische Geschichte und Alterthumskunde zu Schwerin.
41. Verein für Geschichte und Alterthümer der Herzogthümer Bremen und Verden und des Landes Hadeln zu Stade.
42. Gesellschaft für Pommersche Geschichte und Alterthumskunde in Stettin.
43. Historische Genootschap in Utrecht.
44. Harz-Verein für Geschichte und Alterthumskunde zu Wernigerode.
45. Verein für Landeskunde von Nieder-Oesterreich zu Wien.
46. Verein für Nassauische Alterthumskunde und Geschichtsforschung zu Wiesbaden.
47. Gesellschaft für vaterländische Alterthumskunde zu Zürich.

Anlage II.

Wissenschaftliche Preisaufgabe.

Unterm 3. Februar 1865 erliessen die Geschichtsvereine zu Bremen, Hamburg, Hannover, Kiel und Stade durch öffentliche Bekanntmachung das folgende Preisausschreiben:

Der heutige Tag, der tausendjährige Todestag des Ansgarius, Erzbischofs von Hamburg und Bremen, Apostels des Nordens, hat Anlass gegeben, für die beste „Geschichte der Mission in den nordischen Ländern" einen Preis auszusetzen.

XII

Verlangt wird eine kritische Bearbeitung und Darstellung der von Ansgar's Leben und Missionsthätigkeit ausgehenden Geschichte des Christenthums in denjenigen Ländern, welche ehemals zur Hamburg-Bremer Erzdiöcese gezählt wurden, also in den Ländern am Südgestade der Ostsee, in Nordalbingien, ferner in der schleswig-jütischen Halbinsel und auf den dänischen Inseln, sodann in Schweden und Norwegen, auf den Orkaden, in Island und Grönland. Die Arbeit hat mit den ersten in diesen Bereichen sich zeigenden Spuren christlicher Mission zu beginnen und sich auszudehnen in den Gebieten der späteren deutschen Ostseestaaten bis zur Befestigung christlicher Cultur zur Zeit Heinrichs des Löwen, in den nordischen Staaten bis zur Trennung der einzelnen Sprengel vom Hamburg-Bremer Erzstift.

Die Bearbeitung, welche auf selbständiger Quellenforschung beruhen muss, braucht die legendarischen Elemente in den Ueberlieferungen, wie sie in Sage, Kirchenlied und Bild sich ausprägen, nicht vorzugsweise zu berücksichtigen, hat indess im Falle des Eingehens auf dieselben ihnen eine abgesonderte Behandlung zu widmen.

Concurrenzschriften sind bis zum 3. Februar 1867 an das Schriftführeramt entweder des Vereins für hamburgische Geschichte zu Hamburg oder der Abtheilung des Künstlervereins für bremische Geschichte und Alterthümer zu Bremen portofrei einzusenden. Sie müssen in deutscher Sprache abgefasst, mit einem Motto versehen und von einem Briefe begleitet sein, welcher das gleiche Motto auf seinem Couverte trägt und Namen nebst Wohnort des Verfassers enthält.

Der Preis für die beste Arbeit beträgt vierhundert Thaler Courant; er kann, falls keine der eingehenden Arbeiten von den Preisrichtern als genügend erkannt würde, zurückgehalten, auch wenn unter mehreren eingelieferten Schriften keine vorzugsweise befriedigen sollte, unter mehrere vertheilt werden. Die Preisvertheilung geschieht bis zum 15. Mai 1867 und wird ihr Resultat in denselben Blättern bekannt gemacht, die diese Ankündigung bringen.

Die ausschreibenden Vereine werden dem Verfasser der gekrönten Schrift ihre Hülfe zur Ermittelung eines Verlegers und zur Feststellung des buchhändlerischen Honorars gewähren, erforderlichen Falls selbst für die Veröffentlichung des Werkes Sorge tragen.

XIII

Es einigen sich über drei aus ihren wirklichen, correspondirenden oder Ehrenmitgliedern zu wählende Preisrichter die nachstehenden, dieses Preisausschreiben veranlassenden norddeutschen Geschichtsvereine

die Abtheilung des Künstlervereins für bremische Geschichte und Alterthümer zu Bremen,

der Verein für hamburgische Geschichte zu Hamburg,

der historische Verein für Niedersachsen zu Hannover,

die Schleswig-Holstein-Lauenburgische Gesellschaft für vaterländische Geschichte zu Kiel,

der Verein für Geschichte und Alterthümer der Herzogthümer Bremen und Verden und des Landes Hadeln in Stade.

3. Februar 1865.

Da Bewerbungen bis zum 3. Februar d. J. nicht eingegangen sind, so haben die genannten Vereine beschlossen, das vorstehende Preisausschreiben, wie hiedurch geschieht, mit folgenden Bestimmungen zu wiederholen:

1) Concurrenzschriften sind bei den bezeichneten Stellen bis zum 3. Februar 1870 einzuliefern;

2) Die Preisvertheilung erfolgt vor dem 1. Juni 1870;

3) Das Amt der Preisrichter haben auf Ersuchen der fünf Vereine die Herren Professor Ernst Dümmler zu Halle. Professor Georg Waitz zu Göttingen und Professor Wilhelm Wattenbach zu Heidelberg übernommen.

Bremen, am 25. Mai 1867.

Bekannt gemacht durch den

Geschäftsausschuss der Abtheilung des Künstlervereins
für Bremische Geschichte und Alterthümer.

Verwaltung
der Abtheilung des Künstlervereins für Bremische Geschichte und Alterthümer für 1868/1869.

1. Geschäftsausschuss.

Heinrich Müller, Vorsitzer.
Regierungssecretär Dr. D. R. Ehmck, Schriftführer und Stellvertreter des Vorsitzers.
Dr H. A. Müller, Protokollführer.
C. Graef, Rechnungsführer.
Senator Dr. J. H. W. Smidt.

2. Commission für Sammlung und Unterhaltung von Alterthümern und Kunstgegenständen.

Architect Heinrich Müller, Vorsitzer.
Dr. phil. H. A. Müller, Conservator.
Dr. jur. H. A. Schumacher, Schriftführer.
Bildhauer D. Kropp.
Architect S. Loschen.

3. Redaction des Jahrbuchs.

Dr. phil. D. R. Ehmck.
Dr. phil. E. H. Meyer.

Jck spreke mit dem Gamaliel: Jsset van gade, so wert idt wal bliven,
wo nicht, soe geve got, dattet in balde under gaë Amen·

I.

D. ALBERT RIZÄUS HARDENBERG.

Ein

Theologenleben aus der Reformationszeit.

Von

Dr. Bernh. Spiegel.

Vorrede.

Die nachfolgende Darstellung enthält das Leben eines Theologen aus dem 16. Jahrhunderte, der tief in den Streit über das Abendmahl verwickelt war. Ich kenne zwar den Schauder, den die meisten unsrer Zeitgenossen vor dogmatischen Streitigkeiten und nun gar vor solchen, die das Abendmahl betreffen, empfinden; ich theile ihn sogar bis zu einem gewissen Grade selbst. Ist er doch auch nicht ohne guten Grund! Denn machen die Kämpfe den Eindruck, dass sie auf unnütze Haarspaltereien hinauslaufen, — dann sind sie langweilig; oder treten sie, wie die in den letzten Jahrzehnten geführten, der Culturentwicklung geradezu hindernd in den Weg, — dann sind sie widerwärtig. Aber, dies zugegeben, sind nun schon deshalb alle dogmatischen Streitigkeiten ohne Interesse? Ich muss es entschieden bestreiten. Sie sind es, — wie ich auch in der nachfolgenden Schrift gelegentlich bemerkt habe, — nur dann, wenn ihnen das Leben fehlt; sei es, dass sie gleich von vornherein nur künstlich, z. B. unter dem besondern Schutze der Regierungen, gross gezogen sind; sei es, dass sie durch den Darsteller aus dem Leben dessen, der mitten in denselben stand, herausgerissen und gleichsam isolirt werden. Wo es uns aber möglich ist, dogmatische Streitigkeiten, besonders solche, die während einer kirchlich hochbewegten Zeit geführt sind, in ihrem Entstehen zu belauschen; wo wir im Stande sind, sie aus dem Geiste der Zeit und dem Leben des dogmatischen Kämpfers mit Nothwendigkeit herauswachsen zu sehen; wo sich in den besondern dogmatischen Formeln, für die der Kämpfer eintritt, sowie in der Art der Kampfesführung das Leben, die bestimmt abgegrenzte Persönlichkeit dessen, den wir schon kennen gelernt haben, ausspricht und durch sie die Züge des Bildes, das wir zeichnen, nur bestimmter hervortreten: da verlieren diese Streitigkeiten nicht nur das Langweilige und Ekle, das ihnen sonst anhaftet; da nehmen sie vielmehr in hohem Grade unser Interesse in Anspruch. Auch hier bewährt sich Göthe's Wort:

> Greift nur hinein in's volle Menschenleben;
> Ein jeder lebt's, nicht Vielen ist's bekannt;
> Und wo ihr's packt, da ist's interessant! —

Dieses Interesse aber steigert sich, je mehr uns das Leben des betreffenden Helden überhaupt fesselt. Ob dies Letztere bei Hardenberg zutrifft, das wage ich nicht unbedingt zu entscheiden. Denn wen interessirte nicht die Persönlichkeit, deren Leben er beschreibt? Aber bezeugen darf ichs doch gewiss, dass ich für meine Person in Hardenbergs Leben ein Drama innerhalb der protestantischen Kirche, und zwar ein Drama in grossartigem Style erkenne, das noch insofern eine erhöhte Bedeutung gewinnt, als die Kämpfe, die uns da vor Augen gestellt werden, sich — künstlich repristinirt, — in der Gegenwart wiederholen. Wir sehen den Helden kämpfen für evangelische Freiheit gegen eine herzlose und buchstabengläubige Orthodoxie, und das macht ihn uns werth. Wir sehen ihn aber auch fallen, nicht ohne eigne Schuld, und daneben betrauert und geliebt von seinen Anhängern, das versöhnt uns mit seinem herben Geschick! —

Der Held dieses Drama's ist zwar Theolog, und Theologen stehen bekanntlich heutzutage bei der Menge nicht eben in grosser Gunst! Gleichwohl hat mich diese Stimmung nicht im Entferntesten in Bann genommen. Im Gegentheil, ich habe ihr in gewisser Weise getrotzt; ich habe nämlich bei Abfassung dieser Schrift nicht etwa blos Theologen, nein, vielmehr in erster Linie das grössere Publikum, allerdings das gebildetere Publikum, im Auge gehabt und somit den sonst nur Theologen erreichbaren Stoff einem grösseren Kreise zugänglich zu machen gesucht. Die Popularisirung des wissenschaftlichen Materials ist nun einmal ein bedeutsames Zeichen der Zeit und ich durfte dieses Zeichen nicht unberücksichtigt lassen. Sind doch auch alle Ergebnisse wissenschaftlicher Forschung solange ein todter Schatz, solange sie nicht Gemeingut des Volkes werden. Ich habe aber zu dem Ende den sonst üblichen gelehrten Ballast möglichst über Bord geworfen, und Einzelnes, was mir mehr ein wissenschaftliches, weniger ein allgemeineres Interesse zu haben schien, in Hilgenfelds „Zeitschrift für wissenschaftliche Theologie" niedergelegt. Ich habe ferner die Angabe von Citaten sehr beschränkt, auf Abdruck von Urkunden, — was, ich bekenne es offen, mir oft recht schwer geworden ist, — gänzlich verzichtet und das in zum grossen Theil noch unbekannten Manuscripten vergrabene Material in lesbare Darstellung zu bringen gesucht. — Ob dieser Versuch gelungen, ob ich nicht als Fachtheolog den Nichttheologen trotz alledem zu viel Fachtheologisches geboten und ein Interesse auch da vermuthet habe, wo keins zu finden ist, ob es nicht doch, — wenigstens jetzt noch — zu gewagt sei, das nichttheologische Publikum für Abendmahlsstreitigkeiten des 16. Jahrhunderts zu interessiren, — das muss sich zeigen! —

Vorrede.

Mancher Zug im Einzelnen könnte schärfer und oft, nur durch Einschiebung einer kurzen erläuternden Bemerkung, deutlicher sein. Aber wie ist das möglich bei immerhin mangelhaftem Material, besonders was die Zeit Hardenbergs im Exil betrifft, und bei der Schwierigkeit, die litterarischen Hilfsmittel, an denen wir hier arm sind, vollständig und immer zur Hand zu haben. —

Eine eigentliche Biographie Hardenbergs, die Klippel in Herzogs Realencyclopädie mit Recht für nothwendig hält, hat es bislang nicht gegeben. Indessen haben Wagner und Schweckendieck sehr brauchbare Vorarbeiten dazu geliefert. — Wagner, Prediger in Bremen, schrieb im vorigen Jahrhunderte anonym, und zwar ganz in dem Pragmatismus seiner Zeit: „D. Albert Hardenbergs im Dome zu Bremen geführtes Lehramt und dessen nächste Folgen," und behandelte diesen Abschnitt aus Hardenbergs Leben, soweit ihn das Bremer Archiv dabei unterstützen konnte, mit grosser geschichtlicher Treue.

Schweckendieck gab unter Benutzung dieses Werkes und unter Benutzung der Emdener Bibliothek einen Lebensabriss Hardenbergs, der aber, weil in dem engen Rahmen eines Schulprogammes (vom Jahre 1859) zusammengedrängt, eine grössere Biographie nicht überflüssig erscheinen liess. Auch waren Schweckendieck die Schätze der K. Bayerschen Staatsbibliothek in München nicht zugänglich; weder der erste Band der Camerarischen Sammlung daselbst, auf den schon Ullmann vor Jahren aufmerksam gemacht hatte, noch auch der neunte Band derselben Sammlung, der ebenfalls reiche Ausbeute für den betreffenden Gegenstand gewährt. Dazu war auch damals die Ausgabe der Werke a Lasco's von Dr. Kuyper in Holland noch nicht erschienen, in der noch manche Aufklärung für den fraglichen Zweck zu holen ist. —

Und wenn man nur suchen will, so findet man immer noch auch da, wo die Vorgänger bereits ihre Aehrenlese gehalten, Etwas, was ihnen, in diesem Falle dem Fleisse Wagners und dem Scharfsinne Schweckendiecks, entgangen ist! —

Die sonstigen gedruckten Schriften aus älterer und neuerer Zeit, die bei der Abfassung benutzt sind, sind aus den Noten unter dem Texte ersichtlich. Der Hauptsache nach aber war ich nur an Manuscripte aus jener Zeit, unter denen besonders eine Selbstbiographie Hardenbergs eigenhändig von ihm geschrieben, — leider Bruchstück, — Beachtung verdient, gewiesen.

Ich ergreife aber hierbei die Gelegenheit, Allen Denen, die mir die Schätze der Emdener, Wolfenbütteler und Bremer Bibliothek einschliesslich des Bremer Archives, sowie insbesondere den hohen Herren, die mir die Manuscripte der Münchener Bibliothek zugänglich machten, hierdurch meinen wärmsten Dank zu sagen. —

Hinsichtlich der Citate habe ich mir folgende Abkürzungen gestattet: A. B. = Archivum Bremense. — C. B. = Codex Bremensis, d. i. der 10. Band der unter dem Titel Variorum Epistolae auf der Stadtbibliothek in Bremen befindlichen Codices. — C. M. = Codex Monacensis, d. i. der erste Band der Camerarischen Sammlung in der K. Bayerschen Staatsbibliothek zu München. — C. M. IX., d. i. der neunte Band derselben Sammlung. —

Dass der Schrift ein Namen- und Sachregister beigegeben ist, wird man nicht für überflüssig halten. Jedenfalls wird dadurch das Nachschlagen einigermaassen erleichtert. Nur erwarte man hier nicht absolute Vollständigkeit. Es ist blos für solche, die das Buch gelesen haben, nicht für die, die aus dem Register das Buch kennen lernen wollen! —

Höchst erfreulich aber ist es, dass ein Porträt Hardenbergs beigegeben werden konnte, wodurch die nachfolgende Darstellung zu lebensvoller Anschauung gebracht wird. Dasselbe ist angefertigt nach einem Oelgemälde in Emden, welches von competenter Seite als vortrefflich bezeichnet wird. — Das Facsimile ist einem Briefe im Bremer Archive von 1560 entnommen. Damals schrieb sich allerdings der Betr. oft Hardenberch, früher meist Hardenbergus. — Die beigefügte Sentenz findet sich am Schlusse einer von Hardenbergs Schriften über den Bremischen Abendmahlsstreit. —

Und so möge dieses Buch, — einerseits ein integrirender Bestandtheil des Bremischen Jahrbuches, andrerseits eine selbstständige Schrift, — hinausgehen in die Welt als ein kleiner Beitrag zur Reformationsgeschichte, dem man in derselben ein bescheidenes Plätzchen vergönnen wolle. In dieser Absicht ist es von dem Verfasser in seinen Mussestunden geschrieben. Unwillkürlich aber ist es zu einem geschichtlichen Zeugnisse geworden wider die, die den Protestantismus zu einem dogmatischen Formelcomplex zu erniedrigen trachten. Möchten diese in Hardenbergs Gegnern ihr eignes Bild erkennen und zugleich inne werden, welch' frevelhaftes Spiel sie treiben und wohin zuletzt solch katholisirendes Gebahren führt. Leicht ist es, alle die, welche das Christenthum in Einklang mit der Culturentwickelung der Gegenwart zu bringen streben, als Juden und Türken zu bezeichnen; aber schwer ist die Verantwortung zu tragen, die man dadurch auf sich ladet!

Doch, wozu weiter solche Reflexionen? Das Buch selbst mag reden.

Osnabrück, 18. October 1868.

D. Spiegel.

Inhalt.

Seite

Fünfter Bericht des Geschäftsausschusses der Abtheilung des Künstlervereins für Bremische Geschichte und Alterthümer, die Wirksamkeit derselben vom October 1867 bis October 1868 betreffend I
Verzeichniss der verbundenen Vereine und Institute . X
Wissenschaftliche Preisaufgabe XI
Verwaltung der Abtheilung für 1868/69 XIV

I. Dr. Albert Rizäus Hardenberg. Ein Theologenleben aus der Reformationszeit. Von Dr. Bernhard Spiegel, Pastor zu Osnabrück. 1

Vorrede S. I—VI.

Erster Abschnitt: Hardenberg's Wanderleben S. 1—80.

Erstes Capitel. Hardenbergs Abstammung und Ausbildung in Gröningen, Aduard und Löwen. S. 3. — Zweites Capitel. Hardenberg in Frankfurt und Mainz. Seine Rückkehr nach Löwen und Aduard. S. 17. — Drittes Capitel. Hardenbergs Glaubenskampf und Glaubenssieg. Aduard, Emden, Wittenberg. S. 26. — Viertes Capitel. Hardenbergs Eintritt in die Dienste des Erzbischofs von Köln, Hermann von Wied. S. 38. — Fünftes Capitel. Hardenbergs fernere Wirksamkeit im Dienste des kölnischen Erzbischofs bis zur völligen Auflösung dieses Verhältnisses. S. 56.

Zweiter Abschnitt: Hardenberg's Wirksamkeit in Bremen. S. 81—310.

I. Hardenberg bis zum Abendmahlsstreite. S. 83—157.

Erstes Capitel. Die kirchlichen Zustände in Bremen. Hardenberg wird Domprediger. S. 83. — Zweites Capitel. Hardenbergs Verlöbniss und Verheirathung. S. 91. — Drittes Capitel. Die friedlichere Seite von Hardenbergs Leben. S. 106. — Viertes Capitel. Die Vorspiele des Kampfes. S. 121. — Fünftes Capitel. Hardenberg und a Lasco. Das letzte Wetterleuchten. S. 137.

II. Hardenberg während des Abendmahlsstreites. S. 158—310.

1. Der Abendmahlsstreit innerhalb Bremen.

Erstes Capitel. Der erste Sturm. S. 158. — Zweites Capitel. Friedensversuche. S. 168. — Drittes Capitel. Wiederausbruch der Feindseligkeiten. S. 176. — Viertes Capitel. Die Lehre vom Abendmahle in der Reformationszeit. Hardenberg über Luther. S 188.

2. Die Ausdehnung des Abendmahlsstreites über Bremen hinaus.

Erstes Capitel. Die Wittenberger Gesandschaft. S. 200. — Zweites Capitel. Die Einmischung des Königs von Dänemark. S. 210. — Drittes Capitel. Der neue Erzbischof von Bremen: Georg. S. 228. — Viertes Capitel. Heshusius; Vorbereitung zu einer Disputation; Melanchton stirbt. S. 237. — Fünftes Capitel. Die Bremer Disputation. S. 248.

Inhalt.

 3. Die Entscheidung durch den Niedersächsischen Kreis.
Erstes Capitel. Der Rath; die Kriegsgesandten; die Prediger in Bremer. S. 264. — Zweites Capitel. Tilemann Heshusius und die bremer Domgemeinde. S. 275. — Drittes Capitel. Die weiteren Verwickelungen bis zum Kreistage in Braunschweig. S. 285. — Viertes Capitel. Das Ketzergericht zu Braunschweig. S. 295.
 Dritter Abschnitt: Hardenberg im Exil. S. 311—380.
Erstes Capitel. Hardenberg in Rastede. S. 313. — Zweites Capitel. Rückblick auf Bremen. S. 329. — Drittes Capitel. Hardenberg in Sengwarden. S. 346. — Viertes Capitel. Hardenberg in Emden. S. 356. — Fünftes Capitel. Umschau S. 369.

II. **Erinnerungen aus der Zeit der Freiheitskriege.** Von Senator Dr. J. H. W. Smidt   385
 1. **Das Ende der Franzosenherrschaft in Bremen.** S. 385—412.
Bremens Lage im März 1813. Vandamme und Davoust in Bremen. Truppendurchzüge. Die hanseatische Legion. Bedrohung Smidt's. Kriegssteuern. Bremische Ehrengardisten. Conscription. Die Departementszeitung. Belagerung und Befreiung durch Tettenborn, 13.—15. October 1813. Die Russen in Bremen. Rittmeister Backhaus. Anarchische Zustände. Abtragung der Wälle. Die neue Bremer Zeitung. Varnhagen v. Ense. Rückkehr und letzter Abzug der Franzosen, 22.—26. October 1813.
 2. **Die Auferstehung des Bremischen Freistaats.** S. 413—435.
Waffenaufrufe. Max Eelking. Backhaus. Die hanseatische Legion. Heinrich Böse. Das Lützow'sche Corps. Die bremischen Frauen. Verhandlungen mit Tettenborn über Wiederherstellung der Verfassung. Einsetzung der provisorischen Regierungscommission. Der 5. und 6. November 1813. Ansprache des Senats an die Bürgerschaft. Festlichkeiten. Der Kronprinz von Schweden. Smidt's Sendung ins Hauptquartier.

III. **Ueber die Spuren einer alten Schifffahrts- u. Handels-Verbindung Bremen's mit dem Norden Europa's und Amerika im 11. Jahrhundert.** Von Stadtbibliothekar J. G. Kohl   436
Missionsreisen der Erzbischöfe Anschar, Rimbert und Unni. Erste Missionsreisen nach Norwegen. Bedeutung der nordischen Missionsreisen für Entdeckung, Handel und Schifffahrt. Ausbildung der Missionäre auf der bremer Domschule. Reise-Gelegenheiten. Wie die Seewege nach dem Norden bekannt wurden. „Sächsische" Handelsschiffe in Tunsberg. Erwähnung Bremen's bei den nordischen Geschichtsschreitern. Erste deutsche Ansiedler im Norden. Entdeckungsfahrten der Normänner nach Island, Grönland u. s. w. Bischof Friedrich aus Sachsen, Missionar in Island und Norwegen, Hofcaplan des Königs Olaf Trygweson. Der Deutsche Tyrker in Amerika. Winlandsfahrten. Amerikanische Waaren in Norwegen. Ein bremer Kaufmann in der norwegischen Handelsstadt Nidaros. Seeverkehr zwischen Bremen und Drontheim um 1016. Fahrt von Bremen nach Island um 1040. Erzbischof Adalberts Pläne. Beschränkung des bremischen Metropolitansprengels.

IV. **Friedrich Pletzer.** Von Professor W. Hertzberg . .   476

Erster Abschnitt.

Hardenbergs Wanderleben.

(1510 — 1547.)

In via Domini non progredi regredi est.
(Auf dem Wege des Herrn nicht vorwärtsschreiten heißt: zurückgehen.)
Hardenberg.

Spiegel, Hardenberg.

Erstes Kapitel.

Hardenbergs Abstammung und Ausbildung in Gröningen, Aduard und Löwen.
(1510—1538.)

Vom Januar 1522 bis September 1523 sass Hadrian VI., der Sohn eines verarmten Mannes in Dalfsen, einem Dorfe zwischen Hardenberg und Zwoll in der niederländischen Provinz Oberyssel gelegen, auf dem päpstlichen Stuhle. Früher Lehrer Karls V., hatte er, nicht ohne seines Schülers Zuthun, die höchste kirchliche Würde erlangt. Er war unstreitig einer der besten Päpste: rechtschaffen, fromm, thätig, voll wohlwollender Absichten. Diese Eigenschaften legt ihm Ranke in seiner Geschichte der Päpste neben anderen bei, und bezeichnet ihn schliesslich als wahren Geistlichen. Dass er sich aber als solcher in Rom, und noch dazu in jener kirchlich hochbewegten Zeit, nicht wohl fühlen konnte, müssen mir von vorn herein annehmen. Es ist aber auch aus jener Zeit ein Brief von ihm vorhanden, in welchem er geradezu sagt, er möchte lieber, wie vordem, in seiner Propstei zu Löwen Gott dienen, als Papst sein. Er starb daher auch bald, und zwar, wie Hase sagt, „am Papstthume", zunächst wohl, wie unter Andern der damals lebende westphälische Dichter Johann Pollins berichtet, an Gift.

Dieser Papst ist zugleich die einzige in weiteren Kreisen bekannte Persönlichkeit aus Hardenbergs Geschlecht, über die wir Kunde haben. Ueber Hardenbergs Eltern und sonstige Verwandte ist nur Weniges bekannt und dieses werden wir geeigneten Ortes einschalten. Die Verwandtschaft mit Hadrian ist zwar neuerdings als unsicher[1]) bezeichnet. Indessen darf dieselbe auf Grund einer eigenhändigen Bemerkung Hardenbergs, die sich in Emden[2]) vorfindet, als unzweifelhaft angesehen werden. Noch zweifelloser aber wird sich aus dem Nachfolgenden ergeben, dass diese Verwandtschaft sich nicht blos bis auf das Blut erstreckte, sondern dass vielmehr Hardenberg vom Geiste Hadrians erfüllt, weiter führte, was dieser nur halb vollbrachte.

Albert Rizäus Hardenberg: so lautet der volle Name unseres Helden. Albert war jedenfalls sein Taufname, Rizäus sein Zuname. Letzterer kommt sonst kaum vor, ist aber in Hardenbergs Grabschrift, von der wir später hören werden, mitgenannt. Hardenberg[3]) aber nannte er sich von seinem Geburtsorte gleiches Namens, einem Flecken in der Provinz Oberyssel; — eine Sitte, die damals nicht selten war. Man denke nur an Magister Eisleben, d. h. Agricola aus Eisleben, und an D. Pommer, wie ihn Luther so häufig nennt d. i. Bugenhagen aus Pommern. Und wie manchem ist's unbekannt, dass jener bekannte Leipziger Disputator sich nach dem schwäbischen Dorfe „Eck" nannte, während er eigentlich Meyer hiess! —

Hardenbergs Geburtsjahr ist nicht genau zu ermitteln. Nach gewöhnlicher Annahme ist er 1510, also ein Jahr nach Kalvin geboren. Das Dunkel, welches über seiner Kindheit ruht, beginnt sich erst mit seinem Austritt aus dem elterlichen Hause zu lichten. Er erzählt uns selbst[4]), dass sich seine Eltern, durch die Folgen langwieriger Kriege, so wie durch andere Unglücksfälle heruntergekommen, genöthigt gesehen hätten, ihn als siebenjährigen Knaben von sich zu thun. Es war diess also um das Jahr 1517; und zwar kam er zunächst in die Schule des Bruderhauses zu Gröningen. Seine Kleidung bestand, wenn er,

---

1) Delprat bl. 143. „een aanverwant, zoo men meent, van paus Adrian VI."

2) Sie steht in „Hadriani VI Quaestiones" etc. (fehlerhaft abgedruckt Bibl. Brem. V, 124 seq.). Es heisst da: „Albertus Hardenbergus sacrae theologiae doctor et professor testatur hunc papam Hadrianum fuisse cognatum suum, quod Lovanii certissimis testimoniis probavit."

3) Ueber die verschiedene Schreibart dieses Namens (Hardenburch, Hardemburg u. dgl.) sowie die Widerlegung der Angaben, dass er von Geburt ein Friese oder auch ein Münsteraner sei, s. Schweckendieck S. 63 ff.

4) In einem Briefe an einen Unbekannten vom Juli 1544 vorhanden im A. B., vgl. dazu Cod. M. fol. 79 b.

wie nicht anders zu vermuthen, die der Lehrlinge in den Brüderhäusern trug, aus einem grauen leinenen Rock aus vier Stücken zusammengenäht, bis oben unter die Knie herabhängend und durch einen schwarzen, wollenen Gürtel zusammengehalten, aus Beinkleidern ohne Verzierung, und aus einem hellen grauen Mantel, der an der rechten Seite offen war. Der Kopf wurde ausserdem mit einer schwarzen Kappe bedeckt und den Lehrlingen das Haupthaar gewöhnlich auf dem Scheitel abgeschoren.

Doch sehen wir uns, von derartigen Aeusserlichkeiten Umgang nehmend, das Wesen und die Bedeutung der Brüderhäuser etwas genauer an.

Neben dem eigentlichen Mönchthume mit seinen hierarchischen Einrichtungen finden wir im Mittelalter eine Reihe freier, geistlicher Genossenschaften[1]), von dem Bestreben erfüllt, das einfache, apostolische Christenthum praktisch zu üben und zur Geltung zu bringen. Die bekanntesten unter ihnen sind die Beghinen, Begharden und Lollharden im 13. Jahrhundert. Doch diese Genossenschaften kamen bereits im 14. Jahrh. in Verfall. Theils durch Schwärmerei, theils durch Müssiggang und kirchlichen Oppositionsgeist, — anderer und zwar sehr schlimmer Dinge nicht zu gedenken, — wurden sie zur Landplage. Sie wurden aufs Kräftigste von Felix Hemmerlein bekämpft, ihre Lehren sogar durch eine päpstliche Bulle (1329) verdammt; aber vertilgt waren sie damit noch längst nicht. Man findet vielmehr in den nächstfolgenden Jahren Spuren ihres Vorhandenseins in Strassburg, Constanz, Magdeburg, Lübeck und anderweit. Der religiöse Associationstrieb, der jene Genossenschaften ins Leben gerufen hatte, erwies sich als unzerstörbar; und als, besonders in den Niederlanden, der Verfall der Kirche eine verstärkte Hilfe nöthig machte, da tauchten plötzlich die verbotenen Vereine, freilich innerlich wiedergeboren, aufs Neue auf; und zwar unter dem Namen: die Brüder vom gemeinsamen Leben. —

Als eigentlicher Begründer derselben ist Gerhard Groot (Gerhardus Magnus) anzusehen, geboren zu Deventer im Oktober 1340; ja man kann ihn als den bezeichnen, der auf lange Zeit hin den neuen Vereinen seinen Geist einhauchte. Er war zwar

---

[1]) Vgl. Ullmann, Reformatoren vor der Reformation. Daneben Delprat, Verhandeling over de Broederschap.

zart von Körperbau, — een zwack gestel, wie Delprat sagt, — aber eine Feuerseele wohnte in ihm. Im Geiste und in der Kraft eines Johannes trat er auf und legte den Bäumen die Axt an die Wurzel. Dazu war er voll echter Frömmigkeit und so gewissenhaft, dass er durchaus kein Priester werden wollte, denn „für alles Gold Arabiens", sprach er, „möchte ich nicht, auch nur eine Nacht, die Sorge der Seelen übernehmen." Er erinnert uns an den verstorbenen Theodor Parker in Amerika, wenn von ihm erzählt wird, er habe bei seinen Vorträgen, gerade wie dieser, bisweilen seine Blicke über die Umstehenden hingehen lassen, um aus ihrem Aeusseren ihr Inneres zu erforschen und dem entsprechend seine Rede nach den Bedürfnissen seiner Zuhörer eingerichtet. —

Als er im Jahre 1378 den ihm aus seinen Schriften längst bekannten Mystiker Ruysbroek im Kloster Grünthal besuchte und das Zusammenleben der Kanoniker in demselben sah, da war die Richtung seiner praktischen Thätigkeit entschieden. Die Kanoniker bildeten in Wirklichkeit eine Familie aus gleichberechtigten Gliedern und der Prior Ruysbroek selbst schämte sich nicht, die geringsten Dienste zu thun. Von dieser Zeit an fühlte Gerhard Groot den Trieb in sich, eine ähnliche Stiftung ins Leben zu rufen. — Als er kurze Zeit darauf wieder in Deventer angekommen war, versammelte er jüngere Leute um sich und beschäftigte sie mit Bücherschreiben. Da sprach einst ein junger Vicar, Namens Florentins zu ihm: „Lieber Meister[1], was könnte es schaden, wenn ich und diese Kleriker, die da abschreiben, das, was wir wöchentlich verdienen, zusammenlegten und gemeinsam lebten?" — „Gemeinsam!" erwiederte Gerhard, „das werden die Bettelmönche nicht leiden, die werden aus allen Kräften widerstreben." — „Was hätte es aber zu sagen," sprach Florentins, „wenn wir es einmal versuchten? Vielleicht gäbe Gott guten Erfolg." — „Nun," sagte Gerhard, „in Gottes Namen fanget an, ich will euer Vertheidiger und treuer Beschützer sein gegen Alle, die sich wider euch erheben." — Damit war der Grundstein zum Vereine der Brüder des gemeinsamen Lebens gelegt.

Was aber die Brüder beabsichtigten, entsprach entschieden den Bedürfnissen der Zeit. Sie wollten, gleich jenen früheren

---

1) Ullm. 2. B S. 64. 65.

Genossenschaften, von denen wir oben handelten, praktisch-christliches Leben verbreiten, dasselbe aber vor Allem in sich selbst darstellen. Das Erstere aber konnten sie nur erreichen, wenn sie sich bemühten, ein besseres Geschlecht heranzubilden. Sie richteten daher auch ihre Bestrebungen auf die Jugend und gründeten Schulen, in denen ein reinerer Geist wehte, als in den mönchischen und städtischen Schulanstalten. Dazu aber erwarben sie sich die Zuneigung des Volkes noch insofern, als sie den Unterricht unentgeldlich ertheilten. Freilich fehlte es ihnen auch nicht an heftigen Angriffen. Besonders waren die Mönche darüber angethan, dass die Brüder vom gemeinsamen Leben ordensmässig lebten, ohne einen wahren Orden zu bilden; sich vereinigten, ohne sich dauernd von der Welt loszusagen. Der Hauptgrund ihres Unwillens aber war wohl der sichtbare Aufschwung, den die Brüder nahmen, während sie, diesen gegenüber, in Vergessenheit, wo nicht gar in Verachtung geriethen. Ueberallhin verbreiteten sich die Brüder vom gemeinsamen Leben. Nicht blos in den Niederlanden, sondern auch in Deutschland, z. B. in Münster, Köln, Wesel, Osnabrück, Herford, Hildesheim und an vielen andern Orten, gründeten sie ihre Niederlassungen. —

Ausser Gerhard Groot muss aber hier vor Allen noch ein Name genannt werden, der sich um die Genossenschaft grosse Verdienste erworben hat: Johann Wessel. Er war es, der jenes Brüderhaus zu Gröningen ins Leben rief, dem Hardenberg zuerst übergeben ward. Er war es auch, dessen Leben Hardenberg in einer unfreiwilligen Musse zu schreiben unternahm. Davon später. In Wessel tritt uns einer der edelsten und liebenswürdigsten Reformatoren vor der Reformation entgegen. Ein Wahrheitsdurst, der, wie bei Lessing, nie ruhen mag, sondern weiter und immer weiter drängt und deshalb auch die Urkunden des Christenthums für leblos und stumm erklärt, wenn sie nicht stets aufs Neue durchforscht werden; ein Freisinn, der sich gegen Visionen und Geistererscheinungen erklärt und Todtenmessen missbilligt; eine Frömmigkeit, die den Kern seiner ganzen Theologie ausmacht und sich in dem Satze ausspricht: nur in der Liebe ist Leben und nur in heiliger Liebe ist heiliges Leben: das Alles findet sich bei ihm und giebt uns die Grundzüge seines Wesens. Charakteristisch für sein Denken und Fühlen ist ein Zug aus seinem Leben, den uns Hardenberg in der Lebensgeschichte Wessels aufbewahrt hat. Der Papst Sixtus IV., bei dem Wessel in Gunst stand, redete letzteren bei seiner Anwesenheit in Rom einstmals so an: „Mein Sohn, erbitte Dir von Uns, was Du willst; Wir werden Dir es nicht abschlagen, wenn es anders Unsre Würde und Deine Stellung erlaubt." Wessel antwortete hierauf freimüthig: „Heiliger Vater, ich will Ew. Heiligkeit nicht beschwerlich fallen. Grosse Dinge habe ich niemals begehrt, wie Ihr wisst. Aber weil Ihr denn jetzt Oberpriester und Oberhirt seid, so bitte ich, dass Eurer Stellung auch Euer Ruhm entspreche und Ihr Euer Amt so verwaltet, dass, kommt einst jener grosse Hirt der Schafe, dessen oberster Diener Ihr seid, er sagen möge: Ei, du frommer und getreuer Knecht, gehe ein zu deines Herrn Freude, und dass Ihr dann furchtlos sagen könnt: Herr, fünf Talente hast du mir gegeben; siehe da, fünf andre habe ich dazu gewonnen." Sixtus antwortete: „Das soll Unsre Sorge sein. Aber bitte jetzt Etwas für Dich." „Nun so bitte ich Euch", sprach Wessel, „um eine griechische und hebräische Bibel aus der Vaticanischen Bibliothek." „O," sagte Sixtus, „die sollst Du wohl haben. Aber, Du Thor, warum erbittest Du Dir nicht ein Bisthum, oder etwas dem Aehnliches?" Wessel antwortete: „Weil ich dessen nicht bedarf!" — — Bedeutsam und wahr ist auch, was Luther[1]) über ihn schreibt: „Man siehet, dass er wahrhaftig aus Gott gelehret sei, wie von solchen Christen Jesaias geweissagt; denn man kann von ihm nicht urtheilen, dass er seine Lehre von Menschen habe, gleichwie auch ich nicht. Und wenn ich den Wessel zuvor gelesen, so liessen meine Widersacher sich dünken, Luther hätte Alles vom Wessel genommen; also stimmet unser beider Geist zusammen." So ist's in der That! ein und derselbe Geist weht in Wessel und Luther! Nur dass jener es noch vermag, in der päpstlichen Kirche zu verharren, während dieser mit ihr bricht. Wessel und Luther, die Brüderhäuser und die Reformation lösen sich ab. Als Luther erscheint und mit ihm die Reformation ins Leben tritt, da ist Wessels Zeit vorüber und die Brüderhäuser haben ihre Aufgabe gelöst. Es bleibt ihnen nur übrig, der neuen Kirchengestaltung sich zuzuwenden, wenn es nicht einzelne ihrer Insassen vorziehen, zurückzufallen in die Finsterniss, die sie bis dahin zu

---

1) Luthers Werke, Walchsche Ausg. XIV, S. 220. 221.

lichten suchten. Bei Hardenberg werden wir nun verfolgen können, wie allmählich aus einem Zöglinge der Brüder vom gemeinsamen Leben ein treuer Anhänger der Reformation ward. —

Gewiss aber durften wir, — scheinbar von unserm Gegenstande abschweifend, — bei der Beschreibung des Institutes der Brüder vom gemeinsamen Leben etwas länger verweilen! Man beschreibt nicht selten sehr ausführlich die klimatischen Verhältnisse und die Beschaffenheit des Bodens, um daraus den Charakter der Bewohner zu erklären. Wird aber nicht geradezu gar mancher Charakterzug im Leben des Einzelnen, manche Stärke und manche Schwäche erst dann recht verständlich werden, wenn wir den geistigen Boden, auf dem er erwachsen, und die geistige Luft, die er geathmet, kennen gelernt haben? —

Der Geist Wessels aber blieb noch lange Zeit im Bruderhause zu Gröningen lebendig und wurde, als Hardenberg dort unterrichtet ward, von dem Vorsteher der Brüder eifrigst gepflegt. Diess war damals Goswin van Halen, früher Famulus von Wessel und diesen in hohen Ehren haltend, ausserdem mit Melanchthon befreundet.

In diesem Goswin lernen wir zugleich einen Lehrer Hardenbergs kennen, der seinen Zögling hoch schätzte. Bürgschaft dafür sind die zahlreichen Briefe, die Hardenberg, seiner eignen Angabe gemäss, späterhin von ihm empfing. Die Gesinnung aber, die sich darin ausspricht, möge uns klar werden aus einem Briefe vom Jahre 1528, als Hardenberg bereits in Aduard war. Da heisst es: „Du, mein Sohn Albert, theilst mir gar nichts von Deinen Angelegenheiten mit. Geziemt sich das für einen Sohn? Geziemt sich das für einen, der die Humanitätsstudien liebt? Ich will Dir gern zugeben, dass Du viel gelehrter bist, als ich. Das gebe ich überhaupt jedem gern zu. Mir genügt es, ein Anfänger (Alphabeticum) zu bleiben. — Ich habe Dich so oft gebeten, an mich zu schreiben; Du hast es nicht gethan! Du bist in Gröningen gewesen und nicht zu mir gekommen. Was soll ich dazu sagen? Soll ich Dich undankbar nennen, oder stolz? Das sind widerwärtige Bezeichnungen. Ich will Dir solche nicht beilegen. Ich will sagen, Du habest, mit wichtigeren Dingen beschäftiget, meiner vergessen. Aber auch an der Bezeichnung „vergesslich" haftet etwas Gehässiges. Darum, ist's Dir recht, so will ich Dir alles Frühere verzeihen; schreibe nur hierauf an mich." — Diess über den einzigen Lehrer Hardenbergs im Gröninger Brüderhause, dessen Beziehung zu seinem Schüler uns genauer bekannt geworden ist.

Von Mitschülern Hardenbergs, die mit ihm in engerer Verbindung standen, ist uns ebenfalls nur einer bekannt; es war Regner Prädinius[1]) aus Winsum bei Gröningen, geboren 1510. Hardenberg wohnte mit ihm im Brüderhause in einem Zimmer und schlief sogar lange Zeit, — wie er selbst berichtet, — mit ihm in einem Bett. Prädinius ward später Rector der St. Martinsschule zu Gröningen und brachte diese Anstalt zu hoher Blüthe[2]). Er war, wie Ullmann sagt, so theologisch gesinnt, „dass er Alles, was ihm im Leben und in der Wissenschaft vorkam, auf die christliche Wahrheit bezog und nach der Schrift prüfte." Doch seine Anhänglichkeit an Erasmus, sowie die Einflüsse des Brüderhauses liessen es bei ihm zu keinem Bruche mit der alten Kirche kommen. Er blieb äusserlich katholisch; war aber dessen ungeachtet für Verbreitung reformatorischer Ideen thätig. So kam es, dass er noch kurz vor seinem Tode als Ketzer angeklagt und zur Verbannung verurtheilt wurde. Doch dieser Strafe überhob ihn sein am 18. April 1559 erfolgter Tod. — Einer seiner Schüler, Acronius mit Namen, gab später (1563) die Werke seines Lehrers heraus, die aber auf den päpstlichen Index gesetzt wurden. Ueber seine Beziehungen zu Hardenberg nach des letzteren Weggange von Gröningen ist so gut wie nichts bekannt.

In Gröningen aber ist Hardenberg sicher, dem Geiste des dortigen Brüderhauses entsprechend, mit Wessels Schriften bekannt worden. Zum Beweise dafür findet sich in der Emdener Kirchenbibliothek ein Exemplar von Wessels Werke: über die Ursachen der Menschwerdung Christi (de caussis incarnationis), in welches Hardenberg seinen Namen und dazu die Jahreszahl 1525 gezeichnet hat. Eine werthvolle Reliquie aus seiner Studienzeit in Gröningen! Ueber eine zweite derartige Reliquie, wahr-

---

1) „Praedinius vocari voluit, quod ruri et in praediis esset natus." Effigies et vitae professorum academiae Groningae et Omlandiae 1654. — p. 36. Dort findet sich auch eine biographische Skizze über ihn. — Besonders zu vergl. Diest Lorgion, Verhandeling over Regnerus Praedinius, Groningen, Wolters 1862.

2) Delprat bl. 142.

scheinlich ebenfalls aus Gröningen, möglicherweise jedoch auch aus Aduard hören wir sogleich.

Von Gröningen aus begab sich Hardenberg nämlich in das Bernhardinerkloster zu Aduard, und nahm die Mönchskutte, die wahrscheinlich, wie gewöhnlich bei den Bernhardinern, aus weisser Kleidung mit schwarzem Scapulier bestand. Diess wird im Jahre 1527 gewesen sein, denn 1528 schrieb bereits Goswin van Halen jenen Brief, aus dem wir oben Einiges mittheilten an ihn nach Aduard und er selbst berichtet, er sei nach Verlauf von wenigen Jahren [1]) von Aduard nach Löwen gegangen, welches Letztere 1530 stattfand.

Aduard oder Adwerd (Ade oder Oude Werd = alter Flecken; in der Sprache des Volkes Auert) war damals ein berühmter Ort, drei Stunden nordwestlich von Gröningen im sogenannten Westerquartier gelegen. Das Kloster[2]), bereits 1192 gegründet war reich, schön gebaut, hatte insbesondere eine herrliche Kirche und ausserdem eine vortreffliche Bibliothek. Auch gehörten dazu zwei Schulen Die eine, die rothe Schule genannt, lag zwischen den Dörfern Bedum und Middelstum; — noch jetzt stehen dort einige Bauernhöfe, die den Namen der rothen Schule führen. Hierin waren, wie Hardenberg selbst in Wessels Lebensbeschreibung berichtet, die gelehrten Professoren, welche die Jugend in der Philosophie und der heiligen Wissenschaft unterrichteten. Die andre Schule befand sich in Aduard selbst; in ihr wurden nur die Anfangsgründe gelehrt. Die Frequenz muss gegen Ende des 15. Jahrhunderts eine bedeutende gewesen sein, denn Hardenberg giebt nach den Annalen von Aduard an, es seien einst in einem Sommer neunzig Schüler und etliche Lehrer gestorben. — Es mag etwas zu stark aufgetragen, aber doch nicht allzuweit von der Wahrheit entfernt sein, wenn Goswin van Halen schreibt: „Wenn Du früher einen Gelehrten in Friesland gesucht hättest, so würdest Du ihn in Aduard, oder nirgends gefunden haben." Und fürwahr Aduard hatte Männer wie Rudolf Agricola, Johann Wessel, Rudolf Lange, Alexander Hegius u. A. theils als

---

1) „post paucos inde annos" Brief vom 4. Juli 1544 s. oben.
2) Es wird so beschrieben: „quinque vicis imperans, opibus famosis inclytum, superbo inprimis fano visendum, aedificiis variis et multis frequens, munitionibus et portis ut oppidum clausum, familiae Bernardinae." Gerdes, Hist. Ref. T. III 157.

Schüler, theils als Lehrer, — zwischen beiden war damals die Gränze eine sehr fliessende, — in seinen Mauern gesehen. — Als Hardenberg nach Aduard kam, war allerdings die Schule schon im Sinken. Goswin van Halen spricht nämlich die Hoffnung aus, Hardenberg und andere ihm Aehnliche würden den alten Ruhm Aduards wieder herstellen. Und dazu war allerdings Aussicht, als der berühmte Abt Johannes Reekamp[1]) aus Gröningen, den man als die Krone aller dortigen Gelehrten bezeichnete, dem Kloster (1528—1549) vorstand! —

Sehen wir uns jetzt in jener Gegend um, so finden wir wohl dort noch ein Dorf, Namens Aduard; vielleicht auch, dass die jetzige Predigerwohnung ein Theil des alten Klostergebäudes ist, wahrscheinlich, dass die Kirche im Wesentlichen als die alte Klosterkirche angesehen werden darf. Das Kloster aber wurde 1580 zerstört, als Rennenberg, der Statthalter Wilhelms von Oranien, Gröningen durch Verrath an die spanische Seite brachte. Von den gelben Steinen des zerstörten Klosters aber wurden die Stadtthore Gröningens, die noch jetzt stehen, erbaut. —

Fragen wir aber etwas genauer nach dem Studiengange, der zu Hardenbergs Zeit in Aduard beobachtet wurde, so giebt uns ein Briefwechsel zwischen Hardenberg und Goswin van Halen wenigstens einigen Aufschluss. Ersterer hatte sich den Ovid gewünscht, ohne jedoch bestimmt anzugeben, welche Schrift dieses Dichters er haben wolle. Goswin schickte ihm darauf die Meta-

---

[1]) In dem Briefe Hardenbergs, vom 4. Juli 1544, sagt er von seinen Eltern: „abdiderunt me admodum puerum in divum Coenobium, in quo Abbas mihi erat affinis et post paucos inde annos Lovanium missus sum." Darnach sieht es so aus, als wenn Hardenberg nicht erst ins Brüderhaus, sondern gleich ins Kloster Aduard gekommen wäre. Das widerspricht aber allen sonstigen Angaben. Ich vermuthe, dass der Knoten sich folgendermassen löse. Hardenbergs Eltern übergaben ihren siebenjährigen Sohn an ihren Verwandten Johannes Reekamp. Dieser schickte den Knaben erst nach Gröningen, dann nach Aduard. Dort wurde Reekamp 1528 Abt und war es noch 1544, als Hardenberg den betreffenden Brief schrieb. Hardenberg konnte ihn also in einer so kurz gefassten Notiz schlechtweg als Abt bezeichnen. Dass aber gerade er, und kein anderer Hardenbergs Verwandter gewesen sei, schliesse ich daraus, dass er sich auch noch später Hardenbergs Wohl und Wehe, trotz der Gefahr, die damit verbunden war, angelegen sein liess, und Hardenbergs greise Mutter und ärmere Verwandte unterstützte. Davon später.

morphosen zum Geschenk und schrieb bei dieser Gelegenheit: „Meiner Ansicht nach reicht es hin, den Ovid und Schriftsteller ähnlichen Schlages einmal zu lesen. Aber auf Virgil, Horaz, Terenz ist grösseres Studium zu verwenden, — wenn überhaupt Männer unsres Standes Studium auf die Dichter verwenden wollen. Ich wünschte freilich, du läsest die Bibel und läsest sie häufig, wie ich Dir auch, wenn ich mich recht erinnere, mündlich gesagt habe. Und da man auch der Geschichte nicht unkundig sein darf, so rathe ich Dir, den Josephus zu lesen und Kirchengeschichte mit der Tripartita[1]). Von den Profangeschichtschreibern wird man mit Nutzen lesen: Plutarch, Sallust, Thucydides, Herodot, Justin. Dann kann es auch nicht schaden, die Schriften von Aristoteles und Plato durchzugehen. Bei Cicero muss man etwas länger verweilen, damit der Ausdruck classisch werde. Nächst der Bibel aber ist hinreichender Fleiss auf Aurelius Augustinus zu verwenden. Hierauf mag folgen: Hieronymus, Ambrosius, Chrysostomus, Gregorius, Bernhard und Hugo von St. Victor, ein Mann von grosser Gelehrsamkeit." —

Wenn Goswin unserm Hardenberg solche Rathschläge unterbreitet, so hat er diess sicher nur im Anschluss an die zu Aduard übliche Studienordnung thun können und wir haben somit ein, wenn auch immerhin recht mangelhaftes, Bild des wissenschaftlichen Treibens in jenem Kloster. Uebrigens scheint es nach Goswins Briefe, dass man in Aduard dem Selbststudium einen grossen Spielraum gelassen habe. Wenn Goswin die Werke Bernhards von Clairvaux erwähnt, so besass damals Hardenberg bereits eines derselben, nämlich ein Manuscript von Bernhards „Spiegel über die Ehrbarkeit des Lebens" (speculum Bernhardi de honestate vitae). Noch jetzt wird dasselbe mit Hardenbergs eigenhändig geschriebenem Namen und beigefügter Jahreszahl 1526 auf der Kirchenbibliothek in Emden aufbewahrt: eine zweite werthvolle Reliquie aus seiner Studienzeit in Gröningen und Aduard!

Ein Vorfall, der sich während seines Aufenthaltes in Aduard

---

[1]) Die Tripartita ist eine Schrift Cassiodors, zwölf Bücher enthaltend, in welchen die Werke der drei Kirchenhistoriker Sokrates, Sozomenes und Theodoret zu einer zusammenhängenden Darstellung in lateinischer Sprache verschmolzen sind.

ereignete, blieb Hardenberg unvergessen. Es kam nämlich einst der kaiserliche Rath Wilhelm Sagarus in Begleitung seines alten, ehrwürdigen Vaters dorthin, um etwas Gewisses über Wessel zu erfahren. „Er trug in seinem Busen" — so erzählt uns Hardenberg — „die Schrift Wessels von den Ursachen der Menschwerdung, die ganz zerlesen war, betheuerte heilig, daraus habe er Christum gelernt, und bat dringend, wenn wir irgend ein zuverlässiges Andenken, oder eine Nachricht von Wessel hätten, möchten wir es ihm mittheilen. Wir zeigten ihm, was wir schon gedruckt hatten. Ich hatte auch einiges Schriftliche, Mehreres forschte ich bei Andern aus. Auch das Leichengedicht und die Grabschrift Wessels hatte ich. Ich reiste mit ihm nach Gröningen in das Kloster der frommen Jungfrauen, wo Johann van Halen, der Vorsteher desselben, uns den Schädel Wessels zeigte, den jener mit Verehrung umfasste und küsste; er bot zehn Pfund flandrisch, wenn man ihm denselben überlassen wollte. Aber einige abergläubische Schwesterchen sträubten sich und sagten, sie hätten gesehen, dass die Schriften und Papiere Wessels als der Ketzerei verdächtig verbrannt worden seien; vielleicht sei der fremde Herr ein Lutheraner, der aus dem Schädel ein Götzenbild machen und damit Zauberei treiben wolle. Sonst sprachen die alten Frauen mit Ehrerbietung von Wessel und zeigten auch unter ihren Gebetbüchern mehrere, die ihnen Wessel zurückgelassen; davon habe ich einige, die mir sicher von Wessel zu sein schienen, für Sagarus abschreiben lassen und mit mehreren andern gesammelten Schriften ihm zugeschickt." — Leider erhielt aber Hardenberg keine der übersandten Wesselschen Schriften wieder zurück.

Sein Aufenthalt in Aduard war nicht von sehr langer Dauer. Bereits 1530 bezog er die Universität Löwen. — Zur Zeit hat Belgien vier Universitäten, von denen zwei (Lüttich und Gent) durch den Staat, zwei (Brüssel und Löwen) von Privaten unterhalten werden. Von diesen beiden letzteren wird die zu Löwen, von der Geistlichkeit aus eigenen Mitteln unterhalten, gewöhnlich die katholische genannt. Gegründet ist sie im Jahre 1425 durch Herzog Johann von Brabant, aber erst zwanzig Jahre später erhielt sie eine theologische Facultät. Anfangs wehte wohl ein freierer Geist auf derselben. Auch hatte hier der schon erwähnte Papst Hadrian VI. gelehrt, der seinen Freisinn unter

Anderm dadurch beurkundete, dass er die Unfehlbarkeit des Papstes bestritt. Und Erasmus, mit dem Hadrian in Briefwechsel stand, hatte ebenda einen Theil seiner Studien absolvirt und sprach später mit grossem Ruhme über Löwen. „Ein Himmel", so sagt er, „ist über Löwen ausgebreitet, den man fast dem so lieblichen italienischen Himmel vorziehen möchte, nicht reizend allein, sondern auch der Gesundheit sehr zuträglich; nirgends sonst ist ein glücklicheres geistiges Leben, nirgends eine grössere Anzahl tüchtiger Professoren". Desgleichen war Wessel seiner Zeit dagewesen und bezeugte, nach Hardenbergs Angabe, dass er dort etwas mehr Gelehrsamkeit angetroffen habe, als in Köln. Ja, er sei viel mit den Professoren umgegangen und habe unaufhörlich über jeden beliebigen Gegenstand ohne Unterschied mit ihnen disputirt. — Man nannte daher auch Löwen „das belgische Athen". —

Doch das blieb nicht so! Je länger je mehr nahm Löwen eine feindselige Stellung zu den freiern Anschauungen der Reformationszeit ein. Einige ihrer Lehrer und daneben Lehrer der Universität Köln waren die ersten, die Luthers Lehre verurtheilten und namentlich waren der mildere Johann Driedo († 1535) und der heftigere Jakob Latomus († 1544) für die Ausrottung der „lutherischen Irrthümer" sehr thätig. Unter solchen Auspicien kam Hardenberg dorthin! Freilich, er that diess nicht aus eigenem Antriebe, sondern auf Befehl des Herzogs Karl von Geldern, der in einer gewissen nähern, aber nicht weiter bekannten Beziehung zu Hardenbergs Anverwandten stand! —

„Ich ging" — so erzählt Hardenberg selbst — „nach Löwen und fing an nach besten Kräften die schönen und insbesondere die heiligen Wissenschaften zu studiren. Ich hatte da mit einem Freunde die Schriften von Erasmus, sowie die von andern Deutschen gelesen, woraus ich ein klares Verständniss des Evangeliums geschöpft hatte. So kam es, dass ich nicht zum besten über die scholastische Theologie dachte. Doch lernte ich, bei einer ziemlichen Auffassungsgabe, wenigstens so viel, dass ich frei in den Schulen disputiren konnte und schon in dunkeln Argwohn bei jenen unlautern Theologen kam, die mich ebenso durch Schmeicheleien locken, als durch verschiedene Drohungen schrecken wollten. Nur deshalb war ich dort in die Nothwendigkeit versetzt, baccalaureus formatus zu werden. Dieser akalemische Grad ist der nächste zur Licenz des Doctorates. Als ich ihn erlangt hatte, fing ich an, — zweifelsohne auf Antrieb des göttlichen Geistes, — Christum frei zu verkünden, der mir damals nach Maassgabe meiner Mittelmässigkeit allein gefiel. Zwar drohten mir die Sophisten Schreckliches; aber sie wagten doch nichts zu thun, so lange der Herzog von Geldern lebte, der das, was sie berichteten, von mir nicht glaubte und sich der Vertheidigung meiner Person eifrigst annahm. Dasselbe that auch mein Abt[1]), der Primas unsers Vaterlandes, zu dessen Nachfolger ich schon bestimmt war".

Unterbrechen wir hier ein wenig Hardenbergs eigenen Bericht! — Eine noch freiere Stellung würde er gehabt haben, wenn er das Doctorbarett erlangen konnte. Aber der Weg dazu war noch weit! Nahm der Weg zum Baccalaureat mindestens sechs Jahre in Anspruch, so dauerte es, abgesehen von vielen Förmlichkeiten und Geldkosten noch etwa vier Jahre, ehe er Doctor werden und damit in den Senat kommen konnte. Uebrigens hat er sich jedenfalls in Anbetracht seiner precären Stellung, die vom Sein oder Nichtsein des Herzogs abhing, in Löwen nicht wohl gefühlt und seine Blicke nach aussen gerichtet. Studiengenossen von ihm hatten ebenfalls Löwen verlassen und waren unter Andern nach Mainz gegangen. — Während er aber so über seine Zukunft nachdenken mochte, starb der Herzog von Geldern 30. Juni 1538

Nun war für Hardenberg kein Bleibens mehr in Löwen. Er zögerte freilich noch eine Zeit lang; aber zuletzt ging es nicht mehr. Er zog von dort weg, mit der Absicht, nach Italien zu gehen. „Als aber", — fährt er in seinem oben angeführten Berichte fort, — „der Fürst gestorben war, sah ich, dass Alles in Löwen voll Hass gegen mich war. Daher reiste ich um die Herbstmesse nach Frankfurt, nachdem ich ungefähr acht Jahre in Löwen gewesen war".

---

[1]) Das ist Johannes Reekamp in Aduard.

Zweites Kapitel.

Hardenberg in Frankfurt und Mainz. Seine Rückkehr nach Löwen und Aduard.

(1538—1540.)

Ueber Mainz reiste Hardenberg nach Frankfurt. „Als ich aber", — so berichtet er wieder selbst, — „nach Frankfurt gekommen war und mich schon zur Reise nach Italien gerüstet hatte, verfiel ich dort in ein heftiges Fieber, was mich völlig an der Weiterreise verhinderte; ich kehrte daher nach Mainz zurück".

Dort residirte damals der Erzbischof Albrecht von Brandenburg, ein feinsinniger, freilich aber auch schlaffer und ziemlich abhängiger Herr, am bekanntesten dadurch, dass er Tetzel als Ablassprediger umhersandte. Doch dabei war er den Wissenschaften, insbesondere der neuen, solideren Richtung, die sich in denselben Bahn brach, sehr zugethan und ging gleich von Anfang (1514) seiner Erhebung auf den erzbischöflichen Stuhl in Mainz damit um, die dortige Hochschule, die 1477 vom Erzbischof Diether von Isenburg gestiftet war, gänzlich umzugestalten. Die untauglichen Lehrer sollten entfernt und die besten Kräfte herangezogen werden; — eine Absicht, in der ihn besonders Eitelwolf von Stein, aus Brandenburgischen Diensten in die seinigen getreten, bestärkte. Albrecht wollte dabei selbst sein Privatvermögen nicht schonen. Mainz sollte zur Perle unter den europäischen Hochschulen werden, und schon sah er in schwärmerischen Hoffnungsträumen die Zeit, in der er, aller Hofämter entledigt, die Tage seines Alters dort in gelehrter Muse zubringen werde. In dieses „goldene Mainz", wie es Hutten nennt, der seiner Zeit ebenfalls in Mainz und zwar beim Erzbischof Albrecht war, zog also Hardenberg ein. Er fand daselbst einige ihm wohlwollende Männer, die er noch von Löwen her kannte „Diese sorgten", — so erzählt er uns, — „mit unglaublicher Humanität dafür, dass ich in die Matrikel jener Universität eingeschrieben wurde, was ich wenigstens gern zuliess, da ich ausserdem dort zu bleiben genöthigt war. Da mir nun das Recht, Vorlesungen an der Universität zu halten, ertheilt war, las ich dort über die Bücher der Sentenzen und einige Briefe St. Pauli. Ich hielt auch einige öffentliche Disputationen, und das war der Grund, dass mir der Grad des theologischen Doctorates angeboten wurde, worauf neben andern der berühmte und um meine Person sehr verdiente Doctor Kaspar Kuno drang."

So hatte er denn hier nach verhältnissmässig kurzer Zeit, — es scheint[1]) im December 1539 gewesen zu sein — die höchste theologische Würde erlangt, die ihm vielleicht in Löwen nie ertheilt worden wäre. —

In welcher Weise übrigens die Promotion stattgefunden habe, lässt sich nicht deutlich ermitteln. Hardenberg wird nämlich später von Tilemann Hesshusius, seinem erbitterten Gegner, wohl nicht ohne Absicht doctor bullatus genannt. Früher vergaben nämlich nicht selten die deutschen Kaiser die Doctorwürde durch ihre Hofpfalzgrafen, wobei es selbstverständlich häufig genug vorkam, dass auch Unwürdige Doctoren wurden. Um aber solche kaiserliche Doctoren von den schulgerecht promovirten zu unterscheiden, nannte man die letzteren rite promoti, die ersteren doctores bullati. Es waren nämlich die durch den Hofpfalzgrafen ertheilten Diplome mit angehängtem Siegel in einer Kapsel (bulla) enthalten. Vielleicht geschah hier die Bullenpromotion, um dem langweiligen und kostspieligen Instanzenzuge der schulgerechten Promotion aus dem Wege zu gehen. Jedenfalls aber war die Doctorwürde hier an keinen Unwürdigen verliehen! — Zugleich mit dem Doctorbaret erhielt er ein Wappen: zwei in einander geschlungene Schlangen, die im goldenen Felde um einen Apfel kämpfen. „Darunter" — so fügt er selbst erklärend

---

[1]) In ein der Emdener Bibl. gehörendes Buch: Reuchlin. de rudimentis linguae hebraicae, hat zwar Hardenberg bemerkt, es habe die Promotion stattgefunden 1537 im Monat December; — ein offenbarer Schreibfehler, da allen andern Angaben zufolge dieselbe 1539 stattfand. — Vielleicht ists der 7. December 1539 gewesen.

bei, — „wollte ich Christum und den Satan verstanden wissen, welche um das Reich kämpfen, das durch einen Apfel in Verwirrung gerathen ist." Bei dieser Gelegenheit [1]) erzählt Hardenberg noch, dass seine Familie früher ein anderes Wappen, nämlich zwei Anker und zwei gekrönte Löwen, geführt habe. Die Glieder derselben hätten sich aber desselben, als sie verarmten, nicht mehr bedient; wohl aber habe sein Vetter Hadrian dasselbe wieder angenommen, als er den päpstlichen Stuhl bestieg. — Ausserdem aber erhielt er auch bei seiner Promotion von dem damals in Mainz sich aufhaltenden Johannes a Lasco ein Buch (Reuchlinus, de rudimentis linguae hebraicae), welches dieser aus des Erasmus Bibliothek überkommen hatte. Noch jetzt bewahrt es die Emdener Bibliothek auf mit Hardenbergs eigenhändig in dasselbe geschriebener Bemerkung: „Ich gehöre zu Albert Hardenberg, dem Theologen, in Folge einer Schenkung des edelen polnischen Barons Hr. Johannes a Lasco, Superintendenten von Ostfriesland, welcher für den Fall, dass er ihn überleben würde, dem Erasmus seine ganze Bibliothek abkaufte. Er selbst schenkte mir diesen Codex zu Mainz, nachdem ich dort den Lorbeerkranz der Theologie erlangt hatte im Jahre des Herrn 1537.[2]) Deshalb wird dieses Buch seinen Herrn, so lange ich lebe, nicht wechseln; was ich durch diese meine eigenhändige Inschrift bezeuge. 1547. Bremen." Erasmus hat früher mit eigener Hand hineingeschrieben: Ich[3]) gehöre Erasmus zu und wechsle den Besitzer nicht.

Mit dem genannten Johannes a Lasco[4]) war Hardenberg schon in Frankfurt zusammengekommen und schloss sich von jetzt an immer enger an ihn an. Unzweifelhaft aber hat a Lasco auf Hardenbergs Geschick einen bedeutenden Einfluss gehabt, so dass wir schon hier, wo wir das erste Mal beide in Verbindung treffen,

---

[1]) Diese Notizen sind entnommen einer handschriftlichen Bemerkung Hardenbergs, die sich in einem Buche der Emdener Bibliothek (Hadriani VI. Quaestiones etc.) vorfindet.
[2]) s. jedoch die Note auf S. 18.
[3]) „Sum Erasmi nec muto dominum". — Auch Hardenbergs Inschrift ist lateinisch; oben übersetzt.
[4]) Ueber Johannes a Lasco s. Schweckendieck, Emdener Gymnasialprogramm 1847; P. Bartels, Joh. a Lasco, Elberfeld 1860. Vor Allem aber Kuyper, A. Dr. theol. Joannis a Lasco Opera etc. Amstelodami etc. 1866. Tom. I u. II.

uns einigermassen über jenen polnischen Adeligen orientiren müssen.

Johannes Laski, gewöhnlich a Lasco genannt, war 1499 zu Warschau geboren und stammte aus einem der edelsten Geschlechter Polens, das dort weitausgedehnten und fruchtbaren Grundbesitz hatte. Er widmete sich dem geistlichen Stande und erlangte gar bald die Stelle eines Propstes zu Gnesen. Hier zeichnete er sich so sehr aus, dass ihm wenige Jahre später das Bisthum von Vesperin in Ungarn übertragen wurde. Doch die wundersamen kirchlichen Bewegungen in Deutschland und der Schweiz, die auch Polen und Ungarn ergriffen, liessen ihn daselbst nicht ruhig verweilen. Sein brennender Wahrheitsdurst, seine feurige kühne Polennatur trieben ihn von dort fort. Er musste selbst an Ort und Stelle sehen und hören, was man beabsichtigte. Längere Zeit hielt er sich bei Erasmus, wahrscheinlich als dieser in Basel lebte, und zwar in dessen Hause auf und erwarb sich dessen Zuneigung in hohem Grade. „Dieser Johannes a Lasco" — schreibt Erasmus, — „der bald ein grosser Mann sein wird, hat einen schneeweissen Charakter; es kann nichts köstlicher und glänzender sein." — Und dabei besass a Lasco, überhaupt ein schöner Mann, mit dunklem Haar, dunkeln, lebhaften Augen und blühender Gesichtsfarbe, — wie das Bild von ihm in Emden zeigt, — etwas so Einnehmendes im Umgange, dass derselbe Erasmus von ihm bezeugt, er könne sich keinen liebenswürdigeren Menschen denken.

Viel bedeutsamer aber als sein Verweilen bei Erasmus wurde der Aufenthalt in Zürich für ihn. Hier kam er mit Zwingli zusammen und dieser war es, der, fern von der Umständlichkeit und Aengstlichkeit eines Erasmus, ihn auf die heilige Schrift hinwies als die einzige wahre Urkunde des Christenthumes. —

Gerade aber dieses entschiedene Wesen Zwinglis; dessen Tendenz, die Kirche nicht sowohl zu säubern, sondern vielmehr vom Grunde aus neu aufzubauen, imponirte a Lasco. Immermehr wandte er sich damit von Erasmus ab, der es für gerathener hielt beim Alten zu verbleiben, als etwas Neues aber Unsicheres anzunehmen; und immermehr wandte er sich der energisch durchdringenden Reformation zu. Damit aber war ihm freilich sein Vaterland auf lange Zeit verschlossen! Er wanderte, ein fahrender Theolog, in Deutschland umher und als solchen finden wir ihn ebenjetzt in Mainz mit Hardenberg zusammen. Dass letzterer bereits in Frankfurt, dann aber auch in Mainz mit ihm über die Aussprüche der Schrift conferirt, dabei aber nicht immer mit ihm übereingestimmt habe, bezeugt uns Hardenberg noch in späteren Jahren. —

Doch das Zusammenleben beider in Mainz dauerte nicht sehr lange. „Nach Erlangung der Doctorwürde" — erzählt Hardenberg, — „glaubte ich in Löwen eine viel freiere Stellung zu haben. Deshalb kehrte ich dahin zurück, um — wie ich nicht zweifle, mit meines Gottes Willen, dort einige Frucht im Evangelium zu zeitigen. Vielleicht begleitete ihn a Lasco dahin. Wenigstens war derselbe um jene Zeit in Löwen und lebte mit Hardenberg zusammen Insbesondere berichtet letzterer noch, dass ihm a Lasco damals, jedenfalls durch Unvorsichtigkeit, manche Unannehmlichkeit bereitet habe Für a Lasco war übrigens der Löwener Aufenthalt noch insofern von Bedeutung, als er dort dem Cölibat ungetreu wurde und sich mit einem armen Mädchen, seiner ersten Gattin, verheirathete, diese Verbindung aber einige Zeit verheimlichte. Wahrscheinlich ist, dass abgesehen von andern Dingen auch hieraus für Hardenberg mancherlei Unannehmlichkeiten erwuchsen! —

Kurz Hardenberg war wieder in dem „belgischen Athen". Voll kühner Hoffnung trat er, der promovirte Doctor der Theologie, in Löwen auf und setzte die Lehre des Apostel Paulus aus einander, die ja bekanntlich ihren Mittelpunkt in dem antirömischen Grundsatze hat, dass der Mensch nicht gerecht werde durch äussere Werke, sondern durch den Glauben. Der Freisinn und die Offenheit, mit der er sprach; die Wahrheit und relative Neuheit des Gegenstandes, der gerade damals eine überaus praktische Bedeutung hatte; dazu sein unbestrittenes Rednertalent verschafften ihm zu dem Stamme seiner alten Löwener Freunde eine gewaltige Menge von Zuhörern. Er selbst berichtet, dass die Studenten, die sich damals wegen der französischen Kriegsunruhen, besonders zahlreich in Löwen aufhielten, nicht minder die Bürger in grossen Haufen sich um ihn geschaart hätten.

Von seinen damaligen Freunden in Löwen erwähnen wir nur einen mit Namen: es ist der edle Franciscus Enzinas [1]), ge-

---

[1]) Vgl. Gerdes, Hist. Ref. Tom. III. p. 165 ff. und in den Documenten, die diesem Theile beigegeben sind p. 81 ff.

nannt Dryander, aus Spanien. Dieser bekannte, dass er Hardenberg, den er wegen seiner Frömmigkeit, Sittlichkeit und Gelehrsamkeit hochachtete, viel Dank schuldig sei. Und gleichsam als Beweis seines Vertrauens theilte er Hardenberg seine ganze Lebensgeschichte mit. Dieser Dryander nimmt aber ausserdem noch ein allgemeines Interesse in Anspruch. Er wurde nämlich später (1543), weil er die Bibel ins Spanische übersetzt hatte, funfzehn Monate lang in Brüssel gefangen gehalten, entwischte aber schliesslich und kam auf Melanchthons Empfehlung zum Erzbischof Thomas Cranmer. —

Hiermit aber haben wir schon hingedeutet auf das Schicksal, das unserm Hardenberg drohte. Die Volksgunst, von der er damals getragen ward, fachte den noch von früherher glimmenden Hass der päpstlich Gesinnten gegen ihn an. Man rief, wie das gewöhnlich geschieht, wenn die Waffen des Geistes anfangen stumpf zu werden, die weltliche Macht zu Hilfe. Man verklagte ihn nämlich beim Hofe zu Brabant und zwar diessmal mit grösserem Erfolge als früher beim Herzog von Geldern. Dieser Hof war nämlich erzkatholisch und folglich gegen jede Neuerung eingenommen. Er fragte wenig darnach, ob die Doctorwürde Hardenberg eine freiere dogmatische Stellung gewähre oder nicht; er erliess vielmehr sofort den Befehl, Hardenberg gefangen zu nehmen und nach Brüssel abzuführen. War er aber erst dort, so war sein weiteres Schicksal gar nicht zweifelhaft. Er würde dann ebenso am Leben gestraft worden sein, wie Viele zuvor. Nannte doch bereits im Jahre 1522 Jakob Propst, der später mit Hardenberg in Bremen in nähere Berührung kam, Brüssel: die Schlachtbank der Christen. Da galt es, rasch Rettung zu bringen, besonders da Hardenberg, Dank der loyalen Geschäftigkeit seiner Feinde, bereits gefangen genommen war. Tausende von Bürgern und Studenten liefen zusammen und forderten energisch, dass Gericht über ihn zu Löwen gehalten werden sollte. Sie setzten es durch. Ja, ihrem entschiedenen, wahrscheinlich sogar drohenden Auftreten hatte es Hardenberg zu danken, dass der Process über Erwarten gut ausfiel. Er musste die Processkosten bezahlen und sich seine Bücher verbrennen lassen. Er selbst wurde glücklicher Weise nicht verbrannt, musste aber Löwen verlassen.

Bei der Bücherverbrennung hat aber Hardenberg doch noch

das eine und andere Buch zu retten gewusst, wie sich denn das obenerwähnte, das ihm a Lasco in Mainz geschenkt hatte, bis auf den heutigen Tag erhalten hat. — Man verbreitete später das Gerücht, Hardenberg sei in Löwen gezwungen worden zu widerrufen; aber sicher mit Unwahrheit. Daher konnte auch Hardenberg an den Rand eines Briefes [1]) aus späterer Zeit, der dieses Gerücht als Wahrheit annimmt, schreiben: „Du lügst, teuflischer Schurke (decantate nebulo), niemals ist mir geheissen worden, ein Wort zu widerrufen. Bis dahin erstreckte sich unser Streit nicht."

So musste denn Hardenberg das unwirthliche Löwen verlassen. Er that diess vermuthlich schon in der ersten Hälfte des Jahres 1540 in Begleitung eines gewissen Cavonius, der uns gelegentlich einmal wieder begegnen wird. Um jene Zeit aber verliess auch a Lasco Löwen und ging nach Emden! —

Hardenberg aber, zum ersten Mal in seinem Leben förmlich exilirt, nahm einem erschrockenen Kinde gleich, das bei seiner Mutter Schutz sucht, seine Zuflucht zu seiner alma mater Aduard! Vielleicht war die Kunde von seiner Vertreibung aus Löwen schon bis dahin gedrungen; vielleicht hatten unbegründete Gerüchte die Lage der Dinge ins Ungeheuerliche ausgemalt! Doch, gleichviel; der liberale Abt Johannes Reekamp, dessen wir bereits Erwähnung thaten, bereitete ihm hier eine Freistätte. Ja noch mehr! Hardenberg selbst erzählt: „Er fing an, mir zu gestatten, dass ich die Psalmen zu Hause erklärte und Christum lauter und rein vor der Gemeinde verkündigte. Das that ich unerschrocken zwei Jahre lang, ebenso einige andere Jünglinge, welche jetzt (der Brief, aus dem diess entnommen, ist 1544 geschrieben) noch daselbst lehren und das Volk einigermassen bei seiner Pflicht erhalten." —

Den innigsten Antheil aber an Hardenbergs Geschick nahm Johannes a Lasco. Diess bezeugen die zahlreichen Briefe, die er von jetzt an an Hardenberg richtet. Bereits am 29. December 1540 schreibt er unter Anderm: „Was Du jetzt treibst, weiss ich nicht; ich glaube jedoch nicht, dass Du müssig bist,

---

[1]) C. M. fol. 173. Der Brief ist unterzeichnet: Wormarie ipso die exaltationis sanctae crucis anno 45. Martinus Kempen. Duncanus. Die Adresse lautet: Domino Theodorico Huyskens amico quondam integerrimo.

besonders, was Predigten und Vorlesungen betrifft. Ich wünschte, dass in allen Klöstern solche Aebte wären, die sich um den Jugendunterricht so bemühen, wie es jetzt Dein, oder vielmehr unser Abt durch Dich thut. Ich kann nämlich die Denkungsart dieses Mannes nur lieben, einstweilen zu schweigen von seiner Geradheit und Unbescholtenheit, die ich an ihm nicht undeutlich wahrgenommen zu haben glaube. Ich bitte Dich, empfiehl mich ihm, und zwar angelegentlich. Ich werde mir Mühe geben, dass ich ihn und Dich zugleich noch sehe und von hier aus persönlich hineile." Dieser Wunsch scheint bald in Erfüllung gegangen zu sein, denn a Lasco bezeugt um Weniges später, er habe ihn kürzlich in Aduard predigen hören [1]).

In einem Briefe — zwar ohne Datum, aber sicher jener Zeit angehörig, — bedauert a Lasco, dass er seinen Freund nicht habe sehen können. „Ich weiss nicht, mein lieber Albert", — schreibt er, „wer von uns beiden grösseres Verlangen trägt, den andern zu sehen. Du mich, oder ich Dich. Was mich wenigstens betrifft, so würde ich viel darum geben, wenn ich Dich wenigstens auf meiner Rückreise hätte sehen können [2]). Aber auch jetzt fehlt nicht viel, dass ich zu Dir komme. Ich habe es schon längst bei mir beschlossen, Dich bald zu besuchen, sobald als es mir Gesundheits halber verstattet ist." —

Man sollte hiernach denken, beide Freunde hätten sich in längerer Zeit nur ein Mal gesehen. Aber weit gefehlt! Aus dem bereits oben angezogenen Briefe a Lascos an Hardenberg (vom 29. December 1540) erfahren wir, dass letzterer schon mehrfach bei seinem Freunde in Emden gewesen war, denn a Lasco erbittet sich darin von Hardenberg Bücher zurück, die er ihm bei seiner ersten Anwesenheit in Emden geliehen habe. — Wie eng war demnach das Freundschaftsband zwischen beiden geknüpft; wie gross die Sehnsucht beider nach einander!

Die Angelegenheit aber mit den Büchern, die wir so eben beiläufig berührten, veranlasst uns, noch eine Seite der Thätigkeit Hardenbergs in Aduard zu besprechen. Dieses reiche Kloster besass, wie bereits erwähnt, eine schöne Bibliothek und Harden-

---

[1]) Gerd. Hist. Ref. Tom. III p. 158 not. c.
[2]) A Lasco scheint demnach in Belgien gewesen zu sein, auf der Rückreise aber Aduard nicht berührt zu haben, wie er ursprünglich gewünscht.

berg gab sich alle Mühe, dieselbe zu vervollständigen. Nun hatte ihm um jene Zeit a Lasco mitgetheilt, dass er von vielen theils profanen, theils geistlichen Werken griechischer und lateinischer Schriftsteller Doubletten besitze, die er zu verkaufen geneigt sei. Die Werke befanden sich damals freilich noch in Polen, sollten aber nach Frankfurt geschickt werden und wurden bereits dort erwartet. Hardenberg bat nun a Lasco um ein Verzeichniss der disponibeln Bücher, um auf Grund desselben seinen Abt zum Ankaufe derselben zu bestimmen. — Ob er es erhalten und ob der Ankauf zu Stande gekommen sei, darüber fehlen freilich weitere Nachrichten! —

Einmal war Hardenberg auf etwas längere Zeit von Aduard abwesend. Er wurde nämlich brieflich vom münsterschen Bischof Franz von Waldeck aufgefordert, zum Erzbischof Hermann von Wied zu reisen [1]. Was der eigentliche Zweck dieser Reise, die in das Jahr 1541 fiel, war und weshalb er gerade dazu ausersehen ward, ist uns unbekannt. Wir können auch aus späteren Aeusserungen Hardenbergs schliessen, dass er wenig oder gar nicht mit dem Erzbischof verkehrt habe, und es hat dieser Verfall nur insofern Bedeutung, als Hardenberg dadurch einmal in das frische Leben und Treiben der Reformation, die gerade damals in Köln grosse Fortschritte machte, hineinkam. — Vielleicht dass diese Reise dazu beitrug, seinen Sinn für reformatorisches Wirken aufs Neue zu beleben. — Mochte er auch seinem Abte zum grossen Danke dafür verpflichtet sein, dass dieser ihn, den Flüchtling, aufgenommen hatte, so konnte ihm doch der Aufenthalt in Aduard für die Dauer unmöglich genügen. Er hatte den neuen, reformatorischen Geist bisher immer kräftiger in sich walten lassen. In Mainz war dieser Geist in ihm gross gezogen, in Löwen hatte er sich zu schönster Blüthe entfaltet; aber gerade da war er durch den Fanatismus der Papisten gedämpft worden. Wollte Hardenberg nicht unfehlbar Gefahr laufen, so musste er jetzt höchst maassvoll auftreten; ja er konnte nur durch ein gewisses zweideutiges Wesen seine Stellung in Aduard behaupten. Liess sich diess auf die Länge der Zeit aushalten? Und

---

[1] Diese Nachricht gründet sich auf eine eigenhändige Bemerkung Hardenbergs in einem Msc. von Euklids Elementen in der Emdener Bibliothek, abgedruckt bei Schweckendieck S. 66.

wie, wenn der Abt starb oder, was immerhin möglich war, mit vorgerückten Jahren conservativer wurde? Und wo blieben, bei einem möglicherweise erneuten Angriffe des Brabanter Hofes auf ihn, die Bürger und Studenten Löwens, die ihm damals das Leben gerettet hatten? So drängten denn die Verhältnisse je länger je mehr zur Entscheidung. —

Drittes Kapitel.
Hardenbergs Glaubenskampf und Glaubenssieg. Aduard, Emden, Wittenberg.
(1541 — 1544.)

Nichts ist im Leben von Männern, die auf dem Gebiete der Religion hervorragten, für den aufmerksamen Betrachter anziehender, als die Zeit, da in ihnen der letzte entscheidende Kampf zwischen Altem und Neuem entbrannte und ausgefochten ward. Noch einmal machen die väterlichen Satzungen ihre Rechte geltend; noch einmal hängen sich tausende von Rücksichten wie mit Centnerschwere an den noch Schwankenden an und wollen ihn festhalten; noch einmal drängt sich die ungewisse Zukunft, wie ein drohendes Gespenst an ihn heran, ihn mit dämonischen Fingerzeigen zu warnen. Es bestätigt sich auch hier das Göthesche Wort, dass die Schwierigkeiten wachsen, jemehr man dem Ende naht! Endlich aber bricht das Alte zusammen und der geistig Neugeborne steht in jugendlicher Frische und Kraft, wenn auch daneben noch in jugendlicher Unbeholfenheit, vor unsern Blicken. Welchen Reiz gewährt doch die Bekehrung eines Paulus, dafern mir dieselbe nur nicht als ein plötzliches, unvermitteltes Wunder, sondern vielmehr, mit geschichtlichem Sinne, als ein längst in der Seele des Apostels vorbereitetes Ereigniss ansehen! Welches Interesse nimmt nicht die innere aus den tiefsten Tiefen des Gemüthes erzeugte Umwandelung eines Luther in Anspruch! Nun haben wir es zwar hier nicht mit einer Grösse ersten Ranges zu thun, wie bei Paulus und Luther. Aber im hohen Grade erwünscht, um nicht mehr zu sagen, müsste es uns doch sein, wenn wir einen tieferen Blick in das Herz unsers Hardenberg zur Zeit seiner Bekehrung werfen könnten! —

Und wir sind in der angenehmen Lage, diess zu vermögen!

Die Münchener Bibliothek[1]) bewahrt ein Schriftstück auf, von Hardenbergs eigner Hand geschrieben, — drei Folioseiten, leider Bruchstücke, — in denen uns Hardenberg den schweren Kampf seines Innern offenbart. Es sind Fragen, die er darin aufstellt und zum Theil beantwortet, zum Theil unbeantwortet lässt. An wen diese Fragen gerichtet sind, lässt sich nicht genau bestimmen. Er redet den Gefragten einmal mit „mein Herr" (domine) und später mit „mein Lehrer" (mi praeceptor) an. Vielleicht sind sie vom Hause aus an gar keine bestimmte Persönlichkeit gerichtet; wahrscheinlich aber ist es, wie sich aus dem Folgenden ergeben wird, dass sie a Lasco mitgetheilt sind. Ebenso wahrscheinlich ist es, dass sie nicht in Aduard selbst zu Papiere gebracht sind; Hardenberg führt nämlich in den Fragen eine Sprache, die darauf schliessen lässt, als wäre er augenblicklich nicht daselbst. Möglicherweise sind sie bereits während seines Aufenthaltes im Kölnischen, vielleicht auch zu Emden niedergeschrieben. Wir geben sie hier im Auszuge wieder.

„**Ich frage, darf ich den Herrn verlassen**, der mir, trotz des grossen Neides Vieler, mit so grossen Unkosten so viele Jahre bei den Studien Unterhalt gewährt hat; der Religion und Frömmigkeit liebt, so weit er das des Hofes wegen darf; der seine Hoffnung auf Wiederherstellung der Religion sicher und allein auf mich gesetzt hat; der hierbei mir noch nicht ein Mal seinen Dienst hat verweigern wollen; der diese meine Lehre in seinen Dörfern und Kirchen gepredigt haben wollte und zu diesem Zwecke gute Pastoren suchte; ja, der auch die Lehre, soweit es des Hofes wegen erlaubt war, gegen die Widersacher vertheidigte und deshalb seinen Pastoren Vollmacht gab, keine Bettelmönche zum Predigen zuzulassen; der eine grosse Bibliothek, angefüllt mit guten Büchern jeder Art, hergestellt hat; der alle Schriften dieser meiner Religion kauft und fleissig liest; der von Herzen wünschte, dass die Religion wiederhergestellt würde, der aber nicht Alles verändern kann, wenn er nicht will, dass er und das ganze Kloster an den Hof übergehe; der die Seinigen nicht mit Zwang in die Messen treibt, ausgenommen, dass sie die sogenannten ordentlichen Messen (ordinarias quas vocant) besuchen wegen der vom Hofe her drohenden Gefahren; der mich selbst, einmal für immer, von aller Last der Mönche befreit hat; der

---
[1]) C. M. N. 34 fol. 135 ff.

da wollte, ich möchte den Jünglingen Freiheit geben, die heiligen Schriften durchzulesen, soweit es mir passend erschiene; der mir die greise Mutter ernährt, auch die ärmeren Verwandten unterstützt, die durch das Unrecht der Kriege ausgeplündert sind?

Wenn ich aber von hier fortgehe, so weiss ich sicher, dass der Abt erbittert, und alles bislang Auferbaute zusammenstürzen, ausserdem ein grosser Haufe im ganzen Vaterlande aufgereizt werden wird. Unsre guten Jünglinge, Pastoren und deren Nachbarn werden sich davon schleichen, sowie sie hören, dass ich, auf den sie gerade ihre Hoffnung setzten, Apostat geworden sei. Einige Unredliche, die bisher unsrer Lehre feindlich gesinnt waren, werden sodann triumphiren und das Oberste zu unterst kehren. Es werden die meisten Guten von da hinweggehen und somit die Unredlichen allein regieren. Es wird mir schliesslich keine Hoffnung mehr übrig bleiben, mein Vaterland, das dazu schon einigen Anlauf nahm, zu bekehren! —

Ich predigte dort an den einzelnen Sonntagen und Festtagen; ich lehrte, wiewohl seltener, so oft ich Zuhörer hatte, ich kam unsern armen und gedrückten Bauern zu Hilfe gegen die Unredlichkeit der Verwalter und andrer Einkassirer. Für sie Alle bin ich nun bange! Denn während meiner Abwesenheit missbrauchen jene Unredlichen ganz nach ihrem Gutdünken die Willfährigkeit des Abtes. Daher bitte ich Dich, mein lieber Lehrer, bedenke, was zu thun nöthig ist.

Wiederum frage ich, ob nicht die Messe von einem gläubigen Priester gelesen werden kann, der selbst communicirt ohne Opferhandlung; ob wir uns nicht das Leiden [die sündentilgende Kraft des Leidens] Christi aneignen können, wie in andern Gebeten, in denen wir den Vater bitten um des Todes seines Sohnes willen und ob das nicht Opfer, Messe genannt werden kann; ob nicht ein rechtschaffner Pastor bei den Seinen bleiben und Gottes Wort lehren kann, auch wenn er die äussern Gebräuche nicht zu verändern vermag; ob jene Gebräuche, wenn sie für nichtig angesehen werden, mit guten Gewissen beobachtet werden dürfen; ob ein Mönch, der zu [solchem] Kirchendienst nicht geschickt ist, nicht im Kloster bleiben dürfe, wenn ihm das Verständniss der [wahren] Religion aufgeht; ob gethane Gelübde mit gutem Gewissen gebrochen werden können; ob ein Mönch oder eine Nonne ihre Kleider und andere Gegenstände, deren sie sich im Kloster bedienten, mit sich nehmen dürfen; ob, wenn einer einen Dienst im Kloster versehen hat, er etwas Geld von da mit hinwegnehmen dürfe; ob rechtschaffne Männer, die Verständniss von der Religion haben, ohne Genuss der Sacramente unter den Ungläubigen leben dürfen, und, wo nicht, ob sie die Sacramente mit den Ungläubigen geniessen dürfen; ob ein Weltpriester die dem Bischof geleisteten Gelübde mit gutem Gewissen brechen kann; ob ein solcher mit gutem Gewissen darauf eine Frau ehelichen kann? —

Ob es einem Menschen erlaubt sei, mit gutem Gewissen da zu bleiben, wo er in bereits drei Jahren auch nicht einen Missbrauch hat abschaffen können; einem Menschen, der gezwungen wird, täglich weltlichen Gelagen, oft bis mitten in die Nacht, beizuwohnen; der selbst von seinem Gewissen gequält wird und mit grosser Noth und Gefahr Leibes und der Seele sich in solcher Lebensweise befindet; der sogar genöthigt ist, täglich Gefahr für sein Leben von Seiten des Hofes zu erwarten, in einer Gemeinschaft, in der die Meisten vollständig Epicuräer sind, die sich nicht um Religion bekümmern, weder um die ihrige, noch um die unsrige; der die Meisten durch sein Verweilen bei jener Lebensweise erhält — denn es ist sicher, wenn ich fortgehe, so werden die Meisten aus unsern Klöstern diesem Beispiele folgen — ; der in der Gefangenschaft die Erfahrung gemacht hat, dass der Abt sich nicht um ihn kümmere noch Hilfe leisten wolle, d. h. der [nur] bis zu den Altären, ja solange es die Ehre gestattet, mich und meine Lehre duldet. — Er weiss, dass sie gut ist und wünschte, dass sie wieder in Geltung käme; nur dass ihm dabei nichts, weder an Ehre noch an Reichthum entgehe; — der gegen sein Gewissen genöthigt wird, Luxus und andre enorme Verbrechen zu ertragen, welche täglich dort verübt werden, gegen die man vergeblich kämpft; — wo Messen und Anrufungen der Heiligen und jenes ganze Ceremonienunwesen noch regiert und nicht abgeschafft werden zu können scheint?

Wenn man aber fortgehen muss, ob es sicher und gerathen sei, jener Kirche zu dienen, welche Wenige hat, die Lutheraner heissen, während die meisten Sacramentirer, Papisten, Anabaptisten, Franconiten, Arianer, Davidisten genannt werden, dazu Zauberer ohne Zahl und tausend Secten, welche auszurotten man nicht hinreicht; in welcher ausserdem der Hauptzustand der Kirche gewissen Lehren schädlich ist, von denen ich hier einige beischreiben will" — — —

Hiermit schliesst das Manuscript. — Welch' interessantes Actenstück! Wie deutlich malt es uns Hardenbergs Kampf vor die Augen; wie deutlich zeichnet es uns das Bild des Abtes mit seinen löblichen und unlöblichen Eigenschaften; wie deutlich erkennen wir daraus das Leben und Treiben im Kloster Aduard! —

Diese Kämpfe aber, die naturgemäss in Hardenbergs Seele entbrennen mussten, wurden auch von aussen her gewaltig gefördert. Zunächst von Seiten seiner alten Feinde. „Es wurden mir" — berichtet Hardenberg — „wiederum vom Hofe Nachstellungen bereitet und zwar durch die Löwener Theologen und durch neue päpstlichgesinnte Hausgenossen, so dass ich, weil ich mich selbst zu Hause nicht sicher fühlte, anfing, an Auswandrung zu denken." — Wenn aber Hardenberg gleich darauf hinzufügt, dass er besonders auf das Drängen eines gelehrten und frommen Mannes, den er schliesslich als a Lasco bezeichnet, zu diesem Gedanken gekommen sei, so ist es klar, dass er von zwei Seiten, von feindlicher ebenso wie von befreundeter, aus Aduard verdrängt werden sollte.

In Betreff der a Lascoschen Bestrebungen, Hardenbergs Austritt aus dem Kloster zu ermöglichen, sind uns glücklicher Weise noch drei Briefe übrig geblieben, deren Aufeinanderfolge wohl streitig[1]) sein kann, die aber unbestritten in den Jahren 1541 und 1542 geschrieben sind.

Der erste dieser Briefe ist datirt vom 25. Juli, — wir nehmen an im Jahre 1541. Im Anfange desselben redet a Lasco Mancherlei über seinen Gesundheitszustand, fährt aber dann fort: „Was Du über Schaam, Schmerz, Trauer und das Elend berichtest, das Dich, wie Du schreibst, immerwährend peinigt, ich bitte Dich, — wie soll ich das glauben, da Du selbst versicherst, Du könntest unzweifelhaft die Gründe Deines Vorhabens vor Christo rechtfertigen! Ihm gegenüber bist Du also sicher, mir gegenüber erröthest Du und ängstigest Dich? Bin ich etwa grösser als er?

---

[1]) Ich habe keine Veranlassung finden können, die scharfsinnigen Bemerkungen Kuypers zu adoptiren, bin vielmehr bei der Ordnung, die Gerdes in seinem Scrin. antiq. aufstellt, geblieben.

Wer seinen Sabbath in Christo heiliget, braucht nicht Menschen gegenüber unruhig zu werden. Erkennst Du diess in deinem Innern an, dann brauchst Du Dich vor mir Deines Vorhabens nicht zu schämen, mein lieber Albert, und Dich nicht so gewaltig zu ängstigen! — Aber, da Du selbst zugestehst, dass Du bislang unsäglich nach verschiedenen Seiten hingezogen werdest, so fürchte ich, Du möchtest noch weiter von jenem Sabbath entfernt sein, als Du denkst, und immerfort bald hierhin, bald dorthin gezogen werden. Du überlegst, ob euer Leben eine Gotteslästerung sei, und billigst inzwischen die albernsten Missbräuche; als ob Missbräuche, durch die der Name und das Verdienst Christi geschändet wird, keine Gotteslästerung wären! Doch, Du machst dieselben nicht mit und tadelst sie auch, so Gott will, frei. Lieber Albert, so rühmst Du uns Deine Freiheit, gleich als ob wir nicht wüssten, von welchen Schranken sie umschlossen ist. Du verwirfst Hiskias Beispiel als ein solches, das eurer verschiedenen Stellung wegen, Deinem Amte fremd sei. Aber was er, der ein Hüter der äusseren Zucht war, unter Anwendung des Schwertes that, das müsstest Du nicht mit jenen allgemeinen Beschuldigungen thun, die Du in deinen Predigten erhebst, sondern mit dem wundersamen Hammer, der Felsen zerschmeisst [1]). Es ist Pflicht eines Doctors der Theologie, jeden an seine schuldige Pflicht zu erinnern. Wenn Dir nun da Deine Obrigkeit nicht Folge leistet; ja wenn sie von Ermahnungen nichts wissen will und Dich ausserdem zwingt, Vielerlei nachzuahmen und zu vertuschen und Du ihr nachgiebst, — heisst das frei tadeln? Du vergleichst nicht richtig Babylon mit Babylon [2]). Denn wir haben kein Götzenbild, welches wir verehren, ihr aber verehrt jenen Greuel, der an heiligem Orte, im öffentlichen Gottesdienst vor Gott aufgestellt ist, und seid dessen Diener. Wenn noch Götzenbilder bei uns übrig geblieben sind, nun so liegen sie völlig verachtet und vernachlässigt darnieder. Welchen Zug des Geistes aber Du erwartest, weiss ich nicht. Ich meine, es sei vom Geiste Gottes gesagt Jes. 52 [Vs. 11] und 2. Kor. 6 [Vs. 17]: Gebet aus von ihnen und sondert euch ab. Von demselbigen Geiste ist auch das dem ähnliche Wort geredet

---

[1]) Er meint damit das Wort Gottes nach Jerem. 23, 29.
[2]) Das wirkliche Babylon mit dem zweiten Babylon nach Offenb. Joh. 14, 8.

Offenb. 18 [Vs. 4]: Gehet aus von ihr [Babylon] mein Volk. — — Was mich anbelangt, ich liebe Dich, mein Albert, wie nur je; aber diess Dein Zaudern liebe ich nicht". — Solche Briefe, die energisch auf ihr göttliches Ziel lossteuern, alle Hindernisse als nichtig bei Seite schleudern und dabei durchweg vom Geiste persönlichen Wohlwollens getragen sind, können unmöglich ohne alle Wirkung sein. Je bestimmter a Lasco auf Entscheidung drang, desto eher reifte Hardenbergs Entschluss. Wie die Sache zwar fortschritt, aber doch nur sehr allmählich, erkennen wir aus einem zweiten Briefe a Lascos an Hardenberg. Da heisst es: „Ich freue mich ungemein darüber, dass das, was ich Dir oft vorhergesagt habe, jetzt geschieht, nämlich dass Du einsiehst, Deine Hoffnung, Du könntest dort Nutzen stiften, sei eitel gewesen. Wo sich Christi Reich erhebt, da kann der Satan nicht schlafen, dessen grosse Macht und List Du nun selbst an Dir erfahren kannst. Doch Du musst bedenken, dass Dir dieses Alles, was Du duldest, von dem Herrn zugeschickt werde und dass es gleichsam seine Stimme ist, durch die er Dich von Deiner Knechtschaft zu seiner Freiheit beruft. Wohlan, thue, was Du zu thun schuldig bist; verachte die Stimme des Herrn nicht; mache Dich sobald als möglich frei und wirf dieses pharisäische Joch ab. — Nichts wird Dir fehlen, das glaube nur. Was mich wenigtens anbetrifft, so werde ich mit Dir Alles gemeinsam besitzen und so wird Dir nicht eher etwas mangeln, als mir; höre endlich einmal auf mit Zögern. Ich habe einige Pläne und zwar keine zweifelhaften, durch welche leicht so für Dich gesorgt werden kann, dass Du anständig und deiner Würde entsprechend leben kannst. Nur darum bitte ich Dich und beschwöre Dich bei Christo selbst: zögre nicht länger, sondern thue sobald als möglich, was Du doch endlich einmal thun willst. Was Du, Deinem Schreiben zufolge, mit Deinem Abte verhandeln willst, das, mein lieber Albert, sind, wenn ich die Wahrheit sagen soll, lauter menschliche Dinge; ich sähe es lieber, Du gäbest diese auf; damit Alle erkennten, Du hättest nur um Christi willen und aus Hass gegen Deine jetzige Lebensweise das gethan, was Du jetzt zu thun im Begriff bist. — — O mein lieber Albert, wie angenehm soll mir die Stunde sein, in welcher ich Dich bei mir mit solcher Gesinnung ankommen sehe; o dass es doch durch Gottes Barmherzigkeit bald geschehen möge. Nichts soll mein sein, was nicht zugleich Dein wäre; komme nur bald im Namen des Herrn, der Dich von dort abruft und lebe wohl." —

So neigte sich der Kampf immer mehr einer Entscheidung zu. Noch ein Brief a Lasco's an Hardenberg aus jener Zeit, und zwar datirt vom 12. Mai 1542, ist vorhanden, der sich, jedenfalls nicht ohne Grund, in dunkeln Ausdrücken bewegt. Täuschen wir uns nicht, so hat sich Hardenberg ziemlich willig gezeigt auf a Lasco's Wünsche einzugehen. Letzterer nimmt daher einen ruhigeren Ton an. Er schreibt unter Anderm: „Ich erwartete in diesen Tagen, dass Du mir auf das antwortetest, wovon ich Dich benachrichtiget hatte, mein lieber Albert, damit ich wenigstens wüsste, welche Anschauung Du über diese [?] Sache hättest. Denn wärest Du gerade hierin derselben Meinung, wie ich wünschte, dann könnten wir über das Andere leicht hinweggehen. Aber zu allererst muss ich wissen, ob Du Dich entfernen und umwandeln[1]) willst; ich habe nämlich einen Boten zur Hand, durch welchen ich die Hauptsache von dem Allen jenem bezeichnen muss, der sich hierin meiner Mühe hat bedienen wollen. Daher bitte ich Dich, dass Du mir über Deine Gesinnung durch diesen Knaben Nachricht giebst . . . . Ich wollte an Dich Alles, was mich betrifft schreiben, aber unser Bürger Gerhard[2]) — — erzählte mir, Du würdest in Kurzem auf einige Tage zu uns kommen. Daher habe ich es für besser gehalten, Alles auf Deine Ankunft zu verschieben, als es den Briefen anzuvertrauen. — — Lebe wohl und gieb Dir Mühe, uns zu sehen. Inzwischen schreibe doch mit kurzen Worten und grüsse Deinen Abt von mir." —
„Endlich siegte er" — schreibt Hardenberg von a Lasco — „durch Beweise und erwiesne Thatsachen, besonders als Herr Philipp Melanchthon deshalb häufig brieflich mit mir verhandelte, wie diess auch unzählige andere gute Menschen thaten." Hardenberg verliess das Kloster und mit ihm das Papstthum.

Strauss sagt einmal in Betreff des Verhältnisses zwischen

---

[1]) Die Stelle lautet: „Sed hoc primum necesse est, ut sciam, an velis ἐκτοπίζειν καὶ μεταβάλλεσθαι" etc. Dunkel ist hier nur: μεταβάλλεσθαι. Soll es heissen: entfliehen und somit dem ἐκτοπίζειν synonym sein? Ich vermuthe, dass es die griechische Bezeichnung für das auch in's Deutsche übergegangne „convertiren" sei.

[2]) d. i. Gerhard tom Camp, Senior der Emdener Gemeinde.

Humanismus und Reformation [1]): „Der Humanismus war weitherzig aber auch mattherzig, wie wir an keinem deutlicher sehen können, als an Erasmus: er hätte die Umbildung der Zeit nicht durchgesetzt. Luther war engherziger, beschränkter als Erasmus: aber dieser zusammenhaltenden, nicht rechts noch links sehenden Kraft bedurfte es, um durchzubrechen. Der Humanismus ist der breite, spiegelnde Rhein bei Bingen: er muss erst enger und wilder werden, wenn er sich durch das Gebirge die Strasse zum Meere bahnen will." — Fast ganz dasselbe gilt von dem Verhältniss zwischen dem Institut der Brüder vom gemeinsamen Leben und der Reformation. Dort Weitherzigkeit, aber auch Mattherzigkeit; hier Engherzigkeit, aber zusammenhaltende Kraft. Es bedurfte daher erst jener weder rechts noch links sehenden Kraft eines a Lasco, um das unentschlossene Gemüth Hardenbergs mit sich fortzureissen, die Einflüsse des Bruderhauses zu überwältigen und so den Zögling der Brüder vom gemeinsamen Leben zu einem Jünger der Reformation umzuwandeln. —

Ob und wie sich Hardenberg in Aduard verabschiedet habe, wissen wir nicht. Er sagt nur an der einen Stelle [2]): „nachdem dort meine Angelegenheiten geordnet waren („compositis ibi rebus"), reiste ich nach Wittenberg"; und an einer andern Stelle [3]): „nachdem ich mir endlich ein Herz gefasst hatte, reiste ich auf Wunsch und Rath Philipps [d. i. Melanchthons] nach Wittenberg."

Sicher aber begab er sich zuvor nach Emden zu a Lasco. Wir schliessen diess aus einer Stelle, die sich in einem Briefe des letzteren an Hardenberg vom 25. Juli 1544 findet. Da heisst es: „Deine Kleidungsstücke werden häufig ausgeklopft, so dass ich von den Motten keinen Schaden befürchte, ausgenommen, dass sie schon die Strümpfe (tibialia) zu zerfressen anfingen; sie sind jedoch aufs Neue ausgeklopft. Ich habe aber den übrigen Bestandtheil deines Mönchshabits, dessen Aermel (manicam) ich an Dich nach Wittenberg geschickt hatte, in meinen Gebrauch genommen und will ihn Dir wiedergeben. Den Ring, welcher noch bei uns war, übersende ich Dir, wie Du wünschest."

---

[1]) Ulrich von Hutten, 2. Theil S. 300.
[2]) Handschriftl. Bemerkung in Euklids Elementen, Emdener Bibl.
[3]) Brief Hardenbergs aus dem Jahre 1544. A. B.

Also die Mönchskutte, das äussere Zeichen seines Zusammenhangs mit dem Papstthume, war nun, und zwar in Emden, abgelegt. Wie mag sich a Lasco gefreut haben, als diese letzte Hülle fiel; wie freudig mag er überhaupt unsern Hardenberg aufgenommen haben. War doch nun sein Bestreben mit Erfolg gekrönt und einer der sehnlichsten Wünsche seines Herzens erfüllt!

Von hier aus begab sich nun Hardenberg nach der Metropole der Reformation: **Wittenberg** und wurde dort unter dem Rectorate des D. iuris Laurentius Zoch im Juni 1543, und zwar Armuths halber gratis inscribirt [1]. Wir haben hier einen völlig sichern chronologischen Anhaltspunkt in Hardenbergs Leben. Da er aber selbst seine Reise nach Wittenberg ins Jahr 1542 verlegt, so müssen wir annehmen, dass er sich entweder bis gegen den Juni 1543 in Emden aufgehalten habe, oder, was mir wahrscheinlicher ist, dass er zwar früher nach Wittenberg kam, aber wegen Mittellosigkeit das akademische Bürgerrecht nicht erlangen konnte. Dass er zum Zwecke seiner Wittenberger Studien von a Lasco mit Geld unterstützt sei, wie Schweckendieck annimmt, hat an sich gar nichts Unwahrscheinliches, da diess von a Lasco auch später einmal geschah, lässt sich jedoch nicht näher begründen.

Hier in Wittenberg lehrten damals noch vor Allen **Luther** und **Melanchthon** und machten die Universität zur Perle unter den europäischen Hochschulen, wozu der Erzbischof Albrecht von Mainz die seinige vergebens zu erheben getrachtet hatte. Hardenberg aber hörte seinem eigenen Berichte zufolge „jene grossen Männer, die die Universität noch [1544] hat." Ueber sein Verhältniss zu **Luther** in damaliger Zeit ist wenig bekannt. Ein späteres Urtheil von ihm über diesen grössten Reformator werden wir seiner Zeit kennen lernen. So viel aber ist schon jetzt erklärlich, dass beide Naturen nicht völlig zusammenstimmten. Luther war, wie er selbst sagt, dazu geboren, dass er mit den Rotten und Teufeln kriegen und zu Felde liegen musste. Er war „der grobe Waldrechter, der Bahn machen und zurichten muss." Hardenberg dagegen war vielweniger zu solchen Kriegen mit Rotten und Teufeln geneigt; er mochte sich

---

[1] Förstemann, Album Acad. Vitebergensis p. 207. Dort wird unter der Rubrik: „Pauperes gratis inscripti" aufgeführt: „Albertus Hardenbergk Frisius Theologiae Doctor."

viel lieber ziehen lassen, als dass er selbstständig und kühn voranging; — jedenfalls hatte die Erziehung im Bruderhause einen viel zu grossen Einfluss auf ihn ausgeübt, als dass er sich an Luther ganz angeschlossen hätte. Daher ist es gewiss als dichterische Hyperbel anzusehen, wenn Luther, der Grabschrift Hardenbergs zufolge, von letzterem gesagt haben soll: „Siehe, dieser wird mein zweites Ich sein." („En, hic alter ego erit.") Vielleicht ist nur so viel davon richtig, dass sich Luther über Hardenberg günstig geäussert hat.

Viel inniger war dagegen das Verhältniss in welchem er zu Melanchthon stand. Es war geradezu ein förmlicher Freundschaftsbund, den beide mit einander schlossen, ein Freundschaftsbund, der erst mit dem Tode gelöst ward. Freilich war Melanchthons Nachgiebigkeit unserm Hardenberg später nicht ganz recht, aber, wenn nichts Andres, so war es wenigstens Dankbarkeit für Melanchthons Verdienste um seinen Austritt aus dem Kloster, die Hardenberg dauernd an ihn fesselte. Als Zeugniss für diesen engen Freundschaftsbund liegen noch viele Briefe Melanchthons an Hardenberg — 74 an der Zahl — und einige von diesem an jenen vor, deren wir später gedenken. Bei Melanchthon hörte Hardenberg unter Anderm Vorlesungen über Aristoteles Ethik, und unter Collegienheften, die, theils von Hardenberg selbst, theils von seinem treuen Famulus Cavonius, der mit ihm aus Löwen fortzog, geschrieben, auf der Emdener Bibliothek, leider nur bruchstückweise, vorhanden sind, befindet sich auch ein Commentar von Melanchthon zum ersten Korintherbriefe, bez. zu Kap. 9—14.[1]) —

Ausser Luther und Melanchthon aber müssen wir noch einen Mann erwähnen, mit dem Hardenberg jetzt in engere Verbindung trat, es ist Paul Eber, „eine schwache Leibesperson", wie ihn der Kurfürst August einmal nannte, aber von Luther „als[2]) der Paulus erkannt, der Pauli Lehre schützen sollte und mit Melanchthon so vertraut, dass er das Repertorium Philippi genannt wurde." So konnte Reusner mit Recht

---

[1]) Diese und andre dazu gehörende Schriftstücke sind verzeichnet im Katalog der Emdener Bibliothek 3. Heft S. 184 fg. Eine genauere Inhaltsangabe der einzelnen Manuscripte, soweit sie in Beziehung zu Hardenberg stehen, hat Schweckendieck gegeben S. 65 fg.

[2]) Frank, Gesch. der Protest. Theol. 1. Th. S. 103.

unter Ebers Porträt die Worte setzen: „Habe[1]) ich auch einen kleinen Körper, so ist doch mein Geist gross genug." Dieser sein Lehrer wurde je länger, je mehr sein vertrauter Freund, — weshalb er ihn auch später: verehrter Lehrer und Freund anredet, — und blieb es, bis in die spätere Zeit, wie uns ihre wechselseitige Correspondenz beurkundet.

So war denn der promovirte Mainzer Doctor der Theologie und, wenn auch nur auf kurze Zeit, gefeierte Docent von Löwen zum einfachen Studenten Wittenbergs geworden; — ein neuer Beweis, wie oft sich in jenen Zeiten die Gränze zwischen Lehrenden und Lernenden verwischte. Lange Zeit freilich konnte Hardenberg Studien halber nicht gut in Wittenberg bleiben. Es mochte ihm schon für die Dauer an den nöthigen Mitteln fehlen. Dann aber konnte es ihm ja nicht sowohl darauf ankommen, neue Kenntnisse zu erwerben, als vielmehr, sich tiefer von dem Geiste der Reformation durchdringen zulassen und eine kräftige Anregung zu erhalten für sein späteres Wirken.

Ausserdem bedurfte man damals vielfach anderwärts tüchtiger Kräfte. Es war daher vorauszusehen, dass er in nicht zu langer Zeit von dort abgerufen würde. Und fürwahr, diese Zeit kam sehr bald!

---

[1]) „Si corpus parvum, mens mihi magna sat est."

Viertes Kapitel.

Hardenbergs Eintritt in die Dienste des Erzbischofs von Köln: Hermann von Wied.

(1544.)

„Ein langer Mann, mit schneeweissem Barte, von würdiger Erscheinung und einem Ausdruck, in welchem sich Gutmüthigkeit, Ernst und Ehrlichkeit durchdrangen." So schildert uns Ranke[1]) den Kurfürsten und Erzbischof von Köln, Hermann von Wied, seinem Aeussern nach. Er lässt uns aber auch gleichzeitig einen Blick in sein Inneres thun. Er berichtet, dass er in den Schriften der Zeitgenossen als der gute, fromme Herr von Köln, als der alte gottliebende Kurfürst, der treffliche Greis erscheine, und dass er sich befleissigt habe, die Macht der gereinigten Lehre, die ihn je länger je mehr durchdrang, in seinem Leben und Wandel darzustellen. — Viel Gelehrsamkeit war freilich bei ihm nicht zu finden. Sagten ihm doch sogar seine Feinde nach, er verstände so wenig Latein, dass er nicht einmal eine Messe ordentlich lesen könnte. Dafür aber war er ein ziemlicher Jagdliebhaber, weshalb er sich gern in Buschhofen, einem zwei Stunden westlich von Bonn gelegenen Dorfe, aufhielt.

Früherhin war er entschieden gegen alle Neuerungen im Kirchlichen eingenommen; späterhin aber ward er besonders durch seinen geheimen Rath Medmann eines Besseren belehrt. Als nun auf dem Reichstag zu Regensburg (5. April bis 29. Juli 1541) den Prälaten zur Pflicht gemacht war, bei sich und den ihrigen eine christliche Ordnung und Reformation vorzunehmen, da schritt Hermann von Wied rasch zu energischer Ausführung

---

[1]) Deutsche Gesch. IV, 331.

des Beschlusses vor, und berief zunächst Butzer aus Strassburg. Dieser wird uns geschildert als ein Mann hageren aber kräftigen Wuchses, lebhaften Auges, scharfgezeichneten, etwas dunkelfarbenen Angesichts, voll natürlichen Anstandes. Um die Reformation hat er sich unstreitig damals, sowie auch später in England, grosse Verdienste erworben Indessen brachte ihn sein vermittelnder Standpunkt, den er stets zwischen den streitenden Parteien, besonders zwischen den Schweizern und Deutschen, einnahm, in den Ruf der Zweideutigkeit, und bereits beim Marburger Gespräch (1529) wollte Justus Jonas die Schlauheit eines Fuchses in ihm bemerkt haben. — Er traf bereits Ende 1541 beim Erzbischof ein, kehrte dann wieder zurück, ward aber bald darauf von Hermann nach dem Kölnischen zurückberufen. Es war Alles gut im Gange. Butzer, der am 3. Adventssonntage (17. December) 1542 seine erste Predigt zu Bonn gehalten hatte, begann nun Vorlesungen in dem dortigen Franciscanerkloster über die Briefe Pauli zu halten. Erasmus Sarcerius aus Nassau predigte zu Andernach. Ausser ihnen waren Hedio aus Strassburg, Pistorius aus Hessen und Andere vom Erzbischof zur Mitwirkung berufen.

Doch das Alles erregte in hohem Grade den Unwillen des Domcapitels. Besonders unangenehm war dasselbe durch die Berufung Butzers berührt. Es wandte sich daher Beschwerde führend in einer besondern Schrift[1]) an den Erzbischof. Dieser aber war wenig geneigt, diese Berufung rückgängig zu machen; vielmehr sah er sich veranlasst, eine neue Kraft zu gewinnen, um den Widerstand des Domcapitels desto eher brechen zu können. Der Mann aber, auf den er vor Allen sein Augenmerk richtete, war kein geringerer als Melanchthon. Butzer aber, der ihn von früherher kannte, unternahm es, an ihn zu schreiben. Mit den lebhaftesten Farben schildert er ihm den traurigen Zustand im Kölnischen, die maassvolle Entschiedenheit des greisen Erzbischofs und zeigt in der Ferne die schöne Zukunft, die kommen muss, wenn das Werk gelingt. „Dann wird," sagt er, „hier die Religion eine vortreffliche Zufluchtsstätte finden, alle Bischöfe werden dem Erzbischof nachfolgen und auch

---

[1]) Sententia delectorum — — de vocatione Buceri etc. Deutsch: Bedenken der Verordneten eines ehrwürdigen Domcapitels u. s. w.

die Stadt Köln wird Christum nicht auf die Dauer von sich ausschliessen können." Mit Letzterem deutet er auf den Widerstand hin, den neben dem Domcapitel auch die Stadt Köln den Bestrebungen des Erzbischofs entgegensetzte.

Aber auch der Erzbischof selbst liess es an seinem Theile nicht fehlen. Er lud Melanchthon in einem ehrenvollen Schreiben zu sich ein und liess ihm dasselbe durch seinen geheimen Rath Medmann überbringen. Melanchthon zeigte sich geneigt, der Kurfürst Johann Friedrich von Sachsen ertheilte ihm seine Erlaubniss, stellte ihm ausserdem zwei Reiter und 100 Güldengroschen zur Verfügung und so trat denn Melanchthon am 17. April 1543 die Reise an, war am 23. April in Gotha und schreibt bereits am 9. Mai an Camerarius über den beklagenswerthen Zustand der Kirche im Kölnischen. „Du würdest," heisst es da, — „den Verfall der Kirche nicht ohne Thränen mit ansehen können. Täglich läuft das Volk in Haufen zu den Heiligenstatuen und in diesem Heiligencultus besteht der Hauptsache nach die Religion der ungelehrten Menge." — Dazu, — bemerkt er anderweit — seien entweder gar keine Pastoren, oder nur ungelehrte zu finden. Der Erzbischof bemühe sich redlich um Verbesserung dieser verderblichen Zustände; aber er habe auch mit vielerlei List zu kämpfen! —

Rüstig ging nun Melanchthon ans Werk und arbeitete im Verein mit Butzer, auf Grund der Formel, nach welcher Andreas Osiander die nürnbergische Kirche reformirt hatte, einen Reformationsentwurf aus, in welchem besonders die Artikel über Dreieinigkeit, Schöpfung, Erbsünde, Glaubens- und Werkgerechtigkeit, Kirche und Busse ihn zum Verfasser haben. Gegen Ende Juni war der Entwurf fertig und nun unterzog der Erzbischof denselben einer eingehenden Prüfung, die sechs Tage und zwar an jedem Tage fünf Vormittagsstunden[1] in Anspruch nahm. Es ist wahrhaft rührend zu lesen, was Melanchthon über das Verhalten „des alten Mannes mit schneeweissem Barte" an verschiedenen Stellen[2] berichtet. So schreibt er am 17. August 1543 an Veit Dietrich: „Nachdem das Buch, welches die Form der Lehre und

---

[1] So nach Melanchthons Briefe an Menius und Camerarius vom 25. Juli und 10. August 1543. Nach dem Briefe an Paul Eber vom 10. Aug. 1543 fünf Tage und an jedem vier Vormittagsstunden.

[2] Besonders Corp. Ref. V. p. 150. 158 seq.

Kirchengebräuche enthält, fertig war, liess sich der greise Erzbischof unter Zuziehung seines Coadjutors, des Decan Graf Stolberg, einiger andrer Räthe und meiner Person das ganze Buch vorlesen, hörte aufmerksam zu und verhandelte sehr sorgfältig, wenn etwas vorkam, was ihm entweder der Verbesserung oder der Erklärung bedürftig erschien. Dabei hatte er ein Exemplar der heiligen Schrift zur Hand, worin er selbst bisweilen die Beweisstellen nachschlug. Bewundert habe ich nicht nur seine Sorgfalt, sondern auch sein Urtheil, was vielleicht die, welche ihn nicht kennen, ihm nicht beimessen. Aber glaube mir, er ist nicht ohne Verstand; er ist vielmehr ein Wahrheitsfreund von Haus aus und versteht die streitigen Punkte in Betreff des Glaubens und der wahren Anrufung ganz gut".

Im Juli 1543 wurde der fragliche Entwurf den Ständen vorgelegt. Die weltlichen Stände erklärten sich unumwunden dafür; aber die Majorität des Domcapitels und der Magistrat von Köln war dagegen. Es entstand ein nicht ohne Leidenschaft geführter Schriftenwechsel zwischen den streitenden Parteien. Melanchthon betheiligte sich zwar hieran auch, indem er Butzer und die Reformation überhaupt vertheidigte, musste aber, da er seine Urlaubszeit schon um Etwas überschritten hatte, den Kampfplatz verlassen und trat Ende Juli seine Rückreise an. —

Doch mit Melanchthons Weggange war der Streit selbstverständlich nicht zu Ende. Die Wogen stiegen höher. Schon konnten die kleineren Städte im Stifte: Bonn, Andernach, Linz als evangelisch betrachtet werden. Man befürchtete beiderseits einen entscheidenden Kampf! — Eine friedliche Aussicht war aber allerdings noch zu hoffen; es stand nämlich der Reichstag zu Speier bevor! —

Da hielt es der Erzbischof für gerathen, sich durch neue Kräfte zu verstärken und diesem Umstande vor Allem hat Hardenberg seine Berufung zum Erzbischof, der manches Vortheilhafte über ihn von Melanchthon und Anderen gehört hatte, zu verdanken. —

Um die Zeit der Reichstagseröffnung, — 20. Februar 1544 — erschien ein Abgesandter des Erzbischofs bei Hardenberg, und forderte ihn in dessen Namen auf, zu demselben zu kommen und ihm zu Diensten zu sein, wenn Etwas in Religionsangelegenheiten mit dem Domcapitel oder dem Kölnischen Klerus zu verhandeln sei. Hardenberg folgte dem Rufe und lebte bis zum Schlusse des Reichstags (11. Juni 1544) am Hofe seines neuen Herrn. Die Sache der Protestanten trat hier allerdings einigermassen in den Hintergrund, denn dem Kaiser lag es vor Allem daran, die nöthige Unterstützung zu einem Kriege gegen die Franzosen, dann gegen die Türken zu erhalten. Er fand auch hierbei der Hauptsache nach willige Herzen, da er schlau genug war, einzelnen einflussreichen Protestanten sehr zuvorkommend zu begegnen, wie er denn z. B. den Landgrafen von Hessen im Voraus zum Feldobersten im Türkenkriege an seiner, des Kaisers Statt, ernannte.

Was daneben die kirchlichen Verhältnisse betraf, so wurden den Protestanten die geistlichen Güter zur Einrichtung ihrer Kirchen und Schulen ausdrücklich überlassen und „der Zustand der von der Hierarchie getrennten Landeskirchen erhielt im Allgemeinen die Bestätigung des Reiches". Ueberdiess wollte der Kaiser auf dem nächsten Reichstage den Entwurf einer christlichen Reformation den Ständen vorlegen lassen, genehmigte jedoch, dass von allen Ständen ähnliche Entwürfe einer Reform eingebracht würden und verwies schliesslich auf ein „gemeines, freies, christliches Concilium".

Sonach ist freilich das Reformationswerk des Erzbischofs von Köln nicht gerade ein Hauptgegenstand der Verhandlungen gewesen. Aber zur Sprache gekommen ist es doch!

Der Erzbischof nämlich sprach in Speier, wie uns deutlich versichert wird[1]), mit Freimuth über die kirchliche Reformation, erklärte geradezu, man müsse die Hilfe gegen die Türken so lange verweigern, bis man günstige Zusagen in Betreff der Religion habe, sprach ferner die Absicht aus, in dem von ihm begonnenen Reformationswerke fortfahren zu wollen und war daneben der Ansicht, dass da, wo die Bischöfe etwa Schwierigkeiten machen sollten, die Reformation von dem Landesherrn, — und das war er ja als Kurfürst auch — in die Hand genommen werden müsste. Hardenberg unterstützte ihn hierbei aufs Kräftigste und suchte besonders durch Reden, die er dort hielt, den Tendenzen des Erzbischofs Eingang zu verschaffen, so dass sich der Bischof von Hildesheim, Valentin Dietleben, genöthigt sah, einige Artikel, die in den von Hardenberg gehaltenen Reden vorgetragen waren, zu bekämpfen.

Noch waren die Reichstagsverhandlungen im vollen Gange, da ward unserm Hardenberg in einem Briefe Melanchthons vom 25. März 1544 ein ehrenvolles Anerbieten gemacht. „Es waren", — so schreibt Melanchthon, — „nach Deinem Weggange Abgesandte der Stadt Braunschweig hier und baten Namens der letzteren um Nachweis eines geeigneten Mannes, dem die Oberleitung der Kirchen übertragen werden könnte. Unter Andern thaten wir Deiner Erwähnung. Den Gesandten gefiel unser Vorschlag wohl; nur hatten sie Bedenken in Betreff Deiner Aussprache. Doch ich sagte ihnen, dass sich die bereits in Mainz gebessert habe. Ich glaube übrigens, dass Braunschweig ein Ort für Dich wäre, dafern Du bicher zurückzukehren gedenkst und Dich der kurfürstliche Hof nicht zurückhält. Sprich nur frei und offen mit D. Buchelius, Medmann und Butzer. Sie werden Dir sicher rathen, was gut ist". — Ein Schüler Melanchthons überbrachte den Brief und hatte jedenfalls den Auftrag, Näheres über diese Angelegenheit mitzutheilen. Hardenbergs Antwort ist uns nicht genau bekannt worden. Welche Bedenken er dabei hatte, werden wir später sehen. Jedenfalls aber steht die Thatsache fest, dass sich diese Berufung nach Braunschweig, auf die Melanchthon in einem zweiten Briefe an Hardenberg vom 31. März 1544 zurückkommt, zerschlug und bereits am 22. April an Medler eine ähnliche Berufung von Seiten Melanchthons abging. —

Der Reichstag ward, wie bemerkt, 11. Juni 1544 geschlossen und damit schien Hardenbergs Thätigkeit im Dienste des Erzbischofs beendet. Indessen derselbe mochte sich von seiner Brauchbarkeit überzeugt haben und suchte ihn bei sich zu behalten. „Als mich" — so erzählt Hardenberg in dem öfter erwähnten Briefe vom Juli 1544, — „der Erzbischof bei seinem Weggange von Speier mit sich in seine Diöcese nehmen wollte, bat ich um meine Entlassung und zwar vieler Ursachen wegen. Eine aber war die, dass ich Butzer und andere treffliche Männer in Deutschland näher kennen zu lernen wünschte und so lebe ich auf Kosten des Erzbischofs bei Herrn Butzer [in Strassburg], ohne mich fest gebunden zu haben, und arbeite für ihn, wovon ich mir für die Kirche Nutzen verspreche. Und es wird mir leicht, unter einem so tüchtigen Führer, wie Butzer ist, mit dem ich gemeinschaftlich arbeite, zu kämpfen". —

So finden wir denn also Hardenberg im Juli 1544 in Strassburg und zwar mit der ausgesprochenen Absicht, noch weiter in den deutschen Landen umher zu wandern. Auch in ihm sehen wir also die echtdeutsche Wanderlust mächtig, die besonders in der Reformationszeit den Gelehrten gar keine lange Ruhe an einem und demselben Orte verstattete, dieselben vielmehr rastlos überall umhertrieb; eine Wanderlust, die besonders in dem bekannten Hermann von dem Busche, dem Missionär des Humanismus, wie ihn Strauss nennt, ihren entschiedensten Repräsentanten hat. Diese Stelle des Hardenbergschen Briefes giebt uns aber zugleich einen neuen Beleg für die von den Geschichtschreibern hervorgehobene Uneigennützigkeit und Freigebigkeit des Erzbischofs. Er willfahrt Hardenbergs Wünschen, lässt ihn von sich gehen und unterstützt ihn mit Geld! — Daher durfte sich auch nachmals Hardenberg geradezu so ausdrücken: „er", — nämlich der Erzbischof, — „sendete mich zu den vornehmsten Kirchengemeinden in Deutschland, damit ich dort mit den Gelehrten conferiren mochte". — Mochte übrigens auch Hardenberg erklären, dass es ihm unter Butzers Führung leicht würde zu kämpfen, so schien doch beiden die glückliche Beendigung des Kampfes, also die siegreiche Durchführung des Reformationswerkes, besonders im Kölnischen, äusserst schwierig. Nur mit dem Unterschiede, dass Butzer, kühner als Hardenberg, immer neue Kräfte heranziehen zu müssen glaubte, um einen gedeihlichen Abschluss herbeizuführen, während letzterer, mehr noch des Selbstvertrauens entbehrend, sich seiner Stellung nicht gewachsen fühlt und deshalb Andere an seine Stelle wünscht. Butzer schreibt demgemäss an a Lasco, er möge auch in die Dienste des Erzbischofs treten, was dieser aber vor der Hand abwies, mit der Erklärung, im Kölnischen zu predigen, daran verhindere ihn seine Sprache. Hardenberg aber klagt gegen a Lasco, dass er für die ihm gestellte Aufgabe zu schwach sei und begehrt a Lasco an seinem Platze zu sehen. Letzterer beruhigt ihn deshalb in einem Briefe vom 26. Juli 1544 und sagt: „wenn Du Solches von Dir schreibst, was sollte dann erst der Erzbischof von mir denken!" In demselben Briefe räth auch a Lasco unserm Hardenberg, seine unsichere Stellung aufzugeben und schreibt:

„Ich wünschte, mein lieber Albert, Du wärest an irgend einem bestimmten Orte und folgtest einer bestimmten Berufung. Denn lange Ueberlegungen afficiren die Menschen auf verschiedenartige Weise und halten viele Sachen auf. Hast Du also keine Neigung, bei dem Erzbischof zu bleiben, willst Du vielmehr lieber bei den Deinigen sein, so nimm hier bei uns eine Stelle an und werde mein College. Von hier aus würdest Du leicht Alles mit den Deinigen verhandeln können. Und wenn Du Erfolg (fructum) suchst, so würdest Du, meiner Ansicht nach, nirgends sonst grösseren finden können. Willst Du aber nicht hier sein, so bestimme einmal, wo Du sein möchtest, um einer sichern Berufung folgen zu können. Mein lieber Albert, ich fürchte, wir werden um so thörichter erfunden, je klüger wir sein wollen. Verzeihe mir mein freies Wort und rechne es meiner Liebe zu, die mich zwingt, Dir, was ich denke, zu sagen. — — Mein lieber Albert, wenn Du handeln willst, so schreibe mirs dreist; ich will gern mit Dir theilen, was mir der Herr gegeben hat, und glaube ja nicht, dass Du mir beschwerlich fällst!" — Wie ernstlich aber es a Lasco hiermit meinte, sehen wir aus einer andern Stelle desselben Briefes: „Franz Rengers hat mir in Deinem Namen nichts ausgezahlt"; — also Hardenberg hatte wahrscheinlich, der obigen Vermuthung entsprechend, von a Lasco Geld geliehen —; „aber ich schicke Dir nichts destoweniger zwanzig Thaler; mehr habe ich nämlich nicht zur Hand. Wir wollen mit Allem Abrechnung halten, sowie Du zu uns gekommen sein wirst. Sehe ich Dich dann reich, dann will ich von Dir zurückfordern, was Du mir schuldig bist. Ist diess nicht der Fall, dann will ich noch mehr dazu thun; wie ich Dir schon längst Gemeinsamkeit aller meiner Habe angeboten habe. Was Du aber besitzest, musst Du mir sicher angeben, Du magst sein, wo Du willst".

Dieser Brief war übrigens zu einer Zeit geschrieben, als Hardenberg selbst ähnliche Gedanken hegte. „Ich habe", — so schreibt er — „beschlossen, mich der Kirche wiederzugeben, sobald eine ordentliche Berufung an mich ergeht".

Dazu aber kam bereits von Seiten Melanchthons in einem Schreiben vom 21. August ein zweites Anerbieten, nicht minder ehrenvoll als das erste Darin heisst es: „Die pommerschen Fürsten baten mich, ihnen einen zu theologischen Vorlesungen und Disputationen geeigneten Mann für ihre Universität (Greifswald zu schicken. Ich antwortete, dass ich an Dich schreiben wollte. Da hast Du, wenn Du dorthin gehen willst, einen sichern und anständigen Gehalt. Ich bitte Dich nun, überlege es mit Butzer und antworte mir dann. Meiner Ansicht nach würde Deiner Art und Weise, sowie Deinen Studien das academische Leben am meisten entsprechen und Du könntest Dich im Lehrfache um die Wissenschaften sehr verdient machen. Ich erwarte von Dir eine deutliche Antwort." —

Auch hier müssen wir, ähnlich wie bei Gelegenheit des ersten Anerbietens von Seiten Melanchtons, sagen: die Antwort Hardenbergs liegt zwar nicht wörtlich vor; wir werden jedoch sogleich hören, weshalb er Bedenken trug, dem Anerbieten Folge zu leisten und die Thatsache steht fest, dass er die Berufung zur theologischen Professur in Greifswald nicht angenommen hat. —

Ob dieses Schreiben unsern Hardenberg noch in Strassburg antraf, ist ungewiss. Gewiss dagegen ist, dass er um diese Zeit eine Reise nach dem Süden, insbesondere nach Basel, Zürich und Konstanz unternahm. In Zürich verkehrte er mit Konrad Pellican, der seinen Namen „Kürschner" latinisirt hatte. Seine Gegner bespöttelten wohl seine grosse Nase. Dafür aber war er der grösste Kenner der hebräischen Sprache und der rabbinischen Litteratur. Was ihn aber uns hier besonders erwähnenswerth macht, ist, dass er entschieden in der Abendmahlslehre auf Seiten der Schweizer stand und schon als Mönch in früheren Zeiten an die Brotverwandlung nicht glauben konnte.

Ausser Pellican lebte damals auch Heinrich Bullinger dort, der, im Hinblick auf seine Geistesrichtung und praktische Thätigkeit, wohl der zweite Zwingli genannt werden dürfte. Er unterhielt nebst seiner Gattin, einer gebornen Anna Aldischweiler, um deren Hand er seiner Zeit in einem noch vorhandenen, bogenlangen und wohlmotivirten Liebesbriefe angehalten hatte, in seinem Hause eine ziemlich ausgedehnte Gastfreundschaft. Auch Hardenberg genoss derselben und war damit so recht an den Sitz zwinglischer Anschauung gekommen. Auch machte er dort die nähere Bekanntschaft von Rudolph Walther, Zwingli's Schwiegersohne. Noch ist ein Brief des letzteren an Hardenberg vorhanden, der uns Bürgschaft dafür giebt, dass sich beide nicht blos äusserlich näher getreten sind.

In Konstanz aber kam er mit den Gebrüdern Blaurer, der eine war dort Bürgermeister, der andre Geistlicher, in nähere Berührung. Da kam denn die Rede auch auf die Abendmahlslehre und insonderheit darauf, dass sich in der Hinterlassenschaft eines Dekan Hoeck eine Abhandlung über das Abendmahl vorgefunden habe, als deren Verfasser nach Ansicht mehrerer gelehrter Männer Wessel anzusehen sei. Ein gewisser Rhodius habe sie im Jahre 1521 oder doch 1522 nach Wittenberg gebracht, um sie Luther zur Approbation vorzulegen. „Aber" — so berichtet Hardenberg — „Luther, der jedwede Entheiligung des Abendmahles scheuete, gab seine Zustimmung nicht. Da bat aber Karlstadt Luthern bei Tische, er möchte jene Meinung annehmen und gegen den fleischlichen Genuss schreiben. Als diess aber Luther entschieden verweigerte, sprach Karlstadt hitzig: Wenn du nicht schreiben willst, so werde ich schreiben, wenn ich auch weniger dazu geeignet bin. Bald darauf warf Luther eine Goldmünze, die er aus dem Beutel genommen hatte, auf Karlstadts Tischplatz und sprach: Wohlan, ich gebe dir diess Goldstück, versuche es, wenn du es dir getraust. Nachdem Karlstadt das Goldstück weggenommen hatte, stand er vom Tische auf und fing an zu schreiben, so gut er es damals vermochte. Luther aber im Gegentheil vertheidigte den Buchstaben der Abendmahlsworte. — — Alles diess in Betreff des Anfangs und Fortgangs des Abendmahlsstreites hat mir ausser Philipp Melanchthon auch der edle, gelehrte Herr Thomas Blaurer, Bürgermeister zu Konstanz, Bruder des damaligen Pastors zu Konstanz, Ambrosius Blaurer, erzählt. Dieser Herr Thomas, damals tödtlich krank zu Bett liegend, bezeugte, dass er bei jenem Mahle zugegen gewesen und Luthers Gast gewesen sei. Hier also zu Wittenberg, nicht zu Basel oder Zürich, begann zuerst der Abendmahlsstreit." —

So Hardenberg[1]; nur dass hier, wie Ullmann scharfsinnig nachgewiesen hat, eine partielle Vermischung zweier Vorfälle stattfand, indem die Geschichte mit dem Goldstück sich erst etwas später und zwar zu Jena ereignete. Oder ist sie, was an sich nicht unmöglich, zweimal vorgefallen? — —

Sehen wir uns aber jetzt einmal nach dem Eindrucke um,

---

[1] Nach dem Msc. im Cod. M.

den das Reformationswerk des Kölner Erzbischofs hervorrief! Dass das Domcapitel und der Klerus und der Kölner Magistrat nicht damit zufrieden war, haben wir oben bereits gesehen. Aber es gab auch genug Leisetreter, die wenigstens nicht so ganz beistimmten. Da dürfen wir denn hier eine Anekdote einschalten, über deren chronologische Bestimmung schwer zu entscheiden ist, weil sie Männer zusammensein lässt, über deren gemeinschaftliches Zusammensein die geschichtlichen Berichte nichts enthalten. Die Sache selbst hat an sich gar nichts Zweifelhaftes.

Hardenberg schildert uns nämlich in einem späteren Briefe[1]) an Medmann eine Scene, in der Melanchthon eine hervorragende Rolle spielt. Bei einem Mittagsmahle waren zwei Grafen, — sie sind nicht näher bezeichnet — andre grosse Herren, ferner Butzer, Buchelius, Hardenberg und vielleicht Medmann beisammen. Während der Mahlzeit warf einer der Grafen die Frage auf, ob nicht eine Art und Weise aufgefunden werden könne, die Reformation so ins Leben zu rufen, dass sie sowohl Gott als dem Kaiser gefiele. Denn, wenn das nicht geschähe, müsse man an dem glücklichen Erfolge zweifeln. Da sprach Melanchthon[2]) voll göttlichen Eifers: „Meine Herren Grafen, wenn es uns gestattet wäre, mit der Schrift zu spielen und über dieselbe etwas zu bestimmen, wie ihr das mit einem Dorfe, mit einer Wiese oder mit einem Kleidungsstücke thut, so wäre das eine leichte Sache. Aber hier, in Angelegenheiten der Kirche, liegt die Sache anders als in euren weltlichen Händeln. Ihr kauft, verkauft, ihr verändert und wendet die Dinge zugleich mit euren Gedanken und Entschlüssen. Ihr reisst ein, baut auf, verwandelt das Viereck in den Kreis; aber in Sachen des Glaubens, die die Kirche betreffen, müssen wir dem vorgeschriebenen Worte folgen, dessen Diener nur, nicht dessen Herren wir sind. Den Erfolg aber müssen wir dem Sohne Gottes überlassen, dessen Sache diess ist". — Doch solche Gegner, gegen die sich hier Melanchthon wendet, waren nicht die schlimmsten; den gefährlichsten Feind der Kölnischen Reformation, insonder-

---

[1]) Cod. M. N. 35.
[2]) Die Worte lauten: „sumpta animositate divina" und Hardenberg fügt gleich hinzu: „quam illi optarem in omnibus consultationibus" etc.

heit der von Melanchthon und Butzer angefertigten Reformationsschrift haben wir in Wittenberg zu suchen. Es war kein geringerer als Luther selbst.

Die erste, deutsche Ausgabe jener Reformationsschrift war bereits vor 1. Oktober 1543 zu Buschhofen ohne Angabe der Jahreszahl gedruckt und zwar unter dem Titel: „Von Gottes Gnaden, unser, Hermanns Erzbischofs — — einfältiges Bedenken, worauf eine christliche Reformation anzurichten sei." Diese Ausgabe bestand aus 60 Artikeln, die in den späteren Ausgaben bis auf 63 anwuchsen. Im 29. Artikel, der vom Abendmahle handelt, heisst es nun so: „Es ist dieses Sacrament die Gemeinschaft des Leibes und Blutes Christi, welche uns im heiligen Abendmahle mit Brot und Wein wahrlich gegeben wird." — Ferner: „Wer ohne diesen Glauben das heilige Abendmahl handelt, oder dabei ist und sich seiner theilhaftig macht, dem gerathet es zum Gericht und Verdammniss und macht ihn schuldig am Leibe und Blute des Herrn." — — Schon seit längerer Zeit hatten Einige versucht, Melanchthon in Betreff der Abendmahlslehre bei Luther zu verdächtigen. Aber noch am 21. April 1544 hatte er in dieser Hinsicht geschrieben: „Gegen M. Philipp hege ich durchaus keinen Verdacht." — Jetzt aber schien die Sache plötzlich eine andre Wendung zu nehmen. Amsdorf, der früher Luther auf die Wartburg begleitet hatte, und jetzt erster protestantischer Bischof zu Naumburg war, schickte gegen Anfang August 1544 eine ziemlich scharfe Recension der Kölner Reformationsschrift an Luther. Dieser aber, nun erst von dem Inhalte genau unterrichtet, fand diese Recension viel zu mild und schon war der Anfang eines stürmischen Kampfes von seiner Seite zu befürchten. In der That bereitete Melanchthon seinen Weggang von Wittenberg vor und schreibt (28. August) an Butzer: „Ich habe Dir über unsern Perikles [d. i. Luther] geschrieben, der wiederum über das Herrenmahl heftig zu donnern anfängt und ein erschreckliches Buch geschrieben hat, das noch nicht erschienen ist, in welchem wir, Du und ich, verletzt werden. Er war in diesen Tagen deshalb bei Amsdorf, den er hierbei allein zu Rathe zieht und als alleinigen Lobredner des ganzen Angriffs hat. Wie ich höre, wird er mich und Cruciger morgen rufen. Ich bitte Gott, dass er diese Angelegenheit zu unserm und der Kirche Heil wende. Vielleicht geschieht es mit göttlicher Zulassung, dass diese Sache aufs Neue in Anregung kommt, die doch einmal zur Auseinandersetzung kommen muss. Ich bin der stille Vogel und werde nicht ungern aus diesem Strafarbeitshause herausgeben, wenn der Feind mich drängt. Binnen Kurzem sollst Du die übrige Geschichte wissen." — —

Noch am 8. September 1544 schreibt er an Medmann: „In Kurzem wirst Du über mich hören, dass ich, wie Aristides von Athen, von hier entlassen worden sei."

Luther vermisste nämlich in der Kölner Reformationsschrift die bestimmte Erklärung, dass der wahre Leib und das wahre Blut Christi im Abendmahle gegenwärtig sei und mit dem Munde genossen werde. Ausserdem war ihm die Schrift viel zu lang und geschwätzig und er erkannte darin hinlänglich das „Klappermaul" Butzers: „Ich bin flugs", schreibt er, „ins Buch gefallen und vom Sacrament, denn da drückt mich hart der Schuh, und befinde, dass mir nichts überall gefällt. Es treibt lange viel Geschwätz von Nutz, Frucht und Ehre des Sacraments, aber von der Substanz mummelt es, wie die Schwärmer thun, darum habe ich sein satt und bin über die Maassen unlustig darauf."

Der Kurfürst von Sachsen und sein Kanzler Brück gaben sich nun alle mögliche Mühe, Luther milder zu stimmen. In Folge davon liess Luther schliesslich Melanchthons Entschuldigung gelten, dass er den Artikel über das Abendmahl nicht verfasst, Butzern auch seine Wünsche in Betreff einer veränderten Fassung dieses Artikels mitgetheilt habe, damit aber nicht durchgedrungen sei. Das Einzige, was Luther jetzt noch zu thun für nöthig hielt, war, dass er am 29. September 1544 sein „Kurzes Bekenntniss vom heiligen Sacrament wider die Schwärmer" schrieb. — Um diese Zeit, wahrscheinlich um ein wenig früher, trat Hardenberg seine Rückreise von der Schweiz nach Strassburg an, und war bereits dort, als Johann Milichius ankam, — es mochte im September sein, — und Butzern veranlasste, er möge sich brieflich Luthern gegenüber rechtfertigen. Die Art und Weise, wie Butzer diesem Ansinnen entsprach, befriedigte Hardenberg gar nicht. Noch im Jahre 1556, da bereits ruhiges Urtheil über diese Sache bei ihm eingetreten sein musste, schreibt er an Medmann[1]): „Ich bin genöthigt anzuerkennen, dass ich

---

[1]) C M. N. 35.

daselbst bei Butzer etwas Menschliches beweint habe. — Er unterwarf sich nämlich Luthern gar zu knechtisch und erklärte, er sei bereit, jene Stelle [in Betreff des Abendmahles] oder auch das ganze Werk nach dessen Belieben umzuändern. — Ich lüge nicht Medmann, denn ich war bei dieser Handlung zugegen und las die Briefe und schrieb sie ab." —

Kurze Zeit aber nach seiner Ankunft daselbst, schrieb er einen Brief[1]) an den oben genannten Pastor Ambrosius Blaurer in Konstanz, der uns so genau über seine damalige Lage, sowie insbesondre über seine Stellung zum Erzbischof unterrichtet, dass wir nicht umhin können, denselben fast vollständig hieherzusetzen:

„Sei gegrüsst in dem Herrn Christo mit all den Deinigen. Mein lieber Blaurer! Gestatte mir die Freiheit, wenn Du nicht lieber dafür Kühnheit sagen willst, dass ich, kaum von der Reise wieder nach Strassburg zurückgekehrt, Dir sogleich mit meinem Schreiben beschwerlich falle. Die Veranlassung hierzu will ich Dir kurz auseinandersetzen, damit ich bei Dir um so leichter Verzeihung finde. —

Du erinnerst Dich, dass Du weitläufig mit mir über die vacante theologische Stelle verhandelt hast, in der ich, nach Deiner Meinung, einige Frucht schaffen könnte. Ich wagte es nicht, im Hinblick auf die schwere Verantwortung und meine Schwäche, mich einer so grossen Last zu unterziehen, besonders da ich überhaupt vom Kölnischen Erzbischof nicht freigegeben war. Indem ich aber unterwegs die Sache hin und wieder überlege, denke ich, es komme diess doch von Gott und dem dürfe man nicht freventlich widerstreben. Ich setze daher, nach Hause zurückgekehrt, dem Herrn Butzer die Sache auseinander. Aber der gestattete mir durchaus nicht, dem Erzbischof davon Nachricht zu geben; ich bin jedoch demselben nicht verpflichtet, obwohl ich es leider möchte, dass ich ihm dauernd verpflichtet würde, wenn ich irgendwelchen Nutzen sähe. Aber schon ein ganzes Jahr hält er mich in der Schwebe; inzwischen sehe ich keinen Nutzen und es verkümmert mir unter grossem Gewissensscrupel das mir auf Erden anvertraute Pfund, wofür ich einst dem Herrn Rechenschaft geben muss. — Er zieht wiederum die Sache

---

[1]) C. M. IX. N. 19.

bis zum nächsten Reichstage hin, auf dem es dann ebenso sein wird, wie zuvor, nicht weil es dem frommen Bischof an Muth fehlt, sondern weil er nicht nur von den Seinen verlassen, sondern sogar auch auf das Heftigste angegriffen wird. Mir graut fürwahr sehr vor den immerwährenden Kämpfen, die ich mit den Kölnern zu bestehen haben würde. Es scheint mir, dass ich dazu nicht tauge, vielmehr von Natur zu einer ruhigeren Lehrweise geeignet bin! —

Es sind mir viele andre und grosse Stellen vorgeschlagen worden. Aber theils sind sie in Ansehung meiner Mittelmässigkeit zu gross, theils der Art, dass es besser ist, auf sie zu verzichten, als sie anzutreten. Erstlich wurde mir eine nicht zu verachtende Stelle in Ostfriesland vorgeschlagen. Aber was soll ich in jenem unglücklichen Lande (in illa malorum omnium calamitosissima lerna) thun, wo so viele Häresieen, Secten und Spaltungen sind als Köpfe? — ich erinnere mich, dass ich Dir Einiges darüber mitgetheilt habe; — daher wird auch in Zukunft der unvergleichliche Mann, Johannes a Lasco aus Polen, genöthigt werden, seinen Wohnsitz zu verlassen. Können sie es aber mit diesem Manne nicht aushalten, dann werden sie mich niemals brauchen können. Es ist mir auch bei dem Herzog von Preussen eine Stellung angeboten worden. Aber dort ist mit grosser Barberei auch grosser Papismus verbunden, desgleichen in Pommern, wo der Pommer Johann Bugenhagen jetzt als Bischof agirt. Dorthin hatte mich Herr Philipp Melanchthon selbst unter sicherer und ehrenvoller Bedingung berufen. Als ich aber unterwegs in seinen Briefen las, dass der herrische Perikles [imperiosum Periclem d. i. Luther] wiederum solchen Lärm angefangen habe, dass er [Melanchthon] vielleicht selbst im Exile zu leben genöthigt sei, schrieb ich von Augsburg (Augusta), ich könnte keine Freundschaft mit denen pflegen, die ihm feindlich gesinnt sein würden. Es sind noch die Braunschweiger, Magdeburger und Hildesheimer [1]) Stellungen übrig, von denen ich irgend eine annehmen könnte. Aber es schrecken mich zum Theil die Spuren derer ab, die dort gelehrt haben, zum Theil auch die neue Tyrannei und Knechtschaft in der Lehre.

Du merkst, was ich will. Du hörst, dass ich auch noch frei bin und dass ich, wenn ich dorthin eine passende Berufung erhielte, fleissig dem mir aufgetragenen Werke obliegen würde. Das will ich jedoch nicht so verstanden wissen, als ob ich etwas bei euch erbetteln wollte. Nein, Gott ist mein Zeuge, dass ich nicht ohne Furcht und Zittern diess schreibe. Aber es musste einmal gewagt werden. Ich sehe, dass mir die Uebung in allen Dingen und die Lust dazu vergeht; ich muss daher sobald als möglich an irgend einem Orte sein, wo ich mich in fortlaufender Arbeit übe. Da Du nun meinen Dienst so sehr begehrtest, so nehme ich sicher an, dass diess von Gott sei, mit dem Du ohne Zweifel alle Deine Rathschlüsse verbunden hast. Ferner, dass Du ehrlich mit mir verhandelt hast, geht deutlich aus dem Briefe hervor, den Du an Herrn Welser geschrieben hast, den ich jedoch nicht ohne grosse Schaam sehen konnte; sodann auch aus dem Briefe, den Du inzwischen an Herrn Bullinger geschickt hast, woraus derselbe einen Satz hieher an einen Landsmann von mir einige Tage vor meiner Rückkehr geschrieben hat; ich weiss also, dass Du ehrlich mit mir gehandelt hast.

Aber ich will Dich, mein verehrter Blaurer und auch die Dir anvertraute Gemeinde nicht täuschen. Ich bekenne offen, dass ich nicht so Grosses vermag, als Du bei Deiner grossen Rechtlichkeit mir zuerkennst. Täusche daher nicht Dich und die Deinigen durch den Glanz (lenocinium) meines Namens; ich kann nur leisten, was man etwa von einem gewöhnlichen Prediger oder Vorleser der heiligen Schrift verlangt. Denn eine gründliche (solidam) Bildung habe ich nicht und werde auch kein ordentliches Werk schreiben können, weil es mir an Sach- und Wort-Kenntniss, ja überhaupt an Kenntniss fehlt. Wenn ich eure Sprache inne hätte, so würde ich so ziemlich predigen können; und ich hoffte wohl darin so weit zu kommen, dass ich leidlich verstanden würde. Aber ihr wünscht einen grundgelehrten Mann zu haben, dessen Dienste ihr in Ruhe und Arbeit, zu Haus und auswärts würdig in Anspruch nehmen könnt, und da glaube ich denn doch, dass ihr eine andre Eiche schütteln müsst. Ich freilich werde gern leisten, was ich kann; aber über die Mittelmässigkeit hinaus kann ich nichts versprechen.

In Tübingen sagte mir Johann Hillebrand, dass er auch von euch berufen worden sei. Wenn ihr diesen Mann mir nicht vorzieht, so irrt ihr euch, meiner Meinung nach, bedeutend.

Ich halte ihn für einen gelehrten Philosophen und hoffe auch, dass er kein übler Theolog sein werde. Ihr beleidigt mich also gar nicht, wenn ihr diesen oder einen andern mir vorzieht. Indessen der wird wahrscheinlich auf eine berühmte Universität, und zwar nach Heidelberg, berufen. —

Ihr werdet nun unter euch berathen können, um mir durch den euch gesendeten Boten eine bestimmte Antwort geben zu können; ich müsste dann nämlich bald dem Erzbischof und allen anderen Herren meine Stellung aufkündigen; ferner aber müsste ich auch einmal alle meine Angelegenheiten in der Heimath ordnen, um dann ganz zu euch übersiedeln zu können. Der Gehalt, den Du mir angegeben hast, ist hoffentlich hinreichend für mich, um einen mittelmässigen Hausstand herzustellen; darüber hinaus begehre ich nichts. —

[Nachdem er noch eine Bedingung hinsichtlich seiner in Löwen und sonst verloren gegangenen Bücher gestellt hat, fährt er fort:] Auch möchte ich euch das zur Erwägung vorstellen, dass ich, wenn ich mich einmal mit meiner ganzen Habe zu euch begeben habe, meinen Wohnsitz ohne grossen Schaden nicht wieder verändern müsste. Darum wünschte ich, dass diese Angelegenheit nicht nur fest, sondern auch als eine für das ganze Leben dauernde abgeschlossen werde, wobei ich mir nur die Freiheit vorbehalten möchte, dass, wenn mich mein Vaterland zum Dienste des Evangeliums beriefe, ich diess ohne Weiteres thun dürfte; so würde ich bei euch leben und euch Dienste leisten.

Du siehst, mein Blaurer, meine Willfährigkeit. Denke Du nun darüber nach, was euch von Nutzen sei. Wenn Du meinst, dass diese Angelegenheit keinen Fortgang im Herrn habe, oder wenn euch schon ein andrer zur Hand ist, dann verschweige den Inhalt dieses Briefes und schicke den Boten bald an mich zurück. So weit diess. Es erübrigt nur, dass ich Dir und Deinem lieben Bruder, und allen übrigen Freunden unsterblichen Dank sage für eure grossen Wohlthaten, durch die ihr mich euch für immer verbunden habt. Gott der Vater unsers Herrn Jesu Christi erhalte euch Alle zu seines heiligen Namens Ehre.

Strassburg, 28. Oktober 1544.

     Dein Dir und all den Deinen verbundener
     Albert Hardenberg aus Friesland."

Diesem Briefe ist noch eine Nachschrift beigefügt, der wir nur, — da sie meist nur Wiederholungen des schon im Briefe selbst Gesagten enthält, die Stelle entnehmen: „Ich möchte nicht, dass diess Herr Butzer wüsste, der mir zwar jede Stelle gönnt, aber doch lieber will, dass ich beim Erzbischof bleibe. Aber mir graut sehr davor. Uebrigens, mein Blaurer, erwarte ich täglich wiederum ein Schreiben des Bischofs, dass ich nach Worms reisen soll. Wenn ihr mir nun eine Stelle sicher zusagt, dann kündige ich ihm offen meinen Dienst auf, dem ich doch nicht gewachsen bin; ich müsste jedoch zu ihm selbst reisen und bald darauf gewisser Dinge wegen in meine Heimath. Aber zur festgesetzten Zeit würde ich bei euch sein." —

So viel aus diesem Briefe! Er lässt uns einen tiefern Blick in Hardenbergs bescheidenes Gemüth thun. Zugleich aber giebt er uns den deutlichsten Beweis, wie unbehaglich sich Hardenberg im Dienste Hermanns befand. Freilich es war nicht so leicht, wie es diesem Briefe nach den Anschein hat, nach Konstanz zu kommen. Welches jedoch die Hindernisse dabei waren, lässt sich nicht bestimmen. Genug, auch diese Berufung, der Hardenberg am meisten zugeneigt war, zerschlug sich! — Statt dessen war er genöthigt, dem Erzbischof Hermann, der jetzt von „Hunden und Wölfen" angegriffen wurde, fernerweit zur Seite zu stehen. —

Fünftes Kapitel.

Hardenbergs fernere Wirksamkeit im Dienste des Kölnischen Erzbischofs bis zur völligen Auflösung dieses Verhältnisses.

(1544—1547.)

Menschen, die, wie Hardenberg sagt, sich nur zur Schmach der Kirche Christi als Klerus und Geistliche bezeichnen, verleumdeten den Bischof unaufhörlich. Insbesondere waren Abgesandte der Kölner Domherren zu ihm gekommen, die ihn aufforderten, von der Reformation Abstand zu nehmen, widrigenfalls sie sich ihres ihm geleisteten Eides für entbunden erachteten. Leider erhielten alle derartige Angriffe auf den Erzbischof durch die traurigen Verhältnisse in Wittenberg, d. h. durch das Missfallen, welches Luther und seine specifischen Anhänger gegen das Kölner Reformationswerk kund gaben, eine verstärkte Bedeutung.

Indessen der „gute, fromme Herr von Köln" verzagte nicht. Er sah sich nur nach kräftiger Hilfe um.

Er beschied jetzt Hardenberg aufs Neue zu sich; dieser aber folgte dem Bescheide und stand dem Erzbischof wiederum treulich bei. Es ist uns freilich nicht möglich, Hardenbergs Thätigkeit im Dienste des Erzbischofs genauer zu beschreiben. Nur Folgendes wollen wir hier bemerken. Abgesehen von seinen Reden und Vorträgen, die er, wie damals in Speyer, hielt, hat er die ursprünglich deutsch geschriebene Kölner Reformationsschrift ins Lateinische übersetzt. Uebrigens ist es nicht sowohl als eine Uebersetzung, vielmehr als eine lateinische Umarbeitung der deutschen Ausgabe zu bezeichnen. Die Gegenpartei hatte sich veranlasst gefunden, eine Widerlegungsschrift jener deutschen Ausgabe der Reformationsschrift herauszugeben, worauf Butzer sich genöthigt sah, eine Vertheidigungsschrift abzufassen. Während er das erstere Werk in Gemeinschaft mit Melanchthon gearbeitet hatte, war dagegen die letztere Schrift sein alleiniges Werk. Auch hiervon fertigte Hardenberg eine lateinische Uebersetzung oder Umarbeitung an, und noch jetzt finden sich davon, wie Schweckendieck (S. 18) bezeugt, Vorarbeiten und einzelne Ausarbeitungen, von Hardenbergs Hand geschrieben, unter den Handschriften der Emdener Kirchenbibliothek. Dieser Schrift ist übrigens ein Anhang beigegeben: „Von der Berufung Buceri zum Dienste des heil. Evangeliums in dem Stift Köln", die nach Deckers[1]) Ansicht unsern Hardenberg zum Verfasser hat. — Gerade jetzt aber that neue litterarische Hilfe Noth. Nach Hardenbergs Angabe[2]) unternahmen es bereits die Feinde des Erzbischofs, eine Appellation bei dem Kaiser und bei „ihrem heiligen Gott", dem römischen Pontifex, einzulegen. „Damit diesen endlich in jeder Hinsicht vom Fürsten geantwortet würde, dazu war ich berufen und gegenwärtig und habe geleistet[3]), was ich nach meinen schwachen Kräften vermochte."

Sein damaliger Aufenthalt beim Erzbischof war übrigens vorläufig nicht von langer Dauer. Denn eben erst waren die dringendsten Geschäfte erledigt, so unternahm der Wanderlustige eine Reise in die Heimath, um seine Mutter und seine Verwandten zu besuchen. Der Vater mochte wohl schon länger todt sein, da Hardenberg bereits in den Fragen, die seinen Austritt aus dem Kloster betreffen, zwar der Mutter, als einer hilfsbedürftigen, nicht aber des Vaters erwähnte. Nun, Hardenberg kam in seine Heimath! „Aber ich erkannte bald", sagt er selbst, „dass der Hof zu Brabant mir Nachstellungen bereitet habe, so dass ich bei den Meinigen nicht in Sicherheit war. Daher war ich bald gezwungen, mich eilends nach Ostfriesland zu begeben, welches, weil es zum [deutschen] Reiche gehört, bis dahin das Joch jenes Hofes nicht leidet." Noch bestimmter spricht er sich darüber in einem Briefe[4]) an seinen Landsmann Sextus von Donia vom 19. März 1545 so aus: „In meinem Vaterlande habe ich nichts zu Stande gebracht. Es wurde mir nämlich, als ich in die Provinz Drenthe gekommen war (cum in Drentiam venissem) ange-

---

[1]) Hermann von Wied S. 115.
[2]) Scrin. Antiq. II. 687.
[3]) Wahrscheinlich deutet er hiermit hin auf die Schrift: Libellus dimissorius.
[4]) C. M. IX. N. 27.

zeigt, dass mir dort von Seiten der Behörde zu wenig Schutz gewährt werden würde; ich vermied es daher, öffentlich aufzutreten, bestieg bald ein Schiff und fuhr nach Emden." Hiernach scheint er allerdings mit den Seinigen zusammengekommen, aber nicht im Kloster Aduard gewesen zu sein. Letzteres war jedoch sicher von ihm beabsichtigt worden, denn noch immer hatte er die Verbindung mit dem Abte unterhalten und meinte damals und noch später, den Abt zum Uebertritt bewegen zu können. Freilich nur ein frommer Wunsch, der aber, wie das so oft im Leben geschieht, zur sehnsüchtigen, nie aufgegebenen Hoffnung ward. A Lasco urtheilte hierüber ruhiger und sagte: „ich weiss, dass er für einen Mönch zu gut ist. Aber wir lassen uns nicht leicht von den Fleischtöpfen Egyptens trennen, zumal wenn wir die Einsamkeit der Wüste, die wir befürchten müssen, vor Augen haben. Ich will jedoch das thun, um was du mich bittest; ich will fleissig an ihn schreiben, sobald ich etwas mehr Zeit habe."

Wie wenig sich übrigens Hardenberg, um diess noch zu erwähnen durch derartige Urtheile irre machen liess, geht unter Andern daraus hervor, dass er nach der in Rede stehenden Reise an den Züricher Pellican schrieb: „ich hoffe, dass du meinem Abte deine Regeln für die Klosterreform zugeschickt habest." — Jedenfalls war demnach Hardenbergs Vertrauen zum Abte auch nach seiner Reise in die unwirthlichen Niederlande noch ungeschwächt.

Hardenberg also war zu Schiffe nach Emden gereist und blieb daselbst, wie er in dem angeführten Briefe an Sextus berichtet, einen vollen Monat. Dann aber kehrte er in Begleitung von Johannes a Lasco nach Köln zurück. Wahrscheinlich hatte er dazu bestimmten Auftrag, wenigstens erklärt a Lasco, dass er vom Erzbischof dahin berufen sei. So war denn vor der Hand ein sehnlicher Wunsch Hardenbergs, mit seinem Freunde zusammen zu sein und zusammen zu wirken, erfüllt! —

Wahrscheinlich begannen sich damals die Klöster im Kölnischen zu leeren. Zum Beweise dafür liegt uns ein Brief Hardenbergs an Johann Utenhov vom 9. März 1545 vor. Darinnen redet er von vornehmen Jungfrauen, die nach Aachen gereist wären, um sich dort mit ihren Eltern zu besprechen. Er bittet Gott, er möge das Alles zum Guten wenden, bittet aber zugleich Utenhov, der die Jungfrauen begleitete, er solle sie ermahnen, sie möchten nicht zu viel auf

Menschenrath geben. A Lasco bot, wie Hardenberg in diesem Briefe berichtet, seine Dienste in Betreff der Jungfrauen an und Hardenberg erklärt, wenn er dabei von Nutzen sein könne, so solle man ihn nicht bitten, sondern ihm einfach Befehle ertheilen. Es liegt ihm überhaupt die Sache der jungen Damen sehr am Herzen. Bald fürchtet er für sie, bald hofft er wieder das Beste; und welche Wichtigkeit er der ganzen Sache beilegt, spricht sich in den Worten aus: „Es ist sehr bedenklich, sich in so grossen Gefahren zu befinden, wo hier die Herrschaft der Obrigkeit, dort die kindliche Liebe störend dazwischen tritt." —

Aller Wahrscheinlichkeit nach bezieht sich dieser Brief auf den Austritt vornehmer junger Mädchen aus dem Papstthume und aus dem Kloster und es ist derselbe noch insofern von Interesse, als er uns ein Beispiel von dem gemeinsamen einträchtigen Wirken a Lascos und Hardenbergs im Kölnischen giebt. —

Ueberdiess war die Anwesenheit seines Freundes im Kölnischen für Hardenberg um so angenehmer, da er gerade damals eines so treuen Rathgebers und Beistandes, als welchen sich ihm a Lasco bereits früher erwiesen hatte, bedurfte. Es erging nämlich damals aufs Neue eine Berufung an Hardenberg, und zwar eine noch ehrenvollere, als die früheren waren. Der Decan des Domcapitels zu Münster hatte an ihn geschrieben, ob er in die Dienste des dortigen Bischofs treten wollte. In Münster residirte damals Franz von Waldeck, der zugleich Bischof von Osnabrück und Administrator von Minden war. Er wird uns in den Schriften seiner Zeitgenossen geschildert als ein Mann, stark an Körper und Geist, gütig und rechtschaffen, der Reformation von ganzem Herzen zugethan [1]). Ihm war es zu verdanken, dass das Fürstenthum Osnabrück die Reformation annehmen durfte, indem er den Lübecker Superintendenten Hermann Bonnus (1543) dahin berief, erst die Stadt Osnabrück, dann das Stift zu evangelisiren [2]). Schon damals hatte er auch seine münstersche Diöcese reformiren wollen. Aber er durfte diess nur in dem nördlichen Theile der-

---

[1]) Eine so ziemlich der unsern entgegengesetzte Schilderung, — geschichtlicher Treue zuwider, — giebt der katholisirende — Historiker (?) — Onno Klopp, Tilly 1, S. 462.

[2]) Vergl. meinen „Hermann Bonnus, erster Superintendent von Lübeck und Reformator von Osnabrück, nach seinem Leben und seinen Schriften bearbeitet." Leipzig 1864.

selben, der jetzt zu Oldenburg gehört, wagen. Von Münster aus selbst erklärte man ihm, man werde Bonnus, wenn er ja kommen sollte, in einen Sack stecken und ersäufen. Der Bischof musste nun damals allerdings von seinem Vorhaben abstehen, gab es aber nicht für die Zukunft auf. Wäre die Einführung der Reformation in Köln nicht auf so schwer zu überwindende Hindernisse gestossen, so hätte er, der unter dem Erzbisthum Köln stehende Bischof, sicher schon längst in seiner Diöcese reformirt. Es schien überhaupt, als warte er nur auf das Vorangehen im Kölnischen. Als sich aber dort das Reformationswerk in die Länge zog, da glaubte er unabhängig von Köln den Kampf mit den päpstlich Gesinnten aufnehmen und mit der Reformation im Münsterschen vollen Ernst machen zu müssen.

Dass er in Hardenberg eine für diesen Zweck geeignete Persönlichkeit haben werde, konnte er, oder sein Decan, der sich schriftlich an Hardenberg wendete, nicht bezweifeln. Man musste ja in Münster wissen, dass Hardenberg beim Erzbischof beliebt war, dass er ihm durch Wort und Schrift nicht geringe Dienste geleistet hatte, und man musste von vornherein schliessen, dass es ihm, der unter den schwierigen Kölner Verhältnissen längere Zeit thätig gewesen war, nicht an Erfahrung fehlte.

Und welche Aussichten eröffnete dieser Antrag für Hardenberg! Er sollte in einen neuen Wirkungskreis eintreten, der ihm ein grosses und zum Theil schon glücklich angebautes Arbeitsfeld anwies; seine Stellung war voraussichtlich, schon wegen des jüngeren Alters des Bischofs im Vergleich zum Erzbischof Hermann, eine sicherere; im Nothfall konnte er vom Bischof in dessen evangelischer Diöcese Osnabrück eine Anstellung erhalten.

Darf es uns da wundern, dass Hardenberg, nachdem er Alles mit a Lasco, vielleicht auch mit Andern, wohlerwogen hatte, sich für Annahme des münsterschen Antrages entschied! Das Fatale war nur noch, den Erzbischof davon in Kenntniss setzen zu müssen! Indessen es geschah. Hardenberg ging zu ihm, legte ihm den ganzen Sachverhalt dar, machte sicherlich auch darauf aufmerksam, dass er hier keine feste Stellung habe, und bat schliesslich um seine Entlassung.

Dieser Antrag frappirte indessen den Erzbischof gewaltig; der alte Herr wurde sehr heftig und fand es unrecht, dass Hardenberg ihn gerade zur Zeit der grössten Unruhe und des heftigsten Streites verlassen wollte. Dabei wies er hin auf den nahebevorstehenden Reichstag zu Worms und sprach den bestimmten Wunsch aus, Hardenberg solle, wenigstens bis zum Schlusse desselben, bei ihm verbleiben. Würde sich dann eine bessere Stellung für ihn finden, als er ihm übertragen könne oder wolle, so solle er Freiheit haben zu gehen. Bei dieser Gelegenheit versprach ihm übrigens der Erzbischof, dass es ihm, so lange er lebe, an nichts fehlen solle.

Hardenberg erkannte aus der grossen Heftigkeit des Erzbischofs, — mochte sie ihn auch für den Augenblick unangenehm berühren, — wieviel demselben an seinem Verbleiben gelegen war; er sah es aber auch mit seinen Augen, wie derselbe damals von der Hilfe fast aller gelehrten Theologen entblösst war. So gern er die münstersche Berufung sofort angenommen, oder selbst mit a Lasco nach Emden gegangen wäre, — er durfte es nicht thun. Er ging vielmehr, in Folge von a Lascos Rath, auf die Wünsche seines Erzbischofs ein und theilte dem münsterschen Decan mit, dass er bis zum Reichstagsschluss bei seinem derzeitigen Herrn verbleiben müsse. Würde aber der Bischof Franz sich bis dahin gedulden, so möchte ihm der Decan nur darüber Mittheilung machen. Zugleich bittet er ihn, er möchte ihm doch etwas Genaueres über seine zukünftige Stellung kund geben, was er zu thun und wovon er zu leben habe. Erst wenn er das wüsste, wollte er ihm bald etwas Gewisses mittheilen. — Es scheint demnach, als hätte Hardenberg die Uebernahme der münster'schen Stellung, abgesehen von unbedeutenderen Vorverhandlungen, nur als eine Frage der Zeit angesehen.

In dem nämlichen Schreiben stellt er aber seinerseits drei Bedingungen auf, von deren Annahme oder Verwerfung er sein Jawort abhängig macht. Er verlangt erstens: der Bischof möge ihm gestatten, dass er aus Gesundheitsrücksichten **irgend eine fromme Gattin** nehmen dürfe. — Das war nun freilich etwas Flunkerei! Wir wollen es dahingestellt sein lassen, ob ihm aus „Gesundheitsrücksichten" eine Verheirathung nothwendig war. Jedenfalls aber war es unrichtig, wenn er so ganz im Allgemeinen von „irgend einer frommen Gattin" redet. Er wusste recht wohl, was, oder vielmehr, wen er wollte. Davon später! —

Die zweite Bedingung [1]) geht dahin, der Bischof möge ihm so viel Geld vorschiessen, dass er seine Bibliothek, die ihm bis auf Weniges theils verbrannt [2]), theils während seiner Gefangenschaft in Löwen geraubt sei, wieder restauriren und sich — einen kleinen Hausrath anschaffen könne. Als Drittes stellt er hin, dass ihm der Bischof einen ausreichenden Gehalt und eine Stellung biete, der er gewachsen sei. —

Hardenberg, der sich in jener Zeit abwechselnd in Köln, Poppelsdorf, Bonn und Buschhofen aufhielt, hat dieses Schreiben vom zuletzt genannten Orte 3. dominica Quadragesimae — d. i. 11. Februar 1545 — datirt. a Lasco sollte auf seiner Rückreise nach Emden über Münster gehen, dort dem Decane in Hardenbergs Namen für die durch das gemachte Anerbieten bewiesene Freundschaft danken und ihm dessen Verhältnisse näher beschreiben. So war Hardenberg mit a Lasco übereingekommen. Letzterer, der, wie wir oben sahen, noch am 9. März bei Hardenberg war, schreibt bereits Mittwoch nach Laetare, d. i. 18. März 1545, über den Erfolg seiner münsterschen Sendung von Osnabrück aus: „Ich kam", heisst es da, „am Mondtage, wie ich wünschte, hieher, mein lieber Doctor Albert; aber ich fand hier weder meinen Landsmann, noch unsern Syburg [3]), noch auch den Fürsten — Syburg war an dem nämlichen Mondtage, an welchem ich hieher kam, von Iburg, — einem Flecken zwischen Osnabrück und Münster — fortgereist und wird nicht sobald zurückkehren. Der Fürst aber und einige Gesandten andrer Fürsten sind im Verein mit dem Fürsten von Lüneburg nicht mehr als fünf Meilen von Braunschweig entfernt, so dass ich völlig vergeblich hieher gekommen bin. Jetzt reise ich in Gottes Namen fort nach Emden und habe die Anordnung getroffen, dass mir mein Landsmann folgt, wenn er inzwischen ankommt. Deinen Brief an Syburg habe ich durch diesen Boten übersendet und befohlen, dass er ihn zu Münster oder auch zu Iburg, wenn er ihn dort nicht aufgefunden habe, suchen sollte. Ich habe deinem Briefe an ihn den

---

[1]) Diese Bedingung hatte er auch in dem Briefe an Blaurer vom 28. Oktober 1544 gestellt, s. oben S. 54.

[2]) s. oben S. 22.

[3]) Syburg war „sacellanus" beim Bischof von Münster, Hamelm. 1295. Hier scheint es, als wäre er Decan gewesen.

meinigen hinzugefügt, worin ich ihm deine Angelegenheit auseinandergesetzt habe." — —

Uebrigens hatte a Lasco eine nicht gerade sehr angenehme Rückreise. Er schreibt: „Das Pferd, das man mir aus Gefälligkeit gegeben hatte, war der Art, dass ich es nicht länger als einen Tag geritten habe. Der Bote wird Dir erzählen, was für Last und Mühe wir damit gehabt haben. Derselbe Bote soll es seinem Besitzer wieder zuführen. O dass ich es niemals gesehen hätte!" — Dazu waren die Wege von Osnabrück aus grundlos. Daher schreibt er: „Wegen der durch Ueberschwemmung unwegsamen Strecken, kann ich nicht den gewöhnlichen Weg nach Ostfriesland einschlagen; ich muss vielmehr über Oldenburg nach Aurich und von da nach Emden reisen!" — Mit dem Obigen schliessen aber alle Nachrichten, die die Münstersche Berufung betreffen, ab und am Ende steht nur dieselbe Thatsache fest, wie bei den früheren Berufungen, dass sich dieselbe zerschlug! — Dabei aber war Hardenbergs Lage durchaus nicht besser geworden. Er schreibt in dem Briefe[1]) an Sextus vom 19. März 1545: „Ich befinde mich körperlich ziemlich wohl, bin aber völlig matt am Geiste, weil ich sehe, dass ich täglich muthloser werde, oder auch, weil mich das fortdauernde Unglück der bedrängten Kirche peinigt. Entsetzliche Verfolgungen kommen täglich vor und inzwischen vermehrt auch der Feind seine Anhänger, deren treulose Abtrünnigkeit so vor sich geht, dass auch die Kinder Gottes mit den Verbrechern zusammengenommen werden. Ich bitte Dich, mein lieber Sextus, sei rechtschaffen: denn in Zukunft wird die ganze Welt gegen uns aufstehen und zwar wird sie nicht nur gegen die Diener des Wortes, sondern auch gegen den Staat und das Reich Gottes ihre Pfeile entsenden. Auch die Erwählten Gottes werden versucht werden. Darum, wer da meint zu stehen, mag zusehen, dass er nicht falle!" — Dazu kam noch, dass Hardenbergs finanzielle Verhältnisse etwas brouillirt waren. Er hofft auf Geldsendungen, um seine Verbindlichkeiten erfüllen zu können, erklärt aber dabei, er habe seit fast zwanzig Jahren niemals weniger Geld gehabt, als gerade damals. „Wenn Du" — so redet er Sextus an, — „einmal ein grosser Junker (magnus Jonkerus) geworden bist, dann wirst

---
[1]) C. M. IX. N. 27.

Du der Mittellosigkeit Deines Freundes aufhelfen; — doch das sage ich im Scherz." — Aus demselben Briefe aber erfahren wir auch, dass ihm das Hofleben zuwider geworden war. Er schreibt nämlich, wenn Sextus nicht im bevorstehenden Sommer nach Italien reise, dann müsse er eine Reise in die Heimath unternehmen. Komme er da nach Bonn, so solle er nur bei dem Vogelhändler Anton Bartscher (apud Anthonium Barbitonsorem ornopolam) bei dem er sich aufhalte, nach ihm fragen. „Ich war" — heisst es weiter, — „bisher am Hofe. Aber ich konnte dort der häufigen Ortsveränderungen und andrer Unbequemlichkeiten wegen nicht länger bleiben; ausserdem ist eine ruhige Lebensweise (sedentaria vita) meinen Studien angemessener." —

Wir erinnern uns aber hier, dass der Erzbischof Hardenberg besonders des bevorstehenden Reichstages wegen und bis zum Schlusse desselben bei sich behalten wollte. In derselben Zeit aber wollte und sollte auch a Lasco wiederum dem Erzbischof zu Diensten stehen.

Daher schreibt jener auch in dem ebenerwähnten Briefe von Osnabrück aus: „So wie Du merkst, dass Dein Fürst seine Reise nach Worms vorbereitet und wann er sich auf den Weg begeben will, so bitte ich Dich, mir davon durch einen besondern Boten Kunde zu geben, besonders wenn Hoffnung vorhanden ist, dass dort Etwas die Religion Betreffendes verhandelt werde, oder auch — ist diess nicht der Fall, — wenn nur Gewissheit da ist, dass evangelische Fürsten dahin kommen." —

Nun, der Wormser Reichstag ward eröffnet. Vom Erzbischof, der nicht persönlich dort erscheinen wollte, aufs Neue gerufen, ging er nach Worms und brachte daselbst längere Zeit zu, wahrscheinlich in Verein mit Hardenberg, jedenfalls mit andern erzbischöflichen Delegirten zusammen. Es ist eine erwiesene Thatsache, dass man auf diesem Reichstage von Seiten der päpstlichen und kaiserlichen Partei mit empörender Perfidie gegen die Protestanten auftrat. Statt das Versprechen einzulösen, ein gemeines, freies, christliches Concil zu berufen, verwies Ferdinand im Namen des Kaisers auf das vom Papste berufene Concil zu Trient. Und als die Protestanten entschieden erklärten, sich auf dieses Concil nicht einlassen zu können, erklärte ihnen Granvella, er könne ihnen nicht bis zum Concil, geschweige denn darüber hinaus, Frieden versprechen. Mit dieser halbverdeckten

Kriegserklärung gingen die Delegirten von dannen; — und Hermann von Wied trat nun mit ein in den Schmalkaldischen Bund. —

Unter diesen Umständen aber musste ihm noch mehr als zuvor daran liegen, Hardenberg bei sich zu behalten; er musste ihn aber auch einigermaassen dafür entschädigen, wenn er die münstersche Berufung ablehnen sollte. Es geschah, und so finden wir denn jetzt unsern Hardenberg als Pastor in Kempen[1]) wieder, einem Orte an der geldrischen Grenze gelegen, berühmt durch den frommen und gemüthreichen Schüler Gerhard Groot's: Thomas a Kempis. —

Aus dieser Zeit seiner ersten geistlichen Amtsführung sind uns noch mehrere Briefe Hardenbergs übrig geblieben, die manche interessante Notiz enthalten. Leider fehlt bei allen merkwürdiger Weise das Jahr ihrer Abfassung! —

Am 4. August 1545 fand die Publication des Reichstagsabschiedes statt; — die Hauptverhandlungen waren schon früher beendet. Es steht somit der Annahme, dass der Brief, den wir sogleich besprechen werden, und der vom Tage nach Bartholomäi, d. i. 25. August, datirt ist, noch in das Jahr 1545 fällt, nichts entgegen.

In demselben[2]) fordert Hardenberg einen Geistlichen auf, die im August fälligen Abgaben und einen Theil der Opfer zu entrichten, wenn er sich nicht grossen Unwillen des Kurfürsten zuziehen wolle. Es möchten ihm wohl unerfahrne Leute damit vertröstet haben, dass er, Hardenberg, nicht lange dort bleiben würde. „Aber ich" — fährt er fort, — „werde durch Gottes Gnade länger hier bleiben, als gewisse, neidische Menschen hoffen. Und wie auch die Dinge ausfallen, ihr werdet doch bezahlen müssen, was uns zukommt. Vorzüglich aber ermahne ich, Dich, dass Du Dich vor Götzendienst und dem Greuel der Verwüstung hütest und das Volk, das unserer Sorge anvertraut ist, treulich mit dem Worte Gottes weidest." Der Verfasser unterzeichnet sich: „Albertus Hardenbergus, Theologus, pastor Cempensis."

---

[1]) Ueber Hardenbergs pastorale Thätigkeit in Kempen siehe auch Hilgenfelds Zeitschrift für wissenschaftl. Theologie 1868 Heft 1
[2]) C. B. N. 8. abgedruckt: Hilgenfeld a. a. O.

Ein zweiter Brief [1]) ist wesentlich eine Vertheidigungsschrift Hardenbergs auf Anklagen, die von Seiten der Geistlichkeit in Kempen gegen ihn erhoben sein möchten. Diess setzt also, beiläufig gesagt, schon eine längere Dauer seines Aufenthaltes in Kempen voraus. Wir geben diesen Brief, besonders da sich darin seine Stimmung kund giebt, im Auszuge:

„Deine Hoheit hat mir vorgeschrieben, ich sollte jenen Leuten die Erlaubniss ertheilen, ihre kanonischen Horen zu lesen und zu singen. Daran habe ich sie nie verhindert. Aber ich habe gewollt, sie sollten mit mir singen. Und ich habe bisher die Matutin, Vespern und das Completorium lateinisch gesungen und jeden Sonntag die Messe celebrirt, d. h. das Nachtmahl des Herrn. Ihre Anklage gegen mich ist also falsch.

Sie übrigens handeln gerade wie vorher. Sie singen ihre Messen, welche sie nicht singen, sondern nur lesen dürfen; sie halten Messen in ihren Brüderschaften und jetzt, am Annafest," — der Brief scheint also kurz nach dem Annatage 26. Juli, wir müssen annehmen im Jahre 1546, geschrieben zu sein, — „trieben sie den vollständigsten Götzendienst mit Orgeln, Gesängen und Opfern. Dass ich ihnen aber einen Priester bestellen sollte, der ihnen in Allem zu Willen wäre, das kann ich mit gutem Gewissen nicht thun, und einen guten und gottesfürchtigen, der das thun wollte, kann ich nicht auffinden. Dass ich aber einen notorisch Unkeuschen zu mir nehmen sollte, ist mir unmöglich. Ich bitte daher, dass mir eine derartige Auflage nicht gemacht wird. Denn ich will lieber sterben als einen Menschen bestellen, der den Götzendienst noch vermehrt. Möge also der Herr Fürst irgend einen bestellen, oder, wenn es durchaus so sein muss, so möge er dem Präfect und der Obrigkeit aufgeben, einen zu bestellen, der jedoch mir in allen übrigen Dingen gehorcht. —

Was sie aber von Klagen der Bürger sagen, ist alles eine offenbare Lüge. Wenn einige Kinder nicht getauft worden sind, so ist diess auf Antrieb jener Priester geschehen; denn sonst hätten die Menschen es nicht verweigert, von uns das Sacrament der Taufe zu empfangen. Auch ist niemand ohne Empfang der Communion gestorben, eine Frau ausgenommen, die dieselbe wohl von uns empfangen wollte, aber wegen des in Folge eines aufgebrochenen Geschwürs rasch erfolgten Todes nicht empfangen konnte. Jedoch kam sie im Geiste und mit Worten zu unsrer Communion und ist von uns begraben.

In Summa: sie halten das unglückselige Volk, das auf diese Weise nicht besser werden kann, im Irrthume zurück und diese ihre Art und Weise ist wenig geeignet, das Volk reich zu machen. Sie lügen aber, wenn sie sagen, dass ich sie an heiligen Verrichtungen hinderte, sie, die immer noch Messe abhalten; und überhaupt ist das, was sie an Ew. Hohheit abgegeben, voll von Betrügereien.

Ich bitte daher, es möge mir in diesen meinen so grossen Aengsten und Nöthen verstattet werden, dass ich jene Kirche nach dem in der Burg Ew. Hohheit zu Kempen jetzt öffentlich vorgelesenen Decrete leiten darf und dass Ihr jenen nicht mehr zugestehet, als was für die Altäre derselben gebührt. Ferner dass sie, sofern ich es will, mit mir ihre Horas singen und dass der Sacristan dazu nicht läutet, noch von ihnen ohne unsre Zustimmung dazu geläutet werde, was sie jetzt ganz nach Willkühr thun. Ausserdem halten sie meine Opfer und Gebühren, von denen ich leben muss, zurück. Ich bitte daher auch darum, dass sie mir weichen, zufrieden mit ihren Einkünften leben und sich nicht in Dinge mischen, die den Pastoren angehen; — sonst werde ich die guten Bürger nicht länger in Frieden erhalten können, die über diese Störung jener Menschen tiefe Trauer empfinden!" —

Möglicherweise gehört hierher noch ein dritter Brief von Hardenbergs Hand[1]), ohne Datum und den Namen des Adressaten, unterzeichnet: „Ex inferis Rodiensibus". Wir geben ihn vollständig: „Ehrwürdiger Herr, hochverdienter Vater! Höre, was Du entweder belachen, oder, nach Deiner Barmherzigkeit gegen die Dir anvertraute Heerde, mit Schmerz beweinen magst. Als neulich zu Assa ein treffliches Mädchen, Bola Müllers, im Todeskampfe lag, stand eine alte Frau dabei, die ich Dir mündlich nennen werde. Als nun jenes Mädchen beim Verscheiden schwitzte, fing diese mit furchtbarem Geschrei an zu rufen: o die

---

[1]) C. M. N. 47. fol. 218.

Ungltickliche, o die Verlorne! Nun sehen wirs, dass sie im Leben noch nicht genug gequält, vielmehr durch Gottes ewigen Richterspruch verdammt sei! — Ich erschrak, führte sie abseits und fragte sie, was sie für ein Zeichen in Betreff der verlornen Seele des Mädchens hätte, ich hätte wegen deren Seligkeit nur gute Hoffnung, denn die gingen nicht gleich verloren, die hier im Fleische von unsaubern Geistern geplagt würden. Auch wäre es mir noch nicht hinlänglich erwiesen, ob Bola wirklich von einem Geiste besessen wäre. Es gäbe viele melancholische Krankheitszustände, die gerade solche Krampfanfälle herbeiführten. Da sagte die alte Frau, das Mädchen sei sicher verloren und zwar deshalb, weil es beim Verscheiden seine Taufe ausschwitze. Ich war darüber verwundert, denn ich hatte bislang so etwas nicht gehört. Als ich sie um den Grund fragte, sagte sie, Alle, die im Todeskampfe schwitzten, schwitzten vollständig das Taufwasser aus; niemand aber könne ohne Taufe selig werden. Darauf wollte eine andre den Ausspruch der ersteren mildern und sagte, das sei noch kein sicheres Zeichen, dass Bola verdammt sei. Freilich aber sei jener Schweiss das Wasser der Taufe, das sie im Anfang ihres Lebens empfangen habe; es könne wegen seiner Heiligkeit nicht auf die Erde fallen und werde deshalb ausgeschwitzt[1]). O mein Gott! Du siehst, Herr, was hier die Frauen (tuae) von der Taufe verstehen! Als ich bald darauf anfing über die Taufe zu reden, zischelten sie, ich sei ein Lutheraner. O unsterblicher Gott, welche Unwissenheit! Doch mündlich Alles deutlicher. Lebe wohl"[2]).

Diese Briefe bedürfen keines längeren Commentars. Hardenbergs Lage war in Kempen eine höchst trübselige! Er fand eine

---

[1]) Die Worte, die allerdings verschieden übersetzt werden können, lauten so: — — „esse aquam baptismi, quam initio vitae accepit; illam propter sanctitatem non posse in terram ideoque exsudari."

[2]) Unverkennbar passt der Brief in die Zeit und in die Umstände, von denen hier die Rede ist; der Adressat könnte kaum jemand anders sein, als der Erzbischof, der passend „reverende domine, pater meritissime" angeredet wird. Es wird sich indessen erst dann der Brief genauer bestimmen lassen, wenn die Ortsangabe „Assa" und die Unterschrift „Ex inferis Rodiensibus" hinlänglich aufgeklärt ist, was mir bis jetzt nicht möglich war.

irregeleitete Gemeinde; Priester, die diesen Irrthum aufrecht zu erhalten suchten, und die ihrem neuen Pastoren, wo er bessernd einschreiten wollte, hindernd in den Weg traten, es an Aufreizungen im Volke nicht fehlen liessen, ihm den Gehorsam verweigerten, seine Einkünfte vorenthielten und zu dem Allen ihn noch beim Erzbischof verklagten!

Das hellste Licht aber wird auf die Kempener Verhältnisse und Hardenbergs Stellung unzweifelhaft durch einen Brief [1]) vom 26. November, — wir nehmen an 1546 — geworfen, den wir hier ebenfalls, auszugsweise, mittheilen. Gerichtet ist derselbe an den geheimen Rath des Kölner Erzbischofs Theodor von Buchell (Buchelius). Alles Uebrige wird aus dem Briefe selbst klar.

"Wenn der Fürst an mich in Betreff der Wiedertäufer und sonstigen Gegner unsrer Kirche geschrieben hat, so weiss ich, dass Du davon Kunde hast und bitte Dich, seiner Hohheit in meinem Namen zu antworten.

Wiedertäufer sind hier nur wenige und diese halten sich schweigsam, bescheiden und sind es nur im Stillen. Der grössere Theil derselben nämlich, und zwar gerade der, der früher etwas hartnäckig war, ist in unsre Kirchengemeinschaft zurückgekehrt; einer freilich, auch ein etwas unverschämterer Mensch ging von uns fort mit Weib und Kind über die Maas hinüber. Neulich wurden ihrer vier vom Vogt (satrapa) aufs Schloss gerufen, die ziemlich widerspenstig und ungeschickt Antwort gaben; ich meine, dass sie dem Fürsten angezeigt sind. — Jene verharren bislang schweigend bei ihrer Meinung; aber es sind unglückselige und unwissende Menschen, die nicht einmal deutsch lesen können. Ich hoffe indess auch sie durch Gottes Gnade zu gewinnen. Geschieht diess nicht, nun dann kann ein anderer Weg eingeschlagen werden. — — Ich habe Einiges für sie geschrieben, durch dessen Lectüre [2]) Gott mir Einige geschenkt hat und ich will noch fortfahren, im Herrn zu schreiben. Wenn [3]) ihr den

---

[1]) C. M. IX. N. 15.
[2]) „per quorum lectionem". Es scheinen demnach nicht Alle des Lesens unkundig gewesen zu sein!
[3]) Die Stelle lautet: „Si velitis mihi huc mittere Philippum sartorem, qui Bonnae habitat una cum Joanne quodam textore polimitario ego" etc.

Schneider Philipp, welcher in Bonn wohnt, zugleich mit einem gewissen Weber Johannes hierher schicken wollt, dann könnte ich durch diese Leute grossen Erfolg hoffen. Denn sie wissen deren Geheimnisse und wissen auch, wie sie selbst jenen Irrthum entdeckt haben; — es könnte diess heimlich unter uns geschehen. Sicher sind diese beiden Menschen in den Ränken jener geübt; und Unterweisung hilft bei solchen ungebildeten Menschen nichts, sondern gewisse andre Mittel. Ich hoffe überhaupt, dass ich auf diese Weise die Unsern gewinnen könne, und auch die Meisten von denen, die jenseit der Maas sind, deren Etliche ich auch jetzt zurückgebracht habe. In Summa: von Seiten der Wiedertäufer droht uns hier wenig Gefahr! —

Von Seiten der Priester und von Seiten Einiger aus dem Senate ist die Gefahr am grössten. Denn die Priester sind vollständig Rebellen und versündigen sich furchtbar gegen Gott und gegen den Fürsten. Wird ihnen nicht Maass und Ziel gesetzt, so werden wir hier leider, trotz grosser Anstrengung, nur geringen Erfolg haben; wird ihnen aber Zaum und Zügel angelegt, so werden wir sofort, durch Gottes Gnade, innerhalb weniger Monate, das ganze Stift (ditionem) gewinnen. Denn schon ist fast niemand mehr gegen uns, ausser denen, die durch die Priester oder Einige vom Senat, entweder durch Gewalt, oder durch Täuschung, oder durch das Ansehen, das sich jene geben, zurückgehalten werden.

Dass der Fürst so Etwas nicht dulden kann, beurtheile selbst. Ich will jedoch jene nicht anklagen; ich sage nur, meiner Pflicht gemäss, dass jene Menschen wider Recht und Billigkeit handeln. Sie machen natürlich einen Angriff auf meine amtliche Stellung und beschäftigen sich mit allerlei Narrenspossen und Betrügereien, von denen sie durchaus nichts fahren lassen, vielmehr immer noch mehr hinzuthun. Sie schinden und schaben (rodunt et radunt) bis auf den heutigen Tag die Lebendigen und die Todten. Auch kümmern sie sich nicht um die vom Fürsten getroffne An-

---

Dazu steht am Rande von Hardenbergs Hand: „Der Zarzsen weuer; vnd Philipp der Snider zu Bonn in den Lügedann." Polymitarius = vielfädig ist hier mit Zarzse übersetzt. Wahrscheinlich ist damit das niederdeutsche Sersche, franz. sarge gemeint.

ordnung, sondern verachten Alles. Ich hoffe, dass unter denen, welche dem Fürsten Treue geschworen haben, nicht solche sind, die hier allzusehr durch die Finger sehen. Das aber weiss ich, wollte der Fürst eine Untersuchung auf Ungehorsam einleiten, dann würde mit leichter Mühe die Kirche in würdiger Weise hergestellt werden. So aber laufen jene Betrüger und unredlichen Schwätzer, die Mönche, von diesen aufgefordert und gerufen, hier täglich wiederum umher, fressen, saufen, täuschen, hintergehen, betrügen. Gewiss aber war ihnen von den Räthen des Fürsten befohlen, nicht bicher zurückzukehren, als sie mir im verflossenen Jahre[1]) (anno proximo) Händel bereiteten. Aber sie werden nicht nur zur Schmach und Verachtung des Fürsten hier geduldet, sondern sie werden sogar beschützt.

Auch jener Pastor zu St. Antonius[2]) begünstigt und lässt theilweise Mönche zu, die offenbar Gotteslästerer sind. Dasselbe thun auch Andre, woher es kommt, dass die ganze Gegend unkeusch und ehebrecherisch lebt und in Luxus schwelgt. Dabei wird uns keine Strafe gegen die Frevler gestattet, geschweige, dass sie ihnen auferlegt werde! — Weil keine Synoden abgehalten werden, entsteht eine beklagenswerthe Verachtung aller Ehrbarkeit und Zucht[3]) — — Deshalb ist eine ganz entsetzliche Rache zu befürchten, wenn nicht bei Zeiten in derartigen Dingen eine Besserung eintritt; überhaupt kann diese Confusion der

---

[1]) Hiernach ist anzunehmen, dass dieser Brief in das Jahr 1546 fällt.
[2]) Es folgt hier noch der mir unverständliche Zusatz: „in Miriceto".
[3]) Als Beispiele dafür führt Hardenberg an: „Est inter sacrificos, qui duas uterinas sorores impregnavit, ut fama est (publice notoria); plerique alii habent domi adulteras, quae maritis relictis pellectae sunt a sacrificis in aedes, et proles suas habent. Sunt, qui dicantur eodem tempore tres motasse hic cunas. Vix ullus simplici scorto contentus est. Horreo ad commemorationem flagitiorum. Talis etiam vita in vulgo. Sunt, qui in ipsissimo coniugio civium filias adhuc corrumpunt et meretrices faciunt scientibus etiam, nescio an conniventibus coniugibus suis. Sunt puellae (scortilla), quae duos germanos fratres admittunt. Non audeo alia Commemorare; haec notoria sunt. — — — Nos iam fugiunt, qui tales sunt et alios secum protudunt in perniciem. Talibus patrocinantur pupae et papae hoc est sacrifici et quidam de senatu, qui aperte etiam proscindunt blasphemis contumeliis principis decreta. Audiuntur, qui impie gloriantur se totam viciniam matronarum (in pagis etiam) constupravisse.

Dinge keinen Bestand haben. — Der Glaube kann freilich keinem gewaltsam aufgedrungen werden, aber solchen Verbrechen könnte man doch begegnen. Im Papstthume gab es Geldstrafen gegen offenbare Vergebungen; jetzt lebt man ins Wilde hinein ohne Regel und Form.

Der Fürst befahl mir, wie Du weisst, ihm den Zustand hier und meine Meinung hiervon mitzutheilen. Das thue ich nun Dir gegenüber, mein Buchelius, damit Du zusehest, ob es nütze, dass er entweder das Alles, oder einen Theil desselben erfahre. Ich bitte Dich aber, ihm diess zu gelegener Zeit und auf die beste Art mitzutheilen und ihn zu ermahnen, er solle nicht aus Gunst oder Furcht vor jemand allzulange überlegen. — Ich habe oft gebeten und gewarnt, aber ich sehe, dass es von nur geringem Erfolge gewesen sei; ich rechne das niemand an; aber es benimmt einem doch den Muth beim Schreiben. —

Viel Kummer habe ich um die Kirche in Linz. Obgleich sie dort jetzt meine Person ohne Schwierigkeit missen, und zum Theil auch zu wenig dankbar sind für meine treue Mühe und Arbeit, wie Du gehört haben wirst, so werde ich doch, meiner Pflicht gemäss, nicht aufhören, ihretwegen in Sorge zu sein, bis ich, dort gegenwärtig, sie wohl eingerichtet finden werde. Ich wollte jetzt hinreisen; aber mein College Theoderich verfiel in eine tödtliche Krankheit, deshalb kann ich jetzt nicht fort. — Ich werde durch Arbeit aufgerieben; ich halte täglich drei Predigten, an den Festtagen vier, — abgesehen von den andern Lasten, — wenn Theoderich sich nicht bessert. Ich werde aber ohne einen andern allein so viele Lasten nicht ertragen können.

Lies den Brief und dann verbrenne ihn; theile jedoch dem Fürsten das Nothwendige daraus mit. Sei auf Deiner Hut! Inzwischen wisse es, dass Alles wahr sei!" —

So hatte denn allerdings Hardenberg eine feste Stellung im Dienste des Erzbischofs Hermann erlangt, nach der er sich so lange gesehnt und die ihm a Lasco so lange gewünscht. Aber welche angenehme Zugabe! — Sagte es Hardenberg in dem so eben auszugsweise mitgetheilten Briefe nicht ausdrücklich, so würden wir es ohne Weiteres schliessen müssen, dass sich im Kempener Gebiete die Verderbniss nicht blos auf das religiöse Gebiet erstreckte, sondern dass auch im Hauswesen und im weltlichen Regimente „von der Fusssohle bis zum Scheitel nichts Heiles zu finden sei" und dass solcher Zustand unmöglich von längerer Dauer sein könne.

Nicht undeutlich giebt Hardenberg wiederholt zu verstehen, dass der Erzbischof energischer einschreiten müsse; nicht minder deutlich geht aber auch aus Hardenbergs Schreiben hervor, dass er durchaus nicht am Gelingen des guten Werkes verzweifle, wenn nur die rechten Mittel angewendet würden, da die Gemeinde, ihrem grössten Theile nach, guten Willen habe und mit den damaligen Zuständen selbst höchst unzufrieden sei. Und, was das Wohlthuendste dabei ist: so sehr auch Hardenberg über die verderbten Zustände und über allzugrosse Arbeitslast klagt, — von Furcht zeigt sich bei ihm keine Spur!

Es kann übrigens keinem Zweifel unterliegen, dass das Verhalten der Priester und einiger Senatsmitglieder in Kempen einen höhern Impuls, ich meine von Seiten der Feinde des Erzbischofs, empfing. War es doch der Kaiser Karl V. selbst gewesen, der auf jede mögliche Weise, auch persönlich, den Erzbischof umzustimmen und das Domcapitel, wie den Magistrat in Köln gegen ihren Landesfürsten einzunehmen gesucht hatte. Was aber der Kaiser persönlich begonnen, das setzten seine Schergen fort und insonderheit ging man auch darauf aus, Hardenberg zu stürzen.

Noch sind zwei Schriftstücke [1]) vorhanden, beide gegen Ende 1545 geschrieben, in denen zwei sonst unbekannte Leute, Johannes Wimmarius und Theoderich Huyskens in allgemeinen Redensarten vor Hardenberg gewarnt werden! —

Wenn aber hier Hardenberg sich tapfer seiner Haut wehrte, so fand er auch noch Zeit und Gelegenheit, dem Erzbischof mit gutem Rathe beizustehen. So hat sich z. B. der bekannte Schwärmer **Johannes Campanus** in die Kölnische Streitsache gemengt und den Erzbischof gewarnt, unter keinen Umständen von den Waffen Gebrauch zu machen Er motivirte diess damit, dass auch Christus von Petrus das Schwert nicht gegen die ordentliche Obrigkeit gebraucht wissen wollte. „O, vortrefflicher Rath-

---

[1]) C. M. fol. 173. 174.

geber", — schreibt deshalb Hardenberg — „also billigte wohl gar Christus die Gottlosigkeit des Kaiphas! — — Weshalb machst Du Narr Deinen Papst nicht darauf aufmerksam, er möge sich hüten, durchs Schwert umzukommen, er der sich rühmt, den Stuhl Petri inne zu haben und doch das Schwert nimmt. — — Wenn es Keinem erlaubt ist, zu den Waffen zu greifen, weil Petrus daran verhindert wurde, dann darf auch kein Fürst, keine Obrigkeit die Waffen nehmen, was doch Gott gebilligt hat, indem er sagt, die Obrigkeit sei Gottes Dienerin zur Rache über die Uebelthäter, und dass sie das Schwert nicht umsonst trage. — Oder will dieser Mensch mit den Wiedertäufern behaupten, dass es keinem Christen erlaubt sei, der Obrigkeit anzugehören?" — Ausserdem hatte der „ausserordentliche Prophet" Einigen den Rath ertheilt, sie sollten keine Weiber nehmen, denn es würde geschehen, dass sie mit ihm dem Lamme folgen würden, darum dass sie nicht mit Weibern befleckt seien — „Was sollen wir", ruft Hardenberg da aus, „mit solchen Propheten machen? Sie mögen fortgehen mit ihren zanksüchtigen Geistern an den Ort, der ihrer würdig ist. Deine Hohheit aber fahre fort in dem, was sie im Herrn glücklich begonnen hat, ohne sich durch solche Quälgeister (muscas), die nichts als Zwietracht säen, aufhalten zu lassen". —

Uebrigens erklärt Hardenberg dem Erzbischof, er halte die Weissagungen des Campanus im Wesentlichen für die Weissagungen alter Weiber aus dem Strassburger Gebiete und bezeichnete von diesen eine mit Namen: Barbara Krob.

Inzwischen hatte das Geschick des Erzbischofs eine immer drohendere Gestalt angenommen. Dem Kaiser war sehr viel an der Unterdrückung der Reformation im Kölnischen gelegen. Er fürchtete für seine daran angränzenden Niederlande, in denen sich schon bedeutende Sympathieen für die neue Lehre kund gaben. Ihm lag Alles daran, den Kurfürsten entweder umzustimmen, oder zu entfernen. Eine Unterredung, die der Kaiser mit ihm vor und nach dem Reichstage zu Worms gehabt hatte, bestärkte ihn in der Ueberzeugung, dass der Erzbischof in seiner Diöcese selbst viele und mächtige Feinde habe und gaben ihm zugleich die Gewissheit, dass derselbe durchaus nicht mit seinen

Bestrebungen einhalten werde. Hatte er doch unter Anderm geäussert, im schlimmsten Falle könne er auch wieder als Graf Wied leben!

Zwar wendeten sich die Häupter des Schmalkaldischen Bundes zu Hermanns Gunsten an den Kaiser. Aber den Schmalkaldischen Bund traf ja selbst Unglück über Unglück! Er war aufgelöst und damit die äusserliche Macht des Protestantismus für den Augenblick gebrochen! Jetzt hielt es der Kaiser auch an der Zeit, die bereits April 1546 ausgesprochene päpstliche Excommunication an dem Erzbischof zu vollziehen, was er, der recht gut zu temporisiren wusste, bis dahin nicht gewagt hatte. Das Erzbisthum, das der Hauptsache nach schon evangelisch war, ward rekatholisirt und die evangelischen Prediger mussten weichen. Schliesslich sah sich der Kurfürst selbst durch die Macht der Umstände gezwungen, abzudanken (25. Januar 1547).

Damit aber war auch Hardenbergs Mission im Kölnischen zu Ende. Er verabschiedete sich von seinem bisherigen Fürsten und wurde von dem trefflichen Greis ehrenvoll und reichlich beschenkt.

Es macht einen wehmüthigen Eindruck, wenn wir lesen, dass der alte Herr sich von den meisten seiner frühern Anhänger und Rathgeber verlassen sah, dass unter den Hervorragenderen nur Buchelius und Medmann noch längere Zeit in seiner Nähe blieben und dass ihm schliesslich nur gestattet wurde, einen Diener nebst einem Knaben bei sich zu haben[1]). Er überlebte seinen Sturz noch mehrere Jahre und starb endlich, ein Opfer seiner Glaubenstreue, 15. August 1552.

Hardenberg schied; aber sein Wirken blieb bei Manchem unvergessen. So nahmen z. B. noch im Jahre 1556 gerade die Bewohner von Linz am Rhein, die sich früherhin so undankbar gegen ihn erwiesen hatten, mit ihren Beschwerden ihre Zuflucht zu ihm und klagten ihm, dass Alle, die die papistische Messe nicht besuchten, von Haus und Hof vertrieben würden und dass in Folge dessen Einige in die benachbarte, damals dem

---

[1]) C. M. IX. N. 25.

Landgrafen von Hessen gehörende Stadt Rense, Andre anderswohin, gewichen wären. —

Welchen Plan nun eigentlich Hardenberg im Auge hatte, dafür fehlt jeder Anhaltspunkt. Sicher ist, dass er bald nach seinem Weggange aus der Kölnischen Erzdiöcese einen Ruhepunkt in Eimbeck fand, wie ihn denn eine gegen Ende des vorigen Jahrhunderts auftauchende Nachricht in jener Zeit geradezu Pastor in Eimbeck gewesen sein lässt[1]). Man hat freilich dieselbe als unbegründet darzustellen gesucht[2]). Indessen schon der Umstand, dass in den Hardenberg betreffenden Manuscripten die Stadt Eimbeck als eine ihm näher bekannte erwähnt wird, lässt vermuthen, dass doch etwas Wahres an jener Nachricht sei. Entscheidend dafür aber ist jedenfalls eine kurze Notiz in einem Briefe Hardenbergs[3]) an a Lasco vom 12. August 1548. Da heisst es: „ich wünschte, dass Butzer jenen Leuten, (sie sind nicht näher bezeichnet) nicht verdächtig würde und dass sie nicht wüssten, dass ich zu Eimbeck über dieselbe Sache Streit gehabt habe, weil meine Anschauung nicht die meines Dietrich war"[4]). Unmittelbar darauf fährt Hardenberg fort: „Ich will Dir den Kalvin in Kurzem zurückschicken; jetzt konnte ich es nicht, weil er mir sehr gefällt". Hieraus ist hinlänglich klar, dass Hardenberg wirklich sich eine Zeit lang, sei es als angestellter oder fahrender Theolog, in Eimbeck aufgehalten und dort über das Abendmahl Streit gehabt hat. Denn was anders sollte wohl „dieselbe Sache" sein, um deren willen er Butzer nicht in Ver-

---

[1]) Crome, Ursprung und Fortgang der Reformation in Eimbeck, Göttingen 1782; vgl. Götting. gel. Anz. 1783. S. 1075 ff.

[2]) Schweckendieck, a. a. O. S. 66. 67 unter N. 38 vgl. N. 25. Dass Hardenberg in demselben Jahre (1547) vom Erzbischof Hermann entlassen und in Bremen angestellt worden sei, schliesst gar nicht aus, dass er in der Zwischenzeit, — also nur kurz, — in Eimbeck als Prediger thätig gewesen sein könne.

[3]) C. M. IX. N. 20.

[4]) Die Stelle lautet: „Itaque cum legere cuperent [litteras], volui Bucerum illis [es bezieht sich auf ein vorgehendes „aliorum"] non esse suspectum et hos non scire quod Embecae mihi fuisset controversia de ea re eo, quod Diderici me illa fuit non mea. Calvinum tuum tibi brevi remittam" etc.

dacht kommen lassen will, als eben die Sache des Abendmahles? Und wie leicht ist es dann zu erklären, dass er sofort auf Kalvin übergeht, wenn er die Sache vom Abendmahle im Gedanken hatte! — Ausserdem aber ist es auch sicher, dass Hardenberg sich einige Zeit nach seiner Verabschiedung von dem Kölner Erzbischof, es mag kurz nach seinem Weggange von Eimbeck gewesen sein, in Braunschweig aufhielt, dort Melanchthon traf und sich mit diesem über viele und wichtige Dinge unterhielt. — Es war eine merkwürdige Begegnung beider! Beide trafen sich hier als Flüchtlinge wieder. Wittenberg war von den Kaiserlichen eingenommen. Melanchthon hatte es für das Beste angesehen, sich zu entfernen. Am 1. Mai war er von dort aufgebrochen und am 3. Mai mit Luthers Witwe, mit Georg Major und des letztern Familie in Braunschweig angekommen. — Das war sein vorläufiges Asyl! — Und Hardenberg, war er etwas Andres, als ein Flüchtling, den der Kaiser aus den Diensten des Erzbischofs vertrieben hatte? —

Es steht übrigens fest, dass Melanchthon vom 3.—10. Mai in Braunschweig war. Von hier wollte er Luthers Witwe nach Dänemark bringen, trat auch mit ihr die Reise an, kehrte aber nach einigen Tagen wegen drohender Gefahren, jedenfalls von herumschwärmenden Soldatenhorden herrührend, nach Braunschweig zurück. Er beabsichtigte jetzt, in seine Heimath zu reisen und war bereits am 17. Mai in Wernigerode. Aus dieser Angabe wird es wahrscheinlich, dass das Zusammentreffen Hardenbergs und Melanchthons zwischen 3. und 10. Mai stattgefunden habe. —

Wir haben bis jetzt mehrmals schon die Namen: **Hermann von Köln**, **Melanchthon** und **Hardenberg** neben einander genannt. Wir wollen aber, — ehe wir noch Hardenbergs Wirksamkeit in Bremen betrachten, — bemerken, dass diese drei Namen bereits im Jahre 1535 unter einer Urkunde des **Freimaurerbundes** stehen![1] In Amsterdam wird von Seiten der Freimaurerloge eine Urkunde aufbewahrt, datirt vom 24. Juni

---

[1] Wir folgen hierbei hauptsächlich Corp. Ref. XXVIII. Annales vitae p. 47 seq.

1535. Ihr zufolge hat am genannten Tage eine Zusammenkunft von 19 Meistern in Köln unter Vorsitz Hermanns von Wied stattgefunden. Ausser dem zuletzt genannten haben diese Urkunde neben Andern unterzeichnet Jakob Propst, von dem bald die Rede sein wird; ferner Philipp Melanchthon und Albert Hardenberg, der Zweck derselben war, „die [1]) Brüderschaft als einen geistlich-ritterlichen Orden, ausgestattet mit höheren Graden und regiert von höchsten auserwählten Meistern und einem erlauchten Patriarchen, darzustellen".

In diesem Schriftstück wird Hardenberg genannt: „der Meister der Maurerei (magister mansionis), die da ist zu Fabiraum oder Fabiranum". Nun sucht Bretschneider nachzuweisen, dass man im 16. Jahrhunderte das alte Fabiranum des Ptolemäus für die ältere Bezeichnung der später Bremen genannten Stadt angesehen habe. Es würde hieraus folgen, dass Hardenberg bereits im Jahre 1535 Meister der Freimaurerloge in Bremen gewesen sei, also in einer Zeit, in der er, etwa 25 Jahre alt, sich noch in Löwen aufhielt.

Als Uneingeweihter bin ich nicht in der Lage, auch liegt es von dem Zwecke dieser Schrift weit ab, ein vollgültiges Urtheil über die Echtheit jener Urkunde [2]) abzugeben. Ich muss dieselbe jedoch, mindestens soweit sie Hardenberg betrifft, aus dem eben angeführten Grunde entschieden bezweifeln. —

Doch kehren wir zu Obigem zurück! — Während sich nach der unglücklichen Schlacht bei Mühlberg die oberdeutschen Fürsten und Städte dem Kaiser unterworfen hatten, suchten sich die Niederdeutschen mit den Waffen in der Hand zu behaupten. Es zeigte sich recht augenfällig, dass der freie Geist der Hansa dort noch nicht erstorben war! „Ist es nicht", — sagt Ranke — „als müssten die Norddeutschen erst ein grosses Missgeschick erleben, um sich der tieferen Antriebe ihres geistigen Lebens vollkommen bewusst zu werden". Vor Allem war Bre-

---

[1]) Brockhaus, Conversationslexikon 10. Aufl. Bd. 6 S. 347.
[2]) Janssen in seiner Schrift: Jacobus Praepositus widmet dieser Urkunde, „Het Charter van Keulen" wie er sie nennt, ein ganzes Kapitel bl. 159—171.

men von ernstlicher Gefahr bedroht. Wrisberg und Erich belagerten die Stadt vom 20. April bis 22. Mai 1547. Sie schien sich auf die Länge der Zeit nicht behaupten zu können; aber ihre Bürger verzagten nicht! — Schon früher hatte man von Seiten der Städte Magdeburg, Braunschweig, Hamburg und Bremen Geld aufgebracht, durch welches unter Christoph von Oldenburg und Albrecht von Mansfeld ein Heer ins Feld gestellt wurde, dem sich später andre, die unter dem Kurfürsten Johann Friedrich gedient hatten, zugesellten. Diess Heer rückte jetzt zur Entsetzung Bremens heran. Als diess Erich und Wrisberg merkten, hoben sie die Belagerung auf und es kam, nachdem bereits am 23. Mai die Vorposten beider Heere auf einander gestossen waren, 24. Mai 1547 bei Drakenburg im Hoyaschen zur Schlacht. Ausser den Obersten waren es besonders die Prediger in dem gräflich-städtischen Heere, die die Soldaten mächtig entflammten. Sie fielen auf die Knice und erflehten den göttlichen Segen; sie ermahnten die Soldaten zur Tapferkeit unter Hinweis darauf, dass es ein Kampf zur Vertheidigung des göttlichen Namens und Wortes sei und gingen ihnen selbst im Kampfe voran. Unter diesen Predigern war auch unser Hardenberg. Schon früher war er dem Grafen Christoph bekannt worden und zwar bereits auf dem Reichstage zu Speyer. Jetzt hatte dieser ihn, den heimath- und amtlosen als Feldprediger in seinem Heere verwendet. Von Hardenberg insonderheit wird noch gerühmt, dass er während der Schlacht sein Leben gering geachtet und verschiedene Wunden erhalten habe, deren Narben sein ganzes Leben hindurch sichtbar gewesen sein sollen. Die Schlacht verlief für die Protestanten äusserst glücklich. Wrisberg und Erich wurden nicht nur geschlagen, sondern hatten auch nicht unerhebliche Verluste an Mannschaften. Ein Bericht im Bremer Archiv giebt an

> vom Herzog Erich Leuten todt 2500 Mann
> in der Weser ersoffen . . . 1000 -
> überdem gefangen genommen 2519 -
> _____
> 6019 Mann.

Nach glücklich beendeter Schlacht zogen die Sieger, mit Jubel empfangen, in Bremen ein. Das Bremer Archiv giebt dabei die

Notiz: „29. Mai auf Pfingsten tractirte der Cammerarius Herr Thiel von Cleve auf dem Schütting in Bremen obbenannte Grafen und Herren auf der Stadt Kosten über die maass herrlich, welche auch daselbst einige Zeit verweilten und frei gehalten wurden". Ein fröhliches Pfingstfest bezeichnete sonach den Schluss des Sieges der Protestanten und gleichzeitig den Anfang von Hardenbergs Wirksamkeit in Bremen!

Zweiter Abschnitt.

Hardenbergs Wirksamkeit in Bremen.

(1547—1561.)

> Si illa postrema fulmina non emicuissent, nos tranquillam ecclesiam haberemus.
> (Hätten jene letzten Blitze [Luthers] nicht geleuchtet, so würden wir eine ruhige Kirche haben.)
> Hardenberg.

Spiegel, Hardenberg

I. Hardenberg bis zum Abendmahlsstreite.
(1547—1555.)

Erstes Kapitel.

Die kirchlichen Zustände in Bremen. Hardenberg wird Domprediger.

(1547.)

Es herrschte eine wunderbar gehobene Stimmung in Bremen, als Hardenberg dahin kam. Der Kaiser Karl V. zog als Sieger in Deutschland umher; — der Schmalkaldische Bund war gesprengt! Bei weitem mächtigere Städte als Bremen hatten sich dem Gefürchteten demüthigst unterworfen und den Frieden unter Bedingungen erlangt, unter denen sie hätten den Sieg erfechten können. Bremen, das hart belagerte, hatte den Muth nicht verloren; dieser Muth war gekrönt, der Feind geschlagen. „O", — schrieb Nicolaus Medler an Justus Jonas — „o dass doch auch Andre durch das Beispiel der Bremer lernen möchten, Gott vertrauen und streng ihre Pflicht erfüllen". —

Wer waren aber diejenigen gewesen, die vor allen Andern diesen Muth in den Bremer Bürgern gross gezogen hatten? Ich nenne die drei Namen: Heinrich von Zütphen, Jakob Propst und Johannes Timann.

Es war im Jahre 1522, da kam Heinrich von Zütphen[1]), früher Prior in Dordrecht, aber wegen reformatorischer Bestrebungen von dort flüchtig, nach Bremen; jedoch keineswegs, um sich da längere Zeit aufzuhalten. Auf Anlass einiger dortiger Bürger predigte er daselbst am 10. November 1522 in einer

---

[1]) C. H. van Herwerden, Het Aandenken van Hendrik van Zutphen.

Kapelle der Ansgariikirche, die späterhin, und leider bis auf unsre Tage, jedem gottesdienstlichen Gebrauche entzogen ist. Die Predigt Heinrichs gefiel so, dass man ihn bat, an dem nächsten Sonntage wieder zu predigen und schliesslich behielt man ihn, trotz aller Schwierigkeiten, die von Seiten des Erzbischofs und Domcapitels gemacht wurden, dort. Nur eine Schwierigkeit war noch zu beseitigen. Heinrich von Zütphen gehörte dem Augustinerorden an. Um seine Ordensregel nicht zu verletzen, wandte er sich an den Vicar der Brüderschaft, Wenzeslaus Link, dessen Zustimmung begehrend. Der Vicar war, als ihm die Bitte unterbreitet werden sollte, gerade abwesend. Da machte Luther kurzen Process und gab im Namen Links unter dem Siegel des Wittenberger Priors, in der Ueberzeugung, dass es der Vicar billigen werde, seine Einwilligung zur Annahme der Bremer Stellung. Heinrich begann nunmehr seine Wirksamkeit; aber bald genug war die Last für ihn allein zu gross. Er bat um einen Amtsgehilfen und erhielt als solchen Jakob Propst, der als Prediger zu St. Marien angestellt wurde.

Dieser[1], der uns später noch begegnen wird, war ebenfalls früher Augustinermönch und Luthers Zellbruder in Erfurt gewesen. Er war auch, nachdem er in Wittenberg studirt, einer der ersten, der die Lehren Luthers nach den Niederlanden brachte und der, nach Erasmus' Zeugniss, bereits 1519 Christum auf niederländischem Boden verkündigte. „Mag ihm", — fragt daher Janssen[2] — der Ehrenname eines Grundlegers der Reformation in unserm Vaterlande verweigert werden?"

Seine Wirksamkeit in den Niederlanden war jedoch keine ganz leichte. Er wurde zu Brüssel in einen Ketzerprocess verwickelt und sah seinen Tod vor Augen. Nur ein in der Angst gethaner Widerruf bewahrte ihn vor dem Schlimmsten. Doch bald hierauf war er wieder evangelischer Lehre verdächtig, ward gefänglich eingezogen und machte sich nunmehr — auf den Feuertod gefasst. Doch er entkam noch zu rechter Zeit mit Hilfe eines

---

[1] Er wird auch genannt: Praepositus; Hyperius, von seinem Geburtsorte Ypern; Prawest und, vermuthlich durch einen Schreibfehler, Sprenger, Spreng. S. über ihn H. Q. Janssen, Jacobus Praepositus, Amsterdam P. N. van Kampen 1862 bez. bl. 228 ff.

Ordensbruders, irrte erst lange umher, bis er sich schliesslich bei Luther in Wittenberg einfand, der an Spalatin schrieb, Propst sei durch ein Wunder Gottes entkommen. Kurze Zeit darauf wurde er, und zwar seit 30. Januar 1524, Geistlicher in Bremen. Er war von Statur klein und stark, weshalb ihn Luther scherzweise, mit Rücksicht auf seine Abstammung aus Vlamland „Jacobus Flemmichen" und „das fette Flemmichen" (Flämmchen) nannte. Mit Luther, um diess noch zu erwähnen, blieb er stets in gutem Einvernehmen. So bat ihn z. B. derselbe bei seiner dritten Tochter Margarethe (17. December 1534) zu Gevatter, — wie es scheint auf Propst's Wunsch, — und mehr als einmal bedankt sich Luther bei ihm für Geschenke, die er seinem Pathchen geschickt hatte. Noch kurz vor seiner letzten Reise nach Eisleben schrieb Luther an ihn — 17. Januar 1546: „Wohl dem der nicht in den Rath der Sacramentirer kommt" u. s. w. Auch mit Melanchthon stand er in Briefwechsel.

Diesen beiden evangelischen Predigern ward bald, und zwar um den 11. Mai 1524, noch ein dritter hinzugesellt: Johannes Timann aus Amsterdam, weshalb er auch häufig unter dem Namen Johannes Amsterdamus vorkommt. Zuweilen wird er auch Tiedemann und Sötemelk genannt. Letzteres soll daher rühren, dass er in seinen holländischen Predigten, — so berichtet eine handschriftliche Notiz der Bremer Bibliothek, — von Gott den Ausdruck fleissig gebrauchte: he is so soet as melck (er ist so süss wie Milch). Jannsen, in seinem Werke über Propst, leitet, unter Hinweis auf Rotermund, den Namen davon ab, dass Timann bei Beurtheilung Hardenbergs in späterer Zeit mehrere Male die Aeusserung gethan habe: De melck is nich rein! — Diess Wort hat er allerdings gebraucht!

Er war übrigens in seiner Art ein trefflicher Mann. Er galt als einer der besten Schüler Wessels; ja man erzählt, dass ihn letzterer in manchen Angelegenheiten um sein Urtheil gefragt habe. Dabei war er „unermüdet in der Seelsorge, als Prediger gelehrt und trostreich". Er studirte mit unermüdlichem Fleisse, besonders die älteren theologischen Schriften, „denn nur neue Arbeiten studiren, heisse immer Knabe bleiben". Er wirkte in Bremen an der St. Martinikirche.

„Wir können uns einigermaassen denken", — sagt Herwerden [1]), — „welch' eine gemeinschaftliche Wirksamkeit in demselben Geiste und mit demselben Zwecke die Vereinigung von dieser Dreizahl vortrefflicher Männer innerhalb Bremens muss zu Wege gebracht haben!" —

Leider war jedoch das gemeinsame Wirken dieser drei nur von ganz kurzer Dauer. Am 25. November 1524 etwa, — der Tag lässt sich nicht ganz sicher bestimmen, — erhielt Heinrich von Zütphen den Ruf, zu Meldorf im Dithmarschen das reine Evangelium zu predigen. Er entsprach, obwohl vielfach in Bremen gewarnt, diesem Wunsche, wurde dort von einer durch Mönche fanatisirten Menge Nachts aus dem Bette geholt und erlitt unter den grausamsten Qualen den Märtyrertod, am 11. December 1524.

Propst und Timann waren nicht im Stande, die erschütterten Bremer über Heinrichs Tod zu trösten. Ersterer veranlasste deshalb Luther, ihnen jenen muthigen Trostbrief zu schreiben, der zugleich der Wirksamkeit Heinrich's für die neue Lehre ein unvergängliches Denkmal setzte.

Dass aber dieses Märtyrerthum ihres ersten evangelischen Predigers die Bewohner Bremens in ihren Anschauungen nur befestigen konnte, bedarf, da jedwedes Märtyrerthum solchen Erfolg hat, keines Beweises; und dass die beiden überlebenden Prediger ihren und ihrer Gemeindeglieder Glaubensmuth an Heinrich's Glaubenstreue zu stählen bemüht gewesen seien, ist sicher anzunehmen.

Doch es blieb lange Zeit eine schmerzliche Lücke. Wenn sich auch Bremen immer mehr der Reformation zuwendete und immer mehr evangelische Prediger heranzog, so blieb doch Heinrichs Verlust noch fühlbar.

Da aber trat jene oben erzählte Katastrophe der Belagerung und Entsetzung Bremens ein, und Hardenberg erschien in Bremen, freilich zunächst nur als ein einfacher Feldprediger, dessen Function nunmehr so gut wie erloschen war. Fast schien es, als sollte er binnen Kurzem sein Wanderleben aufs Neue beginnen. Doch es kam anders!

Er war erst ganz kurze Zeit in genannter Stadt, da erhielt er fast gleichzeitig zwei Anerbietungen. Die eine rief ihn nach

---

[1]) a. a. O. S. 94.

Emden in das Amt eines Superintendenten, die andre suchte ihn in Bremen festzuhalten. Bereits 1514 hatte ihn a Lasco dem Grafen Enno in Ostfriesland zu dem genannten Amte in Emden vorgeschlagen. Aber damals, wie später nach des Grafen Tode, als a Lasco bei der Gräfin Anna seinen Vorschlag erneuerte, bezeugte Hardenberg wenig Lust, dem Rufe dorthin Folge zu leisten. A Lasco hatte deshalb dieses Amt selbst antreten und Jahre lang verwalten müssen. Indessen die mancherlei Secten, die in Ostfriesland, nichts weniger als zum Heil der Kirche, ihr Wesen trieben; die Unsittlichkeit der Grossen im Lande; der Widerstand, der ihm entgegentrat, sobald er mit der Erneuerung des Kirchlichen auch eine Erneuerung des Sittlichen verbinden wollte: diess Alles verleidete ihm seine Stellung je länger je mehr. Dazu kam, dass er das dortige Klima nicht vertragen konnte und gerade zu der Zeit, als er von Hardenbergs Ankunft in Bremen hörte, krank war. Das schien ihm der geeignete Zeitpunkt zu einer erneuerten Anfrage bei demselben zu sein. Bereits unter dem 7. Juni 1547 theilt er ihm mit, die Gräfin wünsche ihn als Superintendent in Emden zu haben, er möge sogleich durch den Boten ihm Antwort ertheilen; die Sache leide keinen Aufschub, auch handle es sich hierbei nicht um einen menschlichen Dienst, sondern um einen Dienst Gottes. „Darum, mein lieber Albert", — so schliesst die betr. Stelle, — „schreibe mir sobald als möglich Deine Meinung und überhebe mich durch Deinen Brief der Beschwerde, die ich in dieser Hinsicht habe."

Doch Hardenberg wusste aus früheren Aeusserungen a Lasco's, zum Theil auch aus eigener Anschauung, dass ihn dort kein glänzendes Loos erwartete. Vielleicht mochte eine gewisse Schüchternheit, die ihm eigen war, das Uebrige thun. Kurz er schrieb ab; — freilich um später einmal die Wahrheit des Satzes an sich selbst zu erfahren, dass die Geschicke den Willigen leiten, den Widerwilligen ziehen. Wahrscheinlich ist, dass sein Entschluss, in Emden abzulehnen, durch seine Berufung an den Dom in Bremen zur Reife gedieh! — Wie ganz anders waren hier die Aussichten für ihn! Bremen, schon als Stadt, war ja Emden in jeder Beziehung vorzuziehen! Ausserdem hatte sich Hardenberg durch sein würdiges und muthiges Verhalten in der Schlacht bei der Drakenburg um die Stadt Bremen, noch ehe er ihr Einwohner war, sehr verdient gemacht. Er konnte also auf Anerkennung der Bremer rechnen und hatte sie wohl schon manchfach gefunden. Dazu: die freudig erregte Stimmung in Bremen und endlich gerade eine Berufung an den Dom! War auch früher in allen Kirchen Bremens evangelisch gepredigt worden, so hatte es doch später der Erzbischof Christoph durchzusetzen gewusst, dass mit dem Dome eine Ausnahme gemacht wurde. Hatte er auch die Abhaltung päpstlicher Messen nicht erzwingen können, so hatte er es doch ermöglicht, dass der Dom etwa funfzehn Jahre leer gestanden hatte.

Jetzt war diese Halbheit nicht mehr möglich! Graf Christoph von Oldenburg, der Sieger von Drakenburg, zugleich Senior des Domcapitels, das zum Theil, vielleicht zum grössten Theil, evangelisch war, setzte es durch, dass der Dom wieder für evangelischen Gottesdienst geöffnet werden konnte, und es galt nur, nunmehr den rechten Mann als Domgeistlichen zu finden. Doch man brauchte nicht lange zu suchen. Hardenberg wurde vom Senior, wie es scheint auf Bitte des Domcapitels, vorgeschlagen und vom letzteren gewählt! — Seine erste Predigt hielt Hardenberg jedoch nicht in dem Dome, sondern in der Liebfrauenkirche. Der Superintendent Jakob Propst und der Pastor Timann baten ihn nämlich, dass er in genannter Kirche predigen sollte. Es geschah „und" — hier lassen wir ihn selbst reden — „nach dem Predigen haben sie mich gebeten, ich sollte mit ihnen auf das Rathhaus gehen, denn die vier Bürgermeister würden ein Gefallen daran haben, wenn sie mich willkommen heissen könnten. Ich sagte: ja, soweit diese Handlung unverfänglich wäre. Als wir auf's Rathhaus gekommen, hat Herr Jacob gesagt: Ihr Herren, hier ist D. Albert gegenwärtig, der vom Domcapitel zum Prediger berufen ist und will euch auch begrüssen. Sie antworteten, diese Sache ginge sie nichts an (dat were buten ehrem Wege) und stünde ja dem Domcapitel frei, doch gefiele es ihnen von Herzen wohl, standen also auf und gaben mir die Hand und ich ging wieder ab." Dazu fügt Hardenberg wohlweislich noch die Worte: „Derhalben mit Ungrund gesagt wird, sie hätten mich hier mitberufen und zu gelassen" („se hebben my hier mede beropen une tho gelaten"). Es wurde nämlich späterhin von dem Bürgermeister Kenkel behauptet, Hardenberg sei zwar vom Domcapitel **berufen**, vom Rathe aber **bestätigt**. Kenkel erzählt so. Propst und Timann hätten den Rath gebeten, er möge **erlauben**, dass

Hardenberg im Dome, an den er vom Capitel berufen sei, predigen dürfe, er sei in der Lehre rein und der Augsburgischen Confession verwandt. Hierauf habe der Rath seine Bestätigung ertheilt. Höchstwahrscheinlich ein parteiisch gefärbter Bericht [1]). Uebrigens war der Rath wenigstens insofern bei Hardenbergs Wahl interessirt; als er zu Hardenbergs Besoldung dreissig Gulden beitrug! — Doch davon abgesehen; Hardenberg ward Domprediger und erhielt durch Herbert von Langen von Seiten des Domcapitels den üblichen Ehrenwein. Dieser Domherr Herbert wurde, um das gleich hier zu erwähnen, nicht nur einer der treuesten Freunde Hardenbergs, sondern besass auch ein sehr einnehmendes Wesen, dass Melanchthon [2]), als er ihn gesehen, an Cammerius schrieb: „seine Natur schien mir in dem alten Verse abgebildet zu sein: Wie süss ist Güte mit Verstande doch gemischt."

Sein neues Amt legte ihm die Verpflichtung auf, Sonnabends um acht Uhr Morgens und Sonntags um zwölf Uhr zu predigen, ausserdem aber Mittwoch Mittags eine lateinische Lection auf dem Capitelhause zu halten. Er nennt sich daher nicht mit Unrecht: Doctor et Professor in aede Metropolitana. —

Als Gehalt bezog er 120 Rheinische Gulden [3]), einschliesslich, wie es scheint, der 30 Gulden vom Senate. Dieser Gehalt erwies sich aber später als unzulänglich. Bereits Ende des nächstfolgenden Jahres klagt er dem Domcapitel, dass er kein Geld habe, um seine Schulden zu bezahlen und die für den Haushalt nöthigen Einkäufe zu machen. Er bittet daher dasselbe, es möge ihm aus seinem Beutel zulegen, was recht sei. Mit 200 fl. könne er auskommen. Später, in seiner Selbstbiographie, beklagt er sich noch darüber, dass man ihm statt Goldgulden, Gulden Münze [4]) gegeben habe.

Doch von diesem mangelhaften finanziellen Punkte, der

---

[1]) Eine ausführliche Besprechung, die Bestätigung Hardenbergs betr., s. Wagner S 27 ff.

[2]) Corp. Ref. VIII. p. 317. „ὡς ἡδὺ συνέσει χρηστότης κεκραμένη."

[3]) So nach einer Notiz in der Bremer Dombibliothek. In einem Briefe sagt Hardenberg dem entsprechend, er habe erhalten „centum viginti leves aureos".

[4]) „Dat is den Goltgulden, den man met 54 groten betaelt, hebben se my up 36 gescaven, dat ys dat Loen dat se gegeven. Ich hebbe do noch Lyff und Leven voer se in varn gestellet."

später beseitigt ward, abgesehen, war Hardenbergs Stellung in Bremen anfangs eine überaus günstige. Seine Beredtsamkeit und Gelehrsamkeit verschafften ihm grossen Zulauf, so dass er seine Zuhörer nach Tausenden zählen konnte. Es wird uns berichtet, er hätte das Volk in der Kirche so bewegen können, dass, „wenn er mitten in der Predigt der Leute Applausum begehret, die ganze Kirche von dem Zuruf und Antworten des Volkes erschallet". — Er stand damals gerade in der Kraft seiner Jahre. Dürfen wir seine äussere Erscheinung nach den noch von ihm vorhandenen Bildnissen, sowie nach gelegentlich hingeworfenen Aeusserungen Andrer beurtheilen, so war er ein Mann von mehr als Mittelgrösse, mit länglichem Gesicht, hoher Stirn, dunkelbraunem Haar, etwas hervorstehender, gebogener Nase, milden, um nicht zu sagen schwärmerischen Augen; — ein langer starker Bart hing über seine Halskrause herab. Dieses an sich schon empfehlende Aeussere wurde gehoben durch sein liebenswürdiges Wesen, womit er sich Hohe und Niedere zu Freunden machte. Er wurde deshalb auch viel in Gesellschaften geladen und selbst sein späterer Gegner, der Bürgermeister Kenkel, muss bekennen, dass man ihn bei jedem Ehrengelage hätte als Gast haben müssen. Oder, um mich seiner eigenen Worte zu bedienen: „wor Doctor Albertus nicht thor Brutlacht, Kindelbeere oder Gastebaden gewesen, dar were nichts sonderlich tho donde gewesen." Was ihn noch besonders beliebt machte, war, dass er alle vornehmen Bürger bei Vor- und Zunamen kannte. Einen genauern Einblick in dieses sein gesellschaftliches Talent lässt uns Kenkel noch thun, indem er Folgendes erzählt:

„Ich sass einmal bei ihm in einer Wirthschaft, als ein Mann oder eine Frau an uns vorüberging. Da er nicht wusste, wer das wohl sein möchte, fragte er mich: wer ist das? wie heisst er? Da ich es nun ebenfalls nicht wusste, so rief er einen von den Dienern und fragte den." — Kenkel fügt dieser Erzählung hinzu: „Dass solches seine Weise gewesen sei, habe ich nun darnach von manchem feinen Manne gehört."

Unter solchen Umständen konnte er wohl daran denken, sich einen häuslichen Herd zu gründen. Auf eine Bremerin fiel freilich seine Wahl nicht! Wir erinnern uns, dass er früherhin dem Bischof von Münster seine Dienste, abgesehen von andern Bedingungen, nur dann zugesagt hatte, wenn ihm dieser die Verheirathung gestatte und ihn mit einem kleinen Hausrathe versehe. Seine Wahl war längst getroffen. Davon im nächsten Kapitel.

Zweites Kapitel.
Hardenbergs Verlöbniss und Verheirathung.
(bis 1547.)

In seinem Lebensabriss Hardenbergs sagt Schweckendieck, nachdem er (S. 25) den Gegenstand unsers Kapitels auf weniger als einer Seite besprochen hat: „Doch wir kehren zu wichtigeren Dingen zurück."

Möge der Schutzgeist der Ehe dem gelehrten Manne solche Lästerung verzeihen! Wir sind andrer Ansicht! Oder ist etwa die Ehe im Leben irgend eines hervorragenden Mannes, besonders aber eines Theologen in der Reformationszeit, etwas so Unwichtiges, dass man es zur kurzen Hand abmachen dürfte! Was wäre das für eine Biographie Luthers, in der seine „Käthe" nicht den ihr gebührenden Platz erhielte. — Gerade hierbei kommt im Theologen der Mensch zu seinem Rechte. Man möge es uns daher nicht verargen, wenn wir dabei etwas länger verweilen, da wir nicht eine Darstellung des theologischen Systems, sondern ein Leben Hardenbergs zu schreiben versuchen. —

Es lebte im 15. Jahrhunderte in Gröningen die alte, reiche und ehrenwerthe Familie der Syssinge (auch Syssingbe geschrieben), deren Abkömmlinge sich bis auf unsre Zeit erhalten haben. Dieser Familie gehörte damals eine Tochter an, mit Namen Gertrud. Es schien, als wollte sie den Freuden des Ehestandes entsagen und sich nur Gott und den Wissenschaften widmen, wie denn ihr gegenüber a Lasco bekennt, dass die Gabe der Gotteserkenntniss ihr in reichem Maasse mitgetheilt sei. Im Jahre 1543 machen wir zum ersten Male ihre Bekanntschaft und finden sie da im Beghinenkloster zu Gröningen. Damit ist vermuthlich das Fräuleinstift gemeint, das sich früher da, wo jetzt das Universitätsgebäude steht, befand. Ihre Gelehrsamkeit, auf die wir hinwiesen, lässt sich unter Anderm daraus abnehmen, dass a Lasco nur lateinische Briefe, deren mehrere auf uns gekommen sind, an sie schrieb und jedenfalls auch solche von ihr wieder empfing, die aber leider sich nicht erhalten haben. Bei aller Gelehrsamkeit aber vernachlässigte sie das Häusliche keineswegs. So hatte sie z. B. wie aus einem Briefe a Lasco's an sie hervorgeht, an dessen Frau Leinenzeug, — vielleicht selbstgesponnenes? — geschickt, in der Voraussetzung, — wie es scheint, a Lasco könne es für sich brauchen. Dieser schreibt ihr nun, indem er ihr die Waare zurückschickt: „Meine Frau würde das dickere Leinen zu meinem Gebrauche verwendet haben, wenn es etwas eher angekommen wäre. Aber kurz zuvor hatte sie so viel Leinen, als ich brauchte, dem Deinigen sehr ähnlich, für mich gekauft. Inzwischen bot sie Andern Deine Waare an, jedoch ohne Deinen und ihren Namen zu nennen. Aber es fand sich niemand, der so viel [wie viel? ist nicht gesagt] dafür geben wollte. Die Gattin des Grafen Johann bot für die Elle feinerer Leinwand nicht mehr als zehn Brabanter Stüber. Uebrigens sagt Dir meine Frau vielen Dank, dass Du das Leinen an sie geschickt hast; aber sie bedauert, dass es zu spät gekommen und dass sie sich Dir durch den Verkauf desselben nicht hat gefällig erweisen können." — — Vielleicht ist Gertrud Syssinge auch schön gewesen. Mit diesem Prädicate (bellisima) wird sie wenigstens später einmal in einem Briefe Hamelmanns an Hardenberg belegt.

A Lasco ist übrigens derjenige, aus dessen Briefen wir sie am besten, fast allein, kennen lernen. Freilich er nennt sie nie, wie wir sie oben genannt, Gertrud. In dem 2. uns von ihm aufbewahrten Briefe bezeichnet er sie vielmehr auf der Adresse mundgerecht so: „Der andechtige Junffer Truytje Syssinge in'te erste baghynen-hoff te Groningen ter handen." Trutje wird sie daher wohl auch für gewöhnlich genannt sein. A Lasco aber nennt sie in der Regel Drusilla. Das klang anders! Das erinnerte an die Tochter des Herodes Agrippa, die spätere Gemahlin des Procurator Felix (Apostelgesch. 24,24), und damit an die heilige Schrift! —

Sehen wir uns jedoch die Correspondenz mit Drusilla etwas genauer an! — Im ersten Briefe a Lasco's an sie vom 23. Juli 1543 schreibt jener: „Gestern sind mir Briefe von unserm Albert [d. i. Hardenberg] übergeben worden, worin er schreibt, dass er dort [d. i. in Wittenberg] den Winter über bleiben wolle, wie Du aus dem beigefügten Briefe ersehen wirst. Jetzt werde ich

wiederum einen sichern Boten haben. Wenn Du Etwas an ihn schreiben willst, so sende es mir sobald als möglich zu."
Also Hardenberg stand mit Drusilla in schriftlichem Verkehr; a Lasco machte den Vermittler und das that er gern! Ihm war es daran gelegen, diess Mädchen aus reicher, angesehener Familie dem Klosterleben zu entreissen und dem Protestantismus zuzuführen. Fügte es sich daneben noch, dass sie Hardenbergs Frau ward, so war das um so besser und a Lasco hatte das angenehme Bewusstsein, zwei junge Leute dem Klosterleben entrissen und zu deren ehelichem Glücke den Grund gelegt zu haben! —

So schreibt ihr denn a Lasco: „ich wünschte, liebe Schwester, dass Du Dich sobald als möglich von dort fort machtest. Der Herr wird Dich nicht verlassen, wo Du auch seist, wenn Du ihm nur im Geiste und in der Wahrheit folgen willst. Und ich zweifle nicht, Du willst. Auch ich werde Dir mit der ganzen Kraft eines Mannes zur Seite stehen." Aehnlich und zwar noch deutlicher schreibt er darüber in einem späteren Briefe (26. August 1543): „Ich hätte von Dir gerne Nachricht darüber, ob wir Dich nicht schon um Michaelis mit Sicherheit erwarten dürfen. Daneben wünschte ich, dass Du Dich, wie ich Dir auch zuvor geschrieben habe, sobald als möglich von dort losmachtest, ja sogar Andre mit Dir befreitest, wenn Du das vermöchtest. Denn obgleich ich Herr und Richter eines fremden Gewissens zu sein weder vermag noch wünsche, so sehe ich doch auch nicht ein, mit welchem Grunde der, der einige Erkenntniss der Wahrheit hat und dabei anerkennt, dass das verborgene Leben in den Klöstern voller Gottlosigkeit sei, sein Gewissen vor Gott rechtfertigen könne, wenn er unter denen verharrt, von denen er hört und sieht, wie sie das Verdienst und den Ruhm des Herrn Christus täglich mehr lästern. — — Lebe wohl, meine theure Schwester, und gedenke, darum bitte ich Dich, auch unsrer in Deinem Gebete. Meine Frau wird dich vielleicht bald besuchen und Dir Alles deutlicher auseinandersetzen."

Dieser Brief hatte noch nicht den von a Lasco gewünschten Erfolg. Drusilla kam nicht nach Emden. Sie schrieb indessen an a Lasco's Frau und erbat sich darin a Lasco's Rath für ihr ferneres Handeln. Unzweifelhaft hat sie sich darin ausführlich über ihr näheres Verhältniss zu Hardenberg ausgesprochen, wie aus a Lasco's Briefe (25. August 1544) hervorgeht. Da heisst es unter Anderm: „Was zuerst unsern alten Freund[1]) betrifft, so scheint es zwar, wie ich aus Deinem Briefe ersehen habe, als ob er mit Dir undeutlich (perplexe) verhandle. An mich jedoch schreibt er anders und verlangt von Dir nichts weiter, als dass Du die heuchlerische Maske[2]) ablegest. Das thut er aber zum guten Theil auf meine Ermahnung; ich hatte nämlich verstanden, er hätte Dir gerathen, Du solltest dort bleiben, bis du weggerufen würdest. Diess habe ich auch im Verlauf an diesem Manne brieflich getadelt und geschrieben, es sei seine Pflicht, Dich, wenn er treu an Dir handeln wolle, sobald als möglich von dort weg zu nehmen und ja nicht zu gestatten, dass Du länger dort bliehest. So hat er Dich vielleicht heftiger als sonst gedrängt, entweder Dich nun von dort zu entfernen, oder anzugeben, ob Du dort bleiben wollest. Uebrigens erklärt er, dass er bei seinem Vorhaben stehen bleibe und seinen Sinn nicht ändern werde, wenn ich es ihm nicht riethe und besonders, wenn Du seinen und meinen Rath nicht befolgen und Deine heuchlerische Maske nicht ablegen wollest. Nun ist es aber unmöglich, liebe Schwester, dass nicht Etwas an uns zu wünschen bliebe, denn wir sind Menschen und keine Engel. — — — Dann aber kann ich es nicht billigen, wenn Du schreibst, dass Du nunmehr nicht an einen Ehebund denken und erst dort bleiben wolltest, ob Du etwa eine Veränderung an dem Freunde sähest. Er mag nun seinen Sinn ändern oder nicht: Du wirst inzwischen dem folgen müssen, was Christi Ruhm von Dir zu fordern scheint, sei es, dass der Herr Dich einem andern verehelichen will, sei es, dass er will, Du sollst in der Jungfrauschaft verharren." — — Nachdem er ihr eindringlich und in beredten Worten den Austritt aus dem Kloster ans Herz gelegt und sie ermahnt hat, sich, weder durch Hass noch durch Liebe ihrer bisherigen Freunde, von der Liebe zu Christo abwendig zu machen, fährt er fort: „Nun so komm; wirf diese Sorge von Dir; ich werde ebenso für Dich sorgen, wie für meine Schwester. Und was der Herr mir schenkt, das werde ich mit Dir gemeinsam besitzen. — — Willst Du an

---

[1]) Damit ist der damals etwa 34jährige Hardenberg gemeint. Wahrscheinlich hatte ihn Drusilla, unter Verschweigung seines Namens, so bezeichnet.

[2]) Das bezieht sich auf ihren Aufenthalt im Kloster resp. auf ihre klösterliche Tracht.

unsern alten Freund Etwas schreiben, so schicke mir das ohne Verzug. Zugleich schreibe mir, wie Du nunmehr gesinnt bist; oder, was ich lieber wollte, besuche uns selbst, auch wenn Du bald zurückkehren müsstest. Sieh doch zu, dass wir in dieser Woche entweder Dich selbst, das ist mein Wunsch, — oder einen Brief von Dir haben; ich kann nicht Alles schreiben, was ich möchte." — — Wenige Tage darauf schrieb a Lasco auch an Hardenberg. Er wisse nicht, sagt er in seinem Briefe, ob er das tadeln solle, dass sein, nämlich Hardenbergs, „alter Freund" bislang gezögert habe nach Emden zu kommen. „Er schrieb mir" — heisst es weiter, „einen Entschuldigungsbrief und sagte, es sei ebenso durch Deine, wie durch seine Schuld geschehen. Du hättest nämlich immer auf verschiedene Weise an ihn darüber geschrieben, bald ihm gerathen, er solle zu euch kommen, bald ihm Freiheit gelassen, zu thun was er wollte, zuweilen auch gerathen, an seinem Orte zu verharren, bis er abgerufen würde. Er fügte hinzu, Du habest versprochen, ihm das zu schicken, was Du etwa in Betreff der Billigung oder Missbilligung der Religion jener Menschen aus den Colloquien der Doctoren gesammelt hättest, damit er es seinen Oberen zeigen könnte; er habe darauf gewartet, es aber niemals erhalten. Ist diess wahr, so ist er sicher ausser Schuld, wenn er so lange an jenem Orte geblieben ist, und ich würde es nicht für recht halten, wenn Du ihm den Boten zurückschicktest." —

In dieser Stelle aus a Lasco's Briefe ist fürwahr Manches dunkel. Was z. B. die Zurücksendung des Boten bedeuten soll, lässt sich nur errathen. Doch ein noch grösseres Dunkel schwebt über „dem alten Freunde" selbst. Wir wissen bereits, dass a Lasco in seinen Briefen an Drusilla unter „dem alten Freunde" unsern Hardenberg versteht. Aber wen meint er denn in seinem Briefe an Hardenberg unter „dem alten Freunde"? Da kann's doch unmöglich wieder Hardenberg sein! Es unterliegt keinem Zweifel, er meint hier niemand anders, als dessen alte Geliebte Gertrud Syssinge, die er gewöhnlich Drusilla nennt. In dem oben angezogenen Briefe an sie beantwortet nämlich a Lasco genau dieselben von ihr erhobenen Klagen, die hier, Hardenberg gegenüber, als von „dem alten Freunde" erhoben betrachtet werden. Dazu passt ganz gut, wenn von „der Religion jener Menschen" geredet wird: denn es hatte sich bereits früher schon der Begriff der Religion so verengt, dass man darunter das Klosterleben verstand. Kurz der „alte Freund" war in Wirklichkeit eine jugendliche Freundin resp. Hardenbergs alte Geliebte, die a Lasco, gewiss mit gutem Grunde, in so verdecktem Ausdrucke bezeichnete. Der polnische Baron, den wir sonst nur als gefeierten Theologen kennen lernen, war also, wie aus dem Obigen klar wird, unter Umständen nicht nur die Mittelsperson zwischen zwei Liebenden, sondern auch zugleich ein Schlaukopf. —

Hardenberg dachte nun ernstlich ans Heirathen, wie wir aus seinem oben angeführten, reichlich um ein halbes Jahr später verfassten Schreiben an den Bischof von Münster (S. 61) erkennen, das uns nunmehr erst recht verständlich ist. Indessen diese Berufung zerschlug sich ja, und Hardenberg ward Pastor in Kempen. —

Da scheint es, als habe Hardenberg beabsichtigt, seine Gertrud zu sich kommen zu lassen. A Lasco schreibt ihm nämlich (7. Juli 1545): „An Deinen Freund" — das ist eben Gertrud — „habe ich, sobald als ich gekommen war, das geschrieben, was Du mir mitgetheilt hast; doch hat er bis jetzt nichts geantwortet. Aber er hat auch den an ihn geschickten Boten nicht zurückgesandt, woraus ich schliesse, er wolle zugleich mit dem Boten zu uns kommen. Aber, wenn er auch jetzt kommt, so wird es wegen der Menge der umherlaufenden Soldaten für ihn nicht gerathen sein, **sich jetzt dorthin auf den Weg zu begeben**. Deshalb haben wir Deinen Johannes[1] nicht länger zurückhalten wollen, denn er hatte schon viel zu lange auf jenen andern Freund gewartet. Aber in Kurzem wird unsre Fürstin ihre Tochter an den Hof des Pfalzgrafen schicken. Da werde ich mir Mühe geben, dass jener Freund, wenn er inzwischen kommt, sich denen anschliessen könne, die die Tochter unsrer Fürstin dahin führen müssen." —

Bald darauf (22. Juli 1545) schrieb a Lasco wieder an Hardenberg: „Dein Freund ist bei uns; aber er wünschte um gewisser Ursachen willen noch etwas hier zu verweilen, und das scheint mir nicht unbesonnen, — wenn Du es nur aushalten kannst." Doch, wer mag sagen, wie es kam, bald nach ihrer

---

[1] Kuyper vermuthet, dass „Johannes" ein Bruder Hardenbergs gewesen sei; — doch fehlen dafür sichere Anhaltspunkte.

Ankunft in Emden, entfernte sich plötzlich das Mädchen aus der Fremde und, ohne dass sie Abschied genommen, war ihre Spur verloren. Erst einige Zeit darauf erfuhr a Lasco durch einen Brief von ihr, sowie durch einen Brief ihres Bruders, der Rechtslehrer in Gröningen war, dass sie wieder in ihre Heimath zurückgekehrt sei. A Lasco beantwortete diese Briefe (24. November 1545). Der Brief an den Bruder ist, — auszugsweise — folgender: „Ich wundre mich nur darüber, dass sie selbst ihren Plan in Betreff der Rückkehr zu euch mir verheimlicht hat, gleich als würde ich sie an der Ausführung desselben verhindert haben, wenn sie mir die Sachlage auseinandergesetzt hätte. Hier ist es nämlich ein stehendes Gerücht, sie habe bei Euch, — wie ich meine, — dahin gewirkt, dass sie von hier heimlich entführt würde. Was soll aber diess heimliche Handeln bedeuten? Ich würde sie wahrhaftig, wie ich sie nicht wider ihren Willen in mein Haus aufgenommen habe, ebensowenig wider ihren Willen festgehalten haben. Ich habe an sie hierüber geschrieben und sende den Brief Euch zu Handen, um mich von allem Argwohn, welchen ihre Heimlichkeit bei Euch erzeugen könnte, zu befreien. Geht es ihr wohl, so wird mir das sehr angenehm sein. — — Wenn Ihr aber meinet, ihr dürftet es nicht dulden, dass gerade sie (wie Du schreibst) einem Aduarder Mönch zur Beute und Kurzweil werde, so wäre sie unter meiner Aufsicht keinem Mönche je zur Beute oder Kurzweil geworden. Auch würde ich sie, hätte ich so etwas gewusst, niemals in mein Haus aufgenommen haben; denn ich habe nicht gern mit solchen Frauenzimmern Gemeinschaft, die zur Kurzweil und Beute dienen wollen. Aber ich habe das auch nie von Deiner Schwester geargwöhnt und kann es auch jetzt nicht argwöhnen. Vielmehr bekenne ich offen, dass sie mit der grössten Bescheidenheit, völlig unbescholten und ehrbar bei uns gelebt hat. Wenn Du übrigens unter dem Mönche den Doctor Albert verstehst, so ist mir der kein Mönch mehr, sondern ein im Herrn geliebter Bruder und Freund. Ferner wenn etwa Deine Schwester mit ihm verlobt ist, so hat sie das ohne mein Wissen, ebensowenig unter meiner Aufsicht oder in Folge meines Rathes gethan. Ueber diese Angelegenheit habe ich auch an sie selbst geschrieben. — — Ihr würdet anders gehandelt haben, wenn Ihr auch mich ein wenig hättet hören wollen."

Spiegel, Hardenberg.

Schliesslich erklärt er auf desfallsige Anfrage, dass er eine Vergütung für den Aufenthalt Gertruds in seinem Hause nicht annehmen werde und dankt für übersandte Vögel. Mit diesem höchst maassvollen und doch dabei entschiedenen Schreiben, das von gekränktem Ehrgefühl zeugt, ging gleichzeitig ein zweiter Brief an Gertrud ab. Auch diesen geben wir im Auszuge.

„Ich habe Deinen Brief, liebe Schwester, erhalten, worin Du ziemlich ausführlich über deine Rückkehr dorthin berichtest und Einiges hinzufügst, was Du durch meine Frau und mich erledigt zu haben wünschest. Was die Gründe Deines Wegganges von uns betrifft, so habe ich dieselben von Vielen an dem nämlichen Tage, an welchem Du uns verliessest, nicht ohne grosse Verwunderung vernommen und zwar Gründe, ganz verschieden von denen, die Du gegen mich mit so grossem Wortreichthume angegeben hast. Ohne Zweifel sind mit Deinem Wissen und Willen Leute hieher geschickt, welche Dich entführen sollten. Ist diess aber ebenso wahr, wie es hier in Aller Munde verbreitet ist, so wundre ich mich in der That, weshalb Du uns so täuschen mochtest (cur ea sis apud nos hypocrisi usa). Ich muss vermuthen, dass Du Dich entweder durch unsre Lehre und Conversation verletzt gefühlt, oder uns kein Vertrauen geschenkt und unsertwegen ein wenig in Furcht gewesen, oder zum mindesten gemeint habest, wir würden Dein Vorhaben nicht billigen." Nachdem er ihr sehr maassvoll und eindringlich, aber dabei nicht minder liebreich, das Unbegründete und Tadelnswerthe ihres Verfahrens ans Herz gelegt hat, fährt er fort: „Wenn Du meintest, dass Dein Vorhaben in Betreff Deiner Verlobung mit Herrn Albert unsre Billigung durchaus nicht erhalten würde, nun so weisst Du, dass wir weder Urheber noch Rathgeber in Betreff eures Bündnisses gewesen sind. Wenn etwas zwischen euch vorgekommen ist, so ist diess völlig ohne unser Mitwissen geschehen, geschweige dass wir Dir etwas gerathen oder widerrathen hätten, so dass Du uns hierbei keine Schuld beimessen kannst. Ja, ich habe es nicht einmal ernstlich von Dir wissen wollen, ausgenommen ein Mal nebenbei, als wir von ungefähr im Gespräch darauf verfielen. Daher konntest Du mit Recht unsertwegen keinen Argwohn haben. Ich für meine Person bekenne Dir, dass ich mit Doctor Albert befreundet und seinem Glücke von Herzen förderlich bin wegen seiner Talente und wegen besondrer Freundschaftserweisungen gegen mich, durch die er mich sehr verbunden hat. Und daher war es mir sehr angenehm, als ich von eurer Verlobung hörte. Ja, ich habe mir Mühe gegeben, um Dich, falls Du es wünschtest, zu ihm gelangen zu lassen. Aber das Alles habe ich mit Deinem Wissen und Willen gethan, wie das die Art und das Band meiner und seiner Freundschaft zu fordern schien.

Verzeihe mir aber, liebe Schwester, wenn ich Albert nicht kund zu thun vermag, was Du ihn mit Deinen Worten durch mich kund thun lassen willst. Ich war nicht euer Freiersmann (paranymphus); daher mag ich auch nicht der Zerstörer eures Bundes sein." —

Aus diesem Schlusse ist klar: Gertrud hat, vielleicht von ihren Brüdern — sie hatte deren mehrere — dazu genöthigt, das Verhältniss mit Hardenberg abbrechen wollen. Leider kennen wir nicht die Worte ihres Briefes, die sie an ihn berichtet wissen will. Aus dem ganzen Schreiben a Lasco's aber geht hervor, dass er das Verhältniss zwischen beiden gern sah, ja dasselbe sogar begünstigte; jedoch, wenigstens Gertrud gegenüber, eine mehr zurückhaltende Stellung dazu einnahm. —

Uebrigens mochte dieser Brief auf Gertrud einen tiefen Eindruck gemacht haben. Sie schrieb einige Zeit darauf wieder an a Lasco und dieser antwortete ihr auch (15. März 1546). Aus dieser Antwort geht hervor, wie unangenehm es ihr war, dass sie die in a Lasco's Hause genossene Freundlichkeit mit solch beleidigender Heimlichkeit erwiedert hatte, und a Lasco seinerseits machte sie noch besonders darauf aufmerksam, dass nun die Feinde des Evangeliums aussprengten, sie hätte es wegen der in seinem Hause herrschenden Glaubensrichtung nicht aushalten können, ein Punkt, auf den er schon in seinem vorigen Briefe hindeutete. Dadurch, behauptet er, habe sie der Ausbreitung des reinen Evangeliums geschadet. Sie habe ferner geschrieben, sie sei ihm zu Dank verpflichtet: das sei nicht der Rede werth. Vor Allem solle sie sich gegen Gott dankbar beweisen, der ihr so viele und so grosse Gaben verliehen habe. Sie solle beweisen, dass sie eine rechte Christin sei und in dem, was Gott betrifft, menschlicher Klugheit den Abschied geben d. h. also, sie solle die päpstliche Kirche und damit eventuell Familie und Vaterland, — wie a Lasco selbst gethan, — verlassen. Endlich heisst es: „In Betreff Deines alten Freundes ist mir Alles einerlei; auch habe ich, wie Du selbst weisst, hierin niemals weder etwas rathen, noch etwas widerrathen wollen. Wenn Du Dich vor Gottes Gericht frei fühlest, so ist es mir gleich, ob jene Sache Erfolg habe oder nicht." Es ist hieraus klar, das Verhältniss zwischen Hardenberg und Gertrud war der Trennung nahe gekommen, aber doch noch nicht gelöst. A Lasco mochte seiner Seits nichts mehr damit zu thun haben. Ja es schien sogar, als wünsche er eine Auflösung desselben. Er schreibt nämlich an Hardenberg (16. Mai 1546): „Du brauchst zum Vorwande [dass Du mir nicht geschrieben hast] Gemüthsbewegung in Folge der Unbeständigkeit Deines bewussten Freundes. Aber ich bin der Ansicht, man müsse Dir vielmehr gratuliren. Es ist gut, lieber Albert, dass zerrissen werde, was schwerlich wohl zusammenbleiben konnte und das, wenn es verbunden worden wäre, darnach nicht hätte auseinandergerissen werden können. Ich gratulire Dir also und bin weit entfernt, Dich zu bedauern." Dem fügt er noch bei: „Er [nämlich der Freund, resp. Gertrud] hat noch beinahe alle seine Sachen bei uns; nur einige hat er sich wieder ausgebeten, **um den Verdacht der Rückkehr zu uns aus den Herzen der Seinigen zu entfernen**. Ob er jedoch an Rückkehr denkt, weiss ich nicht. Nachem er aber aufgehört hat, an mich zu schreiben, bin ich ihm gegenüber auch stumm." —

Doch bald nahm die Sache eine noch bedenklichere Wendung. Am 15. Juni 1546 schreibt a Lasco an Hardenberg: „Ueber Deine Angelegenheit verhandelt der Herr [Tydo] von Knyphausen mit mir. Er sagte dabei, dass er für eine Lebensgefährtin für dich sorgen wollte. Als ich fragte, wer das wäre, antwortete er, es sei ein seiner Frau bekanntes Mädchen „uxoris suae puellam familiarem"), er habe auch schon mit Dir über dasselbe gesprochen und Du hättest nicht viel dagegen einzuwenden gehabt. Für den Fall, dass Du Lust dazu hättest und Dich überzeugtest, Du könntest unbeanstandet hierher kommen, wenn Du gerufen würdest, versprach er, die Sorge für diese Angelegenheit auf sich nehmen zu wollen. Es wird daher Deine Pflicht sein, entweder ihm, oder mir, Deinen Sinn in dieser Hinsicht kund zu thun. Entschlage Dich nun durchaus aller Gedanken in Betreff Deines alten Freundes. Ich könnte Dir nicht rathen ein Verhältniss mit ihm fortzusetzen, auch wenn es den gewünschten Erfolg hätte. Uebrigens weiss ich, was Du sagen willst." —

Indessen, die guten Ermahnungen a Lasco's halfen wenig. Gertrud konnte von Hardenberg nicht lassen, und dieser schien seine alte Verlobte doch noch lieber haben zu wollen, als die ihm später von Herrn von Knyphausen empfohlene. Kurz: die alte Liebe rostete nicht. In dem ersten Briefe, den a Lasco an Hardenberg (7. Juni 1547) nach Bremen richtet, schreibt ersterer, der alte Freund dränge ihn oft brieflich, er möge doch in seinem Namen an Hardenberg schreiben und zu erforschen suchen, was derselbe zu thun gedächte. „Denn da Du ihm" — heisst es weiter — „Hoffnung gemacht hast, zu ihm zu kommen, so wird er ganz entsetzlich geängstiget, worin das Hinderniss liege, dass Du Dein Versprechen nicht gehalten und seine Angelegenheit Deinerseits bislang nicht gefördert hast."

Und nun löst sich der Knoten schnell. Ob Hardenberg seine Gertrud in Gröningen besucht, ob sie sich gegenseitig ausgesprochen: kurz in dem nächsten uns bekannten Briefe a Lasco's an Hardenberg vom 11. Oktober 1547 schreibt jener: „Grüsse mir die Deine in meinem und meiner Frau Namen." Also zwischen dem 7. Juni und 11. Oktober 1547 liegt der Hochzeitstag.

Von Gröningen brachte Gertrud ein Mädchen mit, die sich sieben Jahre in ihrem Hause in Bremen als „Maget" aufhielt und dann den Bremer Prediger Elardus Segebade heirathete, also wohl etwas mehr, als eine Magd in unserem Sinne war. Welcher Familie sie eigentlich angehörte und woher sie stammte, versichert Hardenberg selbst nicht zu wissen. Er sagt, ihm sei nur bekannt, dass sie bei der Freundschaft seiner Frau von jung an gedient habe. Das Mädchen selbst aber hat stets behauptet, es hätte keine Blutsverwandte mehr. —

Hardenbergs nunmehrige Frau gehörte, wie wir gleich anfangs dieses Kapitels bemerkten, einer reichen Familie an. Man machte ihr aber späterhin ihr Vermögen streitig, was zu manchen Weiterungen Veranlassung gab, deren wir gleich hier Erwähnung thun wollen.

Am 20. Oktober 1548 schreibt [1]) Hardenberg an einen, uns

---

[1]) C. M. IX. N. 22.

sonst völlig unbekannten Hieronymus Friderici in Gröningen unter Anderm: „Du weisst, dass ich Gertrud Sissinge, eine vormalige Beghine — es sei erlaubt, sie so zu nennen, — auf dem Minoritenkirchhofe (in coemiterio Minorum) zur Frau genommen habe. Da sie aber die einzige Tochter ihrer Eltern ist, so gebührte ihr vom Erbtheil eine nicht zu verachtende Mitgift. Oder es schien ihr doch wenigstens das erhalten werden zu müssen, was ihr der Vater bei seinen Lebzeiten geschenkt hatte, besonders da jenes Kloster, seiner Natur nach, eine Erbschaft ebensowohl annimmt als zurückerstattet, auch das Gelübde kein strenges (seria) ist. Die Mutter, die von der Tochter schriftlich gemahnt worden ist, hat niemals geantwortet und wüthet daneben ganz entsetzlich. Was aber der Vater geschenkt hat und worüber wir Brief und Siegel vom Vater haben, das nimmt sie mit Gewalt in Besitz. — Wenn Du nun diese Umstände erwägst, so wird Dir klar sein, dass hier die Sache anders liegt, als bei Mönchen und bei Schwestern, die ihr Gelübde abgelegt haben. Solchen würden vielleicht eure Gesetze nichts zugestehen; uns aber wird man das Unsere geben müssen. Das aber wird uns eben nicht nur nicht ausgezahlt, sondern wir werden sogar mit Verwünschungen und schrecklichen Vorwürfen beladen. Nun weiss ich nicht, ob es gut ist, dass ich deshalb an euern Senat schreibe, oder dass der Bremer Senat in meinem Namen schreibt und ich einen Executor in dieser Angelegenheit schicke und, falls diesem das Recht verweigert wird, dass ich dann hier über Arrest verhandele, der auf die Habe der Gröninger zu legen sei, bis mir Genüge geschehen ist. Das wird vielleicht etwas hart und gefahrvoll erscheinen; aber es möchte doch in dieser Zeit für mich das Leichteste sein und wenn Dir nichts Andres passender erscheint, so werde ich mich vielleicht dafür entschliessen. Meine Frau, der ich von Gott zum Schutze bestellt bin, drängt mich, und ich kann und darf nicht leugnen, dass sie Recht hat. Auch schicke ich die Copien, von der Hand meiner Frau geschrieben, aus denen Dir das uns angethane Unrecht klar werden wird. Mein theurer Freund, ertheile mir den Rath, der Dir der beste zu sein scheint; ich glaube, dass ich nur fordere, was mir zukommt. Alles aber, was Du in dieser Angelegenheit schreibst, wird verschwiegen und begraben bleiben." —

Ganz ähnlichen Inhaltes ist ein Brief Hardenbergs[1]) an einen Ungenannten vom 10. November 1548, aus dem wir nur zu einiger Vervollständigung des eben Mitgetheilten folgende Stellen herausheben: „Ich habe, wie Du weisst, eine Tochter von Rudolf Sissinghe geheirathet, die wegen ihrer veränderten Lebensweise von ihrer Mutter nicht nur verachtet, sondern auch gewaltig verlästert wird. Letztere hält nun die Mitgift, die sie den Rechten nach der Tochter auszuantworten hätte, und die durch keine Bitten zu erlangen war, ausserdem auch das, was der Vater legirte, zurück. Ich möchte mich nun Deines Rathes bedienen, lieber Herr. Meinst Du, dass das Aeusserste versucht werden müsse, so will ich es thun. Weisst Du einen andern Weg, so wünsche ich, dass Du mir ihn mittheilest." —

Uebrigens liegen, — um das noch zu erwähnen, — beide Briefe, vom 20. Oktober und 10. November, nur im Concepte vor, mit allen Flüchtigkeiten, die den Concepten eigen sind. — Welchen Verlauf diese Angelegenheit genommen, können wir nicht angeben. Nur so viel steht fest, dass sie sich sehr in die Länge zog. Am 8. August 1556, also 8 Jahre später, schrieb Hardenberg an den Emdener Bürgermeister Medmann, — früheren Rath des Erzbischofs Hermann, — er wolle sich der Hilfe Andrer in seiner Frauen Angelegenheit nicht bedienen: „wir haben nichts in die Welt mitgebracht und werden auch nichts mit hinausnehmen! Wie lange werde ich hier sein; ich habe, wovon ich leben kann. Auch später wird Gott, der da reich ist, Unterhalt gewähren!" Im nächsten Jahre aber und zwar unter dem 15. März 1557 schreibt[2]) ein mit „Hieronymus" Unterzeichneter, wahrscheinlich mit dem obenangeführten Hieronymus Friderici identisch, von Gröningen aus an Hardenberg: „Ueber die Angelegenheit Deiner Gattin habe ich bislang nichts schreiben können, weil der Procurator dieser Sache selbst lange Zeit in Brabant abwesend war. Ferner war ihm vor seiner Abreise und desgleichen seit seiner Rückkehr einige Male vom Bürgermeister das Gesuch um gerichtliche Belangung der Gegenpartei abgeschlagen worden. Endlich aber hat er nach erlangter Genehmigung beschlossen, in nächster Zeit das Recht zu verfolgen!" —

---

[1]) C. M. IX. N. 23.
[2]) C. M. IX. N. 29.

So war die Sache denn von langer Hand, und Hardenbergs Geldverlegenheiten, auch nach dem Jahre 1557, machen es wahrscheinlich, dass er wenig oder nichts von dem Vermögen seiner Frau erhielt.

Wenn es wahr ist, dass diejenigen Ehen, von denen am wenigsten bekannt ist, auch die besten sind, so hat diese Ehe zu denselben gehört; denn, in der That, so viel wir von dem Brautstande zu erzählen wussten, so wenig wissen wir von dem Ehestande. Leider blieb aber auch die Ehe kinderlos. — Einige scheinbar unbedeutende, aber immerhin charakteristische Züge meinen wir jedoch mittheilen zu müssen.

In dem angeführten Briefe an Hieronymus Friderici giebt sich eine jedenfalls beachtenswerthe Sorgfalt Hardenbergs für seine Frau zu erkennen. Es heisst da: „Ich habe noch Einiges übrig von den Geschenken meines verdienstvollen Herrn, des Kurfürsten von Köln, was ich in den nächsten Monaten noch nicht zu verwenden beschlossen habe und zwar meiner Frau wegen, für den Fall, dass sie mich überlebt. Ich möchte nun diess durch einen zuverlässigen Mann, den ich bei mir zu Hause habe, an Dich schicken, Einiges in Gold, Andres in Silber, so dass sie, wenn ich todt bin, ihr Leben ein Weilchen fristen kann, bis Gott ihr einen andern Weg gezeigt hat. Da aber unsrer Stadt Gefahr droht (und wir, wo nicht Belagerung, so doch sicher Ungnade vom Kaiser erwarten), so möchte ich lieber, dass es dort als hier sei. Auch habe ich jetzt niemand hier, dessen Rathschläge ich für heilsamer und dessen Dienstleistungen ich für erspriesslicher hielte, als die Deinigen. Deshalb wünsche ich, dass Deinem sichern Schutze das Wenige anvertraut sei, was mir von Vielem übrig geblieben ist. Würdige uns nur Deiner Zusage und bewahre es uns sorgfältig und ohne davon zu sprechen. Ich würde Dir dann die einzelnen Stücke näher beschreiben und zugleich kund geben, wohin wir dieselben geschafft zu wissen wünschten, für den Fall, dass wir beide vor der Herausgabe sterben sollten, und was sonst noch etwa hieher gehörte." Dass sich Hardenberg in seiner Ehe glücklich fühlte, das spricht er am Schlusse dieses Briefes beiläufig in den einfachen Worten aus: „Meine Frau, die, ohne Streit, recht zufrieden mit mir lebt, lässt Dich grüssen." Wo er auch sonst auf seine Frau zu sprechen kommt, da geschieht es stets mit der grössten Achtung, und überall drängt sich uns dabei von selbst die Ueberzeugung auf: die Ehe war glücklicher, als sich a Lasco dieselbe gedacht hatte. — Zu Anfang dieses Kapitels thaten wir einen Blick in Gertruds Häuslichkeit; thun wir einen solchen auch am Schluss desselben.

Hardenberg hatte nicht selten Besuch von auswärts in seinem Hause und zwar öfter auf längere Zeit. Ausserdem lud er auch Fremde, die gerade nicht bei ihm logirten, zum Essen ein. So schreibt[1]) er einmal an a Lasco: „Unser Westerberg ist hier, um seine Butter und seine Käse zu verkaufen. Gestern nach der Predigt kam er zu mir, morgen wird er bei mir zu Mittag speisen." Wir dürfen wohl aus diesen Thatsachen schliessen, dass der gastfreie Sinn, der sich darin kund giebt, nicht allein bei Hardenberg, sondern auch bei Gertrud zu finden war. In einer Stelle eines Briefes[2]) von Hardenberg an einen Johannes, — der Adressat ist sonst nicht näher bezeichnet, — wird diese Vermuthung zur Gewissheit erhoben. Da heisst es: „Meine Frau erwartet Dich mit grosser Ungeduld und hat schon ein Gastzimmer für Dich zurecht gemacht, damit Du nur so bald als möglich kommen möchtest."

Ausserdem aber möge hier noch eine Stelle aus dem Briefe Hardenbergs an Medmann (s. oben) eine Stelle finden. „Meine Frau hat für Dich sogenanntes Kirschenconfect bereitet; ich wollte nur, Du hättest es schon! Auch hat sie noch einen andern Topf zurecht gemacht und für die Fürstin [Anna] bestimmt. Wenn das Schiff von euch angekommen ist, wollen wir euch die Sendung übermitteln."

So war denn, dem Anscheine nach, Gertrud als Mädchen nicht nur eine fleissige Spinnerin, sondern auch als Frau eine gastfreie Wirthin und nicht zu verachtende Köchin! —

---

[1]) C. M. IX. N. 20.
[2]) C. M. IX. N. 17. wahrscheinlich aus dem Jahre 1551.

Drittes Kapitel.

Die friedlichere Seite von Hardenbergs Leben.

(1547 — 1555.)

Das gute Einvernehmen, in welchem Hardenberg gleich anfangs mit den Bürgern stand, dauerte fort; seine Predigten waren und blieben sehr zahlreich besucht; kurz er war eine allgemein beliebte Persönlichkeit. Auch der Senat insonderheit war ihm wohlgewogen und bewies diess unter Anderm dadurch, dass er ihm bereits 1548 eine Präbende bei dem Kapitel zu St. Ansgerii anbot und dadurch den mangelhaften Punkt, seine Besoldung betreffend, zu beseitigen suchte. Zwar sah sich Hardenberg auf den Wunsch des Domcapitels genöthigt, das Anerbieten auszuschlagen. Doch der Senat liess sich nicht so zur kurzen Hand abweisen, erneuerte dasselbe Anfang 1550 und zwar diessmal mit günstigerem Erfolg. „Die Art, wie dies geschah", sagt Wagner (S. 33) — „machte diese Wohlthat doppelt angenehm. Er hatte sich nicht darum beworben, sie wurde ihm fast aufgedrungen, und der Rath verwandte seine Mühe bei dem Kapitel, dass er von manchen Beschwerden, die den Genuss derselben sonst begleiteten, befreit wurde". —

Auch seine Collegen schätzen ihn als wissenschaftlich durchgebildeten Mann, und so kam es, dass er in ihrem Namen und Auftrage mehrere Gutachten verfasste und zwar in Betreff Aepins, Osianders und gewisser Irrlehren oder Irrlehrer innerhalb Bremens selbst.

Johann Aepin, der berühmte Hamburger Superintendent und seiner Zeit der geschickteste Bekämpfer des Interim, hatte die Behauptung aufgestellt, die durch den Tod Christi vom Leibe getrennte Seele sei in die Hölle hinabgestiegen, um dort die Leiden der Hölle auf sich zu nehmen und dadurch den Menschen Befreiung von den höllischen Strafen und von der Gewalt des Teufels zu verdienen. Diese Behauptung widersprach der bisherigen Anschauung. Man hatte angenommen, der Stand der Erniedrigung Jesu, und damit sein Leiden, habe sein Ende erreicht, als er sprach: „Es ist vollbracht". Der Ansicht Aepins zufolge, brachte die Höllenfahrt Christo noch grössere Leiden, als zuvor, gehörte also noch zum Stande der Erniedrigung. Das erregte denn einen gewaltigen Streit, der in Hamburg schliesslich dadurch geschlichtet wurde, dass der Senat, auf Melanchthons Rath, den streitenden Parteien Stillschweigen gebot und dieses sein Gebot energisch zur Geltung brachte. Wie das Gutachten Hardenbergs ausgefallen sei, ist nicht bekannt. Wir glauben jedoch annehmen zu dürfen, dass er sich hierbei der Ansicht seines Freundes a Lasco angeschlossen haben wird, der an ihn (23. August 1551) schrieb: „Ich liebe und verehre D. Aepin wie einen Bruder, aber ich hätte es gern gesehen, dass die Streitfrage, ob Christus nach seinem Tode die Höllenstrafen erlitten, nicht angeregt worden wäre". —

Das zweite Gutachten, das von Hardenberg abgefasst wurde und uns erhalten[1]) ist, betrifft Osiander. Die evangelische Rechtfertigungslehre bestimmt: Der Mensch, der die Gnade Gottes in Christo im Glauben annimmt, wird um dieses Glaubens willen, trotz der Sünden, die auf ihm lasten, von Gott für gerecht erklärt und demgemäss der Segnungen der Kinder Gottes theilhaftig. Eine solche blosse **Erklärung** von Seiten Gottes erschien aber Osiander Gottes unwürdig. Er meinte, wenn jemand von Gott **für gerecht erklärt würde**, dann müsste derselbe auch **wirklich gerecht sein**. Er verstand daher unter Rechtfertigung nicht eine **Gerechterklärung**, sondern eine **Gerechtmachung**; nicht einen richterlichen Act, zufolge dessen der Mensch blos von Schuld und Strafe losgesprochen wird, sondern einen übernatürlichen Gnadenact, zufolge dessen der Mensch von seiner Sündenkrankheit heil wird. Dass deswegen ein gewaltiger Streit entstand, darf uns nicht wundern.

---

[1]) C. M. N. 30, fol. 117 seq. Es ist das Concept, von Hardenbergs Hand geschrieben, unterzeichnet: „8. Januarii 1552 vobis obsequentissimi pastores et concionatores ecclesiarum huius urbis".

Hatte doch Osiander mit seinen Behauptungen die Grundlehre der evangelischen Kirche, die sie bisher glücklich gegen die Päpstlichen zu vertheidigen gewusst hatte, angetastet und sich den päpstlichen Anschauungen genähert. Das Feuer brannte innerhalb Trojas! — Wir beschränken uns, indem wir von dem Streite im Allgemeinen Umgang nehmen, nur darauf, Hardenbergs Gutachten in dieser Angelegenheit etwas näher kennen zu lernen, aus dem wir nicht nur seine und der Bremer Prediger Uebereinstimmung mit der allgemein recipirten Rechtfertigungstheorie, sondern auch seine grosse Vorsicht, um nicht zu sagen Scheu, in Betreff neuer oder abweichender Lehren erkennen werden.

„Wir werden", — so beginnt es, — „um unsre Ansichten über das Buch von Andreas Osiander gebeten, welches er über die Materie der christlichen Rechtfertigung geschrieben hat, und wir geben zu, dass es unsre Pflicht sei, nicht allein jedem Rechenschaft von unserm Glauben zu geben, der sie fordert, sondern auch die zu widerlegen, die nicht nach der Wahrheit, die in Christo Jesu ist, einhergehen. — Ueber dieses Buch aber können wir nichts Gewisses aussagen, weil wir die oberdeutsche Mundart nicht verstehen, in welcher es geschrieben ist. Dann aber sind auch die Ansichten einiger Doctoren, die über dieses Buch an uns geschrieben haben, unter sich verschieden".

Wenn er auch (oder vielmehr die Bremer Geistlichen, in deren Namen er schreibt) auf diese Weise nur sehr unmassgeblich ein Urtheil über dieses Buch abgeben könne, argumentirt er weiter, so habe er doch, theils aus dem Buche selbst, theils aus Urtheilen Anderer darüber, so viel eingesehen, dass man das Buch für verdächtig halten müsse, besonders wenn es wirklich lehre, dass keine Zurechnung stattfände, sondern dass uns vielmehr die Gerechtigkeit eingeflösst und wir dadurch zu wahrhaft Gerechten gemacht würden. Das sei gegen die Schrift und gegen die thatsächlich gepredigte evangelische Lehre. „Auch ihr", heisst es da, „hochansehnliche Senatoren, seid Zeugen mit der ganzen Gemeinde, dass weder der heilige Märtyrer Christi Heinrich von Zütphen noch irgend jemand später so gelehrt hat".

Nachdem ein Ausspruch Luthers angeführt ist: „es werden noch viele Secten kommen und Osiander wird auch noch eine stiften", folgt eine ausführliche Widerlegung der Osiandrischen

Meinung. Insbesondere sucht Hardenberg nachzuweisen, dass das Wort gerecht werden in der heiligen Schrift, nicht, wie Osiander wolle, gerecht machen, sondern für gerecht erklären hiesse und bespricht zu dem Ende zahlreiche Bibelstellen. —

Gegen das Ende sagt er: „Wir streiten fürwahr nicht mit Osiander, dessen Buch wir nicht völlig verstanden haben. Auch wünschen wir nicht, dass ihm diese unsre Auseinandersetzung zum Nachtheil gereiche. Wir wollen nur Euch Antwort geben, bereit, entweder von Osiander, oder von jedem Andern immer noch zu lernen, dafern es nur nicht gegen die Glaubensregel ist. Auch verachten wir wahrlich nicht die Gabe der Auslegung, noch diejenigen, die Paulus Propheten in der Kirche nennt; noch auch wünschen wir die Geister auszurotten, was geschehen könnte, wenn wir verdammen würden, was uns nicht bekannt ist". —

Ausser diesen beiden von Wagner wenigstens erwähnten Gutachten ist uns noch ein drittes, bislang nicht bekanntes aufbewahrt[1]), acht Folioseiten lang, von Hardenbergs Hand in niederdeutscher Mundart aufgeschrieben und unterzeichnet: „Pastoren vnd Prediker der Kerken tho Bremen". Es trägt zwar kein Datum, es ist jedoch in Folge der darin enthaltenen Angabe, dass demnächst 29 Jahre in Bremen evangelisch gepredigt worden sei, in das Jahr 1551 zu setzen. — Behandelten die beiden zuerst angeführten Gutachten zwei Männer ausserhalb Bremens, so führt uns dieses nach Bremen selbst hinein! —

Aus dem Eingange dieses Hardenbergischen Schreibens geht hervor, dass sich der Senat den Bericht der Prediger erbeten habe in Betreff von Leuten, die die Einfältigen in ihrem Glauben irre machten. Sie hätten nun, sagen die Prediger, allerdings die Erfahrung gemacht, dass nicht Wenige da wären, die allerlei Neues unter die Einfältigen aussprengten und bereits Viele für sich gewonnen hätten, die früher die willigsten und frömmsten gewesen wären. — „Doch dass wir wissen sollten, wer sie Alle sind, oder was ihre Neuerung sei", so heisst es weiter, „das wissen wir nicht, da sie nicht zu uns kommen, vielmehr unsern Dienst und unsre Personen lästern und zwar sehr schonungslos („ane alle gelimp"). Wir hören übrigens, dass die

---

[1]) C. M. N. 22. fol. 80.

meisten den **Wiedertäufern** nahe stehen und ihre unbewährte Lehre vertheidigen wollen. Es sind aber die Wiedertäufer unter sich sehr uneins und es werden kaum zwei oder drei gefunden, die übereinstimmen. Nur darin stimmen sie überein, dass sie unsre Gemeinde und den Dienst an derselben, Prediger und Sacramente mitsammt den Dienern auf das Höchste höhnen und lästern und etliche Artikel verdammen, die wir hier bei dreissig Jahren aus Gottes Wort gelehrt haben. — — — Dass wir uns aber mit ihnen in Disputationen einlassen sollten, damit möchten wir gern unbeschwert bleiben. Wir haben schon früher aus eigener Erfahrung wahrgenommen, dass bei den Wiedertäufern kein Disputiren helfe. Sie lassen sich nicht belehren, sind dazu ungelehrt, so dass sie unverständig und trotzig ihre Meinung ausschreien, und nehmen etliche Stücke aus den apostolischen Schriften nur nach dem Buchstaben. So leiden sie auch keine bewährte Auslegung noch Widerrede! — O wie sie vorlängst sich hin und wieder rühmten, sie hätten die Prediger zum Schweigen gebracht! Deshalb sehen wir keine grosse Frucht aus den Disputationen erwachsen. Möchten vielmehr Ew. Ehrb. die Leute fragen, ob sie in diesen nachfolgenden Stücken, **die wir hier demnächst die 29 Jahre gelehrt haben**, mit uns eins sind. Wo nicht, so müssen wir die Gemeinde vor ihnen warnen". Es folgen nunmehr die Stücke; von ihnen einen kurzen Auszug: „Wir lehren, dass ohne Christus niemand selig werden kann und dass derhalben alle Menschen, auch der Gläubigen junge Kinder dem Herrn mögen und sollen zugeführt werden, wo es möglich ist, durch die heilige Taufe. Es gehören aber der Christen Kinder darum mit zu der Taufe, weil sie mit zu dem Bunde der Gnade gehören, gleich wie Abrahams Kinder mit zur Beschneidung gehören. Wir lehren ferner, dass diejenigen, die in ihrer Kindheit getauft sind, Unrecht thun, wenn sie sich wieder taufen lassen und so durch die zweite Taufe die erste zu Schanden machen; wir lehren auch, dass diejenigen Unrecht thun, die die Gemeinde Gottes verstören und den Dienst der Prediger verachten; und die Lehre und Sacramente verachten, deren sich enthalten und Andre davon abwendig machen und sich in Winkeln und heimlichen Plätzen versammeln. —

Die Wiedertäufer schreien aus, dass wir keine Gemeinde Gottes wären, weil kein Bann bei uns sei. Und dennoch strafen wir, — dem Worte Paulus gemäss — die Bosheit und verkündigen den Unwürdigen Gottes Zorn. Daneben lassen wir niemand zum Abendmahle gehen, oder er bekennt erst, dass ihm seine Sünden von Herzen Leid sind, begehrt von Gott durch Christum Gnade und gelobt Besserung. Wir lehren, dass das hochwürdige, heilige Abendmahl des Herrn nicht allein ein schlecht oder ledig Essen und Trinken des abwesenden Christus sei, auch nicht ein Werk, dadurch sich die Christen allein von den Unchristen unterscheiden und die Brüder unter einander sich kennen und zur Liebe reizen sollen, sondern dass das heilige Abendmahl principal und zuerst unter den andern Stücken ein wahres Sacrament und eine wahre Gemeinschaft des wahren Leibes und Blutes Christi sei, welches auch die Gemeinde Gottes in Wahrheit geniesst. — — Wir erachten mit der Gemeinde die Wiedertäufer für eine schädliche Secte, die die Einigkeit der Kirche zerschneidet; wir erachten, dass der Christen Kindertaufe nicht von dem Papste neu eingesetzt, sondern von der Apostel Zeiten an in der Kirche üblich gewesen sei; wir erachten, dass die Christen, auch die Prediger wohl dürfen eignes Gut haben; wir erachten, dass ein Christ wohl mag der Obrigkeit angehören, was die Wiedertäufer in Abrede stellen; wir erachten, dass diejenigen Unrecht thun, die der Obrigkeit den Gehorsam und Eidesleistung verweigern und dass es grosser Unverstand sei, zu behaupten, die Obrigkeit dürfe das Schwert nicht gebrauchen. Wir behaupten vielmehr, dass die christliche Freiheit nicht eine fleischliche, sondern eine geistliche ist". — —

Indem sich die Prediger nochmals gegen eine Disputation mit den fraglichen Leuten, die wahrscheinlich vom Senate in Vorschlag gebracht war, erklären, sagen sie schliesslich: „Doch so ihrer jemand guter Meinung zu uns käme, wollen wir uns gern mit ihm unterreden, hören und Antwort geben. — Ew. E. Weisheiten mögen einmal bedenken, wie man in Zeiten dieser Irrung möchte göttlich vorwärts kommen". — —

Gewiss ein Schriftstück von nicht geringem Interesse! Es liefert uns den unzweideutigsten Beweis, dass sich im Jahre 1551 wiedertäuferische Umtriebe in Bremen kundgaben. Auch können wir die Anschauungen jener Leute ziemlich genau aus den Hardenbergschen Thesen abnehmen. Denn offenbar bestritten sie, was Hardenberg und seine Collegen lehrten, und lehrten, was diese bestritten. Und somit wird uns ein Einblick in die damaligen kirchlichen Zustände Bremens eröffnet. Es wird uns aber auch klar sein, dass, so lange solche Feinde alles geordneten kirchlichen und staatlichen Lebens in Bremen agitirten, eine tiefer gehende Entzweiung zwischen den Predigern nicht aufkommen konnte; — der Kampf gegen den ihnen gemeinsamen Feind hielt sie, auch bei manchfach verschiedenen Anschauungen, zusammen. Charakteristisch aber ist es für Hardenberg noch insbesondre, dass er sich entschieden und wiederholt gegen eine Disputation mit den „Wiedertäufern" erklärt. Der weitere Verlauf dieser Angelegenheit, bez. der Erfolg des Hardenbergschen Gutachtens ist uns nicht bekannt. —

In diesen drei Gutachten handelte es sich nur um praktische Fragen aus dem Gebiete der Theologie, in dem zuletztangeführten sogar um eine für den Augenblick brennende Frage von mehr localer Bedeutung. Wir können jedoch leicht denken, dass Hardenberg, schon in Folge seiner Verpflichtung, allwöchentlich eine lateinische Vorlesung zu halten, auch das theoretische Gebiet an seinem Theile weiterbauen half. Ich wähle, damit wir ihn auch hierin etwas kennen lernen, aus dem vorhandenen Material einen Brief[1]) heraus, den er an einen Ungenannten, ohne Angabe des Datum, geschrieben hat. Er handelt von dem Aufenthalt des Apostel Petrus in Rom. — Es wird aber damit eine Frage ventilirt, die noch jetzt für manche Theologen unentschieden ist. Die Idee des Papstthums hängt bekanntlich auf's Engste mit einer Sage zusammen, zufolge deren Petrus 25 Jahre lang erster Bischof in Rom gewesen und schliesslich mit Paulus gemeinsam den Märtyrertod unter Nero erlitten haben soll. Während die Tübinger Schule, Baur[2]) an der Spitze, schlagend nachgewiesen hat, dass bei voraussetzungsloser historischer Kritik ein Aufenthalt Petri in Rom überhaupt nicht haltbar sei, nehmen andre, auch protestantische Theologen, einen solchen an; wenn sie auch genöthigt sind, den Zeitraum von 25 Jahren bedeutend abzukürzen. Sie nehmen damit denselben Standpunkt in dieser Frage ein, den Hardenberg vor 300 Jahren behauptete. Doch hören wir ihn. Der

---

[1]) C. M. N. 38 fol. 169.
[2]) Paulus, der Apostel Jesu Christi. 2. Aufl. I, S. 255 flg.

Brief beginnt so[1]: „Ich erinnere mich, dass ich im Anfang des Römerbriefes Zweifel erhoben habe, ob Petrus 25 Jahre zu Rom Bischof gewesen sei, desgleichen, ob er überhaupt in Rom gewesen sei, was ich damals weder behaupten noch leugnen wollte, sondern den Gedanken der Studirenden überliess. Damals kamst Du zu mir, Herr, wie Du Dich noch erinnern wirst, und fragtest mich ernsthaft, ob etwas über diese Sache sicher feststände. Ich antwortete damals hierauf, es sei zweifelhaft, jedoch wären die Alten meistens der Ansicht, dass Petrus in Rom gewesen sei. Als ich nun heute von ungefähr auf diese Streitfrage gerieth, erinnerte ich mich Deiner, ergriff die Feder und machte für Dich diese Auszüge, die Du selbst nach Maassgabe Deiner Klugheit beurtheilen wirst. — Bei Eusebius steht geschrieben, er sei 25 Jahre in Rom gewesen; aber das lässt sich vollständig widerlegen. Aus dem 1. und 2. Kapitel des Galaterbriefes [1, 18; 2, 1] geht nämlich hervor, dass Petrus ungefähr 20 Jahre nach Christi Tode in Jerusalem gewesen und dann nach Antiochien gekommen sei; wie lange er da geblieben, ist ungewiss. Gregorius zählt sieben Jahre des Aufenthaltes in Rom, Eusebius fünfundzwanzig. Nun sind es aber vom Tode Christi an bis zum Ende der Regierung Neros, unter dem sie ihn als gekreuzigt bezeichnen, nur 37 Jahre: denn der Herr litt im 18. Jahre der Regierung des Tiberius[2]. Wenn man nun zwanzig Jahre, die Petrus nach des Paulus Zeugniss zu Jerusalem gewohnt hat, abzieht, so bleiben höchstens siebzehn, die sich auf die zwei Episcopate zu Antiochien und Rom vertheilen." —

Hardenberg macht ferner darauf aufmerksam, Eusebius gebe an, Petrus sei lange Zeit in Antiochien gewesen, folglich könne er nur sehr kurze Zeit in Rom gewesen sein. Ausserdem führt er an, dass Paulus Röm. 16 Viele in Rom grüsse, unter denen man Petrus vergeblich suche; er könne also in jener Zeit noch nicht dort gewesen sein. Umgekehrt, als Paulus später von Rom aus mehrere Briefe geschrieben habe, bestelle er Grüsse von

---

[1] Die Uebersetzung ist eine etwas freiere als sonst und muss es sein, da in dem Briefe zuweilen die Sache nicht deutlich genug bezeichnet ist, auch nicht selten Flüchtigkeiten vorkommen.

[2] Das Msc. hat: „im 8. Jahre", — ein offenbarer Schreibfehler. Tiberius kam 14 nach Christus zur Regierung.

Spiegel, Hardenberg

Christen in Rom, unter diesen aber fehle Petrus. Auch sei es auffallend, dass, als Paulus in Rom angekommen sei, ihn wohl (nach Apostelg. 28) viele Brüder empfangen hätten, unter denen aber Petrus nicht genannt werde. Petrus sei der Apostel der Beschneidung gewesen; ob er wohl sein Volk hätte so vernachlässigen können, wie das bei einem so langen Aufenthalte in Rom angenommen werden müsse. —

„Wenn er nun" — so schliesst Hardenberg — „während jener ersten 20 Jahre zu Jerusalem, und vielleicht, wie es nach der Apostelgeschichte scheint, noch länger da war, desgleichen nachher wenigstens sieben Jahre in Antiochien, oder noch länger, wie Andre schreiben, sich aufhielt, so kann er auch nicht [25 Jahre] im Rom gewesen sein. — — — Ich leugne jedoch nicht, und zwar wegen der Uebereinstimmung so vieler alter Schriftsteller, dass er überhaupt in Rom gewesen sei; ich will auch nicht bestreiten, dass er dort gestorben sei. Aber das muss mit Recht in Zweifel gezogen werden, dass er dort so lange Zeit Bischof gewesen sei und zwar um derer willen, die den Römlingen (Romanensibus) die Gewalt im Himmel und auf Erden beimessen, weil Rom der Sitz Petri sei. — — Wenn übrigens zu Rom das höchste Ansehen und der höchste Herrschersitz deshalb sein soll, weil Petrus daselbst starb, dann hätten auch einst die Kinder Israel mitten in der Wüste den Ort, an welchem Moses, ihr Lehrer und erster Prophet, gestorben ist, zur Hauptstätte ihrer Anbetung machen müssen. Aber diesen Ort verbarg gerade Gott, damit jene nicht auf Menschen ihr Vertrauen setzen sollten." —

Diess der Hauptinhalt von Hardenbergs Beantwortung einer Frage, die damals[1], wie jetzt, von den Theologen eine verschiedene Lösung erfuhr. Den wissenschaftlichen Sinn überhaupt aber erhielt sich Hardenberg dadurch wach, dass er, von seiner alten Wanderlust getrieben, mehrfach Reisen machte, auf welchen er seine Ideen mit denen andrer Gelehrten austauschte. Doch auf diese Reisen kommen wir unten, und zwar aus andern

---

[1] Gegen einen Aufenthalt des Petrus war bereits erschienen: Velenus, lib. quo Petrum Romam non fuisse asseritur 1520. Dies Buch scheint Hardenberg gekannt zu haben. Er redet wenigstens von einer Schrift, die gleichen Inhalt hat, und bemerkt, dass es neben der lateinischen auch eine deutsche Ausgabe gebe.

Gründen, zurück. Die natürliche Folge solcher Reisen aber war auch die, dass zwischen denen, die sich kennen gelernt, oder alte Bekanntschaft erneuert hatten, Briefwechsel geführt wurden. Leider sind uns da viele Briefe verloren gegangen! Doch freuen wir uns, dass uns noch mehrere erhalten sind, in die wir einen orientirenden Blick hinein thun können. Wir wollen uns jedoch dabei daran erinnern, dass wir die friedliche Seite in Hardenbergs Leben während jener Jahre darstellen wollen. — Er war 1554 zugleich mit Herbert von Langen in Leipzig gewesen, hatte dort die Professoren Joachim Camerarius und Alexander Alesius besucht und bei diesen eine sehr freundliche Aufnahme gefunden. Dankbaren Sinnes dafür schreibt er ihnen zugleich im Namen seines Reisegefährten am 23. December desselben Jahres [1]: „Ich bitte Gott, den allmächtigen Vater unsers Herrn Jesu Christi, dass er selbst nach seiner ewigen Güte mit Zins die Wohlthaten euch wieder zuwende, die ihr mir, dem Gastfreunde, unverdienter Weise und in reichem Maasse habt zu Theil werden lassen, als ich im Juli bei euch war in Begleitung des edeln, frommen und gelehrten Mannes Herbert von Langen, welcher auch selbst euch alle seine Wünsche vom Herzen darbringt. Ich will euch aber wissen lassen, dass wir durch Gottes Gnade unversehrt nach Hause zurückgekehrt sind, obgleich damals die Wege durchaus nicht vor Strassenräubern sicher waren, so dass wir unwillkührlich den Schutz und die Fürsorge Gottes auf dieser Reise anerkennen müssen, der uns mitten durch die feindlichen Heerhaufen sicher geführt hat. Wir sehen es aber ein, theure Männer, wir sehen es ein, sage ich, welche grossen Wohlthaten ihr uns unverdient erwiesen habt, und bitten euch deshalb um des Herrn willen, dass ihr uns durch diesen Bürger und unsern Freund der Angabe würdigt, wodurch wir uns nach eurer Meinung wiederum euch dankbar erweisen können. Wir wollen uns überhaupt Mühe geben, dass ihr erkennen möget, es habe uns nichts Angenehmeres begegnen können, als eure Dienstleistung, und es gebe niemals etwas so Ernstes oder Schwieriges, was wir nicht mit Freuden für euch aus Dankbarkeit verrichten würden. O dass ihr uns doch für werth hieltet, die Probe davon zu machen! — Wir bitten euch aber auch, uns durch diesen Mann anzu-

---

[1] Cod. M. IX. 14.

geben, ob ihr es gut aufnehmet, wenn wir oft an euch schreiben; uns wenigstens wäre nichts lieber, als diese Arbeit, nur dass wir uns nicht gern den Beschäftigten aufdringen möchten.

Wir befinden uns, Gott sei Dank! wohl; wenn wir nur Gewissheit hätten in Betreff eurer und eures ehrenwerthen Collegiums Wohlergehen.

Neues schreiben wir jetzt nicht, weil wir nichts wissen, ausser dass es in England sehr unruhig ist. Welches der Erfolg oder das Ende einer so grossen Veränderung ist, weiss Gott, dem wir euch von Herzen und mit brünstigem Gebete befehlen."

Ein Zug leuchtet uns vor Allem aus jenen Briefen entgegen, mögen sie von oder an Hardenberg geschrieben sein: das Wohlwollen, die Gutmüthigkeit Hardenbergs. So lebte z. B. im Jahre 1553 zu Lüneburg ein Arzt, Jeremias mit Namen, Sohn des Doctor Jeremias in Löwen. Ersterer hatte bei seiner Aufnahme in den Gemeindeverband Lüneburgs viele Auslagen gehabt, zu deren Bestreitung seine Baarschaft nicht hinreichte. Er hatte sich deshalb genöthigt gesehen, bei einem dortigen Kaufmann Geld auf Pfänder zu leihen. — Nun hatte aber dieser bereits das Geld zurückverlangt und dabei Verkauf der Pfandstücke angedroht. Da wandte sich der junge Arzt in tausend Aengsten an Hardenberg und dieser, — obwohl selbst ohne Mittel, — war doch sofort zur Hilfe erbötig. Er schrieb[1] nämlich an den ihm befreundeten D. med. Johannsohn in Amsterdam, er möchte doch dem jungen Manne aus der Noth helfen, es handle sich um etwa 40 Gülden. „Ich habe", schreibt Hardenberg dabei, „nicht soviel baar Geld, dass ich jenen unterstützen könnte." —

Einen andern Beleg giebt eine Stelle aus einem Briefe des Rostocker Professor David Chyträus. Da[2] heisst es: „O dass es doch in meinem Vermögen stände, Dir durch eine hervorragende Dienstleistung einen Beweis meiner Dankbarkeit zu geben. Denn ich selbst schulde Dir viel für Dein grosses Wohlwollen gegen mich und mein Bruder erzählt, dass er liebevoll und geradezu mit väterlicher Güte von Dir aufgenommen worden sei. Daher hat er mir schon in zwei Briefen aufgetragen, Dir in seinem Namen verbindlichst zu danken." — Daneben wird uns zu-

---

[1] C. B. N. 23.
[2] C. B. N. 18.

weilen in den Briefen eine mehr oder minder interessante Notiz mitgetheilt, zuweilen lassen sie uns auch einen tiefern Blick in das Culturleben jener Zeit thun.

So schreibt z. B. Hardenberg in einem datumlosen Briefe[1]) an Melanchthon: „ich falle Dir, Herrn Eber und andern guten Menschen beschwerlich. Aber ich kann nun einmal nicht anders. Es bitten noch gar viele arme Schüler, die begierig sind, in Deiner Schule die heiligen Disciplinen zu lernen. Einen von ihnen schicke ich jetzt zu Dir: Heinrich Schöneberg (Sconebergum) aus Gröningen, der einst viele Jahre in meiner Abtei lebte und das Wort der heiligen Schrift ziemlich gut erlernte. Er las auch alte und neue Theologen, so weit es ihm dort gestattet war. Aber ihm fehlt dasselbe, was mir fehlte, nämlich, dass wir als Jünglinge keine Methode in irgend einer der niederen Disciplinen erlernt haben. Deshalb wird es Sache Deiner väterlichen Fürsorge und Weisheit sein, die Studien dieses Bruders so gut als möglich zu leiten. Ich wünschte nämlich, dass er erst in eurer Schule unterrichtet würde, damit er später mit Nutzen der Kirche dienen könne. Kaum lehrt einer mit rechtem Verstand, der keine andern als stumme Lehrer bei seinen Studien gebrauchte. Die, welche den Klöstern ohne Gelehrsamkeit und ohne richtiges Urtheil entflogen, oder nur Autodidakten sind, haben der Kirche grossen Schaden gebracht. Als ein solcher trat ein gewisser Menno Simonis auf, den ich noch als Priester auf dem Lande gekannt habe[2]). Nachdem derselbe unbedachtsam aufrührerische Bücher und die heilige Schrift ohne Urtheil und methodische Unterweisung zur Hand genommen hatte, brachte er den Friesen, Belgiern, Holländern, Menopiern (? Menopiis), Sachsen, Cimbern, ja ganz Deutschland, Gallien, Britanien und allen umliegenden Ländern so grossen Schaden, dass keine Nachwelt denselben sattsam beweinen kann. — Ich ermahne daher alle Wohlgesinnten, dass sie, unter Beiseitesetzung aller andern Dinge, die guten Lehren hören, um, so unterrichtet, sich später selbst ein Urtheil bilden zu können.

---

[1]) C. M. IX. N. 16.
[2]) Unverkennbar meint Hardenberg den Stifter der Mennoniten: Menno Simons. Dieser war einige Zeit Priester in dem Dorfe Pinjum bei Witmarsum in Friesland gewesen.

An diesem Bruder habe ich nichts Ungesundes, Gottloses, Maassloses gefunden; deshalb lass ihn Dir, Du vortrefflicher Mann, empfohlen sein. Ich empfehle Dir auch Deinen Zuhörer Johann Winkel, von dem ich hoffe, dass er in Kurzem ein nützliches Werkzeug der christlichen Kirche sein werde. Es kamen auch neulich zwei Brüder vornehmer Abkunft aus Friesland zu uns, deren Vater wünschte, dass sie durch meine Vermittelung an Dich empfohlen würden.

Sie haben unsern Sturm und andre gelehrte Männer zu Strassburg gehört. Aber der Vater urtheilte mit grosser Gewissenhaftigkeit, dass sie noch gründlicher zu unterrichten seien. Der Vater ist unter seinen Friesländern einer der ersten, was Adel und Ansehen betrifft. Auch ruht auf den Jünglingen grosse Hoffnung für ihr Vaterland. Deshalb wird es Sache Deiner väterlichen Fürsorge sein, sie so treu wie möglich zu unterweisen."

Ein andres Mal werden wir mit Melanchthons Lebensweise näher bekannt gemacht. So schreibt z. B. Paul Eher an Hardenberg (9. September 1551)[1]: „Herr Philipp [Melanchthon] befindet sich unter diesen grossen Stürmen wohl und ist gehobenen Geistes; — zweifellos aber täuscht er sich in Betreff der göttlichen Hilfe, denn er wird nichts vermögen gegen so viele harte Schläge, die ihn nicht nur öffentlich, sondern auch privatim treffen, so dass ich mich sehr wundre, wie er so grosse und so viele Angriffe von einer Menge böser Menschen ertragen kann. Er selbst nimmt sich dabei zur Richtschnur das Wort Christi, der da sagt: Der Mensch lebt nicht allein vom Brote, sondern von einem jeden Worte, das durch den Mund Gottes geht. Er isst nämlich höchst mässig und seltener zweimal, als einmal täglich. Wir mahnen ihnen bisweilen von dieser gefährlichen Enthaltsamkeit ab; aber er sagt, die sei ihm gerade zuträglich und bisweilen nothwendig, wenn er eine Masse von Geschäften erledigen wolle, durch die er von Tag zu Tag mehr gedrückt wird. Oft wünsche ich, er möchte an einem ruhigeren Orte sein. Aber vielleicht würden ihn auch dorthin seine Geschäfte begleiten. Gerade dies kam einmal scherzweise zwischen Philippus und dem frommen (sanctus) Doctor Antonius Barns aus England

---

[1] C. B. N. 19.

zur Sprache. Philippus sagte zu ihm aus Spass: Du, Antonius, wenn Du in England einmal Bischof wirst, dann will ich als Cancellarius zu Dir kommen. Nein, antwortete jener, Du würdest mir zu viel Beschäftigung verschaffen, denn wo Du auch bist, dahin folgen Dir die Geschäfte." —

Einen Brief aber können wir uns nicht enthalten, nur unter Hinweglassung des unerheblichen Schlusses, vollständig hieber zu setzen, von seinem nachmaligen erbitterten Gegner, dem oben erwähnten David Chyträus, an Hardenberg gerichtet, datirt vom 5. September 1553[1]). Er behandelt auch eine sehr friedliche Angelegenheit; sicher aber wird kaum jemand aus den Anfangsworten errathen, worauf die Sache hinauswolle:

„Ein[2]) reiner Geist ist Gott und mit reinem Geiste will er angerufen werden. Da nun Gott verordnet hat, dass dem Ehebunde Reinheit (castitas) gebühre und da er in furchtbarem Zorne alle die verdammt, die die Schranken dieser Reinheit übertreten, so habe ich beschlossen, ihm zu gehorchen und mich vor wenigen Wochen mit Jungfrau Margaretha, der Tochter des Rostocker Senator Laurentius Smedes verlobt[3]). Ich zeige Dir diess an, damit Du unsern Ehebund mit heissen Gebeten Gott empfehlest. O würde mir doch das Glück zu Theil, dass unsre kirchliche Einsegnung (sacrum nuptiale), welche mir, so Gott will,

---

[1]) C. B. N. 26.

[2]) Casta Deus mens est, casta vult mente vocari Bei dieser Gelegenheit wollen wir nicht unbeachtet lassen, dass Melanchthon einen Brief ganz ähnlichen Inhalts an Victorin Strigel vom 22. Februar 1549 mit demselben lateinischen Hexameter beginnt, vgl. auch Corp. Ref. p. 649.

[3]) Obgleich dem Wortlaute des Msc. nach von einer Eheschliessung die Rede ist, — es heisst „matrimonium contraxi", — so darf diess doch nur von einer Verlobung verstanden werden. Deutlich wird diess aus einem früheren Briefe von Chyträus an Hardenberg, vom 23. August 1553, in welchem er ziemlich flüchtig, — es fehlt selbst seine Namensunterschrift, — diesem seine Verlobung anzeigt. Der Brief beginnt: „Ante octiduum desponsata est mihi virgo Margarita Filia M. Laurentii Smedts [sic.!] senatoris" etc. Die Verlobung hatte sonach um 15. August stattgefunden! — Dass Chyträus noch einmal die nämliche Sache, nur ausführlicher, an Hardenberg schrieb, führt auf die Vermuthung, dass er über die Ankunft des ersten Briefes in Zweifel war, — wenn er nicht gar etwa im Gedanken an seine Braut vergessen hatte, dass er überhaupt geschrieben; er nimmt nämlich nicht einmal darauf Bezug, dass er schon geschrieben.

Dieser Brief aber vom 23. August findet sich im Bremer Archiv.

acht Tage nach Martini feiern wollen, auch mit Deiner Gegenwart beehrt würde. Ich hoffe, es wird auch D. Rudolf Kampferbeck zu uns kommen und in Hamburg könnten Paulus von Eitzen, in Lübeck einige andre Freunde sich euch anschliessen. Ich wünsche von ganzem Herzen, dass wir, ich und die Meinen, auch Deines Anblicks und Deiner Unterhaltung uns erfreuen mögen. Es hat auch mit mir Herr Philippus gescherzt und mir geheissen, mich mit gutem Hamburgischen Biere zu versehen, da er nun einmal zu uns kommen wolle. Ich habe ihm geantwortet, dass wir ihm nicht nur Hamburger Nektar verschaffen würden, sondern auch den Anblick und die Unterhaltung des D. Albert, des Petrus Vincentius und Andrer, was süsser als aller Nektar wäre. Ich wünsche nur, dass Du mir sobald als möglich Nachricht darüber giebst, was Du zu thun gedenkst." — —

Also so luden sich damals die gelehrten Theologen unter Umständen zur Hochzeit ein! —

Unter denen aber, die Hardenberg näher standen und schon früher mit ihm Briefe wechselten, haben wir hier eines Mannes noch nicht erwähnt, der es vor allen andern verdient, berücksichtigt zu werden. Es ist der alte treubewährte Freund Hardenbergs, Johannes a Lasco. Indessen er verdient es wohl, dass wir ihn besonders betrachten, zumal da das Verhältniss zwischen ihm und Hardenberg eine andre Wendung nimmt. Darum von ihm ausführlicher im nächsten und besonders in dem darauf folgenden Kapitel. —

Viertes Kapitel.

Die Vorspiele des Kampfes.
(1547 — 1555.)

Es wäre fürwahr höchst seltsam, wenn ein Mann wie Hardenberg, der die Volksgunst in hohem Grade besass, ohne Neider geblieben wäre. Ist es doch fast immer so, dass dem „Hosiannah" das „Kreuzige" folgt. Am sichersten werden wir die Neider unter denen suchen, die durch den neuen Ankömmling an Gunst und Glanz verloren haben.

Diess war aber in diesem Falle niemand anders als der Pastor zu St. Martini Johannes Timann. Wir schilderten ihn oben von einer höchst lobenswerthen Seite; wir nehmen davon auch hier kein Wort zurück; aber wir müssen jetzt hinzufügen, dass seine schwache Seite [1]) der Neid war, den er, bei der ihm eigenen Leidenschaftlichkeit, nicht immer zu verbergen wusste.

Hardenberg war erst kurze Zeit in Bremen —, er mochte soeben sein Amt als Domprediger angetreten haben, — da ward er von Timann zu Gaste geladen. Unglücklicher Weise brachte ihm gerade da der Domherr Herbert von Lange, wie wir schon berichtet, von Seiten des Domcapitels den Ehrenwein. Das war nun Timann ganz unleidlich. Er, der Gastgeber, fing an auf Hardenberg zu schelten, drohete ihn mit der Kanne zu werfen und war ebensowenig dazu zu bewegen, den Wein an Hardenberg zu kredenzen, als denselben von ihm anzunehmen. —

Dass man übrigens bei solenner Gelegenheit Hardenberg vor Timann her gehen liess, und dass ersterer dem Bürgermeister

---

[1]) Jansen sagt von ihm bl. 178. „Deze, die vroeger het meest in de volksgunst deelde, was naijverig geworden op ten toeloop en de bewondering, die Hardenberg tot sich getrokken had."

den Vortritt vor ihnen gestattete, war nur zu sehr geeignet, Timann gereizter zu machen. —

Um Weniges später stritten sich beide einmal in Herberts Hause über den Glauben. Timann behauptete, der Glaube mache uns gerecht durch sich selbst, Hardenberg dagegen leugnete diess und sagte, der Glaube mache uns vielmehr gerecht dadurch, dass er uns Christum zuführe, der allein unsre Gerechtigkeit sei[1]. — Hardenberg selbst legt diesem Streite eine grössere Wichtigkeit bei, obwohl er sonst nichts Weiteres über ihn berichtet. Wahrscheinlich ist es das erste Mal gewesen, dass eine dogmatische Differenz zwischen ihm und Timann entstand. —

Doch bald kam es zu lebhafteren Auftritten.

Einst, — es mochte noch im Jahre 1547 sein, — waren Hardenberg und Timann bei einem Gastmahle im Hause eines Bremer Bürgers Arp Schildesorth zusammen. Da erzählte Timann noch vor Aufhebung der Tafel, er hätte einem Prediger zu Bergen, Christoph mit Namen, das Wort Augustins mit auf den Weg gegeben, wenn andre Prediger lehrten, um essen und leben zu können, so solle er leben und essen, um predigen zu können. Da fiel es Hardenberg ein, eine kleine Berichtigung eintreten zu lassen. Er sagte: es ist richtig, Augustin bedient sich dieses Wortes in einer seiner Schriften (de civitate Dei); aber ursprünglich rührt das Wort von Socrates her. Der sagt nämlich[2]: Einige leben, um essen, ich esse, um leben zu können. „Sobald als ich" — so erzählt Hardenberg in seiner Selbstbiographie — „den Socrates nannte, fuhr Herr Johann [Timann] auf und rief über den Tisch: hört, lieben Freunde, hört nun selber, das ist es, was ich lange Zeit zu euch gesagt habe. Dieser ist ein Erzschwärmer und Zwinglianer. Er darf den Socrates nennen, von dem Zwingli sagt, er hoffe, dass er selig sei, so er doch ein Heide gewesen ist, und Doctor Martin [Luther], er sei verdammt." Ein Wort gab das andere. Kurz Hardenberg hatte sich im Verlaufe des Streites dahin geäussert, dass seiner Meinung nach

---

[1] Es handelte sich also dem Anscheine nach um die dem Theologen bekannte Unterscheidung propter fidem und per fidem. Das erstere nahm Timann, das letztere Hardenberg an.

[2] „Σωκράτης ἔλεγε, τοὺς μὲν ἄλλους ἀνθρώπους ζῆν, ἵνα ἐσθίειεν, αὐτὸν δὲ ἐσθίειν ἵνα ζώη".

auch die ehrlichen Heiden Socrates, Aristides, Numa, Scipio selig würden und dass einst die Christen diese tapfern und frommen Leute in der Gemeinschaft der Propheten, Apostel und Märtyrer bei Christo in ewiger Herrlichkeit sehen würden. Die Unterhaltung wurde mehr als lebhaft und Hardenberg sah sich genöthigt, vom Tische aufzustehen und fortzugehen. Kenkel berichtet sogar, er sei auf die Bank gesprungen und wäre über den Tisch weg unter übermässigem Drohen und Pochen aus dem Zimmer hinaus gelaufen. Indessen Leidenschaftlichkeit war sonst Hardenberg nicht gerade eigen und überhaupt trägt Kenkels Bericht hierüber sehr den Stempel der Parteifärbung. — Jedenfalls aber musste Hardenberg sich sehr beleidigt fühlen, wenn er die Gesellschaft ohne Weiteres verliess; und wenn es wahr ist, was a Lasco über Timann sagt, dieser habe beim Becher bisweilen des Guten zuviel gethan und dann auf Alle Allerlei ausgespieen, was ihm Bachus in den Mund gab, so bedürfen wir einer weiteren Untersuchung über sein augenblickliches Verfahren nicht.

Nicht so war es mit Hardenberg. Der mochte wohl etwas in von Wein aufgeregter Stimmung gewesen sein und höchstens etwas mehr gesagt haben, als er wünschte, aber er wusste recht genau, was er gesagt hatte.

Gleich des andern Tages suchte er die ganze Sache wieder zuzudecken und schrieb deshalb an seinen Collegen. Wir entnehmen diesem Briefe [1]) einige Stellen.

„Der heilige Augustin schreibt in seinem Buche de civitate Dei so. Dass auch unter andern Völkern Menschen gewesen seien, die nicht mittelst irdischer, sondern mittelst himmlischer Gemeinschaft zu den wahren Israeliten als Bürger des Vaterlandes droben gehören, können die Juden nicht leugnen; und wollten sie diess, so würden sie einfach durch Hiob, den heiligen und wundersamen Mann, zu widerlegen sein, der weder Eingeborner, noch Proselyt war, sondern aus idumäischem Geschlechte stammte und als Idumäer gestorben ist. Dieser Satz Augustins giebt mir Veranlassung, dass ich nicht wage, einige gute Menschen zu verdammen, welche durch innere oder äussere Eingebung zur Gotteserkenntniss gekommen sein können. Ich bin

---

[1]) Dieser Brief findet sich vollständig C. M. N. 33 fol. 132 seq.

jedoch weit entfernt, sie selig zu nennen; ich überlasse vielmehr Gott das Gericht, sofern er will, dass uns diess verborgen bleibe. Nun bitte ich Dich zu erwägen, ob das Wort des Herrn in absolutem Sinne zu verstehen sei: **wer nicht glaubt, der ist schon gerichtet.** Ich wage es freilich nicht zu leugnen. Aber ich kann es auch nicht mit Gewissheit behaupten. Denn, könnte es nicht auch von denen verstanden werden, welche an das Evangelium nicht glauben, nachdem sie es gehört haben? wie denn auch Christus spricht: Wenn ich nicht gekommen wäre und zu ihnen geredet hätte, so hätten sie keine Sünde. — — — Du hast die Vorrede von Erasmus zu Ciceros Tusculanen gelesen. Erasmus aber sagt da, dass er in Betreff Ciceros Gutes erwarte, und in Betreff des Socrates sagt er: ich werde fast dahin gebracht, dass ich sagen möchte: heiliger Socrates, bitte für mich. Ich lobe diesen Ausspruch nicht. Aber er hat mir doch Gelegenheit gegeben, über diese Sache nachzudenken. Du weisst, dass ich Solches nie öffentlich gelehrt habe. Weshalb denn auch lehren, wovon man keine Erfahrung hat? Aber mit Dir, als mit einem Theologen, habe ich es privatim besprochen, nicht im Ernste, sondern der Unterhaltung wegen.

So urtheile nun, ob Deine Bitterkeit gerechtfertiget ist. Ich kann darüber nur denken, Du hast Hass gegen mich erregen wollen. O, dass ich mich doch täuschen möchte! — Willst Du ein Theolog sein, wie Du sagst, dann musst Du auch redlich sein. Bedenke, welchen Streit würde diese Sache im Volke erregen, wenn wir in der Lehre uneins wären! Und dabei hätte doch die Sache selbst für die Religion kaum eine Bedeutung! Zwinge mich nur nicht, als gewiss hinzustellen, was ich doch nicht weiss; — richte nur nicht vor der Zeit! Wenn Dir das eben Gesagte nicht missfällt, so wird es am besten sein, wenn Du den Deiner Partei Angehörigen anzeigst, dass in der Lehre der Religion zwischen uns kein Streit sei, sondern dass es sich um Sachen, die nur die Gelehrten angehen, handele, damit der Verdacht schwinde. Willst Du das aber nicht, nun so weiss ich mich vor Gott hinlänglich rein. Und sollte dann ein Unheil in der Lehre davon kommen, so wird Gott diess auf das Haupt seines Urhebers werfen. Lebe wohl! Albert Hardenberg."

Dieses Schreiben hatte in der That den von Hardenberg gewünschten Erfolg, — der Streit wurde, ehe er ins Publicum kam, ausgeglichen.

Doch es war nur ein fauler Friede. Anfang des nächsten Jahres (1548) wurde Hardenberg in noch ärgerlichere Händel verwickelt. Hören wir ihn darüber selbst.

„Als ich," — so erzählt er[1] — „im öffentlichen Auditorium des Domcapitels, meiner Vocation gemäss, den Brief an die Römer erklärte, geschah es, dass ich im vierten Kapitel, wo Paulus von der Beschneidung, als von dem Siegel der Glaubensgerechtigkeit Abrahams spricht, einen Unterschied zwischen alten und neuen Sacramenten, desgleichen zwischen den Worten Joh. 6 und dem sacramentalen Essen in andern Evangelien machte. Bald bereiteten mir die Prediger und einige andre von ihren Anhängern eine Tragödie bei dem Senate, so dass ich genöthigt war, meine Confession den vier Bürgermeistern zu übergeben, was ich auch that[2]. Nun rieth mir der Bürgermeister Dietrich Vasmer, ich möchte sie an Philipp Melanchthon zur Approbation schicken. Ich that es und fügte die Worte hinzu: Ich bitte Dich, mein Vater und Lehrer, ertheile hierzu Deine Zustimmung, wenn es der Glaubensregel gemäss ist, um der Liebe Gottes und meiner Liebe willen gegen Dich. Melanchthon antwortete hierauf: Ich, Philippus, erkläre, dass diess maassvoll und gottesfürchtig (moderate et pie) geschrieben sei, und wünsche, dass die Andern in ihren Urtheilen Redlichkeit üben und keinen Streit erregen." —

Melanchthons Urtheil galt damals noch sehr viel. Die Bürgermeister sammt den übrigen Senatsmitgliedern schwiegen und schienen befriedigt, desgleichen die Prediger. Einer der Bürgermeister D. Daniel von Büren kam sogar zu Hardenberg selbst und bat ihn, er möge nur fröhlich in seiner Wirksamkeit fortfahren.

Wenn Planck[3] diese Confession, von der er nur Bruchstücke kannte, eines der merkwürdigsten Actenstücke nicht nur in

---

[1] C. M. N. 20 fol. 39a.

[2] Das Msc. in C. M. trägt das Datum 14. Januar 1548. Darnach hat sich also Hardenberg genöthigt gesehen, die Confession an demselben Tage, an welchem die Vorlesung gehalten war, zu concipiren. Uebergeben ward sie 17. Januar d. J.

[3] Geschichte unsers protestantischen Lehrbegriffs 5. Bd. 2. Th. S. 143.

Hardenbergschen Händeln, sondern in der ganzen Geschichte des Sacramentsstreites nennt, so wird es uns erlaubt sein, einiges Charakteristische daraus mitzutheilen.

„Ich erkenne an und lehre, dass uns im Abendmahle nicht nur geweihete Symbole, sondern auch der ganze Christus, Gott und Mensch, mit allen seinen Gütern wahrhaftig gegeben und von uns empfangen werde. — — Daher werden uns im Abendmahle zwei Dinge dargereicht: Christus selbst als Quelle, sodann die Wirksamkeit seines Todes, wie die Worte des Abendmahles aufweisen. — — Auch handelt es sich nicht darum, dass wir nur seines Geistes, sondern, dass wir des ganzen Christi selbst theilhaftig werden. — — Bisher sehe ich nichts, was verdächtig sein könnte.

Wenn man nun aber fragt, wie denn das Brot der Leib des Herrn und der Wein sein Blut sei, so antworte ich, Brot und Wein (im eigentlichen Sinne zu reden) seien sichtbare heilige Zeichen, welche Leib und Blut des Herrn für uns darstellen und mittheilen. Die Namen des Leibes und Blutes aber sind ihnen beigelegt, weil sie gleichsam die Instrumente sind, durch welche der Herr dieselben uns mittheilt. Diese Art zu reden aber kommt häufig vor und ist der Sache angemessen. Es ist so ziemlich ähnlich, wie bei der Erscheinung der Taube, in der der (unsichtbare) heilige Geist sich offenbart. Daselbst scheut sich Johannes nicht zu sagen, dass er selbst den heiligen Geist gesehen habe. Er wusste nämlich, dass jene Erscheinung nicht eine nichtige Gestalt, sondern ein sicheres Zeichen der Gegenwart des heiligen Geistes sei. —

Jch glaube nun und lehre, dass, wenn wir gemäss der Einsetzung des Herrn das Sacrament gläubig und nach seinem Befehle empfangen, wir auch der Substanz des Leibes und Blutes Christi wahrhaft theilhaftig werden. — In Betreff der Ungläubigen streite ich nicht; ich richte aber dem Herrn ein gläubig Volk zu, das hinzutritt. Denn wir haben hier eine den Gläubigen zu eigen gegebene Speise, nicht eine Speise für die Gottlosen, die nichts glauben, sondern Alles verachten, wie ich denn auch nicht darüber streite, was die Maus in der Kirche esse [1]).

---

[1]) Anspielung auf die Streitfrage der Scholastiker, die in der Reformationszeit wieder auftauchte, was die Maus geniesse, die eine bereits geweihte Hostie verzehre, Brot oder Leib Christi.

Fest aber glaube ich, habe geglaubt und werde glauben auf alle Zeiten hin, was der Kanon des hochheil. Nicänischen Concils überliefert: An diesem hochheiligen Tische sollen wir nicht niederen Sinnes auf das vor uns gestellte Brot und auf den vor uns gestellten Wein gerichtet sein, sondern mit erhobenem Sinn und erhöhtem Glauben betrachten, es liege auf jenem heiligen Tische das Lamm Gottes, das der Welt Sünde trägt, welches nicht nach der Art der Opferthiere von den Priestern geopfert wird. Und wir, die wir den wahrhaft theuern Leib und Blut desselben nehmen, glauben, dass diess die Symbole unsrer Auferstehung seien." — —

Eine Abschrift dieser Confession hatte Hardenberg gleich anfangs an a Lasco geschickt und in dem Begleitschreiben seine Absicht ausgesprochen, von Bremen fortzugehen.

Die Antwort a Lascos[1]) hierauf ist voll rührender Theilnahme. „Du erinnerst Dich gewiss", mein lieber Albert, „wie ich Dir vorhergesagt habe, Du würdest dort ohne grossen Lärm nicht lange bleiben können. O, ich kann mich nicht genug über die Sinnesart derer verwundern, die, während wir sie ihrer Streitereien wegen nicht richten, im Gegentheil nichts desto weniger für Brüder halten, uns dennoch nicht ausstehen können." — Auf die überschickte Confession kommend, heisst es weiter: „Mir gefällt, was Du dem Sinne der Nicänischen Synode gemäss bekannt hast, dass wir nämlich mit dem fleischlichen Munde im Abendmahle Brot und Wein nehmen und zwar mystisch, d. i. in Verbindung mit dem himmlischen Geheimniss, das durch den Glauben empfangen wird, nämlich die wahrhaftige Mittheilung des wahrhaftigen Leibes und Blutes Christi. Es ist diess die Lehre aller alten Väter und der allgemeinen Kirche Christi. — — Uebrigens, mein lieber Albert, kann ich Deiner Vergleichung in Betreff der Taube — — und des heiligen Geistes nicht beistimmen. Sie ist zwar sinnig und sogar stattlich und es ist mir nicht unbekannt, dass sie gar sehr benutzt werde, — Du weisst, von welchen Leuten. Aber ich kann nicht verstehen, wie das, was vom Geiste gesagt wird, in jeder Hinsicht auch von der Substanz des Leibes Christi gesagt werden könne. Der Geist erfüllt gerade in Folge seiner Göttlichkeit Alles, wie Du

---

[1]) vom 29. Januar 1548. Gerd. Scrin. Antiq. I, 636 sqq

weisst; in Betreff der Substanz des Leibes Christi — — haben wir das klare Wort [das der Engel am Ostermorgen spricht]: er ist nicht hier. — — Wenn Du völlig zu dem Entschlusse gekommen bist, bei uns zu sein, so ist eine Stelle für Dich bereit gehalten; es fehlt nur, dass Du ja sagst. Und ich wünschte, Du thätest es. Ich habe kein Amt wieder angenommen, mein lieber Albert, habe vielmehr, ausser Dienst, der Fürstin meine Kraft zur Verfügung gestellt. So lange ich hier bin, habe ich sie gebeten, nach einem andern an meiner Stelle zu suchen." —

Also Hardenberg konnte, ohne aufs Ungewisse zu laufen, Bremen verlassen, er fand sicher in Emden freundliche Aufnahme. Indessen er that es nicht. Einem Brief a Lascos an Hardenberg zufolge hat jener an Melanchthon geschrieben, um durch ihn die Bremer zum Maasshalten und zur Freundlichkeit ermahnen zu lassen. Ob Melanchthon diess gethan, ist nicht weiter ersichtlich. Thatsächlich liegt nur vor, dass dieser Bremische Streithandel seinen vorläufigen Abschluss gefunden. Wenigstens gingen die nächstfolgenden Jahre ohne grössere Störung vorüber. Wir hören wohl, dass sich bald darauf wieder eine Differenz in Betreff der Abendmahlslehre erhob, und zwar als Hardenberg das 6. Kapitel des Ev. Joh. erklärte. Sie schien indess der Hauptsache nach nur von einem Fremden, Lorenz von der Heide aus Brabant, auszugehen und hatte bald ihr Ende erreicht.

Wir lassen uns mit der Anführung dieser einen kleinen Streiterei gnügen und schweigen von den übrigen, die an und für sich sammt und sonders ohne Bedeutung waren, und nur etwa den Beweis lieferten, dass der Abendmahlsstreit nicht völlig und gründlich beseitigt sei.

Was aber verhinderte, dass diese kleinen Plänkeleien nicht zu grösseren Kämpfen wurden, waren zunächst die wiedertäuferischen Umtriebe, von denen wir oben sprachen, die ein engeres Zusammenhalten der Prediger sammt deren Anhängern nothwendig machten, sodann das drohende kaiserliche Interim. Brachten jene Umtriebe Hardenberg ohne allen Rückhalt in ein freundschaftliches, oder doch friedliches Verhältniss zu seinen Collegen, so war seine Stellung, die er zum Interim einnahm, nur zu sehr geeignet, ihn in Verdacht zu bringen. — Der Kaiser Karl V. ging nach der für die Protestanten unglücklichen Schlacht bei Mühlberg mit dem Gedanken um, das ganze protestantische

Deutschland wieder päpstlich zu machen. Er war aber klug genug, um einzusehen, dass diess Ziel nicht mit einem Schlage würde zu erreichen sein. Nach dem Weltgesetze der Allmächtigkeit ging er langsam voran und suchte einen Zwischenzustand (Interim) für die Protestanten herzustellen, bis später eine definitive Entscheidung das ganze Kirchenwesen regeln sollte. In diesem Interim blieb die reformatorische Lehre ziemlich unangetastet, dafür aber wurden katholische Ceremonien und Festtage wieder eingeführt, die man bis dahin protestantischer Seits für abergläubisch angesehen und deshalb abgeschafft hatte. Hatte man sich nur einmal damit wieder befreundet, so konnte man weiter gehen. Duckt er sich da, folgt er uns eben auch, dachte der Kaiser.

Indessen die Protestanten waren doch klüger, als er sich gedacht. Man durchschaute seine Pläne sehr bald, und immer ausgedehnter und gewaltiger ward mit der Zeit die Opposition. Besonders energisch protestirten die Städte in Niederdeutschland, Bremen eingeschlossen, dagegen. Auch Hardenberg erklärte sich entschieden gegen Annahme des Interims. Schon fing man an, in Ostfriesland und im Oldenburgischen mit der zwangsweisen Einführung des Interim voranzugehen, und schon hörte man in Bezug auf Bremen sagen: „Da ist ein Schlüssel[1] verloren zwischen Weser und Elbe, den wird man diesen Sommer finden und alsdann die Jungfer mit dem Kranze lehren tanzen." —

Nun hatte aber Melanchthon gerade in der Sache des Interims sich erwiesener Maassen äusserst nachgiebig, um nicht zu sagen schwach, gezeigt; — und Hardenberg hatte ungeachtet seines Protestes gegen das Interim im Allgemeinen doch eine so eigenthümliche Stellung dazu und Melanchthon gegenüber eingenommen, dass dadurch sein Loos wahrlich nicht beneidenswerth ward. Doch hören wir selbst, was er an Melanchthon schreibt.

„Deine Briefe bezeugen Deinen gewaltigen Seelenschmerz, von dem ich jedoch hoffe, dass ihn meine letzten Briefe weder erzeugt, noch vermehrt haben. Denn Du weisst, dass ich einfach nur das an Dich geschrieben habe, was ich hier täglich mit Thränen hören muss. Deshalb bitte ich Dich, Du frömmster Mann, fahre fort, wie Du es jetzt thust, mich zu lieben; ich

---

[1] Anspielung auf den Schlüssel des Bremer Wappens.

werde, so lange ich lebe, nicht aufhören, Dich von Herzen zu verehren und Dir mit schuldiger Hochachtung zu begegnen. — — Wenn ich dennoch in meiner Einfalt Deinen Schmerz vermehrt habe, so bin ich dem Gericht aus Unvorsichtigkeit verfallen, da ich nicht gelernt habe, mit welchen Worten zu so grossen Männern geredet werden müsse. — Da ich aber in der Sache selbst nicht gefehlt zu haben glaube, so zweifle ich auch nicht an Deiner wohlwollenden Gesinnung gegen mich. — Ich weiss, dass es gewichtige Gründe sind, weshalb Ihr, Du und meine andern Lehrer, meinet, diese Mässigung anwenden zu müssen; ich kenne eure Klugheit, euren Eifer, eure Frömmigkeit u. s. w. in dieser Angelegenheit. Wenn übrigens auch andre gewichtvolle Männer nicht dem entgegentreten, so wurde ich doch genöthigt, zu zweifeln, ob auf diesem Wege und bei solcher Mässigung den zerrütteten Angelegenheiten der Kirche aufgeholfen und die wahre Eintracht hergestellt werden könne. — —

Ich schreibe Dir diess, weil ich glaube, dass Du den Brief eines freien Menschen nicht verurtheilst. Inzwischen ängstiget mich der Gedanke, ob es erlaubt sei, in so bösartigen (exulceratis) Dingen den Papisten das Geringste nachzugeben, die auch in gar nichts von ihrer Gottlosigkeit weichen, vielmehr uns zu täuschen suchen, um unsre Einfalt und Redlichkeit zu missbrauchen. Die Sphynx [so nennt nämlich Hardenberg das Interim] lässt den Artikel von der Rechtfertigung unangetastet. Warum werden nun die Betrüger nicht gezüchtiget, die die ganze Welt bisher durch die entgegengesetzte Lehre getäuscht haben und noch heute zu täuschen fortfahren? Sicher würden sie nie zu Ende kommen, ausser wenn sie alle ihre Dinge wiederhergestellt hätten, was sie auch offen äussern. O, wenn Deine frommen Ohren die Aeusserungen hören könnten, die die Brabanter an mich geschrieben, so würdest Du darauf schwören, dass die Gegner durch ihre Versprechungen nur zu täuschen suchen. — — Man hat hier einen Brief von Agricola gelesen, in dem sich dieser rühmt, Philippus stimme allerwegen mit ihm überein. Diess ermuntert die Papisten zu grossen Hoffnungen, erzeugt bei uns nichts als Schmerz und Thränen und reizt die Epicuräer, von denen Alles voll steckt, zum Lachen. Was thust Du, mein Herzensfreund! oder willst Du mit jenem Manne an diesem Joche ziehen? oder willst Du ihm gestatten, solche Aeusserungen zu thun. Ich überlasse freilich Alles Deinem Urtheile und schwöre zu Gott, dass ich nicht zu missbilligen wage, was von Dir, einem so grossen Manne, gebilligt wird! Doch, was ich gesagt habe, genügt mir nicht, viel weniger Andern, vor denen ich die Vertheidigung Deiner Person und Deiner Sache auf mich genommen habe. — — Ich will offen mit Dir handeln; aber eben mit Dir. Bei andern Leuten ist meine Rede über Dich eine andre. Sie sagen, Du hättest irgendwo geschrieben, Du weigertest Dich nicht, in allen Dingen Knechtschaft zu erdulden, wenn nur die Lehre rein erhalten bliebe. Sie nennen diese Aeusserung allzu servil. Ich glaube, dass das an seiner Stelle nicht übel geredet sei, um nicht zu zweifeln, dass Du es gesagt habest. Sie sagen aber, die Lehre könne nicht unversehrt bleiben, wenn die Ceremonien des Papstes damit verbunden würden. Bei Reinheit der Lehre müsse die Gottesverehrung die erste Stelle haben. — — Gebe Gott, dass wir dem Guten anhangen. O Gott, dir ist ein Armer zurückgelassen; du wirst jedoch dem Unmündigen und Waisen ein Helfer sein. Verwirf uns nicht im Alter, weil uns die Kraft fehlt; lehre uns! Amen!" —

Melanchthon nahm übrigens dieses Schreiben gut auf und die Correspondenz zwischen ihm und Hardenberg blieb im Gange. Insonderheit thun wir hier zweier Briefe Hardenbergs an Melanchthon Erwähnung. Beide sind merkwürdiger Weise vom 12. April 1549 datirt. Der eine ist bei Gerdes abgedruckt, der andere findet sich handschriftlich in München als Concept[1]). In dem ersteren erwähnt Hardenberg des Interims gar nicht, was wir jedoch durchaus nicht in einem Melanchthon ungünstigen Sinne zu deuten haben. Im Gegentheil: Hardenberg ladet ihn dringend ein, für den Fall, dass er von Wittenberg vertrieben werde, zu ihm nach Bremen zu kommen, und schreibt ihm: „Alles, was mein ist, ist Dein".

Am deutlichsten aber lässt sich die Stellung, die Hardenberg zu Melanchthon nahm, aus dem andern Briefe erkennen.

Man hatte sich Melanchthons Handlungsweise in Betreff des Interims nicht recht erklären können, und manche konnten sich des Verdachtes nicht erwehren, dass hierbei etwas sehr Schlim-

---

[1]) C M. IX. N. 24.

mes zu Grunde lege. Ratzeberger erzählt[1]): „Herzog Moritz [der am 31. Juli 1547 in Wittenberg war] erzeigte sich gegen die Gelehrten [in Wittenberg] aller Dinge gar gnädig — — bot ihnen alle Gnade an und verehrte sie mit Geschenken. Unter andern verehret er D. Pommern und Herrn Philippo einem jeden eine sammtene Pumpmütz, wie man es in Sachsen nennet, voller Thaler und liess ihnen alle Gnade anmelden und ansagen. Hierdurch bekam Philippus einen grossen Zufall und Ansehen bei allen Gelehrten zu Wittenberg".

Mag es nun wahr sein, oder nicht: kurz man glaubte vielfach, dass Melanchthon durch ein splendides Geldgeschenk dem Herzog und spätern Kurfürsten Moritz verbunden sei. Daraus wird es erklärlich, dass man einem Anfang des Jahres 1549 auftauchenden Gerüchte, Melanchthon sei von dem Naumburger Bischof Julius Pflug bestochen worden zu dem Zwecke, den durch das Interim beabsichtigten kirchlichen Neuerungen, oder vielmehr katholisirenden Repristinationen zuzustimmen. Das Gerücht fand weite Verbreitung und mehrfach Glauben. Auch Graf Albert von Mansfeld schien denselben zu theilen, — wenigstens sah es Melanchthon so an, — und schrieb darüber in einem Briefe an den letzteren[2]). Da aber trat Hardenberg für seinen Lehrer in die Schranken und berichtet deshalb in dem in Rede stehenden Briefe an Melanchthon: „Dem Herrn Grafen habe ich Deine Anschauung über die ganze Sache auseinandergesetzt, wobei ich freilich nicht seine volle Zustimmung erhalten konnte; jedoch bekennt er, dass ihm einigermassen Genüge geschehen sei. Auch sagt er, er habe nicht geschrieben, dass Du bereits von Julius Geld empfangen habest, sondern Dich nur ermahnt, Du möchtest von diesem Manne oder von Andern keins annehmen. Auch dürftest Du die Versprechungen jener Leute nicht so hoch schätzen, um nicht in die Lage zu kommen, in irgend einer Sache Nachsicht zu üben, die auf irgend eine Weise der Kirche zu Anstoss und Aergerniss gereichen könne. — Hier legte ich Bürgschaft für Dich ein und betheuerte, dass Du ein ganz anderer Mann wärest. Auch müsstest Du ihm ja schon seit langer Zeit anders bekannt sein. Er selbst wird Dir auf Deinen Brief antworten. — Der Graf Chri-

---

[1]) Corp. Ref. XXVIII. Annales p. 99.
[2]) Corp. Ref. VII. p. 352.

stoph ist mit Deinem massvollen Auftreten zufrieden, obwohl auch er den Wunsch zu erkennen giebt, Du möchtest überall Standhaftigkeit bewahren, soweit es möglich sei! — —

Fern, fern, sei es in aller Ewigkeit meinem Herzen, dass ich oder einer der unsern Deinen Schmerz durch falsche Beschuldigungen vermehre. Und wir wissen es, dass ihr in eurer dermaligen Knechtschaft euch nicht so frei äussern dürft, als wir in unsrer Stadt, von der Gott bislang gewollt hat, sie solle frei sein, damit sie eine fromme Herberge den unglücklichen Menschen gewähren könne, die als Verjagte von allen Seiten hieher kommen". —

Bald darauf aber folgt eine Stelle, die uns die Stimmung der Bremer, Hardenberg eingeschlossen, in Betreff des Interims und daneben Hardenbergs ungeschwächte Hochachtung gegen Melanchthon beurkundet. „Es herrscht bisher nur eine Stimme bei Allem und Jedem: lasset uns sterben für das Recht und die Heerde (moriamur pro lege et grege). Fürwahr, wir sind die glücklichsten unter allen Deutschen, wenn es sich fügt, dass wir entweder in solcher Standhaftigkeit für den Herrn sterben, oder eben darin zum Vorbild und zum Schutze Andrer niedergeworfen worden. Der Tag wirds klar machen, wer in Wahrheit Gottes sei. O, dass es mir doch vergönnt sei, Dich vor meinem Tode noch einmal zu küssen (deosculari); das wünsche ich mit heissem Flehen!"

Wie verhasst übrigens auch sonst das Interim war, lässt sich aus einer, wahrscheinlich in Hamburg verfertigten Carricatur schliessen, die uns Hardenberg an zwei Stellen[1]) beschreibt. Wir fassen hier die sich gegenseitig ergänzenden Beschreibungen in eine zusammen. Das Bild, das Hardenbergs Ansicht nach meisterhaft (affabre) ausgeführt war, stellte eine lange, schreckliche Schlange dar. Am Leibe derselben sah man den Teufel mit offenstehendem Munde; am rückwärts gebogenen Schwanze ein zweischneidig Schwert, unter welchem Mond und Sterne glänzten; oben an der Brust aber wiederum das Haupt eines bösen Geistes. Auf drei langen, hervorstehenden und in einander verwickelten Hälsen sassen drei mit einander verbundene, aber dabei immerhin noch von einander getrennte Köpfe. Der

---

1) C. M. IX. N. 20 und N. 25.

zur Rechten stellte das dreifach gekrönte Haupt des Papstes dar; der in der Mitte das Haupt eines Engels oder Menschen; der zur Linken das Haupt eines Türken mit Kopfbedeckung versehen. Eine Schrift zur Erklärung des Bildes war gefügt. Hardenberg hatte dasselbe beim Grafen Albert von Mansfeld gesehen, dieser aber es von jemand, der nicht weiter genannt ist, aus Hamburg erhalten. — —

Aus alle dem bisher über das Interim Gesagten geht allerdings unzweifelhaft hervor, dass Hardenberg in Uebereinstimmung mit den Bremern sich ganz entschieden gegen Annahme desselben erklärte und in dieser Hinsicht seinen Collegen und Mitbürgern nur als wackerer Mitkämpfer zur Seite stand. Wenn er aber daneben Melanchthons Person und Handlungsweise vertheidigte und zwar, wie er eben selbst gestand, auch da in Schutz nahm, wo er Melanchthon gegenüber schwere Bedenken geltend machte, ja sogar fein tadelnd auftrat, so musste er Manchem, besonders dem, der Ahnung, oder gar Kunde von solcher Correspondenz hatte, verdächtig werden, und jedenfalls gab er seinen Feinden ein willkommenes Mittel in die Hand, ihn als zweideutig darzustellen. —

Wir haben dieses Kapitel überschrieben: die Vorspiele des Kampfes. Auch Hardenberg war der Meinung, dass der Kampf noch längst nicht zu Ende sei. Den Anschauungen seiner Zeit entsprechend meinte er selbst schon Voranzeichen einer entsetzlichen Verwirrung innerhalb Bremens geschaut zu haben, die ihn freilich auf ein glückliches Ende derselben schliessen liessen. Hören wir, was er in dieser Hinsicht in einem Briefe an Melanchthon vom 18. Mai 1553[1]) sagt:

„Ich schrieb Dir vor vier Tagen durch Elard Havemann, den Sohn unsers Bürgermeisters, der Studien halber zu Euch kommt. Aber ich glaube, dass dieser junge Mensch noch vor Elard zu Euch kommen wird. Daher wünschte ich auch diesem einen Brief an Euch mitzugeben, um Euch mitzutheilen, dass ich mich bisher ziemlich wohl befunden habe, und dass auch unsre Stadt jetzt in befriedigendem Zustande sich befinde, aber zuvor recht bedrängt gewesen sei. Zunächst durch Brand. Durch einen Blitzstrahl wurde nämlich der Dom in Flammen gesetzt

---

[1]) C. M. IX. N. 18.

und es griff das Feuer mit so grosser Schnelligkeit um sich, dass es nicht eingeschränkt werden konnte. Auch gewann es nicht den Anschein, als ob von der Stadt noch etwas verschont bleiben sollte. Uebrigens hielt derselbe Gott, der das Feuer gesendet, dasselbe in gewissen Gränzen, damit es nicht weiter um sich greife. Sodann wurde unsre Gefahr gesteigert durch das Heer des Herzogs von Braunschweig, welcher kaum drei Meilen (tertio lapide) von der Stadt noch jetzt eine Burg besetzt hält, nachdem er jedoch sein Heer ohne grosse Unbequemlichkeit der Nachbarschaft aus der Diöcese zurückgeführt hat.

Hierzu kam ein dritter Schreck und zwar einer Seits eben so wenig gefährlich, ja sogar lächerlich, als andrer Seits sehr aufregend und einen guten Theil der Bürgerschaft bis zu Tode ängstigend.

Wir waren am Sonntag Exaudi gegen zwei Uhr in der Predigt. Als man nach Schluss derselben zum Gebet und den öffentlichen Fürbitten, wie es hier Sitte ist, gekommen war, entstand plötzlich ein so grosser Tumult, dass sowohl ernste Männer, als auch alle Frauen und Jungfrauen zu Tode geängstigt wurden, Einige zu Boden fielen, Andre ein furchtbares Jammergeschrei erhoben. Es war nämlich starker Wind und Gefahr vorhanden, dass das obere Gewölbe (vertex) der durch den Brand beschädigten Kirche herabstürzen werde. Als gerade dieser Schreck überhand genommen hatte, kehrten, ohne dass es jemand von denen, die sehr zahlreich in der Kirche versammelt waren, wusste, die Soldaten, welche die nächste Burg zum Schutze des Senates bewacht hatten, in die Stadt zurück und schossen sämmtlich mit einem Male vor den Kirchthüren ihre Büchsen ab, aus denen die Kugeln mit so grossem Lärme herausflogen, dass die ganze Decke (testudo) ohnehin vom Brande her blosgelegt (nuda), herabzufallen schien; und das wurde auch von den Meisten geglaubt. Einige schrieen nun, die Stadt sei von den Soldaten, die wir zum Schutze der Stadt hatten, verrathen! Da war mit einem Male eine tödtliche Angst über Alle gekommen! Sie glaubten der Markt, der der Kirche nahe liegt, sei vom Feinde, und zwar von Verräthern eingenommen und die Kirche selbst schon umzingelt! Unsterblicher Gott! Was war da für ein Schreien, was für ein Weinen und Heulen Aller! Welch ein Lärmen und Durcheinanderschreien. Da liess man zurück: Pantoffeln (sandalia), Schuhe, Gebetbücher, Schleier und Mäntel. Niemals hat man etwas dem Aehnliches vernommen. Inzwischen war Alles weiter nichts, als ein panischer Schrecken, von dem ich nicht weiss, ob man ihn mehr anstaunen oder belächeln soll.

Ich freilich erkläre diess für eine Mahnung Gottes. Sie war es in Wirklichkeit! **Wir sollten alles Zukünftige schauen und uns zum Herrn bekehren!** — Ehe das Braunschweigsche Heer in das Stift Bremen einmarschirte und ehe der Dom brannte, sahen wir auch über derselben Kirche einen so grossen Kampf zwischen Störchen und Krähen, wie man weder gehört noch gelesen hat; und zwar habe ich, der ich nahe bei der Kirche wohne, diesen Kampf selbst mit eigenen Augen gesehen. Auch sah ich zwei dunkle Säulen in der Luft, — gleich als wärens unstäte Wölkchen, — während sonst klarer und heiterer Himmel war. Jene Wölkchen setzten sich schliesslich über dem Chore der Kirche fest. Ihnen folgte bald darauf ein Blitzstrahl und zündete an derselben Stelle. Diese Säulen zeigte ich zuvor, als eine nicht natürlich zugehende Sache meiner Familie! — Mit dem Kaiser haben wir noch nicht sichern Frieden Jedoch haben wir viel Hoffnung, in Kurzem etwas sicherer gestellt zu werden. Nun, mit Gott!"

Unverkennbar scheint Hardenberg das vermeintliche Voranzeichen im Dome auf einen panischen Schrecken deuten zu wollen, der später einmal von Seiten des Kaisers über die Bremer kommen sollte. O wäre es dabei geblieben! Aber Hardenberg sollte nur zu bald erfahren, wie Voranzeichen und deren Ausdeutungen trügen!

Fünftes Kapitel.

Hardenberg und a Lasco. Das letzte Wetterleuchten.

(bis 1555.)

Das gegenseitige Verhältniss zwischen Hardenberg und a Lasco war im Laufe der Jahre und unter manchen Bedrängnissen immer enger geworden. Beide Männer correspondirten nicht nur mit einander, sondern besuchten sich auch mehrfach und tauschten dabei ihre Ideen gegenseitig aus. — So berichtet Hardenberg seiner Seits von Besuchen in Emden und a Lasco, dieselben erwiedernd, hielt sich z. B. im April 1549 kürzere Zeit bei Hardenberg auf[1]), um von da über Hamburg nach Danzig zu reisen. Auf dieser Reise hatte a Lasco auch seine Frau bis Bremen mitgenommen, dort aber bei Hardenberg zurückgelassen. Diess erhellt aus folgender Stelle eines Briefes, den er am 12. April von Hamburg aus schreibt: „Lebe wohl und grüsse die Deine und die Meine und die sonstigen Brüder von uns, insbesondre unsern Herrn Jacob [Propst], dem ich mich von ganzem Herzen empfehle." — Uebrigens sollte die Frau a Lascos bei Hardenbergs „Trutje", die sie ja seit vielen Jahren kannte, nur ganz kurze Zeit bleiben, jedenfalls nach der Abreise ihres Mannes mit nächster Gelegenheit nach Emden zurückkehren. Diess bezeugt uns ein zweiter Brief a Lascos aus Hamburg vom 13. April 1549. Da heisst es: „Gestern schrieb ich an Euch, sobald als ich angekommen war und nun schicke ich Euch wiederum diesen Boten

---

[1]) Hardenberg schreibt an Melanchthon am 12. April 1549: „Cras etiam expecto ad me Joannem a Lasco, qui ex Anglia reversus" etc. — — „hac septimana in Phrisia illum conveni". C. M. IX. N. 24.

in der Hoffnung, dass er dort noch meine Gattin antreffen werde. Ist sie fort [nach Emden], dann bitte ich, ihr den Brief bald nachzuschicken, damit ich wiederum von ihr zu Ostern [21. April] Antwort haben kann." —

Nachdem a Lasco längere Zeit in Danzig und zwar noch im Monat August, gewesen war, kehrte er, jedenfalls über Bremen, zurück, und so finden wir ihn denn am 18. September 1549 in Emden wieder. — Aber er erkannte nur gar zu bald, dass hier seines Bleibens nicht länger sein könnte. Die Kaiserlichen drangen auf Einführung des Interim und folgerichtig auf Suspension oder gar Entfernung der renitenten Prediger, während die Gemeinden, durch das Märtyrerthum ihrer Geistlichen mitleidig erregt, diesen nicht genug Beweise der Liebe erzeigen konnten.

Bereits am 26. September 1549 schreibt a Lasco an Hardenberg: „Die meisten Bürger bezeugen jetzt eine so grosse Liebe gegen mich, wie ich nie erwartete, Gott sei Dank! Nun, mein lieber Albert, ich gehe von hier fort, aber noch weiss ich nicht, wann und wohin. Nur dass steht fest, dass ich in Kurzem und vor dem Winter wegziehe, vielleicht zu Schiffe. Meine Collegen sind von der Fürstin abgesetzt. Sie lehren inzwischen und taufen, wenn es die Gemeinde verlangt, und zwar öffentlich auf dem Kirchhofe, weil es in der Kirche nicht erlaubt ist." —

Was ihm Hardenberg hierauf erwiedert, lässt sich leicht schliessen. Er hat ihn jedenfalls ebenso freundlich eingeladen, nach Bremen zu kommen, wie er es seiner Zeit mit Melanchthon that. Diese Vermuthung wird fast zur Gewissheit durch die geschichtlich feststehende Thatsache, dass a Lasco den Winter 1549/50 in Bremen zubrachte. Die erste Spur seines Aufenthaltes in Bremen datirt vom 21. Oktober, an welchem Tage er an den Herzog von Preussen schreibt. Wir theilen aus diesem Briefe, — in welchem er anfangs bemerkt, er wäre gern anderswohin, wahrscheinlich nach England, — gereist, habe es aber des Winters wegen nicht gekonnt — folgende Stelle mit.

„Ich bin in aller Gewogenheit entlassen, sowohl von der Gräfin selbst, als auch besonders von der ganzen Gemeinde, wie diess das Schreiben der Fürstin beweist. Die ganze Gemeinde veranstaltete nämlich durch hundert dazu ausgewählte Bürger und ebensoviele ehrbare Frauen, als ein Zeichen ihrer Dankbarkeit gegen mich, sowohl für mich als meine Collegen ein Gastmahl. Auch hatte meine ganze Gemeinde ein Ehrengeschenk für mich besorgt, dessen Annahme ich jedoch verweigerte. Bei jenem Gastmahle aber verbrachten wir, nach aufgehobener Tafel den ganzen übrigen Tag in Ermahnungen zur Treue im Bekenntniss des Glaubens und der wahren Religion, sowie in Danksagungen und dann erst wurde ich, nicht ohne viele Thränen Aller von Allen zu meinem Hause geleitet und endlich von ihnen entlassen, nachdem ich ebenfalls von Allen den Kuss des Friedens empfangen hatte." —

A Lasco war also, wie er diesen Brief schrieb, mit den Seinigen bei Hardenberg. — Doch hören wir in Bezug auf diesen Aufenthalt einen spätern Bericht[1] des Bürgermeister Kenkel, und zwar aus dem Jahre 1566.

„Zu derselbigen Zeit kam gen Bremen Johannes Lasco, ein Polack, ein gelehrter Mann, aber der Zwinglischen Lehre zugethan. Derselbige zog ein zur Herberge zum Hardenberg und blieb lange bei ihm. Die Anstellung aber, die er suchte, fand er nicht. Derselbe begehrte, dass man ihn in der Kirche zu Bremen wollte zum Nachtmahl lassen gehen und er ward auch zugelassen. Und da er nun zuging, wollte er auch bezeugen, dass er einer Meinung und Opinion wäre, die der unsern zuwider ist, und unterstand sich, das Brot des Nachtmahls bei der Ausspendung, wider den Gebrauch der Kirche zu Bremen, in öffentlicher Versammlung aus des Geistlichen Händen weg zu nehmen und mit eigner Hand in seinen Mund zu thun, gleich als wenn das Brot, also genommen, die Ceremonie des Nachtmahls etwas heiliger machte".

So der Bericht vom Jahre 1566. Später ging man weiter und sprach zum mindesten die Vermuthung aus, kein echt lutherischer Prediger Bremens könne a Lasco das Abendmahl gereicht haben, das hätte nur Hardenberg thun können. Es war aber auch für einen forcirten Lutheraner der spätern Zeit ein schrecklicher Gedanke, wenn er sich sagen musste, der durch und durch kalvinistische, ja vielleicht zwinglianische a Lasco hat nicht nur in einer lutherischen Kirche Bremens das Abendmahl gefeiert; nein, er hat auch bei der Feier seinen Mangel an Hochachtung des heiligen Mahles dadurch an den Tag gelegt, dass er die

---

[1] Kurze, klare und wahrhaftige Historie und Erzählung u. s. w.

heiligen Elemente nicht aus der geweiheten Hand des Geistlichen nahm, sondern mit eigner ungeweihter — zwinglianischer Hand zum Munde führte! Wo indessen derartige dogmatische Befangenheit herrscht, da werden leicht geschichtliche Vermuthungen aufgestellt, die völlig unbegründet sind. So ist es in diesem Falle nachzuweisen und bereits im vorigen Jahrhundert nachgewiesen[1]), dass nicht Hardenberg, dem überhaupt die Verwaltung der Sacramente nicht oblag, sondern der gut lutherische Superintendent Propst das Abendmahl an a Lasco austheilte; es ist ferner keine Spur davon zu entdecken, dass das Verhalten a Lascos hierbei Missstimmung erregt hätte. Diess Alles gehört erst einer spätern Zeit an. Und somit liefert der Bericht und die spätern Ausschmückungen desselben den deutlichsten Beweis dafür, dass sich verschiedenartige Anschauungen vom Abendmahle, die früherhin mehr oder minder friedlich neben einander hergingen, erst späterhin immermehr verschärften, und dass man von Seiten ganz guter Lutheraner anfangs Etwas als ganz unverfänglich ansah, was man später als arge Ketzerei brandmarkte; ja, dass man gar nicht glauben mochte, diess oder jenes sei von einem gläubigen Lutheraner gesagt oder gethan und es daher unbedenklich dem später als Ketzer Bezeichneten Schuld gab. —

Dieser ganze Vorfall wird noch dadurch merkwürdiger und bedeutsamer, dass die Bremer recht gut wussten, wie a Lasco über das Abendmahl dachte. Denn als Hardenberg bei ihnen in Verdacht falscher Lehre kam, schrieb a Lasco an sie, sprach dabei seine Anschauungen über das Abendmahl unzweideutig aus und suchte sie zu bewegen, ihren Domprediger in Ruhe zu lassen. Diess mochten sie wohl damals etwas übel genommen haben; aber es sass nicht tief.

Als daher jetzt a Lasco nach Bremen gekommen war, assen und tranken sie mit ihm, und unterhielten überhaupt gute Freundschaft. Und so konnte später Hardenberg mit Recht fragen[2]): „Warum habt ihr ihm [a Lasco] nicht geantwortet, als er an euch einen so langen und gelehrten Brief über das Abendmahl schrieb; warum habt ihr mit ihm so freundschaftlich zusammengelebt und geschmaust, als er hier mit uns verhandelte? Jetzt

---

[1]) Wagner a. a. O. S. 48 fg.
[2]) C. M. fol. 116.

beisst und verdammt ihr den Abwesenden. Das ist bei guten Männern unerhört!" —

Inzwischen war der Winter verflossen. Wir finden a Lasco dem Datum eines Briefes an die Emdener Geistlichen zufolge 4. April 1550 in Hamburg, woselbst er auch noch den 25. desselben Monats war, bis uns ein Brief vom 29. Juni aus Lambeth die Gewissheit giebt, dass er in England angekommen sei.

Dort hatte sich nämlich soeben eine aus Deutschen, Wallonen und Franzosen bestehende Gemeinde constituirt und vom Könige Eduard VI. die Erlaubniss erhalten, ihr Kirchenwesen nach ihrem Belieben einzurichten. Zu ihrem Superintendenten hatte sie a Lasco berufen und dieser hatte, schon weil er amtlos war, die Berufung angenommen. Uebrigens war er nicht der Erste, der von Deutschland aus zu reformatorischem Wirken nach England berufen wurde. Bereits das Jahr zuvor war Butzer der an ihn ergangenen Einladung des Erzbischofs Cranmer dahin gefolgt. — Leider starb aber Butzer schon am 27. Febr. 1551, nach Angabe Einiger an Gift.

Ueber a Lascos geistigen bez. theologischen Verkehr mit Hardenberg in dieser Zeit lässt sich wenig sagen. Die noch vorhandenen Briefe geben in dieser Hinsicht eine ziemlich dürftige Ausbeute. Wir erfahren aus ihnen nur, dass a Lasco die Osiandrische Lehre entschieden missbilligte und über Aepin die oben schon erwähnte bedauernde Aeusserung that. Auch schickte er ihm eine kleine Schrift über die Sacramente, einen Flandrischen Katechismus und ähnliche Schriften und theilte ihm gelegentlich mit, dass er die Sacramentslehre bearbeite und zwar ohne sich dabei der Kirchenväter zu bedienen; er setze vielmehr einfach nur das Wort der Schrift auseinander.

Was seine häuslichen Verhältnisse betrifft, so erfahren wir aus diesen Briefen, dass er sammt seiner ganzen Familie vom englischen Schweisse befallen wurde und sie Alle dem Tode sammt und sonders nahe waren. Auch hatte a Lasco dort das Unglück, seine Frau, das ehemalige arme Mädchen aus Löwen, zu verlieren. Er schreibt darüber — zwar nicht an Hardenberg, sondern an Bullinger — ein Jahr später: „ihr Andenken kann bei mir niemals untergehen, sowohl wegen ihrer Frömmigkeit und Redlichkeit, als besonders der Kinder wegen, die sich vor meinen Augen herumtummeln. Welch' eine tiefe Wunde, dem Fleische nach, diess für mich gewesen sei und sogar noch sei, kannst Du Dir denken".

Doch, wir haben es hier nur mit dem brieflichen Verkehr zwischen a Lasco und Hardenberg zu thun und kehren daher von dieser kleinen Abschweifung zu ihm zurück. Die gelehrten Theologen jener Zeit verhandelten in ihren Briefen nicht nur theologische Gegenstände und Familienverhältnisse. Es kamen denn auch wohl Wirthschaftssachen gelegentlich zur Sprache. Als z. B. a Lasco noch in Emden war, hatte Hardenberg die löbliche Absicht gehabt, seinen Freund durch einen guten Trunk zu erfreuen. Wie sehon diess aus einem Briefe a Lascos (vom 19. Februar 1548), worin es heisst: „Walther erzählte mir, Du hättest uns Bier und, ich weiss nicht was noch, schicken wollen, wenn nicht der Winter hindernd in den Weg getreten wäre. Ich weiss Dir dafür Dank, mein lieber Albert, und es ist mir ebenso angenehm, als ob Du es geschickt hättest. O dass wir doch Dir wiederum gefällig sein könnten!"

Indess damit brauchte sich a Lasco nicht zu beeilen. Er hatte noch kurz vor dieser beabsichtigten Sendung Hardenbergs diesem eine reelle Sendung übermittelt. Hardenberg schreibt nämlich an ihn (12. Februar 1548[1]): „Meine Frau hat die Käse sammt der Butter erhalten, in deren Namen, sowie im Namen aller Freunde ich Dir Dank sage, den ich jetzt nicht bethätigen kann. Die Käse, die Deine Frau macht, werden sehr gut genannt, ich habe hier solche noch nicht gesehen".

Auch die Bierangelegenheit kam in diesem Briefe zur Sprache. Hardenberg schreibt: „Meine Frau fragte, ob es anginge (liceret), hier für einen auswärtigen Freund Bier zu brauen. Diese Frage wurde ihr aber verneint". —

Ein andres Mal, a Lasco war schon in England, hatten beide ein kleines Leinen- und Mehlgeschäft gemacht. A Lasco schreibt deswegen (datirt Croydon, 23. August 1551): „Das überschickte Leinenzeug und Mehl haben wir empfangen und sagen dafür unsern Dank. Ich habe an Egidius, den Bruder meiner Frau geschrieben, er möge Euch sofort das Geld, was ihr dafür aus-

---

[1] C. M. IX. N. 20.

gelegt habt, wieder zurückerstatten und ich zweifle nicht, dass er das unverzüglich thun werde".

A Lasco hatte sonst eigentlich nicht gern mit dergleichen kaufmännischen Sachen zu thun, wie er selbst sagt, auch war er dazu nicht recht geeignet, wie wir gleich sehen werden; Hardenberg bewies darin mehr Geschik. Aber a Lasco liess sich doch eben zuweilen darauf ein! —

Ein Mal wurde auch ein kleines Tuchgeschäft zwischen beiden angefangen, was aber a Lasco nicht zum Besten bekam. Er schreibt darüber (31. Mai 1551) an Hardenberg: „Ich kann Dirs gar nicht sagen, mein lieber Albert, wie ich mich über jenes Geschäft mit englischem Tuche ärgere, nicht sowohl, weil das Tuch so schändlich weggenommen ist, als vielmehr, weil die Kaufleute durch diese Sache so beleidigt sind, dass ich sie kaum anzusehen wage. Ich bin auch genöthigt worden, den Kaufleuten selbst den Handschein zurückzugeben, nicht ohne sie schwer zu ärgern, die mich auch jetzt noch finster anblicken. Sie sagen, das Tuch hätte nicht an diesem Orte zertheilt (distrahendum), sondern anders wohin gebracht werden müssen; und es hätte können anderswohin gebracht werden, wenn Achtsamkeit darauf verwendet worden wäre. Doch wozu viele Worte? Euch Allen wird fortan kein Tuch mehr creditirt und überhaupt wird nichts weiter versucht. — — Kurz ich sehe keine Hoffnung, auf irgend eine Weise noch Tuch für auch bei den Kaufleuten zu erhalten."

Verstehe ich den Brief, der übrigens ziemlich lückenhaft auf uns überkommen ist, recht, so hat a Lasco für seinen Freund Hardenberg Tuch in England gekauft. Dasselbe ist in kleinere Stücke abgetheilt[1]) worden und hat so nach Deutschland gebracht werden sollen. Dasselbe wurde aber trotzdem von den Zollbeamten angehalten und confiscirt. Die Kaufleute hatten davon manche Unannehmlichkeiten und a Lasco wurde genöthigt, ihnen den Handschein, in dem sie sich zu Lieferung der Waare verpflichteten, zurückzugeben. — Jedenfalls hatte der gute a Lasco über all seinen theologischen und kirchlichen Bestrebungen und insbesondere über der Seelsorge für seine Gemeinde ein englisches Gesetz von 1530 ausser Acht gelassen, welches besagte:

---

[1]) Das scheint mir der Sinn von distrahere zu sein.

„that[1]) no mannperson in any wise after the first day of Marche nexte commying shall bye or bargayne any manner of wolle within this realme for any merchant strannger, nor take any permyse of bargayne or sale of any wolle for any merchant strannger." A Lasco hatte sich also, dem Anschein nach, des Schmuggels, oder der Beihilfe des Schmuggelns verdächtig gemacht! — zum mindesten waren die Kaufleute, durch einen verunglückten Versuch des Schmuggelns, dessen Veranlassung a Lasco war, gegen diesen aufgebracht!

Der Aufenthalt a Lascos in England dauerte übrigens nicht sehr lange. Als Eduard VI. am 6. Juli 1553 gestorben war und die blutige Marie den Thron bestiegen hatte, waren die Tage der Fremdengemeinde sammt ihrer Selbstregierung auf englischem Boden gezählt. Die Gemeindeglieder mussten das Königreich verlassen, wenn sie sich nicht dem Bischof von London unterwerfen wollten. Etwa 170 derselben entschlossen sich zu Auswanderung und landeten Ende Oktober bei Helsingör. Die drei Prediger, die die kleine Gemeinde anführten, a Lasco, Micronius und Uterhoven bemühten sich um eine Audienz bei dem als wohlwollend bekannten Könige von Dänemark, der sich damals gerade in Jütland befand, um womöglich in seinen Landen dieselben Rechte wieder zu gewinnen, die sie in England verloren hatten. Indessen, wenn auch der König für seine Person leichter geneigt wesen wäre, diess zu bewilligen, so war doch sein dogmatisch engherziger Hofprediger Noviomagus und dessen College Buscoducensis entschieden dagegen. Ob diese dem Könige nicht entgegen gewesen waren, als er a Lasco 100 Thaler zum Geschenk machen wollte, oder ob sie ihn von diesem Entschlusse nicht hatten abwendig machen können, mag dahin gestellt bleiben: kurz, a Lasco erhielt das Geld. Jedenfalls aber hatten es die Hofprediger durchzusetzen gewusst, dass die Hilfesuchenden binnen kürzester Frist das Land verlassen mussten. Es verwandten sich zwar

---

[1]) Der englische Text ist genommen aus Kuyper II p. 653. —
Zu Deutsch: „Dass kein Mensch in irgendwelcher Weise nach dem nächstkommenden 1. März soll kaufen oder feil halten irgendwelche Art von Wolle innerhalb dieses Königreiches für irgendwelchen fremden Kaufmann, noch Erlaubniss nehmen feil zu halten oder zu verkaufen irgend welchen Wollstoff für einen fremden Kaufmann.

Geistliche und Weltliche für ihr Verbleiben, sie baten, man solle sie doch wenigstens den Winter über noch dulden; es half nichts. A Lasco durfte nicht einmal von Kolding nach Kopenhagen reisen, wo sich seine Gemeinde aufhielt; er musste vielmehr zwangspassmässig durch Holstein nach Deutschland gehen. Nur seinen Kindern wollte man den Aufenthalt den Winter über dort gestatten. So mussten die Gemeindeglieder zur Zeit des Eintritts der Herbststürme zu Schiffe gehen und a Lasco, wie gesagt, über Holstein, also zu Lande, das Reich des Dänenköniges verlassen! und dazu kam, dass a Lascos Frau, — er hatte sich nämlich wieder verheirathet, — ihrer Entbindung entgegen sah! —

Er wandte sich, nachdem er ganz kurze Zeit bei Hardenberg zugebracht, nach Emden und fand dort gastliche Aufnahme. „Ich bin hier aufgenommen worden", sagt er selbst, „gleich als wenn ich zu den nächsten Verwandten gekommen wäre. Liebevoller hätte ich nicht aufgenommen werden können." War es doch überhaupt früher nur die kaiserliche Gewalt gewesen, die ihn von dort entfernt hatte, während die Gemeinde ihn nur gar zu gern behalten hätte. Die kaiserliche Gewalt aber war seit dem Passauer Religionsfrieden (1552) sehr gelähmt.

Es mag kurz vor dem 11. December 1553 gewesen sein, als a Lasco in Emden ankam, denn von diesem Tage ist ein Brief an den König von Dänemark datirt. Am 12. December aber schreibt er den ersten Brief an Hardenberg, worin er ihm anzeigt, seine Frau habe ihn durch die Geburt eines Sohnes, Samuel genannt, erfreut; sie wäre zwar todtkrank gewesen, befinde sich aber wieder besser. —

Während a Lascos Abwesenheit von Emden war aber die religiöse Denkweise daselbst entweder nicht fortgebildet, oder geradezu in eine sich enger an Luthers Denkweise anschliessende Bahn gebracht worden. Vielleicht dass auch a Lasco während seines Aufenthaltes in England noch etwas freier in seinen dogmatischen Anschauungen geworden war. Kurz, es dauerte nicht lange, so brachen in Emden Differenzen aus. A Lasco mochte kaum drei Wochen in Emden sein, da schrieb er (25. December 1553) an Hardenberg: „Wir haben Dich hier mit grosser Sehnsucht erwartet; man sagte nämlich Du wärest vom Grafen Christoph gerufen worden, um mit ihm zugleich hieher zu kommen. — — Ich hätte Dich jetzt gern hier gesehen, wenn es irgend möglich gewesen wäre, um mit Dir mündlich über den Katechismus unsers Bruders Gellius zu verhandeln. Denn, um die Wahrheit zu sagen, ich wünschte nicht, dass er erschiene. Ich habe nämlich Einiges in ihm gefunden, das ich, wenn es veröffentlicht wird, weder ertragen, noch mit Stillschweigen übergehen könnte. Ich hatte mir daher vorgenommen, mit Dir über die Verhinderung der Herausgabe zu verhandeln und jetzt möchte ich wünschen, dass er wenigstens auf unbestimmte Zeit unterdrückt würde, wenn es möglich ist. Hat der Druck schon begonnen, so suche die Herausgabe auf jede Weise zu verbindern. Ich bitte Dich, gieb Dir Mühe, so viel Du kannst, damit es geschehe. Wir wollen die Kosten schon bezahlen, wenn wir nur wissen, wie viel. Je rascher die Edition unterbrochen wird, desto angenehmer wird das für uns und desto nützlicher für unsre Gemeinde sein. Doch das für Dich allein!" —

A Lasco schien diese ganze Angelegenheit als sehr wichtig anzusehen und deshalb mit grossem Eifer zu betreiben. Eine Woche später am 1. Januar 1554 schreibt er wieder an Hardenberg, wobei er den Empfang eines Hardenbergschen Briefes und beifolgenden Buches (Westphals Farrago) anzeigt und weiter so fortfährt: „Ich schrieb neulich an Dich wegen Gellius' Katechismus und ich wünschte, Du machtest es so, wie ich geschrieben habe. In Betreff der auflaufenden Kosten wirds keine Schwierigkeit haben. Auch sind wir unter uns dahin übereingekommen, dass wir drei Katechismen auf einmal herausgeben, einen grösseren, welchen wir hier Alle zusammen verfasst haben, ferner den von Gellius mit wenigen Abänderungen und einen dritten kleinen für kleinere Knaben. Gellius selbst wird deswegen an Dich schreiben. Ich hoffe, Du werdest mit unserm Grafen Christoph kommen und bitte Dich, ihm die Angelegenheit unsrer Gemeinden zu empfehlen. Medmann wird Dir Alles auseinander setzen. Ich wäre selbst gern jetzt mit Medmann gekommen; aber mir graut vor dieser so grossen Kälte." — Bleiben wir hier einen Augenblick stehen! Also kurz vor a Lascos Rückkehr nach Emden hatte Gellius Faber, — denn der ist gemeint —, ein seit 1538 in Emden angestellter Prediger, — einen Katechismus geschrieben, der bereits in Bremen gedruckt wurde. A Lasco hatte von dem Inhalte desselben Kenntniss genommen, ihn in einzelnen Punkten nicht gebilligt und deshalb den Druck zu inhibiren gesucht. Die dogmatische Differenz zwischen a Lasco und Gellius lag sonach unzweifelhaft vor, und nur der Umstand, dass an der Stelle des einen Katechismus nunmehr drei herausgegeben werden sollten, verdeckte dieselbige einigermassen.

Nun reiste, wie aus dem Schluss der zuletzt angeführten Stelle aus a Lascos Briefe klar wird, Medmann nach Bremen. Es ist das derselbe Mann, den wir bereits oben als Rath im Dienste des Erzbischofs Hermann von Wied kennen gelernt haben; er war seit Kurzem und zwar seit 1553 Bürgermeister von Emden. Dieser war aber, wie es scheint, durchaus nicht so unzufrieden mit dem Gelliusschen Katechismus, wie a Lasco; und Hardenberg war es erwiesenermassen erst recht nicht; wenigstens schien ihm keine Differenz zwischen der Lehre in früherer Zeit und der im Gelliusschen Katechismus vorgetragenen vorzuliegen und er bemühte sich überhaupt, a Lasco zu einem versöhnlichen Auftreten auch gegen ziemlich streng lutherisch gesinnte Männer selbst gegen einen Joachim Westphal, der gegen a Lasco schon früher die Gewalt des Schwertes angewendet wissen wollte, zu bewegen. Ob es ihm damit völliger Ernst war, oder ob er nicht vielleicht blos einen Dämpfer auf a Lascos stürmisches Auftreten, das ihm nicht behagte, setzen wollte, ist schwer zu entscheiden. Kurz er rieth zum Frieden selbst mit den verdammungssüchtigen Lutheranern. Das ging denn a Lasco etwas zu weit. Er schrieb deshalb an Hardenberg. „Und Du meinst, mein lieber Albert, dass solche Menschen versöhnlich zu behandeln seien! Aber da ich sie nur mit Lügen und Verleumdungen umgehen und nur ihren, nicht Gottes Ruhm suchen sehe, so bin ich in Betreff ihrer Versöhnung sehr in Zweifel, wie ich auch den Herrn Christus Bedenken tragen sehe, sich mit den Hohenpriestern und Pharisäern zu versöhnen. Bei frommen und nach Gottes Ehre trachtenden Menschen begehre ich in Gunst zu stehen und wünsche, dass sie Alles von mir billigen und dass wir uns in wechselseitiger Liebe tragen. Aber mit zänkischen und ungestümen Menschen wünsche ich mir gar nicht viel Gemeinschaft zu haben." —

Es tritt uns hier noch einmal die Charakterverschiedenheit zwischen a Lasco und Hardenberg entgegen. Jener kennt keine Rücksichten in Sachen, die ihm hochwichtig erscheinen. Kühn tritt er dem Feinde entgegen, wo er ihn findet. Dazu hat das

Leben im Auslande und die freie kirchliche Stellung, die ihm dort zu Theil ward, seine dogmatische Anschauung freier, die mancherlei Bedrängnisse aber, aus denen er wohlbehalten hervorgegangen war, sein Auftreten fester und beherzter gemacht. — Hardenberg dagegen konnte nie in seinem Leben den Einfluss des Bruderhauses verleugnen, er war und blieb eine ruhigere, friedlichere Natur. Ihm ward bange, wenn er daran dachte, dass er den Kampf mit den starren Lutheranern aufnehmen müsste; er sah die unheilvollen Stürme, die über die Kirche hereinzubrechen drohten und er selbst wenigstens wollte alles Mögliche aufbieten, ihren Ausbruch zu verhindern. Am allerwenigsten aber wollte er auch nur das Geringste thun, was sie heraufbeschwören könnte. Bei dieser natürlichen Anlage seines ganzen Wesens war der Aufenthalt in Bremen, bez. der Verkehr mit dogmatisch engherzigen Collegen, wenig geeignet, seinem Geiste einen kühnen Aufschwung zu verleihen. —

Wäre es nur bei einem brieflichen Austausche der Gedanken zwischen beiden Männern geblieben! Aber leider nahm diese ganze Sache einen recht traurigen Verlauf.

A Lasco, der immer noch zu Emden in hohem Ansehen stand, ward kühner als je zuvor. Um etwaigen erneuten Rückfällen in mehr lutherische Anschauungen, insbesondre in Betreff des Abendmahles, vorzubeugen, wollte er, dass der nunmehr von ihm unter Zuziehung von Gellius und Brassius verfasste, Oktober 1554 im Druck erschienene Emdener Katechismus als symbolisches Buch, d. h. die in ihm enthaltene Lehre als die allein wahre und für alle Zeiten giltige in der ostfriesischen Kirche angesehen werde. Dadurch trat er, wie Schweckendieck sehr richtig bemerkt, nicht nur mit sich selbst in Widerspruch, indem er hier Andre an ein menschliches Wort binden wollte, wogegen er sonst gekämpft, sondern er rief auch heftigen Widerspruch in Andern hervor. Selbst den ihm sonst so getreuen Medmann brachte er damit gegen sich auf, so dass eine langjährige Freundschaft tief erschüttert wurde.

Je unangenehmer aber und bedenklicher die Unruhen in Emden wurden, desto erwünschter schien ihre Beschwichtigung. Aber man hielt a Lasco, der sie hervorgerufen, keineswegs für geeignet dazu. Man glaubt vielmehr gerade zum Zwecke der Friedensstiftung Melanchthon nach Emden berufen, dagegen a Lasco entfernen zu müssen. Und so geschah es zum Theil; Melanchthon kam freilich nicht nach Emden. Aber das war auch nicht nöthig, da die Gräfin Anna ihren Machteinfluss geltend machte. Zehn Jahre zuvor hatte a Lasco über sie an Hardenberg geschrieben: „Sie ist eine ganz fromme und christliche Frau, aber sie ist nun einmal eine Frau, lässt sich also von Andern leiten." Die Wahrheit dieses Wortes musste er jetzt an sich selbst in vielleicht nie geahnter Weise erfahren. Sie gebot ihm nämlich, Ostfriesland zu verlassen! — Dass er dadurch tief verletzt und dass das Verfahren gegen den sonst um Ostfriesland so hoch verdienten Mann sehr streng war, — um nicht mehr zu sagen, — ist selbstverständlich.

Zum zweiten Male wanderte er aus Emden hinweg, um nunmehr nicht wiederzukehren. Für seine Kinder sorgte vorläufig Hardenberg. Er selbst ging nach Frankfurt a/M., um hier an einer evangelischen Gemeinde, aus geflüchteten Niederländer und Deutschen bestehend, thätig zu sein. —

Ganz besonders aber schmerzte es a Lasco, als er erfuhr, dass jene Berufung Melanchthons nach Emden von Hardenberg, wo nicht beantragt, so doch gebilligt war. Offen hatte ihm a Lasco kurz zuvor bekannt, dass er vor Melanchthons Gelehrsamkeit, Frömmigkeit und Bescheidenheit grosse Achtung habe, aber seinen Kleinmuth nicht leiden könne. Solche Aeusserungen hatte Hardenberg in Briefen a Lascos entgegengenommen; aber er hatte sie nicht mit gleicher Offenheit erwiedert. Es geschah diess unzweifelhaft aus Friedensliebe, aber aus einer solchen, die die Freundschaft zerstört. Es führte diess zu einem Briefwechsel, von dem uns nur der eine von a Lasco, von J. 1555 [1]) erhalten ist. Darin heisst es: „Wenn Dir mein Brief, den ich Dir zuletzt aus Friesland geschrieben habe, als ein mit Zähnen versehener vorgekommen ist, so wirst Du das nicht sowohl mir, als vielmehr Deinen eigenen, kurz vorher an mich gerichteten Briefen anrechnen müssen, die anders nicht verdaut werden konnten, ausser wenn sie mit Zähnen solcher Art zermalmt wurden. — In meinem Briefe habe ich in Betreff Philipp Melanchthons nicht gezweifelt, er würde Alles, dafern er berufen worden wäre,

---

[1]) So bestimmt ihn Kuyper; Gerdes setzt ihn, aber gewiss mit Unrecht, ins Jahr 1554.

richtig und klug behandeln. Es handelte sich aber vielmehr darin um Deinen Rath, nämlich, dass Du Dich dafür erklärtest, er solle zur Herstellung der rechten Schranken für die Lehre in unsern Kirchen berufen werden, was ohne irgend eine Aenderung in der Lehre nicht bewerkstelliget werden konnte.

Ferner handelt es sich darum, dass Du mich eher davon hättest in Kenntniss setzen müssen, besonders da Du wusstest, ich wäre noch Pastor jener Gemeinden. Auch kommt es nicht darauf an, ob Du das allein, oder in Verbindung mit Andern gethan hast; es ist genug, dass es durch Dich geschehen sei nicht ohne Nachtheil für unser Amt und nicht ohne Kränkung Vieler in meiner Gemeinde. Das, sage ich, ist es, mein lieber Albert, was mich beleidigte, jedoch nicht so beleidigte, dass ich meinen Sinn Dir völlig entfremdet fühlte. Nur das möchte ich fordern, dass Du da, wo Du augenscheinlich gegen meine Amtsführung aufgetreten bist, auch den Glauben daran wiederherstellst, d. h. dass gleichwie Du den Rath zur Berufung Melanchthons, ohne mich zu benachrichtigen, gegeben, oder den bereits gegebenen Rath gebilligt, so nun auch jenen Rath, den nämlichen Leuten gegenüber, missbilligst. — — Obiges wird Dir Gewissheit geben, dass ich Dir nicht entfremdet bin. Wenn Du aber diess Alles der Vergessenheit zu übergeben wünschest, so ist das unnöthige Mühe, mein lieber Albert, denn schon längst ist es mit Vergessenheit bedeckt. Auch bedarf ich deswegen keiner Gegenforderung, weil Beleidigung in meinem Gemüthe haftete, sondern weil ich mir diess in Folge meiner Pflicht gegen Dich überhaupt schuldig zu sein glaube. Und so ist es leicht, nicht weiter an das zu gedenken, was schon längst der Vergessenheit übergeben ist. Daher zweifle nicht überhaupt an meiner wohlwollenden Gesinnung gegen Dich, im Gegentheil, wenn Du Dich auf irgend eine Weise von mir beleidigt fühlst, so bitte ich, dass Du es mir vergeben mögst, denn ich bin weit entfernt zu wünschen, dass irgend eine Bitterkeit zwischen uns zurück bleibe. —

Für die Sorge in Betreff meiner Kinder sage ich Dir grossen Dank. Ueber sie wird Dir Molanus, dessen ich mich jetzt Krankheits halber als Amanuensis bedienen muss, Mehreres mittheilen. Lebe wohl und grüsse alle Brüder und Freunde in meinem Namen." —

Dieser Brief a Lascos, den wir hier, mehrfach abgekürzt,

wiedergegeben haben, ist überhaupt der letzte von ihm an Hardenberg gerichtete. Hardenbergs Verhalten hatte ihn doch tiefer verletzt, als er vielleicht selbst glauben mochte. Wahrscheinlich konnte und wollte auch Hardenberg nicht auf einen derartigen Widerruf in Betreff der Berufung Melanchthons eingehen, den a Lasco forderte. Kurz, das Freundschaftsband ward ganz locker. Wir sehen diess deutlich aus einem Briefe, den a Lasco, höchstens ein Jahr später an den obengenannten Molanus schrieb: „Du schreibst, Albert werde von seinen Gegnern gerauft. O dass er doch nur von ihnen gerauft würde und nicht auch mit grösserem Rechte von Andern! Denn indem wir keiner Partei angehören wollen, sind wir beiden Theilen mit Recht verdächtig. Du weisst, welches Gesetz Solon den Atheniensern gab denen gegenüber, die bei Aufständen keiner Partei folgen wollten, nämlich, dass sie von beiden für Feinde gehalten würden." — Hardenberg freilich fühlte wohl, dass er nicht ganz recht gehandelt, er konnte nicht umhin, ihn fernerweit dankbarlich hochzuachten, aber er hielt es doch auch für gerathen, die Freundschaft mit ihm nicht so wie früher zu unterhalten. Charakteristisch für seine Stellung zu a Lasco sind die Worte, die er an die so eben angeführte, in einem Briefe an Medmann citirte Stelle aus a Lascos Briefe, anschliesst: „Das ist der Segenswunsch, dessen mich zuletzt mein Sarmate[1]) gewürdigt hat, lieber Medmann! In so grosser Gunst stehe ich bei ihm und dennoch werde ich, wie ich zuvor geschrieben habe, nicht aufhören ihn zu schätzen, **wenn ich auch nicht besondere Zeichen meiner Freundschaft mit ihm äusserlich zu erkennen gebe."** Man wird überhaupt geneigt, sich mit Hardenberg einigermassen wieder auszusöhnen, wenn man sieht, wie seine Hochachtung vor a Lasco unverändert bleibt und wie er bemüht ist, seinen Wohlthäter aus früherer Zeit gegen Verunglimpfungen in Schutz zu nehmen, wie diess besonders in dem Briefe an Medmann (vom 8. August 1556) der Fall ist. Wir entnehmen zum Beweise dafür demselben nur Folgendes:

„Du bist leidenschaftlich, wenn Du ihn aus reiner Eigenliebe zusammengesetzt sein lässest; ich wollte lieber, Du sagtest:

---

[1]) Darunter ist unzweifelhaft a Lasco zu verstehen. Er war aus Polen und missbräuchlich ist oft genug Polen und Sarmatien identificirt worden.

aus reinem Eifer; mag es auch passiren, dass er irgendwo das Ziel nicht erreicht. Es genüge Dir, dass er jetzt von euch entfernt ist. — — Ich weiss, dass er, selbst wenn er fehlt, doch nur aus Eifer für das Gute fehlt! — — Wenn ich nun diesen Mann liebe und verehre, so meine ich das mit Recht zu thun (mag er's auch weder glauben noch wissen), obgleich ich seinetwegen viel gelitten habe, nicht blos gegenwärtig hier, sondern auch zu Löwen und anderswo." — Noch einmal erinnert ihn Hardenberg an die Zeit, da sie in Bonn beim Erzbischof Hermann mit a Lasco zusammen waren, nennt mit einer gewissen Emphase a Lasco seinen Freund, giebt aber dafür Medmann das Recht, seine, nämlich Hardenbergs Feinde, Freunde von sich zu nennen. —

Doch wie versöhnend auch solche Aeusserungen klingen, wie wohlthuend sie uns auch berühren, sie können die Thatsache nicht ändern, dass das Freundschaftsband zwischen Hardenberg und a Lasco sehr gelockert war. Ersterem fehlte nunmehr jener kühne und unerschrockene Berather, der ihn zu energischem Handeln antrieb, und Letzterer tritt von nun an in unsrer Darstellung völlig in den Hintergrund. — Dabei dürfen wir nicht ausser Acht lassen, dass mit a Lascos Sturz in Emden auch der Muth von Hardenbergs Feinden in Bremen wuchs! War es dort möglich gewesen, eine so bedeutende und energische Persönlichkeit zu entfernen, sollte es nicht in Bremen gelingen, den Freund desselben, der weniger entschlossen und weniger berühmt war, zu stürzen? Dazu kam, dass gerade von jener Zeit an (1555) eine viel entschiedenere Hinneigung zum lutherischen Buchstaben gerade in Niedersachsen sich kund gab. —

Ausser dieser auch in Bremen vielfach verbreiteten und für Hardenberg bedenklichen Stimmung fehlte es nicht an andern, weniger das theologische Gebiet ursprünglich berührenden Vorfällen, die schliesslich Hardenbergs Wirksamkeit gefährdeten und, wenigstens mittelbar, den Ausbruch eines Glaubenskampfes in drohende Aussicht stellten.

Hardenbergs Frau hatte, wie wir bereits oben berichtet haben, ein Mädchen aus Gröningen mitgebracht, die zwar als „Maget" bezeichnet wird, in Hardenbergs Hause aber, wie er selbst sagt, als Tochter betrachtet wurde. Um deren Hand bewarb sich

Elardus Segebade, den sich Hardenberg zu seinem Helfer im Dome ausersehen hatte, durch seine Eltern und Freunde.

Hardenberg willigte ein; — es war diess sieben Jahr nach seiner Verheirathung, also 1554. Bei ihrer Verheirathung erhielt das Mädchen von Hardenbergs Seite 120 Bremer Mark in Golde ausser anderen Geschenken, die nicht unbedeutend waren. Auch nahmen Hardenbergs den Prediger Elard sammt seiner jungen Frau in ihr Haus auf und gaben den jungen Eheleuten freien Tisch.

Hardenberg schenkte seiner Pflegetochter, wie ich sie nennen will, viel Vertrauen. Ging er z. B. mit seiner Frau aus, so liess er unbesorgt die Schlüssel zurück. Die Pflegetochter belohnte aber dieses Vertrauen nicht zum besten. Sie schloss ihrem Manne Alles auf, insbesondere auch Hardenbergs Studirstube, und dieser schnüffelte Alles durch („daer he Alles durchrischede"). Auch hatte sich Hardenberg nicht genirt, bei Tische manches freie, um nicht zu sagen unbesonnene Wort fallen zu lassen, das sich Segebade wohl merkte. Wer mag nun sagen, wie es kam; kurz und gut, nach sechs Monaten erzürnte sich Elard Segebade mit Hardenberg, sagte dabei, es thäte ihm Leid, dass er einen Bissen Brot mit ihm gefressen hätte und machte ihn überall schlecht. Der alte Superintendent Jacob Propst war neugierig, liess sich allerhand zutragen („vischede wath he man konde"), Andre nicht minder und so kam mancherlei Klatscherei zusammen, die später unter Andern der rechtgläubige Heshusius bestens zu verwerthen wusste. So wurde z. B. — um nur einen Punkt anzuführen — ausgesprengt, der Graf Christoph von Oldenburg hätte Hardenberg 100 Thlr. und die Gräfin von Friesland 100 Goldgulden zum Brautschatz für die nunmehrige Frau Elards gegeben, die er zurückbehalten habe. Man wollte ihn deshalb vor Gericht ziehen und ihn zur Ausbezahlung nöthigen. Hardenberg rechtfertigte sich jedoch, indem er erklärte, dass er allerdings von Ihre Gnaden Etwas erhalten habe, aber „nicht Alles" und keineswegs für das Mädchen oder für Segebade. Die Sache verhielte sich vielmehr so. Er, Hardenberg, habe seine Präbende zu St. Ansgarii zum Pfande gesetzt und bei dieser Gelegenheit, wahrscheinlich also bei Wiedereinlösung dieses Pfandstückes, wären ihm Ihre Gnaden durch eine Beisteuer zu Hilfe gekommen. — Diese Angelegenheit schien aber Hardenberg, da hierbei seine Ehrlichkeit in Frage gestellt worden war, wichtig genug, um nachzuforschen, von wem dieses Gerücht ausgegangen sei. Es gelang ihm! auf der Schwester der Frau Bürgermeisterin Balmer blieb schliesslich die ganze Sache sitzen. Diese hatte in Verein mit Segebade das Gerücht ausgesprengt. Als Hardenberg sie zur Rede stellte, bekannte sie und — bat um Verzeihung! — Doch werde Einer mit klatschhaften Weibern fertig! — Sie fing nun erst recht an, gegen Hardenberg zu agitiren und ihn allenthalben zu verhetzen! —

Lassen wir indess diese kleinlichen Dinge auf sich beruhen. Die Anführung dieses einen Vorfalles möge uns nur klar machen, wie die verschiedenartigsten Dinge mit dazu beitrugen, Hardenbergs Stellung in Bremen zu gefährden und wie dieselben von seinen dogmatischen Gegnern geflissentlich geschürt wurden.

Fragen wir aber hier noch bestimmter, was denn der eigentliche Grund von Segebades Unwillen gegen Hardenberg gewesen sei, so scheint es allerdings, als ob derselbe sehr auf materiellem Gebiete zu suchen sei. Hardenberg erzählt selbst, er und seine Frau hätten einen Vertrag mit ihrer Pflegetochter gemacht, zufolge dessen dieselbe einen Brautschatz erhalten sollte. Würde sie aber sterben, ohne Mann und Kinder zu hinterlassen, so sollte ihr Hab und Gut wieder an Hardenberg und die Seinen fallen. Elardus Segebade willigte ein. Als aber Hardenberg, nachdem er den Brautschatz ganz ausgezahlt hatte, Bürgschaft (Bewyss) dafür haben wollte, stellte sich Segebade ganz wie toll und trug Hardenberg allenthalben übel aus. Musste es ihm doch als Theologen leicht werden, — besonders bei seiner Bekanntschaft mit Hardenbergs Studirstube, — seinen Unwillen an Hardenberg auf das dogmatische Gebiet zu spielen und dadurch seinen Materialismus zu verdecken.

Der Punkt, bei dem man Hardenberg zu fassen suchte, konnte nur die Lehre vom Abendmahle sein. So lag es einmal in der Zeit. Die Abendmahlslehre war damals zum Schiboleth geworden, und seine frühere Verhandlung mit dem Senate hierüber bot unter allen Umständen einen Anknüpfungspunkt dar. Aber Hardenberg wusste diess auch recht gut und ging deshalb sehr vorsichtig zu Werke. Es klagt daher sein Gegner, der Bürgermeister Kenkel, man könne ihm einem Aale gleich nicht festhalten, er hätte allezeit eine Zwickmühle. — In seinen lateinischen Vorlesungen scheint er sich noch am ersten freier geäussert zu haben. So soll er in einer derselben einmal erklärt haben, die Bremer thäten nicht wohl, sich von den Schweizerischen und der Emdener Kirche zu sondern; der Unterschied zwischen ihnen und jenen wäre unwesentlich. Später sprach er es auch sonst offen aus, dass Luther, wenn er kurz vor seinem Tode alle Christen vor dem **Gifte Zwinglischen Irrthums** gewarnt hätte, — wie Solches in einem Briefe an Jakob Propst geschehen war, — nicht recht gehandelt hätte. Einige Bürger, so berichtet uns Kenkel, hätten das übel vermerkt und sich unter einander gefragt: was will hieraus werden? wenn in diesem Doctor vielleicht gar ein Zwinglianer verborgen! „Solches" — berichtet Kenkel weiter — „ward D. Albert gewahr, machte den guten Leuten mit seiner Geschwindigkeit so viel Bewähr mit Verklagen und Schreiben an den Rath, dass sie Gott dankten und das Maul mehr zuhielten, liessen Hardenberg mit seinen Sermonen und Lectionen gewähren, nahmen sonst ein jeder seines Berufs wahr." Doch das war ein blosses Zudecken des Feuers mit Asche, unter der jenes fortglimmt, und gewiss gab Johann Timann einer weitverbreiteten Stimmung in Bremen Ausdruck, wenn er sagte „dat de Melck mit dem Hardenberge nicht rein were." — Ueberhaupt drang je länger je mehr der Streit in das gemeine Volk. —

Hardenberg selbst aber suchte nicht selten dem drohenden Ausbruche eines Streites dadurch zuvorzukommen, dass er sich zu rechter Zeit aus dem Staube machte und erst wiederkam, wenn sich die Gemüther beruhigt hatten. So sieht es auch Kenkel an, der darüber schreibt: „Aus zu geschwindem Zorn kam er oftmals dahin, dass er den **Zwinglischen Irrthum** gröber offenbarlich bekannte, denn seiner Sache nützlich und gut war; und da er schwerlich zurückkriechen konnte, nahm er ihm von sich selber für, weg zu reisen freiwilliglich in fremde Länder und floh einmal in England, ein ander Mal in diesen und jenen Ort Deutschlands und führte diesen **Kriegerspruch** im Munde: Vir fugiens denuo pugnabit, d. i. ein Mann, der die Flucht giebt, wird wieder kämpfen." Ziehen wir das Gehässige, das hierinnen liegt ab, so hat es im Uebrigen mit der **Kenkelschen Aeusserung** seine Richtigkeit.

Es vereinigte sich hier das Nützliche mit dem Angenehmen. Seine alte Wanderlust, die wir schon kennen, fand in der Pflicht, drohenden Streit zu vermeiden, ihre Befriedigung. Und so finden wir denn unsern Hardenberg mehrfach in Ostfriesland, sodann, wie Kenkel richtig angiebt, in England, wo er viel mit seinem alten Mentor von Strassburg her, d. h. mit Martin Butzer verkehrte. Wir finden ihn in Begleitung Herberts von Langen, um nur noch der wichtigsten Reise zu gedenken, im Juli 1554 in Wittenberg. — Er verkehrte dort mit seinen alten Lehrern und Freunden Melanchthon und Eber. Damals erklärte er noch in Wittenberg, dass seine Kirche ruhig sei, aber dass von nachbarlich ostfriesischer Seite Gefahr drohe, und wenn wir ein Gedicht Melanchthons an Eber für eine geschichtliche Notiz benutzen dürfen, so wollte sich Hardenberg in Wittenberg eines Theils seiner Sorgen entledigen.

Melanchthon schreibt nämlich [1])

Dorten am Strande der Weser erhebt sich die Stadt Fabiranum,[2])
Hoch im Kampfe berühmt, höher durch göttlichen Sinn.
Aus ihr kam zu uns Albert, ein höchst willkommener Gastfreund,
Dass er von sorgender Last werde ein wenig befreit,
Und von Christi Gebot mit mir sich in Kürze bespreche.
Christus, ich bitte dich, hilf uns aus der Syrten Gefahr!
Doch, um jetzt das Gemüth des trauernden Freundes zu trösten,
Schick' ich des Archilochus heitere Verse Dir zu.
           Bald kommend
               Philippus.

Melanchthon unterschätzte die Gefahr, die Bremen drohte, keinesweges, besonders als Johannes Timann sich mit einem Klageschreiben nach Wittenberg gewendet hatte, und zwar darüber, dass die a Lascoschen Händel nicht ohne Einfluss auf Bremen blieben. Da schrieb er an Hardenberg (29. August 1554): „Ich bitte Dich, gieb Dir alle mögliche Mühe, damit in eurer Stadt kein Streit entstehe. O dass doch das Volk über den Gebrauch des Abendmahles fleissig unterrichtet werde. Ausserhalb des Gebrauches hat das Sacrament keine Be-

---

[1]) Corp. Ref. VIII, p. 316.
[2]) Vergl. oben S. 78.

deutung." Und an Timann selbst schrieb er (1. Septbr. 1554): „Beim Gebrauch ist Christus wahrhaft und substantiell zugegen und ist wirksam in wahrhaftiger Tröstung. Warum wird Streit erregt wegen des „Einschlusses" ausser Gebrauch?" —

Diese Stellen sind insofern schon von Bedeutung, als sie uns zeigen, welche bestimmte Richtung der Streit nahm; dass man schon über die Bedeutung **von Brot und Wein ausserhalb des Abendmahlsgenusses** und über eine **Einschliessung des Leibes und Blutes Christi in Brot und Wein** verhandelte. Alles blosse Verhandeln und Zudecken half aber nichts. „De Melck ist nicht rein." Es musste zur Entscheidung kommen.

II. Hardenberg während des Abendmahlsstreites.

(1555—1561.)

1. Der Abendmahlsstreit innerhalb Bremens.

(1555—1556.)

Erstes Kapitel.

Der erste Sturm.

Vor mir liegt ein Buch, klein Octav, in gepresstem Leder und mit gepresstem Goldschnitt. Die Vorderseite des Einbandes zeigt in Gold gepresst: Christum am Kreuze, die Rückseite: Christum als Auferstandenen, der den Tod unter seine Füsse tritt; dazu die Jahreszahl 1555. Starke messingene Schliessen, — von denen die eine defect — halten das Buch zu, auf dem sich auch noch die Worte eingepresst finden: „DE RAT TO BREMEN." Der Besitzer ist damit deutlich bezeichnet.

Schlagen wir das Titelblatt auf, so lesen wir: „Farrago etc. per Joannem Timannum Amsterodamum, pastorem Bremensem in ecclesia Martiniana." Der Verfasser ist uns bekannt.

Wir schlagen einige Blätter zurück, da findet sich eine von Timanns Hand geschriebene Widmung: „Den ehrbaren, hoch verständigen, Gott dienenden Bürgermeistern Herrn Johann Havemann, Präsident; Herrn Dethmer Kenkel, Beisitzer; Herrn Daniel von Büren und Herrn Lüder van Belmer sammt allen andern mitregierenden Rathsherren u. s. w. der Stadt Bremen." In der hierauf folgenden Widmung giebt Timann selbst an, dass er den Inhalt des Buches „aus vielen und mancherlei Büchern der von Gott gelehrten Männer fleissig und treulich zusammengebracht habe." Er bezeichnet also das Buch deutlich genug als Compilation. Er sagt aber auch weiterhin, er habe diese Arbeit dem Senate „aus guter Wohlmeinung, nicht ohne wichtige Ursache dedicirt." Diese Widmung ist datirt vom Tage Aller Heiligen (1. Nov.) 1555 und unterzeichnet: „J. E. W. dienstwilliger Johannes Tymâ Amsterdamus."

Hardenberg hatte schon längere Zeit zuvor Kunde von der beabsichtigten Herausgabe dieses Buches. Er erzählt nämlich selbst,[1]) er habe den Verfasser gewarnt, das Buch nicht unter dem Volke zu verbreiten, es würden sonst grosse Zerwürfnisse entstehen. Doch diese Warnung fruchtete nichts; — und was für Timann hierbei kein geringer Sporn war, der Senat gestattete nicht allein, dass ihm das Buch gewidmet werde, sondern gab auch dem Verfasser, oder, wie ihn Hardenberg richtiger nannte, dem Sammler (collector) ein Ehrengeschenk.

Thun wir einen Blick in das gedruckte Buch weiter herein, so beginnt es wiederum mit einer Dedication an den Senat, die allmählich in eine Besprechung des äusseren Wortes, der Sacramente und der Auctorität der heiligen Schrift übergeht. Sie schliesst mit einer Bitte an Gott, er möge das so eben Gesagte durch den Senat, als durch sein Werkzeug zur Ausführung bringen. Als Datum ist hier angegeben 15. Mai (Pfingsten 1554)[2]) (bis S. 164). Hierauf folgt eine Reihe von Briefen, zum Theil nur in Auszügen von Luther, Melanchthon, Urbanus Rhegius u. s. w., an Timann und Andre gerichtet, die hauptsächlich den Artikel vom Abendmahle betreffen (so bis S. 244). Nun aber kommt des Pudels Kern, nämlich ein Tractat über die Allgegenwart des Leibes Christi (S. 225—299). Hierauf werden verwandte Materien bald länger, bald kürzer zur Sprache gebracht. Angebunden ist noch eine Sammlung von Aussprüchen berühmter

---

[1]) C. M. N. 10. f. 20.

[2]) Es lautet freilich etwas gespreizter, nämlich: Bremae Anno salutis reparatae 1554 15. Maii quo ante annos 1520 congregati Hierosolymis discipuli cum Matre Christi virgine Maria acceperunt Spiritum Sanctum effusum visibili specie coeperuntque loqui aliis linguis miranda opera Dei effecta per Christum crucifixum et resuscitatum Acto ij.

Theologen über die Glaubensgerechtigkeit, und insbesondre über deren grossen Erklärer Augustin. —

Dass das vor mir liegende Exemplar des Timannschen Buches, welches der Bremer Stadtbibliothek angehört, von hohem Interesse, um nicht zu sagen von hohem Werthe sei, bedarf keines Beweises Dagegen hat das Buch, seinem Inhalte nach, kaum einen viel grösseren Werth als jede andre Compilation. Nur als eine der ältesten Streitschriften für die lutherische Abendmahlslehre und besonders als der Signalschuss, dem bald darauf der grosse Kampf um das Abendmahl in Bremen folgte, nimmt die bereits selten gewordne Schrift ihrer Zusammenstellung nach ein gewisses Interesse in Anspruch. —

Wir müssen übrigens Timann zugestehen, dass ihm keine Aeusserung Luthers und besonders seiner Anhänger zu crass war. Er geht überall mit durch dick und dünn. Hören wir aus dem Kapitel von der Allgegenwart des Leibes Christi nur Einiges:

(S. 226). „Es scheint zwar für die menschliche Vernunft absurd, dass Christus, während das apostolische Glaubensbekenntniss sagt, er sei aufgefahren gen Himmel und sitze zur Rechten Gottes, auch mit Leib und Blut bei dem Mahle gegenwärtig sei, das auf Erden gefeiert wird. Aber die Gedanken menschlicher Vernunft sind zu dämpfen und durch das Wort Gottes zu verbessern."

(S. 226, 7). „Es ist zwar nicht zu leugnen, dass der menschliche Körper seiner Natur nach nur an einem Orte sein könne. Das ist aber nur zu verstehen nach der Ordnung dieser äusseren Welt. Ganz anders aber ist die Ordnung des himmlischen Reiches."

(S. 230, 1.) „Wenn Christus mit seiner Menschheit Himmel und Erde erfüllt — denn das will seine Himmelfahrt besagen — wie sollte er nicht, seinem Worte gemäss, das Brot des Abendmahles erfüllen? Aber auf diese Weise, könnte man sagen, würde er auch Steine und Holz, oder Aepfel und Birnen erfüllen. Sollen wir deshalb nicht sagen, dass wer einen Apfel esse, auch damit den Leib Christi esse? — Hier müssen wir in Betracht ziehen, dass Christus nach seiner Menschheit, welche mit der göttlichen Natur in der Einheit der Person verbunden ist, anders im Himmel, auf Erden und den Bestandtheilen der irdischen

Dinge z. B. in Apfel und Birne für uns da ist, anders im Brote des heil. Mahles. Im Apfel nämlich oder in der Birne ist er nicht so da, dass er da an uns ausgetheilt und von uns genommen würde. Im Brote aber und im Weine des Abendmahles ist er so gegenwärtig, dass er auch daselbst uns mitgetheilt und von uns genommen wird. Weder vom Apfel noch von der Birne ist göttlicher Seits gesagt: Nehmet, esset, das ist mein Leib; aber das ist vom Brote des Abendmahles gesagt. Und so werden im Abendmahle Leib und Blut Christi ausgetheilt, weil Brot und Wein dieses Mahles das Wort Christi haben. Im Apfel aber und im Wasser werden jene Dinge nicht ausgetheilt, weil sie nicht ein solches Wort Christi haben, und es wird daher sehr richtig gesagt: Es tritt das Wort zum Elemente hinzu (zwar nicht zu einem jeden, sondern nur zu dem göttlicher Seits bestimmten) und wird so Sacrament."

Dieser letzten Stelle, die Timann aus Brenz genommen hat, fügen wir noch eine von Aepin hinzu (S. 248. 9): „Dass Christus allenthalben nicht nur in Ansehung seiner Kraft, sondern auch seinem Wesen nach gegenwärtig sei, können die Sacramentirer nicht mit klaren Schriftworten widerlegen. Der Sohn Gottes, oder das Fleisch gewordene Wort, ist nie und nirgends ohne Fleisch. Allenthalben ist der wahre und natürliche Mensch, nirgends halbirt, sondern überall ganz. Der Sohn Gottes und der Sohn des Menschen ist der eine Christus, die eine Person. Wo der Sohn Gottes ist, daselbst ist auch der Sohn der Maria Jesus Christus, Gott und Mensch, in demselben Zeitpunkte zu Rom, Jerusalem und in Friesland ist er ganz, nicht nur der Macht nach, sondern Gott und Mensch, ein Christus. — — Die Mysterien des Glaubens und die Sacramente Christi sind nach seinem Worte zu würdigen, nicht nach menschlichen Meinungen und Schlüssen." —

Dass wir es kurz abmachen, der Inhalt dieses Kapitels, und eigentlich des ganzen Buches, reducirt sich auf die Behauptung: „Der Leib Christi ist allenthalben" (Ubiquität) und auf die zwei Beweise dafür, nämlich 1) das Wort ist Fleisch geworden — (ist nun das Wort allenthalben, so muss auch das Fleisch, zu welchem das Wort geworden ist, allenthalben sein) — 2) Christus sitzt zur Rechten Gottes — (die Rechte Gottes ist aber allenthalben, folglich muss auch Christus, der ohne einen Leib nicht zu denken ist, allenthalben sein). —

Doch wir haben vor Allem die Frage zu erledigen, ob Timann mit dieser seiner Schrift Hardenberg habe angreifen wollen oder nicht [1]. Beachten wir zunächst folgende Stellen. S. 4: „Da man befürchten muss, dass grössere Meinungsverwirrungen nach und nach entstehen würden, wenn man nicht den Anfängen sofort und mit Klugheit begegnete, so wird es nothwendig sein, bei Zeiten jene Freiheit und Kühnheit zu zügeln, damit sie nicht länger sich unvermerkt ausbreite." (S. 150): „Einige verschmitzte Sacramentirer [2]) reden, um ausser Verdacht der Irrlehre zu sein, zweideutig und mit betrüglichen Worten vom Abendmahle. In den Worten bekennen sie zwar mit uns, dass im Abendmahle der Leib Christi wahrhaftig gegessen und sein Blut wahrhaftig getrunken werde; aber nach ihrem, d. h. schlechtem und verkehrtem Sinne nämlich nur durch symbolischen und geistlichen Genuss, welcher nur mittelst des Glaubens geschieht, durch das Wort und nicht auch mit dem Munde; durch das Brot oder mit dem Brote." —

Es ist jedenfalls wahrscheinlich, dass Timann mit diesen Worten auf Hardenberg hinzielt. Zu beachten ist jedoch auch, dass er ihn ebensowenig hier, wie sonst im Buche mit Namen nennt. Aber dafür nennt er Hardenbergs Freund a Lasco, oder vielmehr er führt einen Brief von Bugenhagen an, in welchem dieser über a Lasco sagt [3]): „Er verlästert und verspottet die Einsetzung Christi, er lästert gegen die Kirche Christi auch im Verborgenen. — — O heiliger Teufel! wenn Dir diess nicht das wahre Blut Christi ist, so ist es doch das der Kirche Christi, auch allen Pforten der Hölle zum Trotz! — Betet doch für uns und für die ganze Kirche gegen jene Gotteslästerungen und Mördereien des Satan! — — Jener Landstreicher suchte bisher einen Ort für sich, wo er mit den Seinen für sich eine beson-

---

[1]) Wagner a. a. O. S. 58 verneint, Planck a. a. O. S. 149 folg. bejaht es.

[2]) Man nannte alle, die in der Lehre vom Sacramente des Altars wirklich oder vermeintlich abwichen: „Sacramentirer."

[3]) S. 176 flg.

dre Kirche gründen könnte, die niemals Christo angehört. Ich wollte, dass die Ostfriesen besser ihrer selbst wahrnähmen."

Doch ausserdem fehlt es auch nicht in dem Buche an einer noch bestimmteren Hinweisung auf Hardenberg als Parteigänger der Sacramentirer. Timann veröffentlicht nämlich (S. 198 flg.) einen Brief von Joachim Westphal an den Prof. med. Bording in Rostock. Darin heisst es: „Ich schrieb in meinem vor einem Jahre erschienenen Buche über das Abendmahl, dass jene Gotteslästerungen, an denen die Sacramentirer überreich sind, werth seien, vielmehr durch die Gewalt der Obrigkeit, als mit der Feder widerlegt zu werden. Wegen dieser Aeusserung klagt mich ein gewisser, ungemein unverschämter Mönch in einer gewissen berühmten Stadt der Tyrannei an."

Gewiss hat schon Gerdes das Richtige gesehen, wenn er unter der berühmten Stadt Bremen, und unter dem unverschämten Mönch Hardenberg verstand. Endlich aber dürfte hierbei auch Hardenbergs eignes Zeugniss nicht ohne Gewicht sein, der da sagt[1]: „An der farrago sammelte Timann zwar viele Jahre, veröffentlichte sie jedoch, wie er bekannt hat, vorzugsweise gegen mich."

Was man aber wohl kaum erwartet hatte: Hardenberg schwieg in Betreff des Buches. —

Um diese Zeit war er, wie er selbst erzählt, vom Grafen von Mansfeld berufen worden, — wozu? sagt er nicht — kam bei dieser Gelegenheit nach Leipzig, wo das Buch schon verkauft wurde, hörte dort die Urtheile der Doctoren darüber und dann die Urtheile der Doctoren zu Wittenberg; diese aber fielen nicht günstig aus. Ebenfalls um jene Zeit muss Hardenberg auch in Köln gewesen sein. Er schreibt nämlich an Medmann (8. Aug. 1556), er hätte die farrago nicht gelesen, würde sie auch nicht lesen; er hätte sie nur bei Bernhard Reiskisi in Köln gesehen. Ausserdem betheuert er, gegen Freunde in vertraulicher Unterhaltung kaum drei Worte wider dieses Buch geäussert zu haben und auch das nur auf Grund von Aeusserungen, die er in Leipzig vernommen hatte. „Ich will sterben," fügt er hinzu, „wenn ich sonst ein Wort über diese ganze Sache geäussert habe."

---

[1] C. M. fol. 54 b. Die Stelle lautet wörtlich: „— Farrago Amsterdami, quam multis quidem annis collegit, sed, ut fassus est, contra me evulgavit praecipue."

Es mag richtig sein, dass er sich über die Sache, die in dem Buche hauptsächlich verhandelt wird, also über die Lehre von der Allgegenwart des Leibes Christi (Ubiquitätslehre) nicht geäussert hat; es mag auch sein, dass er nur wenige Worte gegen vermeintliche Freunde in vertraulicher Unterhaltung über das Buch selbst gesagt. Aber diese seine Aeusserungen waren der Art, dass in Folge davon Streit entstand. Hören wir darüber wieder seinen Feind Kenkel. Wir dürfen auch hier, wie schon früher einmal, nur das Gehässige gegen Hardenberg von der Darstellung in Abzug bringen, um sogleich das geschichtliche Factum in voller Wirklichkeit vor uns zu haben. Kenkel erzählt: „Es trug sich zu, dass die beiden Bürgermeister Daniel von Büren und Lüder von Belmer, die alle beide in sonderlicher Freundschaft und Vereinigung mit ihm [Hardenberg] standen, in Hardenbergs eigenem Hause zu Gaste waren. Auf den Abend, als sie wohl gezecht hatten, schlief von Büren ein. Da fuhr D. Albert dem andern Bürgermeister etwas hart vor den Kopf und sagte: Ihr Bürgermeister und Rathleute lasst Bücher drucken hinter mir her; damit bin ich nicht zufrieden; davon will auch nichts Gutes kommen. Belmer, als einer, der gar nichts wusste, auch sein Lebtage nichts gehört[1]) hatte von Timanns Buche, antwortete mit aller Bescheidenheit, er wüsste von keinen Büchern, die der Rath hätte ausgehen lassen; er sollte nicht so auf den Rath schmälen, sonst wolle er selbst weggehen. Ferner war einer unter den Gästen, der sprach zu einer Baghine (tho einer Baginen), die auch mit an der Tafel sass, ein schimpfirendes (schimperlick) und höhnisches Wort von Adams Natur. Darauf sagte einer: Ei, lass doch Dein Schwärmen. Als der Doctor das Wort hörte und nicht beachtete, in welcher Beziehung der gute Mann Solches sagte, wurde er heftig und sprach: Ihr macht viel Gewäsch von Schwärmern. Was heisst schwärmen? hob an und wollte viel sagen von dem Zanke, der sich in der Sache von des Herrn Abendmahl erhalte, so lange, dass der Bürgermeister Belmer ihm in die Rede fiel und [auf Lateinisch] sagte: Schweigt, Herr, wegen der bei uns Sitzenden. Dem fuhr er wieder vor den Kopf: Was? schweigt Ihr viel! Sie müssen Alle glauben,

---

[1]) Das ist wohl zu viel gesagt. Von Timanns Buche hatte er jedenfalls Kunde; ob von der Remuneration, ist eine andre Frage.

so müssen sie auch Alle davon hören. Ich habe mehr als zu lange geschwiegen; ich will nicht länger schweigen und fuhr soweit von der Sache heraus, dass der Bürgermeister Belmer mit der Faust auf die Tafel schlug, dass das Getränk schier sich bewegte, und sagte: Herr Doctor, haltet Ihr da hinter dem Busche, ist das Eure Meinung, so habe ich allzulange Freundschaft mit Euch gehalten; ich wollte mich lieber zerreissen lassen, ehe ich in solcher Meinung wollte mit Euch Eins sein. Und lasset Euch frei gesagt sein: damit sollt Ihr nicht hindurch, sollte es mir und mehreren Leuten auch was Liebes und Grosses kosten". — So schieden sie von einander in Unwillen! —

Hardenberg sah das drohende Ungewitter ganz nahe. Noch einmal suchte er den Geist der Zwietracht zu beschwören und schickte zu Belmer dessen Schwestersohn, um ihn zu bitten, er solle keinen Zwist erregen, ihm, Hardenberg, genüge es, dass er Belmer gewarnt habe. Doch wie konnte Hardenberg denken, dass sich die hochgehenden Wogen noch besänftigen liessen! „Von jenem Tage an", sagt Hardenberg später selbst im Anschluss an die bekannte Bibelstelle, „trachteten sie darnach, wie sie ihn tödteten ohne Aufruhr!" —

War es nun erst nach dieser Scene, oder kurz vor derselben, — es lässt sich das nicht mehr feststellen, — da that Timann einen folgenschweren Schritt. Er verlangte von den Bremer Predigern, dass sie ihre Zustimmung zu den in seiner Schrift aufgestellten Behauptungen durch ihres Namens Unterschrift ertheilten. Sie wurde von Allen gegeben; es weigerten sich jedoch Anton Grevenstein, Johann Quackenbrügge und selbstverständlich: Hardenberg.

Da aber brach die Leidenschaft Timanns und seiner Anhänger in volle Flammen aus. Jetzt wurde Hardenberg in allen Bremer Stadtkirchen verketzert als Nestorianer, Zwinglianer, Schwärmer, Sacramentirer. Ja, der Eifer Timanns nahm eine so widerwärtige Gestalt an, dass frühere Verehrer von ihm, wie Molanus, geradezu sagten, der Geist schiene von ihm gewichen zu sein. Hardenberg sah sich nun allerdings auch genöthigt, das Volk in seinen Reden vor der Ubiquitätslehre zu warnen; aber, wie er selbst sagt: massvoll und verblümt, so dass es die nicht verstehen konnten, die überhaupt nichts von der Sache wussten. Uebrigens scheint er es auch nur in einer Predigt gethan zu haben.

Nun hielt es auch der Senat seiner Seits an der Zeit, Schritte zu thun, um den Streit zu dämpfen. Er wählte dazu dasselbe Mittel, das einst Melanchthon in der Aepinschen Angelegenheit der Obrigkeit in Hamburg angerathen hatte und das von dieser mit Erfolg angewendet worden war. Er legte nämlich den Predigern Stillschweigen über den streitigen Punkt auf. Leider aber hatten Timann und Genossen mehrere und zwar einflussreiche Anhänger im Rathe, so dass jenes Gebot unmöglich mit so rücksichtsloser Energie durchgeführt werden konnte, wie seiner Zeit in Hamburg. Deshalb schon und ausserdem weil die Timannsche Partei sich im Rechte glaubte, Hardenberg aber nur schüchtern ihrem Auftreten begegnete, half das Gebot gar nichts. Die ubiquitistischen Prediger geriethen nun erst recht in Koller und suchten die Sache Hardenbergs immer mehr zu verdächtigen. „Wer die Ubiquität leugnet", — zu dieser Position schritten sie nun fort, — „der leugnet damit die leibliche Gegenwart Christi im Abendmahle, ist also ein Sacramentirer". Die Ubiquität scheint überhaupt in jener Zeit fast das einzige Thema gewesen zu sein, über das sie predigten. — —

Schon dachte man auch daran, den Streit über Bremens Mauern hinauszutragen und dazu bot der oben erwähnte Elardus Segebade, die helfende Hand. Der Graf Christoph von Oldenburg hatte Hardenberg um eine Summe der christlichen Lehre ersucht. Hardenberg, wahrscheinlich aus grosser Vorsicht, gab ihm die der Strassburger Kirche. Nun begehrte der Graf, Hardenberg sollte sie abschreiben lassen. Es geschah und hierbei war es Segebade gelungen, sich den Artikel über das Abendmahl daraus zu verschaffen. Jetzt meinte er gewonnenes Spiel zu haben. Eine echte Polizeiseele, trug er ihn seinem Collegen Johann Timann zu und beide reisten damit zusammen nach Hamburg (Palmwoche 1556). Dort zeigten sie die Schrift vor und wo etwa dunkle Stellen darin waren, da wusste Segebade dieselben nach mündlich vernommenen Aeusserungen Hardenbergs zu erklären.

Die Sache war schlau eingefädelt. Man wollte zuerst die Hamburger gegen Hardenberg stimmen! — Nun stand aber in nächster Zeit ein Convent niedersächsischer Prediger zu Möln bevor. Da wollte man Bremischer Seits Hardenberg für einen Sacramentirer erklären lassen, seine ganze Angelegenheit ihrer localen Bedeutung entheben und sie zur Sache eines grössern

Kreises, womöglich des ganzen niedersächsischen Kreises machen. Es galt also, schon vorher Stimmen zu gewinnen! —

Indessen für eine solche Ausdehnung war die Sache doch noch nicht reif und allen Berathungen und Beschlüssen in Möln war dadurch gleich die Spitze abgebrochen, dass die Bremer, wer weiss, weshalb? nicht dort erschienen!

Inzwischen drang der Streit immer mehr in das Volk herein und wahrscheinlich fällt schon um Ostern 1556, was Kenkel, vielleicht etwas übertrieben, mit folgenden Worten berichtet: „Der gemeine Pöbel, der von Natur Lust hat zu neuen Dingen, nahm die neue Lehre mit Begierde an und in den Barbierhäusern, auf den Sprachhäusern, in den Zechen und in allen öffentlichen und heimlichen Versammlungen ward schier anders nichts geredet, denn von der neuen Lehre Alberts. **Und es redete auch der grössere Theil viel gröber vom Handel des Nachtmahls, als sie von ihm unterrichtet waren**, und stritten unter einander mit Fragen, die nicht weniger närrisch, als ungereimt und erschrecklich zu hören waren. Nämlich: weil man nun eine so lange Zeit vom Leibe Christi gegessen hätte, ob sie denn meinten, dass auch etwas davon möchte noch übrig sein? ob sie Christum ässen in Stiefeln oder ohne Hosen? Der Gott der Prediger wäre von Brot. In Summa: es war D. Albertus gar in den Himmel gehoben. Dagegen wurden die Prediger verachtet und verlacht, als solche, die aus Unwissenheit das Masoulinum panis als Neutrum gebrauchten."

Jedoch die Timannsche Partei kehrte sich wenig an solche Redereien. Sie agitirte tapfer dagegen. Einen Studenten, der bei Hardenberg wohnte, hatte Timann so aufgehetzt, dass er sich aus Hardenbergs Hause entfernte, um, wie letzterer sagt, Gott nicht zu beleidigen, wenn er mit einem so grossen Schwärmer redete. — Ferner: ein französischer Arzt war in Hardenbergs Hause gesehen worden. Da war ohne weitere Umstände der Schluss fertig, jener Arzt müsse ein Hauptzwinglianer (Zwinglianissimum) sein, und nun suchte man beim Senate dahin zu wirken, dass ein so grosser Schwärmer die Mauern der Stadt nicht besudele (funestet).

Mit Strenge, soviel sah der Rath ein, war nicht durchzukommen. Weder Hardenberg, noch Timann durfte er viel zu Leide thun. Ja, da er selbst unter sich uneinig war, so war ein entschiedenes Auftreten zu des Einen oder Anderen Gunsten geradezu unmöglich. Das Beste war unter allen Umständen, wenn man sich vertragen konnte. Durch die heftigen, ja geradezu maasslosen Streitereien, die jetzt die Gemüther bewegten, konnte nur Unheil über die Stadt kommen. Mitten unter den stürmischen Wogen eines entbrannten Lehrstreites sann deshalb der Rath auf Mittel, das Schiff in friedlichen Hafen zu bringen; — ein Gleiches that Hardenberg; nur die Timannsche Partei wollte vom Frieden nichts wissen; es sei denn, dass man sich ihr völlig und unbedingt unterworfen habe! —

Zweites Kapitel.

Friedensversuche.

Der Magistrat in Bremen hielt es für das Beste, wenn er ein Colloquium zwischen den streitenden Parteien unter seiner Leitung auf dem Rathhause veranlasste. Dabei aber war er der Ansicht, dass möglichst Wenige von den Predigern dazu beordert werden müssten.

Es war nun etwa kurz nach Ostern 1556, da erhielt Hardenberg eine Vorladung aufs Rathhaus. Er hatte zwar als Domprediger nicht nöthig, den Citationen des Rathes Folge zu leisten, — da er nur dem Domcapitel unterstellt war, — indess er ging um Friedenswillen hin.

Als er hin kam, es war gegen 1 Uhr Mittags, fand er von den Predigern nur den alten Superintendenten Jakob Propst, was ihm ganz genehm war. — Der Bürgermeister Daniel von Büren fragte nun zuerst den Superintendenten um seinen Glauben in Betreff des heiligen Abendmahles. Dieser antwortete auf seine Weise ganz gut, beklagte es aber schliesslich, dass, wie er höre, einiger Zwiespalt mit D. Luthers Lehre sich kund gebe. Hierauf ward Hardenberg um seinen Glauben gefragt. Er antwortete, er wüsste von keiner neuen Lehre. Er sei hieher berufen, Gottes Wort zu predigen, nach Maassgabe der Reformationsschrift des

Erzbischofs von Köln. Vom Abendmahle habe er überhaupt nicht viel geredet. Wann er es aber gethan, dann habe er sich ebenfalls an die Kölner Reformationsschrift gehalten, worin gesagt sei, die Pastoren sollten das Volk treulich vermahnen, auf dass es nicht zweifle, der Herr selbst gebe durch den Diener und den geordneten Dienst seinen wahren Leib und sein wahres Blut. Aber da es eine Sache des Glaubens sei, sollten sie alle groben, fleischlichen Gedanken fahren lassen und mit grosser Begierde des Herzens die himmlischen Güter empfangen.

Darauf fing nun ein weitläufiges Gespräch an, das nach Hardenbergs Meinung gegen fünf Stunden dauerte, von 1 Uhr bis 6 Uhr. Hardenbergs Aussagen genügten den Anwesenden nicht recht. Man wollte ihn dazu drängen, dass er auf die Augsburgische Confession und deren Apologie schwören sollte. Hardenberg aber bat um Gottes willen, man sollte ihn mit dieser Auflage verschonen. Als Grund seiner Weigerung gab er an, er erachte nur die heilige Schrift für hoch genug, um darauf einen Eid leisten zu können. Ausserdem aber seien auch die verschiedenen Ausgaben jener beiden Schriften, besonders der Augsburgischen Confession, so sehr von einander abweichend, dass vorab festgestellt werden müsse, welche von diesen Ausgaben als die normirende anzusehen sei.

Hardenberg musste hierauf eine Zeit lang mit Propst abtreten. Beide Herren machten sich nun ausserhalb des Sitzungszimmers Vorwürfe, wurden aber bald wieder hereingerufen und die unerquicklichen Verhandlungen begannen aufs Neue.

Da suchte Hardenberg, dem die Sache zu lange dauerte, die Unterredung zum Abschluss zu bringen und sprach folgende, von ihm selbst in niedersächsischer Mundart aufgezeichneten[1]), höchst denkwürdigen Worte:

„Liebe Herren, wenn Herr Jakob klagt, er höre, dass man Etwas murre wider Herrn Luthers Lehre vom Sacramente, so kann ich das wohl verstehen, und bekenne, ihm als meinem Freunde vertraut zu haben, dass ich nebst Herrn Herbert von Langen, von Herrn Philipp Melanchthon gehört habe, Doctor Luther habe ihn, Herrn Philippus, zu sich gefordert, ehe er nach Eisleben zog, wo er starb, und habe zu Philippus gesagt: Lieber

---

[1]) In der Selbstbiographie.

Philipp, ich muss bekennen, der Sache vom Abendmahle ist viel zu viel gethan. Philippus antwortete: Herr Doctor, so lasset uns eine Schrift stellen, darinnen die Sache gelindert werde, auf dass die Wahrheit bleibe und die Kirchen wieder einträchtig werden. Darauf Luther: Ja, lieber Philipp; ich habe daran oftmals und vielfach gedacht, aber so würde die ganze Lehre verdächtig; ich will's dem allmächtigen Gott befohlen haben. Thut ihr auch was nach meinem Tode. Diess hat Philippus Herrn Herbert und mir also gesagt, so wahr als Gott Gott ist."

Wir unterbrechen hier auf kurze Zeit die Verhandlungen auf dem Bremer Rathhause. Gewiss ist diese Stelle von höchster Bedeutung. Sie ist zwar schon einmal abgedruckt[1]). Wir haben aber durchaus für nothwendig gehalten, sie noch einmal, in den geschichtlichen Verlauf der Ereignisse eingereiht, abdrucken zu lassen. Wir haben hier ein Zeugniss, so sicher als es nur sein kann, dass Luther diese Worte gesprochen, also selbst erkannt hat, dass er in der Sache vom Abendmahle zuweit gegangen sei. Würde man in Hardenbergs Aeusserungen nur das geringste Misstrauen gesetzt haben, so hätte man sicher bei Herbert, oder bei Melanchthon, oder bei beiden Erkundigung darüber eingezogen. Man mag's auch vielleicht gethan haben, hat aber dann sicher nur eine Bestätigung des von Hardenberg Gesagten erhalten und — geschwiegen. Ueberdiess würde eine so kräftige, geradezu eidliche Betheuerung, dafern sie auf Unwahrheit beruhte, schlecht zu Hardenbergs Charakter passen. Und selbst abgesehen davon, — hätte er eine solche Behauptung wagen dürfen, wenn er seiner Sache nicht völlig sicher war? War in solchem Falle sein Ruf, überhaupt seine Stellung nicht auf das Aeusserste bedroht? Und doch hat man sie, — allerdings ohne dabei Hardenberg und Melanchthon zum Lügner zu machen, — in ihrer vollen Richtigkeit angezweifelt[2])! Man hat gesagt: „es kann etwas an der Sache sein, etwa, wie schon Seckendorf vermuthet, dass Luther bekennt „„er sei in Worten zu heftig gewesen."" Aber wo in aller Welt ist in dem obigen Dialog zwischen Luther und Melanchthon von blossen Worten die Rede? Sagt nicht

---

[1]) Reformirte Kirchenzeitung Jahrg. 1853 N. 40. Daselbst veröffentlicht durch Pastor Kohlmann aus Horn bei Bremen.
[2]) Schmid, Heinrich: Der Kampf der luth. Kirche um Luthers Lehre vom Abendm. Leipzig 1868 S. 54 ff.

Luther geradezu, der Sache vom Abendmahl sei zu viel geschehen? Und sucht nicht Melanchthon Luthern zu bestimmen, dass die Sache gelindert werde? Und wie hätte Luther, wenn es sich blos um heftige Worte gehandelt hätte, sagen können, dann würde die ganze Lehre verdächtig? Und das sollte wohl das Testament Luthers sein, dass er Melanchthon und Genossen auftrug, sie möchten etwas gelinder vom Abendmahle reden, als er? Dazu kannte er doch wahrlich Melanchthon viel zu gut, als dass er ihm, der so „leise trat", diess noch besonders hätte zur Pflicht machen sollen. Wir können uns daher den erhobenen Zweifel gegen die Authenticität des Dialoges, trotz aller gelehrten Beigaben, nur aus einer dogmatischen Befangenheit erklären, die niemals zugeben will, was doch erwiesen ist, dass Luther je in seinen Anschauungen geschwankt habe. — Man wolle uns diesen kleinen kritisch-theologischen Excurs verzeihen und mit der hohen Bedeutung der Sache selbst entschuldigen.

„Diess sagte ich Herrn Jakob [Propst]", so fährt Hardenberg nach den obigen Worten fort, „und das konnte er nicht verdauen". Hardenberg erklärt diess, ob mit Recht oder Unrecht gleichviel, aus Propsts Einbildung, sein Ruhm werde durch Hardenberg zu nichte gemacht.

Nun drängte man Hardenberg dazu, er sollte, gleichsam als Grundlage zu weiterer, und, wie es scheint, friedlicher Verhandlung, ein Bekenntniss vom Abendmahle ablegen. Hardenberg erkannte die grosse Schwierigkeit, die darin für ihn lag. Er hatte sich zwar durch Anführung jener Worte Luthers gleichsam den Boden für Milderung der lutherischen Abendmahlslehre erobert. Aber es kam nun auf das Wie und Worin seiner Milderung, bez. Abweichung an. Indess er erklärte, er wolle sein Bekenntniss vom Abendmahle in der nächsten Sonntagspredigt ablegen. Man war damit einverstanden und er erfüllte seiner Seits seine Zusage. Das Bekenntniss war übrigens wesentlich mit dem bereits im Jahre 1548 dem Senate überreichten identisch. Wir können daher hier von demselben Umgang nehmen [1]). Es

---

[1]) Wir glauben überhaupt von einer trockenen Inhaltsangabe auch der noch weiter in Frage kommenden Bekenntnisse, soweit es nicht ein besonderes Interesse erheischt, Abstand nehmen zu können. Sind sie doch meist nur Variationen in Worten, in der Sache aber der ersten Confession von 1548 wesentlich gleich.

genüge zu wissen, dass dasselbe den Senat vorläufig zufrieden stellte und dass die Prediger die ganze Angelegenheit noch nicht für vorbereitet genug erachteten, um entscheidendere Schritte zu thun. Die letzteren hörten jedoch nicht auf, Hardenberg in Predigten und sonst zu verdächtigen. „Ihr Herren, wachet, das Haus brennt von innen", riefen Einige; Timann insbesondere: „Am Ende wird eines jeden Werk offenbar werden; widerstehe den Anfängen". Diess machte erneute Verhandlungen nothwendig. Sie fanden ebenfalls um Ostern statt und bei ihnen war auch Timann zugegen. Man wollte nun wiederum ein schriftliches Bekenntniss über das Abendmahl von Hardenberg haben. Seine Bitte, man möchte ihn damit nicht beschweren, hatte nicht den gewünschten Erfolg. Diesen Fall mochte Hardenberg vorhergesehen haben und war auf denselben vorbereitet. Er hatte zu diesem Zwecke Timanns farrago mitgenommen, zeigte den Bürgermeistern und „Witherren" viele Stellen darin über das Abendmahl, die Luther, Melanchthon, Brenz, Butzer, Musculus u. A. zum Verfasser hatten, las sie vor und erklärte, dass er ihnen zustimme und dass man sie für sein Bekenntniss ansehen möchte. Das hatte man von Hardenberg nicht erwartet! Es war auch jedenfalls die schärfste Waffe, die er zur Hand genommen hatte. Was konnte Timann noch weiter sagen, wenn Hardenberg sich genau zu den Worten bekannte, die jener, als gegen ihn gerichtet, betrachtete? Er scheint auch nicht viel gesagt zu haben. Hier war es aber der Bürgermeister Kenkel, der der Stimmung des Senates Ausdruck gab. Er sagte: „Herr Doctor, ihr habt mich nun sehr erfreut; denn ich meinte, ihr wäret ein vollständiger (heel) Zwinglianer. Wir sind mit euch wohl zufrieden." — Damit schien die Sache für Hardenberg eine überaus günstige Wendung zu nehmen. Hardenberg benutzte auch diese Stimmung für ihn und schickte an Kenkel einen Tractat aus Musculus, den dieser in einem an Hardenberg gerichteten Briefe, wie letzterer wenigstens bezeugt, seinem Inhalte nach billigte.

Nun liess es sich Kenkel sehr angelegen sein, den hässlichen Streit zu dämpfen; er ermahnte beide Parteien, den Streit auf der Kanzel nicht fortzusetzen und alles gegenseitige Schelten zu unterlassen. Sein Wort galt viel! Der Rath erkannte jetzt Hardenberg des zwinglischen Irrthumes für unschuldig und plötzlich hörte die Kanzelpolemik auf, oder vielmehr: es trat Windstille ein. —

Kaum hatte sich aber Timann von seiner Betäubung, in die ihn die Scene auf dem Rathhause versetzt hatte, erholt, so fing er den Streit aufs Neue an, indem er sagte, „man sollte um Niemandes willen" falsche Lehre einreissen lassen.

„Und ob schon" — erzählt Hardenberg „die Andern täglich auf mich scholten und lästerten, antwortete ich doch sechs Monate lang [also etwa bis zum Mai vom Tage der Uebergabe der farrago an den Senat gerechnet] nicht. Sie aber hielten sich als keine redlichen Menschen." —

Allen Andern voran war es wieder Timann, der von der Ubiquitätslehre zu reden und zu predigen anfing und es schien, als sollte Alles wieder auf den früheren Standpunkt zurückkehren!

Da unternahm es aber auch der Bürgermeister Daniel von Büren für seine Person, mit Timann, dem Hauptkämpfer, zu verhandeln, um womöglich auf diese Weise Frieden zu stiften. Er schrieb[1]) nämlich an Timann und bat ihn in aller Freundschaft, dass er ihm klare Stellen der Schrift zeigen möchte, die entweder dem Leibe Jesu Allgegenwart zuschrieben, oder auch nur hinderten, das Gegentheil zu glauben. Die Antwort Timanns hierauf war, wie Hardenberg nicht mit Unrecht behauptet „unsinnig und unbegreiflich". Es war übrigens nicht einmal ein ordentlicher Brief, den er dem Bürgermeister zusandte, sondern, wie noch jetzt zu sehen ist[2]), ein Zettel. Der Inhalt ist folgender: „Hochachtbarer Herr Bürgermeister! Verhindert durch andre Geschäfte kann ich jetzt nicht antworten [man denke, es handelte sich einfach um Angabe von ein Paar Bibelstellen], obgleich ich mich nicht allzuwenig wundere, dass die Menschen nicht glauben, das Wort sei Fleisch geworden und, wie die Kirche glaubt und singt: was es einmal angenommen, hat es niemals abgelegt (quod semel assumsit nunquam dimisit): das Fleisch nämlich. Deshalb ist das Wort niemals und nirgends ohne Körper oder Fleisch, nachdem letzteres hypostatisch angenommen war. Weil ich aber weiss, dass ich bei den Philosophen, wie Johannes am fünften, so zu sagen, verachtet werde, so schicke ich diesen Doctor [d. h. die Schrift dieses Doctors], der über

---

[1]) So nach Wagner S. 68 ff. Das dortige Citat aus Misc. Gron. ist unbedingt falsch.
[2]) A. B.

diese Sache beredt, wahr und deutlich handelt. Hörst Du ihn nicht, so wirst Du auch mich niemals hören. Dann beziehe ich mich auf meine farrago [d. i. das oben besprochene Buch] und den andern Theil desselben. Johannes Amsterdamus." Wir müssen wirklich hier den Bürgermeister von Büren bewundern, dass er auf so lahme Ausflüchte, oder, mit Hardenberg zu reden, auf einen so unsinnigen Brief die Correspondenz nicht gleich abbrach. Indessen er hoffte vielleicht noch, zu einem erwünschten Ziele zu kommen. Er antwortete! — Fragen wir aber zuvor, welcher Doctor Verfasser jenes Buches war, das Timann an den Bürgermeister schickte, nun so war es, um kurz zu sein: Brenz, der Württemberger Propst. —

In seinem Antwortschreiben an Timann erklärt von Büren, er fände in dem Brenzschen Buche durchaus keine Beweise für die Ubiquität des Leibes Christi. Dort sei nur von der Vereinigung der Naturen in Christo und der daraus resultirenden Herrlichkeit seiner Menschheit die Rede. Das bezweifle er gar nicht; aber das habe mit der Ubiquität nichts zu schaffen. — Nun hatte ja aber auch, wie wir uns erinnern, von Büren geradezu Bibelstellen von Timann wissen wollen, die die Ubiquität direct oder indirect, aber jedenfalls unbedingt lehren. Timann war dieser Forderung ausgewichen, die Stellen, die sich in Brenz vorfanden — z. B. Joh. 3 Niemand fährt gen Himmel, denn der vom Himmel herniedergekommen ist, nämlich des Menschen Sohn, der im Himmel ist, — bewiesen dem Bürgermeister mit Recht gar nichts. Dieser rückte nun vielmehr angriffsweise, wenn auch schonend, ich möchte sagen schüchtern, gegen Timann vor. Er schreibt: die Evangelisten lehren, Christus sei umhergegangen und habe Palästina durchzogen. Diess giebt eine Bewegung von einem Orte zum andern zu erkennen. Wer sich aber von einem Orte zu einem andern erhebt, ist nicht in beiden zugleich, sondern indem er sich zu dem einen begiebt, verlässt er den andern. Ferner spricht der Engel zu denen, die Christi Leib im Grabe suchten: er ist nicht hier. Wer aber nicht hier ist, der ist nicht allenthalben. — Am Schluss bittet er ihn, das Gesagte vorurtheilslos zu erwägen und ihm seine Meinung hierüber mitzutheilen. Könne er ihn eines Besseren belehren, so wolle er gern der Wahrheit die Ehre geben.

Man muss gespannt sein, was der gelehrte Theolog dem

juristisch geschulten Bürgermeister auf solche die Ubiquitätslehre in vollem Umfange bedrohende Aeusserungen erwiederte. Aber, wahrlich, die schrecklichste Bornirtheit, das Grund- und Bodenlose seines theologischen Standpunktes, und schliesslich die völlige Unhaltbarkeit der Ubiquitätslehre giebt sich in Timanns Antwort kund! Er legt ihm die Fragen vor: ob er auch dafür halte, dass D. Luthers Schriften dem Glauben ähnlich seien; ob er wolle gewonnen geben, wenn er vernommen, was Brenzens Meinung sei; oder ob er es auf die Entscheidung der Niedersächsischen Kirchen ankommen lassen wollte?

Was für ein Pfaffe war doch aus dem sonst so achtenswerthen Timann geworden! Es wird einem so unheimlich, wenn er gleich auf ein Ketzergericht durch die Niedersächsischen Kirchen hinweist! Wir hören hier, nur mit andern Worten, den Urtheilsspruch: der Jude wird verbrannt! —

Büren hielt es noch einmal für nothwendig zu antworten. Doctor Luthers Schriften, schreibt er ihm, halte er dem Glauben gemäss, sofern sie mit den göttlichen Schriften übereinkommen und obgleich er die ersten nicht alle gelesen, so wisse er doch, dass er in den sieben Jahren, die er zu Wittenberg zugebracht, aus D. Luthers Munde nie ein Wort von der Ubiquität gehört habe, die sei ihm erst aus Timanns Buche bekannt geworden. Warum ihm Brenzens Meinung nicht genüge, habe er im vorigen Briefe gezeigt. Das Urtheil der Sächsischen Kirchen aber sei ihm verdächtig, weil er vernommen, dass verschiedene Lehrer derselben sich schon längst mit den Bremern verbunden hätten, für einen Mann zu stehen, und daher würde es sehr gefährlich sein, sich ihrem Urtheile zu unterwerfen. —

Hiermit hörte der Briefwechsel auf und dieser Friedensversuch hatte sein Ende erreicht! — Konnten denn wohl aber Friedensversuche überhaupt zu einem gedeihlichen Abschlusse führen?

Man vergegenwärtige sich nur einmal die kirchlichen Zustände in Bremen im Jahre 1556, um sich von der Unmöglichkeit gründlich zu überzeugen.

In einem Briefe an Medmann in Emden (8. August 1556) schreibt Hardenberg über dieselben: „Neulich fingen sie an, was seit 32 Jahren hier unerhört ist, das Credo in der Messe lateinisch zu singen. Sie stellen auch die Feste der Heiligen wieder her. Jüngst richteten sie für die Scholastiker allein ein Mahl aus am Tage (ich hätte sagen mögen zu Ehren) der heiligen Jungfrau und täglich ergeht der Ruf zum Himmel, das Brot des Abendmahles sei Sacrament des Altares zu nennen, es sei zu verehren und anzubeten. Sie verhandeln auch und bemühen sich jetzt darum, dass die Messgewänder wieder gebraucht werden, die sie bisher blos nicht mit diesem Namen zu belegen pflegten." Nimmt man dazu, dass Timann, vielleicht auch Propst, ehrgeizig und auf Hardenbergs Ruhm eifersüchtig waren und daneben Segebade von Habsucht nicht frei gesprochen werden kann, so ist klar: der Streit musste bald aufs Neue ausbrechen. —

Drittes Kapitel.

Wiederausbruch der Feindseligkeiten.

Auf „frommer Leute Rath" liess sich Hardenberg endlich bewegen, zur Selbstvertheidigung zu schreiten. „Ich sagte", so erzählt Hardenberg selbst, „in einer Predigt wenig gegen die Ubiquität. Nur warnte ich die Leute, sie sollten die bisher nicht gehörte neue Lehre von der vermeintlichen, unbegründeten Ubiquität nicht so durstig annehmen; es würde sich Vieles anders befinden in zukünftiger Zeit. Da rasten sie wieder alle Tage wie unsinnig und schalten mich einen Sacramentsschänder, einen Gotteslästerer, der Christum theilen und aus der Kirche nehmen wollte. Es kam ein flämischer Weber zu mir in meine Behausung, trotzig und aufgeblasen, von den Predigern abgeschickt, wie es scheint, der schnauzte mich tüchtig an (de snorkede vaste mit my), drohete mir und sagte unter Anderm, ich sollte wissen, ich hätte die Worte, die ich vergangenen Sonntag wider die Ubiquität vorgebracht, wieder in mich hineingeschlungen. Dem antwortete ich: Lieber Gesell, nächsten Sonntag will ich Dich besser berichten. Der verfügte sich sofort zu den Predigern und machte den Zank noch ärger. Ich berieth nun mit andern, weiseren Leuten, ob ich auch antworten sollte, nachdem alle Predigtstühle die ganze Woche über grausam wider mich erdröhnt hatten. Die sagten mir: ja; ich sollte mich verantworten. Ich that es und hielt eine Predigt wider die Ubiquität. Da war nun Alles verdorben. Die Prediger reizten den Rath wider mich auf; sie pochten darauf, ich hätte den gebotenen Frieden gebrochen; man solle mich nicht mehr dulden" u. s. w. Der Rath sah sich nunmehr genöthigt, die Sache wiederum aufzunehmen. Er liess Hardenberg durch Daniel von Büren und Arend van Bobert persönlich bitten, er sollte vom Abendmahl ebenso lehren, wie Propst und Timann und gegen die Ubiquität nichts sagen. Da gab Hardenberg die bemerkenswerthe Antwort, er hätte über das heil. Abendmahl mit niemand Streit, er könnte aber nicht dieselben Worte brauchen, die jene brauchten; über die Ubiquität aber könnte er nicht schweigen, so lange jene diese Lehre so hitzig trieben. — Ich nenne diese Aeusserung Hardenbergs bemerkenswerth, denn sie zeigt uns, wie er hier, was er bis dahin nicht gethan, einen Unterschied macht zwischen der allgemein giltigen Lehre vom Abendmahle und der Lehre von der Ubiquität. Jene, behauptet er, sei gar nicht zwischen ihm und Timann nebst Consorten streitig; es handle sich blos um die letztere. Doch davon später. —

Die Unterredung übrigens, welche die Bürgermeister mit Hardenberg gepflogen, hatte die ersten sehr befriedigt. Als sie der „Wittheit", d. i. dem ganzen versammelten Rathe, Bericht über ihre Sendung abzustatten hatten, hüpfte Arend van Bobert vor Freuden und sprach: „Liebe Herren, ich kann's nicht anders verstehen, Doctor Albert glaubt, wie uns alle Zeit gepredigt ist, dass allenthalben durch die ganze Welt, wo das Abendmahl nach Christi Einsetzung gehalten wird, sei wahrhaftig gegenwärtig der wahre Leib und das wahre Blut unsers Herrn Jesu Christi." Darauf erwiederte Daniel von Büren: „Arend, das habt Ihr unrecht verstanden. Das glaubt Doctor Albert so nicht, denn Christus hat einen wahren, menschlichen Leib, unserm Leibe in allen Dingen gleich, ausgenommen die Sünde. Ein solcher kann zu einer und derselben Zeit nur auf einer Stelle sein." Da entgegnete Arend van Bobert: „Kann ich denn nicht länger Deutsch verstehen. Ihr seid Betrüger; Ihr redet anders mit dem Munde, als Ihrs im Herzen meint. Jetzt erst vernehme ich aus Euern Worten, Herr Bürgermeister, dass man nicht aufrichtig in dieser Sache handelt. Solches habe ich von Albert nicht verstehen können. Fürwahr, ich sage Euch, dass ich mich hinfort nicht will gebrauchen lassen, mit Albert zu reden. „„De Melck ist nicht rein"", das verstehe ich erst jetzt aus des Bürgermeisters Worten, aus D. Alberts Reden habe ich es nicht verstehen können." — So war man also auch hiermit um nichts weiter gekommen!

Um diese Zeit aber kam auch einer der eifrigsten Lutheraner nach Bremen, Matthias Flacius Illyricus, dessen Name ja selbst noch jetzt im Volksmunde als „Flätz" sprichwörtlich ist und der eine wenig geeignete Persönlichkeit war, Streit auszugleichen. Hören wir, was Hardenberg über ihn [1]) berichtet: „Du darfst dich nicht wundern, dass Illyricus nicht zu euch gekommen ist, er könnte nämlich von euch keinen Vortheil erlangen. Man sagt von diesem Manne, dass er nicht den Fuss bewege, wenn er nicht die Hoffnung habe, etwas zu gewinnen. — — Ich habe dafür gesorgt, dass ihm aus der Almosencollecte ein Portugaleser (aureum portugallensem) gegeben werde, über dessen Empfang er quittirt hat. — — Doch brachte er es nicht über sich, mich mit einem Worte zu grüssen [2]). Ja, wenn er gekonnt hätte, so würde er mich bei seiner Obrigkeit verklagt haben, von welcher er, da er blos 12 Thlr. empfangen hatte, — wofür Timann wegen der Vorrede [3]) zu seiner farrago sorgte — mit unbegründetem Gemurmel, — fortging. Das Hauptstück in der Religion ist bei jenen Menschen, uns nicht einmal zu grüssen, besonders, wenn kein Gewinn in Aussicht steht. Es war hier einer aus Brabant, ein gewisser Alexander, der die farrago und die Schriften Westphals drucken liess. Dieser verschaffte dem Illyricus in den einzelnen Jahren von den Brüdern zu Antwerpen (die nämlich keine Schwärmer sind) 100 Thlr., damit er die Ketzer bekämpfe. Den konnte er sammt den übrigen Holländern und Brabantern und flandrischen Männern grüssen, aber nicht uns Arme und mit diesen Häretikern Vereinten."

Von besondern Agitationen des Illyrikers Flacius erwähnt allerdings Hardenberg nichts. Fragen wir aber, wie es ihm denn

---

[1]) Brief an Medmann vom 8. August 1556. C. M.
[2]) Es war ihm also wohl zu wenig!
[3]) Hiernach scheint es, als hätte jene Vorrede nicht Timann selbst, sondern Matthias Flacius zum Verfasser.

in jener Zeit zu Muthe gewesen sei, so giebt uns eine Stelle aus dem oft angeführten Briefe[1]) Auskunft. Da heisst es: „Was sollte ich Dir auch bei so grossen Schmerzen, bei so grosser Verwirrung und Unsicherheit meiner Angelegenheiten schreiben, aus der ich mich nicht leicht herauswinden werde. So gross ist die Wuth einiger Menschen, dass ich sie mir weder durch Schweigen noch durch Reden zu Freunden machen kann. Doch was rede ich von Freunden? Durch keine Mässigung kann ich mich vor den Schlangenbissen jener Menschen schützen! Sie lästern mich doch öffentlich und privatim, hinterrücks und offen; ja sie lästern sogar Christi Wahrheit in meinem Amte! Daher war es mir nicht leicht zu schreiben, bevor meine Angelegenheit einen sichern Ausgang fände." An einer andern Stelle desselben Briefes heisst es: „Ich glaube, ich werde binnen Kurzem von hier weggetrieben werden, auch wenn ich nicht um meine Entlassung nachsuche. Geschieht diess aber, dann findet kein gottesfürchtiger Mann hier mehr seine Stelle, wenn er nicht schwört auf jene perikleischen[2]) Blitze, wie sie Philippus [Melanchthon] nannte. Wenn nur nicht jetzt so viel andre Ungereimtheiten jenem Schutte aus dem Stalle des Augias beigemischt würden; worüber mündlich mehr! — Ich schwöre Dir heilig, dass ich hier keinen Menschen habe, dem ich auch nur ein freies Wort mitzutheilen wagen möchte, da nämlich unser getreuer Herbert abwesend ist, der nach dem Tode seiner Mutter eine häusliche Angelegenheit in seinem Vaterlande zu besorgen hat. Ich hatte hier noch einen guten Achates an Molanus. Aber der reiste, nachdem er seine Angelegenheiten geordnet, in voriger Woche nach Heidelberg. Daniel [von Büren] ist ein braver Mann; aber er ist zu sehr beschäftigt, um über unsre Angelegenheiten viel nachdenken zu können. Gleb mir ausser diesen nur Einen und ich will mein Glück preisen." Ja, einmal ergreift ihn fast die Verzweiflung. Er sagt[3]): „Das Eine wünsche ich mir, diesen Wohnsitz zu verlassen und überhaupt keine Anstellung anzuneh-

---

[1]) an Medmann. C. M.
[2]) An den Rand hat hier Hardenberg geschrieben: „L . . . . .," — also unzweifelhaft auf Luther hindeutend.
[3]) C. M. fol. 155 a. b.

men, da ich gewahr werde, dass ich, durch Mühsal gebrochen, von Frische, Kraft, Gedächtniss und allen nothwendigen Gaben verlassen werde. Deshalb denke ich daran, **eine gänzlich mönchische Lebensweise** zu beginnen; ich werde einmal an einen verborgnen Ort entfliehen, wo ich keinem Sterblichen bekannt bin und dort ungekannt in Gebet und Lectüre den Rest meines Lebens mit meinem guten Weibe verbringen. Denn für den Dienst der Kirche bin ich nichts nütze und im Staatswesen kann ich auch nichts leisten. Graben mag ich nicht und zu betteln schäme ich mich! — Ich berühre damit das Evangelium, über welches ich diese Woche gepredigt habe und was ich heute früh von unserm Jakobchen [Jacobulo d. i. Propst] in der Predigt gehört habe, die der gute Vater nicht halten konnte, ohne seinem Aerger gegen mich Luft zu machen. Sie [seine Bremer Gegner] können Alle ertragen, auch Papisten, Anabaptisten, Daviditen, Servetianer und Libertiner; nur damit sie einen Haufen behalten gegen die verteufelten Schwärmer, — denn so nennen sie uns." — — Doch wir brechen jetzt ab. Wir haben hier ein offenes Geständniss, das Hardenberg einem alten Freunde gegenüber ablegt. Wie wir früherhin einen tieferen Blick in sein Herz hineinthun konnten, als er zwischen Altem und Neuem, zwischen Papstthum und Evangelium schwankte, so hier, da die Anklagen gegen ihn als Ketzer immer häufiger und drohender wurden. Mitten im tosenden Kampfe will er, der Zögling des Bruderhauses, in die Einsamkeit fliehen und dort - freilich mit seiner Frau — ein mönchiches Leben beginnen!

In den eben angeführten Stellen aus seinem Briefe an Medmann stellt er eine mündliche Unterredung mit letzterem in Aussicht. Dazu ist es auch jedenfalls gekommen. Wir wissen wenigstens, dass er, — höchstwahrscheinlich um Herbstanfang — seiner Geschäfte halber, wie er sagt, eine Reise nach Friesland unternahm. Vielleicht dass er mit den Geschäftsrücksichten auch die Absicht verband, durch zeitweilige Entfernung von Bremen dem Umsichgreifen des Streites Einhalt zu thun! —

Indessen der Rath, unaufhörlich von der Timannschen Partei gestachelt, wählte jetzt einen neuen Weg zur Beilegung des Streites. Statt, dass er bisher von Hardenberg Bekenntnisse gefordert hatte, forderte er nun von seinen Stadtpredigern ein kurzes Bekenntniss vom Abendmahle. Diese überreichten dasselbe am 21. Oktober 1556 und der Rath schickte es sofort an Hardenberg zur Unterschrift Hier aber tritt eine bedeutsame Wendung des Streites ein! **Hardenberg bricht nämlich die Verhandlungen mit dem Bremer Rathe, als einer ihm fremden Behörde ab, und ignorirt, sich unter den Schutz des Domcapitels stellend, die ihm gemachte Auflage.**

Das war jedenfalls für den Augenblick das Klügste, was er thun konnte. Denn, wie damals die Sachen beim Rathe standen, war für Hardenberg wenig Gutes zu erwarten. Ein hinlänglicher Beweis dafür ist das vom Rathe gegen den Stadtprediger Slungrave beobachtete Verfahren. Dieser hatte nämlich die Unterschrift unter das Bekenntniss der Stadtprediger verweigert und statt derselben eine Predigt Luthers über das Abendmahl (vom Jahre 1521) eingeschickt. Man las nun wohl diese Predigt von Seiten des Rathes, erklärte ihm aber, seit jener Zeit hätte Luther Vieles widerrufen. Und als er dennoch bei seiner Weigerung zu unterschreiben verblieb, ward ihm das Predigen untersagt.

Dabei wollen wir ein nicht ganz unwichtiges Curiosum mitzutheilen uns gestatten. Das Buch, worin die Predigt Luthers stand, gehörte gar nicht Slungrave, sondern Hardenberg, der es ihm zu diesem Zwecke geliehen. Der Rath meinte aber, eine so ketzerische Schrift gar nicht wieder herausgeben zu dürfen. Hardenberg kam um sein Buch und Luther ward von den Lutheranern confiscirt! —

Hardenberg, der als Domprediger dem Rathe gegenüber eine freiere Stellung hatte, ward bedeutet, — man sieht nicht recht ein, wie das zugeht, — er solle in acht Tagen seinen Bescheid erhalten. Da schickte Hardenberg das Bekenntniss der Stadtprediger vom Abendmahle dem Rathe wieder zu, erklärte demselben, er hätte mit ihm nichts zu thun, er wäre des Domcapitels und nicht des Rathes Prediger, hätte auch mit niemand Zank über das Abendmahl, sondern lediglich mit Timann über die Ubiquität des Leibes Christi. —

Der Rath sah sich, bei solchem energischen Auftreten Hardenbergs auch seiner Seits genöthigt, die directen Verhandlungen mit ihm aufzugeben und ihn indirect durch das Domcapitel zu belangen. Aber im Rathe hatte Hardenberg selbst eine Partei für sich. Indessen die liess sich beseitigen. Es wurde, um etwaiger Opposition zu Gunsten Hardenbergs von vornherein vorzubeugen ein Ausschuss für diese Angelegenheit eingesetzt, Daniel von Büren aber, der in ein immer freundschaftlicheres Verhältniss zu Hardenberg trat, davon ausgeschlossen. Man nannte jenen den „heimlichen Ausschuss". Nun drängte der Rath bei dem Domcapitel heftig auf Hardenbergs Unterschrift und erklärte, würde Hardenberg dieselbe beharrlich verweigern, oder zum mindesten nicht anzeigen, worin das Bekenntniss der Prediger ihm nicht zusagte, so würde er es Königen, Fürsten und Herren klagen; man wolle Hardenberg nicht in Bremen behalten, wenn er nicht eine schriftliche Confession übergebe. — Das Domcapitel theilte diess selbstverständlich Hardenberg mit.

Und Hardenberg? „Da ward ich," schreibt er, „sehr betrübt und trat vor das Ehrw. Domcapitel und begehrte Entlassung (verloeff) nicht ohne Trauer und Wehmuth." —

Wir glauben nicht zu irren, wenn wir annehmen, dass hierbei Melanchthons Rath auf Hardenberg einen bestimmenden Einfluss geübt habe. Dieser schrieb ihm (27. Oktober 1556): „Ich wünsche durchaus nicht, dass Du in Predigten polemisirst. Wenn aber die Uebrigen Dich beschimpfen, dann scheint es mir gerathener für Dich, fortzugehen, als Dich mit Ungelehrten und Wüthenden zu zanken. Wenn Du aber an Weggang denkst, so wünsche ich, dass wir uns mündlich besprechen." —

Indessen liess das Domcapitel nicht so ohne Weiteres seinen Prediger von dannen ziehen. Es veranlasste ihn vielmehr, wie der Rath gewollt, eine Confession[1]) aufzusetzen. Er that es, indem er mehrere Sätze aus Luther, Melanchthon, Brenz zusammenstellt, immer noch in dem unerschütterlichen Glauben, man könne ihm nichts anhaben, wenn er seine Uebereinstimmung mit den Aussprüchen solcher Männer documentire! — Doch hiervon abgesehen erhielt der Streit noch von einer andern Seite her Nahrung. Hardenberg legte nämlich in seinen Predigten den ersten Korintherbrief aus und war darin damals mit dem 10. Kapitel beschäftigt, welches ebenso wie das nächstfolgende unter Anderm vom Abendmahle handelt. Hardenberg hatte die Schwierigkeit längst erkannt. „Ich werde sehen" — schreibt er am

---

[1]) B. A. 56 N. 13. Dort zählt er auch die übergebenen Confessionen auf. Es sind allein im Jahre 1556 sieben; vorher (1548) eine.

8. August 1556 — „wohinaus die Dinge laufen werden, sobald ich das 10. und 11. Kapitel auszulegen habe. Jetzt bin ich beim 9. Jene warten nur darauf, um die Tragödie zu erneuern und sie mögen die zerbrochenen Geschosse da sammeln, wo sie vorlängst hinfielen!"

Er suchte nun die Schwierigkeiten weniger zu lösen, als zu umgehen, indem er als **Eingang zu seinem Vortrage eine Stelle aus Wolfgang Musculus über Matth. 24. nahm, gleich als wäre sie sein eignes Werk.** Er glaubte auch hierbei wieder ganz sicher zu gehen, weil Musculus bislang als rechtgläubig, insbesondre von dem ihm jetzt mehr als zuvor gegnerisch gesinnten Kenkel für echt lutherisch angesehen, und, — damit jedes Bedenken schwinde, — die betreffende Stelle aus Musculus in Timanns farrago citirt war.

Doch hierbei hatte sich Hardenberg wieder arg verrechnet. Timann erschien sogleich auf dem Kampfplatz. In seiner nächsten Predigt nämlich, in welcher er eigentlich das Evangelium des Tages auszulegen hatte, liess er dieses unbeachtet, stellte sich vielmehr zur Aufgabe, aus Hardenbergs, bez. aus Musculus' Rede sechszehn Ketzereien nachzuweisen, auf die wir später noch zu sprechen kommen.

Was that nun Hardenberg? Er schrieb den Text des Musculus von Wort zu Wort ab und gab dieses dem Domcapitel zur Uebermittelung an den Rath als seine Confession und als letzterer sie in deutscher Sprache verlangte, erfüllte er auch diesen Wunsch. Zuvor aber hatte er bereits Positionen gegen die Ubiquität geschrieben und übermittelt. Diese setzte er jetzt der Confession voran, um beide Materien zwar zusammen, aber doch auch getrennt zu halten.

Der Rath war allerdings jetzt sammt den Stadtpredigern in Verlegenheit. Man denke sich nur! Hardenberg hat statt eines selbstgemachten Einganges zu einer Predigt eine Stelle aus dem orthodoxen Musculus vorgetragen, den Kenkel schätzte und noch dazu eine Stelle, die Timann in seine farrago aufgenommen hatte. Und jetzt, da dieselbe Stelle aus Hardenbergs Munde kommt, sind plötzlich sechszehn Ketzereien in ihr! — Aber nur nicht irre machen lassen, dachten Rathsherren und Prediger. Sie konnten freilich nicht augenblicklich viel in der Sache thun; sie mussten sich einfach begnügen, die Schriftstücke, die sie acht

Tage lang behalten hatten, dem Domcapitel wieder zuzustellen. — Da die Sache auch so nicht weiter kam, beschloss man, die beiderseitigen Confessionen nach Wittenberg zu schicken. Was dort für gut angesehen werde, das sollte gelten.

Hardenberg seiner Seits war damit ganz wohl zufrieden. Er hielt es jedoch für gerathen, die ihm dort befreundeten Männer, insbesondere Melanchthon und Paul Eber, von seinen Thesen wider die Ubiquität, sowie von seiner Confession über das Abendmahl in Kenntniss zu setzen.

Beide antworten ihm auch, letzterer in einem Briefe vom 5., ersterer in einem Briefe vom 6. December. Eber schreibt unter Anderm: „Deine Propositionen über die unterschiedenen Eigenschaften der Naturen in Christo[1]) habe ich mit Vergnügen gelesen und halte sie, so weit ich urtheilen kann, für wahr. — — Ich wundere mich über die Ungeschicktheit Deines Collegen Timann, dass er die entgegengesetzte Meinung, nämlich die von der Ubiquität, mit so grosser Heftigkeit vor dem Volke zu vertheidigen wagt, und nicht auf die Meinungen der Alten über diese Sache hört. Was unser Lehrer [d. i. Melanchthon] darüber denkt, wirst Du aus seinen Schriften ersehen.

In Betreff der andern Streitfrage hält er noch an sich, etwas öffentlich auszusagen, weil man bemerkt, dass Viele hinterlistiger Weise nach einer Veranlassung suchen, ihn öffentlich unter irgend einer Gestalt eines für sie erfreulichen Irrthums zu überführen. Da sie eine solche noch nicht haben, so suchen sie inzwischen nach Kleinigkeiten. Sonst aber hofft er, dass noch binnen Kurzem ein Gelehrtencongress zu Stande kommen werde, auf dem er sich über seine Meinung erklären will. — — Es sind nicht geringe Ursachen, weshalb er bislang geschwiegen hat."

In diesem Briefe geschieht auch, was wir hier beiläufig bemerken wollen, a Lascos Erwähnung. Es heisst: „Johannes a Lasco habe ich gerne gesehen und mich an seinen guten und frommen Reden sehr ergötzt. Ich wünschte mit ihm ein Stündchen zu plaudern, und er war so gütig mir Gelegenheit zu geben, mit ihm zusammen zu sein. Da er indess eilte, nach Polen zu kommen, so dass er schon, nachdem er zwei Nächte hier zugebracht, wieder von hier wegging, und von vielen Polen besucht

---

[1]) Um diese handelt es sich ja vor Allem bei der Ubiquität.

ward, so war die Möglichkeit nicht gegeben, mich mit ihm jetzt, so wie ich es gewünscht hätte, zu unterhalten". —
Melanchthon aber schreibt: „Du hast klug gehandelt, dass Du die Verhandlung nur auf die Proposion [ob Christi Leib allenthalben sei] eingeschränkt hast, in Betreff derer Du die Anschauung des ganzen [christlichen] Alterthumes vertheidigest. Meinen Rath und mein Urtheil habe ich dem Herrn Bürgermeister [Daniel von Büren] mitgetheilt". Leider ist letzterer Brief verloren gegangen! —

Die Sache stand für Hardenberg offenbar günstig. Er hatte Paul Eber, und, was von bedeutendstem Gewicht war, Melanchthon für sich. Das mochten aber seine Gegner auch wissen. Indessen sie wussten sich zu helfen. Sie sagten sich, Hardenberg habe wohl seine Confession, aber nicht eine Kritik der Confession der Prediger eingereicht. Man wisse also gar nicht genau, was ihm an derselben anstössig sei und das habe man doch von ihm begehrt. Man sei also auch gar nicht in der Lage, einen Gegenbericht geben zu können. Es erscheine daher nicht thunlich, Hardenbergs Eingabe mitzuschicken. Es genüge die Confession der Stadtprediger allein! Würde diese in Wittenberg approbirt, so habe sich Hardenberg in Zukunft an dieselbe zu halten.

Und fürwahr, solche Ansichten gewannen die Oberhand. In einer Sitzung des Bremer Rathes vom 19. December 1556 ward beschlossen, nur die Confession der Stadtprediger nach Wittenberg und ausserdem an die benachbarten sächsischen Städte zu überschicken!

Das erschien dem ehrlichen Bürgermeister von Büren doch zu unehrlich! Er wandte sich sofort mit einer Eingabe[1]) an den Rath, in welcher er sagt, man habe ja durch die eingelieferten Schriften Hardenbergs Material genug, um auf Grund hiervon einen Gegenbericht anfertigen zu können. — Wir erfahren auch noch genauer aus diesem Schreiben die Gründe, oder vielmehr Vorwände, weshalb der Rath die Hardenbergsche Confession nebst den Positionen gegen die Ubiquitätslehre nicht glaubte mitschicken zu dürfen, nämlich 1) wegen der Protestation[2]), welche

---

[1]) Dieselbe wurde im Rathe verhandelt am 24. December 1556.
[2]) Am Schlusse der Positionen findet sich ein Protest! — Möglicherweise aber hat auch Hardenberg eine besondere Protestation dem Rathe

damit überschickt werden müsse, und dem Rathe „nicht annehmlich" sei; 2) weil Hardenberg die Positionen gegen die Ubiquität, die nach Ansicht des Rathes zur Sache vom Abendmahle nicht gehören, nicht von seiner Confession getrennt haben wolle; 3) weil die Confession so abgefasst sei, dass sich daraus nicht erkennen lasse, was ihm, Hardenberg, an der Confession des Rathes mangelhaft erscheine. Büren sucht nun diese Entscheidungsgründe dadurch zu entkräften, dass er sagt, man sollte billig erwägen, dass Hardenberg auf die Protestation Werth lege, man ihm also sein Recht in dieser Streitsache nicht vorenthalten dürfe. Was die Positionen gegen die Ubiquität anlangt, so fragt er, ob denn dieselben etwas „so gar Impertinentes seien" und zu dieser Sache gar nicht gehörten, er müsse hier mit Hardenberg ganz übereinstimmen. Den dritten Punkt anlangend fragt er, ob nicht besonders aus den Bekenntnissen, die Hardenberg in seiner Confession aus St. Chrysostomus und St. Bernhard angezogen habe, genugsam zu entnehmen sei, was dem Doctor Hardenberg an der Confession der Stadtprediger mangelhaft erscheine. —

Demnach halte er es für das allein Richtige, die Hardenbergischen Schriftstücke mitzuversenden, um so mehr, als sich auch Hardenberg zu einer Disputation erboten habe. Dieses Anerbieten Hardenbergs sei zu acceptiren; nur müsse die Disputation vor unparteiischen Gelehrten stattfinden. — Wer trotz alle dem dem Doctor Hardenberg seine Bitte um Versendung der Schriftstücke ausschlage, der scheue das Licht. „Das ist", — so schliesst Büren, „günstige Herren, meine Meinung, die ich zu sagen nicht habe unterlassen mögen, um mein Gewissen zu retten und den Stein, der mich drückt, vom Herzen zu legen und ich will solches Alles E. E. W. anheimgeben zu bedenken." — Indessen Alles ohne Erfolg.

Inzwischen mochten die abentheuerlichsten Gerüchte über Hardenberg in die Ferne gedrungen sein. Er selbst behauptete schon früher (August 1556), es sei weder in Thüringen, noch in

---

durch das Domcapitel übermitteln lassen. Es ist nämlich eine solche im A. B. von Hardenbergs Hand geschrieben im Concept noch vorhanden, fünf Punkte enthaltend, worin der Hauptsache nach Verwahrung eingelegt wird gegen eine etwa beabsichtigte Trennung der Ubiquitätspositionen vom Abendmahlsbekenntniss und Zurücklassung der ersteren.

Meissen, noch in Liefland, noch in Dänemark und am Belt für ihn Etwas zu hoffen, weil er in allen diesen Bereichen im Rufe eines Schwärmers stehe. — Man könnte denken, — da sonst alle Anzeichen fehlen, — er hätte in der Sache zu schwarz gesehen; aber wir finden anderweite Spuren, die seine Behauptung bestätigen. So schreibt z. B. Georg Lauterbach am 14. December 1556 an Hardenberg, solche neue Meinungen könnten nichts Andres, als gefährliche Bewegungen des Volkes erwecken. Am Mansfeldschen Hofe wäre er, Hardenberg, bis jetzt noch in keiner übeln Nachrede, weil man noch nicht glaubte, dass er das, was man ihm Schuld gebe (?), lehrte. Wenn es der Graf wüsste, würde er, als ein kluger und christlicher Herr, ihn davon abmahnen. — —

Wir stehen jetzt an einem grossen Wendepunkte des Hardenbergischen Streites. Bisher nur auf Bremen beschränkt, dehnt er sich nun über Bremens Mauern hinaus. Was die Timannsche Partei zwar anfangs versuchte, als Timann nebst Segebade nach Hamburg reisten, ihr aber nicht nach Wunsch gelang, nämlich den Streit seiner lokalen Beschränkung zu entheben: das geschah jetzt! Nicht blos Wittenberg, nein, der ganze Niedersächsische Kreis soll in die Bewegung hineingezogen werden. Die Rührigkeit, die Hardenbergs Gegnern nicht abzusprechen ist, die unedle Schlauheit, mittelst deren sie ihre Zwecke, wie wir so eben sahen, zu erreichen suchten, lässt uns auf einen sehr harten und hitzigen Kampf in nächster Zukunft schliessen. — Und inmitten dieses Kampfgewühles steht unter den Theologen Bremens Hardenberg ganz allein; — in der That, ein tragisches Geschick, das wir weiter zu betrachten haben. Es schliesst mit dem bisherigen der erste Act der Tragödie ab, und der zweite beginnt. —

Doch es gilt, gleichsam in der Zwischenpause zwischen beiden Acten, einen tieferen Blick in das innerste Wesen dieses Streites hineinzuthun. Wir haben von Ubiquität und den verschiedenen Lehren über das Abendmahl gehört; Zwingli und Luther sind als vollendete Gegensätze hingestellt worden. Es gilt, sich hier etwas genauer zu orientiren.

Freilich, — ich weiss es wohl, — sieht man die Streitigkeiten über das Abendmahl meist als die unerquicklichsten und langweiligsten an. Mag sein! Aber spiegelt sich nicht auch in ihnen ein Stück menschlichen Lebens wieder? Sinds denn etwa blos Grillen einfältiger oder überspannter Theologen, mit denen wir es zu thun haben? — Nein, es sind Lebensäusserungen, und zwar Aeusserungen religiös tiefbewegten Lebens, um die es sich hier handelt. Das innerste geistige Leben der Reformatoren erscheint in ihrer Abendmahlslehre gleichsam wie zur Blüthe herangereift. Und nur, weil diese Lehre ein consequenter Ausfluss ihres Lebens ist, deshalb standen sie nicht allein, sondern tausend und aber tausend Theologen und Nichttheologen, die gleiches geistiges Leben in sich fühlten, standen ihnen zur Seite. — Und hiermit haben wir die Gränze des Inhaltes erreicht, den wir im nächsten Kapitel behandeln wollen! —

Viertes Kapitel.

Die Lehre vom Abendmahl in der Reformationszeit. Hardenberg über Luther.

„Lächelnd wog ein römischer Pfaff' in der Hand die Oblaten;
Wen von euch Dingelchen mach' ich zum Gott, — so sprach er, — und ess' ihn?"

So persiflirt Heinrich Voss, wenn ich nicht irre, die römische Lehre vom Abendmahle. Mag sie diesen Spott verdienen. Leicht verständlich ist sie. Sie lässt sich der Hauptsache nach dahin zusammenfassen: Auf die Consecration des Priesters **verwandelt** sich das Brot in den Leib, der Wein in das Blut Christi und dieser nunmehr gegenwärtige Christus wird durch die Hand des Priesters Gott als unblutiges **Opfer** dargebracht. —

Das Einzige, was hierbei leicht übersehen wird und doch besonders hervorgehoben werden muss, ist, dass das Abendmahl hiernach **Sacrament** und **Opfer** zugleich ist; **Sacrament**, in dem der Mensch von Gott **empfängt**, **Opfer**, in dem der

Mensch Gott Etwas darbringt. — Doch die leichte Verständlichkeit der römischen Abendmahlslehre war für die Reformatoren kein Grund, dieselbe beizubehalten. Wir wissen vielmehr, dass sie von allen Reformatoren gemeinsam bestritten wurde, während diese wiederum hierin nicht unbedeutend von einander verschieden waren.

Versuchen wir es, wenigstens in Hauptzügen, und zwar auf geschichtlichem Wege, den Grund davon zu entdecken.

Luther und Zwingli, die beiden ersten Reformatoren des 16. Jahrhunderts, sahen, jener in Deutschland, dieser in der Schweiz, in der bestehenden Kirche eine entartete Kirche; jedoch mit Unterschied. Luthern drängte sich zunächst die Beobachtung auf, dass sich noch gar mancherlei Reste des Judenthums in der Kirche vorfänden, während Zwingli vor Allem Reste des Heidenthumes darin entdeckte. — Erklären wir uns deutlicher.

Den Verderb der Kirche erkannte Luther zunächst an Tetzels Ablasskram, der übrigens nichts andres, als die äusserste Consequenz der Lehre von der Verdienstlichkeit guter Werke ist. Wer Almosen giebt, oder betet, oder fastet, kurz die von der Kirche vorgeschriebenen oder auch nur empfohlenen Werke thut, der „verdient" sich dadurch Seligkeit bei Gott. Genau so dachten die Juden. Wer das Gesetz erfüllt, der ist gerecht vor Gott. Also auf das äusserliche Vollbringen des Gebotenen kam es, hier wie dort, in erster Linie an und gegen dieses Judenthum im Christenthume kämpfte Luther zuerst an; nicht weil er so beliebig wollte, sondern weil ihn die ihn umgebenden Zustände, d. h. der Ablass, dazu drängten.

Ganz anders verhielt es sich mit Zwingli. Als Prediger des Wallfahrtsortes Einsiedeln erkannte er den Verderb der Kirche zunächst an der mit allen Wallfahrten verbundenen Verehrung der Heiligen und gegen solche Verehrung trat er einst kühnen Geistes vor die Wallfahrer hin. Die Heiligen der katholischen Kirche erinnern aber an die mancherlei Götter der Heiden. Und so möge man es verstehen, wenn ich sagte, Zwingli habe in erster Linie gegen das Heidenthum im Christenthume gekämpft. Darnach erscheint hier allerdings Luther mehr als ein Nachfolger von Petrus, der die Juden, Zwingli mehr als ein Nachfolger von Paulus, der die Heiden auf den rechten Weg führen wollte.

Diese uranfängliche Stellung aber ist höchst bedeutsam für ihr ferneres Wirken und Lehren. Es ist erwiesen: das Urchristenthum[1]) nahm zum Judenthume eine sehr befreundete Stellung ein. Jesus war ja, seinen eignen Worten nach, nicht gekommen, dasselbe aufzulösen, sondern zu erfüllen, d. h. vollkommen zu machen. Die ersten Christen waren in der That in allen Dingen noch Juden, mit der allerdings höchst wichtigen Ausnahme, dass sie den Messias als schon einmal gekommen betrachteten, während die Juden sein Kommen erst erwarteten. Also das Urchristenthum nahm zum Judenthume eine mehr conservative Stellung ein. Genau dasselbe fand bei der deutschlutherischen Reformation statt. Auch diese zeigt dem Katholicismus gegenüber durchweg einen mehr conservativen Charakter.

Ganz anders ist es hier wiederum mit Zwingli und seinem Kampfe gegen das Heidenthum im Christenthume. — Wie gleich in der ältesten Zeit das Christenthum dem Heidenthume gegenüber eine mehr radicale Stellung einnahm und die Kirche, so zu sagen, auf den Trümmern desselben aufzuerbauen unternahm, so, oder doch ähnlich, geschah es in der schweizerisch-zwinglianischen Reformation. Auch diese offenbart dem Katholicismus gegenüber, dessen heidnische Elemente ihr zunächst zu beseitigen schienen, einen mehr radicalen Charakter.

Wenden wir das Gesagte auf die Lehre vom Abendmahl an. Luther nahm Anfangs nur Anstoss an der Opferidee, die mit der römischen Abendmahlslehre verbunden ist. Ihm war es ein unerträglicher Gedanke, dass bei diesem Gnadenmittel der „Messknecht" Gott Etwas darbringen sollte. Nein, der Mensch hat gar nichts an Gott darzubringen, Gott allein ist der Gebende. So fiel mit Nothwendigkeit die Opferidee hinweg. Die Verwandlung des Brotes und Weines hätte er sich wohl noch gefallen lassen, weshalb er noch lange Zeit die Elevation beibehielt. Ja, selbst in der Augsburgischen Confession (1530) hat die Abendmahlslehre noch eine Fassung[2]) erhalten, mit der sich die Lehre

---

[1]) Vgl. hierüber den auch Laien verständlichen höchst vortrefflichen Aufsatz von Zeller in: „Vorträge und Abhandlungen" S. 202 flg.

[2]) Der 10. Artikel lautet: „Vom Abendmahl des Herrn wird also gelehret, dass wahrer Leib und Blut Christi wahrhaftiglich unter der Gestalt des Brots und Weins im Abendmahl gegenwärtig sei und da ausgetheilt und genommen wird. Derhalben wird auch die Gegenlehre verworfen."

von der Verwandlung ganz gut vereinigen lässt. Er überzeugte sich jedoch später davon, dass bei Annahme derselben die Versuchung, in die Opferidee zurückzufallen, nur allzunahe lag. Er verwarf also auch, aber erst in zweiter Linie, die Verwandlung. Nun lag es allerdings sehr nahe, Brot und Wein als blosse Sinnbilder des Leibes und Blutes anzusehen und Luther schwankte in der That, ob er seine Lehre nicht dazu fortbilden sollte, er war sich, wie er selbst gesteht, bewusst, dass er damit dem Papstthum hätte den grössten „Puff" versetzen können. Aber dagegen strebte sich doch schliesslich seine tiefsinnige, mystische Natur. Das hiess ihm „das Ei aussaufen" und die Schale liegen lassen. Dann würden ja Brot und Wein im Abendmahle nur ebenso, und vielleicht noch weniger, als ein Crucifix an den Tod Christi erinnert haben. Der gewaltige Eindruck, den er von jeher durch das heilige Mahl empfunden hatte, gestattete ihm solche Entleerung des Sacramentes nicht. Wurde der wirkliche Leib, der am Kreuze hing, nicht wirklich genossen, so dass er mit den Zähnen „zubissen" werden konnte, dann hatte für ihn das Abendmahl seine höchste Bedeutung verloren. So kam er denn auf einen Mittelweg. Wohl geniesst der Mensch im Abendmahle Brot und Wein, aber nach Gottes Verheissung verbindet sich mit dem Brote der wirkliche Leib und mit dem Weine das wirkliche Blut Christi. Demnach ist nicht sowohl das Brot, auch nicht der Leib, sondern das Wort der Verheissung („für euch gegeben und vergossen zur Vergebung der Sünde") das specifische Heilsgut, das der Mensch im Abendmahl empfängt. Nun ist aber der Mensch viel zu gering, um etwa den Willen Gottes ändern zu können. Es empfängt daher der Gläubige wie der Ungläubige Brot und Leib, Wein und Blut Christi; nur mit dem Unterschiede: der Gläubige zum Heil, der Ungläubige zur Verdammniss. —

In der That liegt in dieser ganzen Auffassung etwas Materialistisches und es fragt sich nur noch, was wird mit dem wirklichen Leibe, also mit dem Fleische Christi, das der Mensch genossen? Auch hier hat Luther eine Antwort: der genossene Leib Christi dient zur Bildung des verklärten Leibes, den die Auferstandenen einst an sich tragen werden.

So viel über Luthers Lehre. Wir sind weit entfernt, über die offenbaren Mängel derselben zu Gericht sitzen zu wollen. Diese Mängel richten sich von selbst und haben schon längst die heftigsten Angriffe erfahren. Wir haben vielmehr die Lehre in der obigen Weise beschrieben, um zunächst für ihr Verständniss, dann aber insbesondre für das Verständniss des Hardenbergschen Abendmahlsstreites, in welchem wir mitten inne stehen, Raum zu gewinnen. —

Und, selbst abgesehen davon, spiegelt sich in ihr nicht ein gewaltiges Stück Leben ab? Wir sehen darin Luther kämpfen gegen jene Selbstüberhebung, mit der der Mensch meint, Brot und Wein in Leib und Blut Christi verwandeln, ja sogar den wahrhaftigen Christus Gott zum Opfer darbringen zu können, eine Machtausübung, die — wie ein derzeitiger Erzbischof sagte, — grösser sei, als wenn einer die Sterne in ihrem Laufe aufhalten könne! Wir sehen ferner den gewaltigen Kampf in Luthers Seele zwischen kaltem, nüchternen Verstande und warmem, tiefreligiösen Gefühl. Wir sehen, wie beides nicht zur Versöhnung in ihm kommt, sondern der Verstand einfach zum Schweigen gebracht, der Knoten also nicht sowohl gelöst, vielmehr zerhauen wird, was sich später empfindlich rächte.

Zwingli aber entdeckte im päpstlichen Abendmahle zunächst ein **heidnisches Element**. Dass das Brot in den Leib, der Wein in das Blut Christi, dessen Gottheit er durchaus nicht bestritt, verwandelt, und folgerichtig angebetet werden sollte, erschien ihm als eine Vergötterung der Creatur, folglich als Heidenthum. Das aber musste ohne Weiteres beseitigt werden! Es fiel daher bei ihm die **Verwandlung in erster, und das Opfer in zweiter Linie**. Brot und Wein wurden lediglich zu Sinnbildern des Leibes und Blutes Christi. „Das ist mein Leib" hiess ihm so viel als: das bedeutet meinen Leib. —

Wir würden ihm jedoch Unrecht thun, wenn wir ihm Schuld geben wollten, er hätte das Abendmahl seines tiefern Gehaltes entleert. Nein, wir sind schuldig, ihm zu bezeugen, dass er darin doch noch etwas mehr fand, als ein Paar Sinnbilder für Leib und Blut Christi. Aber ihm kam es darauf an, die Abendmahlslehre radical umzugestalten; und die Behauptung, Brot und Wein seien blos Sinnbilder, bildete lediglich den Grund, auf dem sich die weitere Abendmahlslehre aufbauen sollte.

So stehen allerdings die Abendmahlslehren eines Luther und eines Zwingli anfangs fern von einander. Wie aber das Christenthum eines Petrus sich dem Christenthume eines Paulus mit der Zeit immer mehr näherte und schliesslich mit einander verschmolz: so ähnlich auch hier. —

Wenn Luther, von dem Kampfe gegen den Ablass ausgehend, zum Kampfe gegen die Verehrung der Heiligen, — deren Gebeine er in den Schmalkaldischen Artikeln als Hunds- und Rossknochen bezeichnet, — fortschritt, so trat bei ihm zu dem Kampf gegen das Jüdische auch der Kampf gegen das Heidnische und darin begegnete er sich mit Zwingli. — Wenn aber Zwingli, von dem Kampfe gegen die Verehrung der Heiligen ausgehend, zum Kampfe gegen den Ablass, — insbesondere gegen den Ablasskrämer Samson — fortschritt, so trat bei ihm zu dem Kampfe gegen das Heidnische auch der Kampf gegen das Jüdische, und darin begegnet er sich mit Luther. — —

Wenn Luther der Werkheiligkeit des Ablasses den Satz entgegenstellt: der Mensch wird gerecht durch den Glauben, so bringt ihn sein späterer Kampf gegen die Heiligenverehrung dahin, den Satz etwa so fortzuführen: und zwar erlangt er durch diesen Glauben das Heil allein von Gott. Zwingli dagegen ging, weil bei ihm der umgekehrte Kampf statt fand, von dem Satze aus: Von Gott allein kommt das Heil und schritt fort zu dem etwa so zu formulirenden Satze: und zwar erlangt dieses Heil durch den Glauben der Mensch. So ist es also ein und derselbe Heilsweg, den Beide wollen, nur mit dem Unterschiede, dass Luther seinen Ausgangspunkt vom Menschen nimmt, und seinen Endpunkt bei Gott findet, während umgekehrt Zwingli seinen Ausgangspunkt von Gott nimmt und seinen Endpunkt bei den Menschen findet. Es ist also wirklich dasselbe, was Beide wollen, nur in umgekehrter Ordnung, vergleichbar den Engeln auf der Jakobsleiter, von denen die einen herauf-, die andern herabsteigen. Mit dieser Vergleichung erledigt sich wohl auch die unerquickliche Frage, welche von beiden Reformationen eine grössere Bedeutung in Anspruch nehme —

Man könnte nun wohl erwarten, dass unter solchen Umständen auch in der Lehre vom Abendmahle eine völlige Ausgleichung zwischen Luther und Zwingli mit der Zeit hätte stattfinden müssen. Aber wollen wir doch nicht vergessen, dass die ersten Eindrücke beim Menschen stets die nachhaltigsten bleiben. Bei seinem eifrigen, ja leidenschaftlichem Kampfe gegen die jüdischen Elemente in der damaligen Kirche war Luther etwas zu nachsichtig gegen die heidnischen Elemente in ihr, während bei Zwingli so ziemlich das Umgekehrte sattfand. —

Es war daher nicht anders möglich, es mussten erst Männer kommen, die diese ganze Angelegenheit unbefangener betrachteten.

In erster Linie steht hier Melanchthon! Wenn uns Luther als das religiöse Genie erscheint, das mit bewundernswerther Schöpferkraft Neues zu Tage bringt und dieses Neue der erstaunten Welt darbietet, sollte es auch einen Kampf mit „Rotten und Teufeln" zu bestehen haben: so ist Melanchthon dagegen das religiöse Talent, welches das Neue zu läutern und zu gestalten weiss. Was Luther in einer oft ganz unhaltbaren Form von sich gab, das wusste Melanchthon seinem innersten Kerne nach zu erfassen, das Unbrauchbare davon abzustreifen, das Einzelne unter einander zu verbinden. Wir schliessen uns daher gern den Worten Heppe's[1]) an, der von Melanchthon sagt, dass in ihm „der deutsche Protestantismus erst recht eigentlich zu wissenschaftlichem Bewusstsein kam, indem er die eigenthümlichen speculativen Momente, mit denen der deutsche Protestantismus ins Leben getreten war, wissenschaftlich erfasste und zur Herstellung eines deutsch-evangelischen Lehrsystems weiter entwickelte." — Auch er wollte kein von Christo entleertes Abendmahl, er verstand recht gut, und zwar je länger desto besser, dass eine tiefe Wahrheit darin lag, wenn Luther behauptete, man esse nicht blos Brot, sondern auch den wirklichen Leib Christi. Aber er erkannte auch nur die darin liegende Wahrheit, er sah keinesweges in der lutherschen Behauptung die volle Wahrheit. Er konnte für seine Person dem Fleische Christi keine so grosse Bedeutung beilegen. Er, der grosse Verehrer des 4. Evangeliums, wusste nur zu gut, dass das Fleisch „kein nütze" sei. Er war vielmehr der Ueberzeugung, nicht das Fleisch Christi, sondern der ganze Christus, die ganze Heilspersönlichkeit Christi, muss in uns aufgenommen werden, so dass wir mit Paulus sprechen können: so lebe nun nicht ich, sondern Christus lebt in mir. Er behielt zwar die Ausdrücke Leib und Blut bei, — und das ist das Missverständliche in sei-

---

[1]) Geschichte des deutschen Protestantismus, Bd. I, S. 35

ner Abendmahlslehre, — er verstand darunter aber doch nur Christum dem Geiste nach, oder, wie wir es soeben ausdrückten, die **Heilspersönlichkeit** Christi. Dieser Christus ist uns wohl auch sonst, besonders aber im Abendmahle gegenwärtig, und wird in uns aufgenommen, vorausgesetzt, dass wir Glauben, d. h., dass wir ein offnes Herz dafür haben! —

Das war die Fortbildung oder wissenschaftliche Gestaltung, die Melanchthon der Abendmahlslehre Luthers gab. Damit war der Kern der lutherschen Anschauung gerettet, das materialistische (um nicht zu sagen heidnische) Beiwerk in Wegfall gebracht! —

Eine ganz ähnliche Fortbildung der zwingli'schen Abendmahlslehre fand statt von Seiten **Kalvins**. Dieser stimmte nämlich seinem Vorgänger Zwingli darin völlig bei, dass Brot und Wein nur Sinnbilder des Leibes und Blutes Christi seien. Aber wozu dann ein Geniessen derselben? Woher die grosse Bedeutung, die das Abendmahl von je in der Kirche gehabt hat? — Die Antwort, die er sich schliesslich auf solche Fragen gab, lautete dahin, dass der, der das heilige Abendmahl im Glauben geniesst, auch mit geistigen Gütern gespeist wird. Wer also, — um es mit andern Worten auszudrücken, — ein offenes Herz für die heilige Sache hat, wer sich ganz und innig in jene Stunde der Einsetzung vertieft, wer Sehnsucht empfindet, mit diesem Christus, dessen sichtbare Zeichen seines Leibes und Blutes vor ihm stehen, innerlich Eins zu werden: der nimmt nicht blos Brot und Wein zu sich, der wird vielmehr geistig mit Leib und Blut Christi gespeist. Es ist hiernach klar, dass beide Lehranschauungen, die Melanchthons und die Kalvins, in den wesentlichen Punkten, besonders in Betreff des geistigen Genusses der Elemente sich berührten und eine Union beider Formen des Protestantismus so gut wie vollzogen erschien.

Es darf uns daher auch nicht wundern, wenn Hardenberg einmal in einem vertraulichen Schreiben [1]) geradezu erklärt, die Melanchthonische Abendmahlslehre wäre von der Kalvinschen nicht verschieden. Nur wollten das die Bremer nicht zugeben,

---

[1]) C. M. fol. 156a. Er sagt freilich dort nur, dass die Lehre Melanchthons im examen ordinandorum nicht von der Kalvinschen verschieden sei. Indessen damit ist ja der Kalvinismus Melanchthons überhaupt zugestanden.

weil sie Kalvin für einen Feind hielten. Doch wir können uns nicht tiefer auf die ganz nahe gerückte Union einlassen. Wir wollen hier nur berühren, was zum Verständniss des Hardenbergischen Streites beiträgt.

Da aber müssen wir noch eines Punktes erwähnen. Luther hat niemals im Punkte des Abendmahles seinen Freund Melanchthon recht verstanden und Melanchthon ist dabei nicht ohne Schuld, indem er aus schüchterner Friedensliebe oft genug Luther gegenüber in verdeckten Ausdrücken redete.

Daher kam es, dass Luther nun auf seine Weise anfing, seine Abendmahlslehre zu begründen, und solche wissenschaftliche Operationen glückten ihm nicht immer zum Besten.

Es trat im Laufe der Zeit die Frage an ihn heran: wie ist es möglich, dass der Leib Christi wirklich im Abendmahle gegenwärtig ist, während doch sonst jeder andre Leib auf einen bestimmten Raum eingeschränkt bleibt? — Luther mag hierüber selbst mancherlei Bedenken gehabt haben. Auch ist er nicht im Stande, darauf eine bestimmte Antwort zu geben. Er giebt indessen eine Art und Weise an, wie man sich das etwa denken könnte, ohne jedoch damit einen Glaubensartikel aufstellen zu wollen. Er sagt das Wort, das ja Gott war, sei Fleisch geworden (Joh. 1, 14). Wo nun aber der allgegenwärtige Gott sei, müsse auch das von ihm angenommene Fleisch sein. Oder in einer andern Wendung: Christus sei leibhaftig zum Himmel erhoben und sitze dort zur Rechten Gottes. Nun sei aber die Rechte Gottes überall, folglich müsse auch Christus leibhaftig überall sein. Das ist die gerade in dem Hardenbergischen Streite so entschieden betonte Lehre von der Allgegenwart oder Allenthalbenheit des Leibes Christi, gewöhnlich Ubiquitätslehre genannt —

Welcher von diesen Anschauungen, der mehr geistigen Anschauung Melanchthons, oder der mehr materialistischen Luthers unser Hardenberg zugethan war, ist bereits angedeutet. Als Zögling des Bruderhauses in Gröningen, insbesondre als Insasse des Klosters Aduard, darinnen Wessels Geist noch lebte, war er, wie dieser, mehr auf eine freiere, geistigere Anschauung vom Abendmahle von vornherein hingewiesen. Als intimer Freund von a Lasco, der Zwingli's Umgang genossen, als Schüler und Freund Melanchthons, als Verehrer Butzers, als Gastfreund von Bullinger und in persönlichem Verkehr mit Pellican, Blaurer und Rudolf Walther können wir ihn uns kaum anders als von einer freien melanchthonischen, vielleicht sogar noch etwas mehr zu Zwingli hinneigenden Anschauung vom Abendmahle durchdrungen denken! Und das wird sich uns auch je länger desto klarer herausstellen. —

Wie aber dem Zöglinge des Bruderhauses das Ungestüme und Stürmische in Luthers Wesen nicht recht behagte, so sagte dem Schüler Melanchthons das Unlogische und Unhaltbare bei Luther ebensowenig zu. Aber wie fast alle reformatorisch gesinnten Zeitgenossen Luthers von der Persönlichkeit des Mannes ganz wundersam ergriffen waren, so war's auch bei ihm.

Glücklicherweise sind uns noch aus jener Zeit, und zwar aus dem Jahre 1556, Aeusserungen Hardenbergs über Luther bekannt, die er in dem schon mehrfach erwähnten Briefe an den Emdener Bürgermeister Medmann vom 8. August 1556 niedergelegt hat und die eben deshalb, weil sie einem Freunde gegenüber ausgesprochen sind, für uns doppeltes Gewicht haben. Die wichtigsten und zugleich interessantesten sind folgende:

„Ich will mit einem Worte sagen, was ich über Luther denke. Er ist ein grosser Mann und ein bewundernswerthes Werkzeug Gottes, von dem nicht mit Unrecht gerade die Besten geurtheilt haben, er sei von Gott erweckt, den Antichrist zu verjagen (ad prodendum Antichristum); und das hat er beherzt und mit grossem Geiste gethan. — Willst Du, dass ich noch mehr hinzufüge? Ich bin der Ansicht, dass es nach der Apostel Zeiten niemand gebe, der mit ihm verglichen werden kann in Hinsicht auf Erklärung der Hauptlehren unsrer Religion, besonders was die Rechtfertigung, die Wohlthat Christi, die Busse und die Pflicht der Obrigkeit betrifft. —

Aber doch müssen wir bei alle dem anerkennen, dass er ein Mensch gewesen, und dass nicht Alles von ihm für Orakel zu halten sei, was, da es Viele gar zu sehr unter der Hand (nimium dissimulanter) thun, Andern Gelegenheit giebt, weniger günstig über ihn zu reden. Oder hören wir nicht etwa täglich hier jene grosssprecherischen Aeusserungen, auch unter sogenannten Gelehrten (sub eruditulis), er sei nicht geringer als Petrus und Paulus? Oder heisst er nicht der grösste aller Propheten, ja Deutschlands einziger Prophet? da doch neben ihm gar sehr Viele vom

Herrn erweckt sind! Oder habe ich es nicht selbst mit meinen eignen Ohren gehört, dass Gott Einigen seine Erkenntniss durch geeignete Mittel gebe, Luthern dagegen Alles unmittelbar gegeben habe, so dass er auch ohne Schrift, nicht minder als Petrus und Paulus, Bestimmungen in der Religion treffen könne? Oder sagt nicht einer unsrer Grossen, er müsse über die Sache vom Abendmahl gehört werden, auch wenn kein Wort davon in der Schrift stände? Ja, jener sagte mir selbst, er habe von Luther geradezu gehört, er wisse anderswoher, dass das geheimnissvolle Brot die Speise des Leibes Christi sei, auch wenn kein Jota davon in der Schrift gefunden werde. — — — Oder erinnerst Du Dich nicht, was Philippus [Melanchthon] über den perikleischen Blitz urtheilte? Oder würdest Du nicht, wenn Du seine vielen Schriften untersuchtest, sicher Vieles finden (ich will nicht sagen, dass Du es willst), von dem Du wünschtest, dass es maassvoller behandelt wäre. Oder theilt er nicht selbst seine Schriften in drei Klassen, von denen die erste die ist, welche die Lehren der Kirche aus Gottes Wort berichtet oder vertheidigt; zur zweiten Klasse aber die gehören, in denen er mit seinen Gegnern streitet; — die will er im Einzelnen nicht für Orakel gehalten wissen, — zur dritten Klasse aber die zu rechnen sind, die über neutrale Dinge und Zustände u. dgl. handeln; — da will er jedem seine Freiheit lassen. Warum nun urtheilen wir nicht vielmehr so über ihn? — Es dürfte aber, meiner Meinung nach, nicht leicht zu entscheiden sein, ob diejenigen mehr fehlen, die bei ihrer allzugrossen Verehrung für ihn, ihn verdächtig machen, oder jene, die auf solche Veranlassung hin ihn nun auch zu hassen beginnen! Hätten jene letzten Blitze[1]) nicht geleuchtet, so würden wir eine ruhige Kirche haben. Aber auch das wird übergehen in rem iudicatam, wie ihr Rechtsgelehrten sagt."

Ueber Luthers Bibelübersetzung insbesondre finden sich folgende Stellen: „Ich möchte wünschen, dass Luthers Bibelübersetzung Allen empfohlen würde; ich wenigstens wünsche keine andre deutsche Uebersetzung. Auch erinnere ich mich dessen,

---

[1]) Offenbar auf Luthers letzte leidenschaftliche Ausbrüche in Betreff des Abendmahles hinweisend. Das Bild vom Blitze erklärt sich aus Melanchthon, der Luther mit Perikles verglich, dessen Reden man als Blitz und Donner bezeichnete.

was unser Butzer darüber sagte. Doch verhehlte er nicht, dass Einiges nicht genau genug (non nimium exacte) wiedergegeben sei, freilich, weil es sich in unsrer Sprache nicht treuer wiedergeben liesse. Ich höre jetzt, dass eine andre Uebersetzung gedruckt werde, über die ich nichts sagen kann, da ich sie nicht gesehen habe. Doch soll sie von sprachkundigen Männern angefertigt werden. — — Du weisst, dass Kalvin und Philippus viele Stellen ganz anders erklärt haben, als Luther. — — Wenn nur jene Uebersetzer nichts ändern in den Grundlagen der Thatsachen und nichts verrenken (luxentur), was zum Hauptstück von der Rechtfertigung gehört. — — — Wenn Du glaubst, dass Kalvins, der Schweizer, Münsters, (?) Castalios, Pagnins Uebersetzungen und Erklärungen auch ihre berechtigte Stelle haben, dann kann Luthers Uebersetzung nicht so ganz vollkommen sein, dass sie nichts zu wünschen übrig liesse. Bekennt er doch selbst, dass er nicht allenthalben dem grammatischen Sinne, viel weniger dem Buchstaben gefolgt sei, sondern nach einem Sinne gesucht habe, der der Kirche am meisten nützen werde. Verhält sich aber die Sache so, wer macht mich sicher, ohne den Buchstaben des Textes, was jenes Nützliche sei? —"

Auch möge hier noch einer Stelle aus einem handschriftlichen Glaubensbekenntnisse Hardenbergs Platz gegönnt sein: „ich habe mit dem seligen Herrn Luther oft geredet, auch nach seiner gründlichen Sentenz und Meinung gefragt und nicht anders vernommen, denn nach dieser Meinung [er meint Butzers Abendmahlslehre], obschon er oft verursacht sonst hyperbolisch überschwänglich reden musste, weil Etliche von der heiligen Sache zu ruwe [grob], Etliche zu unverständig redeten. Und zu dem letzten heftigen strengen Schreiben hat ihn der wohlbewusste Mann, den er Stenkfeld nennt, verursacht. Sonst war er auch vorhin zufrieden; von Herzen wohl geneigt, wie einer seiner Briefe ja genug meldet, den er an die Eidgenossenschaft schrieb im 37. Jahre."

Wir schliessen mit einer Aeusserung Hardenbergs in Betreff Luthers, die uns unwillkührlich eine Charakteristik unsers Abendmahlsstreites, dessen zweiter Act nun an uns vorübergehen soll, giebt: „Konnte es Luther bei seinen Lebzeiten, oder kann er es jetzt nach seinem Tode verhindern, dass die Meisten sein Ansehen, oder seine nicht völlig verstandenen Schriften **auf erschreckende Weise missbrauchen**?!" —

2. Die Ausdehnung des Abendmahlsstreites über Bremen hinaus.
(1557—1560.)

Erstes Kapitel.

Die Wittenberger Gesandtschaft.

Bald nach jenem Rathsbeschlusse vom 19. December 1556 reiste der Syndikus D. Rollwagen mit dem Rathsherrn Johann Esich nach Wittenberg ab, die Confession der Stadtprediger und ein Schreiben des Rathes an die Wittenberger Theologen, datirt vom 22. December 1556, in der Tasche. — Die Confession kann nur insoweit für uns von Interesse sein, insoweit sie im Wittenberger Gutachten berücksichtigt wird; dieses aber werden wir bald kennen lernen. Etwas genauer aber müssen wir uns mit dem Begleitschreiben des Magistrates bekannt machen. In demselben ist gesagt, es wäre seit 34 Jahren „das reine, liebe Gotteswort" in Bremen verkündigt. Seit Kurzem aber habe der bis dahin unverdächtige D. Hardenberg seine Unzufriedenheit mit der wahren Gegenwärtigkeit des Leibes und Blutes Christi im Abendmahle kund gegeben und eine „andre weitläufige Meinung" über diesen Punkt vorgebracht. Da diess zu Gewissensbeschwerung Veranlassung gegeben, habe man von den Predigern eine Confession aufsetzen lassen, die Hardenberg zu unterschreiben sich geweigert, wie derselbe denn auch sonst eine deutliche Erklärung über die ihm darin anstössigen Punkte nicht abgegeben habe. Es sei von ihm nur eine Stelle aus Musculus als sein Bekenntniss überreicht und daran eine Anzahl von

Thesen gegen die Ubiquitätslehre angeschlossen worden, welche letztere gar nicht mit der in Frage stehenden Angelegenheit in Verbindung stände. Man bäte nun um das Urtheil über die Confession der Stadtprediger und zugleich um Rath, wie „diesem Unrath mit einfältigem wahren Grunde des Wortes Gottes bei Zeiten möge begegnet werden." —

Doch man begnügte sich nicht mit der Wittenberger Gesandtschaft. Man wandte sich gleichzeitig auch an andre Städte. Rollwagen und Esich sollten sich, ehe sie nach Wittenberg gingen, nach Braunschweig und Magdeburg begeben, um die Urtheile der dortigen geistlichen Ministerien einzuholen; der Rathsherr Wachmann aber und der Prediger Anton Grevenstein, — früher anderen Sinnes, — wurden beauftragt, in gleicher Absicht nach Hamburg, Lübeck und Lüneburg zu gehen. So sollte, — das war unverkennbar die Tendenz des Rathes — Hardenberg durch eine stattliche Menge lutherischer Keulenschläge zu Boden geworfen werden. — Hardenberg aber, der noch ruhig in Bremen sass, wurde zunächst von Melanchthon in Kenntniss gesetzt, dass er bei Bugenhagen in Wittenberg angeschwärzt sei. Er hielt es daher für gerathen, denselben schriftlich zu ersuchen, er möchte den Verleumdern kein Gehör geben und ihn keinesfalls verurtheilen, ehe er ihn selbst gehört habe. Der Brief war bereits geschrieben, aber noch nicht abgesendet, da erfuhr Hardenberg noch zu glücklicher Stunde, — vielleicht durch Büren, — dass man seine Schriften zurückgelassen und dadurch den Wittenbergern ein unparteiisches Urtheil über ihn wo nicht unmöglich gemacht, doch mindestens sehr erschwert habe. Diese Nachricht ergriff ihn tief. Er entschloss sich kurz, reiste „im harten Winter" ebenfalls nach Wittenberg ab und kam fast gleichzeitig mit den Bremer Gesandten dort an.

Doch schon war Bugenhagen wie Major so gegen ihn eingenommen, dass er bei keinem derselben zum „Verhör" zu gelangen vermochte. Er konnte daher nur den bereits in Bremen geschriebenen Brief an Bugenhagen gelangen lassen, was durch einen Studenten, den Sohn des Bürgermeister von Büren, geschah. Melanchthon war bei Hardenbergs Ankunft abwesend und befand sich, — es war Messzeit, — in Leipzig. So war er der Hauptsache nach auf den Verkehr mit seinem alten treuen Freund Paul Eber beschränkt. —

und demgemäss: das Brot ist die Gemeinschaft des Leibes Christi. Und zu Verhütung vieler schrecklicher Missbräuche und Abgötterei ist nöthig, dabei auszusprechen, dass kein Ding und kein Ritus ausser dem Gebrauch, den Gott geordnet hat, Sacrament sein kann." —

Diesem Gutachten hat Bugenhagen noch eine Mahnung hinzugefügt, man solle doch ja beim Abendmahle keine andern Worte gebrauchen, als die, die der heilige Geist uns vorgeschrieben, die Apostel überliefert und die heilige Kirche angenommen habe, um müssige Streitereien zu beseitigen. — Unterschrieben ist das Gutachten von Bugenhagen, Melanchthon, Eber, Froschelius, Lucas und Sturio. Offenbar wird in demselben die Confession der Bremer Stadtprediger nicht vollständig gebilligt; es werden vielmehr, wenn auch in der humansten Form, ganz bestimmte und entschiedene Ausstellungen daran gemacht.

Genug; die Bremer Abgesandten reisten mit diesem Gutachten nach Hause und kamen zugleich mit Hardenberg, der sich von Wittenberg am 13. Januar 1557 entfernt hatte, in Bremen an. Man hatte von gewisser Seite in Bremen erwartet, dass er gar nicht wiederkommen werde, und war, als man ihn doch sah, einigermassen betroffen. Um ihn jedoch gleich unschädlich zu machen, sandte man von Seiten des Rathes einen Diener an ihn, mit der Weisung, er solle sich nächsten Sonnabend und Sonntag des Predigens enthalten. Hardenberg aber fand keine Veranlassung, darauf einzugehen, um so mehr, da das Wittenberger Gutachten noch nicht veröffentlicht war. Aehnlich erklärte er sich auch um Weniges später gegen zwei Domherren, die nicht im Auftrage des Domcapitels, sondern auf Bitte des Senates dieselbe Anforderung an ihn stellten. — Um diese Zeit aber waren auch die Gutachten der oben erwähnten Städte eingegangen, in denen sämmtlich die Confession der Bremer Stadtprediger gebilligt ward, neben welcher Billigung sie noch heftige Ausfälle gegen die „Sacramentirer" enthielten. — Der Rath sah sich nunmehr genöthigt, die Bürgerschaft auf das Rathhaus kommen zu lassen. Es war diess bereits 26. Januar 1557. Er hatte zwar blos die „Sorten", d. h. einen Ausschuss der Stadtgemeinde, einladen lassen, es kamen aber ausser denselben auch viele Andre („Herr Omnes mit einander"), so dass das ganze Rathhaus voll ward.

Bürgermeister Kenkel eröffnete die Sitzung mit einer ziemlich weit ausgesponnenen Relation[1]) über den bisherigen Verlauf des Streites und zwar in einem Hardenberg nicht eben günstigem Sinne, wohl aber mit einer nicht zu verkennenden Schlauheit. Er bat nämlich am Schlusse seiner Rede vertrauensvoll die Anwesenden um ihren Beistand. Er sagte, die Sache beträfe nicht allein das zeitliche Wohl und Wehe, sondern auch der Seelen Seligkeit. Deshalb wünsche der Rath, die Bürgerschaft m ö c h t e i h m r a t h e n h e l f e n, die Einigkeit in der Religion zu erhalten. Uebrigens wolle sie der Rath darauf aufmerksam machen, dass nur den Augsburgschen Confessionsverwandten, zu denen sie bislang gehört, im römischen Reiche der Friede zugesichert sei, während alle andern Secten davon ausgeschlossen wären. —

Hierauf wurden von dem Secretär die Gutachten der benachbarten Städte und auch das Gutachten der Wittenberger Theologen, das jedenfalls allen andern voran eine entscheidende Bedeutung hatte, vorgelesen. —

Schon wurden von den Alterleuten, Gemeinden und Aemtern Wortführer gewählt: da erhob sich ein Rufen und Schreien. Insbesondere trat Conrad Kenkel, ein naher Verwandter des Bürgermeisters gleichen Namens, auf und behauptete, die Wittenberger Schrift wäre falsch vorgelesen. Diese Aeusserung frappirte die Anwesenden gewaltig! Er aber hatte von Hardenberg eine Abschrift dieses Gutachtens erhalten, die diesem von Melanchthon Namens der theologischen Facultät in Wittenberg übergeben war. Niemand schien zu wissen, dass eine solche überhaupt existire, und sicherlich hatte Kenkel geglaubt, dass niemand den Tadel entdecken werde, der in dem Wittenberger Gutachten gegen die Confession der Stadtprediger ausgesprochen war. — Conrad Kenkel ging weiter. Er erklärte geradezu, dass die Confession der Stadtprediger keinesweges von den Wittenbergern gebilligt sei, und wollte eine längere Schrift Hardenbergs, in der diess auseinandergesetzt war, vorlesen, doch das konnte er nicht durchsetzen, da man ihm erklärte, hier könnten blos Rathsschriften zur Vorlesung kommen. —

Dieser ganze Vorfall auf den Bremer Rathhause hatte zunächst

---

[1]) Sie findet sich in Kenkels Chronik S. 17 fg.

auf den sonst so schlauen, ränkevollen Bürgermeister Kenkel einen so tiefen Eindruck gemacht, dass er ganz confus wurde und die Versammlung in Folge dessen resultatlos auseinanderging. Aber auch auf die anwesenden Bürger hatte sie einen gewaltigen Eindruck gemacht. Diese hatten einen tieferen Blick in Kenkels listiges Wesen gethan. Hardenberg erschien ihnen gar nicht so sehr als der Schuldige, als welchen man ihn hatte darstellen wollen. Sie wollten nichts mehr von einer sofortigen Entlassung Hardenbergs hören; sie verlangten vielmehr[1]) vor Allem unparteiisches Verhör! — Das war allerdings ein harter Schlag für Hardenbergs Gegner. Nicht der Bürgermeister Kenkel allein, auch die ganze Hardenbergsche Angelegenheit war in Confusion gerathen. Was jetzt von Hardenbergs Gegnern geredet und gethan wird, trägt immer den Stempel des Confusen. —

Es ist in der That lächerlich, wenn Kenkel mit hochweiser Bürgermeistermiene sich zuerst mit dem Wittenberger Gutachten einverstanden erklärt, und als ihm auf dem Rathhause bemerklich gemacht wird, dass dasselbe einen Tadel der Stadtprediger-confession und eine Billigung Hardenbergs enthält, seine hohe Weisheit aufzugeben genöthigt wird. Denn fürwahr, je länger je mehr sieht er sich genöthigt, missbilligende Aeusserungen über dasselbe zu thun. Freilich er schämt sich noch, das geradezu zu sagen, er sagt nur, viele ehrliche Leute hätten geurtheilt, die von Wittenberg hätten nicht wohl gethan, sich bei solcher vorhandenen Unklarheit nicht klarer und deutlicher auszudrücken. Ihre Antwort sei nicht ungleich den delphischen Orakelsprüchen. — Aber das sah ja alle Welt, dass es nichts anders als ein versteckter Rückzug war und — der hochweise Herr Bürgermeister war blamirt! —

Wie aber sollte nun der ganze ärgerliche Handel zum Austrag kommen? — Es waren in dieser Hinsicht drei Wege in Vorschlag gekommen 1) Hardenberg sollte sich mit Eid und Gelübden auf die Augsburgsche Confession und deren Apologie verpflichten; 2) es sollte die ganze Sache vor Universitäten ausgemacht werden, entweder so, dass die beiderseitigen Bekenntnisse dahin gesendet würden, oder dass die betreffenden Persönlich-

---

[1]) Wir haben diese bestimmteren, bislang unbekannten Angaben entnommen einem Msc. von Hardenbergs Hand in C. M. fol. 22.

keiten selbst dahin reisten und vor den Gelehrten disputirten; 3) es sollte den Predigern das Schelten streng verboten werden.

Den ersten Vorschlag suchte zwar der Rath in Ausführung zu bringen, aber Hardenberg wies denselben, wie er bekanntlich schon früher gethan, zurück. Die Gründe [1]) dafür legt er diessmal deutlicher dar: 1) die Augsburgsche Confession ist gemacht, um den Papst und Kaiser zu gewinnen, — also schon deshalb zum Symbol wenig geeignet; 2) sie ist in verschiedenen, von einander abweichenden Exemplaren vorhanden. Bei einer Verpflichtung müsste vor allen Dingen festgestellt werden, auf welche Ausgabe sich dieselbe bezöge; 3) der Schrift allein ist die Ehre zu geben, dass man sich auf sie verpflichten lasse; die Augsburgische Confession haben Menschen zusammengebracht. Nun kann aber niemand die Schrift verstehen, der nicht an Christus glaubt. Wer aber bürgt dafür, dass die, welche die Augsburgsche Confession gemacht, auch den Glauben an Christus gehabt haben? Beachtenswerth ist jedenfalls, dass Gott den Bund, der darauf geschlossen ist, hat fallen lassen. „Uebrigens" — sagt Hardenberg — „bin ich wohl Eins mit der Augsburgschen Confession; ich streite überhaupt nur gegen die Ubiquität." — Eine Antwort des Rathes aber, ob sich Hardenberg auf die Wittenberger Formel von 1536 verpflichten wolle, beantwortete er dahin, dass er diess wohl wolle, aber nur mit der Formel, wodurch Luther die Oberländischen Theologen als Brüder anerkannt habe.

Den zweiten Vorschlag, die ganze Sache vor Universitäten zu bringen, weigerte sich der Rath in seiner Majorität auszuführen und die Gründe dafür gaben hinlänglich Antwort auf die Frage, ob diese Herren der üblichen Titulatur Ew. Ehrbare Weisheiten würdig waren. Wir geben dieselben mit des Rathes eigenen Worten (nach Wagner S. 153): „Wir waren gewiss überzeugt, dass die Lehre vom Abendmahle, die wir seit der Reformation bekannt haben, dem göttlichen Worte, der alten Väter Lehre, wie auch der Augsburgschen Confession gemäss und deswegen in dem Religionsfrieden angenommen sei. Diese wollten wir nicht vom Neuen in Zweifel ziehen, oder als unge-

---

[1]) Ein längerer Auszug aus Hardenbergs verschiedenen Schreiben in jener Zeit, die Verpflichtung auf die Augsburgsche Confession betreffend, findet sich bei Wagner S. 159 flg.

wiss angesehen haben, welches geschehen wäre, wenn wir darüber nun noch vor Academien hätten disputiren' lassen. Dagegen wussten wir, dass Hardenbergs sonderbare Meinung, unlängst in Berengar verdammt, nachmals in Zwingli und Anderen genugsam widerlegt, durch Reichsschlüsse verboten und vom Religionsfrieden ausgeschlossen sei." —

In der That eine schöne Logik! Der Rath weiss, dass er Recht hat, folglich hat jeder, der nicht ganz mit ihm übereinstimmt, Unrecht; — folglich ist es auch thöricht, hierüber noch Academien aburtheilen zu lassen. Und das Ende vom Liede ist jetzt beim Rathe genau dasselbe, wie früher bei Timann: der Jude wird verbrannt! —

Der dritte Vorschlag, den Predigern das Zanken und Schelten auf den Kanzeln zu verbieten, ward aber von dem Rathe, wenigstens der Theorie nach, ausgeführt. Er that auch noch etwas mehr. Er liess einen Befehl anschlagen (30. Januar 1557), dass sich niemand unterstehen solle, von des Rathes oder der Prediger Personen und Betragen verächtlich zu reden und mit Worten oder Werken zum Aufruhr Anlass zu geben.

Doch das Alles half wenig. Insbesondere lästerten die Prediger nach wie vor fort. Nach Kenkel (Chronik S. 21) hätte sich auch Hardenberg zu leidenschaftlichen Aeusserungen auf der Kanzel hinreissen lassen und seine Collegen gewaltig mitgenommen. So hätte er den einen „Schwinkötel", den andern „langen Stender" genannt. Indessen das passt gar nicht zu Hardenbergs sonstigem Charakter. Solche Ausdrücke sind von ihm sicher nicht gebraucht worden, vielmehr von seinen Gegnern ihm angedichtet, an Kenkel mitgetheilt und von diesem geglaubt. —

Im Gegentheil beschwerte sich Hardenberg über die Lästerungen, die von den Bremer Kanzeln aus über ihn ergossen wurden. — Doch zu etwas Bestimmtem kam es damals in Bremen überall nicht. Alles, was gegen Hardenberg unternommen wird, trägt, wie gesagt, den Stempel der Confusion.

Eines Mannes aber müssen wir hier noch besonders gedenken, der, bis dahin ein geistlicher Heerführer im Bremer Streite gegen Hardenberg, durch das Wittenberger Gutachten und die sich daran anknüpfenden Vorfälle tief betrübt war: Johann Timann. — Er war von den Grafen zu Hoya zu einer Kirchenvisitation berufen, und reiste in der ersten Hälfte des Februar 1557, voll Bekümmerniss im Herzen, dass in Bremen „von einem Gottlosen umgestossen und verstört" werden könne, was viele Gottesfürchtige mit grosser Arbeit erbaut", in die Grafschaft ab. Am 14. Februar hatte er noch vor den beiden Grafen Albrecht und Otto gepredigt. Schon den 15. aber war er krank geworden, hatte am 16. sein Testament gemacht und starb 17. Februar zu Nienburg. Neuerdings[1] ist darüber noch Folgendes veröffentlicht: „Nahe bei Nienburg fuhr er im Scheine des Mondes, unter schönem, klaren Himmel hin. Da fiel es auf die Erde, wie ein grosses Licht vor den Wagen. Das ist nicht vergebens, sagte Timann, es bedeutet gewiss meinen Tod. Nach zwei Tagen starb er, zürnend über den gemeinen Pöbel, das Thier mit vielen Köpfen, der sei wie Wasser, in das aus der See Ebbe und Fluth geht; reiselustig nach der Versammlung, da Adam, Abel und Noah sei, sprach er mit Augustin: gut ist's, dass man Gutes thut, besser, dass man glaubt, aber in der wahren Erkenntniss des Evangeliums sterben ist das Allerbeste." — Wenn man sagte, Hardenberg wäre an seinem Tode Schuld, so war das in gewissem Sinne nicht ganz unrecht! —

Mit tiefem Bedauern müssen wir, im Geiste an sein Grab herantretend, auf Timann zurückblicken. Von Natur nicht unbegabt, der Reformation vom Herzen zugethan, ein treuer, unermüdlicher Seelsorger, — nur nicht frei von Leidenschaftlichkeit und Ehrgeiz, — sinkt er, nachdem ihn einmal der Geist dogmatischer Engherzigkeit in Bann genommen hat, immer tiefer zu einem elenden Pfaffen herab! Er verleugnet den Geist der Reformation, er verleugnet allen Glauben, nur um die spitzfindigsten Glaubenslehren, die er für unumstösslich hält, zur Geltung zu bringen: ein warnendes Beispiel für die Orthodoxen aller Zeiten! —

Wir aber schliessen hier das Kapitel von der Wittenberger Gesandtschaft, die sich in Nichts auflöste, mit Hardenbergs eigenen Worten: „Soe genck al de herlicke legation tho niete." —

---

[1] Wilkens, Tilemann Heshusius S. 76 folg.

Zweites Kapitel.

Die Einmischung des Königs von Dänemark. Der Frankfurter Recess.

Wo die Macht des Geistes fehlt, ruft man die Macht der Welt zu Hilfe! Das bewährte sich auch jetzt. Die geistige Macht der Hardenbergschen Gegner hatte sich als äusserst schwach erwiesen; besonders nach jenem Vorfalle auf dem Rathhause war das Volk gegen den Gerechtigkeitssinn Kenkels und seiner Anhänger etwas misstrauisch geworden. Aber; nur nicht irre machen lassen! —

Es ist nun zwar durchaus nicht nachzuweisen, dass der Bremer Rath, als solcher, die Einmischung einer auswärtigen, weltlichen Macht direct sich erbeten; — aber was konnte nicht von einzelnen Mitgliedern des Rathes und zwar insgeheim geschehen? Hardenberg hat sicher nicht unrecht, wenn er sagt: es ging Alles mit „heimlichen Praktiken" zu. Kurz eine auswärtige, weltliche Macht mischte sich plötzlich in die inneren, kirchlichen Angelegenheiten Bremens.

Der König von Dänemark, Christian III., erwiesenermaassen von den Obrigkeiten in Lübeck, Hamburg und Lüneburg auf die Bremer Streitigkeiten aufmerksam gemacht, ausserdem auf Veranlassung der Bremischen Prediger durch seine Hofgeistlichen angestachelt, schrieb mehrfach — im Ganzen fünfmal — in der Hardenbergschen Angelegenheit nach Bremen. —

Gleich das erste Schreiben an den Bremer Rath vom 13. April 1557 enthält eine directe Aufforderung an denselben, sich des „Wolfes" zu entledigen. Dass Hardenberg der schuldige Theil sei, steht dem Könige von vorn herein fest; eine Versammlung von Theologen, um sich über die streitigen Punkte zu besprechen, erscheint ihm ungeeignet; höchstens könnten die Theologen zusammenkommen, um Hardenberg wieder auf den rechten Weg zu führen. — Uebrigens geht das schlau abgefasste Schreiben zugleich darauf aus, die schwache Seite der Bremer zu treffen. Es wird nämlich in demselben gesagt, es möchte leicht geschehen, dass von jetzt an viele fromme Christen Bedenken tragen dürften, mit Bremen und dessen Einwohnern ferner **Gemeinschaft im Handel** zu halten.

Der Rath zu Bremen beantwortete diess Schreiben unter dem 28. April 1557 und versprach, wie bisher, die Sache energisch weiter zu führen; nur wären Kriegsunruhen hindernd dazwischen getreten, — von der Opposition im Rathe selbst und von der Confusion seit jener glorreichen Rathhaussitzung schweigt er wohlweislich, — eine Zusammenkunft von Theologen zum Zweck der Besprechung über die streitige Frage hätte doch aber auch ihr Gutes. In der alten Kirche wären ja auch die Väter und Bischöfe der Kirche zusammengekommen, um einen Glaubensartikel, der bereits feststand, den Feinden der Wahrheit gegenüber sicher zu stellen. —

Der König Christian beantwortet dieses Schreiben unter dem 17. Mai 1557. — In seiner Erwiederung dringt er entschieden auf Hardenbergs Entfernung und macht folgenden Vorschlag: Hardenberg solle vor allen Dingen genöthigt werden, vor der Gemeinde einen Widerruf zu thun und ein Bekenntniss, — selbstverständlich, wie es ihm die Gegner vorschreiben, — abzulegen. Würde er sich dessen weigern, so habe man sich dieses Mannes zu entledigen. Damit aber nicht zu viel Aufsehen entstehe, sei die Sache am besten so einzurichten: Hardenberg werde veranlasst, vor allen Dingen seinen Abschied auf der Kanzel vor der Gemeinde zu nehmen und dann nach Wittenberg zu gehen, um sich dort mit den Gelehrten zu bereden und ihren christlichen Bericht zu hören; dem aber, was er da gehört, habe er zu folgen. Dabei möge man ihn jedoch pecuniär unterstützen, oder, wie die Worte lauten, es solle ihm „zu seinem Unterhalt in Wittenberg die Hand gereicht werden". — Selbstverständlich wäre das Alles mit dem Domcapitel, unter dessen Botmässigkeit er stände, zu verhandeln. Sollte sich jedoch das Domcapitel nicht auf entschiedenes Auftreten gegen Hardenberg einlassen, dann müsste der Rath in seiner Eigenschaft als Obrigkeit, auch ohne Zustimmung des Domcapitels, die der Stadt drohende Gefahr abzuwenden suchen. Es wäre besser, dass dann die Domkirche geschlossen oder „zu einem Steinhaufen gemacht würde", als dass so schändliche Lehren in ihr verkündiget würden. — Gegen eine Unterredung erklärt sich der König nochmals. Die Lehre vom Abendmahl, — d. h. die des Königs, — sei die Lehre Christi selbst. Darüber liesse sich nicht mehr streiten, sondern bloss annehmen oder verwerfen. Bei solchen Unterredungen komme auch nichts heraus. Das habe man deutlich gesehen bei der Unterredung in Marburg und noch vor Kurzem bei der Unterredung zwischen Brenz und a Lasco. —

Wir erlauben uns hier, wo wir ganz unwillkürlich dem früher so oft genannten Namen a Lasco begegnen, eine kurze Episode dem Referate aus dem Briefe des Königs von Dänemark einzuschalten. A Lasco war, wie wir oben[1]) bemerkten, nach Frankfurt a/M. gegangen und hatte, — hinsichtlich seines Glaubens etwas verdächtig — daselbst eine protestantische Gemeinde gestiftet. Um nun aber doch auch von Seiten der Lutheraner eine Anerkennung seiner Rechtgläubigkeit zu erlangen, hatte er im Frühjahr 1556 mit Brenz in Stuttgart disputirt. Das Gespräch führte, wie Kalvin richtig geahnt, zu keinem Ziele. Nach Schweckendieck beklagt sich a Lasco, dass Brenz die Disputation zu früh abgebrochen habe, Brenz aber schreibt, es missfalle ihm, an diesem Greise (a Lasco) das Streben zu täuschen. —

Doch kehren wir jetzt zu unserm königlichen Briefe zurück. Also unter schliesslicher Hinweisung auf das resultatlos abgelaufene Gespräch zwischen Brenz und a Lasco erklärt sich Christian III. entschieden gegen jede Unterredung und bemerkt gleich darauf, eben weil die Abendmahlslehre an sich so klar sei, habe er auch dem a Lasco, als er von England flüchtig in Dänemark gelandet sei, eine von demselben gewünschte Disputation verweigert und ihn des Landes verwiesen. — — Der König wird uns sonst als wohlwollend geschildert. Wie arg aber war das Wohlwollen des schwachen Mannes unter dem Einflusse seiner dogmatisch beschränkten Hoftheologen in Ungerechtigkeit verkehrt worden! Das Lächerlichste aber ist bei dem Allen, dass er selbst gar nicht einmal recht weiss, um was es sich denn schliesslich handelt. —

---

[1]) S. 149.

Die Streitsache zwischen Hardenberg und dessen Gegnern war ja einfach die: Ersterer nahm, ohne das näher zu bestimmen, wohl eine Gegenwart Christi im Abendmahl, also in gewissem Sinne ein Vorhandensein von Leib und Blut Christi an; er leugnete aber entschieden, als nicht in der Schrift begründet, die Lehre von der Ubiquität, zufolge deren der wirkliche, fleischliche Leib Christi überall, also auch im Abendmahle vorhanden und zwar gerade da zur Speisung des Menschen vorhanden sein sollte. — Nun schreibt der König in einem seiner Briefe, Christus sei gen Himmel gefahren, von dannen er in seiner Herrlichkeit wiederkommen werde, zu richten die Lebendigen und die Todten. Damit aber — heisst es weiter — ist seine Allmächtigkeit und sein heilsam Testament und Zusage nicht erschöpft. Er macht sich uns vielmehr auch im Abendmahle zu eigen, und giebt uns da seinen wahren Leib und sein wahres Blut zum höchsten Troste zu essen und zu trinken dar. „Wie aber und welcher Gestalt von seiner Allmächtigkeit Solches geschieht und zugeht, ist uns ausserhalb des göttlichen Wortes nicht zu erforschen befohlen und ist auch Solches der Vernunft, wie in mehreren hohen Artikeln, die Glauben erfordern, unmöglich[1]." Das war es ja aber eben! Hardenbergs Gegner behaupteten, dass Solches, nämlich die Speisung mit dem Leibe und Blute Christi auf Grund der Ubiquität des Leibes Christi, geschehe. Hardenberg bestritt diess und der König von Dänemark bestritt, wenigstens im Allgemeinen, dass man darüber Etwas festsetzen könne, da es unsrer Vernunft „unmöglich" sei. Daher konnte auch Hardenberg bei einer Zusammenstellung von Glaubensbekenntnissen[2], die mit dieser dänischen Einmischung in Verbindung zu stehen scheint, sagen: „Meine Bekenntnisse und meine Lehre vom h. Sacrament ist eben die Meinung, die des Königs Maj. von Dänemark an den Rath zu Bremen in seinem ersten Schreiben gesetzt hat." —

Als aber Hardenberg zum ersten Male jenes unwillkürliche Bekenntniss des Dänenkönigs las, — das gewiss nicht von seinen Hofpredigern durchgesehen war, — freute er sich seiner Uebereinstimmung mit demselben und theilte diess dem Domcapitel mit. Aber er muss leider bekennen: „Es half mir nichts,

---

[1] So nach C. M. fol. 53.
[2] C. M. fol. 31—34.

dieses königliche Bekenntniss acceptirt zu haben; sie fingen täglich mehr an zu wüthen."

Das Domcapitel aber sah in einer persönlichen Verständigung Hardenbergs mit dem Dänenkönig das beste Mittel zur Beilegung des Streites. Es rieth daher ersterem, eine Reise nach Kopenhagen zu machen, um dort die Sache ins Reine zu bringen. Indessen Hardenberg bezeugte dazu wenig Lust. Er gab an, das könne ihm gar nichts helfen, der König sei viel zu sehr gegen ihn aufgehetzt. Ausserdem wäre die Reise auch nicht ohne drohende Gefahr, da man ihm bereits den Tod geschworen habe. So blieb denn der sonst so wanderlustige Hardenberg mit gutem Vorbedacht in Bremen. —

Was aber der König von Dänemark in Bremen und zwar durch den Rath hauptsächlich durch physische Gewalt erreichen wollte, dasselbe wollte er von Wittenberg aus durch geistige Macht erreichen. Er wendete sich deshalb an Melanchthon. Dieses Schreiben ist uns zwar nicht bekannt, wohl aber die Antwort Melanchthons[1]) vom 22. Mai 1557. Darinnen erklärt dieser ausdrücklich: „nöthig ist, dass sich gottforchtige, gelahrte Männer unterreden, auch den Nachkommen zu gut, und eine einträchtige Form fassen, wie von dieser Sach' zu reden, dass dennoch päpstliche Abgötterei nicht gestärkt werde". Also auch Melanchthon wollte ein Colloquium. Der König wies diess freilich ebenfalls, wie den Bremern gegenüber, zurück und bat dagegen, Melanchthon möge Hardenbergs Irrthümer in einer Schrift widerlegen. Dass Melanchthon sich hierauf nicht einliess, ist selbstverständlich. —

Die auswärtigen Gegner Hardenbergs wachsen übrigens plötzlich wie Pilze aus der Erde. Es ist die Zeit der „Hardenbergproteste". Die sächsischen Fürsten wenden sich (Trinitatissonntag 1557) an den Bremer Rath. Hardenberg erscheint ihnen als ein offenbarer Irrlehrer. Ohne sich lange den Kopf zu zerbrechen, ob Hardenberg schuldig sei oder nicht, ermahnen sie einfach den Rath, auf Mittel und Wege bedacht zu sein, „wie obgemeldter Albertus Hardenberg fürderlich aus eurer Stadt und Gebiet füglich möge weggeschafft und ihm ferner nach seinem verführerischen Irrthum, darinnen zu lehren und auszubreiten,

---

[1]) Corp. Ref. IX. S. 156 flg.

nicht gestattet, verhängt noch zugesehen werden." Ferner treten die Magistrate der Städte Hamburg, Lübeck und Lüneburg auf und dringen beim Bremer Rath entschieden auf Hardenbergs Entfernung. Auch geistliche Ministerien aus verschiedenen Orten schliessen sich denselben an. Die Hamburger[1]) insonderheit schicken eine Deputation nach Wittenberg, um dort, durch Bugenhagens Vermittlung, eine Approbation ihres Glaubensbekenntnisses von Seiten der Universität zu erwirken und um so, — wie man annehmen muss, — in Wittenberg von Hamburg aus gegen Hardenberg zu erreichen, was gegen denselben von Bremen selbst aus nicht möglich gewesen war. Bugenhagen schien geneigt zu sein, auf das Ansinnen der Hamburger einzugehen und sprach deshalb mit Melanchthon. Aber dieser, indignirt über solche Gehässigkeiten, antwortete mit grosser innerer Bewegung: „ich kann und will nicht das ganze ungestüme Wesen der Sachsen vertheidigen oder billigen." Auch sprach er, wie noch am Rande des Eberschen Briefes bemerkt ist, von „Wuthausbrüchen" (furores) und muss wohl überhaupt sich viel derber, als sonst ausgedrückt haben, denn Eber findet es noch besonders nöthig zu bemerken: „er sprach härter, als ich schreibe". Bei Eber kam Bugenhagen selbstverständlich nicht besser weg. Und so ging denn auch die herrliche Hamburger Legation „tho niete".

Es macht einen geradezu komischen Eindruck, wenn Eber in jener Zeit neben diesen höchst wichtigen theologischen Angelegenheiten auch gelegentlich Wirthschaftssachen mit Hardenberg verhandelt. So schreibt er z. B. (17. Juni 1556): „Jetzt zu einer Privatsache! Ein Buchhändler, der bei uns war und mir viel Angenehmes über Dich mittheilte, versprach mir, dafür zu sorgen, dass mir ein halbes Fass friesischer Butter hierher geschickt würde, wofür ich den Preis hier bezahlen will. Ich habe von diesem Buchhändler viel Bücher gekauft und dieselben bezahlt. Treib ihn doch an, dass er die Gelegenheit benutzt und durch diesen unsern Fuhrmann Butter schickt, wenn er solche hat, nebst Preisangabe. Auch möge er mit dem Fuhrmann über die Transportkosten unterhandeln und mir das brieflich mittheilen. Denn diese Art von Leuten pflegt ungeheuer viel für ihre Mühe

---

[1]) Diess nach einem Briefe Ebers an Hardenberg vom 12. Mai 1557 im C. B. N. 29.

zu verlangen von denen, die die üblichen Preise nicht kennen. Und wie unkundig aller Geschäftssachen sind wir doch!" —

Ein andres Mal schreibt er wieder an Hardenberg (26. December 1557): „Für Dein Geschenk danke ich Dir und bitte Dich, dass Du Dich fernerhin meinetwegen nicht in Unkosten steckst. Das Fass Butter aber ist meiner Frau während meiner Abwesenheit nicht übergeben worden. Vielmehr hat der Buchhändler Ruel es bei sich zurückbehalten, da er nicht wusste, wem es gehörte, es grösstentheils verbraucht und mir Compensation angeboten, sowie er hörte, dass es mir hätte übergeben werden sollen."

Das sind freilich so einzelne friedliche Punkte in jener Kampfzeit, bei denen man wohl auf einen Augenblick den Ernst der Situation vergisst. Aber bei alledem von allen Seiten ein gewaltsames Herandrängen an die Bremer und ein gemeinsamer Ruf: Hardenberg muss fort! — Mit Recht konnte daher Melanchthon an Hardenberg schreiben: Die Weisheit ist aus unsrer Mitte vertrieben, die Sache wird mit Gewalt geführt. (Pellitur e medio sapientia, vi geritur res.) —

Melanchthon hielt es aber dabei, wonicht für wahrscheinlich, so doch für möglich, dass eine Disputation allen entscheidenderen Schritten in Betreff Hardenbergs vorangehe. Für diesen Fall ertheilt er in zwei Briefen (vom 18. April und 9. Mai 1557) dem bedrängten Hardenberg seinen Rath: Er müsse dann klare und deutliche Zeugnisse der alten Schriftsteller vorbringen in Betreff beider Fragen, nämlich in Betreff der Ubiquität und der Brotverehrung. — Das Letztere könnte uns Wunder nehmen. Indessen Beides hängt eng zusammen. Ist der Leib Christi wirklich überall und ist er insonderheit im Brote des Abendmahls für uns zu essen, was dürfte da hindern, denselben, — die Gottheit Christi vorausgesetzt, — zu verehren, ja anzubeten? —

Ausserdem räth ihm noch Melanchthon, an der von Melanchthon unaufhörlich wiederholten Regel festzuhalten: nichts kann Sacrament sein ausser seinem eingesetzten Gebrauch. — In dem zweiten Briefe (9. Mai) heisst es: „Es wächst, wie Du siehst, nicht nur der Streit, sondern auch die Wuth bei den Schriftstellern, die an der Brotverehrung festhalten. — — Höfe und Weibercirkel (gynaecea) werden aufgestachelt. Wenn Du Dich daher an den König [von Dänemark] brieflich wendest, so rathe ich

Dir, ihn ehrfurchtsvoll zu bitten, er möge den Verleumdungen keinen Glauben schenken, sondern auch Dir Gebör geben. Auch magst Du ihn bitten, er solle, da sein Ansehen so gross sei, eine fromme Synode berufen, auf der auch diese grosse Streitfrage behandelt und auf der nicht blos Deine Feinde, sondern auch andre gelehrte Männer gehört werden. Oder wenn zum Wormser Colloquium einige Gesandten der vielen Fürsten, oder solche, die zum Colloquium auserwählt sind, kommen würden, so möge auch der König Einige der Seinen schicken, weil es nothwendig sei — — Eine solche allgemeine Antwort schicke zuerst. Inzwischen setze auch Dein Bekenntniss auf und sage ausdrücklich, wie weit Du gehest, welche Propositionen Du zurückhältst und welche nicht, und füge ohne Streiterei einige hervorragende Zeugnisse des lauteren Alterthumes bei. Diese Zurüstung ist nothwendig, falls es zur Disputation kommt. Inzwischen aber wünsche ich, dass Du in den Predigten diese Frage nicht häufig berühren mögest." —

Das Wormser Colloquium, von dem Melanchthon hier redet, trat im September 1557 unter dem Vorsitze des naumburger Bischofes Julius Pflug zusammen. Man wollte auf demselben den Versuch einer Wiedervereinigung der Protestanten mit den Katholiken machen und daneben obschwebende Differenzen innerhalb der katholischen Kirche auszugleichen suchen. Es verlief der Hauptsache nach resultatlos und interessirt uns hier nur insofern, als Hardenberg, infolge eines in Bremen verbreiteten Gerüchtes, glaubte, man hätte ein ihm von feindlicher Seite untergeschobenes Bekenntniss dort zur Aburtheilung eingereicht. Hardenberg sah sich deshalb genöthigt, an Melanchthon, der in Worms anwesend war, zu schreiben, erfuhr aber bald die völlige Grundlosigkeit des Gerüchtes. Hardenbergs Angelegenheit kam dort formell gar nicht zur Sprache. — So verzögerte sich wohl die Entscheidung in seiner Sache. Aber seine Gegner liessen keinen Augenblick unbenutzt vorübergehen. —

Wir erinnern uns, dass Hardenberg an Medmann von einem treuen Freunde schrieb, der vor Kurzem Bremen wieder verlassen habe, Molanus mit Namen, — derselbe, der auch eine Zeit lang bei a Lasco in Frankfurt die Stelle eines Amanuensis vertrat. Dieser war jetzt wieder in Bremen und Hardenberg zugethan wie früher.

Diesem Mann vor Allen suchte man seine unverhohlene Freundschaft für Hardenberg gründlich zu verleiden und schloss ihn von Seiten der Geistlichkeit vom Abendmahle aus. —
Man hatte damit ein überaus wirksames Mittel in jener Zeit in der Hand. Hardenberg war, wie wir oben hörten, wohl Domprediger, aber eine Verwaltung der Sacramente war ihm nicht übertragen. Wen nun die Stadtprediger in Bremen zum Genusse des Abendmahles nicht zuliessen, der war damit überhaupt ausgeschlossen! Hardenberg beklagt sich darüber ernstlich. Waren doch seine Zuhörer stets in Gefahr, wegen Verdachtes mangelnder Rechtgläubigkeit vom Altare zurückgewiesen zu werden.

Am deutlichsten liegt von den Vexationen, die die Hardenbergianer zu erleiden hatten, die an Molanus verübte vor, der zur Zeit das Amt eines Lehrers an der gelehrten Schule dort verwaltete. Molanus selbst hat nämlich zum Theil die Gespräche, die er mit den Predigern gehabt, aufgeschrieben. Ausserdem ist sein Glaubensbekenntniss in den Acten des Bremer Archives noch vorhanden; kurz diese ganze Angelegenheit liegt uns so deutlich vor, dass wir nur bedauern müssen, — wollen wir anders den Plan dieses Werkes nicht verrücken, — dasselbe als Nebensächliches blos kurz berühren zu dürfen.

In seinen Colloquien hatte sich Molanus so rechtgläubig erzeigt, dass der alte Superintendent, der überhaupt mehr neugierig und waschhaft als fanatisch war, zu seinen Collegen sagte: „Brüder, ich sehe, Molanus ist so gestimmt, dass er nicht gern Etwas wider Gottes Willen thut. Gestatten wir ihm daher, wenn es Euch auch so scheint, das heilige Mahl zu geniessen auf Gefahr seines Gewissens. Handelt er redlich, so ist er zu dulden, wenn er aber falsch und hinterlistig zu Werke geht, so ruft er selbst sein Gericht herbei". Indessen die Herren Collegen des Superintendenten Propst waren andrer Meinung. Sie brachten in demselben Colloquium besonders hervor, dass er in Emden gewesen sei, und in der dortigen Kirche, die in der Lehre nicht rein erscheine, communicirt habe; ferner, dass er auch mit a Lasco in einem näheren Verhältniss stehe und gegenwärtig dessen Söhne im Hause habe. Die Hauptsache aber, die ebenfalls zur Sprache kam, war wohl die, dass er sich weigerte, die Confession der Stadtprediger zu unterschreiben, und sich damit, — was nicht zur Sprache kam, — auf Hardenbergs Seite stellte. — Der Prediger Selstius war schliesslich der Ansicht, eine Beschlussfassung darüber, ob Molanus zum Abendmahle zuzulassen sei oder nicht, müsse ausgesetzt werden. Alle stimmten zu und die Versammlung ging aus einander. Diess war 12. Juni 1557. — Aber Molanus erhielt in den nächsten Tagen, trotz des ihm gemachten Versprechens, keine Antwort. Da wünschte er endlich ins Klare zu kommen und redete eine Woche später (19. Juni) den alten Propst, der sich gegen ihn noch am freundlichsten bewiesen, in der Kirche nach der Predigt an. Wir geben das Gespräch vollständig. —

Molanus: Herr Senior! Da ich in voriger Woche nichts Gewisses von Euch erlangen konnte, Ihr vielmehr Euer Urtheil über mich auf andre Zeit verschobet, so komme ich wieder zu Euch, um zu erfahren, was denn nach stattgehabter Berathung von Euch beschlossen ist, ob Ihr nicht mich und die Meinen zur Theilnahme am heil. Abendmahle zulassen wollet.

Jacob Propst: Ich habe Euch nichts zu sagen; sehet Ihr zu, was Ihr zu thun habt.

Molanus: Aber ich bin neulich in der Weise von Euch gegangen, dass Ihr mich einige Tage warten und zu Gott inzwischen beten hiesset, Ihr wolltet dasselbe auch thun; was habt Ihr nun beschlossen?

Jacob Propst: Wir haben nichts beschlossen und erinnern uns an Deine Sache nicht mehr.

Molanus: Aber es müsste doch Eure Sorge sein, was mit mir und meiner Familie geschieht, da Ihr Pastoren seid?

Jacob: Wahr ist es, wir sind Pastoren und wir sind sehr betrübt über jene Gotteslästerungen, von denen die ganze Stadt durch diejenigen Menschen angefüllt ist, deren Genosse Du bist.

Molanus: Ich bin niemals ein Genosse derer gewesen, die über göttliche Dinge lästerlich reden; im Gegentheil, ich habe immer gedacht und denke noch, ich habe geredet und rede noch mit hoher Achtung (magnifice) über das heil. Abendmahl. O dass doch Alle, die es mit Euch geniessen, so ehrfurchtsvoll über dasselbe denken möchten!

Jacob: Ich geniesse es auch und wünsche[1]) mit hoher

---
[1]) Vielleicht ist „te" ausgelassen. Dann kommt der Sinn heraus, der zu dem Folgenden besser passt: Ich geniesse es auch und wünschte nur, dass Du mit hoher Achtung davon dächtest; aber u. s. w.

Achtung davon zu denken; aber doch weiss ich, dass Du in diesem Gotteshause (ob Du Dich geändert hast, weiss ich nicht) ein Gegner unsrer Kirche in diesem Stücke gewesen bist.

Molanus: Wenn ich je zuvor Etwas in muthwilliger Weise geredet oder gethan habe, was der Kirche Gottes zuwider ist, so wünsche ich deshalb getadelt zu werden und der Kirche Genugthuung zu leisten.

Jacob: Ich erinnere mich solcher Dinge nicht; ich bin ein Mensch, der alle solche Dinge verachtet, sie rühren mich nicht und kümmern mich nicht.

Molanus: Aber das kümmert mich, auf dass meine Familie der Güter nicht beraubt werde, welche uns Christus hinterlassen hat; und Ihr müsset zusehen, dass Ihr nicht Gottes Hausgenossen von seinem heiligen Mahle vertreibt.

Jacob: Ich habe Euch nichts zu sagen.

Molanus: So sagt mir das wenigstens, ob es mir endlich erlaubt sei, die Meinigen zum heil. Abendmahl zu führen auf die Confession hin, die ich neulich in Eurer Sitzung bekannt habe.

Jacob: Du kennst unsre Confession; um die Deinige kümmern wir uns nicht.

Molanus: Ich wundre mich sehr, Herr Senior, dass Ihr fast in allen Predigten wiederholet, man müsse unter Nichtbeachtung aller menschlichen Erklärungen bei den Worten des Herrn stehen bleiben und dennoch jetzt die Gläubigen an gewisse scholastische Bestimmungen binden wollt, die zwar von Gelehrten ausgesprochen, aber niemals aus des Herrn Munde gekommen sind." —

„Indem wir so redeten", fährt Molanus fort, „ging er bis an die Ausgangsthür (ad cancellos templi) der Kirche. Ich aber, einem Bettler gleich, der mit Klagen nichts erreicht, setzte der Zurückweisung Geduld entgegen und ging betrübt nach Hause." — —

So traurig standen damals die Sachen Hardenbergs und seiner Freunde in Bremen! Doch siehe! Da leuchtet plötzlich ein mildes Licht in der Ferne empor, von Melanchthons Hand angezündet, das seine versöhnenden Strahlen auch auf den Bremer Streit werfen soll, wir meinen: den Frankfurter Recess.

Kaiser Karl V. hatte die deutsche Kaiserwürde niedergelegt; — sie ging auf seinen Bruder über[1]). Unter dem Zujauchzen des Volkes, das seinen König begrüsste, war Ferdinand mit zweitausend Pferden in Frankfurt eingezogen, und am 14. März 1558 beschwor er in Gegenwart sämmtlicher Kurfürsten die von denselben festgestellte Capitulation. Der Reichsvicekanzler Seld verlas die Resignationsurkunde Karls V., Dr. Jonas die Annahme von Seiten Ferdinands und der Domdechant des Erzstifts Mainz rief nunmehr, auf Geheiss der Kurfürsten, den römischen König öffentlich als Kaiser aus. Das Te Deum erklang und die ganze Pracht einer deutschen Kaiserkrönung entfaltete sich in vollstem Glanze.

„Aber" — sagt Heppe — „noch war der Jubel nicht verstummt, der die Kaiserstadt erfüllte, noch entfaltete die römische Kirche in den zahlreich versammelten Prälaten ihre hohe, weltliche Pracht und Freude, als die evangelischen Fürsten zusammentraten, um von der Noth ihrer theuern Kirche zu reden."

Das geschah indessen nicht zufällig. Vielmehr hatte der Herzog von Würtemberg schon längere Zeit vorher bei befreundeten Fürsten dahin zu wirken gesucht, dass sie in Frankfurt persönlich erscheinen und sich dort in Betreff der dogmatischen Streitigkeiten zu einigen versuchen sollten. Ausserdem hatte sowohl er von Brenz, als auch der sächsische Kurfürst von Melanchthon ein Gutachten eingeholt, das den Verhandlungen zu Grunde gelegt werden sollte. Beide wurden als mit einander übereinstimmend angesehen, nur dass man die Auslassung über das Abendmahl in Melanchthons Gutachten für deutlicher als jene von Brenz hielt. — Die in Frankfurt zu treffende Vereinbarung sollte dann die maassgebende Grundlage für weitere Verhandlungen auf einem allgemeinen Concile bilden.

Es muss uns zunächst darauf ankommen, was in diesem „Frankfurter Abschied" oder „Frankfurter Recess", denn das ist der geschichtlich feststehende Name jener Vereinbarung, in Betreff des Abendmahles, gesagt war.

Da heisst es [2]): „Von diesem Artikel soll gelehrt werden,

---

[1]) Vgl. Heppe a. a. O I. 269 und Ranke, deutsche Gesch. 5, 416 flg.
[2]) Corp. Ref. IX. 499. folg.

wie in der Augsburgschen Confession bekannt wird, nämlich dass in dieser, des Herrn Christi, Ordnung seines Abendmahles er selbst wahrhaftig, lebendig, wesentlich und gegenwärtig sei, auch mit Brot und Wein, also von ihm geordnet, uns Christen sein Leib und Blut zu essen und zu trinken gegeben und bezeugt hiermit, dass wir seine Gliedmaassen seien, applicirt uns sich selbst und seine gnädige Verheissung und wirkt in uns". Verworfen wird darauf die Verwandlung der Elemente, die Opfertheorie; kurz der betreffende Artikel enthält die uns schon bekannte melanchthonische Abendmahlslehre und betont die uns auch ausserdem schon bekannte Regel Melanchthon, „dass nichts Sacrament sein könne ausser der göttlichen Einsetzung". — Ueberhaupt ist der ganze Frankfurter Recess ein genauer Ausdruck der melanchthonischen Theologie, die hierin eine fürstliche Sanction erhielt.

Am 18. März 1558 ward der Recess unterschrieben und dabei vereinbart, dass derselbe den abwesenden Fürsten und Städten zur Annahme zugestellt werden sollte. — So erhielten denn auch die Fürsten von Weimar dieses Schriftstück und sandten es ihrer Seits, — man weiss nicht, ob im Auftrage oder freiwillig, — an den Rath in Bremen. Dieser las den „Recess" und er gefiel ihm. „Es war aber", sagt Hardenberg[1], „in jener Zeit hier eine ganz ungemeine Freude, und die meisten Senatoren jauchzten und lobten Gott, dass er so viele Fürsten, Kurfürsten und Andere in der wahren Religion erhalten hätte. Sie glaubten nämlich (was sicher feststeht), dass ich jenes Schriftstück, das von den Weimarschen Fürsten hieher gesandt war, nicht acceptiren würde." —

Der Rath sandte nun den Recess dem Domcapitel zu mit der Bitte, Hardenberg zur Unterschrift unter denselben zu veranlassen, während er ein Gleiches mit den Stadtpredigern thun wolle.

Bei dieser Gelegenheit wünschte auch der Rath, er möge Hardenberg dazu bewegen, über die Ubiquität zu schweigen. — Der Streit über diesen letzten Punkt war nämlich von Segebade im Fluss erhalten worden. Dieser hatte 29 Sätze gegen die Hardenbergsche Leugnung jener Lehre entworfen, die Schrift

---

[1] C. M. 56b.

darüber am 21. Mai 1558 vollendet und zum mindesten nicht verhindert, dass sie abschriftlich verbreitet wurde, wenn auch Kenkel, das Bedenkliche der Sache einsehend, zur äussersten Vorsicht rieth. Wir kommen später darauf zurück! —

Also der Rath billigte den Frankfurter Recess. Seine Stadtprediger sollten denselben unterschreiben, aber auch Hardenberg sollte ein Gleiches thun! So stehen die Sachen.

Es ist völlig klar: der Rath versteht von dem Abendmahlsstreite gerade so viel, wie seine Stadtprediger, nämlich nichts. Er billigt den Recess und doch enthält derselbe genau die Lehre, die Hardenberg immer vorgetragen und die von den Stadtpredigern immer bekämpft ist. Sie ist zum Theil in etwas andre Formen gefasst, aber durchaus in völlig unmissverständliche. Es ist in der That schwer, sich die Blindheit des Rathes zu erklären, mit der er hier geschlagen erscheint, um von der theologischen Weisheit seiner Prediger ganz zu schweigen.

Man denke sich nun das Staunen der „Ehrbaren Weisheiten" auf dem Bremer Rathhause, als, vom Frohnleichnamstage 9. Juni 1558 datirt, Hardenbergs Antwortschreiben einlief. Noch ist es, ein werthvolles Actenstück, im Bremer Archiv, von Hardenberg eigenhändig geschrieben, erhalten. Da heisst es wörtlich: „Der Fürsten Abschied und Lehre stimmt überein mit dem, was die Schule von Wittenberg an einen Ehrbaren Rath hier zu Bremen geschrieben hat. Ich bin alle Zeit damit zufrieden gewesen; es ist meiner Lehre gemäss, die nicht mein, sondern Christi und der heiligen Kirchen Lehre ist, nämlich dass Christus, der Sohn Gottes, gegenwärtig, uns Christen, die wir seine Gliedmaassen sind, sich selbst applicire und dass es das Brot sei, mit dem uns die Gemeinschaft des Leibes Christi mitgetheilt wird

Dasselbe glaube und lehre ich ja auch also und bekenne, dass es die ewige Wahrheit des göttlichen Wortes sei, und will dabei leben und sterben und das verrichten, so viel ich kann, gegen Alle, die dagegen sprechen möchten.'

Konnte der Rath von Hardenberg mehr verlangen? Unumwundener, fester und feierlicher konnte dieser kaum seine Zustimmung zu dem Frankfurter Recess aussprechen. —

Das Schreiben Hardenbergs füllt 4½ Folioseite. Er spricht, — ausser dem schon Angeführten, — darin seine völlige Zustimmung zu den einzelnen Punkten des Frankfurter Recesses aus, so z. B. dass er Brot und Wein keineswegs als blosse Zeichen ansehe, und erklärt, er habe mit seinen Missgönnern nur Streit über drei Punkte. Er bekämpfe nämlich ihre Lehren, 1) dass der Leib Christi allenthalben sei, 2) dass das Brot der wesentliche Leib Christi sei; 3) dass die Einsetzungsworte ohne jegliche Erklärung angenommen werden müssten. Bei dieser Gelegenheit sagt er auch ganz offen, er habe die Augsburgsche Confession deshalb nicht beschwören mögen, weil dieses Ansinnen nur ein Vorwand gewesen sei, um ihm dadurch die in dieselbe hinein interpretirte Ubiquität aufzuladen. Es würde damit des Streites Ende zugleich des Streites Anfang geworden sein. Doch Hardenberg geht noch weiter. Er sagt, wenn die Stadtprediger nach dem Frankfurter Recess lehren wollten bis zu einem späteren, die Sache endgiltig festzustellenden Concil, so liesse er sich das von Herzen wohlgefallen. Nur wollte er dabei zugleich bitten, dass auch dem entsprechend „die neue Ermahnung vor der Communion zu St. Ansgarii wieder auf die vorige Form" gesetzt würde und zwar, wie sie Luther gestellt habe, wie dieselbe im Gesangbuch stehe und wie sie hier und allenthalben gehalten werde. —

Indem er zum zweiten Punkt übergeht, nämlich von der Ubiquität zu schweigen, sagt er, er hätte sich sein Lebtage nicht anders als „friedeliebend" finden lassen. Wenn er aber in diesem seinem Elende Etwas gesagt habe, was sie als unfriedlich ansähen, so bemerke er, das sei nichts Andres, als eine nothgedrungene Verantwortung gewesen. „Ich kann auch jetzt nicht zugeben", fährt er fort, „dass sie die Ubiquität ferner lehren und treiben, während ich dazu schweigen sollte; es wäre denn, dass ich eines Besseren berichtet würde: denn ich habe bei meiner Promotion geschworen, gegen Ketzerei und Verführung zu streiten." — Er macht aufmerksam auf Timanns Farrago, auf ein „loses Ding", das Segebade[1]) unter die Leute gesprengt habe, und auf eine Schrift Chritisan Havemanns, die sämmtlich die Ubiquitätslehre vertheidigten, welche letztere von den Predigern bislang eifrig getrieben werde. Würden die Prediger von jener

---

[1]) Er meint dessen Thesen über die Ubiquität und deren Ausführung, die wir bereits kurz erwähnten.

Lehre Umgang nehmen, so werde auch er schweigen, bis die Sache bei „den rechten Gelehrten" und insbesondre bei der Schule zu Wittenberg zum Schluss gekommen sei. —

Der Schluss des Schreibens enthält Zurückweisungen von Mancherlei, was ihm Segebade angedichtet hat; — wir lassen das, als unwesentlich, auf sich beruhen.

Offenbar hat es der Rath jetzt in seiner Hand, unter allen Umständen den Frieden herzustellen! Man muss nun vorerst gespannt sein, welche Antwort von Seiten der Stadtprediger einlief!

Sie ist uns glücklicher Weise erhalten [1]), leider ohne Datum! Die Prediger erklären darin, sie wünschten, es möchten gottesfürchtige, gelehrte Männer aller deutschen Kirchen, in denen die Wahrheit des Evangeliums erklinge, zusammenkommen, um über die vorgeschlagenen Artikel zu berathen und sich schliesslich klar und deutlich darüber zu erklären. — Sodann bezeugen sie, sie wollten den Frankfurter Recess annehmen, jedoch mit der Bestimmung, dass derselbe nicht anders gedeutet werden dürfe, als nach Maassgabe der Augsburgischen Confession, der Apologie, und Luthers Katechismen, Schriften und Bekenntnissen.

Schliesslich aber bitten sie, man möge sich zu ihnen versehen, dass sie nichts Lieberes begehrten, als dass das „liebe Evangelium" fortgesetzt, aller Irrthum beigelegt, auch christlicher Friede und christliche Einigkeit möchte gepflanzt und erhalten werden.

Unverkennbar befand sich jetzt der Rath, als eine entscheidende Behörde, in einer kritischen Lage Sollte er Hardenberg zustimmen und nöthigenfalls die renitenten Stadtprediger entlassen? Das hätte er eigentlich thun müssen. Aber er war nun einmal so misstrauisch gegen Hardenbergs Rechtgläubigkeit, dass er Alles, was von diesem Manne kam, verdächtig fand! Alle Anfragen, die von Seiten des Domcapitels an den Rath in dieser Hinsicht gerichtet waren, wurden unbestimmt beantwortet. Kurz der Rath suchte die ganze Sache todtzuschweigen und erklärte erst viel später: „dass [2]) wir den Frankfurter Recess nicht zum

---

[1]) Kenkels Chronik N. 16
[2]) Wagner S. 190.

Grunde gelegt haben, den Streit über das Abendmahl dadurch zu enden, rührt daher, weil durch dieses Mittel kein Vergleich zu hoffen war. — Der Artikel vom Abendmahle, wie er in dem Recesse steht, ist nicht so abgefasst, dass man dadurch den Schwärmern wehren und Abbruch thun könne. Nun weiss aber ein jeder, dass man anders und härter von den Artikeln des Glaubens reden müsse, wenn man mit den Ketzern zu thun hat, als wenn man davon einfältig und ohne Zweck vor den gemeinen Christen spricht. Es ist zwar nicht unrecht, wie der Frankfurter Abschied lautet, dass Christus in seinem Abendmahle wahrhaftig, lebendig und wesentlich gegenwärtig sei. Da aber die Sacramentirer dieses allein von der Gottheit verstehen und es dennoch offenbar ist, dass Christus, da er das Abendmahl stiftete, von einer Gegenwart seines Leibes und Blutes, die er aus Maria angenommen und am Kreuze aufgeopfert, spreche: so muss man um solcher Leute willen etwas deutlicher von der Sache reden, wie auch in der Augsburgischen Confession und Apologie geschehen ist." — — Die Stadtprediger aber, die bereits von Matthias Flacius gewarnt waren, den Recess nicht anzunehmen, sahen sich nach einem Rückhalt bei ihrer Handlungsweise um. Sie wandten sich daher nach der „Bundeslade der Orthodoxie", nach Magdeburg und fragten dort an, ob sie sich mit Hardenberg vertragen dürften.

Die Antwort der Magdeburger hierauf geht von der Voraussetzung aus, dass Hardenberg Zwingli's Lehre vom Abendmahle predige; — und so wird die Frage sogleich dahin zugespitzt, ob man von Seiten der lutherischen Prediger Bremens mit dem Zwinglianer Hardenberg Frieden schliessen, beziehentlich ihm Amnestie ertheilen dürfe.

Die Antwort auf diese Frage lautete dahin, dass ein Vertrag mit einem solchen Manne, wie Hardenberg, wider Gottes Wort stritte und nicht allein der Bremischen Kirche bis auf die spätesten Nachkommen, sondern auch den Nachbarn verderblich sein würde.

Die Motivirung hierzu, in der man auf der einen Seite die grosse Gründlichkeit rühmte, auf der andern die „recht impertinente und fast lächerliche Weise" die Schriftstellen zu missbrauchen rügte, geht der Hauptsache nach darauf hinaus: „Im Paradiese ist eine Feindschaft zwischen der Schlange und dem Weibessamen gesetzt und diese muss bis ans Ende der Welt bleiben. So lange also Ketzereien sind, müssen getreue Lehrer und Zuhörer nicht nachlassen, dieselben zu verdammen, zu meiden und auszurotten." —

So standen denn die Sachen gerade wieder auf dem früheren Punkte. Freilich hatten die Prediger und die Majorität des Bremer Rathes ihren streitsüchtigen Sinn hinlänglich documentirt, während Hardenberg sich nicht nur als friedliebender Mann, sondern auch als rechtgläubig im Sinne des Frankfurter Recesses erwiesen hatte. Das möchte ihm wohl in den Landen jener Fürsten, die diesen Recess unterschrieben hatten, von Nutzen gewesen sein; aber nur nicht in Bremen, das von hyperorthodoxen Lutheranern mehr als beeinflusst wurde.

Eins aber mussten sich Hardenbergs Gegner selbst sagen: **die Ausdehnung des Streites über Bremens Mauern hinaus war nur zu ihrem Nachtheil, dagegen zu Hardenbergs Vortheil ausgeschlagen!** Das Wittenberger Gutachten zeugte viel mehr gegen sie und für Hardenberg, als umgekehrt. Die Einmischung des Königs von Dänemark sammt der einiger niederdeutschen Städte erwies sich als machtlos; der Frankfurter Recess, von so grossen und mächtigen Fürsten beschützt, legte ihre ganze Blösse offen dar und nur der Magdeburger Rathschlag war als ein Strohhalm geblieben, an den sie sich noch festhalten konnten; — und sie thaten es. In dem Gedanken, jede ihnen günstige Gelegenheit zu ergreifen und jeden Augenblick zu nützen, sollten sich auch die Umstände noch bedrohlicher für sie gestalten, gingen sie der Zukunft entgegen. Und die Gelegenheit, ihren Kampf gegen Hardenberg, der ihnen nun doppelt verhasst war, zu erneuern, kam bald! —

Drittes Kapitel.

Der neue Erzbischof von Bremen: Georg.

Am 22. Januar 1558 war Christoph, der bisherige Erzbischof von Bremen, der nur diesen Titel führte, in Wirklichkeit aber blos eine gewisse, sehr beschränkte weltliche Oberherrlichkeit über Bremen hatte, zu Angermünde gestorben. Er hatte sich im Grunde wenig um das Wohl und Wehe Bremens bekümmert, weshalb auch in dem Vorhergehenden nur beiläufig von ihm die Rede sein konnte.

Anders war es mit dessen Bruder Herzog G e o r g, Bischof von Minden, der 4. April 1558 zu seinem Nachfolger erwählt wurde. Ihm lag es am Herzen, vor Allem den Frieden in Bremen wiederherzustellen. Als sich daher das Domcapitel zum Zweck der Friedensstiftung an ihn wandte, zeigte er sich sofort dazu bereit und suchte auf einem nach Basdal ausgeschriebenen Landtage die Sache, wo nicht zu erledigen, so doch ihrer Erledigung näher zu bringen. Von Seiten der Gegner Hardenbergs führte besonders der Bürgermeister K e u k e l das Wort, während der Bürgermeister v o n B ü r e n Hardenbergs Sache vertrat, unter der Voraussetzung, dass „seine Lehre gerecht und dem heiligen göttlichen Worte gemäss befunden" würde. — Beide Bremer Bürgermeister stehen hier vor ihrem Landesherrn in offenem Kampfe einander gegenüber. Beide gelehrt und nicht ohne Verdienst, Beide im tiefsten Grunde des Herzens voll redlichen Strebens; Beide Männer von grosser Energie, — und doch so verschieden! Wir legen kein grosses Gewicht darauf, dass Hardenberg behauptet, Kenkel hätte deshalb einen Groll auf ihn gehabt, weil er sich früherhin vertraulicher Weise gegen seinen Gevatter Heinrich Starcke wider Kenkels Wahl zum Bürgermeister erklärt hätte, was dieser an Kenkel hinterbracht haben sollte. Der Grund der Entzweiung lag sicher tiefer. Bei allen anzuerkennenden Eigenschaften, war Kenkel von Haus aus eine dogmatisch sehr beschränkte Natur. Auf ihn ist im vollsten Masse das Göthesche Wort anzuwenden:

> Im Ganzen haltet euch an Worte,
> Dann geht ihr durch die sichre Pforte
> Zum Tempel der Gewissheit ein.

Es brauchte ihm nur ein Lutheraner ein Wort zu zeigen, das bei einem Andern anders lautete, — und sofort liess er sich kein Jota rauben! Und um das Jota zu retten, war ihm schliesslich auch das ungerechte Mittel recht. **Der Kampf für das Dogma that, — und hierin ist er Timann vergleichbar, — seinem sittlichen Charakter Abbruch.** Man hat ihn den „Confessor" unter den damaligen Bürgermeistern Bremens genannt. Mich dünkt, da ist ihm zu viel Ehre angethan worden; — er verdient sicher nur den Namen des confessionell beschränkten Lutheraners.

Als eine viel edlere und wahrhaft liebenswürdige Gestalt sehen wir den Bürgermeister Daniel von Büren ihm gegenüberstehen. Wir werden noch später auf ihn zurückkommen und schicken hier nur Einiges zu seiner Charakteristik voraus. Sohn eines Bremer Bürgermeisters gleiches Namens, war er von diesem in aller Einfachheit erzogen. „Sehne, Sehne," — soll dieser zu ihm gesagt haben, — „de den Heller nicht achtet, wird tho den Gulden nicht kommen." Er war mit Hardenberg ziemlich gleichen Alters, geboren nämlich 3. Januar 1512. Sieben Jahre hatte er in Wittenberg studirt und stand noch in jener Zeit, wie wir bereits hörten, mit Melanchthon in Briefwechsel; wie er denn auch seinen damals in Wittenberg studirenden Sohn, dessen Wohlverhalten Melanchthon ausdrücklich bezeugt, Melanchthons besondrer Obhut empfahl. Mit 26 Jahren in den Rath gewählt, war er bereits 1544, also als Mann von 32 Jahren, Bürgermeister geworden und stand durch seine gründliche Gelehrsamkeit und seinen durchaus biederen Charakter in grosser Achtung. Ihn beseelte der Geist seines grossen Lehrers Melanchthon. Wir können nicht daran denken, Kenkel den Luther unter den Bremer

Bürgermeistern zu nennen, da wir ihn nicht einmal den Titel des Confessors unter denselben zuerkennen wollten. Dagegen tragen wir kein Bedenken, von Büren, wenigstens was seine dogmatische Anschauung betrifft, als den Melanchthon unter ihnen zu bezeichnen. War jener ein **confessionell beschränkter Lutheraner**, so war dieser ein **ethisch weitherziger Unionist**. —

Beide Bürgermeister also trugen dort in Basdal ihre gegentheiligen Bedenken vor. Der Erzbischof, diesem Handel ferner stehend und somit von aller Parteinahme frei, war der Ansicht, dass durch eine gerechte Behandlung der Sache der ganze Streit am ehesten gedämpft werden könne. Er liess daher nach Anhörung der Parteien und stattgehabter Berathung seine Ansicht dahin vernehmen. Es seien drei Wege, die zum Ziele führen würden. Entweder 1) man schicke die Confessionen beider streitenden Parteien an die Gelehrten zur Beurtheilung. Oder 2) man sende statt der Confessionen die streitenden Parteien persönlich zu den Gelehrten, um da ihre Sache mündlich auszufechten. Oder 3) man berufe die Gelehrten an einen dritten Ort, und lasse dort dieselben über die streitigen Punkte urtheilen.

Das Letzte schien dem Erzbischof das Angenehmste zu sein. Er erbot sich nämlich, auf seine Kosten ein solches Tribunal, das seiner Meinung nach, in Stade oder in Verden zusammentreten sollte, auszuschreiben. Die Gegner Hardenbergs waren durch diese Vorschläge, die eine gerechte Ausgleichung des Streites erwarten liessen, aber voraussichtlich zu Hardenbergs Gunsten ausschlugen, einigermassen betroffen. Sie baten sich Bedenkzeit aus und erklärten schliesslich, aller Ermahnung der erzbischöflichen Räthe zum Trotz, schriftlich, unter Angabe von Gründen, oder richtiger, unter allerhand Vorwänden, dass sie keinen der gemachten Vorschläge annehmbar fänden! —

Das berührte den Erzbischof sehr unangenehm, wie sich aus seinem Antwortschreiben[1]) deutlich erkennen lässt. Es heisst darin: „Wir hätten uns wahrlich solcher Antwort von euch keineswegs versehen. Denn obwohl im Anfange eurer Schrift von grosser Danksagung, auch von göttlicher Belohnung Meldung geschieht, so kann doch aus alle dem bis zu Ende nicht ein

---

[1]) Nothwendige Verantwortung Beilage G. — Das Schreiben der Gegner Hardenbergs, bez. des Rathes ist uns nicht bekannt.

Wort gefunden werden, woraus zu merken wäre, dass Solches aus ernstlichem Herzen geschehe." — Das erzbischöfliche Schreiben geht nun im weiteren Verlauf auf die Motivirung der antihardenbergschen Partei ein. Wir heben daraus nur die Hauptstelle hervor, die, ohne dass wir das Schreiben der Hardenbergschen Gegner zu kennen brauchen, ebenso verständlich als treffend und charakteristisch ist.

„Was den Punkt anbelangt, dass ihr vor 38 Jahren eine Religion der prophetischen und apostolischen Lehre gemäss angenommen habt, so ist es seltsam zu hören, dass man aus der Länge etlicher Jahre die Wahrheit der Lehre erweisen will (der leer gerechtigkeit schepffen will). Denn wenn das richtig wäre, so wäre zu bedenken, warum diese 38 Jahre bei euch mehr gelten, als die vielen hundert Jahre zuvor, in denen gleichfalls eine Lehre unter den Christen einträchtig gelehrt worden ist." Doch hierbei lässt es der Erzbischof nicht bewenden. Bei solchem Gebahren des Bremer Rathes begann er Argwohn zu schöpfen. Ihm schien hiernach Hardenberg der Unschuldige zu sein.

„Wir werden", — sagt er daher, — „berichtet, dass ihr durch das Domcapitel bei D. Albert habt anfragen lassen, ob er den Frankfurter Recess annehmen wolle; ihr wolltet dann euch mit euern Predigern verhandeln und zusehen, ob dadurch Einigkeit erzielt werden könne. D. Albert habe sich für denselben erklärt und bemerkt, er habe nie wider denselben gelehrt und werde auch nie wider denselben lehren. Ungeachtet dieser Erklärung habe man von euern Predigern bis auf den heutigen Tag [1]) keinen Bescheid bekommen. Ist dem so, und ist D. Alberts Lehre dem Frankfurter Recess entsprechend, dann hat auch D. Albert in diesem Punkte keine Ursache zum Zwiespalt gegeben. Und wenn ihr diese Lehre duldet, so handelt ihr auch nicht gegen den Friedestand, der durch die Augsburgsche Confession bedingt ist. Hat man doch auch die drei Churfürsten (Sachsen, Pfalz und Brandenburg) sammt den übrigen Fürsten, die den Recess angenommen haben, deswegen einer Friedensstörung nirgends beschuldigt." — Ja, der Erzbischof fährt noch derber dazwischen. „Es kann uns wahrlich nicht genug wundern", — schreibt er, — „und erweckt auch bei uns nicht geringes Nachdenken,

---

[1]) Leider fehlt das Datum unter dem erzbischöflichen Schreiben.

dass ihr stracks schreibt, es sei euch ungelegen, erscheine auch euch nicht gerathen, euch mit Albert, weder bei euch noch anderswo, in Unterredung einzulassen, ehe er seinen Irrthum revocire. Denn aus dem obenerwähnten Punkte, den Frankfurter Recess betreffend, welchem sich Hardenberg unterwirft, folgt, **dass er von der Lehre, die den Friedensstand bedingt, nicht abgewichen ist.** — — Derhalben kann und darf er keineswegs, ehe er des Irrthums überwiesen wird, verdammt werden. Deswegen ist es vielmehr uns ungelegen, einen nicht überwiesenen, gleich als wäre er überwiesen, zu verurtheilen und zu verjagen, als euch, von euerm vorgesetzten und angemassten Vornehmen abzustehen. Wir verstehen auch nicht, inwiefern es euch ungelegen sein sollte, vor unparteiischen christlichen Lehrern darzuthun, dass D. Albert seine Lehre und Predigt auf „unbilligen Irrthum" gründete. **Es kann euch kein frommes Herz hierin beipflichten."**

Nachdem er sie noch darüber getadelt hat, dass sie „so trotzlich" ihm zugemuthet hätten, er sollte Hardenberg ohne allen Verzug wegschaffen, erklärt er sich zu einer nochmaligen Berufung des Landtages bereit, um dort allseitig über Mittel und Wege zur Beilegung des Bremer Streites zu berathen.

Den Schluss des Schreibens macht eine Drohung. Es heisst: „Wenn solche unsre getreue wohlmeinende Warnung von euch sollte verachtet werden, ihr auf eurem unbefugten Vornehmen beharren wolltet und dadurch nicht allein eure Stadt, sondern auch die an das Stift angränzenden Länder in Gefahr bringen würdet, so würden wir genöthigt werden, diesen Streithandel auf jetzigen **Kreistag zu Braunschweig in gemeiner Stände Rath** zu stellen, welches wir, wie Gott weiss, ungern thun. Im Falle aber unserm und unsers Domcapitels Diener, dem Doctor Albert etwas Beschwerliches und sonach zu Schmälerung unsrer und unsers Domcapitels Jurisdiction, Immunität, Freiheit und Gerechtigkeit begegnen sollte, dann hättet ihr zu erwägen, was uns in diesem Falle zu thun gebühren wollte."

In der That ein trefflicher Beweis für die Gerechtigkeit des Erzbischofs. Er durchschaut die orthodoxen Ränke und den dummen Fanatismus des Bremer Rathes und der Bremer Geistlichkeit und stopft ihnen den Mund; freilich nur auf kurze Zeit, wie einst Jesus den Sadducäern.

Und welche Mittel giebt uns zugleich das erzbischöfliche Schreiben an die Hand, ein sicheres Urtheil über Hardenberg und seine Sache zu gewinnen! Gewiss wiegt das Urtheil eines Unparteiischen, aus jener Zeit, der die Sachlage aus eigener Anschauung kannte, schwer, und zwar in diesem Falle um so schwerer, da der Erzbischof katholisch war! — Unvorsichtig freilich muss man eine Aeusserung desselben nennen, nämlich seine Drohung mit dem Kreistage. Wie, wenn einmal derselbe so zusammengesetzt war, dass Hardenbergs Gegner darin die Oberhand hatten? Auch wäre es jedenfalls viel angemessener gewesen, diesen innerhalb der evangelischen Kirche entstandenen Streit vor eine evangelische Behörde, als vor eine politische, die, wie der niedersächsische Kreistag, aus Katholiken und Protestanten bestand, zu bringen. — Doch es war ja zunächst nur eine Drohung. Ueber die Ausführung später! —

Charakteristisch für den ganzen Streit und für Hardenbergs Gegner insbesondre ist es, dass letztere auch durch ein so energisches Schreiben, wie das des Erzbischofs war, nicht zur Besinunng und — Gerechtigkeit kamen. Sie lauern vielmehr nur auf den günstigen Augenblick, wo sie über ihr längst ausersehenes Opfer herfallen können. Bis dahin aber suchen sie wenigstens durch kleine Plänkeleien den Streit im Flusse zu erhalten. — „Sie vergassen", sagt Hardenberg, „alle nothwendigen Predigten und lästerten auf mich als tolle Menschen. Ich schwieg oftmals ein ganzes Jahr. Wenn sie es aber zu schroff machten, musste ich zuweilen antworten. Sie aber mühten sich allein damit ab, mich zu quälen und zu fangen. Gott weiss es, wie sie mit mir die Zeit über gehandelt haben. Und je grösser die Festtage waren, desto unsinniger waren sie. Man hörte nichts als: Wolf, Ketzer, Aufrührer, Wiedertäufer, Seelenmörder. Sie riefen, ich nähme Christum aus der Gemeinde, ich schlösse ihn an eine Kette, in einen Kerker. Darauf antwortete ich einst: Lieben Leute; ich thue das nicht; ich sage, dass Christus mit seinem Leibe gen Himmel gefahren sei auf natürliche Weise. Er giebt uns aber seinen wahren Leib und sein wahres Blut im heiligen Sacramente und verlässt deshalb den Himmel doch nicht. Wenn ich aber sage, der Leib sei im Himmel, so gebe ich ihm mehr Raum, als diese Leute thun, die ihn in ein klein Stückchen Brot einschliessen wollen. Davon nahm der fromme Mann Hans von Hildensum

Ursache, dass er den Dom mied, indem er mit Unwahrheit sagte, ich hätte gesagt: was ist es denn mehr, als ein ohnmächtig Läppchen Brotes. Damit machte er meine Lehre noch mehr verdächtig."

Derartige unerquickliche Streitigkeiten nahmen sicher einen grossen Theil von Hardenbergs Zeit in Anspruch. Er war genöthigt, sich zu vertheidigen und zum Theil dasselbe schriftlich zu thun. So findet sich gerade über die zuletzt angeführte Aeusserung das Bruchstück einer Vertheidigung Hardenbergs, eigenhändig geschrieben, noch vor. Da erklärt er mit aller Gründlichkeit, er habe gesagt, wenn er Christum nach seiner Himmelfahrt, dem natürlichen Leibe nach, in den Himmel versetzte, so thäte er diess mit grösserem Fug, als die, die ihn „in eyn kleyn stückeken brodss verslucken willen!" — „Das waren, bei dem wahrhaftigen Gott, meine Worte. Ich kann nicht glauben, dass ich für „„stückeken"" gesagt habe „„leppeken"", was nach meiner Sprache wohl von Leinen und ähnlichen Dingen, nicht aber vom Brot gesagt wird." —

Indessen waren Hardenbergs Gegner längere Zeit unfähig, eine Hauptaction gegen ihn zu unternehmen. Doch kommt Zeit, kommt Rath!

Es ward auf Bartholomäi (24. August) 1559 ein Hansetag in Lübeck gehalten, auf dem es sich von Seiten Bremens um den Besitz einer Commenderie („Kumpterey") handelte. Von Bremen waren dahin abgesandt: Kenkel, der Syndikus Rollwagen und der Rathsherr Berend Lose. Es war sehr erklärlich, dass dort in Lübeck auch die Rede auf Hardenberg kam. Daneben sprachen sich auch die Bremer darüber aus, dass der Heerführer der Bremer Stadtprediger, der Superintendent Propst, zu alt für solches Amt geworden und deshalb füglich durch eine jüngere Kraft zu ersetzen sei. Aber in solcher bedrängnissvollen Zeit gerade die rechte Persönlichkeit, d. h. also einen streitfertigen und streitlustigen exclusiven Lutheraner zu finden, das war das Schwierige! Der Superintendent D. Mörlin aus Braunschweig, der ebenfalls in Lübeck war, wusste jedoch Rath zu ertheilen. Er empfahl ganz entschieden D. Tilemann Heshusius, dem damals wegen ungemessenen Streitens Entsetzung von seinen Aemtern in Heidelberg bevorstand. Der Vorschlag Mörlins fand Beifall bei den Abgeordneten, schliesslich beim Rathe in Bremen und kurze Zeit nach jenem Hansetage ging von Bremen ein Bote nach Heidelberg, und Heshusius erhielt durch ihn die Vocation nach Bremen.

Aus dieser Zeit, und zwar vom 7. September 1559 datirt [1]), ist auf uns auch ein Brief Hardenbergs an den Marburger Professor Andreas Hyperius überkommen, aus dem wir Folgendes mittheilen.

„Wenn Du früher oftmals und jüngst durch meinen lieben Collegen Mag. Johannes Slongrave so liebevoll an mich geschrieben hast, so kann ich Dir dafür nicht genug danken. Gewiss, solange ich Dich sammt Herrn Philippus mir günstig weiss, werde ich mich nicht fürchten vor dem, was mir die Menschen thun. Unser Magister Johannes kehrt zu euch zurück. Man glaubte hier, man würde durch unfreundliche Behandlung den guten und ehrenwerthen Mann sehr belästigen, aber ich halte es theilweise für sein Glück, dass, während er hier seiner Pflicht und Mühe zu lehren enthoben wird, er zugleich die Freiheit erlangt, zu Dir zu reisen, um Dich, grossen Mann, ruhig und ohne Gemüthsaufregung zu hören.

Verlass Dich drauf, wenn mir eine ähnliche Freiheit von hier wegzugehen geboten würde, ich wollte keine volle Woche zögern, vielmehr zu Dir oder Herrn Philippus reisen. Obgleich ich jetzt kein Geld habe, würde ich es doch wagen auf die Vorschung des gütigen Vaters zu vertrauen, der die Vögel ernährt und die Lilien kleidet. Aber ich bin hier gebunden im Geist in furchtbarem Elend, das ich doch nicht freiwillig abzuschütteln und zu fliehen wage, es sei denn, dass ich von den Gegnern ausgestossen werde, oder dass mich irgend ein Joseph von Arimathia lebend oder todt vom Kreuze nimmt. Wenn Du mir aber in Deinem letzten Briefe die Ehre giebst, lieblich und freundschaftlich mit mir zu scherzen und mir geschickte Künstler und Schmiede in Vorschlag zu bringen, die zur niedergebrannten Stadt hinzulaufen, um sie wiederherzustellen: so hat mich diess fürwahr sehr ergötzt, denn ich weiss, was Du nur immer geschrieben hast, das hast Du aus lauterer, freundschaftlicher Absicht gethan. Aber es möchte doch für Dich und Menschen, die Dir ähnlich sind, besser passen, da ihr zu solchen Dingen geschickt

---

[1]) C. M. IX. N. 26.

seid und versteht, mit der einen Hand die Kelle, mit der andern das Schwert zu halten[1]). Aber ich bin, wie ein ungeschickter Esel, kaum für diesen meinen Sattel geeignet. O dass mir doch der Herr einige Mitkämpfer oder vielmehr Vorkämpfer geben wollte, die mir die Lasten tragen hälfen. Denn ich fühle, dass ich gänzlich unterliege. Aber ich werde den Pflug halten müssen, bis Gott einen schickt, dem ich die Leuchte übergebe. O, dass diess doch sobald als möglich geschehe! Es geschieht wohl, dass ein Windstoss den jungen Zweig kaum erschüttert, die Eiche dagegen gänzlich zertrümmert!" –

Leider ist diess der einzige Brief, der uns von der Correspondenz zwischen Hardenberg und Hyperius übrig geblieben ist. Letzterer war bekannt durch sein joviales Wesen. Das machte er, wie aus dem Obigen deutlich hervorgeht, auch Hardenberg gegenüber geltend. Aber Hardenbergs Gemüth war in jener Zeit viel zu sehr umdüstert, als dass er durch launige Einfälle hätte dauernd erheitert oder gar zum Kampfe ermuntert werden können. Wie Centnerschwere lag es jetzt auf Hardenbergs Seele. Er unter Bremens Theologen stand allein und dazu: „Hannibal ante portas", Heshusius vor den Thoren Bremens! — —

---

[1]) Anspielung auf den Tempelbau in Jerusalem. Nehem. 4, 17 folg. „mit einer Hand thäten sie die Arbeit, und mit der andern hielten sie die Waffen."

BREMISCHES JAHRBUCH.

HERAUSGEGEBEN

VON DER

ABTHEILUNG DES KÜNSTLERVEREINS
FÜR BREMISCHE GESCHICHTE UND ALTERTHÜMER.

VIERTER BAND.

ZWEITE HÄLFTE.

BREMEN.
VERLAG VON C. ED. MÜLLER.
1869.

Viertes Kapitel.

Heshusius; Vorbereitungen zu einer Disputation; Melanchthon stirbt.

Man erwartete von Heshusius Grosses, — dafern er den Ruf nach Bremen annahm. Was man weder durch ein Gutachten der Wittenberger theologischen Facultät, noch durch den Frankfurter Recess, noch durch den Erzbischof hatte erreichen können, was daneben der Hardenberg feindselig gesinnte König von Dänemark nicht vermocht hatte, — das sollte er womöglich zu Ende führen, nämlich Hardenberg stürzen. —

Sehen wir uns das Bild dieses Mannes[1], wenn auch nur mit wenigen Strichen gezeichnet, einmal an. Der Heidelberger Mediciner Erastus sagt von ihm: „Der Mensch ist eine grosse Figur mit langem, dichtem Barte, der, wenn er den Kopf schüttelt, wunderliche Bewegungen macht; er trägt seidenes Fusswerk und einen kleinen Hut unter dem grossen, um auch durch den Anzug sich als Rabbi über alle Rabbi zu zeigen." —

Für seine theologische Richtung ist es charakteristisch, dass er sein Geburtsjahr, — er war nämlich am 3. November 1527 zu Wesel geboren, — als prophetisch für seinen Lebensberuf ansah. Er wies nämlich mit einem gewissen Selbstgefühl darauf hin, dass es dasselbe Jahr sei, in welchem Luther gegen den dreiköpfigen Höllenhund des Sacramentsschwarmes gezeigt habe, „dass die Worte Christi: das ist mein Leib, noch feststehen." — Von

---

[1] Sehr scharf, aber jedenfalls geschichtlich treu zeichnet ihn Wilkens in einer Monographie; in gegentheiligem Sinne: von Helmolt. Vgl. dazu die treffliche Besprechung des Helmoltschen Werkes von Alexander Schweizer in der Protest. Kirchenzeitung, Jahrg. 1859, N. 14.

Goslar und Rostock, wo er Prediger gewesen war, hatte er wegen heftigen Streitens fortgemusst. Melanchthon, dessen Vertrauen er sich zu erwerben gewusst, hatte ihn nach Heidelberg empfohlen. Dort fungirte er etwas über ein halbes Jahr als Professor der Theologie und Generalsuperintendent der pfälzischen Kirche. Am 16. September 1559 aber trat, wiederum wegen seiner ungebändigten Streitsucht, die oben als bevorstehend bezeichnete Amtsentsetzung wirklich ein. —

Hardenberg, den er bekämpfen sollte, war ihm übrigens durchaus keine unbekannte Persönlichkeit. Beide hatten, wenigstens früher, in einem sehr lebhaften Briefwechsel mit einander gestanden. In einem Briefe an Hardenberg, vom Jahre 1556, den er von Goslar aus schreibt, nachdem er dort vom Amte removirt war, spricht er die Hoffnung aus, ihre gegenseitige Freundschaft werde, weil sie auf Frömmigkeit gegründet sei, nie Abbruch erleiden und bezeichnet sie als eine dauernde Verbindung der Geister (perpetua animorum coniunctio). Ganz vertraulich schüttet er auch in dem Briefe gegen Hardenberg sein Herz aus. Er klagt über seine dermalen üble Lage und erklärt, dass er im Begriff sei, mit Weib und Sohn nach Wittenberg zu Melanchthon zu reisen; Melanchthon habe ihn nicht nur getröstet, sondern ihn auch kommen heissen. Sollte Hardenberg ihm, dem Amtlosen, ein kirchliches Amt nachweisen können, so möge er desfallsige Briefe entweder nach Wittenberg, oder nach Wesel an seinen Vater Gottfried Heshusius adressiren.

Indessen die vermeintlich „dauernde Verbindung der Geister" mochte doch mit der Zeit einen nicht geringen Stoss erlitten haben, der ihre Dauer in Frage stellte. Kurz Heshusius war jetzt der Art, dass man ihn als Kämpfer gegen Hardenberg berufen konnte.

Auf die Berufung selbst erwiederte er, dass er zwar principiell der Annahme derselben nicht abgeneigt sei. Indess, wenn er auch von den Bremischen Streitigkeiten gehört habe, so sei ihm doch die Lage der Dinge daselbst nicht bekannt, er halte es daher durchaus für nöthig, sich vor Allem davon an Ort und Stelle zu unterrichten. Der Bremer Rath bewilligte ihm freigebig die Reisekosten und so kam er Ende 1559 in Bremen an. Er blieb damals zwölf Tage dort, predigte auch daselbst zwei Mal, kam aber mit seinem alten Freunde nicht in persönliche Berührung

Nachdem er sich hinreichend in Bremen orientirt hatte, erklärte er, er wäre nicht abgeneigt, der Stadt Bremen vor anderen Fürsten und Städten zu dienen. Aber er hätte gehört, dass der Domprediger Hardenberg auf calvinische Weise lehre und predige. Es würde jedoch ein ganz abnormer Zustand sein, wenn zwei Doctoren in einer Stadt verschiedene Lehren verkündigten, so dass der eine des Mittags niederrisse, was der andre des Vormittags aufgebaut hätte. Erst müsste mit Hardenberg ein freundlich Colloquium, eventuell eine Disputation abgehalten werden, dann könne er die Vocation annehmen. In so hochwichtigen Sachen, wie sie bei dieser Disputation in Frage kommen würden, könne übrigens kein Mensch Richter sein, sondern Gottes Wort allein. Er hätte aber nichts dagegen, wenn Rath und Domcapitel der Disputation beiwohnen wollten. Desgleichen könnten auch Alterleute und vornehme Männer zugegen sein und beiden Seiten dürften Doctoren der Theologie assistiren. Wüsste jedoch Hardenberg eine bessere Weise, die Sache zum Austrage zu bringen, so sollte ihm das nicht zuwider sein. —

Aus einem Briefe Hardenbergs an Eber ersehen wir noch, dass Heshusius dem Bremer Rathe Hoffnung gemacht hatte, mit Hardenberg binnen wenig Tagen fertig zu werden; ferner, dass viele Verhandlungen des Rathes stattfanden, von denen nichts in die Oeffentlichkeit drang; dass acht Rathsherren mit der Ordnung dieser Angelegenheit betraut waren und dass der Syndikus Rollwagen sich zu einer Reise an den Dänischen Hof rüste. — Aus demselben Briefe erfahren wir auch, dass der Braunschweiger Superintendent Mörlin, von diesem energischen Vorgehen benachrichtigt, öffentliche Fürbitten von der Kanzel für Heshusius anordnete.

Ausserdem aber hatte auch Heshusius in Bremen ein Glaubensbekenntniss vom Abendmahle hinterlassen, welches, — bereits in Heidelberg aufgesetzt, — seine Rechtgläubigkeit documentiren sollte. Gleichwohl hätte dasselbe den Bremern Veranlassung geben können, diese in Zweifel zu ziehen. Denn gerade die Ubiquität, die ja den Mittelpunkt des Hardenbergschen Streites bildet, leugnet er. Ausdrücklich sagt er nämlich im vierten Punkte: „Wir sagen auch nicht, dass die Menschheit Christi an allen Orten sei, in Holz und Steinen, und Alles erfülle, wie seine Gottheit. Sie dürfen uns deswegen auch keine Ubiquisten heissen mit ihrem Schandmaul, sondern wir lehren, glauben und bekennen dieses: obwohl Christus wahrer Mensch ist und bleibt und sein heiliger Leib im Himmel droben zur Rechten Gottes sitzt, so kann er doch gleichwohl seinen Leib hier auch auf Erden an vielen Orten, nach den Worten der Einsetzung im Abendmahle austheilen, leiblich und wesentlich."

Der Bürgermeister von Büren bemerkte sehr richtig über dieses Bekenntniss, Heshusius sage in demselben aus, dass er zwar kein Ubiquist sei, auch die Ubiquität ausser dem Gebrauch des Abendmahles nicht verfechten wolle, dass aber dennoch seine Lehre vom Abendmahle auf die Ubiquität begründet sei. —

Seine Abendmahlslehre war also durchaus nicht eine consequente Fortbildung der lutherischen Anschauung, wie sie uns später in der Concordienformel vorliegt. Vielmehr war das Materialistische, das darin liegt, in abgeschwächter Gestalt vorgetragen Der Streit zwischen Heshusius und Hardenberg konnte sich daher auch nicht so wie bisher in den beiden Gegensätzen zusammenspitzen: Ubiquität, — Nichtubiquität; sondern es handelte sich bei Ersterem nur um ein gewisses Maass von Materialismus, das Hardenberg nicht zugestehen wollte. —

Hardenberg, — um zum Fortgange des Streites zurückzukehren, — wurde nunmehr durch das Domcapitel veranlasst, sich über Heshusius' Vorschläge in Betreff der Disputation zu äussern. Hardenberg erwiederte, er wünsche schriftliche Verhandlung. Vor Allem aber wünsche er eine Antwort darauf, ob der Rath von vornherein auf Seite der Prediger treten, oder die streitige Frage als eine offene ansehen wolle; sodann, ob über die Ubiquität des Leibes Christi disputirt werden solle, oder ob man diesen Punkt fallen lassen wolle. Erst wenn ihm diese Punkte schriftlich beantwortet seien, wolle er sich weiter vernehmen lassen! —

Es scheint hiernach, als habe Hardenberg einer Disputation überhaupt nicht aus dem Wege gehen wollen. Indessen nur Bremen schien ihm nicht der geeignete Ort dazu zu sein; anderswo hätte er sich unter Umständen dazu verstanden. Er schreibt daher an Melanchthon[1]) (21. December 1559): „Ich habe

---

[1]) Corp. Ref. IX, 994 seqq.

in der Stille bei mir überlegt, ob es Dir und den wenigen andern treuen Freunden nicht angemessen erschiene, wenn ich, ohne dass es jemand wüsste, nach Heidelberg reiste und dort mit Heshusius disputirte. Es schreckt mich freilich Vielerlei davon ab, besonders meine polemische Schwäche[1]) und die Verwegenheit meines Gegners, die mit Unverschämtheit gepaart ist; sodann dass ich nicht weiss, wie die Universität und die Heidelberger Professoren dermalen beschaffen sind. Gehören sie der Partei von Matthias Flacius, an, dann wäre es thöricht, so etwas dort zu unternehmen. Diller kenne ich dort, ausserdem, soviel ich weiss, niemand. Früher in Löwen stand ich in näherer Bekanntschaft mit dem Prinzen Friedrich, der jetzt Kurfürst ist; aber seine Hoheit kennt mich vielleicht nicht mehr. Wenn sich etwas thun liesse, so würden mir jedenfalls Briefe, die ich von Dir an ihn überbrächte, von grossem Nutzen sein. Billigst Du mein Vorhaben, so schicke mir Briefe an ihn, hast Du etwas Andres im Sinne, so bitte ich, schreibe es mir. **Ich bitte Dich, was soll es heissen, dass ich allein über diese ganze Angelegenheit verhandeln muss. Inzwischen ruhen und schweigen die, die diese Angelegenheit in die Hand nehmen könnten und sollten!"** —

In der beigefügten Nachschrift bemerkt er noch: „Wenn Du mit meiner Heidelberger Reise einverstanden bist, dann, bitte, schreib mir die Gränzen und Schranken vor, innerhalb deren, ich mich zu halten habe und welche Form, welche Art und Weise und welche Ordnung ich befolgen soll. Da Heshusius mich aber aus reinem Hochmuth und aus reiner Gewinnsucht herausgefordert hat, — es wird nämlich gesagt, es sei ihm grosser Lohn versprochen, während es sich doch geziemte, dass er nur um einen Bissen Brot bäte, — so möchte ich wissen, soll ich ihm vom Anfang an opponiren, oder soll ich auf das antworten, was

---

[1]) Ich acceptire dankbar die Uebersetzung Franks „polemische Schwäche" für nuditas mea (Gesch. d prot. Theol. I, 135). Wenn Frank aber der Ansicht sein sollte, dass Hardenberg diese Eigenschaft wirklich beizumessen sei, so entgegne ich, dass Melanchthon darüber anders urtheilt. Dieser schreibt an Joachim Moller (9. März 1560): „Nec par est Alberto Heshusio ingenio et eloquentia." Eine nuditas fühlte Hardenberg nicht sowohl, er bildete sie sich nur ein.

er meinen Behauptungen entgegenstellt. — Ueberlege es mit Paul Eber und mit anderen treuen Freunden. — O, verlasst nicht, ich bitte Euch, einen niedergeschmetterten, auf den Tod ermatteten Menschen!" —

Auf diesen augenscheinlich in sehr trüber Gemüthsstimmung geschriebenen Brief, der auch einen nur wenig verhüllten Tadel über die Schweigsamkeit Melanchthons in der durch den Druck hervorgehobenen Stelle enthält, antwortet dieser am Neujahrstage 1560. Er schreibt, die Reise nach Heidelberg erscheine ihm unnütz, denn nach seiner Meinung würde Heshusius, — den jedoch Melanchthon hier mit dem Namen jenes ruhmredigen Officiers im Terenz bezeichnet, nämlich Thraso, —; also: nach seiner Meinung würde jener Thraso nicht so lange in Heidelberg bleiben, bis Hardenberg dort ankäme. Auch würde der Kurfürst keine Disputation stattfinden lassen, weil dadurch nur Unruhe im Volke entstände. Dann heisst es weiter so: „Wenn Thraso zu Euch zurückkehrt und Dich zu einer Disputation auffordert, dann musst Du antworten, Du scheutest nicht eine friedsame Besprechung, aber Du wünschtest, dass auch Schiedsrichter dabei wären. Wenn er mit dem Blitz der Verfluchung daherfährt, wie er das auf der Universität meines Heimathlandes gethan hat, dann wirst Du ihm mit gutem Grunde entgegnen, dass es ungerecht sei, ohne Kenntniss der Sachlage ein Urtheil abzugeben. Zugleich aber wünschte ich, dass Du euerm Collegium nicht eine Disputation sehen lassest, sondern nur eine Sammlung alter Zeugnisse von Augustin, Ambrosius u. s. w. Aus diesen magst Du nachweisen, dass das papistische Dogma neu sei. Es dürfte aber kein neues Dogma in die Kirche hereingezogen, noch eine neue Anbetung eingeführt werden. Eine solche Aufzählung von Zeugnissen nützt mehr als Beweise. Die Zeugnisse, die sie für die Brotverehrung citiren, sind neu oder untergeschoben. — Ich habe aber auch beschlossen, ältere Zeugnisse zu sammeln."

Letzteres Versprechen erfüllte auch Melanchthon, indem er bald darauf (9. Februar) Hardenberg eine Stelle aus Macarius übersandte, in welcher Brot und Wein als Abbild des Leibes und Blutes bezeichnet ist und von den Communicanten gesagt wird, dass sie auf geistliche Weise Leib und Blut Christi genössen. —

Es mochte um Anfang des Jahres 1560 sein, da hatte sich Hardenberg auch direct nach Heidelberg an Michael Diller, und zwar mit einer ähnlichen Anfrage, wie an Melanchthon und Eber gewendet. Ein Brief Dillers an Hardenberg liegt nun zwar nicht vor, wohl aber ein solcher von dem obenerwähnten Heidelberger Professor der Medicin und damaligen Rector der Universität: Thomas Erastus, der den Brief an Diller gelesen hatte und Hardenberg par renommé kannte. Auch Erastus räth von der beabsichtigten Reise nach Heidelberg ab, indem er ebenfalls, wie Melanchthon, vermuthet, der Kurfürst würde die Erlaubniss zu einer Disputation verweigern. Bei dieser Gelegenheit theilt er einiges Charakteristische über Heshusius mit. „Er hatte," — schreibt Erast — „an Gehalt von Seiten der Schule [Universität] 250 fl., von Seiten der Kirche, wie ich höre, 50 fl., 2 Fuder (plaustra) Wein und 25 Maass Getreide jährlich. Diesen ganzen Lohn erbat er sich und erhielt ihn; mit welchem Gewissen, mag er selbst zusehen. Fürwahr, der heil. Hieronymus meinte, der wäre ein Kirchenräuber, der, obgleich er von dem väterlichen und eigenen Vermögen leben könnte, doch von der Kirche, der er diente, etwas annähme. Ich weiss nicht, was er über Tilemann Heshusius urtheilen würde, der seine und seiner Frau Reichthümer rühmend erwähnen soll und der sich nicht gescheut hat, von Schule und Kirche, der er um nichts mehr zu Diensten gewesen ist, als Du, den Lohn von 7½ Monaten zu erbitten und zu nehmen." —

Wir haben diese Stelle hiehergesetzt, da sie uns mit einer nationalökonomischen Ansicht jener Zeit bez. des Erastus bekannt macht, die wir nicht mehr theilen. Genug, dass man das Verfahren des Heshusius in diesem Punkte für habsüchtig ansah.

Eine andere in dem Briefe enthaltene Bemerkung aber war jedenfalls für Hardenberg, wie für uns, interessanter. Erast berichtet, er hätte Heshusius einmal privatim disputiren hören, da hätten aber die im Disputiren Erfahrenen leicht wahrnehmen können, dass er darin allzuwenig Uebung habe. Er wäre viel zu leidenschaftlich und wild, und könne sich durchaus nicht mässigen, so dass eine mehr ruhige Persönlichkeit ihn leicht auf ein beliebiges Gebiet führen könne; nur dass er von der einmal vorgefassten Meinung nicht leicht abzubringen sei. In seinen Predigten sei Wortreichthum, aber Gedankenarmuth zu finden.

So sage er z. B. ein höllisch, teuflisch, greulich, vermaledeiet, grausam, erschrecklich Ding, und dem gegenüber: ein herrlich, gross, gewaltig, tapfer Ding. Auch liebe er Verdoppelungen, wie: tausend tausend Teufel; einige Heidelberger Frauen sagten deswegen, er schüttele aus Aermel und Mund. Eine Frau solle ihm einmal nachgezählt haben, — jedenfalls eine sehr andächtige, — wie viele hundert Male er den Teufel in einer Predigt Erwähnung gethan hätte. — Darnach kommt Erastus zu dem Schlusse, er könne nicht glauben, dass Heshusius mit Hardenberg zu disputiren suche; er glaube aber, dass wenn es dazu komme, Heshusius zum Stillschweigen gebracht werde. Er giebt deshalb Hardenberg den Rath, offensiv zu verfahren, und dem Heshusius eine Disputation anzubieten, jedoch unter der Bedingung, dass gerechte Schiedsrichter, entweder aus Wittenberg, oder aus Leipzig, Frankfurt, Heidelberg zugegen sein möchten. Würde er das thun, so würde er jede Gelegenheit, ihn zu verleumden, von vornherein abschneiden. „Weiche dem Bösen nicht, sondern gehe ihm kühnwagend entgegen." — Indessen dem Zögling des Bruderhauses widerstrebte es, die Offensive zu ergreifen und in der That lagen ja auch dermalen die Verhältnisse in Bremen so, dass an Gerechtigkeit, wenigstens nach Hardenbergs Seite hin, nicht zu denken war. Am liebsten hätte es Hardenberg gesehen, wenn Melanchthon im Verein mit Paul Eber und andern dortigen Männern den Vorkämpfer gemacht hätte. Hatte er diess Melanchthon schon in dem oben angezogenen Briefe (vom 21. December 1559) gar nicht undeutlich zu verstehen gegeben, so rückt er jetzt gegen Melanchthon und Eber deutlicher, und, wie man annehmen muss, leidenschaftlicher mit der Sprache heraus; der Brief selbst scheint verloren gegangen zu sein. Eber antwortet[1]) durchaus ohne alle Vorwürfe gegen Hardenberg und fast nur begütigend. Melanchthon dagegen, der sich anscheinend einigermaassen getroffen fühlte, schreibt ihm (12. Januar 1560): „Dein Brief war im Zorn geschrieben! Du klagst mich an wegen meiner Zögerung oder Mässigung. Darüber könnte ich Dir viele Gründe mittheilen; aber ich will nur einen erwähnen. Ich bitte Dich, erlaube mir, dass ich nicht der alleinige sein will, der eine Formel über eine so grosse Sache aufstellt. Darin stimmte mir

---

[1]) Gerdes, Scrin. Antiq. II. 719.

auch Schnepf in Worms bei. Schon ganzer zwanzig Jahre erwarte ich das Exil, weil ich dargethan habe, dass ich die Brotverehrung nicht billige. Und wenn Du siehst, wie gross die Wuth in denen ist, die an jenem Orte Hunderte von Urtheilen abgegeben haben, so glaube nur, dass ich Gründe für meine Zögerung habe. Auch werde ich durch meine täglichen Beschäftigungen verhindert, ein ganzes Werk herzustellen." —

In demselben Briefe warnt übrigens Melanchthon unsern Hardenberg wiederholt vor einer Disputation, sofern dieselbe auf eine Komödie hinauslaufe, und ertheilt ihm wiederum den Rath, überhaupt ja nicht eher in eine solche zu willigen, als bis Schiedsrichter von beiden Seiten ernannt wären. Auch Andre sucht er zu bewegen, an ihrem Theile dazu beizutragen, dass die Disputation unterbleibe. So schreibt er unter Andern an David Chyträus in Rostock[1]): „Ich höre, dass Heshusius den Bremer Albert herausfordere und denke mir, Mörlin sei der Baumeister dieser Rathschläge. Geht's mit der Bremer Disputation voran, so wird der Same zu neuen Zwistigkeiten im sächsischen Volke ausgestreut, woraus grosse Unruhen entstehen, auch wenn Albert unterdrückt wird. Ich bitte Dich daher, dass Du von der theatralischen Disputation abräthst. — Du weisst, es ist leichter, einen Staat zu beunruhigen, als zu beruhigen." —

Inzwischen gingen die Verhandlungen, die der Rath mit dem Domcapitel pflog, weiter. Sie sind langweilig und unbedeutend und haben nur das Bemerkenswerthe, dass der Rath nicht mehr so sehr wie früher die Ubiquität betonte. —

Melanchthon hatte noch gegen Ende Februar nicht recht daran glauben wollen, dass der Bremer Rath auf eine Disputation dringen werde, bis ein Rostocker Magister Posselius nach Wittenberg kam und dort erzählte, Heshusius habe sich gerühmt, dass er sich zur Disputation nach Bremen begebe. „Ich habe mir gedacht," — schreibt Melanchthon 29. Februar 1560 an Hardenberg, ähnlich wie an Chyträus — „dass Mörlin der Baumeister dieser Rathschläge sei und der hat Ränkeschmieder zu Genossen. — Ich ermahne Dich aber, dann, wenn Du zum Kampfe gerufen wirst, zu verlangen, es möge Dir gestattet werden, dass Du **Petrus Martyr, mich und einige andre Freunde kom-**

---

[1]) 5. März 1560, Corp. Ref. IX, 1065 seq.

men lassest. — Wenn übrigens der Bremer Rath und Euer Kapitel zugeben, dass eine Disputationscomödie zu Stande kommt, dann werden viele weise Leute urtheilen, dass sie unklug handeln. Diesen meinen Brief kannst Du verständigen Männern in Euerm Kapitel zeigen." So Melanchthon!

Gewiss hatten die beiden letzten Briefe Hardenbergs an ihn, in denen er etwas leidenschaftlich zum Vorangehen im Kampfe aufgefordert ward, einen tiefern Eindruck auf ihn gemacht. Denn in der That, es ist etwas überraschend, dass sich Melanchthon von selbst erbietet, Hardenberg in der Disputation beizustehen. Und Melanchthon verkannte das Schwierige und Gefährliche solches Unternehmens keinen Augenblick. Noch in einem Briefe vom 30. März 1560 schrieb er: „Die Gefahr wächst für die, die die Brotverehrung, wenn auch bescheiden, bekämpfen!" — Das war leider der letzte Brief Melanchthons an Hardenberg. Es war ihm nicht mehr beschieden, für Hardenberg in die Schranken zu treten. Gerade jetzt, da dieser eines gewaltigen Beistandes bedurfte, wurde er desselben beraubt. Melanchthon starb 19. April 1560. —

Mit der Disputation aber ging es auch nicht so eilig, als sich der Rath wohl gedacht hatte. Das Domcapitel wandte sich an den Erzbischof mit der Anfrage, ob man Hardenberg aufgeben solle, sich der Disputation zu unterwerfen. Der Erzbischof aber, der längst die Ränke der Gegner Hardenbergs durchschaut hatte, erklärte sich dagegen. Auch wurden von ihm, wie von den Ständen, Abgeordnete an den Bremer Rath gesandt, die Disputation zu verhindern. In ähnlicher Weise verfuhr die Gräfin Anna von Ostfriesland und deren Bruder, der Graf Christoph von Oldenburg. Von beiden erschienen Abgeordnete in Bremen, den Streit zu beschwichtigen. Man drang ordentlich in den Bremer Rath, doch Hardenberg ein unparteiisches Verhör zu gönnen und die ganze Angelegenheit den Universitäten Wittenberg, Leipzig, Marburg und Heidelberg vorzulegen; — würden aber die Bremer fortfahren, Hardenberg zu insultiren, so müsse man sich weiter beschweren. —

Bei der Unterredung der Abgeordneten mit den Bremer Rathsherren kam es auch einmal vor, dass der Bürgermeister Kenkel äusserte, wenn nur Hardenberg die Gegenwart des wahren Leibes und Blutes Christi im Abendmahle unangetastet lasse, dann wolle man mit ihm über die Ubiquität nicht streiten. — Die Abgeordneten, darüber hoch erfreut, theilten diess sofort an Hardenberg mit und dieser erklärte, wenn der ganze Rath hierin mit dem Bürgermeister Kenkel übereinstimmte, so wäre der Streit mit einem Male zu Ende und eine Disputation unnöthig. Denn, wie schon oft gesagt, über das Abendmahl habe er keinen Streit, nur über die Ubiquität, die er leugne, während sie dieselbe bislang eifrig getrieben hätten.

Schon glaubten die Abgeordneten am Ziele angekommen zu sein. Sie setzten die übrigen Bürgermeister, — es gab deren vier, — von dem Vorgefallenen in Kenntniss und ersuchten sie, den Rath zusammen zu berufen, um diesen Punkt genauer festzustellen. Indessen die Bürgermeister gaben nach stattgehabter Berathung unter sich den Abgeordneten den Bescheid, dass jenes blos eine subjective Ansicht Kenkels gewesen sei, wegen deren sie sich nicht in der Lage sähen, den Rath zusammen zu berufen. Das Gespräch wäre einmal angesetzt und müsse stattfinden! — Noch einmal machte der regierende Graf Anton von Oldenburg einen Versuch, Frieden zu stiften, bez. die Disputation abzuwenden; — Alles vergeblich. Die Gegner Hardenbergs, Tileman Heshusius Allen voran, wurden dadurch nur kühner gemacht. Jenen Abmahnungen gegenüber von Seiten der ostfriesischen und oldenburgischen Höfe lief nun auch noch ein Brief des Herzogs von Mecklenburg ein, in dem die Disputation sehr empfohlen wurde. —

Durch alle diese Zwischenfälle verzögerte sich dieselbe noch um einige Zeit. Als aber alle Hindernisse beseitigt, der Hauptkämpfer Heshusius in Bremen erschienen war, da setzte man den Tag der Disputation fest, der dann wieder etwas verschoben war, bis es denn endlich im Mai 1560, der Tag lässt sich nicht ganz sicher feststellen, — es scheint der 10. Mai gewesen zu sein — zwar nicht zu einer Disputation zwischen Hardenberg und Heshusius, aber doch zu einem Kampfe kam. —

Fünftes Kapitel.

Die Bremer Disputation.
(Mai 1560.)

Das Bremer Rathhaus ward in seinem obern Theile zu einer theologischen Arena umgewandelt. In der Mitte des zum Kampfplatz bestimmten Raumes, „midden in der Dörnsen", stand eine Tafel, an deren einer Seite Heshusius sass, mit drei Superintendenten aus den Nachbarstädten: Paul Eitzen von Hamburg, Mörlin von Braunschweig und Becker von Stade. Die andre Seite, für Hardenberg und dessen etwaige Beistände bestimmt, war leer. Auf die Vorladung zum Gespräch hatte er ablehnend geantwortet, es sei ihm von seinem Herrn, dem Erzbischof und dem Domcapitel untersagt, zu erscheinen. — Zu Dirigenten des Gespräches waren Syndicus Rollwagen und Consulent Vogeler ernannt.

Der Rath hatte die Absicht, die Disputation unter allen Umständen, wenigstens formell zu eröffnen und Hardenberg, falls er nicht erschiene, als überwunden und überwiesen anzusehen. Man lud ihn deshalb noch zum zweiten und dritten Male vor; aber er erschien nicht. So war man denn schliesslich genöthigt, ohne ihn die Verhandlungen zu eröffnen, die voraussichtlich nach kurzer Dauer mit seiner Verurtheilung enden mussten. Indessen es kam anders, als vielleicht die Meisten sich gedacht hatten! — Glücklicher Weise ist uns noch' ein Brief des Bürgermeisters von Büren an seinen Schwager D. juris Johann von Borken, kurfürstlich Brandenburgischen Rath, erhalten, ein Brief, der uns ein so lebendig treues Bild der ganzen Verhandlung giebt, dass wir oft die Kämpfer geradezu vor uns zu sehen meinen! —

Zu dem angesetzten Gespräche, um diess noch zu bemerken, hatten sich sämmtliche Rathsherren, ausserdem Deputirte der Bürgerschaft, Oldenburgische und Ostfriesische Abgeordnete eingefunden. Vom Domcapitel und von den Räthen des Erzbischofs war niemand erschienen. — Der Bürgermeister von Büren hätte als derzeitiger Präsident im Rathe eigentlich die Disputation durch eine Ansprache eröffnen müssen. Man hatte ihm indess diess Präsidium aus den Händen zu winden gesucht, und so lag es dem Bürgermeister Esich ob, die formelle Eröffnung zu vollziehen. —

Bei dieser scheinen übrigens die Theologen — nach Bürens Briefe — nicht gleich zugegen gewesen zu sein. Die Sache ist jedoch insofern ohne Bedeutung, als sie, bald darauf hereingerufen, dasselbe zu hören bekamen, was Andre bereits vernommen hatten.

Das Wesentliche von Esichs Rede war Folgendes: Zwist ist ein schädlich Ding, besonders in Religionssachen. Wir haben hier seit 38 Jahren friedlich gelebt und unsre Lehre der Augsburgschen Confession ist auch in des Reiches Friedensstand aufgenommen, während Secten, einem andern Bekenntniss zugethan, davon ausgeschlossen sind. Dieser Lehre gemäss hat sich auch D. Albert Hardenberg bis vor ungefähr fünf Jahren gehalten. Da unterstand er sich, in Betreff des Abendmahles eine der Augsburgischen Confession widersprechende Lehre einzuführen. Dadurch hat er diese Kirche unruhig gemacht, sie aus dem Friedensstand in Unfrieden gesetzt und hat sich ausdrücklich vernehmen lassen, dass er mit der Augsburgschen Confession nicht überall zufrieden sei. Dem Amte der Obrigkeit aber gebührt es, dem nicht länger zuzusehen. Sie ist eben so gut Wächterin der ersten wie der zweiten Gesetzestafel; ihr muss also daran gelegen sein, zu wissen, was für eine Religion sie zu dulden hat. Es giebt aber keinen bessern Weg, solchen Zwist zu beseitigen, als eine freundliche Disputation von der Lehre, zu welchem Behufe diese Versammlung anberaumt ist. Nun hat zwar D. Albert sich etliche Male dahin vernehmen lassen, dass er verschiedener Ursachen halber nicht erscheinen könne. Indess das ist nicht recht. Man hat ihm das in freundlicher Weise gesagt in der Zuversicht, er werde sich noch bedenken und nicht ausbleiben, damit er nicht als hartnäckig (contumax) und als einer, der das

Licht scheue, angesehen werde. — Hierauf nahm von Büren das Wort und sprach[1]):

Was das Erste, den Zwist in der Gemeinde, anbelangt, so bedarf das Gefährliche desselben keiner besondern Ausführung. Aber die Frage ist die: wer hat diesen Zwist erregt und welcher Theil lehrt der Augsburgschen Confession gemäss? Nun sagt D. Albert, dass er in Betreff des Abendmahles keinen Zwist erregt habe, sondern lediglich in Betreff der Ubiquität, welche Herr Johann Timann zu St. Martini in die Kirche einzuführen und darüber zu predigen sich unterstanden. Wir aber, der Rath, haben den Zwist vom heil. Abendmahle darein gemengt, ihm zum Schaden (Verfange), unsern andern Predigern aber zum Besten. Diess ist so hell am Tage, dass es mit Grund der Wahrheit nicht geleugnet werden kann. Nun ist aber dennoch Hardenbergs Abendmahlslehre der Augsb. Confession nach ihrem wahren Verständniss und nach der Auslegung dessen, der sie gemacht, nicht entgegen, so dass er sich dieserhalb allen Gelehrten der Augsb Confession zu unparteiischem Verhör erboten. — Ausserdem hat sich D. Albert für den Frankfurter Abschied erklärt, welchen Kurfürsten und Fürsten, denen Frieden und Unfrieden doch auch nicht gleichgiltig ist, angenommen haben. Von den Prädicanten liegt hierauf bis diesen Tag keine solche Erklärung vor. Es wird ihm also mit Unrecht beigemessen, dass er die Augsb Confession verworfen habe. Wahr ist nur diess. Als man ihn drängte, er sollte sie gegen seine Meinung und gegen den Sinn dessen, der sie gemacht, deuten und gebrauchen, da antwortete er, man solle niemand auf ein andres Buch, als allein auf die heil. Schrift verpflichten; darauf habe er bei seiner Promotion geschworen. Er wolle übrigens die Augsb. Confession nicht getadelt haben, er hielte sie vielmehr für gut; aber immerhin nur für einen Auszug aus der Bibel und lasse jene gelten, soweit sie dieser gemäss wäre. Dass ihm solches Alles als strafbar angerechnet werden soll, kann ich nicht billigen. Denn Luther selbst, sel. Andenkens, sagt dasselbe in seinem Büchlein,

---

[1]) Wir geben die Unterredung fast wörtlich, einige Abkürzungen und Stylveränderungen ausgenommen, nach Bürens Brief, den die Bremer Stadtbibliothek aufbewahrt, und mit der Modification, dass da, wo das Manusc. indirecte Rede aufweist, dieselbe in directe verwandelt ist.

das er gegen Zwingli und Oekolampadius geschrieben hat, betitelt: „dass diese Worte (das ist mein Leib) noch fest stehen." Daselbst führt er weitläufig aus, wie gefährlich es sei, wenn man von der heiligen Schrift auf solche Schriften und auf Satzungen der Kirchenväter fällt.

Zum Andern: es ist richtig, die Obrigkeit ist Hüterin auch der ersten Gesetzestafel. Aber ihre Macht erstreckt sich keinesweges über die äussere Disciplin hinaus. Das Urtheil aber über die Lehre steht jedenfalls der ganzen Kirche zu, wie Melanchthon in seiner Postille über das Evangelium am 5. Epiphansonntage „vom Unkraute unter dem Weizen" sagt. Wenn es aber bei der Obrigkeit stehen sollte, was für eine Lehre sie dulden wollte, oder nicht, dann hätten die hohen Potentaten, Kaiser und Könige, ja selbst das Papstthum, viel für sich. Denn diese wollen eben keine andre Lehre in ihren Gebieten gestatten, als die des Papstthumes und deswegen wird noch tagtäglich so viel unschuldig Blut vergossen. Schont man doch selbst im grossen Eifer dabei der eigenen Blutsverwandten nicht! —

Zum Dritten. Es ist richtig, es giebt, um solche Differenzen auszugleichen, keine bessere Art und Weise, als eine ordentliche und freundliche Disputation. Aber dabei ist es unerlässlich, dass unparteiische Richter vorhanden sind und dass es unverfänglich zugehe. Nun hat sich D. Albert vor Kurzem dahin erklärt, dass er keine Veranlassung finde, von dem Streite über Ubiquität zum Streite in Betreff des Abendmahles überzugehen; denn über das letztere habe er keinen Streit erregt. So sei es ihm auch von unserm gnädigen Herrn, dem Erzbischof, und von seinen Herren insbesondre, nämlich von den zum Domcapitel und der Landschaft Verordneten, widerrathen und geradezu verboten. Daher ist er meines Erachtens bei allen Unparteiischen wohl entschuldigt, wenn er Bedenken trägt, sich in ein solches Colloquium zu begeben, in welchem noch dazu beide, die Richter sowohl als die Parteien, seine Gegner sind. Denn es ist am Tage, dass die andern drei Bürgermeister sammt dem „heimlichen Ausschusse" mit den hieher geforderten Theologen acht Tage lang stets Vormittags und Nachmittags zu Rathe gegangen sind und zweifelsohne mit einander berathschlagt haben, wie man die Sache am besten anzufangen habe. Diese Theologen aber sind die vornehmsten unter denen gewesen, die vordem zwischen dem seligen

Philipp Melanchthon und Flacius Illyricus unterhandelten und unter dem Scheine der Freundschaft dem Philippus sehr verfängliche Artikel vorgelegt haben, wie jedermann weiss. Hieraus ist denn deutlich zu erkennen, wessen sich D. Albert zu gewärtigen hat, wenn er mit solchen Leuten unterhandelt. Meine Ansicht geht daher dahin, dass es billig sei, den D. Albert mit solchem parteiischen Vornehmen zu verschonen. So hat uns unser gnädiger Herr, das Domcapitel und die Landschaft stets gerathen. Es thut folglich noth, von der Sache abzustehen und diese einem unparteiischen Verhör zu überweisen. —

So weit Bürens erste Rede. Sie war, das liegt offen vor, ein Protest gegen eine etwaige Verurtheilung Hardenbergs; ja Büren liess in ihr nicht undeutlich durchblicken, dass er mit Hardenberg wesentlich übereinstimme. Es kann uns daher nicht wundern, dass man ihm hierauf antwortete und dass an die Stelle einer Disputation zwischen Hardenberg und den Theologen ganz von selbst eine Disputation zwischen diesen und dem Juristen Büren trat.

Von den Rathsherren wird uns zunächst berichtet, dass sie „vast endrustet" gewesen wären. Den Theologen aber war es vorbehalten, der fast allgemeinen Entrüstung den entsprechenden Ausdruck zu geben. Was insbesondere Hardenberg von den Theologen gesagt hatte, die, unter dem Scheine der Freundschaft, Melanchthon sehr verfängliche Artikel vorgelegt hätten, bezog sich hauptsächlich auf den anwesenden Superintendent Mörlin[1]). Und so entstand, indem dieser zuerst, in Veranlassung des persönlichen Angriffes, das Wort nahm, folgendes Gespräch:

Mörlin: Das sind lauter Persönlichkeiten. Wir müssen an die Hauptsache herantreten. Also frage ich euch: was ist eure Meinung von der Sache?

Büren: Die Disputation ist nicht meinetwegen angestellt. Indessen trage ich keine Scheu, meine Meinung offen auszusprechen. Habe ich doch dieselbe mehrmals vor dem ganzen Rathe bekannt. Es ist diese: ich glaube gewiss, dass die, welche das Abendmahl nach der Einsetzung Christi recht gebrauchen und dem Worte glauben, wahrhaftig und mit der That empfangen: den wahren, wesentlichen Leib und das wahre wesentliche

---

[1]) Heppe I, S. 192 flg.

Blut Christi. — So habe ich es von Luther, gottseligen Andenkens, selbst gehört, als er über den Katechismus predigte, was jetzt gedruckt ist. Damals fügte er hinzu: **Halte Du Dich nur fest an das Wort; es wird Dich nicht betrügen. Wie das aber zugeht, gehört nicht auf den Predigtstuhl, sondern in die Schule.** — Nun hätte ich für meine Person es gern gesehen, wenn diese Schulfrage hier in Bremen vom Predigtstuhle weggeblieben sei. Da sie aber einmal auf denselben gekommen und zur Begründung desselben die Lehre von der Ubiquität in die Kirche eingeführt ist, so muss ich bekennen, dass ich dadurch zu näherem Verständniss der Sache gekommen bin.

Eitzen: Was empfängt der Mund[1]?

Büren: Der selige Luther citirte bei Auslegung der heiligen Sacramente den Spruch Augustins: es trete das Wort zum Elemente hinzu (accedat verbum ad elementum). Dabei sagte er unter Andrem: **das Wort kannst Du in den Bauch nicht fassen.** Hieraus ergiebt sich, dass nach Luthers Ansicht im Sacramente zwei Dinge zu unterscheiden sind, ein auswendiges, nämlich das Element und daneben ein inwendiges, nämlich das Wort. So empfängt der auswendige Mensch das Seine, nämlich das Element und der inwendige Mensch das Seine, nämlich das Wort; also der ganze Mensch: das ganze Sacrament ungetheilt. So Luther. Aehnlich ist es bei der Taufe. Da wird der Leib begossen: der aber kann nicht mehr fassen, als das Wasser. Dazu wird das Wort gesprochen, das aber kann die Seele fassen.

Eitzen: Das genügt nicht; ich will bestimmter wissen, was der Mund empfängt.

Büren: Weil man so hart darauf dringt, so will ich frei heraussagen: das auswendige Zeichen; — denn das kann ich mit Luther selbst beweisen.

Eitzen(?): Wo sagt das Luther?

---

[1] Luther hatte bekanntlich (s. oben S. 191) behauptet, der Leib Christi würde mit dem Munde genommen, mit den Zähnen „zubissen" u. dgl. Ausserdem hatte Luther in einem Briefe an die Frankfurter (1533) diesen den Rath gegeben, man solle einen der Sacramentirerei verdächtigen Lehrer fragen, was das sei, das er mit seinen Händen darreiche und der Mund empfange. Die Frage Eitzens war also sehr verfänglich! Büren musste vorsichtig zu Werke gehen.

Büren: In seinem Sermon, den er 1521 vom Sacrament des Abendmahls veröffentlicht hat.

Eitzen: Luther hat nachher aber anders gelehrt.

Büren: Er hat aber denselben Sermon in seinem Gebetbüchlein (Bedebokeschen) 1542 wiederum aufs Neue drucken lassen und zwar von Wort zu Wort. — —

Wir müssen hier den Dialog unterbrechen. Ob man diess bezweifelte, oder ob Büren seinen lutherischen Standpunkt den Anwesenden recht ad oculos demonstriren wollte: kurz er beurlaubte sich und holte das kleine Buch. Das Exemplar, das er vorbrachte, war ein ihm theures Vermächtniss. Seine verstorbne Frau Becke von Borken hat es einst von ihrem Bruder, dem obengenannten Rath von Borken, an den er über diese jetzigen Rathhausverhandlungen ausführlich berichtet, zum Geschenk erhalten. Er nahm aber gleichzeitig auch noch mit: Luthers Katechismus; Timanns farrago; Luthers Schrift: „dass diese Worte noch fest stehen" und Melanchthons loci. —

Mit dieser litterarischen Waffenrüstung begab er sich wieder aufs Rathhaus und zeigte dem D. Eitzen zwei Stellen in dem „Bedebokeschen", in denen Luther[1] Wort und Zeichen genau von einander unterscheidet und nur von dem letzteren ausdrücklich ein Geniessen mit dem Munde behauptet.

Eitzen: Luther sagt aber in demselben Buche später, er stelle sein Glaubensbekenntniss dahin, dass wahrhaftig der Leib und das Blut im Brot und Wein mündlich gegessen und getrunken werden.

Büren: Das ist wahr. Aber quae in praecedentibus dicta, in sequentibus repetita intelliguntur (Was im Vorhergehenden gesagt ist, wird im Nachfolgenden als wiederholt angesehen). Daraus ist wohl zu ermessen, welches die Meinung Luthers von dem mündlichen Essen gewesen sei. (Büren wiederholt dabei, was Luther sowohl von der Taufe als vom Abendmahle sagt: das Wort kannst Du in dem Bauche oder mit der Faust nicht fassen).

---

[1] Die Worte Luthers sind von Büren in niederdeutscher Mundart angeführt; er scheint also eine niederdeutsche Ausgabe gehabt zu haben.

Eitzen (zieht ein Exemplar des lutherischen Katechismus hervor, schlägt die Stelle vom Abendmahle auf und sagt): Luther unterscheidet sich selbst [1].

Büren: In welcher Weise kann ich die Worte: **das ist mein Leib**, desgleichen: **dieser Kelch ist das neue Testament u. s. w.** fürder in den Bauch oder mit der Faust fassen? Desgleichen diese Worte: **Das für euch gegeben und vergossen wird zur Vergebung der Sünden?** —

Hierauf erfolgte vorerst Schweigen. Büren bemerkte dazu in seinem Berichte: „worup ick noch bet up düssen dach unbeandwordet gebleuen." Man konnte unmöglich leugnen, dass das Wort (das ist mein Leib, dieser Kelch ist das neue Testament u. s. w.) ein wesentlicher Bestandtheil des Sacraments sei, ohne Luther zu nahe zu treten. Sollte nun aber, — wozu allerdings anderweitige Worte Luthers Veranlassung gaben, — das ganze Sacrament mit dem Munde genossen werden, so war die Antwort auf die Frage unumgänglich nothwendig: Wie kann ich das Wort: „das ist mein Leib", mit dem Munde aufnehmen. — Der kluge Jurist hatte hier die Theologen auf einen Widerspruch in ihrer Lehre aufmerksam gemacht, an den sie vielleicht selbst nicht gedacht hatten, und sie auf diese Weise zum Schweigen gebracht. Schliesslich bricht Heshusius das Schweigen, bringt das Gespräch auf die Gegenwärtigkeit des Leibes Christi im Abendmahle und fragt Büren.

Heshusius: Glaubt ihr an die Gegenwärtigkeit Christi im Abendmahle?

Büren: Ich schliesse sie nicht unbedingt aus. Aber eine solche Gegenwart, aus der man die Ubiquität folgern will, kann ich nicht annehmen.

Heshusius: Ich vertheidige die Ubiquität nicht; ich habe vielmehr öffentlich dagegen gepredigt.

Büren: Das habe ich wohl gehört; das war am Ostermontage. Da habt ihr wohl im Allgemeinen gesagt, dass die Lehre unrecht wäre; aber als ihr insbesondre von dem Gegentheile hättet reden sollen, ob denn auch Christi Leib als ein wahrer Menschenleib auf einer Stätte wäre, oder einen Raum einnähme,

---

[1] Soll jedenfalls heissen: Luther widerspricht sich.

da seid ihr darüber ¹) weggehüpft und darum gegangen, wie die Katze um den heissen Brei. Dasselbe war meines Erachtens die Ursache, weshalb ihr am Tage zuvor bei den Worten: er ist auferstanden und ist nicht hier, gesagt habt, es wäre wohl Ursache von dem Artikel zu reden; aber die Zeit erlaube es nicht. Und doch hättet ihr Zeit darauf verwenden können, auch wenn euch der Text nicht so klar entgegen gewesen wäre. Wer nicht hier ist, ist sicherlich nicht allenthalben; — ist das auch eure Meinung?

Heshusius: Nein!

Büren: Körper lassen sich ohne räumliche Ausdehnung nicht denken, oder es sind keine; so sagt Augustin ²).

Heshusius: Ja; aber Augustin redet von unsern Leibern und ausserdem ist das Argument der Philosophie entnommen. Hier handelt es sich aber um den Leib Christi, der mit der Gottheit in Verbindung steht.

Büren: Augustin sagt diess gerade von dem Leibe Christi, und wenn auch dieses Argument der Philosophie entnommen ist, so hat doch Christus selbst aus der Physik argumentirt. Er sagt z. B. in Betreff seines Leibes nach der Auferstehung: Fühlet mich und sehet, denn ein Geist hat nicht Fleisch und Bein. Desgleichen zu Thomas: lege Deine Finger in meine Seite. Wenn nun Christus selbst solche Argumente aus der Natur genommen hat, um St. Thomas und den andern Aposteln, ja somit der ganzen Christenheit seine wahre Menschheit auch nach der Auferstehung zu beweisen, so lasse ich es mir nicht nehmen, von dem Leibe Christi nach den Regeln der Physik zu argumentiren.

(Heshusius und die Andern kommen wieder auf die Gegenwart des Leibes Christi zurück.)

Büren: Die Gegenwart nehme ich an, von der Luther in der Auslegung zu Gal. 3 redet, auf welche auch die farrago von Timann hinweist. Dort sagt Luther: Es ist nothwendig, dass Christus in uns sei, lebe und wirke, und zwar nicht speculative, sondern wirklich, wirksam und gegenwärtig (realiter, efficacissime

---

¹) „Darauer hen gehupped und dar ümme gegan, alse de Katte einen heten brig."

²) „Tolle spatia locorum corporibus et nusquam erunt, et quum nusquam essent, nec erunt."

et praesentissime). Aber eine andere Gegenwart, besonders eine solche, aus der man die Ubiquität auferbaut, erkenne ich nicht an [1]).

Mörlin (zornig auffahrend): Herr Bürgermeister, wenn Ew. Ehrb. glaubt, wie sie bekennt, so sage ich euch unter die Augen und will es wiederholt sagen: ihr seid ein Sacramentsschwärmer. (Mörlin wiederholt diese Worte und fährt fort:) Denn wie Zwingli, Karlstadt und Kalvin geschrieben, also habt ihr hier bekannt.

Büren: Was ich bekannt habe, das lehrt auch D. Luther [2]). Hat Zwingli und die Andern dasselbe gelehrt, so kann ich deren Schriften nicht verwerfen.

Mörlin (gegen den Rath gewendet): Ihr habt in eurer Stadt eine Secte und sacramentirerische Lehrer! —

Die Rathsherren: Solche Häretiker werden wir nicht dulden!

Büren [3]) (zornig über diese Wendung des Gesprächs): Mörlin, ihr seid die Ursache, dass das Colloquium zu Worms seinen Fortgang nicht gehabt hat, und ihr seid ausserdem nebst eurem Anhange schuldig an dem Blute der Märtyrer, das jetzt in Frankreich und Spanien so häufig vergossen wird.

Mörlin (auf das Heftigste durch Bürens letzte Rede erschüttert): Was das Colloquium in Worms betrifft, so bin ich allein die Ursache, dass dasselbe überhaupt noch soweit fortgeschritten ist. An dem Blutvergiessen in Frankreich aber bin ich

---

[1]) Büren in dem Briefe an seinen Schwager ist hier etwas kurz. Mörlin in einem Briefe an Flacius (C. B. N. 44 vom 24. Juni 1560, abgedruckt bei Wagner S. 239), ist ausführlicher. Beide Berichte sind übrigens im Wesentlichen übereinstimmend. — Büren fährt nur, nachdem er seine oben angeführte Rede berichtet hat, so fort: „Alse ick dort gesecht, hebbe ick vort sententiam in barbam gekregen: ick were ein Zwinglianer" u. s. w.

Uebrigens ist aus Bürens Antwort ganz klar zu entnehmen, dass er, ebenso wie Hardenberg, nur eine geistige Gegenwart Christi im Abendmahle annahm.

[2]) Es steht allerdings im C B. „hoc docet D. Albertus". Aber schon Wagner hat vermuthet, es müsse „Lutherus" heissen.

[3]) Den nun folgenden Schluss des Gespräches hat Mörlin in seinem Briefe an Flacius gar nicht erwähnt. Dagegen berichtet, im Wesentlichen mit Büren übereinstimmend, Kenkel in seiner geschriebenen Chronik S. 38. darüber. Das Factum ist darnach zweifellos; aber wahrscheinlich schwieg Mörlin absichtlich, indem er sich getroffen fühlte.

ganz unschuldig. Uebrigens handelte es sich dort um eine Vertheidigung der Wahrheit gegen die Verfälschungen der Sacramentirer! — Aus euern Aeusserungen aber lassen sich D. Alberts Meinungen sehr gut abnehmen! —

Büren: Ich rede für mich allein und will D. Albert nicht vorgegriffen haben! — —

Stürmisch [1]) endete so die Unterredung dieses denkwürdigen Tages auf dem Bremer Rathhause! — Wir wollen nicht von fern in Abrede stellen, dass diese Disputation gar manche Sophismen und dogmatische Spitzfindigkeiten aufrührte. Aber trotz alledem ist sie doch von nicht geringem Interesse. Sie zeigt uns, wie zuerst die hochfahrenden lutherschen Theologen, die das ganze Sacrament mit dem Munde empfangen wissen wollen, auf die Frage des Bürgermeisters: wie denn der Mund das Wort der Verheissung empfange, keine Antwort geben können, und — schweigen müssen; dadurch aber die Unzuträglichkeit ihrer Orthodoxie beurkunden. Wir sehen ferner, wie Heshusius, trotz aller seiner vermeintlichen Rechtgläubigkeit, doch hinsichtlich der Ubiquität sich von dem als sacramentirerisch verschrieenen Büren mit Recht vorwerfen lassen muss, er sei darum gegangen, wie die Katze um den heissen Brei, — wie denn auch Heshusius heutzutage von echten Lutheranern, denen die Ubiquität als Glaubensartikel gilt, als Irrlehrer angesehen werden müsste. Wir sehen endlich, dass es den Theologen nicht möglich ist, den wackern Bürgermeister zu überwinden, dass sie vielmehr schliesslich den Knoten nur zerhauen, nicht lösen! —

Des andern Tages stellten sich die obengenannten Doctoren noch einmal ein. Hardenberg wurde wiederum und zwar peremtorisch citirt, blieb aber bei seiner vorigen Weigerung und erschien nicht!

Da machten die Doctoren einen letzten, anscheinend gütlichen, aber dabei doch gar zu plumpen Versuch, ihn zu einer Unterredung mit ihnen zu nöthigen. Sie liessen ihn nämlich einen oder zwei Tage später für ihre Person „familiariter" durch einen jungen Magister, Namens Hermann Brüggemann, ersuchen, er möchte gestatten, dass sie mit ihm eine Unterredung, ohne

---

[1]) „Alse dort men sick damahls in Hader und Wedderwillen schedede", sagt Kenkel, geschr. Chronik S. 38.

dass dieselbe einen officiellen, oder gar gefährlichen Charakter tragen sollte, haben dürften. Sie hätten ihm auch noch Etwas zu sagen, was ihm gewiss von Interesse wäre.

Doch auch dieses Lockmittel, gut für kleine Kinder, verfehlte seines Zweckes. Hardenberg bedankte sich für solche familiäre Zusammenkunft, verzichtete auf die interessanten Neuigkeiten und damit auf die persönliche, ungefährliche Unterredung mit den Herren Doctoren. „Nicht unbillig"; — sagte einer von Hardenbergs Gegnern halb ärgerlich, halb spöttisch — „denn er musste befürchten, dass seine wissenschaftliche und speciell theologische Unkenntniss an den Tag gekommen sein möchte."

Nachdem alle Mittel vergeblich angewendet worden waren, Hardenberg zu einer Unterredung zu bewegen, nahmen die Doctoren Abschied von Bremen und empfingen vom Rathe ein jeder 30 Thaler. —

Der Rath in seiner Majorität, Manche aus der Bürgerschaft, dazu die Prediger, hätten Heshusius gern behalten. Aber er wollte nur dann bleiben, erklärte er jetzt, wenn Hardenberg abgesetzt würde. Sein Geist sage ihm, Hardenberg und seine Anhänger gingen mit Aufruhr um; sie würden eine günstige Gelegenheit wahrnehmen, denselben ausbrechen zu lassen und alle Welt würde dann schreien, das käme blos von ihm, nämlich von Heshusius, her. Uebrigens wollte er für die Stadt Bremen beten und wenn man seiner zu Colloquien und Disputationen mit den Sacramentirern bedürfte, würde er gern bereit sein zu kommen.

Wie Heshusius damals in Bremen gepredigt habe, davon findet sich noch eine Probe vor, nach Hardenbergs Angabe von glaubwürdigen Leuten wiedergegeben. Sie ist der Himmelfahrtspredigt 1560 entnommen: „Christus erfüllt mit seiner Menschheit Alles in Allem, gleichwie die Gottheit. Als Christus gen Himmel gefahren ist, ist er in seinem Leibe unsichtbar und ungreifbar geworden, wie die Engel; — wie Christus selbst gesagt hat: in der Auferstehung sollt ihr werden als die Engel. Die Engel kann man nicht greifen; die Engel können allenthalben sein, wo sie wollen. Die Zwinglianer, Sacramentsschänder, Rottengeister, Kaparnaiten, unsre Feinde, die Verleumder, Lügenmäuler, die Nachtraben! Der Lügner scheut das Licht! Er hat das Maul verbrannt, dass er nicht sprechen kann, und will die Bekenntnisse seines Glaubens nicht darthun. Er sagt, er habe sein Bekenntniss im Dome in der Predigt gethan. Das ist nicht genug; das hilft nichts. Der Heuchler, der fährt her mit seinem Gugelsack und sagt aus seiner Philosophie: Christi Leib ist zum Himmel gefahren und sitzt zur rechten Hand Gottes; darum ist er nicht im Abendmahle. Du Lügner, weisst Du nicht, dass Christus zur Rechten Gottes sitzt und alle Dinge in Allem erfüllt, wie Paulus sagt Ephes. 1. Darum hat Christus seinen verklärten Leib, welcher ist wie der der Engel: ungreifbar, unsichtbar, an die Rechte Gottes gesetzt und regiert mit Gott dem Vater allenthalben, wo die rechte Hand Gottes ist und kann mit seinem Leibe allenthalben sein im Abendmahle, wie Engel allenthalben sein können, wo sie wollen." — Weitere Proben solcher edeln Sprache später! So viel für jetzt über Heshusius!

Wie aber Mörlin nunmehr in der Hardenbergschen Angelegenheit gesinnt war, geht deutlich aus dem bereits citirten Briefe an Flacius hervor. Da sagt er: „Es werden jetzt wunderliche Berathungen gepflogen von Seiten des Bischofs, auch des Bremer Senates und des Bürgermeisters Daniel. Ich hoffe indess nächster Tage zu hören, dass der Rath sowohl Daniel als Albert aus der Stadt vertrieben hat. Die Fürsten dieses sogenannten sächsischen Kreises haben zwar beschlossen, eine Gesandtschaft an die Bremer zu schicken, diese möchten sich hüten, die Sache beizulegen, oder ein Erkenntniss in derselben abzugeben; sie wollten vielmehr sammt den sächsischen Städten ihre Theologen dazu abordnen. Aber ich habe vorher einen Boten an den Bremer Rath abgesandt und gerathen, dass er, ohne erst die Gesandtschaft abzuwarten, seine Pflicht thun möge. Die ganze Sache ist mir sehr verdächtig!" —

So Mörlin, der dieser Gesinnung treu bleibend noch vier Jahre später in einer Glosse zu Bürens Bekenntniss vom Abendmahle schrieb: „Gott wahre und bekehre, oder stürze ihn um seines Namens Ehre willen!"

Die Herren Doctoren, die unverrichteter Sache hatten abziehen müssen, mochten in den Orten ihrer Wirksamkeit die Obrigkeiten gehörig aufgestachelt haben. Kurz, sie hatten es dahin gebracht, dass von den Städten Hamburg, Braunschweig, Lübeck und Lüneburg eine Collectivnote vom 8. Juni 1560 an den Bremer Rath abging und bei demselben 19. Juni zur Verlesung kam. Darin warnen sie entschieden vor Hardenbergs Lehre und weisen bedeutungsvoll auf die Stadt Münster und deren trauriges Geschick hin.

Ehe aber noch diese Note ankam, hatte sich der Bremer Rath bereits an den Erzbischof Georg gewandt und Hardenberg bitter verklagt, insbesondere auch dabei vorgebracht, dass er heftige Angriffe auf distinguirte Personen in seinen Predigten mache, diese Personen mit Namen nenne und das Volk gegen die Obrigkeit aufrege.

Indessen der Erzbischof, der früher schon Hardenbergs Gegner in ihrer wahren Gestalt kennen gelernt hatte, gab ihnen nicht sogleich Gehör. Er erklärte dem Rathe, dass er die von diesem an Hardenberg ergangene peremtorische Citation sehr übel vermerkt habe; das wäre ein Eingriff in seine Jurisdiction, und Hardenberg hätte nicht mehr als seine Pflicht gethan, wenn er nicht erschienen wäre, denn es sei demselben von ihm und vom Domcapitel verboten gewesen. —

Was die Kanzelpolemik betraf, so reducirte sie sich auf Grund einer vom Erzbischof angestellten Untersuchung schliesslich darauf, dass Hardenberg einmal bei Erzählung des Streites auf der Kanzel den Namen des Bürgermeisters Belmer genannt hatte, ohne ihn zu schmähen. — „Was mir aber", — sagt Hardenberg selbst in einem Schreiben an das Domcapitel vom 27. Mai 1560 — „in Betreff des Aufruhrs gegen die Obrigkeit vorgehalten wird, so weiss Gott, dass ich keine Veranlassung dazu weder gegeben habe, noch durch Gottes Gnade jemals geben werde. Denn ich weiss, wess Geistes Kind ich sein müsse, nämlich eines Geistes, der nicht Urheber des Aufruhres, sondern des Friedens ist. Aber wenn täglich die heilige Lehre mehr und mehr verderbt und Christi Ruhm, gleich als ob's durch mich geschehe, verletzt wird, so urtheilt selbst, ob es recht sei, hierzu immer das Auge zuzudrücken und das arme Gewissen des Volkes im Zweifel, in der Verwirrung, in Angst zu lassen? Ihr wisst jedoch, dass ich Vieles unbeachtet lasse, und so mancherlei und so häufige Beschimpfungen nur selten beantworte, und ich will mir Mühe geben, mir die rechte Mässigung zu erhalten. Aber es schmerzt mich sehr, dass ich bei unserm gnädigsten Fürsten so verunglimpft bin, und ich bitte demüthig und unterthänig, dass Ihr mich bei seiner Hoheit nur durch die reine Wahrheit entschuldigen wollet." —

Trotz alledem liess der Rath nicht nach, Hardenberg zu verklagen und drängte immer heftiger, der Erzbischof sollte ihn aus der Stadt schaffen. Indessen der Erzbischof willigte nicht in solche Ungerechtigkeit und sandte ein energisches Schreiben, das übrigens seine uns schon bekannten Gedanken wiederholt, an den Rath ab. Nur dass er hier noch energischer die Drohung ausspricht, im Falle der Rath mit der Berufung eines Landtages sich nicht zufrieden gebe, und in seinem unruhigen Treiben fortfahre, die ganze Sache auf den damaligen Kreistag zu Braunschweig zu bringen.

Dieses Schreiben des Erzbischofs kam in Bremen am gleichen Tage mit der Collectivnote der Städte zur Verlesung. Merkwürdiger Weise schwieg Büren, als man sich der Hauptsache nach gegen den Erzbischof erklärte. Aber des andern Tags sandte er sein abweichendes Votum ein. Das Neue, was darin vorkam, war diess, dass er beantragte, es möchte bei dieser hochwichtigen Angelegenheit die Bürgerschaft gehört werden.

Die Antwort des Rathes hierauf liess nicht lange auf sich warten. Sie bestand nämlich darin, dass man Büren und den vier Rathsherren, die auf seiner Seite waren, eröffnete, man werde sie in der Hardenbergschen Angelegenheit nicht mehr zu Rathe fordern; die übrigen getrauten sich, auch ohne jene fünf, allein zu verantworten, was sie thäten. —

Die fünf Mitglieder des Rathes protestirten zwar gegen dieses unerhörte Verfahren, es half ihnen aber, da die Andern eines Sinnes waren, selbstverständlich nichts.

Nun ging für Hardenberg eine bitterböse Zeit an. Ich will nicht davon reden, dass man ihn, wie in der Collectivnote der Städte durch Anführung der Stadt Münster angedeutet war, der Wiedertäuferei anklagte, eine Beschuldigung, die sofort als nichtig erscheint, wenn wir uns erinnern, dass er noch vor wenigen Jahren in einem dem Rathe übergebenen Gutachten sich entschieden gegen das Wiedertäuferthum erklärt hatte. —

Ich will auch darauf kein grosses Gewicht legen, dass man durch heftiges Schreien ihn zu schrecken suchte und an seine Thüren schlug, ohne dass solchen Tumultuanten das Geringste geschehen wäre. Nein, man hatte noch mehr im Sinn. Man wollte ihn in der Nacht aufgreifen und fortschaffen. Hardenberg giebt an, man habe ihn wollen in einen Sack stecken und dann in den „Mühlenkolk" werfen. Schon war die Nacht dazu ausersehen, ihn auf irgend eine Weise zu entfernen, und starke Wachen ausgestellt. Da erschien noch zu rechter Zeit Kenkel[1]), der inzwischen beim Erzbischof gewesen war, in grosser Eile und verhinderte, dass Hardenberg irgend welches Leid zugefügt würde. Der Erzbischof, so erzählte er, sei sehr zornig gewesen, und habe heftige Drohungen ausgestossen, falls Hardenberg ein Unrecht geschehe.

Dieser aber berichtet selbst, er habe einige Wochen nicht gewagt, in seinem Bett zu schlafen, habe sich vielmehr bald ausserhalb seiner Wohnung, bald innerhalb derselben, aber in der Vorrathskammer, zwischen dem Hausgeräth (in penario inter vasa) verborgen gehalten.

Am Klarsten drückt er seine damalige Stimmung in einem Briefe an Paul Eber aus: „Ich bin bei Freunden verborgen. Denn ich muss jede einzelne Nacht die Gewaltthätigkeit des Rathes erwarten, die sie mir auch offen gedroht haben. — In mir ist weder Leben noch Hoffnung. Nun gerade in dieser Stunde wird über mich berathen, entweder mich zu tödten, oder gewaltsam fortzujagen. Der Bischof hat sich dazwischen gelegt; aber er wird verachtet. Tilemann Hesbusius bewaffnet mit seinen Furien den Rath zugleich mit den andern Predigern. — Eilig, aus meinem Versteck am Tage St Joh. des Täufers 1560."

Unter solchen Umständen hielt es der Erzbischof für gerathen, die ganze Angelegenheit auf den niedersächsischen Kreistag zu bringen; ein wohlgemeinter, aber verhängnissvoller Schritt! Er that diess Ende Juni 1560. Damit aber schliesst der zweite Act unsres Drama, und schon hebt sich der Vorhang, der den dritten vor unsern Augen enthüllt. —

---

[1]) C. M. fol. 23 b.

3. Die Entscheidung durch den Niedersächsischen Kreis.

Erstes Kapitel.

Der Rath; die Kreisgesandten; die Prediger in Bremen.

(Juni — August 1560.)

Im Juni 1560 war es, als der Erzbischof die Hardenbergsche Angelegenheit an den Kreistag brachte „jedoch mit Vorbehalt Ihrer F. G. Jurisdiction". In demselben Monate aber begann der Rath in Bremen eine neue unerhörte Machination ins Werk zu setzen. Es kam ihm, wie sich denken lässt, sehr viel darauf an, die Gemeinde zu einer Erklärung gegen Hardenberg zu bewegen, und die treuesten und muthigsten Anhänger desselben unschädlich zu machen! —

Das sicherste Mittel dazu war ein Glaubensverhör, und wirklich scheute der Rath sich nicht, dasselbe anzuwenden. Er führte aber damit nur aus, was Heshusius[1] seiner Zeit ihm gerathen hatte. —

Die Bürger wurden nun „rottweise" vorgefordert und einzeln um ihren Glauben gefragt. Der Bürgermeister Esich, als der zeitige Präsident, hielt jedesmal eine Anrede an die Vorgeladenen, die ihm gewiss mit der Zeit recht geläufig wurde. Hören wir sie, — mit einigen Abkürzungen! — „Günstige, gute Freunde und liebe Bürger! Die Ursache, warum ihr diessmal vorgeladen seid, ist diese, dass leider Gottes, wie ihr Alle wisset, Zwiespalt in der Religion in dieser Stadt sich erhoben hat, der daher kommt, dass D. Albert im Dome ungefähr vor fünf Jahren sich unterstanden hat, eine andre Meinung vom Artikel des heil. Abendmahles zu lehren, als wir aus Gottes Wort und der Augsb.

---

[1] C. M. fol. 60.

Confession vom Anfang des Evangelii [seit Einführung der Reformation in Bremen] gehabt haben. Dadurch sind Vieler fromme Herzen jämmerlich verführt, viele Einfältige erbärmlich geärgert und verwirrt, also dass daraus, wie aller Secten Art ist, fortan Rotterei, Widerwille und Uneinigkeit nicht allein zwischen Blutsverwandten und Freunden, sondern auch zwischen Rath und Bürgerschaft sich anspinnt. Und wenn dem weiter Raum gegeben werden sollte, so wäre sicher zu befürchten, dass der Satan es dahin bringen würde, dass diese gute Stadt ihrer hergebrachten Freiheiten beraubt und wir Alle mit Weib und Kind in Verderben Leibes und der Seele gerathen würden. Um aber solchem Unheil zuvorzukommen, haben diese Herren der „„Wittheit"" für nöthig erachtet, sich mit ihrer ganzen Bürgerschaft vom Grössten bis zum Kleinsten, — niemand ausgeschlossen — zu befragen und sich gegen einander zu erklären. Weil es aber unmöglich ist, Solches mit Allen oder doch mit Vielen zugleich zu thun, und auch in diesem Falle jeder für seine Person allein zu antworten hat, so hat man es für bequemer angesehen, die Bürger nach einander, bei Rotten, vorzubescheiden, damit jeder seine Aussage frei und von dem Andern unbehindert machen könne. Damit nun vorerst jeder Argwohn schwinde, wollen diese Herren [des Rathes] sich gegen jeden von euch, wie überhaupt gegen alle Bürger von Herzen dahin erklärt haben, dass sich ein jeder zu ihnen, als zu seiner Obrigkeit, aller väterlichen Sorge und alles Schutzes in christlichen und gerechten Sachen versehen soll, und dass sie in dieser Streitsache nichts vornehmen wollen, ausser wovon sie Amts halber und mit gutem Gewissen keinen Umgang nehmen können. Was sodann den Zwiespalt in der Lehre vom Abendmahle betrifft, so wollen diese Herren, — damit sich niemand von euch in Zukunft entschuldigen oder beklagen könne, er hätte nicht recht Bescheid gewusst, — jedermann von euch die warnende Erklärung gegeben haben, dass D. Alberts besondere Meinung von dem Abendmahle, wie spitzfindig er sie auch verdreht, dennoch eine Zwinglische und sacramentirerische Lehre und so weit von der unsern geschieden ist, als der Himmel von der Erde; was wir nöthigen Falls genugsam beweisen können. Weil dem so ist, so ist die ganze Wittheit, Mann für Mann (ausgenommen fünf Personen, die andrer Meinung sind) darauf bedacht, dass sie endlich bei der Lehre allein bleiben wollen, die uns der liebe Gott vor 38 Jahren gnädiglich gegeben hat, die darnach zu Augsburg 1530 vor Kaiser und Reich artikelsweis bekannt ist, die wir auch in unsern bürgerlichen Kirchspielskirchen bis auf den heutigen Tag unverändert erhalten haben, in der alle benachbarten Fürsten und Städte dieses niedersächsischen Kreises mit uns noch einig sind, um derentwillen wir mancherlei Bedrohung, Schaden, ja sogar Belagerung ausgestanden haben und schliesslich doch zu gnädiger Aussöhnung gekommen und zuletzt in des heil. Reiches Friedensstand aufgenommen sind. Nun wollen sich aber gemeldete Herren der Wittheit der besondern Lehre D. Alberts im Abendmahle, die im ganzen Reich verdammt und vom Friedensstande ausgeschlossen ist, nicht theilhaftig machen, und alle Verantwortung von sich ausschliessen.

Nachdem ihr nun, guten Freunde, die zweifache Erklärung dieser Herren gehört habt, nämlich was ein jeder Bürger sich zu ihnen versehen mag und bei welcher Lehre sie zu bleiben gedenken, so begehren nun wiederum die Herren der Wittheit zu wissen, was sie in diesen betrübten Zeitumständen an bürgerlicher Pflicht, Treue und Gehorsam von jedem unter euch zu erwarten haben; sodann, ob ihr mit uns bei der bewährten Lehre, die in unsern bürgerlichen Kirchspielskirchen gelehrt wird, verbleiben, oder D. Albert anhängen wollt.

Es mag sich ein jeder frei und ungefährdet erklären, **denn diese Herren sind nicht darauf bedacht, dass sie irgend jemand unter ihren Bürgern hierin gegen sein Gewissen drängen wollen**, wie Solches auch keinem Menschen gebührt. Sie wollen vielmehr nur christlich, freundlich und getreulich gewarnt und gebeten haben, dass ein jeder seiner Seele Heil und was er vor Gott verantworten könne, betrachten und dass er in Sachen, die die Religion und den Glauben betreffen, Gottes wahrhaftiges Wort mehr bei sich gelten lasse, als aller Menschen Weisheit, Vernunft und die ganze Philosophie. Solches gereicht einem jeden selbst zum Besten. Und diese Herren haben das, als eine christliche und getreue Obrigkeit, euch zu melden, mir aufgetragen!" — So die klug durchdachte Rede Esichs!

Diess ganze unedle inquisitorische Verfahren des Rathes konnte der ehrliche Bürgermeister von Büren nebst den vier mit ihm von diesen Angelegenheiten ausgeschlossenen Rathsherren nicht ruhig mit ansehen. Am 10. Juli reichte er dem Rathe eine vor Notar und Zeugen abgefasste Protestation gegen die rottweise Einladung und Befragung der Bürgerschaft ein. Darin sagten die protestirenden Herren: „Denn obwohl dem Erb. Rathe frei steht, wie stark an Zahl er die Bürger vorladen will, so ist doch bisher an dem alten Gebrauche festgehalten, dass man den Vorgeladenen sämmtlich die Meinung proponirt, sie sich darauf unter einander besprechen und dann ihre Stimme abgeben. Es ist übrigens jetzt auch gar nichts daran gelegen, ob man bei der Augsburgschen Confession bleiben will, — darauf haben sich alle unsre Bürger genugsam erklärt. Auch darauf kommt es nicht an, ob die Bürger bei euch, oder bei uns fünf Rathsherren, also bei der Majorität oder Minorität im Rathe bleiben wollen, sondern die erste Frage ist die, ob auch unsre Prediger der Augsburgschen Confession gemäss und noch so lehren, wie vor 38 Jahren? Sodann, ob D. Alberts Lehre der Augsburgschen Lehre entgegen sei. Diess stellt er in Abrede, erklärt, dass er mit der Meinung vom heil. Abendmahle, die von etlichen Kurfürsten und Fürsten zu Frankfurt a/M. angenommen sei, auch mit dem Wittenberger Gutachten (1556) zufrieden sei und beruft sich überdiess deshalb auf die Gelehrten und Hochschulen der Augsburgschen Confession. Desgleichen ist die Frage, ob es billiger sei, dass er zu unparteiischem Verhör gelassen werde, wie unser gn Herr, ein ehrwürdiges Domcapitel und die Verordneten der Landschaft für gut ansehen; oder ob er dessen ungeachtet ohne Verhör und unüberwiesen gegen göttlich, natürlich und aller Völker beschriebenes Recht ausgewiesen werde, — zu schweigen von den Zersplitterungen unter unsern Bürgern, die auf diese Weise mit Vertröstung des Schutzes und Schirmes einer Seits, dagegen mit allerhand Schreckmitteln andrer Seits angerichtet werden." —

Dadurch war der Rath allerdings nicht von seinem Vorhaben abzubringen, oder vielmehr er war nicht geneigt, demselben Einhalt zu thun. Indessen mochte doch wohl dieser Protest, dessen Inhalt ja schon, ehe er übergeben wurde, nicht unbekannt sein konnte, dazu beitragen, dass die Bürger dem ganzen Vorgehen des Rathes nicht recht trauten. Sie hielten sich, wie Kenkel in seiner geschriebenen Chronik (S. 40) sagt, meisten Theils „bequem und nicht ungeschickt". Sie sagten: sie verständen von dem Streite nichts und glaubten so, wie es ihnen viele Jahre in ihren Kirchspielskirchen und von den Predigern gelehrt wäre. Sie erklärten sich damit zufrieden und begehrten weder andre Lehre, noch andre Prediger. — Ganz sicher war diess „bequem und nicht ungeschickt". Bequem für die Bürger. Sie hatten sich durch das Bekenntniss ihres Nichtverstehens vieler weiteren Fragen überhoben und dabei immer noch die Möglichkeit eines bestimmteren Urtheils in späterer Zeit offen gehalten; nicht ungeschickt für den Rath, denn die Erklärung der Bürger, dass sie mit der Lehre der Stadtprediger einverstanden seien, liess sich ja leicht zu einem Misstrauensvotum gegen Hardenberg umbiegen. — Einige aber von den Bürgern, nach Kenkel „ungefähr zwanzig Personen", erklärten sich unumwunden für Hardenberg. Unter diesen befand sich auch ein Lehrer der lateinischen Schule, oder richtiger des Pädagogiums, Hermann Winkel. Dieser erklärte ziemlich leidenschaftlich, dass man bereits vor 40 Jahren in Wittenberg so gepredigt habe, wie Hardenberg jetzt thue. Kenkel berichtet sogar, er hätte vor rasender Bosheit nicht gewusst, was er sagte, hätte mit höhnischen Worten um sich geworfen und den Rath für den Antichrist erklärt; — jedenfalls eine Uebertreibung! — das würde der Rath sofort geahndet haben. Thatsache aber ist, dass ihm derselbe, seiner gegebenen Zusage gemäss, wegen seiner Erklärung für Hardenberg augenblicklich nichts zu Leide that.

Aber als Lehrer konnte man ihm ja auf andre Weise beikommen. Es dauerte auch in der That nicht lange, da lief Klage über diesen Mann beim Rathe ein, er wäre bei der Jugend in Verachtung gekommen, und hätte eine eigenthümliche Lehrweise, mit der seine Collegen nicht zufrieden wären. Dazu kam noch, sagt Kenkel ausdrücklich: „dass er sich gegen den Rath, wie oben gemeldet, so ungeschickt gehalten". Kurz man entfernte ihn aus seinem Schulamte. Als er nach der Ursache seiner Entlassung fragte, erhielt er zur Antwort, er wüsste, es stände den Lehrern frei, ihren Dienst nach Belieben aufzukündigen, also müsse es auch den Schulherren frei stehen, die Lehrer zu entlassen. Anderen erging es in ähnlicher Weise! —

Während der Rath solche unerhörte Maassregeln ergriff, geschah von Seiten des niedersächsischen Kreistages, der in Braunschweig zur Zeit über Münzangelegenheiten verhandelte, der erste Schritt, den kirchlichen Streit in Bremen beizulegen. Er schickte nämlich Abgesandte nach Bremen, die sich dort an Ort und Stelle von der Sachlage unterrichten und womöglich Frieden stiften sollten. Hardenberg gab nun im Verlaufe der Unterhandlungen, dem Domcapitel gegenüber, den Wunsch zu erkennen (25. Juli 1560), seine bereits übergebenen Schriften möchten sammt dem Bekenntniss der Stadtprediger, was früher nach Wittenberg gesandt war, dem Urtheile der vier Universitäten: Wittenberg, Leipzig, Marburg und Heidelberg, dem er sich unterwerfen wolle, zugesandt werden. Dagegen protestirte er, was er früher nicht gethan, gegen Tübingen und Frankfurt a. O., weil dort die vornehmsten Theologen und Prediger der Ubiquität zugethan wären, desgleichen gegen Jena, weil da Flacius lebte, und gegen Rostock, weil darauf Heshusius einen grossen Einfluss ausübte, beide aber, Flacius und Heshusius, seine Gegner wären. Insbesondre aber erklärte er sich gegen einen Schiedsrichterspruch der Theologen des niedersächsischen Kreises, weil diese sich bereits öffentlich als seine Gegner documentirt hätten, wie das deutlich aus einer ihrer Schriften[1]) hervorginge. — Und damit hatte er allerdings Recht. Wenn überhaupt das forcirte Lutherthum in Niedersachsen damals den ergiebigsten Boden fand, so hatten die vornehmsten dortigen Theologen sich noch ganz speciell gegen Hardenberg erklärt und gesagt: „Dasselbe Phantasiegebild, das wir bei Kalvin finden, hat neulich jener Bremer Hardenberg mit grossen Worten donnerartig ausgesprochen, so dass wir glauben sollen, Christus sei gleichwie Hercules, Andromeda, Orion und die übrigen Gebilde heidnischer Dichter zum Himmel erhoben worden, werde dort umhergetragen und irre auf einer gewissen besondern Sphäre, gleichsam als achter Planet, umher." —

Die Kreisgesandten glaubten hierauf nicht eingehen zu dürfen, waren vielmehr der Ansicht, es müsse unbeschadet einer späteren Einholung academischer Gutachten vorab ein Colloquium zwischen beiden Parteien in Gegenwart von Theologen aus verschiedenen deutschen Landen stattfinden. Hardenberg gab nach. Er erklärte (3. August) sich zum Colloquium bereit, jedoch, der

---

[1]) Confessio fidei de eucharistiae sacramento ministrorum ecclesiae Saxoniae.

Hauptsache nach, unter folgenden Bedingungen. Alle, die sich bislang als seine Gegner erklärt hätten, dürften wohl mit disputiren, aber nicht Schiedsrichter sein; beiden Theilen sammt deren Beiständen müsste völliges und sicheres Geleit zugesichert werden; beiden Theilen müsste die Zeit des Colloquiums so früh bestimmt werden, dass sich jeder nach den ihm nöthig erscheinenden Beiständen umsehen könnte. Ausserdem erscheine es ihm wünschenswerth, dass die Kurfürsten, der Landgraf von Hessen und alle die andern, die dem Frankfurter Recesse zugestimmt hätten, desgleichen auch noch andre Fürsten und Stände im Oberlande, die der Augsburgschen Confession verwandt wären, herzugezogen würden, da ihnen nicht weniger als dem niedersächsischen Kreise an der Schlichtung dieses Streites gelegen sein müsste. — Sollte aber auf diesem Colloquium nichts „Fruchtbares" geschafft werden, so bittet er, die Sache den genannten vier Universitäten zur Aburtheilung zu überweisen. Am Schlusse erklärt sich Hardenberg erbötig, in der Zwischenzeit sich, wie bisher, dem Frankfurter Recesse gemäss zu verhalten, bittet aber zugleich die Stadtprediger zu gleichem Verhalten zu veranlassen und denselben aufzugeben, die, die seine Predigten besuchten, zum Abendmahle zuzulassen.

Der Rath verhielt sich, nach einem Schreiben vom 5. August, zu diesen Hardenbergschen Vorschlägen ablehnend. Er sagt darin ungefähr Folgendes. In der alten Kirche pflegte man bei Glaubensdifferenzen, dafern der zuständige Bischof dieselben nicht ausgleichen konnte, zwei oder drei Bischöfe aus der Nachbarschaft zur Erledigung der Streitsache herbeizurufen. Diess ist auch bisher in den Seestädten geschehen. Warum will man davon abweichen? Indem Hardenberg gegen dieses Verfahren protestirt, legt er an den Tag, dass er mit den Theologen der Nachbarkirchen nicht eines Glaubens ist. Er beruft sich zwar auf Universitäten; aber wie? Erst auf acht, dann protestirt er gegen vier von ihnen. Wie, wenn nun seine Gegner gerade diese vier von ihm verworfenen für die geeignetsten ansehen würden? — Der kürzeste Weg ist der, dass die Stände des niedersächsischen Kreises eine neue Versammlung anberaumen und auf dieselbe einige Theologen mitbringen. Dorthin sind beide Parteien, Hardenberg und seine Gegner, vorzufordern und abzuurtheilen. —

Unverkennbar hatte jeder, Hardenberg sowie der Rath, solche

Vorschläge gemacht, die ihm den günstigsten Erfolg versprachen; — aber die Vorschläge selbst waren unvereinbar! —

Das Schreiben des Rathes war, wie bereits bemerkt, vom 5. August datirt. Aber die Kreisgesandten, die die Ansichten des Rathes wohl auch ohne dieses Schreiben hinlänglich kennen mochten, betrachteten bereits am Tage zuvor, 4. August, die Verhandlungen als abgebrochen und decretirten: „Beide Parteien haben innerhalb 14 Tagen, Albert an das Domcapitel, die Stadtprediger an den Rath, ihre Propositionen, die frei von aller Zweideutigkeit sein müssen, abzugeben. Diese Schriften sind gegenseitig auszuwechseln und die Gegenpartei hat ihre Erklärung hierauf ebenfalls binnen 14 Tagen abzugeben. Diese vier Schriftstücke sind, je zwei vom Domcapitel und vom Rathe an die Herzöge Heinrich und Wilhelm von Braunschweig und Lüneburg versiegelt zu übersenden. Sie werden darauf dem Kreistage vorgelegt und darüber weiter verhandelt werden. Bis dahin haben sich die Parteien ruhig zu verhalten." —

Beide Parteien mussten diesem Edict Gehorsam leisten. Für die Stadtprediger setzte Heshusius, der Anfang August in Bremen gewesen zu sein scheint, ein Bekenntniss auf, das bereits vom 2. August datirt ist. Man mochte also wohl schon vor dem Erlass des Edictes Kunde von dieser Auflage haben. Hardenberg aber hielt es seinerseits nicht für nöthig, ein neues Bekenntniss aufzusetzen. Er stellte seine früheren Bekenntnisse zusammen, fügte dazu ein Referat über den bisherigen Gang des Streites und übermittelte diess dem Domcapitel. Von einem Abdruck, oder auch von einem ausführlichen Referate über diese beiderseitigen Schriftstücke glauben wir Abstand nehmen zu dürfen, da auch sie nur Bekanntes wiederholen und ausserdem zum Theil mehrfach bereits abgedruckt sind. Ob es zu einer gegenseitigen Recension im Sinne der Kreisstände gekommen sei, ist nicht auszumachen. Sicher aber ist es, dass Hardenbergs Gegner, dem Bescheide der Abgeordneten zuwider, sich nicht ruhig verhielten, sondern immerfort lärmten und tobten. Hatten sie früher schon, wie Hardenberg andeutet, dessen Zuhörer vom heiligen Abendmahle ausgeschlossen, wie diess unter Andern dem Rathsherrn Dietrich Schriver passirt war, — so gingen sie jetzt sogar noch weiter. Sie wollten nämlich Hardenbergs Anhänger nicht einmal als Taufzeugen dulden, so lange diese nicht ein Bekenntniss vom Abendmahle im Sinne der Stadtprediger abgegeben hätten.

Diess führte einst zu einem ärgerlichen Auftritte.

Einem Bremer Bürger, Gerhard Knipens, war ein Töchterchen geboren, das 25. August 1560 in der St. Stephanikirche getauft werden sollte. Zu Gevattern waren gebeten: der Senator Hermann Vasmer (Bruder des Bürgermeisters Dietrich Vasmer), Lüder Lüdersen und ausserdem noch ein vornehmer Mann, dessen Name nicht genannt ist. Sie stellten sich zu rechter Zeit ein. Der Prädicant Christian Emptes hatte seine Predigt vollendet und nun sollte die Taufe vor versammelter Gemeinde vollzogen werden. Indessen Emptes ging zunächst aus der Kirche heraus, kam aber gleich darauf mit seinem Collegen, dem Pastor Havemann (Hoffmann), wieder. Jetzt ging Emptes auf den Senator Vasmer zu, forderte ihn auf, sein Bekenntniss vom Abendmahle abzulegen, insbesondre zu erklären, ob er mit den drei Evangelisten und dem Apostel Paulus in Betreff des Abendmahles übereinstimme und was er über die Abendmahlslehre Hardenbergs denke. Bevor er ihm hierin nicht gehorsam sei, könne er ihn nicht als Taufzeugen zulassen. — Diese Art und Weise verdross zumeist den vornehmen, ungenannten Gevatter, er entbrannte in heftigem Zorn und es fehlte nicht viel, dass ein grosser Lärm entstand. Indessen Vasmer, dem ja die ganze Sache zunächst anging, beruhigte ihn und antwortete nunmehr auf die Fragen des Predigers mit grosser Mässigung: „ich bin mir keines Dinges bewusst, was einen Christen schändet; aber es ist auch die Pflicht eines Pastoren, dafern er etwas gegen mich hat, diess mir lieber brüderlich selbst zu erkennen zu geben, als mich öffentlich vor der ganzen Gemeinde so blosszustellen. Wenn übrigens wirklich Grund zu einer Klage ist, so kann diess ja vorläufig auf sich beruhen bleiben; ich bitte nur, die Taufe an dem Kinde in gewohnter Weise zu vollziehen: denn ich bin nicht hiehergekommen, um zu beichten; ich pflege vielmehr meinen Predigern in der Kirche zu beichten." — Das half aber Alles nichts. Emptes erklärte, er würde das Kind nicht eher taufen, als bis der Senator sich von Hardenbergs Lehre lossagte und dieselbe verdammte. „Wir können euch Amts halber nicht zur heiligen Taufe zulassen", sprach er.

Jetzt kam auch der Vater des Kindes herzugelaufen und

fragte, warum man sein Kind nicht taufen wolle. Der eine von den Geistlichen erwiederte ihm: „Davor behüte uns Gott, dass wir euer Kind nicht taufen sollten, auch wenn ihr nur **einen** Gevatter habt. Aber den Mann da, der auf unsre christlichen Fragen keinen Bescheid geben und unsern christlichen Glauben nicht bekennen will, den können wir nicht als Gevatter zulassen." In ähnlicher Weise erklärte sich der andre Geistliche. Indess der Vater des Kindes liess sich nicht irre machen. Er bestand darauf, Vasmer als Taufzeugen seines Kindes zu haben. — Aber freilich, er konnte ja die Taufe nicht erzwingen und musste schliesslich mit Kind und Gevattern unverrichteter Sache aus der Kirche weggehen! — Alle, insbesondre Vasmer, fühlten sich dadurch in hohem Grade beleidigt! —

Es war am andern Morgen (26. August) früh, da stand der Senator Vasmer mit seinem Freunde Konrad Kenkel, dem Neffen des bekannten Bürgermeisters, vor seinem Hause auf der Obernstrasse, nicht weit von der Ansgariikirche. Um dieselbe Zeit gingen auch die beiden Geistlichen von St. Stephani, gleichwie nach wohlvollbrachtem Werke und gleich als ob sie sich ihm recht bemerklich machen wollten, vor dem Hause des Senators Vasmer vorüber. Dieser aber fragte sie, was sie und ihre Genossen denn eigentlich im Schilde führten, ihm scheine es, es sei Derartiges, das sie binnen Kurzem bereuen würden. Die Geistlichen erwiederten darauf etwas hitzig, Vasmer könne thun, was er wolle, sie wären zu jedem Kampf bereit, der Auftritt von gestern sei nur ein kleiner Anfang dazu gewesen. Dem fügten sie noch einige Schmähreden hinzu.

Da riss denn auch dem Senator, der sich gestern noch so maassvoll benommen, die Geduld. Vor Wuth seiner kaum mehr mächtig, ergreift er einen Spiess, d. h. einen Schweinespiess, der vor dem Hause eines Schwertfegers in nächster Nachbarschaft steht, und läuft, die Waffe in der Hand, auf die Prediger zu, als wollte er sie erstechen! Die geistlichen Herren erkennen sofort das Gefährliche ihrer Lage und nehmen das Reissaus. Der eine von ihnen, Havemann, läuft zu seinem Schutze sofort in ein benachbartes Haus hinein und Vasmer nimmt keine Notiz weiter von ihm; der andre aber, Emptes, wird von ihm weiter verfolgt! Auch dieser läuft schliesslich in ein Haus hinein; aber Vasmer ihm nach. Dort fällt Emptes oben im Hause zu Boden, Vasmer kommt heran, schlägt ihm, wie in Kenkel's Chronik von Seiten der beiden Prediger berichtet wird, mit dem Spiesse über den Arm und wendet sodann den Spiess gegen ihn, als wollte er ihn erstechen. Doch da sind bereits Menschen herzugelaufen, die wollen ihm den Spiess entreissen, er aber wirft denselben jetzt selbst fort, schlägt den Prediger mit den Fäusten tüchtig um den Kopf herum und — geht weg. Freilich leugnet Vasmer später, dass er mit dem Spiesse geschlagen habe, er giebt blos zu, er habe „besonder allein mit Fäusten einmal oder zwei zusammengetastet"; indessen das kommt schliesslich auf Eins hinaus.

In derselben Stunde liess noch der Vater des Kindes bei den Predigern nachfragen, ob man nunmehr sein Kind taufen wolle. Doch er erhielt dieselbe Antwort, wie Tags zuvor.

Da blieb den Eltern schliesslich nichts Andres übrig, als noch desselbigen Tages ihr Kind nach Lesum zu bringen, wo es denn endlich die Taufe empfing! — Nun ging's an ein Verklagen! Vasmer, der sich übrigens genöthigt sah, lange Zeit die Stadt zu verlassen, gestand zu, dass er sich thätlich an Emptes vergriffen, gestand auch ferner zu, dass er selbst das von ihm beobachtete Verfahren nicht für die rechte Art und Weise ansehen könne, sich Recht zu verschaffen. Daneben aber gab er zu seiner Entschuldigung oder Rechtfertigung an, die Bremischen Prediger wären keine Bürger, sondern nur Gäste, gegen die man sich etwas mehr erlauben dürfe, worauf ihm allerdings bedeutet wurde, die Prediger wären nach der Lehre des Apostel Paulus zwiefacher Ehre werth. —

Es entspann sich nun ein weitläufiger Process, den wir jedoch nicht weiter verfolgen, da er Hardenbergs Geschick nicht berührt, und von dem wir hier nur noch bemerken, dass er bis 1562 währte. — Doch die Gegensätze verschärften sich noch mehr. Davon im nächsten Kapitel.

Zweites Kapitel.

Tilemann Heshusius und die Bremer Domgemeinde.
(August — Oktober 1560.)

Dem Rathe zu Bremen war sehr viel daran gelegen, dass Hardenberg sobald als möglich beseitigt werde. Sie schickten daher zu der Zeit, als die Stände des niedersächsischen Kreises noch in Braunschweig versammelt waren, den Syndikus Rollwagen zu diesem Zwecke dahin ab. Dieser stellte nun auch den versammelten Ständen den Zwiespalt in Bremen in beweglichen Worten vor; betheuerte, nicht allein Bremen, sondern auch der ganze niedersächsische Kreis sei bei längerem Verzug in Gefahr; er müsse also, Namens des Magistrates, dringend bitten, dem Streite ein Ende zu machen. Die Stände aber hielten es nicht für gerathen, hatten wahrscheinlich auch keine Vollmacht, sofort energisch einzuschreiten; sie beantragten jedoch bei den Fürsten zur Erledigung der Bremischen Händel die Ausschreibung eines neuen Kreistages auf den 25. November zu Halberstadt. Die Fürsten ihrer Seits waren eher geneigt, die Sache zur kurzen Hand abzumachen und suchten, dem entsprechend, den Erzbischof Georg zu bewegen, Hardenberg seines Dienstes zu entsetzen. Da dieser jedoch auf dieses Verlangen nicht einging, ward der Kreistag in der von den Ständen gewünschten Weise ausgeschrieben.

Ehe derselbe aber zusammentrat, erschienen zwei Schriftstücke, das eine von **Tilemann Heshusius**, datirt vom 7. September, das andre von der **Domgemeinde in Bremen**, dem eine Nachschrift von Hardenberg beigegeben ist, datirt vom 30. Oktober 1560. Beide, mehrfach gedruckt, sind zur Orientirung in diesen Streithändeln nicht unbeachtet zu lassen. Wir beginnen mit dem erstern, das uns den uns schon bekannten Mann in seinem Glanze zeigt. Es ist betitelt: „Dass Jesu Christi wahrer Leib und Blut im heiligen Abendmahle gegenwärtig sei; wider den Rottengeist zu Bremen D. Albert Hardenberg. Durch Tilemanum Heshusium, Wesaliensem, der heiligen Schrift Doctorem MDLX." Als Ort des Druckes steht am Schlusse des 16 Bogen starken Schriftstückes: „Gedruckt zu Magdeburg durch Wolff Kirchener."

Schon der Titel lässt uns auf die Sprache schliessen, in der sich der „theure Zeuge" über Hardenberg auslässt. Doch treten wir näher an den Inhalt heran!

Das Ganze beginnt mit einer Zuschrift an den Bremer Rath. Nachdem Heshusius weitläufig, — Kürze war überhaupt nicht seine Sache, — von den schrecklichen Gerichten Gottes geredet hat, welche über diejenigen kommen, die von der Lehre abweichen oder doch solche Abweichungen dulden, so erklärt er, es sei die Pflicht jeder Obrigkeit, bei Zeiten dem drohenden Unheil zu wehren. Er sagt nun freilich: „es hat ja der teuflische Lügenprediger [d. i. Hardenberg] noch nicht die ganze Stadt [Bremen] eingenommen, sondern es sind ja noch bei euch fromme, gottselige Leute, die der Schwärmerei feind sind und die heilsame Wahrheit von Herzen lieb haben und Wohnungen des heiligen Geistes sind; dess bin ich gewiss und das ist Gottes Wunderwerk und Segen." Aber um so mehr ermahnt er die Bremer Obrigkeit, die schon längst schuldige Pflicht zu erfüllen, indem er ihnen die lateinischen Verse zu Gemüthe führt:

> Principiis obsta! sero medicina paratur,
> Cum mala per longas invaluere moras;

die er zu Nutz und Frommen der des Latein unkundigen Rathsherren, — und noch dazu gereimt, — so übersetzt:

> Wer Schaden will fürkommen und abkehren,
> Der muss gar bald in Zeit dem Unglück wehren.
> Arznei ist kraftlos alsdann und verloren,
> Wenn Schaden mächtig sind durch viele Jahren! — —

Nun stand bekanntlich einem erfolgreichen Vorschreiten des Rathes gegen Hardenberg der Umstand entgegen, dass er nicht diesem, sondern dem Domcapitel unterworfen war. Aber Heshusius wusste da guten Rath zu ertheilen. Er meint, Hardenberg müsse, da die Domherren ihn bislang nicht seines Amtes entsetzt hätten, von dem Rathe ohne weitere Umstände beseitigt werden:

„Denn die Bürger und Bürgerinnen und ganze Gemeinde, die der Rottengeist so jämmerlich verführt, sind nicht der epicurischen Pfaffen, sondern E. Ehrb. Ratbes Unterthanen, dafür auch E. Ehrb. Rath am jüngsten Tage soll und muss Rede und Antwort geben, wie sie regiert und mit Gottes Wort versorgt sind gewesen.

Dieser Ursachen halber ist ein Ehrb. Rath zu solcher Abschaffung, als zu gebührlicher christlicher Nothwehr gedrungen und genöthigt; gleichwie ein Hausvater schuldig ist, seine Kindlein wider eines untreuen, bösen Nachbars Gewalt und Bosheit zu schützen, wenn's auch im Hause des Nachbarn geschehen müsste.

Solche Nothwehr würde man bald verstehen und die Beweise dafür bald finden, wenn leibliche Noth vorhanden wäre, z. B. wenn die Dompfaffen im Dome zu Bremen eine Mordgrube anrichten wollten und darinnen täglich etliche Bürger erwürgten, oder wenn sie mit den Töchtern und Frauen der Bürger Unzucht und alle Schande trieben. Müsste dann nicht Ew. Ehrb. Rath von Amts wegen dem grausamen Aergerniss wehren und seine Unterthanen bei Leben und Ehre erhalten? Oder, wenn man aus dem Dome Feuer in die Stadt schiessen wollte, so dass niemand in seinem Hause sicher wohnen könnte, sollte da ein Ehrb. Rath dabei still sitzen und die Dompfaffen allen Muthwillen üben lassen? Hier würde man bald schliessen, es wäre ein Ehrb. Rath zur Nothwehr gedrängt und Gott selbst befehle ihm, die Unterthanen vor Gewalt zu schützen. Wie kommt es doch, dass man Solches bei dieser allerhöchsten Noth weder finden, noch verstehen kann, da der verfluchte Dom eine geistliche Mordgrube geworden ist, darinnen viele tausend Seelen gemordet werden, darinnen auch geistliche Unzucht getrieben wird und daraus das allerschädlichste Feuer falscher Lehre, das die Seele verbrennt, täglich unter die Bürger geworfen wird. Ist hier heine Wehr und kein Widerstand von nöthen?

Darum sage ich öffentlich, Ew. Ehrb. W. sind's von Gottes wegen schuldig, den verfluchten Lästerer im Dome abzuschaffen. Und es ist kein Zweifel, wenn Ew. Ehrb. das Ihre thäten, so würde Gott selber darein sehen und als ein Richter unter den Göttern den aufrührerischen Geistern wehren; welches ich E. E. W. zur Erinnerung will angezeigt haben."

In diesem Tone schreibt der Doctor der heiligen Schrift,

der sich mit seinem doppelten Hute als ein Rabbi über alle Rabbi dünkte, weiter. Wir können jedoch keine Veranlassung finden, sein Pasquill, — denn anders können wir diese Schrift kaum nennen, — in seiner ganzen Ausdehnung mitzutheilen. Einen übersichtlichen Blick über dasselbe wollen wir uns jedoch verschaffen.

Auf die Zuschrift an den Bremer Rath folgt nun der eigentliche Tractat, wie ihn der Titel des Buches bezeichnet und unter besonderen Abtheilungen: „von Doctoris Alberti zwingli'scher Lehr; Bekenntniss Alberti Hardenberg vom Abendmahle Jesu Christi; Bekenntniss der Prediger zu Bremen vom Abendmahle Christi Anno 56; wahrhaftige Lehre vom Abendmahle Jesu Christi; gründliche Widerlegung des vermeinten Scheins und der falschen Argumente, so Doctor Albert fürgiebt." Letztere beiden Abhandlungen will er als zweiten und dritten Theil seiner Schrift, alles Vorhergehende als ersten Theil derselben angesehen wissen. —

In allen diesen weitschweifigen Auseinandersetzungen wird aber durchaus nichts Neues vorgebracht, es seien denn neue Schimpfwörter —; das bereits Gesagte wird also nur unaufhörlich wiederholt! —

Eins aber wollen wir dem Verfasser nicht absprechen: eine gewisse Lebendigkeit des Styls. Man merkt es überall, er hat nicht lange nach den Worten umhergesucht, sondern so wie sie ihm einfallen, schreibt er sie hin. Alle Künstelei also ist fern gehalten und dabei durchdringt ihn die Ueberzeugung, er kämpft einen heftigen Kampf; aber der Sieg kann nicht ausbleiben! — Ein Beispiel diene zum Beweis.

Heshusius bringt einmal Hardenbergs Abendmahlslehre auf einen etwas schärferen Ausdruck, als dieser gebraucht hat, und versieht sie mit erklärenden Zusätzen, um dadurch dessen Zwinglianismus zu beweisen. Nachdem er diess gethan, fährt er fort: „Sage an, Junker Rottengeist, Doctor Albert, hab' ich Dein Bekenntniss recht verstanden? Gieb hier Antwort, ob das nicht Deine Meinung sei! In Deinem Herzen wirst Du gewisslich bekennen, dass ich Deine Worte habe recht erklärt. Wohlan! so richte nun ein jeder gläubige Christ, ob nicht Doctor Albert ein verfluchter Sacramentirer und Zwinglianer ist, der die Gegenwärtigkeit des wesentlichen Leibes Jesu Christi im Abendmahle auf Erden verleugnet wider die hellen Worte Jesu Christi: das ist mein Leib. So nun Doctor Albert hier zürnen wird und über mich schreien, ich verkehre ihm sein Wort, so sage ich wiederum, warum er so spitzbübisch und schalkhaftig in Gottes Sachen handelt und solches finstere, dunkle Bekenntniss von sich giebt, das einer guten Glosse bedarf. Will er's mit uns und nicht mit Zwingli halten, warum thut er das Maul nicht auf und bekennet frei heraus die Wahrheit, dass Christi wesentlicher Leib im Abendmahle auf Erden wesentlich gegenwärtig sei und denen, die das Sacrament empfangen, in den Mund gelegt werde.

Wenn er also deutlich bekennte, würde er sich bald aus dem Argwohn bringen. Aber jetzt verdienet er zwiefältige Verdammniss, eine, dass er die Wahrheit leugnet und Christi Wort Lügen straft, die andre, dass er auch nicht klare deutliche Rechenschaft seines Glaubens giebt." —

Wir können uns leicht denken, dass Heshusius in dieser Schrift auch des Bürgermeisters von Büren erwähnte. Aber da er sie an den Rath zu Bremen richtete, so musste er nothwendig diesen Mann um etwas glimpflicher behandeln, als den Domprediger. Nun Heshusius, der überhaupt von dem, was man fein nennt, gar keinen Begriff hatte, glaubte schon alle mögliche Rücksicht genommen zu haben, wenn er den Bürgermeister von Büren nur nicht geradezu bei seinem Namen und Titel nannte. So schreibt er denn: „Diese spitzbübische Kunst [nämlich „unter'm Hütlein spielen"] ist zu dieser Zeit allen Zwinglianern und Kalvinisten ganz gemein, so dass auch neulich ein namhafter Mann zu Bremen[1]), in Gegenwart vieler gelehrter und gottesfürchtiger Christen sich auf unverschämte Weise unterstand, seine zwinglische Meinung, dass der Leib Christi allein mit dem Glauben und nicht mit dem Munde empfangen würde, aus Luthers Büchern zu beweisen. Da ihm aber der ganze Text vorgelegt und er mit seinem Schwert geschlagen ward, bestand er wie die Pfeifer, die den Reigen verderbt haben. Was soll man aber mehr mit solchen Leuten handeln von Glaubenssachen, die sich dem Teufel und der Lüge so ganz zu eigen verkauft haben!" — Indessen, es konnte Heshusius nicht gnügen, den Bürgermeister

---

[1]) Er bezieht sich hier unzweifelhaft auf die Bremer Disputation im Mai 1560 und versteht unter dem namhaften Mann Daniel von Büren.

von Büren so einfach unter dem Titel eines namhaften Mannes zu bezeichnen. Er musste noch deutlicher mit der Sprache herausgehen. Dazu aber fand sich Gelegenheit. Ein ganz fatales Argument gegen die Allgegenwart des Leibes Christi war, wie wir uns von früher erinnern, dieses, dass man sagte, ein Leib müsse einen Raum einnehmen, an einer gewissen Stätte sein, wie denn auch, hiermit übereinstimmend, der Engel zu den Frauen am Ostermorgen gerade in Betreff des Leibes Christi sagte: er ist nicht hie, er ist auferstanden.

Dieses Argument brachte aber auch, weil es so einleuchtend war, Heshusius mehr als alles Andre in Koller. Er geht daher hier auch am stärksten mit der Sprache heraus: „Also ist es auch nun eine wandelbare, zufällige Eigenschaft, dass der Leib an einem Orte ist, räumlich. Darum ist nicht von nöthen, dass man eine Stätte dichte, worinnen der Leib Christi begriffen sei. Der grobe Tölpel D. Alberts Gesell und Zechbruder, Junker Baurensis[1]) spricht: räumlich an einer Stätte, oder einem Orte sein ist eine substantielle Eigenschaft, ohne welche die Substanz nicht sein kann. Aber wenn der Eselskopf seinen Petrum Hispanum wenig bass studirt hätte, der würde ihm wohl gesagt haben aus der Kinderlehre: wo und wann sind zufällige nicht wesentliche Eigenschaften!"

So viel zur Charakteristik des Heshusischen Specimen und seines edlen Styles! —

Dass es der Majorität des Bremer Rathes gefallen, und dass die göttliche Grobheit und die grosse Sicherheit oder vielmehr Keckheit Vielen imponirt habe, lässt sich leicht vermuthen. Giebt es doch zu allen bewegten Zeiten Menschen genug, die nur nach solchen sichern Vorkämpfern suchen, in der Sicherheit ihres Ausdrucks auch die Sicherheit der Sache, die sie vertreten, zu erkennen glauben und sich so mit unbegränztem Vertrauen an sie anschliessen.

Neben diesem gegen Hardenberg gerichteten Schreiben haben wir nunmehr ein zweites, zu seinen Gunsten verfasstes zu betrachten. Wir haben es kurzweg von der „Domgemeinde" ausgehen lassen. Wir hätten sonst, wenn wir den Titel desselben

---

[1]) D. i. Daniel von Büren.

als maassgebend betrachtet hätten, weitschweifiger sein müssen. Es lautet: „Der christlichen Gemeinde, die in dem Dome zu Bremen Predigt hören, Zeugniss von der Unschuld und Lehre des hochgelehrten Doctor Albert Hardenberg, Lehrer daselbst". — Während die Schrift von Heshusius in oberdeutscher Mundart redet, ist diese in niederdeutscher Mundart abgefasst. Demzufolge lautet auch der Titel formell etwas anders. Die Schrift selbst, nicht ganz vier Bogen stark, wendet sich nach einer Einleitung erst an die Prediger, dann an den Rath und schliesst mit einer kurzen Zustimmung Hardenbergs zu dem von der Domgemeinde Gesagten. Während die Schrift von Heshusius kampfbereit, kampflustig und deshalb in keckem Tone geschrieben ist, zeigt diese der Domgemeinde überall einen versöhnlichen Sinn, will niemand beleidigen, nur Hardenbergs Ehre retten.

So heisst es gleich im Anfange: „Gleichwie wir unsre geliebten Prediger in unsern Kirchspielskirchen ihrer gebührlichen Ehre weder berauben sollen, noch wollen, sondern ihnen, weil sie uns den Weg der Wahrheit durch die Predigt des Evangeliums Jesu Christi richtig weisen, vom Herzen geneigt sind, sie für unsre getreuen und geliebten Seelsorger, Hirten und geistliche Väter erkennen, ihnen auch christlichen Gehorsam, Dienst und Wohlgefallen nach Nützlichkeit erzeigen: also wiederum können wir unsre Herzen in keinerlei Weise von unsern Predigern dazu lassen bereden, dass wir, ihnen zu Gefallen, wider unser Gewissen, den hocherleuchteten Mann Gottes, Doctor Albert, unsern geliebten Lehrer im Dome, sollten, könnten oder wollten als einen gottlosen Verführer lästern, schänden, fluchen, verfolgen und meiden." —

Es folgt hierauf ein Lob über seine Predigten, in denen er Gottes heiliges Wort predige, über das heilige Sacrament würdig und tröstlich rede, mit herzgründlichem, eifrigen Ernste zur Busse ermahne und zum christlichen Leben führe. „Nun bedenke doch um Gottes Willen", heisst es weiter, „ein jedes fromme, gottselige Herz, was für eine grausame Sünde und Undankbarkeit das sein würde, wenn wir diesen theuern Hirten, Doctor und Lehrer, den uns Gottes Sohn Jesus Christus selbst gesetzt hat, nicht allein nicht hören, sondern auch verhöhnen, lästern, verfluchen, verdammen und verfolgen wollten. Vor solcher unsinnigen Blindheit behüte uns gnädiglich, barmherziger Vater unsers lieben Herrn Jesu Christi, durch Deinen heiligen Geist. Amen!"

Hierauf wenden sich die Glieder der Domgemeinde direct an die Prediger und halten ihnen vor, dass sie dem D. Hardenberg völlig unbegründeter Weise sechs Punkte zur Last legten, nämlich er wäre ein böser Mann, der die Bremer verführe; der die heiligen Sacramente schändete; der da lehrte, Brot und Wein im Abendmahle wären bloss Zeichen des abwesenden Leibes Christi; der Leib Christi werde allein geistlich gegessen; die Unwürdigen empfingen im Abendmahle nur Brot und Wein; den Gläubigen würde nur ein „bedeudter [1]" Leib gegeben.

Nachdem diese sechs Anklagepunkte kurz widerlegt sind, erklären die Glieder der Domgemeinde, es wären zwei Artikel übrig, in denen Hardenberg nicht mit den Stadtpredigern übereinstimmt, nämlich in der Ubiquitätslehre und in der Behauptung, dass das Brot der wesentliche Leib sei. Hierbei stellen sie sich unumwunden auf Hardenbergs Seite und bitten die Prediger, ein Gleiches zu thun. Die auch von uns oben erwähnte, neuerdings aufgetauchte Anschuldigung der Wiedertäuferei, die gegen Hardenberg erhoben ward, wird auch hier noch erwähnt, aber als völlig unwahr zurückgewiesen. Nun folgt die Rede an den Rath, die übrigens ihrem Inhalte nach durchaus nichts Neues bringt.

Gegen Schluss aber bitten die Glieder der Domgemeinde noch dringender, als zuvor, insonderheit den Rath, doch ja von der unseligen Verfolgung Hardenbergs abzustehen. Da [2] lesen

---

[1] Mit Rücksicht auf die Ansicht Zwingli's: das ist mein Leib = das bedeutet meinen Leib.

[2] Da die Schrift im Plattdeutsch abgefasst ist und diese Mundart im Elegischen eine hervorragende Eigenthümlichkeit entfaltet, so stehe hier das Original:

„Derenthaluen ach Erbarn gebedende Heren, Latet vnns woll tho sehen dath wy vnns an dussen Manne de gewislich eyn Dener vnd vtherwelt wercktuch Gades ist, nicht vorgripen, vp dath wy Gades thorne nicht reytzen. Latet vnns de ernsthafftigen Sentencien des gestrengen ordel Gades fruchten, de an yennen groten Dage erschrecklich luden wert. Wyket wann my gy vorflökeden u. s. w. Gy hebben my nicht geherberget. Latet vnns behertigen wath dath bedudet, De Koninck warth tornich, schitkede syn Heer vth, brachte de Mörders vmme, vnde stickede ehre Stadt ann."

wir: „Deshalb ach ehrbare, gebietende Herrn, lasset uns wohl zusehen, dass wir uns an diesem Manne, der gewisslich ein Diener und auserwähltes Werkzeug Gottes ist, nicht vergreifen, auf dass wir Gottes Zorn nicht reizen. Lasset uns den ernsthaften Ausspruch des gestrengen Urtheils Gottes fürchten, der an jenem grossen Tage erschrecklich lauten wird: Weichet von mir, ihr Verfluchten u. s. w., ihr habt mich nicht beherbergt.

Lasset uns beherzigen, was das bedeutet: Der König ward zornig, schickte sein Heer aus, brachte die Mörder um und steckte ihre Stadt an."

Ein Gebet macht den Beschluss. Hardenberg aber sagt in der Nachschrift: „Ich bezeuge vor Gott, dass diese fleissigen Zuhörer meine Lehre und Meinung von dem heiligen Abendmahle recht getroffen haben, denn es ist dieselbe, die ich hier und anderswo allezeit gelehrt habe, und die ich zum Verhör stelle bei allen Unparteiischen der Augsburgischen Confession und andern gottgelahrten Christen. Und weil ich nicht anders gelehrt habe (wie auch meine Schriften mit sich bringen), so bitte ich durch Gott, man wolle doch dem unzeitigen Rufen und Schreien, das man über mich ergehen lässt, insbesondre den grausamen Lästerschriften, keinen Glauben beimessen, die der unruhige Doctor Heshusen und Andre wider mich haben im Drucke ausgehen lassen, welche ich dem Gericht Gottes will befohlen haben. — Das will ich aber daneben bezeugt haben, dass ich diese Schrift nicht selbst verfasst habe, noch auch von Andern habe verfassen lassen. Sie ist vielmehr während meiner Abwesenheit in mein Haus gebracht; ich weiss nicht, von wem. Ich habe sie aber gelesen und bin der Ansicht, dass es meine Meinung und Lehre sei, die aus meinen Predigten und Lectionen, mag auch sein aus meinen Schriften, die ich vor und nach an den Ehrb. Rath[1] übergeben, und aus anderen mit rechtem, wahrem Grunde genommen ist. Nun höre ich, dass diese Schrift von vielen frommen, gutherzigen Zuhörern zusammengetragen und durch etliche Verständige in diese Form gebracht, fast überall gelesen, für gut und als mein Lehre erkannt werde. Deshalb habe ich die-

---

[1] Hieraus lässt sich die Vermuthung ableiten, dass der Bürgermeister von Büren Antheil an dieser Schrift hat.

selbige auch unterzeichnen wollen als eine, die ich für die meinige anerkenne, ausgenommen, dass ich solch Loben und Preisen, — wie denn hier zu viel von mir gerühmt wird, — nicht anerkenne, noch annehme.

Datum Bremen, 30. Oktober 1560.

Albertus Hardenberg."

Doch siehe, in jener Zeit ging Hardenberg noch einmal ein Hoffnungsstern auf. In einem Briefe[1] an ihn von Paul Eber, datirt vom 6. Oktober 1560, schreibt dieser, nachdem er zuvor Hardenbergs üble Lage beklagt und ihn seiner wärmsten Theilnahme versichert hat: „An unsern Rector ist von Edelberga [Heidelberg] geschrieben worden, dass Du dorthin werdest berufen werden. Wenn das geschähe, dann, sollte ich meinen, wäre Dir Gelegenheit gegeben, Dich Deiner Gefahr zu entziehen!" — Aehnlich schreibt Melanchthons Schwiegersohn, Kaspar Peucer[2], unter dem 7. Oktober [1560] an Hardenberg: „Ich wollte lieber, dass Du von dort weggingest, als dass Du Dich mit Deinen Nachbarn strittest. Ich höre, dass Du nach Heidelberg berufen worden seist, und ich sehe keinen Grund, weshalb Du diese Stelle ausschlagen wolltest." — Doch ausser diesen Notizen ist sonst nichts über eine derartige Berufung bekannt. —

Immer dichter zogen sich die schweren Wolken über Hardenbergs Haupte zusammen! —

---

[1] Scrin. Antiq. II., 722.
[2] C. B. N. 99.

Drittes Kapitel.

Die weiteren Verwickelungen bis zum Kreistage in Braunschweig.

(Oktober 1560 — Januar 1561.)

Es war gegen Ende Oktober 1560, da ward Hardenberg auch dem Erzbischof Georg hinsichtlich seiner Abendmahlslehre verdächtig. Ersterer hatte nämlich bald nach der Bremer Disputation ein ganz kurzes Bekenntniss vom Abendmahle aufgesetzt und an die Kanzel im Dome anheften lassen, um seine Rechtgläubigkeit damit zu beurkunden. Schon Heshusius hatte es in der im vorigen Kapitel behandelten Schrift heftig angegriffen. Jetzt aber war es auch abschriftlich zu Händen des Erzbischofs gekommen und dieser schöpfte Verdacht, — wahrscheinlich durch Hardenbergs Gegner aufgestachelt, — Hardenberg lehre wie Berengar, der im Jahre 1059 zu Rom deshalb einen Widerruf hatte thun müssen. Berengar stand nämlich in dem Rufe, er habe die Gegenwart Christi in dem Abendmahle geleugnet, und erst Lessing[1]) hat nachgewiesen, dass er wohl die Brotverwandlung geleugnet, dagegen die Gegenwart des wahren Leibes und Blutes Christi im Abendmahle angenommen habe. Kurz; bei damaliger Anschauung konnte einer, der wie Berengar lehrte, kaum etwas Andres, als ein Zwinglianer sein. Der Erzbischof liess nun durch das Domcapitel sehr ernstlich mit Hardenberg unterhandeln. Ueber die Verhandlungen selbst fehlen uns die Originalschriftstücke, und die sonstigen Nachrichten stimmen oft nicht zusammen. Das Wahrscheinlichste ist, dass Hardenberg den Argwohn des Erzbischofs zu beseitigen wusste. Wenigstens steht als Thatsache fest, dass ihn derselbe späterhin durchaus nicht

---

[1]) Bd. 8 S. 251 Ausg. von Maltzahn.

mehr einer irrigen Lehre in Betreff des Abendmahles verdächtig hielt. —

Dieser versöhnliche und Hardenberg wohlthuende Abschluss eines anfangs für ihn gefahrdrohenden Argwohns führt uns auf einen jener Zeit angehörigen Brief (vom 11. November) des Heidelberger Professor Erastus[1]) an Hardenberg, der ihm gewiss in ähnlicher Weise wohlthuend war. Hardenberg hat zuvor, — das geht aus Erastus' Antwort hervor, — diesem sein Leid geklagt und ihn um seinen Rath gefragt, aber auch zugleich bemerkt, dass er der Wahrheit nichts vergeben werde, vielmehr lieber sterben als widerrufen wolle. Darauf antwortet nun Erast: „Ich habe es sehr bedauert, dass man so ungerecht mit Dir verfährt. Aber ich bin auch sehr erfreut, weil ich gesehen habe, dass Du bereit bist, frommen und standhaften Sinnes für die Wahrheit sogar zu sterben. Deshalb habe ich auch eine Ermahnung an Dich für unnöthig gehalten. Der Herr, der die Herzen erforschet, wird Deine Treue und Beständigkeit anerkennen und Dir Kraft verleihen, dass Du Alles zu seines Namens Ehre und Deinem Heile einrichten könnest. Es ist jedoch nichts Grösseres, wenn ich urtheilen darf, für Dich zu befürchten, als dass Du entlassen, oder fortgetrieben werdest. Ich hörte aber vor einigen Monaten, Du würdest bei dem frommen Fürsten von Hessen einen Ort Deines Verbleibens finden, so dass Dir, wenn es wahr ist, was ich gehört habe, diese Sache um so weniger drückend sein wird. Wenn Du irgend etwas in den Druck zu geben hast, so sorge dafür, dass es an mich gelange. Ich werde mir Mühe geben, dass es entweder hier oder anderswo passend und gut gedruckt werde. —

Ich sehe nicht ein, mit welchem Rechte der sächsische Kreis Dich ungehört verurtheilen könne oder wolle. Wird er es vielleicht auch wagen, Deine Meinung zu verurtheilen, so wird er sich doch nicht unbedachtsam unterstehen, Dir das Leben zu nehmen, zumal da schon früher diese Sache verurtheilt ist. Es ist, das glaube mir, keine Kleinigkeit, das Blut eines Christenmenschen in einem Reiche zu vergiessen, in dem auch die Papisten nicht, — wenn sie es auch sehr gern hätten, — unbedachtsam irgend einen wegen Religionsverschiedenheit zu tödten gewagt haben. Ich meine aber, Du müsstest, wenn Deine Geg-

---

[1]) C. B. N. 49.

ner die Sache so weit treiben, dass Du verurtheilt wirst, dann von ihnen an alle Kurfürsten, Fürsten und Stände des Reiches, die der Augsb. Confession verwandt sind, appelliren. Wenn Dir diess nicht zusagt, — was ich jedoch sehr billigen würde, — so rathe ich Dir, Dich an den Kurfürst von Sachsen zu wenden, von dem ich höre, dass er, — was vor Allem einen Fürsten ziert und bei allen Gutgesinnten empfiehlt, — solchen Verurtheilungen gänzlich abgeneigt sei. Auch darfst Du an einige Universitäten und eine Genralsynode, oder an ein Concil appelliren. Um was Du sonst noch bitten könntest, weiss ich nicht. Wir hier können Dir zur Zeit nicht anders beistehen, als dass wir für Dich beten. Auch ein Schreiben unsers frommen Fürsten wird Dir nichts nützen, da wir in Eurem Kreise niemand wissen, von dem der Fürst etwas Erspriessliches in dieser Angelegenheit hoffen könnte. Denn entweder es sind Papisten, oder unserm Fürsten durch Bande der Verwandtschaft nicht verknüpft. — —

Tilemans Schrift[1]) hatten wir noch nicht gesehen, wenn wir auch etwas darüber gehört hatten. Wäre uns die Geistesart dieses Mannes nicht bekannt, so hätten wir sie leicht aus diesem Buche erkennen können. Da wir aber sicher glauben, dass Gott Dich uns und der Kirche unverletzt erhalten werde, wir auch hoffen, Du werdest Zeit gewinnen, um die Argumente zu widerlegen und die Unredlichkeit aufzudecken, so will ich es Dir zurückschicken. Was Dir auch nach Gottes Willen begegne, sei überzeugt, es wird Dir kein Beschützer fehlen. Und wenn sich niemand findet, so werde ich jene Tilemansche Rhapsodie (rapsodiam illam Tilemanicam) auf gottesfürchtige Weise, standhaft und nachdrücklich widerlegen. Hast Du aber Musse dazu, so musst Du es thun. Ich wünschte aber, Du möchtest die ganze Widerlegung in solchen Schranken halten, dass Du an Stelle der Schmähungen grosse Lindigkeit und Bescheidenheit anwendest, wodurch Du vorzugsweise Dich und Deine Sache zieren und etwas thun wirst, was eines Christen würdig ist. Frömmigkeit und Wahrheit (Gott sei Lob und Ehre in Ewigkeit Amen!) fördern bislang bei uns gar schön weiter. Durch Tragen und Erdulden unglaublicher Ungerechtigkeiten, Schmähungen u. s. w. kommen wir am meisten vorwärts. —

---

[1]) Jedenfalls die: „Wider den Rottengeist".

Alle Brüder in dem Herrn Jesu Christi hier lassen Dich vielmal grüssen und ermahnen, nicht in Zweifel zu gerathen. Alle sind überzeugt, Gott werde Dir beistehen. Wir meinen aber, wenn Du der äussersten Gefahr mit gutem Gewissen entfliehen könnest, d. h. ohne Verletzung der Frömmigkeit und des Glaubens, und ohne Gefahr für die Dir anvertrauten Schafe, und die Sache so weit gediehen sei, dass ausser der Flucht keine andre Rettung übrig bliebe, so solltest Du eine solche Gelegenheit ergreifen. Aber alle sind der Meinung, es würde niemand es wagen, so etwas zu versuchen." — Diess im Wesentlichen der Brief.

Gewiss war es für das durch die mancherlei Vexationen aufgeregte Gemüth Hardenbergs sehr erfreulich, ein Schreiben wie dieses, voll Theilnahme und wohlmeinender Rathschläge aus weiter Ferne und noch dazu von einem ihm persönlich unbekannten Manne zu erhalten! Aber eben weil Erast ihn nicht kannte, ertheilte er ihm Rathschläge, die bei Hardenberg durchaus nicht angebracht waren. Er ermahnt ihn zu gelindem Auftreten, zum Maasshalten, zum Dulden und Tragen! Das war bei Hardenberg wahrhaftig nicht am Platze. Hier fehlte ihm a Lasco, der den Unentschlossenen zur Entschlossenheit aufrief; — in der sichern Erwartung, dass sich die Mässigung schliesslich bei ihm ganz von selbst finden werde. —

Jetzt war übrigens auch die Zeit nahe gerückt, in welcher der niedersächsische Kreistag in Halberstadt zusammentreten sollte. Es geschah Aber welche Rathlosigkeit trat da mit einem Male zu Tage! Die Abgesandten des niedersächsischen Kreises, die in Bremen gewesen waren, überreichten den Ständen die Bekenntnisse, die auf ihre Verfügung hin, von Hardenberg sowie von den Stadtpredigern eingereicht waren und schilderten die furchtbare Verwirrung, die in Bremen herrschte; die Abgesandten des Rathes zu Bremen aber trugen entschieden auf Hardenbergs Absetzung an. Die Abgeordneten des Erzbischofs dagegen, der ja, wie wir wissen, allen Argwohn gegen Hardenberg entfernt hatte, nahmen Hardenberg in Schutz und baten um eine unparteiische Untersuchung. —

Sollten sich unter solchen Umständen die Kreisstände zu Richtern in einer theologischen Angelegenheit aufwerfen? Das vermochten sie nicht. Man that daher das Beste, was man unter solchen Umständen thun konnte. Man verschob die Berathung auf einen besondern Kreistag, der vom 3. Februar 1561 an in Braunschweig gehalten werden sollte, verfügte aber zu dem Ende jetzt schon Folgendes. Domcapitel und Rath in Bremen sollen sich nochmals, jenes von Hardenberg, dieser von den Stadtpredigern ein kurzes und klares Bekenntniss über das Abendmahl innerhalb eines Monates überreichen lassen. Diese Schriften sollen an alle Kreisstände versandt werden. Jeder Stand soll auf den nächsten Kreistag einen der Augsb. Confession zugethanen Theologen mitbringen. Diese sollen dann mit Hardenberg und den Bremer Predigern colloquiren und einen Vergleich zu Stande zu bringen suchen. Sollte aber kein Vergleich zu Stande kommen, so sollen die Confessionen und die Protocolle über das Colloquium dem Primas, nämlich dem Erzbischof Sigismund von Magdeburg und auch dem Herzog Heinrich von Braunschweig zugeschickt werden, mit der Vollmacht, diess Alles im Namen und auf Kosten des niedersächsischen Kreises an vier bewährte Universitäten der Augsb. Confession zur Aburtheilung zu schicken. Bei dem Urtheile der Universitäten solle es dann sein Bewenden haben und dieses Urtheil solle auf dem nächstfolgenden Kreistage den Ständen publicirt werden. Inzwischen aber sollen beide Parteien in Bremen bei höchster Strafe sich ruhig verhalten und „ein Theil des Andern Zuhörern die Sacramente nicht weigern". —

Unverkennbar war dieser Halberstädter Kreistagsabschied vom Gerechtigkeitssinn dictirt und liess einen für Hardenberg günstigen Ausgang hoffen. Doch was war Hardenbergs „gläubigen" Gegnern nicht Alles möglich!

Die Bremer kamen wieder nach Hause und gaben ihrer Instruction zufolge den Betreffenden auf, ihr Glaubensbekenntniss binnen Monatsfrist einzureichen. Es geschah! —

Jetzt aber, da es das letzte Mal ist, das von beiden Seiten Bekenntnisse aufgestellt werden, muss es uns erlaubt sein, dieselben, in deutscher Uebersetzung, wiederzugeben. Die Stellen, die nachmals auf dem Kreistage besonders in Anspruch genommen wurden, wollen wir gleich hier durch die Schrift hervorheben. Wir beginnen mit Hardenbergs Bekenntniss, vom 17. December datirt.[1)]

[1)] Ein früherer Entwurf, der mehr den Stempel des Ursprünglichen,

Die Hauptpunkte meiner, Albert Hardenbergs Lehre über die Ubiquität und das Abendmahl, womit ich weder verwerfe noch annehme den Halberstädter Abschied, noch den kommenden Braunschweiger Convent, über den ich mit meinen Herren und Freunden zu überlegen haben werde. Jedoch übergebe ich diese Summa den Domherren, damit sie sich derselben entweder selbst bedienen, oder sie Andern überschicken, nur dass mir das nicht zu einem Präjudiz werde, wogegen ich hiermit vor Gott und Menschen feierlich protestirt haben will.

1. Christus, der zum Himmel gefahren ist und zur Rechten des Vaters in himmlischer und göttlicher und unaussprechlicher Weise sitzt, erfüllt, vollführt und erneuert als Gott und Mensch Alles in Allem.

2. Dass aber Christi Leib auf einen Ort des Himmels beschränkt sei, schreiben St. Augustin und viele andre Väter, und ich halte diess für die wahre Lehre der Kirche.

3. Aber da der himmlische Zustand des verklärten Leibes Christi und des zukünftigen Lebens in keines Menschen Herz gekommen ist, auch nichts Sicheres in den göttlichen Wahrsprüchen davon überliefert ist, so will ich deshalb mit niemand streiten.

4. Aber dass Christus, wahrer Gott und Mensch, unser Heiland und Mittler, der Schrift nach, mit uns sei, können und müssen wir mit Sicherheit behaupten.

5. Und obgleich ich weiss, dass Gleichnisse zu wenig oder nichts beweisen, ich auch nichts aus ihnen unbegründet herleiten will, so bekenne ich doch, dass mir bei Erklärung dieser Sache nicht missfalle, was Viele der Aeltern und Neuern beibringen.

Gleichwie die Sonne an einem Orte des Himmels sichtbar und räumlich umschlossen, doch mit ihren Strahlen und ihrem belebenden Licht, wahrhaftig und wesentlich ganz überall auf dem Erdboden gegenwärtig ist und sich mittheilt (exhibetur).

6. **So ist uns der Leib Christi, ja der ganze Christus, ob er auch, dem Leibe nach an einem bestimmten Orte sich findet, doch durch das Wort und die**

---

aus dem Innern Hervorquellenden an sich trägt, findet sich (vom 14. December 1560 datirt) im C. M. fol. 114 seq.

heiligen Zeichen wahrhaft und wesentlich (nicht aber quantitativ, qualitativ oder local) im Abendmahle gegenwärtig und wird uns mitgetheilt.

7. Das heilige Abendmahl ist nach dem Zeugniss St. Pauli, der Christi Worte erklärt, eine Gemeinschaft des Leibes und Blutes Christi, wodurch den Geniessenden, der Einsetzung gemäss, mit Brot und Wein zu seinem Gedächtniss wahrhaftig und wesentlich dargereicht werden: Leib und Blut Christi.

8. Aber diese Gegenwart und Darreichung des Leibes Christi geschieht nicht auf natürliche oder physische Weise, auch nicht dadurch, dass er mit den sinnlichen Zeichen vermischt oder in dieselben eingeschlossen werde, noch auch dadurch, dass er seinen Ort verändere.

9. Aber doch ist diese Gegenwart eine wahre, reale oder substantielle, nicht eine erdichtete oder eingebildete, weil sie durch das Wort Gottes bezeugt ist.

10. Und diese Darreichung und wahre Gegenwart des Leibes Christi erkennt und hat der Christmensch, der des Herrn Worten glaubt, nicht weniger sicher, als die Augen die Sonne sehen und gegenwärtig haben. Ja auch den Sinnen wird diese wahre Gegenwart auf gewisse Weise durch die äusserlichen Sinnbilder selbst entgegengebracht und mit dem Munde wird sie auf seine Weise genommen, in Folge jener wunderbaren sacramentalen Vereinigung zwischen Sinnbild und Gegenstand des Sacramentes.

11. Da aber Christus dieses hochheilige Mahl für seine Jünger, die an ihn glaubten, eingesetzt hat und diese Einrichtung in der Christenheit, d. i. in seiner Kirche gilt, so ist es besser, die Frage darnach, was der Gottlose geniesse (da diess weder zur Erbauung, noch zum Ruhme Christi beiträgt), mit Stillschweigen zu bedecken, als das Heilige und die Perlen vor die Hunde und vor die Säue zu werfen. Das Heilige den Heiligen, ruft die alte Kirche aus; etwas Andres ist es mit den Unwürdigen 1 Kor. 11.

12. Summa: wenn ich über diese göttlichen und himmlischen Dinge rede, die alle Fassungskraft menschlicher Vernunft übersteigen, so bediene ich mich vorzugsweise der Redeweisen der heil. Schrift und des frommen Alterthumes, dann der Nicänischen Glaubensregel und der Augsburgschen Confession, nach der Erklärung der Kurfürsten und andrer Fürsten und Stände, die zu Frankfurt versammelt waren.

13. Wenn aber jemand Dieses und Andres, was ich gesagt, gelehrt und geschrieben habe, auf eine crasse, fleischliche, örtliche oder physische Gegenwart des Leibes Christi im Abendmahle, oder den Genuss des Leibes, sei es auf eine Vermischung desselben mit den Zeichen, auf eine Einschliessung in diese, sei es auf eine ketzerische, sophistische oder die papistische Meinung deuten, oder in dieselbe verkehren will: von dem muss ich mich trennen.

14. Wenn es ferner jemand unternimmt, diess zu verdammen, von dem appellire ich an alle Stände und an alle Gelehrte der Augsburgschen Confession, besonders an die vornehmsten Universitäten: Wittenberg, Leipzig, Heidelberg und Marburg. Bremen 17. December 1560."

Dieser Confession Hardenbergs schliessen wir sogleich die der Stadtprediger vom 22. December 1560, an, indem wir nur die einleitenden Worte, in denen sie erklären, dass sie von ihren früherhin abgegebenen Erklärungen keinen Finger breit abweichen, weglassen.

1. Wir lehren und glauben fest, das Brot im hochheiligen Abendmahle sei der wahre und wesentliche Leib Christi.

2. Wir glauben aber, das Brot sei der Leib Christi nicht durch Veränderung, noch durch Verwandlung

3. Noch durch persönliche oder hypostatische, sondern durch sacramentale Vereinigung.

4. Wir verstehen aber unter sacramentaler Vereinigung die, bei welcher unter, in und mit dem sichtbaren Brote unsichtbar —, nicht nur mit Gnade und Kraft sammt den dem Leibe Christi beigefügten übrigen Wohlthaten, auch nicht nur die Macht und Gemeinschaft desselben, sondern auch — der wesentliche Leib, der für uns dahingegeben ist, im Abendmahle, das hier auf Erden nach Christi Einsetzung verwaltet wird, gegenwärtig ist.

5. Nicht durch örtliche Einschliessung, sondern auf eine uns unbegreifliche Weise.

6. Und von jenem Leibe sagen wir, dass er nicht nur mit dem Munde des Glaubens von den Gläubigen, sondern auch ohne Glauben mit dem fleischlichen Munde von heuchlerischen und gottlosen Menschen empfangen werde.

7. Zum Heile aber mit gläubigen Herzen und Munde; ohne gläubiges Herz, nur mit dem Munde zum Gericht.

8. Was wir von Brot und Leib gesagt haben, dasselbe ist auch vom Weine und Blute zu verstehen.

9. Diejenigen, die anders reden oder denken, halten wir für Ketzer.

Die Prediger der Stadt Bremen."

Wir haben, — was wir bislang in ähnlichen Fällen nicht gethan — beide Bekenntnisse vollständig mitgetheilt, und zwar deshalb, damit wir die Streitobjecte in ihrer schliesslichen Gestalt genau kennen lernen, dann aber auch, weil diese Bekenntnisse uns über die beiderseitige Stimmung, mit der man dem Entscheidungskampfe entgegen ging, hinlänglich orientiren. Vergleicht man nämlich beide Bekenntnisse unbefangen mit einander, so zeichnet sich das letztere in mannichfacher Hinsicht vor dem ersteren vortheilhaft aus. Das Bekenntniss der Stadtprediger ist zwar völlig exclusiv, katholisirend, materialistisch; aber auch kurz, klar, entschieden. Das Bekenntniss Hardenbergs sucht sich zwar von einer materialistischen Auffassung des Abendmahls los zu machen. Aber der Verfasser tritt dabei mehr schüchtern als vorsichtig auf. Die einzelnen Behauptungen werden gedeckt durch Berufung auf die alte Kirche und den Frankfurter Recess. Jedenfalls fehlt hier der kühne Geist Luthers: ich kann nicht anders! — Es spiegelt sich aber auch in diesen beiden Glaubensbekenntnissen deutlich ab: die forcirten Lutheraner waren zum Kampf, oder richtiger zur Zänkerei, geboren, Hardenbergs Art fehlte Kampfeslust, wohl auch Kampfesmuth. Jene waren Raufbolde, die überall Händel suchten, Hardenberg war der friedliebende Mann, dem — wenigsten unter Umständen — Ruhe die erste Bürgerpflicht ist.

Die Bekenntnisse Hardenbergs und der Bremer Stadtprediger wurden nunmehr zum Zwecke der Instruction versandt. Der Bremer Rath aber fügte dem Bekenntnisse seiner Prediger noch ein Begleitschreiben an die protestantischen Fürsten und Stände des Kreises bei, in welchem er um Beistand und insbesondere darum bat, man solle nicht auf eine schliessliche Entscheidung durch die Universitäten eingehen. —

In Möln kamen darauf einige Theologen zusammen und vereinigten sich dahin, dass gegen eine Begutachtung durch Universitäten protestirt werden müsse, da sich Hardenberg durch seine Schriften ganz unzweifelhaft als Sacramentsschwärmer und

Verführer der Bremischen Kirche **documentirt** habe. Damit übereinstimmend erklärte auch eine Versammlung von Theologen in Celle (21. Januar 1561), die von den Herzögen zu Braunschweig und Lüneburg dahin berufen waren, in einer **besondern Denkschrift (Judicium Theologicum)** Hardenberg für einen Sacramentirer.

Es ist hiernach klar, Hardenberg **war** bereits **verurtheilt,** ehe **er** nach Braunschweig kam. Aber einer **perfecten Verurtheilung** stand die beschlossene Versendung der Acten an die Universitäten hindernd in dem Wege. Diesen Punkt betrachteten Hardenbergs Gegner als den Stein des Anstosses, Hardenberg **als** den Ankergrund seiner Hoffnung!

Viertes Kapitel.

Das Ketzergericht zu Braunschweig.

(Februar 1561.)

Der 3. Februar war nahe herangekommen. Bereits am Sonnabend den 1. Februar kamen die Gesandten der Stadt Bremen „stattlich" in Braunschweig an. Es waren: Bürgermeister Esich, Syndicus D. Rollwagen, die Rathsherren Lüder von Reden und Detmar Bredelo nebst dem Secretär Heinrich Tiling. Zugleich mit ihnen kamen die Prediger M. Christian Havemann und Elardus Segebade, denen sich der bereits in Magdeburg angestellte Heshusius anschloss. Am Sonntage den 2. Februar, — dem Tage Mariä Reinigung, — predigten die bremischen Geistlichen, der eine des Vormittags, der andre des Nachmittags in Braunschweig, und forderten in ihren Reden die Zuhörer auf, Gottes Hilfe anzuflehen, er möge seine armen Schäflein, die durch den Schwärmer jämmerlich betrogen und verführt wären, wieder zu recht bringen und den Wolf hindern, dass ihm seine Anschläge misslängen.

Während so von den Kanzeln gegen ihn losgezogen wurde, erschien **Hardenberg** selbst in Braunschweig, also am 2. Februar und zwar um 10 Uhr Vormittags, in Begleitung seines treuen Freundes **Daniel von Büren**. Montag den 3. Februar liess **Har**denberg seine Ankunft den Räthen des Erzbischofs von Bremen, die auch erschienen waren, melden und sie bitten, wenn sie ihre Ankunft den Kreisobersten anzeigten, zugleich seiner Ankunft Erwähnung zu thun. —

Inzwischen waren auch alle fremden Prediger angekommen.

Es waren, abgesehen von dem Braunschweiger Superintendent Mörlin und seinem Coadjutor Martin Chemnitius, neun an der Zahl: Valentin Curtius, Superintendent aus Lübeck; D. Paul von Eitzen, Superintendent aus Hamburg; David Chyträus, Professor aus Rostock (Abgesandter Naumburgs); Ernst Bock, Superintendent von Bardewick; Rudolf Moller, Superintendent zu Hameln; M. Friedrich Dedekind, Pastor zu Neustadt; M. Leonhard Schmeger, Superintendent der Grafen zu Regenstein und Bartholomäus Sprockhof, Pastor zu Wunstorf. — Diese Theologen sämmtlich waren am 3. Februar von Mörlin zum Abendessen eingeladen; — Hardenberg nicht; ein deutliches Zeichen: jene waren unter sich Eins gegen Hardenberg, dieser stand als Theolog ganz allein. —

Am 4. Februar traten alle Gesandten der Stände auf dem Rathhause zu Braunschweig zusammen. Nach Erledigung einiger Formalien berathschlagte man, ob man auf Grund des Halberstädter Abschiedes ein Colloquium zwischen Hardenberg und den andern Theologen anberaumen, oder beiden Theilen aufgeben wolle, schriftlich das gegentheilige Bekenntniss zu censiren. Man entschied sich für das Letztere; — die erste Abweichung von den Bestimmungen des Halberstädter Abschiedes! —

In Folge dieses Beschlusses wurde nun unserm Hardenberg um 4 Uhr durch einen Secretär angesagt, er habe morgen, als den 5. Februar, früh 7 Uhr vor den Kreisgesandten zu erscheinen, bis dahin seine Bedenken gegen die Confession der Gegner schriftlich abzufassen und mit sich zu bringen. Einen dem entsprechenden Auftrag erhielten sodann die Bremer Prediger.

Am 5. Februar, — es war Mittwoch, — kamen beide Parteien aufs Rathhaus; die Gesandten der Stadt Bremen, ausser Andern begleitet von D. Mörlin, Heshusius und etlichen Rathspersonen von Braunschweig, „also dat se eine prachtige lange trecke achter sick hedden"[1]); Hardenberg aber stand sammt dem Bürgermeister Daniel von Büren unten im Rathhause lange Zeit allein. Nur einer war noch bei ihnen, ein gewisser M. Ru-

---

[1]) Diese Worte sind einem Msc. des A. B. entnommen, das früherhin dem Bürgermeister von Büren zugehört hat und von ihm mit Randbemerkungen versehen ist. Wir legen es hauptsächlich bei diesem Theile der Darstellung des Hardenbergschen Streites zu Grunde.

dolf Mönkhusen oder Münchhausen. Aus einem Briefe Paul Ebers an Hardenberg (vom 28. Mai 1550) erfahren wir, dass derselbe damals in Wittenberg Ebers Hausfreund und diesem von Hardenberg empfohlen war. Eber äussert sich in dem gedachten Briefe sehr günstig über ihn. So viel für jetzt in Betreff desselben.

Beide Parteien mussten lange warten. Endlich um zehn Uhr wurden die Gesandten des Bremer Rathes allein vorgefordert. Sie baten, auf Grund ihrer Instruction, Hardenberg zu verjagen und fügten hinzu, man möchte doch den Rudolf Mönkhusen, der zuvor wegen zwinglischer und kalvinischer Lehre vom Abendmahl aus Rostock und Bremen verwiesen wäre, nicht mit eintreten, noch zum Verhöre zulassen. —

Die Bremer Abgesandten traten ab und Hardenberg wurde vorgefordert, jedoch mit dem Bemerken, Mönkhusen zurückzulassen. Hardenberg entgegnete, Mönkhusen habe sich zwar auch über Gewaltthätigkeiten beim Kreistage zu beklagen; indessen davon sollte nicht die Rede sein, er wolle sich dieses Mannes nur als Notar bedienen. Doch diese Bitte wurde ihm abgeschlagen, der Bürgermeister Büren dagegen durfte miteintreten; — es war kurz vor 11 Uhr.

Der Gesandte des Erzbischofs von Magdeburg eröffnete diesen Theil der Sitzung mit einer kurzen Ausprache und forderte schliesslich Hardenberg auf, seine schriftlichen Bedenken gegen die Confession seiner Gegner zu überreichen.

Hierauf bat Hardenberg, man möge es entschuldigen, wenn er die gebührlichen Titel nicht gewohnter Maassen in Anwendung brächte, setzte in einer längeren Rede aus einander, wie der Streit nicht durch ihn, sondern durch seine Gegner erregt worden sei und zog daraus den Schluss, man habe nicht ihn, sondern zuerst seine Gegner fragen müssen, was ihnen an seiner Lehre mangle. Doch, um weder in irgend welchen Verdacht zu gerathen, noch ungehorsam zu erscheinen, habe er, so gut sich das in der Eile thun lasse, seine Bedenken aufgesetzt. — Er überreichte sie hierauf und bat, dass man ihm die Bedenken seiner Gegner übermittle. Es wurde ihm geantwortet, man hätte bereits daran gedacht („dat se dar rede thogedacht hadden"). Hierauf wurde er bis auf Weiteres beurlaubt; — die schriftlichen Bedenken der Bremer Prediger erhielt er aber nicht.

Es muss uns nun jedenfalls von Interesse sein zu erfahren, was denn in den beiderseitigen Bedenken stehe. Machen wir uns daher mit den Hauptpunkten in denselben bekannt. Hardenbergs Bedenken zunächst reduciren sich darauf:

Ein Streit über das Abendmahl ist von mir nicht angefangen; ich habe nur die falsche Lehre von der Ubiquität des Leibes Christi getadelt. Meine Gegner aber haben dieselbe bislang mit dem Abendmahle in Verbindung gebracht und aufgestellt:

1. Die Einsetzungsworte sind einfach, ohne irgendwelche Erklärung, buchstäblich zu verstehen;

2. Es sind daher Brot und Wein im Abendmahle der wahre und wesentliche Leib Christi.

3. Und diese Gegenwart findet an allen Orten statt, wo das Abendmahl nach den Einsetzungsworten gefeiert wird.

Weil sie jetzt einsehen, dass ihre Confession unhaltbar war, haben sie neue Sätze aufgestellt, in denen vieles Frühere ausgelassen, Einiges verändert ist. Insbesondre haben sie den ersten und dritten der obigen Sätze diessmal weggelassen; und wenn sie den zweiten Satz wirklich festhalten, so werden sie dadurch genöthigt, die Verwandlung des Brotes in den Leib Christi (Transsubstantiation), oder zum mindesten das gemeinsame Vorhandensein des Brotes und Leibes (Consubstantiation) anzunehmen[1]. —

Ueberdiess machen sie sich einer Begriffsverwirrung schuldig, indem sie den Satz: „das Brot ist der wesentliche Leib Christi für gleichbedeutend mit dem andern ansehen: „in, mit und unter dem Brote ist der wesentliche Leib Christi gegenwärtig." —

Das Bedenken der Bremer Prediger knüpft hauptsächlich

---

[1] Das ist eine ganz richtige Bemerkung. Die Gegner Hardenbergs sagten: die Worte: „Diess ist mein Leib" müssen im eigentlichen, nicht im figürlichen Sinne genommen werden. Nun, dann hatte man die katholische Wandelung wieder da. — Nein, sagte man wieder, Brot bleibt Brot, aber in, mit und unter dem Brote geniesst man den Leib Christi; also — zweierlei: Das eben ist die Consubstantiation. Nimmt man diese aber an, dann hat man auch die Abendmahlsworte nicht im eigentlichen Sinne genommen, sondern im figürlichen. Man denkt nämlich zu den Worten noch etwas hinzu, was eigentlich nicht dasteht, in der Rhetorik Synekdoche genannt. Davon noch später.

an das Gleichniss von der Sonne an und sagt, dadurch wäre klar bewiesen, dass er ein Sacramentirer sei, denn die Sonne sei nicht wahrhaft und wesentlich auf Erden gegenwärtig, sondern nur durch ihre Strahlen, ihre Kraft und ihr lebenspendendes Licht. Dieser Vergleichung zufolge wäre also auch Christus nicht wahrhaft und wesentlich im Abendmahle gegenwärtig. Der Schluss lautet: „Und weil Hardenberg diess leugnet, so sagen wir, dass er ein Sacramentirer und Ketzer sei, welchen Flecken ihm weder Rhein noch Elbe abwischen wird." Als Anhang war noch eine Erklärung des zehnten Artikels der Augsburgschen Confession, der vom Abendmahle handelt, beigefügt. Darin machen sie den Versuch, denselben in Luthers Sinne, nach Maassgabe der Schmalkalder Artikel auszulegen, in denen gesagt ist, dass Brot und Wein im heil. Abendmahle der wahrhaftige Leib und das wahrhaftige Blut Christi sei und nicht allein von frommen, sondern auch von bösen Christen gereicht und empfangen werde. Weiterhin heisst es: „Endlich, damit kein Zweifel in der Sache gelassen werde, hat der selige Luther diese Meinung in einer Summe kurz also erklärt in seinem letzten kleinen Bekenntniss: Ich rechne sie Alle in einen Kuchen, wie sie auch sind, die nicht glauben wollen, dass des Herrn Brot im Abendmahle sei ein rechter natürlicher Leib, welchen der Gottlose oder Judas ebensowohl mündlich empfängt als St. Petrus und alle Heiligen." Der Schluss aber lautet: „Gelüstet's Doctor Albert, so sage er, der selige Luther sei nicht der Augsburgschen Confession zugethan gewesen und von den andern Bekennern der Augsburgschen Confession auch dafür nicht gehalten worden. Oder es ist hieraus gewiss und zum Höchsten bewiesen, dass D. Albert sich nicht daran gnügen lässt, wider Gottes Wort zu lehren, sondern dass er auch uns und den armen betrübten Nachkommen die Augsburgsche Confession mit seinen Irrthümern verfälschen muss."

Nunmehr wurde die Thätigkeit der Kreistheologen in Anspruch genommen. Diese erklärten sich, — wie nicht anders zu erwarten, — in gleichem Sinne, wie die Bremer Prediger, erkannten auch ausdrücklich deren Confession als mit der Augsburgschen Confession der Apologie, den Katechismen Luthers und den Schmalkaldischen Artikeln übereinstimmend, die Confession Hardenbergs dagegen als diesen Schriften widersprechend an. Schliesslich aber bitten und beschwören sie die Kreisgesandten, diese möchten der Appellation Hardenbergs an die Universitäten keine Folge geben, sondern durch Entfernung dieses Ruhestörers die Wahrheit Christi erhalten und den Frieden der Bremer Kirche herstellen.

Indessen die Kreistagsgesandten zögerten, hierauf ohne Weiteres ein Verdammungsurtheil auszusprechen. Zuletzt vereinigte man sich in einem Beschlusse, den wir sogleich hören werden. Hardenberg wurde auf den folgenden Tag den 6. Februar (Donnerstag) Morgens 7 Uhr vorgeladen. Er erschien und man eröffnete ihm Folgendes. Der Halberstädter Abschied fordere, dass jeder der streitenden Theile seine Bekenntnissartikel richtig, klar und ohne alle Zweideutigkeit stellen solle: Nun wären aber seine Sätze dunkel und weitläufig. Es erschiene daher zu besserer Information nothwendig, dass einer der Theologen in ihrer, der Kreisgesandten, Gegenwart ihm etliche Fragen, vier oder fünf, vorlegen sollte, die er sogleich kurz, richtig und kategorisch zu beantworten hätte; es würde ihm hierzu eine Stunde bestimmt werden.

Hierauf erwiederte Hardenberg, das hätte er nicht vermuthet. Er hätte gehört, dass in Folge des Halberstädter Abschiedes hier in Braunschweig ein freundliches Colloquium stattfinden sollte und nun wolle man ihm auf einmal solche gefährliche Fragen vorlegen! — Er hätte sicher geglaubt, man habe ihn diessmal vorgeladen, ihm die Bedenken der Bremer Prediger auf seine Confession zuzustellen, die er sich ausgebeten habe! — Doch davon abgesehen, so wären die ihm von den Kreistheologen bekannten Personen: Curtius, Eitzen, Chyträus dermalen seine offenkundigen Gegner, die ihm bereits als Schwärmer, Sacramentschänder und reissenden Wolf ausgeschrieen hätten; — er vermuthe, dass die übrigen ihm nicht näher bekannten Theologen den obengenannten gleichgesinnt wären. Auch könne er wegen Schwachheit seines Leibes sich unmöglich auf sofortige Beantwortung gefährlicher Fragen einlassen. Wie leicht könne ihm da ein unbesonnenes Wort entschlüpfen, das ihm seine Gegner „hoch aufmutzen" möchten. Er bat daher „demüthig, um Gottes willen", man solle ihn damit verschonen.

Die Kreisgesandten erwiederten hierauf, man ginge nicht darauf aus, dass die Antworten, die er geben würde, an seine

Gegner gelangen sollten, sondern sie selbst wollten davon nur Kenntniss nehmen „zu eigenem Bericht".

Endlich erlangte Hardenberg wenigstens soviel, dass die Fragen um Mittag schriftlich an ihn gelangen sollten, auf die er am nächsten Tage 7 Uhr richtige, kategorische Antwort zu geben habe. — So geschah es! Freilich mit der Modification, dass er die Fragen nicht um Mittag, sondern erst um 4 Uhr erhielt und nunmehr zu deren Beantwortung die Nacht zu Hilfe nehmen musste.

Am folgenden Tage Freitag den 7. Februar früh 8 Uhr kam er auf's Rathhaus und wurde um 11 Uhr vorgefordert. Er beschwerte sich, wie bereits am Tage zuvor, darüber, dass er überhaupt sich auf solche gefährliche und verfängliche Fragen einlassen müsse, übergab seine Antworten und fügte bei, dass er dieses Schriftstück unmöglich habe kürzer abfassen können.

Man antwortete ihm auf seine Rede nicht. D. Anton Freudmann verlas blos in seiner Gegenwart die Fragestücke und Hardenbergs Antwort darauf. Sodann wurde er mit dem Bürgermeister Daniel von Büren, der ihn auch heute treulich begleitet hatte, „bis auf weiteren Bescheid" entlassen.

In der Sache selbst kam man durch die Fragen und Antworten nicht viel weiter, wie diess auch gleich darauf anerkannt war. Wir können daher, da darinnen vieles uns schon Bekannte wiederholt wird, von einer vollständigen Mittheilung derselben Umgang nehmen[1]). Nur zwei Fragen und deren entsprechende Antworten heben wir zum bessern Verständniss der gegenwärtigen Lage hervor.

Man fragte gleich an erster Stelle, ob er eigentlich halte, dass der wahre, wesentliche Leib Christi, der für uns gegeben, nicht allein, wie die Sonne an einem gewissen Orte im Himmel, sondern zugleich an vielen Orten im Abendmahle, nicht allein mit seiner Kraft und Wirkung, sondern auch mit seiner Substanz und seinem Wesen wahrhaftiglich hier auf Erden gegenwärtig sei. Hardenberg antwortete darauf: „Da die erste Frage zweideutig ist, so theile ich dieselbe und antworte so. Fragt man, ob der Leib Christi oder seine menschliche Natur allenthalben sei, so

---

[1]) Sie finden sich übrigens abgedruckt bei Gerdes, hist. motuum p 164 seqq. Planck VI, S. 281 flg. und abgekürzt bei Wagner S. 322 flg

bezeuge ich, dass ich diess sofort mit Augustin und den andern Alten verneine, die da behaupten, Christi Leib sei im Himmel und bewege sich da nach Willkühr. Fragt man aber, ob der wahre Leib Christi, der für uns dahingegeben ist, wahrhaftig im Abendmahle gegenwärtig sei, so sage ich, dass gerade jener Leib Christi, obgleich er im Himmel sei, doch mittelst des Wortes und der heiligen Zeichen wahrhaft und wesentlich (aber nicht quantitativ und local) im Abendmahl gegenwärtig sei und ausgetheilt werde. Was das Gleichniss von der Sonne betrifft, so beziehe ich mich auf meine übergebenen Sätze, die deutlich genug sind."

Die fünfte Frage lautete, ob er eigentlich halte, dass der Leib Christi nicht allein geistlich mit dem Glauben von frommen Christen, sondern auch mit dem Munde zugleich von frommen und auch bösen Christen empfangen werde. Hardenberg antwortete: „Nach der Lehre der alten Kirche giebt es ein sacramentales Essen, was mit dem Munde geschieht, und ein reales, oder, wie es Andre nennen, spirituales Essen, welches mit dem Herzen durch den Glauben geschieht. Bei den Bösen findet nur ein sacramentales Essen statt. Denn obgleich sie unter dem sichtbaren Sacramente den Leib Christi empfangen, so können sie doch nicht, weil sie den wahren Glauben nicht haben, mit Christo, dem himmlischen Brote vereinigt werden, wie die Frommen." —

Wir haben diese beiden Fragen und Antworten hiehergesetzt, nicht als ob wir hierin Hardenberg beistimmen wollten, sondern, weil dessen Auslassungen für ihn in hohem Grade charakteristisch sind! —

Offenbar war das Gleichniss von der Sonne ein seiner Abendmahlslehre genau entsprechendes Bild und offenbar war Hardenberg der Annahme, dass die Gottlosen ebenso wie die Gottesfürchtigen den Leib Christi genössen, nicht sehr zugeneigt, wie aus seinem ersten Bekenntniss vom Jahre 1548 (s. oben S. 126) hervorgeht. Und wie dunkel, wie gewunden sind hier seine Erklärungen darüber. Es wird einem von alle dem so dumm, als ginge einem ein Mühlrad im Kopfe herum. —

Und woher diese unaufhörlichen Windungen, die es erschweren, die eigentliche Richtung seiner Gedanken zu erkennen? Aus persönlicher Feigheit? Sicher nicht! Wohl aber aus der schon oft an Hardenberg beobachteten Friedensliebe, die nachgiebig ist bis zur äussersten Gränze des sittlich Möglichen, der aber alle Lust, wonicht aller Muth, fehlt, durch Kampf auf Leben und Tod den Frieden zu erringen.

Hardenberg dachte sicher, durch solche Nachgiebigkeit seine Gegner etwas milder zu stimmen. Er sollte nur gar zu bald erfahren, dass er sich hierin bitter getäuscht hatte!

Nehmen wir den Faden unsrer Erzählung, den wir oben hatten fallen lassen, jetzt wieder auf.

Als Hardenberg abgetreten war, liess man die Kreistheologen vorfordern, übergab ihnen Hardenbergs Antworten und bat um zweierlei: 1) diese Antworten zu prüfen und ihr Urtheil darüber noch an demselben Tage abzugeben; 2) auf Mittel und Wege zu denken, wie die ganze Sache zu Ende geführt werden solle. — Nachdem diese beiden Punkte von den Theologen erwogen worden waren, erklärten sie sich durch Paul von Eitzen gegen die Kreisgesandten dahin, dass die Antworten Hardenbergs, genau wie die früheren Schriften desselben, dem Bekenntniss der Bremer Prediger, der Augsburgschen Confession u. s. w. zuwider, er selbst ein Sacramentirer sei. Deshalb müsse er seines Dienstes entsetzt und aus Bremen verwiesen werden. Diess am Vormittage!

Am Nachmittage aber hielten die Gesandten wieder eine Sitzung, um die Hardenbergsche Angelegenheit zu erledigen Da nun aber nicht die Stände selbst, sondern nur deren Gesandte versammelt waren, so konnte ein freies Urtheil von den letzteren nur insoweit abgegeben werden, als diess ihre Instructionen zuliessen. Es wurden zu dem Ende die Instructionen der Einzelnen verlesen und siehe, **der grösste Theil derselben lautete auf Entsetzung und Verweisung Hardenbergs aus Bremen.** So war denn wirklich Hardenberg, schon ehe er nach Braunschweig kam, verurtheilt! Nur drei Instructionen lauteten gerechter! —

Nun hielt es freilich die Majorität der Kreisgesandten doch nicht für gerathen, Hardenberg als **Irrlehrer** zu verjagen; aber liess sich für die Vertreibung dieses Mannes nicht eine andre Form finden? Die Gesandtschaft des Erzbischofs von Magdeburg versuchte es. Sie redigirte den Kreistagsabschied dahin, dass er wie eine Polizeimaassregel, die blos der Ruhe wegen verfügt wird, aussieht. Allerdings wird darin gesagt, dass Hardenbergs Sätze in einigen Punkten dunkel, zweifelhaft und der Augsburgschen Confession einigermaassen zuwider seien. Aber am Schlusse wird ausdrücklich versichert, der Zweck dieses Urtheils wäre nicht, Hardenbergs Ehre zu kränken, oder seine Lehre zu verurtheilen. Und worauf lautete denn das Urtheil, das, dieser Magdeburger Vorlage zufolge, abgegeben werden sollte? Dahin, dass dem Domcapitel in Bremen von Seiten des Kreistages befohlen wurde, den Doctor Albert Hardenberg längstens innerhalb vierzehn Tagen, vom Datum des Abschieds an gerechnet, seines Dienstes und Predigtamtes zu entlassen und aus der Stadt Bremen wegzuschaffen.

Aber, müssen wir fragen, war denn nur ein solcher Abschied auf Grund des Halberstädter Recesses möglich? So fragten auch die drei obenerwähnten Gesandten, denen gerechtere Instructionen ertheilt waren! Schrieb nicht der Halberstädter Recess ausdrücklich vor, dass, im Falle eine Vergleichung nicht zu Stande käme, dann die Acten an die Universitäten geschickt werden sollten? Doch diese Frage, — wir übergehen andre untergeordnete Punkte mit Stillschweigen, — beantworten die Kreistheologen in einer Weise, die einem Jünger Loyolas alle Ehre gemacht hätte. Sie sagten: damit ist nur der Fall vorgesehen, wenn sich die **Kreistheologen unter einander nicht vereinigen könnten. Diese aber haben sich in Betreff der Verurtheilung Hardenbergs vollständig geeinigt und damit ist die Sache zu Ende. Auf eine Vergleichung der streitenden Parteien, also Hardenbergs und der Bremer Prediger, ist diess nicht zu beziehen.** Einen solchen Schurkenstreich konnten Hardenberg und seine Freunde nicht erwarten! —

Ob man übrigens mit dem Urtheil durchkommen werde, war den Kreisgesandten denn doch zweifelhaft. Um sich darüber zu vergewissern, forderten sie erst die Abgeordneten des Bremer Rathes vor, um von ihnen, nach erfolgter Mittheilung des Decrets, zu erfahren, ob das Domcapitel wohl dasselbe ausführen werde, und ob der Rath, für den Fall, dass das Domcapitel die Ausführung verweigere, sich stark genug fühle, ohne Aufruhr befürchten zu müssen, die Ausführung selbst in die Hand zu nehmen.

— Die Bremer Abgeordneten, hocherfreut am Ziele zu sein, erklärten sich hierauf sofort dahin, dass, ihrer Meinung nach, das Domcapitel den Beschluss sicher ausführen werde. Sollte aber die Ausführung bei demselben auf unerwartete Schwierigkeiten stossen, nun, so würden sie selbst den gefährlichen Mann aus der Stadt schaffen.

Schon damit war die Ausführung des nobeln Beschlusses gesichert. Aber es erschien doch den Kreisgesandten räthlich, auch die Meinung der Gesandten des Bremer Domcapitels und der Ritterschaft zu hören. Es war das auch noch deshalb nothwendig, weil man diese bis dahin unter nichtigen Vorwänden von den Berathungen ausgeschlossen hatte. Kurz man theilte ihnen allein den Beschluss des Kreistages vor dessen formeller Publication mit. Diese, betroffen, verpflichteten sich nur, den sämmtlichen Domherren von der dieser gemachten Auflage Mittheilung zugeben zu lassen und baten ausserdem um Verlängerung des Termins.

Indessen da die Abgesandten des Bremer Rathes bereits so bestimmte Zusagen gemacht hatten und in dem Auftreten der Gesandten des Domcapitels mehr grosse Verwunderung als rücksichtloses Protestiren zu erkennen war, so meinte man am leichtesten fertig zu werden, wenn man sich auf Unterhandlungen mit ihnen durchaus nicht wieder einliesse. Man begnügte sich daher damit, sie auf ihre demnächst zu erfüllende Pflicht besonders hingewiesen zu haben. — Und nun kam der entscheidende Augenblick, in dem der Kreistagsabschied Allen, die daran betheiligt waren, förmlich und feierlich publicirt werden sollte. Es wurden deshalb alle Betheiligte, Hardenberg selbstverständlich auch, in den Sitzungssaal hereingerufen. Es war am 8. Februar Morgens 9 Uhr! —

D. Freudemann eröffnete die Sitzung mit kurzen Worten, in denen er ausdrückte, die Gesandten hätten sich alle Mühe gegeben, ein Resultat zu erzielen. Es wäre gelungen und es sollte dasselbe nunmehr vorgelesen werden; ein jeder habe sich danach zu richten. — Man las [1]: „Die Bremische Religions-

---

[1] Wir geben das Decret nur im Auszuge mit unwesentlichen Abänderungen im Styl. Es ist vollständig vielfach gedruckt bei Gerdes; in der „Nothwend. Verantwortung" und sonst.

spaltung belangend, die sich zwischen den Prädicanten zu Bremen und dem Domprediger D. Albert Hardenberg über die Lehre und Worte des heiligen Abendmahles zugetragen hat und nunmehr dermaassen leider überhand genommen hat, dass dadurch nicht allein im Kirchenamte, sondern auch im weltlichen Regimente der Stadt Bremen gewaltige Zerrüttungen, auch unter der Bürgerschaft viel Verwirrung entstanden ist: so haben sich die Kreisstände, abgesandten Räthe und Botschafter diese Sache, welche Gottes Ehre und nicht allein der Stadt Bremen Wohlfahrt, sondern das Seelenheil und die Seligkeit aller Christen betrifft, zum Höchsten angelegen sein lassen. Sie haben endlich erkannt, dass die Kreistheologen mit den Bremischen Predigern in ihren übergebenen Bekenntnissen, insbesondre in der Lehre vom Abendmahle, durchaus einig sind, und dass solche Lehre dem heiligen göttlichen Worte, der Augsburgschen Confession und der darauf erfolgten Apologie und dem Katechismus Luthers gemäss, dagegen Doctor Hardenbergs Lehre in etlichen Punkten obscur und zweifelhaft und der Augsburgschen Confession „etzlicher massen widerig" sei.

Deswegen hielten es die Kreisstände für gut, dass über diese Punkte mit D. Hardenberg freundlicher Weise, jedoch aufs „Einfältigste und Eingezogenste" colloquirt und er zu weiterer Erklärung angehalten werden sollte. Die Kreistheologen bestimmten auf den Wunsch der Kreisgesandten, einen aus ihrer Mitte, der mit Hardenberg colloquiren solle. Das Alles geschah nicht, um die Sache weitläufig zu machen, oder gefährliche Disputationen herbeizuführen, sondern lediglich zu besserer Information der Kreisgesandten und zu dem Zweck, der Sache besser auf den Grund zu kommen.

Weil nun aber D. Hardenberg solche freundliche Unterredung ausgeschlagen hat und sich mit den andern Theologen, die in der Lehre der Augsburgschen Confession, wie oben bemerkt, durchaus einig sind, nicht hat vergleichen können, noch mit ihnen hat übereinstimmen wollen, sich auch daneben öffentlich hat vernehmen lassen, dass er keinen Richter in diesem Kreise sich gefallen lassen könnte, dass ihm auch alle Theologen dieses Ortes verdächtig wären: so haben die Kreisstände es nicht für gerathen erachten können, ihn, den D. Albert, in diesem Kreise länger zu dulden, vornehmlich, weil nicht zu vermuthen ist, dass, dafern er länger in Bremen bleibt und mit seinem Predigen fortfährt, die dortigen Verbitterungen aufhören und beständiger Friede gepflanzt werde. Sie haben daher aus den angeführten und andern Ursachen, — besonders weil sich der Erzbischof zu Bremen, seiner Erklärung zufolge, des D. Hardenberg und seine Lehrer nicht angenommen hat, auch nicht hat annehmen wollen, und so die Sache durch Domcapitel und Rath an die Kreisstände gelangt, Kreissache geworden und unter dem Landfrieden begriffen ist, — beschlossen: „dass dem Domcapitel zu Bremen im Namen der Kreisstände kraft dieses Abschieds befohlen sein soll, den D. Albert Hardenberg zum förderliebsten und längstens innerhalb vierzehn Tagen nach dem Datum dieses Abschiedes citra infamiam et condemnationem[1]) seines Dienstes und Predigtamtes zu entlassen und aus der Stadt Bremen wegzuschaffen, ihm auch von nun an das Predigen nicht mehr gestatten soll. Auch soll er hiermit nicht allein aus der Stadt Bremen, sondern auch aus dem ganzen niedersächsischen Kreise (doch ohne Verletzung seiner Ehre und allein zu Verhütung ferneren Zwiespaltes, Unruhe und Empörung) abgeschafft sein und von keinem Stande ferner geduldet noch gelitten werden, sich auch für seine Person alles öffentlichen und heimlichen Predigens gänzlich enthalten. Sonnabend den 8. Februar von den Kreisständen zu Braunschweig der Stadt Bremen Gesandten und D. Albert Hardenberg, also beiden Parten, abgelesen und gegeben." —

Mögen Diplomaten par excellence dieses Schriftstück bewundern; wir erkennen darin nur ein scheussliches Gewebe von Wahrem und Falschem. Das Ganze ist uns mit einem Worte: ein Bubenstück. Hardenberg selbst stand, nachdem er den Kreistagsbeschluss vernommen, da, wie niedergeschmettert. Er fing an zu reden: „Liebe Herren, wie kann ich ohne Verletzung meiner Ehre und citra infamiam et condemnationem aus diesem Kreise gewiesen werden!" Er

---

[1]) ohne Verletzung seiner Ehre und ohne Verdammung seiner Lehre.

wollte gegen diesen Spruch appelliren! „Doch" — sagt sein Gegner Kenkel, nicht ohne Schadenfreude, — „die Sprache wollte ihm nicht so folgen, als sie zu Bremen auf seinem Predigtstuhle ihm zu folgen pflegt!" — Es fiel ihm aber auch noch dazu der Bremer Syndicus D. Rollwagen in die Rede und dankte, auf Anregung der bei ihm Stehenden, den Kreisgesandten auf das „Freundlichste, Demüthigste und Höchste" für diesen Ausspruch; versprach, dass die Stadt Bremen demselben nachkommen wolle und bat dringend, sie möchten nur selbst mit allem Ernste auf die Ausführung desselben dringen und D. Alberts „Qabbeley" nicht mehr annehmen.

Hardenberg erhielt hierauf noch den kurzen Bescheid, dass die Stände es bei dem Gesagten bewenden liessen und nunmehr ging er vom Rathhause hinweg! —

Jetzt wurde der Bürgermeister Daniel von Büren noch besonders vorgenommen. D. Anton Freudemann tadelte ihn wegen seines bisherigen Auftretens, ermahnte ihn, davon in Zukunft abzustehen und gab ihm zu bedenken, dass er, wenn er nicht von seiner bisherigen Protection Hardenbergs ablasse, jedenfalls Aufruhr hervorrufen werde, was ihm der niedersächsische Kreis nicht ungesühnt hingehen lassen könnte. Büren bedankte sich zwar zunächst für die Ermahnung, sodann aber wies er, der Abkömmling einer um Bremen hochverdienten Familie, mit einem gewissen edeln Stolze hin auf die Manen seiner Voreltern, die sich allezeit den Aufrührern widersetzt hätten und erklärte, dass er nur in deren Geiste handeln werde. Was aber die Lehre Hardenbergs beträfe, so habe er von diesem Manne nie etwas Andres gehört, als was sich vor Gott und aller Welt rechtfertigen lasse. —

Damit war der Kreistag zu Ende! —

Hardenberg kehrte nun nach Bremen zurück. Dort legte er noch unterm 15. Februar 1561 einen vor Notar und Zeugen vollzogenen Protest gegen den Kreisabschied ein und liess denselben an die kreisausschreibenden Fürsten, nämlich den Erzbischof von Magdeburg und den Herzog Heinrich von Braunschweig übermitteln. Das Concept zu diesem Proteste findet sich in München; eine Abschrift davon in Bremen. Nach dem Münchener Concept schreibt Hardenberg: „Ich bitte alle Fürsten und Stände des sächsischen Kreises, desgleichen die Gesandten derselben, ebenso unsern erlauchten Fürsten und das ehrwürdige Domcapitel, sie wollen diese meine Exception für meinen letzten, nothgedrungenen Schritt ansehen. Denn es war schändlich und gottlos, die gute Sache ränkesüchtigen Gegnern freiwillig zu übergeben. Was aber mich anbelangt, so überlasse ich es den Herren Gesandten und meinem gütigen Fürsten, sowie meinem Patrone, den Capitelsherren, dass sie mit Klugheit darauf achten, ob sie nicht diese traurige Angelegenheit mit zweckdienlichen Mitteln beilegen können."

In Bremen wurden Hardenberg noch mehrfache Beweise der Theilnahme und Hochachtung zu Theil. Einer — sein Name ist uns nicht besonders genannt, — kam zu Hardenberg und sagte, trotz vielen Weinens und Klagens, er freue sich, dass Hardenberg gewürdigt worden sei, um Christi willen verfolgt zu werden und Christo das Kreuz nachzutragen. Hardenberg aber bemerkt dazu: „Hier kommen sie fast vor und nach, weinen und klagen, aber tröstlichere Worte habe ich noch von niemand gehört. Nun weiss Gott im Himmel, dass ich den Weg des Lebens recht gelehrt habe und dennoch aus Hass und Neid verfolgt werde. Derhalben will ich auch dem Herrn die Sache heimstellen und befehlen; aber das weiss ich für gewiss, dass ein rauschendes Blatt meine Gegner noch verjagen wird, so dass sie in Bremen nicht bleiben können."[1]) Renner in seiner Bremer Chronik bemerkt zu diesen Worten: „als auch darnach geschah und Solches sagte er auch zuvor öffentlich auf dem Predigtstuhle." —

Doch Hardenberg musste sich dem Spruche des Kreistages fügen. Er verliess noch vor Ablauf der 14tägigen Frist, am Dienstage „in dem Fastelabende am Mittage" die Stadt Bremen. Es war am 18. Februar, also an Luthers Todestage; — ein bedeutsames Omen! —

Er sass mit seiner Gattin auf dem Wagen, fuhr den Markt vorbei aus dem Brückenthor unter grosser Wehklage und Be-

---

[1]) „dat ein ruschende Blath mine Jegendeile noch jagen werde dat se in Bremen nicht bliefen können."

trübniss der gemeinen Bürger. Diese gingen in grossen Schaaren auf dem Damme bis zum Wartthurme. Da sagten sie ihm gute Nacht und beklagten „seinen Abzug mit Wehmuth". Auch er schied mit Wehmuth und sagte später oft, die Gemeinde zu Bremen, die es so gut mit ihm meinte, sei ihm so lieb, als sein halbes Herz! —

So war der Hirt von der Heerde, Hardenberg von den Bremern getrennt; aber in beiden lebte Hardenbergs eignes Wort als tröstliche Weissagung fort: „Ein rauschendes Blatt wird meine Feinde verjagen!" —

Dritter Abschnitt.

Hardenberg im Exil.

(1561—1574.)

> Video in humanis praesidiis nihil esse spei.
> (Bei menschlichem Schutz sehe ich keine Hoffnung.)
> Eberus.

Erstes Kapitel.

Hardenberg in Rastede.
(1561—1564.)

Wie einst Noah eine Taube aus der Arche fliegen liess, um zu erfahren, ob sie fände, da ihr Fuss ruhen konnte, so liess, der Sage nach, auch im 11. Jahrhunderte nach Christus der Graf Huno von Oldenburg eine Taube fliegen, freilich nicht um zu sehen, ob, sondern vielmehr wo sie sich niederliesse. Da aber, wo sie rastete, liess er das Kloster Rastede (oder Rastädt) bauen, an dessen Stelle jetzt ein Schloss steht.

Mit dieser Handlungsweise des Grafen aber hatte es folgende Bewandtniss. Der deutsche Kaiser Heinrich IV. hatte erfahren, dass mehrere Fürsten Deutschlands sich gegen ihn verschworen hätten. Als nun auf einem nach Goslar ausgeschriebenen Reichstage der Graf Huno nicht erschienen war und der Erzbischof Adalbert von Bremen[1] dem Kaiser bedeutete, jener wisse recht gut, weshalb er nicht komme, nämlich um der wegen geheimen Bündnisses gegen den Kaiser verdienten Strafe zu entgehen: da beschied ihn der Kaiser, innerhalb acht Tagen in Goslar zu erscheinen zugleich mit dem Bemerken, er möge einen starken Kämpfer mitbringen, der mit des Kaisers Kämpfer nach Friesen Art stritte „Des Kaisers Kämpfer aber war ein Löwe. Im Vertrauen auf Gott zog der gebeugte Huno mit seinem Sohne Friedrich nach Goslar und that das Gelübde, wenn Gott ihm, wie einst Abraham, helfen werde, so wolle er zu Ehren der heiligen Jungfrau ein Kloster stiften. Graf Friedrich übernahm muthig

---

[1] Wir folgen hier Hamelmann, Oldenburgisch Chronikon 1599 S. 31 flg. und Folte, Chronologische Nachrichten etc. der Kirche und Gemeinde Rastede. Oldenburg 1859, besonders S. 22, Note 1.

den Kampf für seinen Vater und machte sich zur Täuschung des Löwen ein Gebinde in Gestalt eines Mannes und füllte es mit frischen Eingeweiden. Als nun der getäuschte Löwe den vorgehaltenen Strohmann mit Wuth umklammerte, durchstiess ihn Friedrich mit seinem Schwerte und verliess als Sieger die Schranken. Der Kaiser empfing ihn mit offenen Armen und beschenkte ihn mit einem Kriegsgürtel, einem Ringe und verschiedenen bei der Stadt Soest belegenen Gütern."

Als aber Graf Huno wieder nach Hause kam, da erfüllte er in der obenbeschriebenen Weise sein Gelübde. Das Kloster Rastede wurde am 16. August 1091 der heiligen Dreieinigkeit und der Jungfrau Maria geweiht und mit einem Prior, einem Abte und zwölf Benedictinern besetzt.

In geistlichen Angelegenheiten stand es, wenigstens später, unter dem Erzbischof von Bremen, in weltlichen unter den Grafen von Oldenburg.

Hier in Rastede fand denn Hardenberg ein Asyl. Aus den wildesten Stürmen religiöser Kämpfe entfernt, war er nunmehr an eine Stätte tiefen Friedens versetzt! Was er einst seinem Freunde Medmann als sehnlichen Wunsch zu erkennen gegeben hatte[1]), nämlich dass er an einen verborgenen Ort entfliehen, daselbst eine mönchische Lebensweise beginnen und mit seinem guten Weibe in Gebet und Lectüre den Rest seines Lebens verbringen könne, das war nunmehr erfüllt. Vielleicht, dass er schon damals, als er diess schrieb, Rastede im Auge hatte.

Wer ihm übrigens diese Zufluchtstätte bereitet hatte, könnten wir, selbst wenn es uns die geschichtlichen Zeugnisse nicht ausdrücklich berichteten, errathen. Es war der Graf Christoph! —

Das erste Lebenszeichen, das wir von Hardenberg während seines dortigen Aufenthaltes gewahr werden, ist ein Brief[2]) an den Bürgermeister Daniel von Büren, wahrscheinlich im Juni 1561 geschrieben. Darin heisst es: „Ich schreibe Dir nur deswegen, damit Du erkennen mögest, dass ich fortwährend um Euch besorgt bin, und dass mir Euer Wohl nicht minder als das meinige am Herzen liegt. — Ich bitte Gott, dass er Euch heilsame Rathschläge eingebe, durch welche Ihr jene ränkesüchtige Schaar von

---

[1]) s. oben S. 180.
[2]) A. B. 1561. 1562.

Feinden im Namen des Herrn überwindet. Ich höre, dass nach Verlauf weniger Wochen eine Zusammenkunft in Lüneburg stattfinden soll.[1]) Aber, lieber Gott, was für Richter werdet Ihr da hören! Sicher werden es dieselben sein, die uns zu Braunschweig so fromm und gerecht behandelten! Hier thut es nun Noth, dass Ihr Euch durch meine Fährlichkeiten witzigen lasset und Euch an die Fabel des Horaz vom alten Löwen und vom Fuchse erinnert, welcher letztere zu dem erstern sagte[2]): mich schrecken die Fusstapfen, die alle zu Dir hineingehen, keine heraus. Auch kann Euch das grausame Unrecht vor dem Urtheile jener rechtfertigen, die mich gegebener Zusage zuwider treulos verjagt haben. Das hat, wie Du weisst, auch der Bischof in Verden zugestanden, indem er sagte, jener Urtheilsspruch [der in Braunschweig über mich gefällt wurde] sei ungerecht, auch wenn er von seinem eignen Bruder gefällt worden sei. — — Ich rathe Euch aber, nicht die Mauern Eurer Stadt zu verlassen, damit nicht, wenn Ihr herausgehet, jene zu Euren Thoren eintreten. — — Wenn ich sonst durch meinen Rath Etwas vermöchte, so würde ich ihn Dir gern mittheilen; aber ich bin, wie jener sagt[3]) „leicht mit blossem Schwerte gerüstet und mit weissem Schilde unberühmt". Ich werde daher Eure Rathschläge Gott befehlen. — Ich verweise Dich aber auf zwei Erzählungen der heiligen Schrift und zwar zunächst auf 2. Sam. 21 [Vs. 15—17]: „Es erhob sich aber wieder ein Krieg von den Philistern wider Israel und David zog herab und seine Knechte mit ihm und stritten wider die Philister. Und David ward müde. Und Jesbi zu Nob (welcher war

---

[1]) Jedenfalls ist die Versammlung von niedersächsischen Theologen gemeint, die, von niedersächsischen Ständen berufen, im Juli 1561 in Lüneburg zusammentrat, um sich darüber zu äussern, was a) von dem in Niedersachsen geltenden Corpus doctrinae; b) von der Zulässigkeit oder Unzulässigkeit einer ausdrücklichen Verdammung der Irrlehren und Secten und c) von der Jurisdiction des Papstes und der an die evangelischen Stände gelangten Einladung zur Beschickung des römischen Concils zu halten sei.

[2]) Horat. Epp. I, 1, 74 seq.

[3]) Virg. Aen. IX, 548
„Ense levis nudo, parmaque inglorius alba."
Es wird damit angespielt auf das reinweisse, von allen Insignien freie Schild, das den römischen Recruten gegeben ward und zwar zu dem Zwecke, sich durch Tapferkeit die Insignien zu erwerben.

der Kinder Rapha einer, und das Gewicht seines Speeres war drei hundert Gewicht Erz und hatte neue Waffen) der gedachte David zu schlagen. Aber Abisai, der Sohn Zeruja, half ihm und schlug den Philister todt. Da schwuren ihm die Männer Davids und sprachen: Du sollst nicht mehr mit uns ausziehen in den Streit, dass nicht die Leuchte in Israel verlösche." Die zweite Erzählung betrifft den Krieg gegen Absalom, wo wackere und fromme Soldaten und Bürger den König David, der mit in den Krieg ausziehen will, mit diesen Worten zurückhalten [2 Sam. 18, 3. 4.]: „Du sollst nicht ausziehen. Denn ob wir gleich fliehen, oder die Hälfte sterben, so werden sie sich unser nicht annehmen: denn Du bist, als wenn unser zehn tausend wären. So ist es nun besser, dass Du uns aus der Stadt helfen mögest [dass Du uns in der Stadt zum Schutze sein mögest]. Und jener trat an das Thor und das Volk ging heraus." —

Ich weiss auch wohl, dass deine Anwesenheit bei jenen Verhandlungen nothwendig wäre; aber vor Allem muss man sich nur vor Gefahr in Acht nehmen. O dass Ihr doch bei Zeiten an einen gelehrten und in dieser Angelegenheit wohlgesinnten Mann dächtet, wie Doctor Reidanus zu Köln ist, über den ich mit einem Staatsmanne gesprochen habe! Inzwischen thut uns Wachsamkeit noth. — — Aber Gott selbst, dessen Sache Ihr treibt, wird Euer Berather sein; es kommt nur darauf an, dass Ihr fromm, heilig, gerecht und weise handelt; Du weisst, dass viele guten Sachen durch unkluge Handlungsweise verdorben werden. —

Ich fing an das Buch von Heshusius zu lesen, aber mich schreckten jene Blasphemieen ab, die so rasend sind, dass ich nicht anders glauben kann, als jenes entsetzliche Ungeheuer werde von tausend mal tausend Teufeln getrieben; ich hoffe aber, Gott werde es durch exemplarische Strafen zu Grunde richten. Das ist in Wahrheit jener Goliath, der wider Israel lästert. Aber es sind noch einige klare Steine übrig, mit denen er, nachdem er bis zum bösen Tage bewahrt geblieben ist, geworfen werden muss, auf dass er dann mit seinem eigenen Schwerte geschlagen werde und zugleich mit Dathan, Korah und Abiram, welche die Erde verschlang, umkomme. Wer hat jemals so grosse Blasphemieen aussprechen hören? Aber das ist das äusserste Gebahren des Satan!" —

Eine solche Sprache, wie sie hier in den letzten Sätzen des

Briefes zu Tage tritt, haben wir bisher bei Hardenberg nicht gehört. Man fühlt es leicht heraus: so tief ist er noch nie gekränkt worden Es ist der gewaltigste Zorn, der sich seiner bemächtigt, wenn er an den Braunschweiger Urtheilsspruch und an Heshusius' Auftreten gedenkt. Doch, und das ist das Versöhnende darin, — er verzweifelt nicht an dem Siege der guten Sache. Die Vermuthungen aber, die er in Betreff des Lüneburger Conventes ausspricht, waren richtig. Unter den Theologen, die dort zusammentraten, befanden sich mehrere, die zuvor in Braunschweig auf Hardenbergs Verurtheilung angetragen, wie Eitzen, Curtius u. A. Und die Beschlüsse derselben gingen dahin, dass nur in Luthers Lehre die reine Wahrheit zu finden sei, während Alles, was melanchthonischen Geist athmete, zurückgewiesen ward. Mit unbeschreiblicher Freude jauchzte Mörlin über diese Beschlüsse und rief aus: Wie wird Wittenberg toben, Heidelberg rasen, Tübingen sauer sehen. Aber mögen dem Codrus die Eingeweide ausgerissen werden, wenn nur die Reinheit der Lehre Christi gewahrt bleibt (Sed rumpantur ilia Codro, dummodo sit salva doctrina Christi).

Aber schon zeigten sich Anfänge des Umschwunges. Die niedersächsischen Fürsten traten zwar den Beschlüssen ihrer Theologen bei (27. August), aber in einer besondern Acte, das Lüneburgsche Mandat genannt, ward erklärt[1]), weil auch ferner viele Streitigkeiten über die Lehre vom Abendmahle ausgebrochen wären, welche zuletzt das Ansehen der Augsburgschen Confession und die Geltung des Religionsfriedens zweifelhaft machen müssten, so befehle man, dass sich von jetzt an in der Lehre vom heil. Abendmahle jedermann streng an die heil. Schrift, an die Augsburgsche Confession und deren Apologie halte, indem jeder, der dieser Bestimmung nicht nachlebe, des Landes verwiesen werde. Ausserdem werde hiermit alles Schmähen und Lästern auf den Kanzeln, sowie die Veröffentlichung von Schmähschriften („Famoslibellen") und Carricaturen bei Strafe der Landesverweisung, oder bei Leibes und andern willkührlichen Strafen, untersagt, sowie auch jeder bei Strafe der Landesverweisung verwarnt werde, innerhalb oder ausserhalb des Kreises ein Buch ohne Censur der Obrigkeit in Druck zu geben.

---

[1]) Heppe I, 418.

Dem Kreistage waren, wie wir hieraus sehen, die Augen aufgegangen und er erkannte, welches Unheil er herbeiführte, wenn er den lutherischen Theologen freien Spielraum liess! Doch davon werden wir bald noch deutlichere Belege finden! —

Inzwischen hatte sich die Kunde von Hardenbergs herbem Geschick in Deutschland verbreitet und rief selbstverständlich bei seinen Freunden die wärmste Theilnahme wach. So z. B. bei Erastus, der sich in einem Briefe [1]) an Büren vom 26. Juni 1561 über den Hardenbergschen Streithandel so vernehmen lässt: „Deinen Brief, theurer, frommer Mann habe ich neulich empfangen und er war mir werthvoller, als eine noch so grosse Summe Goldes. Ich habe daraus ersehen, was und wie man mit Albert, dem unschuldigen und frommen Manne, umgegangen ist; — was ich schon längst sehr gern zu wissen wünschte. Wir haben uns jedoch nicht gewundert, dass man ihn so inhuman behandelt hat, denn wir wissen sehr gut, welches die Gesinnung seiner Gegner ist und worauf ihre Bestrebungen in Betreff der Verkündiger und Bekenner der Wahrheit gerichtet sind. — Und so sage ich Dir für Deine Freundlichkeit in meinem und aller Gutgesinnten Namen den grösstmöglichsten und pflichtschuldigsten Dank. —

Was die Appellation [Hardenbergs gegen den Kreistagsabschied] anbetrifft, so sagen die, die die Sache besser als ich verstehen, davon solle man nichts erwarten, denn eine Appellation setze einen Richter und Parteien voraus. Vor dem Kaiser seid Ihr überwunden zugleich mit uns. Wird die Angelegenheit vor den Ständen Augsburgscher Confession verhandelt, sei es privatim von einem jedweden, sei es publice von Allen, so werden wir verdammt. Denn gerade jene sind Partei, weshalb sie gar nicht Richter sein können, auch wenn sie es wollen. Aber die meisten sind der Ansicht, es sei sicher, dass jene es auch nicht wollen. Es ist eine bekannte Sache, dass in einer religiösen Angelegenheit nicht erkannt werden kann, weil sie bislang keinen Richter gefunden hat. Deshalb ist jener sogenannte Religionsfriede geschlossen. Auf ein Concil hoffen wir, wie Ihr richtig urtheilt, vergeblich. Was ist nun zu thun? Man meint, Hardenberg habe seine Ehre gewahrt, sowie er appellirt hat, wie es auch Luther gethan. Weil nun die sogenannten

---

[1]) C. B. N. 64.

Lutheraner (Lutherani appellati) auf papistische Weise Tyrannei üben, so werden wir gezwungen, uns mit denselben Waffen gegen sie zu vertheidigen, mit denen er sich gegen die Päpstlichen geschützt hat. Aber dann müssten wir einen Fürsten haben, wie ihn jener hatte.

Einige wiederum meinen, es müssten alle Verhandlungen sammt der Einleitung zu diesem Urtheilsspruch herausgegeben werden. Sie zweifelten nämlich nicht, dass die meisten allenthalben zwar wüssten, Hardenberg sei aus dem sächsischen Kreise verjagt, aber dass dieselben dabei zugleich dächten, er sei mit Recht entfernt. Und obgleich er nicht gross wegen seiner Person in Sorge sei, sondern mehr seine Sache als seine persönliche Unschuld erkannt wissen wolle, so müsse er doch auch seiner Person gebührend Rechnung tragen, schon wegen der Sache selbst. Er sei daher genöthigt, damit nicht seiner Person wegen die Sache in übeln Ruf komme, die ganze Angelegenheit, genau wie sie in Wirklichkeit verlaufen sei, auseinanderzusetzen, jedoch so, dass er dabei niemand schelte oder das ihm angethane Unrecht zu rächen suche, sondern so, dass man ihn nicht als einen, der die Wahrheit verlässt, oder gar als einen Verräther der gerechtesten und heiligsten Sache bezeichnen könne und so, dass die Wahrheit von Allen vollständig, und seine Unschuld nebenbei erkannt werde. Er möge daher anfangen zu erzählen, wie er immer ein friedliebender Mann gewesen sei, alle Veranlassung zu Streit gemieden habe und schliesslich in Folge einer Schrift über die Ubiquität zum Kampf gezwungen sei. Am Schlusse aber möge er anführen, es solle niemand übel von dieser Schrift denken; er habe nach dem ihm verliehenen Pfunde nicht anders gekonnt, als zuerst der Sache, dann sich und seiner Unschuld Genüge zu leisten. Niemand solle sich verletzt glauben, da er hiermit nur die gute Sache vertheidigt und seine Unschuld erkannt wissen wolle. Auch sei darauf aufmerksam zu machen, dass die Stände des niedersächsischen Kreises gar nicht befugt gewesen seien, über die Sache selbst abzuurtheilen, wie sie sich denn auch nicht als Richter über dieselbe angesehen hätten. Die Zeit zur Einbringung der Appellation, sagen die Freunde, laufe nicht ab, wie gross auch der Zeitraum sei, der zwischen ihr und dem Urtheilsspruche mitten inne liege. Daher sei hierbei nichts zu besorgen.

Es werden sich aber jene frommen und klugen Männer, an

die Hardenberg geschrieben hat [welche? ist nicht bekannt], Mühe geben, um zu erkennen, welchen Rechtsschutz er zur Durchführung seiner Angelegenheit haben könne; sie werden ihm alle Arten desselben auseinandersetzen und den Erfolg der Sache überall vor Augen stellen. Und das werden sie thun, so wie sie einige Musse dazu erlangt haben. Wir müssen Alle wachen, suchen, nachdenken, in alle Ecken gucken, Einzelheiten erwägen, den Geist und Sinn Vieler erforschen, endlich nichts unterlassen, was die Sache fördert. Wir fahren mit Euch in demselben Schiffe d. h. Meer, Stürme und Wellen, die Euch bedrohen, sind für uns nicht minder furchtbar und erschrecklich, um nichts Andres zu sagen." — ·— So dieser Brief an Büren! —

Derselbe Erastus trat aber auch mit Hardenberg selbst in Briefwechsel. In einer Zuschrift[1]) an letzteren vom 11. September 1561 beklagt er den unseligen Zwiespalt, der im Sächsischen herrsche. Die chursächsischen Theologen hätten ihrem Fürsten eine Confession überreicht, die, wenn man die Sinnesart und Denkweise ihrer Verfasser betrachte, gut, wenn man aber die Ausdrücke betrachte, schlecht und jedenfalls viel zu wenig erwogen sei. Nun wären aber auch wieder Theologen in Lüneburg[2]) zusammengekommen; er wisse nicht, was die verhandelt hätten, hoffe es aber von Hardenberg zu hören. „Wenn", — fährt er fort — „den Sachsen Religion und Wahrheit so am Herzen läge, wie ich wünschte, so würden wir nicht zu leiden haben. Ich höre aber von sehr vielen verständigen Leuten, es scheine ihnen, als ob jene unter sich nicht sowohl wegen des Chorrock, als wegen des Churrock in Zwiespalt wären („eos inter sese non tam propter Chorrock quam Churrock dissentire"), indem sich die einen bemühten, denselben wiederzuerhalten, die Andern ihn zu behalten[3]). — — Wenn Du siehst, dass Du in Gefahr schwebst,

---

[1]) C. B. N. 54.
[2]) s. S. 317.
[3]) Man leitete also die theologischen Differenzen aus politischen Tendenzen ab. Offenbar wird hiermit auf die Thatsache angespielt, dass Moritz sich die Churwürde aneignete und dadurch dieselbe der albertinischen Linie zuwandte, und dass der der Churwürde beraubte Johann Friedrich der Grossmüthige nach Moritz's Tode dieselbe wieder zu erlangen suchte.

so wirst Du hier, wenn ich mich nicht furchtbar täusche, sichere Aufnahme finden. Ich werde, so viel ich kann, Dir die Pflicht eines frommen und christlichen Menschen, der Dir freundlich gesinnt ist, nicht versagen." — —

Ausserdem aber erhielt auch Hardenberg in seinem dermaligen Aufenthaltsorte Besuch von guten Freunden und treuen Rathgebern. Ein Brief an den Bürgermeister Daniel von Büren vom Jahre 1562, — das Datum lässt sich nicht genau ermitteln, — giebt Zeugniss davon und lässt uns zugleich einen Blick in Hardenbergs damalige Gemüthsstimmung thun. Wir lesen darin: „Werthester Bürgermeister, hochgeschätzter Gevatter (compater), der Mann, der Dir meinen Brief überbringt, ist gut und zuverlässig und besonders von edlem Geschlecht. Auch ist er in den Waffen geübt, daher man ihm, der Claudius Buchlinus heisst, in den Stand der Ritter erhoben hat. Zu dem Allen ist er Senator von Strassburg. Da er zufällig in hiesiger Gegend etwas zu thun hatte, so kam er auch hieher und verhandelte mit mir über Anfang und Fortgang des Bremer Zerwürfnisses. — — Ich habe deshalb auch mit ihm Einiges besprochen; aber ich vermochte vor Schmerz und Aufregung nicht, ihm den Verlauf zu beschreiben. Ich bitte Dich nun, ihm die ganze Sache auseinanderzusetzen, besonders das, was sich nach meinem Weggange von Bremen zugetragen hat[1]), und wie jetzt die Sache steht. Er hofft, dass er sich dessen mit Nutzen für seine Kirche und seine Stadt bedienen könne, wenn er nur die rechte Einsicht in die Angelegenheit habe. Ich glaube sicher, dass Du ihm Vertrauen schenken kannst, denn er ist mit Medmann und mit allen unsern Freunden bekannt und befreundet." —

Jedenfalls hatte Hardenberg in Rastede viel Musse und wie er aller Orten sich als thätig bewiesen, so auch hier.

Sicher ist, dass er während seines Aufenthaltes in Rastede eine Schrift über die Ubiquität erscheinen liess. Sie wurde nämlich 1564 zu Mühlhausen bei Peter Fabricius gedruckt[2]), war

---

[1]) Davon im nächsten Kapitel.
[2]) De ubiquitate scripta duo adversaria Doct. Alberti Hardenbergii et Elardi Segebadii, concionatorum Bremensium. Item Alberti Hardenbergii brevis et aperta controversiae de eucharistia explicatio. Myloecii excudebat Petrus Fabricius 1564. kl. 8. 38 Blätter. Die Schrift selbst ist selten geworden: Salig kannte sie nur als Manuscript.

jedoch zum Theil allerdings schon früher abgefasst. Machen wir uns mit derselben, besonders da sich Hardenberg in ihr am deutlichsten über seine Anschauung vom Abendmahle ausspricht, etwas näher bekannt. Auf dem Titelblatte des kleinen vor mir liegenden Buches, — um das vorauszuschicken, — steht von unbekannter Hand, aber jedenfalls aus dem 16. Jahrhunderte herrührend: „Diese Schrift von Elard Segebade war eine Privatschrift, ist aber von Albert Hardenberg gegen den Willen des Autoren veröffentlicht worden, um die Ubiquität verdächtig zu machen. Das hat mir Segebade selbst in Braunschweig mitgetheilt."

Es ist diess der Hauptsache nach richtig. Segebade hatte vor mehreren Jahren die Schrift über die Ubiquität verfasst, aber auf Anrathen Kenkels und Andrer die Veröffentlichung derselben unterlassen. Indessen war sie doch durch Abschriften Vielen, und unter diesen auch Hardenberg, zu Händen gekommen. Damals aber hatte derselbe, um den an sich schon heftigen Streit nicht noch heftiger werden zu lassen, von derselben, wenigstens öffentlich, keine weitere Notiz genommen. — Doch zum Inhalt!

Eine Vorrede an den „geneigten Leser", — unbekannt, von wem verfasst, — eröffnet das Ganze. „Es ist zu verwundern," — lesen wir da, — „dass das vom Sohne Gottes eingesetzte Abendmahl, welches ein göttliches Band christlicher Liebe sein soll, Veranlassung zu Zerwürfnissen giebt. So ist D. Albert gerade in Folge des Handels vom Abendmahle verurtheilt und die Bremer sind deshalb in eine gefährliche Lage gebracht. Wenn das die Ansicht des D. Albert ist, die er in diesen zwei Abhandlungen auseinandersetzt, so weiss ich nicht, was für ein Gewissen diejenigen haben mögen, die deswegen Ursache zu Streit und Krieg suchen. Ich glaube, wenn man es hierbei machte, wie bei faulen Käsen, dass man nämlich das Faule wegschnitte, so würde, wenn man die Schmähreden, Leidenschaftlichkeiten, sophistischen Declamationen aus den Schriften seiner Gegner, gleichsam als das Faule des von ihnen bereiteten Käses, entfernte, nichts übrig bleiben. Entweder handelt es sich um einen blossen Wortstreit unter den Gelehrten, oder es entdecken hier die neuen Schriftsteller etwas mehr, als wir Greise jemals bemerkt haben, wir, die wir immer wünschten, es möchten beide Theile in dauernder Freundschaft und Liebe verharren." —

Hierauf referirt nun Hardenberg über den Anfang und Hergang des Abendmahlstreites und kommt dabei von selbst auf die Thesen, die er seiner Zeit gegen die Ubiquität, so wie auf die, die Segebade im entgegengesetzten Sinne aufgestellt hat. Er lässt nun zuerst die beiderseitigen Thesen abdrucken und fügt sodann den Segebadeschen Behauptungen — 29 an der Zahl, — eben so viele Widerlegungen bei. Fast durchgängig bieten diese Schriftstücke nur das unerfreuliche Bild dogmatischer Haarspaltereien. Im Einzelnen freilich führt Hardenberg seinen Gegner zuweilen gehörig ad absurdum. So behauptet Segebade (Propos. 24): „Christus sitzt in, oder was dasselbe ist, mit seinem Leibe zur Rechten des Vaters. Unter der rechten Hand des Vaters aber haben wir zu verstehen: seine Gewalt, Grösse, Stärke, den Arm und die Macht Gottes. Diese aber können nicht auf einen Ort eingeschränkt werden. Wir verdammen daher mit Recht den Irrthum jener Menschen, die den Leib Christi in der Weise an den Himmel und die Rechte des Vaters anheften, dass er nirgends, ausser im Himmel sein kann. Solche wissen nicht, was die Rechte des Vaters sei; ja sie kennen die Schrift und die Kraft Gottes nicht."

Hardenberg antwortet darauf: „Der Schluss ist falsch. Ein Andres ist die Rechte Gottes, ein Andres in Gottes Rechten sein. Der Leib Christi ist zwar in Gottes Rechten, aber er ist nicht die Rechte Gottes selbst. Man sagt auch: der Gerechten Seelen sind in Gottes Hand. Daraus folgt aber nicht, dass gleichwie die Rechte Gottes, so auch die Seelen der Gerechten allenthalben sein müssten."

Aehnlich ist es mit einer andern Behauptung Segebades (Propos 26). „Wenn Christus bei Tische sitzend seinen Jüngern zugleich mit dem Brote seinen Leib darreichen konnte, um wieviel mehr kann er jetzt, da er in der Herrlichkeit des Vaters ist, im Himmel und wo er will in jeder Versammlung gegenwärtig sein." Hardenberg antwortet darauf: „Was hat das mit der Ubiquität zu schaffen? Wenn er beim Abendmahle seinen Leib zugleich mit dem Brote darreichte, so war diess kein Beweis für die Unbegränztheit des Leibes. Denn er **sass mit seinem Leibe localiter vor ihnen**, um zu zeigen, man habe bei dieser Himmelsgabe keineswegs **an** eine fleischliche Darreichung des Leibes, oder gar **an** eine mehrfache Gegenwart desselben zu gleicher Zeit zu denken, sondern lediglich an die geistige Mittheilung des einen, umschriebenen Leibes unter seine Glieder." —

Nachdem Hardenberg dieses sein polemisches Geschäft allen Segebadeschen Behauptungen gegenüber beendet hat, geht er dazu fort, seine Anschauung über das Abendmahl kurz und offen auseinanderzusetzen. Wir beschränken uns darauf, nur Einiges und zwar das Interessantere daraus mitzutheilen.

„Ob im Abendmahle.", — so beginnt er, — „eine wahre Mittheilung des Leibes und Blutes Christi stattfinde, darüber ist kein Streit; es fragt sich blos, wie dieselbe beschaffen sei. Einige nehmen nur eine geistige Mittheilung an, wovon Christus Joh. 6 redet, — nur dass bei unsrer Abendmahlsfeier noch ein äusserer Ritus dazutritt. Andre gestehen zwar zu, dass Wirkung und Frucht des Abendmahles die wahrhaftige Mittheilung Christi und seiner Wohlthaten sei; aber sie nehmen auch ausserdem eine gewisse leibliche oder fleischliche Gegenwart des Leibes und Blutes Christi in Brot und Wein an, welche gleichsam Pfand und Zeugniss für diese geistliche Mittheilung sei und halten diess für den unumstösslichen Sinn der Worte Christi vom Abendmahle, ohne welchen die Wahrheit jener Worte keinen Bestand habe. Hieraus ist jener bittere Streit unter den vornehmsten Lehrern der Kirche entstanden. — Ich stimme der ersteren Anschauung bei. Denn als, — und hiermit kommt Hardenberg auf früher Gesagtes zurück, — Christus das heilige Abendmahl einsetzte, sass er mit seinem wahren, örtlich umschriebenen Leibe bei seinen Jüngern, durch welche Thatsache er ihnen alle Gedanken an eine fleischliche Mittheilung nehmen und ihnen zeigen wollte, dass diess Geschenk nur nach dem Glauben und geistlicher Weise zu würdigen sei. — Nachdem er einmal die fleischliche Anschauung von der Mittheilung seiner Person als unnütz und absurd verworfen hat Joh. 6, so ist sicher, dass er später niemals das Gegentheil davon behauptet hat. Dort aber sagt er, die Mittheilung seines Leibes, fleischlich aufgefasst, sei nichts nütze, denn der Geist sei es, der lebendig mache und die Worte, die er rede, seien Geist und Leben, d. h. wie Augustin sagt, sie seien geistig aufzufassen. Nun pflegt man aber zu sagen, das sechste Kapitel im Johannesevangelium beziehe sich gar nicht aufs Abendmahl. Darauf antworte ich. Obgleich es wahr ist, dass dort der Ceremonie des Sacramentes, die nachmals festgestellt ist, keine Erwähnung geschieht, so wird doch daselbst über die Mittheilung des Leibes und Blutes Christi ausführlich und deutlich geredet, wenn auch in bildlichem Sinne. So ist es also gerade der hauptsächlichste Theil, **gleichsam die Seele des Abendmahles**, worüber im Johannesevangelium geredet wird. — Dass auch Paulus nicht von einer leiblichen, sondern von einer geistigen Art der Mittheilung spricht, ist aus 1. Kor. 10 zu entnehmen, wo er den Worten [Vs. 16]: Der gesegnete Kelch, welchen wir segnen, ist er nicht die Gemeinschaft des Blutes Christi u. s. w. hinzufügt: Denn ein Brot ist es, so sind wir Viele ein Leib, dieweil wir Alle eines Brotes theilhaftig sind: Er sagt also, dass das Brot sei die Gemeinschaft des Leibes Christi, d. i. die Gemeinschaft, durch welche wir nämlich zu Gliedern seines mystischen Leibes, d. h. der Kirche, gemacht werden. Hieraus ist klar, dass der Apostel die Worte Christi bei der Einsetzung des Abendmahles von der geistigen Mittheilung des Leibes und Blutes Christi verstehe.

Daher antworte ich auf die Hauptfragen, die bei dieser Streitfrage zur Verhandlung kommen, in der Kürze so:

1. auf die Frage, was der Sinn der Worte sei: das Brot ist der Leib Christi.

Dass diese Redeweise figürlich[1]) verstanden werden müsse, unterliegt keinem Zweifel. Denn wenn wir mit der ganzen Kirche bekennen, dass im Abendmahle zwei unterschiedene Dinge vorhanden sind, so kann die eine den Namen der andern nur figürlich erhalten. Es fragt sich blos, ob man hier eine Metonymie annehmen, zufolge deren das Zeichen für die bezeichnete Sache gesetzt wird, also das Zeichen des Brotes für den Leib Christi; oder ob eine Synekdoche anzunehmen ist, zufolge deren man zu dem Gesagten noch etwas hinzuzudenken hat, was damit verbunden ist, also zu dem Brote den Leib Christi, der hier geistig aufzufassen ist. Ich wage hier nicht zu entscheiden.

2. auf die Frage, welche und wie beschaffen die Darreichung des Leibes Christi im Abendmahle sei.

Der Leib Christi ist in doppelter Weise zu betrachten, einmal, soweit er aus Fleisch und Knochen besteht, das andre Mal,

---

[1]) Vgl. oben S. 298.

sofern er als ein Lösegeld für die Erlösung des Menschengeschlechts angesehen wird. So, wie zuletzt, ist er im Abendmahle zu betrachten.

Daher theilt uns Christus sein Fleisch und Blut mit, um durch geistliche Einwohnung uns heiligend seines Lebens theilhaftig zu machen.

3. auf die Frage, wie die Einigung des Leibes mit dem Brote beschaffen sei.

Es sind im Abendmahle zwei Dinge vorhanden, Brot und Leib. Beide bleiben, was den Ort anbelangt, getrennt, sind aber bei der Darreichung verbunden, wie der heilige Geist mit dem Anblasen der Jünger durch Christus (Joh. 20). So findet also im Abendmahle eine zweifache Darreichung statt, eine sinnliche und eine geistliche, welche letztere nur durch den Glauben empfangen werden kann.

4. auf die Frage, wie der Leib Christi genossen werde.

Darauf ist schon geantwortet. Wir müssen im Abendmahle zwei Dinge unterscheiden, ein irdisches und ein himmlisches.

Das himmlische wird auf geistige Weise, das irdische auf irdische Weise genossen.

5. auf die Frage, ob auch Unwürdige den Leib Christi empfangen.

Die Darreichung ist und bleibt allenthalben unverletzt, wo der eingesetzte Ritus in seiner Integrität bewahrt bleibt. Darum erhalten auch die Unwürdigen den Leib Christi, soweit er durch die Kraft der Einsetzung mit dem Brote verbunden ist. Was aber die Wirksamkeit, Communication und das Leben Christi anbetrifft, so werden sie desselben wegen ihres Unglaubens oder ihrer Unwürdigkeit beraubt, nicht durch die Schuld des Stifters, sondern durch ihre eigne Sünde. In Summe: die das Abendmahl unwürdig geniessen und doch dabei die Einsetzung nicht verkehren, haben zwar das Sacrament unversehrt, aber sie sind schuldig an Leib und Blut Christi, weil sie diese verwerfen."

Hier haben wir denn die letzten ausführlichen Aeusserungen Hardenbergs über das Abendmahl gehört. Unverkennbar spricht er sich über manche Punkte deutlicher aus als zuvor. Aber dass überall die vollkommenste Klarheit herrschte, wagen wir nicht zu behaupten. So läuft sicher z. B. die Aeusserung über die fünfte Frage auf etwas Sophistik und Materialismus hinaus. Indessen so viel ist klar: nicht die lutherische, sondern die melanchthonische Anschauung finden wir bei ihm; und wenn Flacius, Heshusius und Andre Luther vergötterten, Melanchthon verketzerten, so handelten eben dieselben und deren Gesinnungsgenossen nur consequent, — ob recht, ob gläubig, ist eine andre Frage, — wenn sie Hardenberg verurtheilten.

Dass aber, wie Melanchthon und Kalvin, so auch Hardenberg und Kalvin wesentlich Eins waren in ihren Anschauungen vom Abendmahle, ist ebenfalls kaum zu bezweifeln und so tritt uns in Hardenberg ein Unionstheolog im Reformationszeitalter entgegen, der das Unglück hatte, seiner Zeit voraus zu sein, oder doch in einer Stadt und unter Verhältnissen zu leben, in denen dieser milde, weitherzige und dabei tief-innerlich gläubige Geist noch nicht zum Siege kommen konnte. Wäre ihm früher das Glück beschieden gewesen, in Hessen, in der Pfalz und in mehrern andern Landen und Orten eine Stelle seiner Wirksamkeit zu finden, so wäre ihm das tragische Geschik, das er in Bremen zu erdulden hatte, erspart geblieben. — —

Ueber Hardenbergs sonstiges Leben und Treiben in Rastede ist uns nichts bekannt. Wir dürfen jedoch annehmen, dass er mit seinem alten Gönner, dem Grafen Christoph, immerfort in gutem Einvernehmen blieb und viel mit ihm verkehrte. Wahrscheinlich aber hat er auch mit dem damaligen Pastoren von Rastede Oltmann Kröger oder Krüger, da uns dieser als ein warmer Freund des Evangeliums und als ein Schützling des Grafen Christoph bezeichnet wird, näheren Umgang gehabt. Auch ist einmal in Kenkels geschriebener Chronik davon die Rede, dass man von Bremen aus eine Betefahrt zu Hardenberg unternommen habe. Er wurde also wohl auch dann und wann von seinen alten Anhängern in Bremen besucht. Ausserdem aber war es jedenfalls recht angenehm für Hardenberg, dass sich im Kloster zu Rastede eine sehr gute Bibliothek befand. Denn wie viel fehlt sonst einem Gelehrten, wenn ihm Bücher fehlen!

Schon früher hatte ein Abt Siwardus mehrere Bücher gesammelt. Aber erst Graf Christoph war es, der durch den Ankauf vieler guter Bücher jene kleine Sammlung zu einer ansehnlichen Bibliothek erhob.

Wie Manches würde sich, aller Wahrscheinlichkeit nach, über Hardenbergs Aufenthalt mittheilen lassen, wenn uns die Bibliothek noch zu Gebote stände. Aber Graf Anton Günther vermachte sie, nachdem sie noch reichlich vermehrt worden war, an den Grafen von Oldenburg in Varel, wo sie 1751 verbrannte. —

Doch, wie gross auch immer die Freundlichkeit sein mochte, die der Graf Christoph unserm Hardenberg erwies, sicher genügte dem letzteren ein Leben ohne bestimmten Wirkungskreis nicht auf die Dauer. Den ehemaligen Pastor von Kempen und Domprediger von Bremen zog es wieder mit unwiderstehlicher Gewalt zur Kanzel, wozu vielleicht noch ein andrer Umstand mitwirkte, den wir später berühren werden. Und auch hierin zeigte sich ihm wieder der Graf Christoph als wahrer Freund. War es diesem vielleicht auch nicht möglich, oder erschien es ihm unthunlich, den aus dem niedersächsischen Kreise Exilirten in seiner nächsten Nähe anzustellen, so hatte er doch Freunde in nicht allzugrosser Entfernung. Und so schlug er ihn denn dem Freiherrn von Knyphausen als Pastor zu Sengwarden vor. —

Doch wir hatten, indem wir Hardenberg ins Exil begleiteten, Bremen unter furchtbar drohenden Stürmen verlassen. Ehe wir nun unserem Helden weiter in seine Pfarrei Sengwarden folgen, kehren wir nach Bremen zurück und sehen uns da die Wirkungen an, die Hardenbergs Entfernung nach sich zog!

Zweites Kapitel.

Rückblick auf Bremen.

Wie vor Zeiten bei Hardenbergs Einzug in Bremen eine wunderbar gehobene Stimmung daselbst herrschte, so hatte sich nunmehr bei seinem Weggange ein unheimlich drückendes Gefühl der ganzen Stadt bemeistert. Es ist, wie schon bemerkt, ein bedeutsames Omen: am frohen Pfingstfeste zog er ein in Bremen, am Sterbetage Luthers musste er die Stadt verlassen! Er kam als ein kräftiges Werkzeug des Pfingstgeistes nach Bremen, als er aber ging, da hatte, trotz des gegentheiligen Scheines, die Todesstunde des Lutherthumes für Bremen geschlagen. —

Ein sehr grosser Theil der Bremer war schon vor Beginn des Kreistags zu Braunschweig für Hardenberg gestimmt, dieser Theil wurde aber noch verstärkt, als Hardenberg in die Verbannung ziehen musste! Dass diese seine Freunde bei seinem Wegzuge betrübt waren, bedarf keines Beweises. Aber auch seinen Gegnern war es etwas unheimlich zu Muthe. Eine so rasche Erledigung der Hardenbergischen Sache hatte man doch vielleicht nicht erwartet! Ausserdem war aber auch der Landesherr, ich meine den Erzbischof Georg, mit dem Kreistagsabschied durchaus nicht zufrieden. Wir erinnern uns seines Wortes (S. 315), der Urtheilsspruch sei ungerecht, auch wenn er von seinem eigenen Bruder gefällt sei. — Das Domcapitel, dessen Mitglieder zum Theil innerhalb Bremens wohnten, stimmte ihm bei! Und zu dem Allen erschienen jetzt Pasquille. Das eine von ihnen giebt seine Tendenz mit den Worten kund:

„Dat ein framer Christen daruth kann helle verstan,
Dem framen Doctor mit Gewalt is Unrecht gedan."

Ein anderes ist betitelt[1]: Lucifer und Pluto an ihre mitverwandten Bundesgenossen.

Beigegeben ist: ein Sendbrief Plutos und aller höllischen Götter an Tilemann „Hissehuus", den Sacramentschwärmer, der Teufel treuen, muthwilligen Knecht. — Der Gruss an Heshusius ist speciell geboten von „Cerberus, Eumenides, Proserpina, Pluto."

Am Schlusse steht:
> „Dem wüthenden, rasenden Tilemann Hissehund
> Vom Pluto ausgesandt zu dieser Stund,
> Aufruhr zu erwecken im deutschen Land;
> An den dieser Brief werde übersandt." — —

Den Feinden Hardenbergs und insonderheit dem Rathe schienen derartige Kundgebungen bedenklich; und als der Erzbischof ein Schreiben erliess, worin er zur Ruhe nud Verträglichkeit ermahnte, da „bat" der Rath, „dass einer gegen den andern sich friedlich und bürgerlich halte, sich keines Frevels oder Muthwillens mit Worten oder mit Werken unterstehe, gegen keinen Stand, geistlich oder weltlich." „Denn" — heisst es weiter, — „der Rath ist des Erbietens, dass er fortan, wie auch vorhin geschehen, nichts in diesen Sachen vornehmen will, als was zu christlichem Frieden und zu christlicher Einigkeit dienlich und vor jedermann zu verantworten sei. Wenn aber jemand muthwillig hierin handelte, so will der Rath einen strafen, dass sich ein Andrer deshalb bedenken soll." —

Daneben fehlte es aber dem Rathe auch von andrer Seite nicht an Ermunterungen, auf der betretenen Bahn weiter fortzuschreiten, damit Bremen, von allen melanchthonischen Ketzereien gesäubert, eine stattliche Herberge des Lutherthums im Sinne eines Flacius, Mörlin und Andrer werde. Wir rechnen dahin die zweite Auflage der Schrift von Heshusius: Der Prediger Bekenntniss zu Bremen und Doctor Tilemann Heshusius' Bekenntniss vom Jahre 1561. Besonders aber die Schrift von Martin Kemnitz: Läuterung[2] der Propositionen oder Schlussreden Albert Hardenbergs.

---

[1] Die Pasquille, die hier erwähnt werden, sind sämmtlich in niederdeutscher Mundart abgefasst. Sie finden sich vor im Bremer Archiv.

[2] Sie ist ursprünglich lateinisch abgefasst unter dem Titel: „Anatome propositionum etc., gleich darauf aber ins Deutsche übersetzt durch Johann Zanger und zu Eisleben durch Urban Gaubisch 1561 gedruckt.

Diese Schrift ist in einer vorangehenden Widmung, datirt vom 21. März 1561, dem Bremer Rathe zugeeignet, worin es in etwas gewundenem Periodenbau heisst: „Man muss eure Willensmeinung loben, nämlich dass ihr — als die fortdauernd giltige Lehre der Augsburgschen Confession von dem Störenfried Hardenberg in eurer Kirche erschüttert und eine fremde und falsche Lehre über das hochheilige Mahl des Herrn verbreitet wurde, — der Meinung waret, diess gehe euer Amt an, auf dass nicht jene Seuche länger haften bleibe oder länger umherschleiche." — Während sich Kemnitz immer noch etwas maassvoll ausdrückt, geht Mörlin in einem beigegebenen Tractat ganz ungestüm los.

Wo ihm die lateinische Bezeichnung nicht kräftig genug erscheint, oder wo er des rechten Ausdrucks im Lateinischen nicht mächtig ist, da latinisirt er den deutschen. So übersetzt er z. B. Ketzer und Rotten in: „haeretici et Rottenses." Uebrigens ist die Schrift ohne Werth. —

Sicher schwankte damals der Bremer Rath, wie er sich verhalten solle. Wir vermissen wenigstens unmittelbar nach dem Braunschweiger Kreistage die sonst an ihm gewohnte Sicherheit, um nicht zu sagen, Keckheit seines Auftretens. Aber entscheiden musste er sich früher oder später doch! —

Kühnen Muthes erklärte sich der wackere Bürgermeister von Büren nach wie vor für Hardenberg; — und sein Wort galt bei den Bürgern viel. Das konnte auf die Dauer nicht so fort gehen. Der Syndikus Rollwagen liess sich bereits vernehmen, der Baum wäre zwar gefällt, aber die Wurzeln müssten noch ausgereutet werden.

Die Erklärung für dieses Wort finden wir in dem vom Rathe gegen Büren beobachteten Verfahren, wobei der Rath zum ersten Male, aber immerhin nur vereinzelt aus seinem Schwanken heraustritt. Es wurde nämlich Büren und seinen Genossen im Rathe, Johann Brand und Bruno Reiners, am Tage Matthias (25. Februar) in voller Rathsversammlung officiell vorgehalten, sie allein wären daran Schuld, dass der Zwist noch nicht beendigt wäre; sie hätten sich freventlich gegen den Rath aufgelehnt, sie dürften Hardenberg und seine Lehre nicht ferner vertheidigen. Indessen Büren war nicht der Mann, so Etwas ruhig hinzunehmen. Er übergab vielmehr am 7. März eine energische „Vorstellung an die Ehrb. Wittheit, warum er ihrem Begehren gemäss nach geschehener Condemnation Doctor Albert Hardenbergs von seiner gefassten Meinung nicht abstehen könne." In dieser Vorstellung, die ausser ihm noch von Brand und Reiners unterzeichnet ist, hält er dem Rathe nachdrücklich vor, dass die ihm vorgeworfene Auflehnung nichts andres als ein pflichtgemässer Protest gewesen sei gegen die ungesetzliche rottweise geschehene Citation der Bürger aufs Rathhaus, um dort an ihnen eine spanische Inquisition vorzunehmen. Was aber Hardenberg und dessen Lehre anlange, so sei man hinterlistig mit diesem Manne umgegangen und gebe ihm mit Unrecht Schuld, dass er ein Colloquium in Braunschweig ausgeschlagen habe. Hardenberg sei übrigens, blos um die Ruhe herzustellen, aus dem Niedersächsischen Kreise ausgewiesen, ein Urtheil über die Lehre desselben sei nicht abgegeben, habe auch von demselben gar nicht abgegeben werden können, da die Stände, als weltliche, und zwar aus Papisten und Evangelischen bestehend, gar nicht Richter darüber hätten sein können. —

Eine Umstimmung Bürens, — das musste der Rath nachgerade einsehen, — war nicht zu erwarten. Um so mehr musste er darauf bedacht sein, in den Predigern die treuesten Stützen für seine Tendenzen zu finden. Sie waren freilich ohne Ausnahme Gegner Hardenbergs und Freunde des Rathes. Einer jedoch, Anton Grevenstein, konnte es nicht über sich gewinnen, in gleichem Maasse, wie seine Collegen, gegen Hardenberg zu polemisiren. Das allein reichte schon hin, ihn in eine Untersuchung zu verwickeln. Grevensteins Collegen leiteten die dazu nöthigen Schritte ein.

Am 10. Juli 1561 schreibt Büren an Hardenberg: „Ehrwürdiger Herr und lieber Gevatter! Ich schicke Dir hier die neuen Inquisitionsartikel, die gestern nach der Predigt in der Frauenkirche dem Anton Grevenstein vorgelegt sind. Daraus magst Du erkennen, was für Unruhe unsre neuen Lehrer jetzt erregen, die in Wahrheit mehr des Satans als Christi Diener sind. Dem Anton hat man bis morgen Bedenkzeit gegeben. Aber er hat, wie ich vernehme, um eine achttägige Frist gebeten. Wenn Dir inzwischen Etwas einfällt, was uns von Nutzen sein könnte, und wenn Du noch Etwas aus der Pfalz oder von Wittenberg besitzest, was ich nicht habe, so bitte ich Dich, es uns mitzutheilen und diese Artikel zugleich mit meinem Briefe zurückzuschicken. Lebe wohl. Grüsse ergebenst den Grafen. Es grüssen Dich Conrad, meine Frau und meine Kinder und Dein Daniel." — In den Inquisitionsartikeln wird Grevenstein gefragt, ob er Hardenberg für einen falschen und verführerischen Lehrer halte, ob er der Ansicht sei, dass Hardenberg mit Recht in Braunschweig verurtheilt sei und endlich, ob er diess öffentlich auf der Kanzel aussprechen und die Leute in den Predigten und in der Beichte vor Hardenberg warnen wollte. Würde diess nicht geschehen, so könnten sie ihn nicht weiter für ihren Bruder halten.

Grevensteins Antwort hierauf mochte den Predigern nicht genügt haben, denn sie verklagten ihn bald darauf beim Rath. Auf den ihm gemachten Vorhalt antwortet er unter Anderm[1]): „Was Hardenberg betrifft, so bekenne ich frei, dass ich an dessen Handlungen keinen Theil nehme. Ich darf auch frei bekennen, dass ich seine Art, die Gegenwart Christi im Abendmahle durch Gleichnisse von der Sonne und andern Dingen zu erklären, nie gebraucht noch gebilligt habe. Dass ich aber wider ihn nicht mit solcher Heftigkeit, wie die andern, geredet habe, dazu habe ich meine Gründe, die ich vor Gott und auch vor gelehrten und frommen Leuten zu verantworten mir getraue. Doch habe ich mich denen nicht widersetzt, die in diesem Streite bisher mehr Eifer und Hitze bewiesen haben, als ich, denn ich weiss, dass die Gaben verschieden ausgetheilt sind. Was den Kreistag zu Braunschweig betrifft, so habe ich die Artikel unterschrieben, die im Namen der Bremer Geistlichen dort übergeben sind, billige sie noch und freue mich, dass sie den Beifall der Theologen und Gesandten des Kreises erlangt haben. Die Sätze, welche Hardenberg dagegen überreicht hat, missbillige ich. Daher tadle ich den Spruch nicht, der wider ihn gefällt ist. Mehr maasse ich mir in dieser Sache nicht an, weil ich sonst die Schranken meines Berufes überschreiten würde. Nur bitte ich den Rath, dass er mich, seinen Bürger, schützen möge, der nichts mehr wünscht, als mit seinen Brüdern in christlichem Frieden und einträchtig zu leben!" —

Konnte, fragen wir, Rath und Geistlichkeit mehr von Greven-

---

[1]) Vollständiger: Wagner S. 355 flg.

stein verlangen? Doch die orthodoxen Eiferer verläugneten ihren Fanatismus nicht; er trieb sie, dass sie den so eben errungenen Sieg nach allen Seiten hin auszubeuten suchten. Das gelinde Auftreten Grevensteins erweckte in ihnen schlimmen Verdacht, und dieser Verdacht genügte, ähnlich, wie bei den Hexenprocessen, um mit aller Gewalt auf seinen Sturz loszuarbeiten. — Es zogen sich jedoch die Verhandlungen hierüber noch einige Monate hin. —

In seinem Briefe an Hardenberg redet Büren von neuen Lehrern. Das bezieht sich höchstwahrscheinlich auf einen Prediger Namens Johann Bucheister (Bockheister), der auf Heshusins' Empfehlung um jene Zeit nach Bremen berufen war. Schon aus der uns bekannten Person des Empfehlenden lässt sich auf die Tendenz des Empfohlenen schliessen. Doch er allein schien nicht genügend, um das Reich Israel aufzurichten. Man sah sich daher nach einem noch streitfertigeren Manne um, der endlich einmal das Amt eines Superintendenten mit dem Feuereifer eines Elias verwalten könne. —

Dort in Jena lebte damals als Professor ein Simon Musäus, der den Bremern von Mörlin und Heshusius zu jenem Amte warm empfohlen wurde. Er hatte schon eine gewisse ihn selbst empfehlende Vergangenheit hinter sich. Wir erwähnen daraus nur das für ihn höchst Charakteristische, dass er, früher in Breslau angestellt, sich daselbst mit dem Titel eines Superintendenten nicht begnügen, sondern Bischof genannt sein wollte und schliesslich die Stadt zu verlassen genöthigt war.

Der Bremer Rath ging auf die Empfehlung ein, Musäus kam und trat um Martini, also 11. November, sein Amt an, dessen Gehalt ihm aus Privatmitteln noch um 100 Bremer Mark erhöht wurde. Doch zuvor hatte er die Bedingung gestellt, dass Grevenstein von seinem Amte entfernt werden müsse, und der Rath war schwach genug gewesen, diese Bedingung zu erfüllen. — Er liess nun alsbald nach seiner Ankunft in Bremen die Geistlichen sich zu strengem Gehorsam verpflichten und befahl hierauf denselben, an vier Sonntagen gegen Hardenberg zu predigen, die streitigen Punkte aus einander zu setzen und die dabei zur Sprache gebrachten Irrlehren zu widerlegen. Es geschah!

Doch er hatte gleich in seinen ersten Predigten erklärt, dass er sein Haupt nicht sanft niederlegen wolle, bis die arme Stadt, aus welcher die gottlose Rotte der Sacramentirer ein Sodom und Gomorrha gemacht hätten, wieder gereinigt sei, wenn es auch mit Feuer und Salz geschehen müsste. Er musste also noch weitere Schritte thun. Er erklärte daher öffentlich, er werde nicht gestatten, dass ein Sacramentirer das heilige Abendmahl empfange und schon denjenigen als Sacramentirer ansehen, der es wagen würde, den verdammten Hardenberg zu vertheidigen. Daneben aber forderte er, ebenfalls öffentlich, den Rath auf, gegen solche Leute das Schwert zu gebrauchen. Um jedoch bei solchen beabsichtigten Schritten eine feste Basis zu haben, entwarf er eine Kirchenordnung, welche von den Predigern gut geheissen ward und nach welcher diesen das Recht zugesprochen war, gegen Irrlehrer oder der Irrlehre dringend Verdächtige den Bann auszusprechen, dem dann von Seiten des Rathes nach der weltlichen Seite hin weitere Folge gegeben werden müsste. Unverkennbar hatte er dabei in erster Linie den Bürgermeister von Büren im Auge. War dieser von ihm in den Bann gethan, so musste ihn der Rath aus seinem Collegium und schliesslich wohl gar aus der Stadt entfernen. Das wäre nun schon dem Rathe ganz genehm gewesen. Aber wie, wenn Musäus auch einmal einen Kenkel, oder wen sonst, in den Bann gethan hätte? Man sah ja offenbar, dass Musäus nichts Geringeres im Sinne hatte, als, echt papistisch, seine geistliche Herrschaft über die weltliche zu erheben und den Rath zu seinem gehorsamen Diener zu machen. Vor solchen Consequenzen erschrak denn doch der Rath. Er liess sich daher vorläufig in Unterhandlungen mit den Predigern, resp. mit Musäus ein, in denen er sich nähere Auskunft über einige Punkte, die ihm in dem Entwurfe nicht ausführlich genug behandelt schienen, ausbat. Mit anerkennenswerther Offenheit gaben die Prediger, — in Wirklichkeit Musäus, — auf die vorgelegten Fragen Bescheid. Sie erklären z. B., dass sie den Bann gegen Alle ohne Unterschied anwenden wollen, die entweder mit einem offenbaren Irrthum in Glaubenssachen, oder mit einem Aegerniss des Lebens befleckt seien. Diese müssten im Namen Christi dem Teufel übergeben werden, bis sie Busse thäten. Uebrigens wäre der Bann lediglich eine geistliche Strafe. Davon müsste die Acht, als eine weltliche Strafe, unterschieden werden. Diese käme der Obrigkeit zu. Wen die Kirche verstossen hätte, der müsste sodann von der Obrigkeit gestraft werden. Thäte diess die Ohrigkeit, bez. der Rath, nicht so würde ihm geschehen nach 1 Kön. 20. „Darum, dass Du hast den verbannten Mann von Dir gelassen, wird Deine Seele für seine Seele sein und Dein Volk für sein Volk!" —

Wenn aber irgend, so muss hier die enge Verwandtschaft zwischen forcirtem Lutherthum und Papismus jedem Unbefangenen einleuchten. Auch gab es damals in der That Lutheraner, die diess zugestanden. Erastus konnte daher, schon früher, an Hardenberg (10. November 1560) schreiben: „Ich freue mich, dass unsre Gegner endlich, was sie bislang verschmitzt geleugnet haben, zu bekennen anfangen, dass sie die Papisten für rechtgläubige Freunde halten[1]), mit denen sie übereinstimmen. O über die unglaubliche Unverschämtheit und unerklärliche Pflichtvergessenheit!" —

Ist's aber nicht in diesem Falle genau so, als hörte man das alte: ecclesia non sitit sanguinem; die Kirche hat nie einen Ketzer verbrannt. Sie hat ihn eben nur für einen Ketzer erklärt. Dann aber ist es Pflicht der weltlichen Obrigkeit, ihn aus der Welt zu schaffen. —

Interessant ist auch, was die Geistlichen auf eine desfallsige Anfrage in Betreff des Begräbnisses der Sacramentirer beibringen. „Wir sagen da," heisst es, „das alte Sprichwort: Wie[2]) er gelebt hat, so ist er gestorben ohne Licht, ohne Kreuz, ohne Gott. Denn wer als ein gottloser Heide und Lästerer göttlicher Wahrheit lebt und stirbt, der soll auch also begraben werden, nämlich auf dem Felde, ohne alle Procession, Gesang und Klang, wie ein Vieh." — Schliesslich drohen sie selbst zu thun, was ihnen Recht erscheine, wenn der Rath ihnen nicht beistehe und dafern ihnen das Amt genommen werde, fortzuziehen und den Staub von den Füssen zu schütteln. —

Die Verhandlungen, bei denen die Prediger ganz entsetzlich übermüthig und einschüchternd auftraten und der Rath sich über alle Maassen kleinmüthig und nachgiebig erwies, führten endlich zu dem Abschluss, dass die Ausführung der Vorschläge von Mu-

---

[1]) Die Uebersetzung ist etwas gewagt. Der Grundtext lautet: „se papistas pro catholicis amicis habere".

[2]) Es wird aber in classischem Latein angeführt, und heisst dort so: „Sicut vixit, ita morixit: sine lux, sine crux, sine Deus."

säus über den Bann, nach Lage der Zeitumstände, unterblieb, aber bei gelegner Zeit später in Vollzug gesetzt werden sollte. — Inzwischen war das Jahr 1562 herangenaht, in welchem, althergebrachter Ordnung nach, der Bürgermeister von Büren den Vorsitz im Rathe führen sollte. Das durfte doch aber unter allen Umständen nicht geschehen! —

Um diess zu hintertreiben, liess der Rath trotz des Protestes von Seiten Bürens und seiner Gesinnungsgenossen am 3. Januar 1562 ein Edict öffentlich anschlagen und des nächsten Sonntags von den Kanzeln publiciren, im Wesentlichen folgenden Inhalts. Der Rath habe bislang die Anhänger des Sacramentschwärmers Hardenberg in Hoffnung auf deren Besserung geduldet. Nachdem aber nunmehr einige Sonntage hindurch Hardenbergs Irrthümer auf den Kanzeln hinlänglich widerlegt, ausserdem aber die Prediger bereit wären, jedem, der noch nicht ganz deutlich von jenen Irrthümern überzeugt wäre, gründlich zu belehren, so erschiene es dem Rathe nunmehr an der Zeit, dieses noch vorhandene Unrecht zu dämpfen. Uebrigens würde der Rath auch jetzt noch jene Leute einige Zeit in der Stadt dulden, jedoch unter der Bedingung, „dass sich niemand von ihnen unterstehe, nach diesem Tage Doctor Alberts Person oder seine Lehre und seine Schriften in Betreff des Abendmahles, heimlich oder öffentlich zu vertheidigen, weiter auszubreiten, oder Andre dazu zu überreden". Für alles bisher Geschehene ertheile er Amnestie! — —

An Büren sollte nun zuerst die Tragweite dieses Edictes erprobt werden! —

Der hergebrachten Ordnung zufolge würde derselbe am 11. Januar den Vorsitz erhalten haben. Indessen man beabsichtigte, ihm denselben nur theilweis zu übertragen. Man stellte ihm nämlich das Ansinnen, er solle sich mit der Regierung in bürgerlichen und politischen Sachen begnügen, sich aber verpflichten, alle Religionsangelegenheiten dem ganzen Rathe zu überlassen. — Das verweigerte aber von Büren ganz entschieden. Habe man früher selbst papistische Bürgermeister zum Regiment zugelassen, so oft die Reihe an sie gekommen sei, sagte er, so dürfe man ihm jetzt das Präsidium um so weniger verweigern; er wolle kein halber Bürgermeister sein. —

In jenen Tagen kamen nun zufällig, ganz andrer Dinge wegen, einige erzbischöfliche Räthe und Glieder der Landschaft nach Bremen. Büren wendete sich an diese und sie waren zu erbetener Vermittlung bereit. Sie suchten den Rath dahin zu bringen, dass er Büren das Regiment unbedingt übergebe, wogegen Erzbischof und Domcapitel sich verbürgen wollten, dass Büren in Religionssachen nichts ändern dürfe, nur müssten die Prediger ihr Schelten auf Hardenberg unterlassen. Doch vergeblich! Der damals vorsitzende Bürgermeister E s i c h wollte das Regiment nur unter den obigen Einschränkungen an Büren abgeben! —

Wirklich brachte man Büren schliesslich so weit[1], dass er sich zur bedingten Annahme des Regimentes verstand, jedoch unter der Bedingung, dass das ungesetzliche Edict vom 3. Januar entweder abgeschafft, oder doch die Ausführung desselben so lange suspendirt werde, bis die Stände der Augsburgschen Confession darüber entschieden hätten. Darauf erklärten aber Bürens Gegner im Rath perfider Weise: Es wäre richtig; das von ihnen selbst vorgeschlagene Mittel einer Vergleichung mit Büren wäre damit von diesem selbst zugestanden. Sie hätten sich indess jetzt eines Bessern besonnen; es erschiene ihnen überhaupt nicht rathsam, mit ihren Feinden im Rathe zu sitzen. —

Büren war, und gewiss mit Recht, der Meinung, dass der Superintendent Musäus der eigentliche Heerführer des Rathes sei. Hatte er doch einst in Bürens Gegenwart, in nicht missdeutbarem Sinne geäussert: „es heisst in der heiligen Schrift, wehe dem Lande, dessen Fürst ein Kind oder Unerfahrener ist; wie viel grösser ist die Gefahr, wo das Oberhaupt ein Gotteslästerer ist". Nichtsdestoweniger ging jetzt Büren zu ihm, „bat[2] und beschwor ihn, wenn ihm die Erhaltung der Ruhe des Staates etwas gelte, doch von seinen gehässigen Anspielungen und von alle dem, was die Parteien anfeinden und erbittern könne, abzustehen, und erinnerte ihn mit Ernst daran, dass der Ausgang für ihn selbst am Schlimmsten sein würde, weil ein solches Toben und Poltern auf die Dauer nicht geduldet werden könnte und seine Verabschiedung eine sichere Folge davon wäre." Doch das Alles half nichts.

Jetzt[3] aber ward es auch den Bürgern, die es mit Büren

---

[1] Nothwend. Verantw. E ij a. b.
[2] Deneken, der Brem. Bürgermeister Dan. v. Büren, S 56.
[3] Wir folgen bei den nächsten Angaben der Hauptsache nach Deneken, der einige mir unbekannte Actenstücke benutzt zu haben scheint.

hielten, resp. den Anhängern Hardenbergs, unheimlich. Sie liessen Büren und seine Gesinnungsgenossen im Rathe, Reiners und Brand, durch Deputirte bitten, sie ja nicht in dieser gefahrvollen Zeit auf die Fleischbank zu liefern, sondern sie vielmehr von der bevorstehenden Tyrannei zu befreien. Büren und seine Anhänger kamen nach reiflicher Berathung zu dem Schlusse, die streitige Angelegenheit auf dem Rechtswege und zwar vor dem Obergerichte durchzuführen.

Es war am 19. Januar 1562, die Predigt in der Frauenkirche war beendet, die Trauung eines vornehmen Bürgers, Namens Schnedermann, sollte vollzogen werden, — es kann uns nicht wundern, dass sich schon deshalb eine grosse Menge Menschen in jener Gegend zusammenfand, — da hiess es plötzlich, der Bürgermeister von Büren sei so eben vor dem Obergerichte erschienen, seine Beschwerden persönlich vorzutragen. Da das Rathhaus nahe genug war, eilten viele dahin. Weder die Rathsdiener, noch die herbeigerufenen Bürgermeister Belmer und Kenkel vermochten die Herzuströmenden zurückzuhalten. Bei 4000 sollen zusammen gekommen sein!

Das Obergericht musste eröffnet werden! — Als aber Büren seine Beschwerde vorgetragen hatte, erwiederte ihm Esich als Präsident, die Sache gehöre nicht vor das Obergericht, sondern vor den ganzen versammelten Rath (die Witheit). „Gut denn, sagte Büren, so lasset sofort die Witheit bei Eide zusammenfordern, diess erheischt die Wichtigkeit meiner Sache und der meiner Freunde Reiners und Brand. Bürgermeister Esich fragte die versammelten Bürger, ob sie auch wüssten, was sie angelobt und beschworen hätten? Statt der Bürger antwortete von Büren mit Ernst und Gelassenheit: „Es ist des Rathes Pflicht, die Witheit zusammenzuberufen, sowie es die meinige ist, der Witheit nichts Unbilliges vorzutragen."

Alle Entschuldigungen Esichs, der sich auch nicht scheute, die Einladung zur Schnedermannschen Hochzeit vorzuschützen, halfen nichts. Bürgermeister Büren befahl schliesslich selbst den Rathsdienern: „Unverzüglich geht hin und ladet die übrigen Rathsmitglieder ein, hieher zu kommen." —

In Bürens Hand lag jetzt viel! Er hätte einen furchtbaren Streich der Rache an den Rathsherren ausführen können, besonders wenn es wahr ist, dass Einige auf dem Rathhause gerufen haben sollen: „Schlag todt, wirf zum Fenster hinaus." — Aber er behielt auch in diesem kritischen Augenblicke seine Mässigung. —

Der ganze Rath war endlich versammelt. Büren trug seine Beschwerde vor, dahin gehend, dass er zur Regierung zugelassen werde, oder man solle ihm die Gründe für seine und der Rathsherren Reiners und Brand-Ausschliessung mittheilen. Darauf trat im Namen der Bürgerschaft Heinrich von Borkum auf und gab weitere Beschwerden kund. Bürgermeister Esich verlangte sowohl in Betreff der Beschwerden von Seiten Bürens als von Seiten der Bürgerschaft acht Tage Bedenkzeit. Allein die Bürger erklärten, dass sie nicht eher das Rathhaus verlassen würden, bis ihre sämmtlichen Forderungen erfüllt wären und Büren den Eid als Präsident geleistet hätte.

Als bereits die Rathsherren nicht mehr recht aus und ein wussten, da meinte ein Secretär, die brennende Troja noch retten zu können und bedeutete die Bürger, heute könne keine Erklärung mehr abgegeben werden, da der Abend schon hereinbreche und ausserdem die meisten Rathsmitglieder zur Hochzeit eingeladen wären. Da aber erwiederten die hierdurch empörten Bürger, würde es finster, so könne man Licht anzünden, und was die Hochzeit beträfe, so wollten sie, nachdem ihre Forderungen bewilligt wären, aber auch nicht eher, die Bürgermeister und den ganzen Rath zum Hochzeitsschmause begleiten. Da endlich wurde der harte Sinn des Rathes erweicht. Er bewilligte alle Forderungen der Bürger! In Folge dessen traten die drei Beschwerdeführer Büren, Reiners und Brand in den Rathstuhl und leisteten den üblichen Eid.

Fragen wir aber nach den Beschwerden der Bürger, die wir oben nur kurz berührten, und die nunmehr zu Gunsten derselben erledigt waren, so enthielten sie unter Anderm, dass das Edict vom 3. Januar aufgehoben, der Prediger Grevenstein wieder in sein Amt eingesetzt, der Rathsherr Vasmer, der immer noch wegen seines frühern Streites mit den Predigern sich ausserhalb Bremens befand, zurückberufen werden sollte. Musäus und Bockheister hätten binnen acht Tagen Bremen zu verlassen, den übrigen Predigern aber sei das Schelten und Verdammen der Person und der Lehre Hardenbergs streng zu untersagen.

Drei Tage später wurde dieser rasch geschlossene Vertrag von dem gesammten Rathe und von einem aus 33 Personen bestehenden Ausschusse der Bürgerschaft bestätigt und publicirt, schliesslich von dem Erzbischof, dem Domcapitel, der Ritterschaft und dem Rathe der Städte Stade und Buxtehude besiegelt, damit aber zugleich die Macht flacianischen Lutherthums in Bremen für alle Zeiten gebrochen.

Am 19. Januar also waren jene Beschlüsse genehmigt, die unter Anderm Musäus' Entfernung von Bremen decretirten. Bereits am 20. Januar aber schreibt derselbe nach auswärts, der Adressat ist nicht genannt, um ein Unterkommen. Die Hauptstelle des Briefes[1]) ist die: „Wohin diess Unglück führen soll, weiss Gott. Verderben steht gegenwärtig der Stadt bevor, wenn es Gott nicht abwendet. Die Frommen seufzen und **Viele von ihnen rüsten sich auf ihren Weggang von hier.** Es wird kaum fehlen, dass auch **der Rath** bei so grossen Unruhen und Wuthausbrüchen, wobei niemand seines Lebens sicher ist, **die Flucht ergreifen wird.** Da ich nun so grausam und unwürdig zugleich mit acht kleinen Kindern ins Exil getrieben werde und mir kaum noch sieben Tage bis zu meinem Weggang übrig sind, so bitte ich Dich freundlich, dass Du mir nach eingezogener Erkundigung durch diesen Boten rasch antworten mögest, ob ich bei Euch auf einige Zeit und zwar so lange Unterkommen finden könne, bis ich sehe, wohin mich schliesslich der Sohn Gottes berufen wird." —

Die Zustände in Bremen waren damals in voller Verwirrung und wie Musäus mochten Viele denken, dass der Stadt Verderben bevor stände. Aber gerade in jener Zeit zeigte sich Bürens staatsmännisches Talent in seinem Glanze. So rasch und energisch er auf Durchführung jener Beschlüsse bestand, so dass gar bald Grevenstein und Vasmer zurückberufen, Musäus und Bockheister entfernt waren, so ernstlich er darauf bedacht war, alle schlechten Wirkungen, die das forcirte Lutherthum in Bremen geäussert hatte, zu beseitigen, so wenig übte er Rache an seinen Gegnern. —

Unterdessen drang die Kunde von der Niederlage des neuen Papstthums in Bremen auch nach auswärts; freilich anfangs untermischt mit allerhand Ausschmückungen. So war z. B. nach der Pfalz die Nachricht gedrungen, dass **man** den einen Bürger-

---

[1]) A. B. 1561. 2.

meister zum Fenster hinausgeworfen habe. Diese Notiz findet sich in einem Briefe [1]) von Thomas Erastus in Heidelberg an Hardenberg vom Tage nach Palmarum 1562. Darinnen aber schreibt er auch: „Wir haben uns sehr, ja in Wirklichkeit unglaublich gefreut, dass der Bremer Tumult ohne Blut beschwichtiget worden ist, was ich gestern von dem vornehmen Manne hörte, der Euch diesen Brief überbringen wird. Ich wünsche sehr, dass Du nunmehr dorthin zurückberufen werdest." — Gerade aber in der Woche, in der Erastus diesen Brief schrieb, gingen in Bremen wundersame Ereignisse vor sich, wie wir gleich hören werden! —

Schon bald nach dem Weggange von **Musäus** und **Bockheister** fanden die anfangs vor Schreck verstummten Prediger ihre Sprache wieder. Sie fingen genau so wieder an zu schelten, wie vorher und ein Prediger Elverfeld sagte bereits 28. Januar 1562 zu Daniel von Büren: „Wir [2]) Prediger sind nicht die Ursache des Aufruhres, sondern Ihr. Ihr seid auch ein Verderber der Stadt Bremen und der Kirche Christi zu Bremen. Derhalben wird Euch Gott strafen; dess will ich Euch ein Prophet sein, gleichwie es Elias war für den gottlosen König Ahab." —

Das war freilich immerhin nur eine Privatäusserung. Aber die Prediger redeten in ähnlicher Weise auch von der Kanzel zu der Gemeine. Da wurde ihnen das Schelten, jenen Beschlüssen gemäss, noch einmal ernstlich untersagt und, als in Folge dessen zwölf um ihre Entlassung einkamen, ihnen dieselbe bewilligt, ihre Besoldung ausgezahlt und ihnen, oder doch einigen von ihnen, noch ausserdem ein Reisegeld gegeben. Sie zerstreuten sich hierauf nach verschiedenen Gegenden, und suchten neue Anstellungen. Insonderheit ist uns von Hardenbergs früherem Haus- und Tisch-Genossen **Elardus Segebade** bekannt, dass er zu Peine, zwischen Hannover und Braunschweig, wieder Prediger geworden ist.

Büren liess es sich aber angelegen sein, die erledigten geistlichen Stellen in Bremen wieder zu besetzen, wandte sich deshalb an die Universität Wittenberg und seine Bemühungen hatten den gewünschten Erfolg.

---

[1]) C. B. N. 58.
[2]) A. B. 1561. 2.

Nach dem Weggange der Prediger aber waren die Gegner Bürens und Hardenbergs im Rathe völlig gelähmt; und das war ihnen unerträglich. Es geschah nun, was Musäus in seinem obenangeführten Briefe in Aussicht gestellt hatte. Die grollenden Rathsmitglieder entwichen „in der Palm- und Osterwoche einer nach dem andern, ohne einige, denn ihres eigenen verletzten Gewissens Drangsal und erhebliche Ursache, aus lauter verbitterter Bosheit und Anreizung ihrer Prädicanten und Weiber unversehens" aus Bremen. Die Herren dachten, sie würden von den Bürgern wieder zurückgeholt werden, wie das in früheren Jahren mit entwichenen Rathsmitgliedern geschehen war. Aber sie irrten sich. Büren wandte zuerst alle Mühe an, sie gütlich zur Rückkehr zu bewegen. Als sie aber seine Bitten mit Vorwürfen und Drohungen beantworteten, liess er unter Zustimmung der Bürgerschaft die durch ihren Wegzug erledigten Rathsstellen mit andern Persönlichkeiten besetzen (16. Juli 1562) und traf alle Vorkehrungen, um Bremen vor etwa beabsichtigten gewaltthätigen Ueberfällen zu schützen.

Die ausgetretenen Rathsmitglieder, jetzt aufs Höchste gereizt, setzten nunmehr alle Hebel in Bewegung, um das Bürensche Regiment zu stürzen. Es liegt ausserhalb der dieser Schrift gezogenen Gränzen, diese Sache ins Einzelne weiter zu verfolgen. Das Folgende mag genügen.

Die Ausgetretenen waren bereits klagbar beim Erzbischof geworden. Doch das konnte ihnen voraussichtlich nicht viel helfen. Der wusste recht gut, mit wem er es zu thun hatte, und hatte sich, wie wir oben sahen, ihnen gegenüber und auch sonst nicht eben vortheilhaft über sie ausgesprochen; doch liess er es sich, — obwohl vergeblich, — angelegen sein, Frieden zwischen den streitenden Parteien zu stiften! —

Sie wandten sich aber auch an die Hansestädte und brachten es soweit, dass Bremen aus der Hanse ausgestossen wurde. In Folge dessen wurden die Bremer „aus vielen der Hansestädte schimpflich und bei Sonnenschein verwiesen; auch in der allerungelegensten Zeit mit ihren Schiffen in die wilde See verstossen. Daher denn Viele derselben, nicht allein um ihre Nahrung, sondern auch um Schiff, Leib und Gut, ganz kläglich und erbärmlich gekommen sind."

Sie wandten sich aber auch schliesslich an den deutschen

Kaiser und erwirkten einmal sogar ein Strafmandat. Doch zuletzt löste sich die Sache in einen Process auf, der durch einen Vergleich in Verden (angesetzt auf 23. Februar, geschlossen 3. März 1568) geschlichtet wurde.

In diesem Vergleiche erklärten die derzeitigen Rathsmitglieder Bremens, dass sie bislang bei der Augsburgschen Confession, deren Apologie, Luthers Katechismus, der Bremischen Kirchenordnung und dem Frankfurter Recess geblieben wären, versprachen auch zugleich, dass sie ferner dabei verbleiben und keine diesen Schriften widersprechenden Secten und Lehren dulden wollten. Die ausgetretenen Rathsmitglieder dagegen verzichteten förmlich auf ihre Rathsstellen, jedoch unbeschadet ihrer Ehren und bürgerlichen Rechte, wogegen sie das Recht haben sollten, mit Weib und Kind nach Bremen zurückzukehren, jedoch hätten sie innerhalb drei Tagen nach ihrer Rückkehr sich bei dem Bürgermeister zu melden und ihm den Eid der Treue und des Gehorsams zu leisten. Sie mussten ausserdem den Rest der mitgenommenen Einnahmen 1000 Bremer Mark, Briefe und Siegel u. dgl. zurückgeben, während der Rath sich erbot, die Processkosten beim Reichskammergericht bis Ostern 1562 zu bezahlen. Die Hansestädte hätten die Ausstossung Bremens aus der Hanse wieder aufzuheben und dieser Stadt den freien Handel nebst übrigen Privilegien und Gerechtigkeiten geniessen zu lassen! —

Hierauf zogen einige der Ausgetretenen wieder in die Stadt, Andre, wie Bürgermeister Belmer, waren gestorben, noch Andre machten von dem Rechte der Rückkehr keinen Gebrauch! — „Das war," sagt Salig[1], „das Finale der so grossen Bremischen Unruhe, die von der Religion, oder vielmehr von der Geistlichkeit herkam. Wenn das die Ausgetretenen vorher gewusst hätten, dass die Sache so schlecht zu ihrem Vortheile ablaufen würde, so hätten sie nimmermehr solcher desperaten Mittel, zu ihrem Endzweck zu kommen, sich unterfangen. Allein sie dachten eben eine solche Tragödie, als mit der Stadt Münster, mit ihrem Vaterlande zu spielen."

Deneken[2] aber bemerkt, nachdem er diese Vorgänge beschrieben: „Eine Folge davon war, dass die nach der Melanch-

---

[1] Historie der Augsb. Confession III. 799 flg.
[2] S. 81.

thon-Hardenbergschen Lehre gebildete reformirte Kirche in Bremen die Oberhand gewann, dass nach und nach vorzüglich Reformirte, und seit dem Jahre 1689, da der letzte lutherische Rathsherr, Wolpmann, gestorben war, bis 1802, keine Lutheraner in den Rath gewählt wurden. Seitdem wird bei den Rathswahlen keine Rücksicht weiter auf den Unterschied der Confessionen genommen." — Doch wir sind, indem wir vorhin des Vertrags zu Verden vom J. 1568 erwähnten, der Zeit, die wir, — soweit sie Hardenbergs Leben betrifft, — oben beschrieben, um einige Jahre vorausgeeilt. —

Wir könnten nunmehr erwarten, dass auch Hardenberg wieder nach Bremen zurückberufen würde. War doch, der Hauptsache nach, seine Sache siegreich gewesen, und war doch gerade ihm das grösste Unrecht geschehen. Dass man von ihm befreundeter Seite an eine Zurückberufung dachte, ergiebt sich aus der obenangeführten Stelle des Briefes von Erastus (Tag nach Palmarum 1562). Noch in einem andern Briefe [1]) desselben vom 10. December — das Jahr fehlt leider, er scheint aber ebenfalls 1562 geschrieben zu sein, — lesen wir: „Ich glaube, dass Du etwas für Deine Restitution zu Stande bringen werdest, wenn jetzt bei der Zusammenkunft (in comitiis) diess ernstlich von den Bremern und durch unsern Fürsten erbeten wird.

Was Hardenberg bis zum Schlusse des Jahres 1564, bis wohin er in Rastede war, davon gedacht habe, darüber fehlen uns alle Nachrichten; seine späteren Anschauungen über diesen Punkt werden wir noch kennen lernen.

Es ist jedoch nicht unwahrscheinlich, dass er in dem Gedanken, nach Bremen zurückberufen zu werden, vorab wieder in ein geistliches Amt zu treten suchte und dass diess ausser dem oben Angeführten vor allen der Grund war, weshalb er das friedliche Rastede verliess und das Pfarramt in Sengwarden annahm.

Begleiten wir ihn jetzt dahin! —

---
[1]) C. B. N. 56.

Drittes Kapitel.

Hardenberg in Sengwarden.
(1565 — 1567.)

Im westlichen Theile des jetzigen Grossherzogthums Oldenburg, unweit des Jadebusens, etwas nördlich von dem neuerdings angelegten preussischen Kriegshafen Heppens, liegt das schon mehrfach genannte Sengwarden. Es stand damals unter der Botmässigkeit der Herren von Knyphausen, wie es denn auch mit Fedderwarden, Ackum und andern Orten die Herrlichkeit Knyphausen bildete.

Hardenberg aber war dem freiherrlichen Geschlecht, insbesondre dem Junker Tydo schon früher nicht unbekannt. Hatte doch letzterer, wie wir uns erinnern [1]), fast zwanzig Jahre zuvor den Freiwerber bei Hardenberg machen wollen und ihm, als das Verhältniss mit Gertrud Syssinge der Auflösung nahe war, ein der Gräfin bekanntes Mädchen vorgeschlagen. Wenn übrigens damals Hardenberg Tydos Dienste verschmäht hatte, so war das doch kein Hinderniss für diesen, nunmehr Hardenberg mit seiner jetzigen Frau freundlich aufzunehmen.

In Sengwarden waren damals drei Geistliche angestellt. Hardenberg wird uns in der Reihe der ersten Prediger daselbst namhaft gemacht, und zwar als Nachfolger von Petrus Stellenwerf (1559—1563), der, wie es scheint, überhaupt der erste evangelische Prediger daselbst gewesen ist und als Vorgänger von Agnäus Simonides (1568—1600). Letzterer war zuvor (1565—1568) zweiter Prediger, also Hardenbergs College und der dritte im Bunde, „Prädicant" titulirt, war Yelmarus (oder Gelmerus 1563—1570). Wann übrigens Hardenberg sein Amt in Sengwarden angetreten habe, könnte

---
[1]) s. S. 100.

zweifelhaft erscheinen, da einige das Jahr 1564, Andre 1565 angeben. Indessen dürfte wohl der Schlüssel zur Auflösung dieses Widerspruchs in der Notiz des Oldenburger Chronisten Hamelmann zu finden sein, der angiebt, Hardenberg sei bis 1565 exclusive in Rastede gewesen. Es wird daher die Annahme, dass Hardenberg am Schlusse des Jahres 1564 Rastede verlassen, am Anfang 1565 das Pfarramt in Sengwarden angetreten habe, der Wirklichkeit am nächsten kommen. —

Was den Verkehr Hardenbergs mit Auswärtigen in jener Zeit betrifft, so sind uns wenigstens noch zwei Briefe von Thomas Erastus an ihn erhalten geblieben.

In dem ersteren, datirt vom Ostertage 1565, benachrichtigt er ihn, dass er seinen Brief vor einigen Tagen empfangen habe, der ihm sehr willkommen gewesen sei, und fügt, nachdem er Einiges über den Streit zwischen den Pfälzern und Württembergern, sowie über mehr private Angelegenheiten besprochen hat, hinzu: „Neulich erzählte man uns von Deinem Tode, was wir, Gott weiss es, mit grossem Schmerze vernahmen. Aber mit um so grösserer Freude haben wir nun gesehen, dass Du noch lebst. Ich habe etwas Hoffnung geschöpft, dass Du, wenn wieder ein Reichstag gehalten wird, **nach Bremen zurückberufen werdest**, was ich vieler Ursachen wegen ganz besonders wünsche. — — Ich werde Dir schreiben, so oft ich Gelegenheit habe und es meiner Geschäfte wegen angeht. Ich habe Dir aber lange nicht mehr geschrieben, weil ich nicht wusste, wo, wie, ja sogar, ob Du noch lebtest!" — — Sonach dürfen wir allerdings annehmen, dass Erast noch mehrfach an Hardenberg geschrieben habe. Es ist aber nur, wie schon bemerkt, noch ein zweiter Brief aus dem Jahre 1565 und zwar vom 8. September datirt vorhanden und dieser ist noch dazu im Ganzen ohne Bedeutung, wie denn gleich der Anfang lautet: „Obgleich ich Dir nichts zu schreiben habe, so will ich Dir dennoch schreiben, damit Du siehst, dass ich Deiner eingedenk bin." Nur diese eine Stelle ist bemerkenswerth: „Ich wünsche sehr, **dass Du nach Bremen zurückkehrest**, wie Dich denn auch gerade die Bürger gern wieder aufnehmen würden." — Es ist bereits, den noch vorhandenen Briefen nach, das dritte Mal, dass Erast die Rückkehr Hardenbergs nach Bremen in Erinnerung bringt! —

Jetzt aber hielt es auch Hardenberg **an der Zeit, wonicht** eine Rückkehr nach Bremen, so doch eine Aufhebung des Kreistagsbeschlusses, bez. eine Wiedereinsetzung in den vorigen Stand zu beantragen.

Im Jahre 1564 war der Kaiser Ferdinand I. gestorben und in demselben Jahre hatte sein Nachfolger Maximilian II. den Thron bestiegen. Während nun die Bremer ihn zur Schlichtung ihres religiösen Streites angingen, wandte sich gleichzeitig auch Hardenberg an ihn und überreichte unter dem 22. März 1566 eine Klage „über den widerrechtlichen Ausspruch der Stände des Niedersächsischen Kreises und seine Landesverweisung aus demselben mit allerunterthänigster Bitte, ihm in sein voriges Amt, oder wenigstens zu seiner Präbende bei St. Ansgarius' Capitel in Bremen wieder zu verhelfen und ein Concilium anzustellen." -

Dieser Klage und Bittschrift ist noch ein „Summarischer Bericht der in seiner Sache zu Braunschweig auf dem Kreistage und sonst vorgegangenen Handlungen" beigegeben.

Ob und welche Antwort hierauf erfolgt sei, ist uns nicht bekannt. —

Bald darauf aber starb Hardenbergs treuer Freund, der Graf Christoph von Oldenburg. Hamelmann in seiner Oldenburgschen Chronik (S. 360) berichtet darüber: „Nachdem nun Graf Christophen etwas schwach geworden, hat er sich nicht allein mit fleissigem Beten und seliger Vorbereitung zu einem christlichen Abschied gerüstet, sondern auch ein ordentliches Testament aufgerichtet, darinnen er Kirchen, Schulen und arme, elternlose, ehrliche Jungfrauen gräflich und wohl bedacht hat. Bald darauf ist er je länger je schwächer geworden und endlich den 4. August des Abends zwischen 6 und 7 Uhr nach vollendetem Laufe seines Lebens (und wie er seinem Vetter Johann XVI. jetzt regierenden Herrn mit diesen Worten zuvor gute Nacht gesagt: Vetter Graf Johann, Gottes Segen sei mit euch) zu Rastede seliglich entschlafen und den folgenden 7. August zu Oldenburg in der St. Lambertikirche bei seinen Vorfahren zur Erde bestattet worden."

Ausser Kirchen, Schulen und armen Jungfrauen hatte der Graf Christoph auch unsern Hardenberg in seinem Testamente mit einem Legate von 2000 Thlr. (bis mille Imperialium) bedacht. So angenehm diess auch für Hardenberg augenblicklich sein mochte, da seine finanziellen Verhältnisse nie glänzend waren, so mochte ihm der Tod des Grafen sicher recht nahe gehen. War doch nunmehr nicht blos ein „fürtrefflicher Herr", wie Hamelmann den Grafen nennt, dahingegangen, sondern auch ein Schwert zerbrochen, das allezeit muthig für unsern Hardenberg gekämpft hatte.

Von letzterem berichtet noch eine vereinzelte Notiz, dass er 1566 zu Elburg in Geldern das Evangelium gepredigt habe. Jedenfalls kann diess, dafern hier nicht überhaupt ein Irrthum vorliegt, nur vorübergehend stattgefunden haben, wie schon Schweckendieck (S. 57) annimmt.

Noch aber haben wir ein Werk Hardenbergs zu besprechen, das jedenfalls im Exil geschrieben, und wahrscheinlich in Rastede begonnen ist, von dem sich jedoch nicht sagen lässt, wann Hardenberg die letzte Hand daran gelegt habe. Wir haben bereits darauf hingewiesen. Besprechen wir es also, in Ermangelung näherer Angaben darüber, hier. Es ist das Leben Johann Wessels. —

Ullmann in seinem „Johann Wessel" (S. 253) bemerkt sehr richtig, dass die Erzählung Hardenbergs nicht ganz frei von Irrthümern sei, weshalb auch die in dieser Lebensbeschreibung aufgezeichneten Nachrichten mit aufmerksamer Kritik benutzt und nach ihrer innern Wahrscheinlichkeit erwogen werden müssten. Er erklärt diesen Mangel daraus, dass die Schrift von Hardenberg erst in seinen späteren Lebensjahren, also zu einer Zeit, in der die Erinnerung an das Gehörte oder auch Erlebte schon mehrfach getrübt sein konnte abgefasst ist. „Allein" — fährt er fort, — „da er so Vieles aus dem Munde noch lebender Zeitgenossen Wessels gesammelt und diesem auch Briefe und anderes Urkundliche beigefügt hat, so liefert er im Ganzen doch sehr gute, brauchbare und mit grossem Danke anzuerkennende Materialien zum Leben Wessels, von denen man nur bedauern muss, dass sie hie und da lückenhaft sind." Oft wird nämlich geradezu bemerkt, dass Einiges fehle.

Diese Lebensbeschreibung ist übrigens mehrfach gedruckt; aber, was das Interessanteste ist, es ist auch das Manuscript und zwar von Hardenbergs eigner Hand, — welches letztere Ullmann nicht zu behaupten wagte, — auf der Münchner Bibliothek noch vorhanden, ein Manuscript, das allerdings Einzelnes, besonders in Betreff Thomas a Kempis enthält, was im Druck weggeblieben ist.

Das Ganze ist übrigens nicht sowohl eine Lebensbeschreibung Wessels, sondern eine Materialiensammlung zu einer solchen.

Hardenberg macht auch schon den Anfang, die Materialien zu verarbeiten; aber er kommt über die Vorstudien nicht hinaus. An Mühe hat er es nicht fehlen lassen, um möglichst viel Stoff herbeizuschaffen. Auch fehlt es ihm dabei nicht an einem gewissen combinatorischen Spürsinn. So erinnern wir uns[1]) z. B. dass zur Zeit seines Aufenthaltes in Aduard der Jurist Wilhelm Sagarus dahin kam, um etwas Gewisses über Wessel zu erfahren. Hardenberg erwies sich ihm hierbei sehr gefällig und theilte ihm unter Anderm Wesselsche Schriften mit, bekam sie aber leider nicht wieder! „Nun höre ich" — schreibt er jetzt in Wessels Biographie, — „dass zu Mecheln ein Advocat sei, der einige Collectaneen Wessels habe, die vielleicht gerade die nämlichen sind, welche Sagarus von mir empfing. O dass er sie doch für würdig erachtete, nach Friesland gesandt zu werden, damit sie zugleich mit den andern gedruckt würden." — Vielleicht zögerte Hardenberg gerade deshalb mit der Ausarbeitung, weil er immer noch eine Menge Nachrichten erwartete. Früher, so berichtet er, habe ihm Gerhard von Cloester versprochen, er wolle ihm sein ganzes Eigenthum, soweit es Wessel beträfe, vermachen. Nun aber wäre Cloester gestorben, er könnte jedoch nicht angeben, in welchem Jahre; — klar wäre, er hätte nichts erhalten. „Nun so will ich" — fährt er fort, — „die guten Brüder des Agnesklosters gebeten haben, sie möchten mir, was sie etwa hiervon noch haben irgendwohin nach Friesland schicken, damit es endlich einmal gleichzeitig herausgegeben werden kann."

Wir dürfen übrigens mit Recht annehmen, dass es dem Hardenbergschen Werke, dafern es nur zur Reife gediehen wäre, nicht an Frische und Lebendigkeit gefehlt haben würde und zwar schon deshalb, weil Hardenberg gar viele Notizen über Wessel aus dem Munde der Schüler des letzteren erhalten hatte. Er sagt nämlich: „In Aduard hatte Wessel sehr viele Schüler, von denen ich Einige kenne, die seines Umganges genossen hatten und mir das erzählten, was ich beibringen werde. Ich pflegte

---

[1]) s. S. 14.

nämlich von Kindheit an zwei meiner Verwandten, Johannes und Nicolaus Nortvild, zu besuchen[1]), und so kam es, dass ich die meisten der älteren Schüler aus jener Zeit hörte und kannte und viele gewichtvolle und fromme Worte von ihnen vernahm." Auch über die Zahl der Schüler Wessels, die er kannte, spricht sich Hardenberg noch bestimmter aus: „Von seinen Schülern habe ich wenigstens 15 am Leben in Aduard gekannt und gehört. Ich kannte auch einige nicht Wenige, theils in den benachbarten Klöstern, theils im Gröninger Gebiete."

Doch soviel über den Stoff und die Behandlung des Werkes im Allgemeinen. Aber auch über Zeit der Abfassung und Tendenz des Ganzen berichten wir noch Einiges.

Dass das Werk erst während der Zeit des Exiles Hardenbergs, also nach seiner Vertreibung aus Bremen geschrieben sei, ist bereits von Ullmann nachgewiesen und ausser allem Zweifel. Die eine Stelle von Hardenberg aus dem Leben Wessels genügt: „Der Streit um das Abendmahl verbannte mich aus dem sächsischen Kreise." —

Also im Exil ist die Schrift geschrieben. Nun hatte er jedenfalls die beste Musse dazu in Rastede, und wahrscheinlich hat er dort den Anfang damit gemacht. Aber dass er dort die letzte Hand an sie gelegt habe, ist mir unwahrscheinlich. Tief im Innersten seines Herzens erschüttert kam er in Rastede an. Die Vorgänge in Braunschweig und Bremen standen noch in aller Lebendigkeit vor seiner Seele. Noch nach Jahr und Tag hatte er, wie er in dem obenangeführten Briefe an Daniel von Büren schreibt, wegen Gemüthsbewegungen dem Strassburger Senator die neuesten Bremer Vorgänge gar nicht ordentlich mittheilen können. Das erste, was man von ihm erwarten konnte, wenn er seine eigene Angelegenheit etwas ruhiger betrachten konnte, war, dass er sich gerade über diese aussprach und mit seinen Gegnern klar auseinandersetzte. Und er hat diess gethan in der Schrift über die Ubiquität, die 1564 zu Mühlhausen erschien. Einen noch grössern Grad von innerer Ruhe, gleichsam ein Ersteigen der Spitze des Olymp, die nie von den Stürmen berührt wird, verräth es, wenn er seine eigene Angelegenheit als einen kleinen Bach in den Strom der Welt- oder Kirchen-Geschichte

---

[1]) Diese scheinen demnach in Aduard gewesen zu sein.

einmünden und darinnen verschwinden lässt und so das Specielle und Persönliche völlig unter den Begriff des Allgemeinen und Objectiven stellt. Das aber hat er, wie sich uns gleich zeigen wird, bei der Beschreibung von Wessels Leben gethan. Jene classische Ruhe aber konnte wohl erst dann in ihm eintreten, als ihm seine kirchliche Ehre wiedergegeben war und er aufs Neue ein geistliches Amt bekleidete. Damit aber sind wir auf die Zeit seines Aufenthaltes in Sengwarden geführt.

Wir wollen auch durchaus nicht in Abrede stellen, dass er während seiner ferneren Anstellung in Emden, von der sogleich die Rede sein wird, — daran gearbeitet habe, besonders da er auch mehrmals den Wunsch ausspricht, es möchten Nachrichten, die Wessel betreffen, nach Friesland geschickt werden. Aber sehr viel wird er in Emden daran nicht mehr gethan haben. Denn dort war er mit Geschäften sehr überhäuft, die letzten Jahre seines Lebens krank und vermochte während derselben wegen zitternder Hand nicht mehr ordentlich zu schreiben. Das Manuscript dagegen zeigt durchweg die festen Züge, die wir auch sonst bei Hardenberg kennen. — Diesem Allen zufolge dürfte die Besprechung des Buches gerade hier auf der Gränze seines Aufenthaltes in Sengwarden und Emden an rechter Stelle stehen.

Ein Homilet, — ich weiss nicht gleich, wer, — hat einmal die sehr richtige Aeusserung gethan, jede Predigt müsse eine Gelegenheitsrede sein. Man kann dasselbe mit der nöthigen formellen Aenderung von jeder Biographie sagen. Diese wird nur dann an das Tageslicht treten, wenn Zeit und Gelegenheit dazu angethan ist, und nur derjenige wird Biograph sein mögen, der in der darzustellenden Persönlichkeit Gelegenheit zur Bearbeitung eines Stoffes vorfindet, der ihm selbst sehr am Herzen liegt. —

In dieser Hinsicht musste die Persönlichkeit Wessels unserm Hardenberg sehr angenehm sein. Hardenberg war im Grunde wegen Abweichung von der lutherischen Abendmahlslehre aus Bremen vertrieben; und doch war seine Lehre nicht um ein Haar von der Lehre Wessels verschieden, der von Luther überaus hochgeachtet war. Je deutlicher und bestimmter diess Hardenberg nachweisen konnte, desto klarer hatte er auch das Unrecht nachgewiesen, das man ihm angethan hatte. — Luther gab bekanntlich viel auf das Alter seiner Lehre. Er stand ja überhaupt in dem Glauben, dass er durch sein Reformationswerk nur die Missbräuche aus der entarteten Kirche entferne und die Reinheit der apostolischen Kirche wiederherstelle.

Konnte daher Hardenberg nachweisen, dass seine Lehre nicht nur mit der Wessels identisch sei, sondern auch dass beide noch aus viel früherer Zeit datirten, so musste diess derselben, nach lutherscher Anschauung, noch grössern Halt geben. Und gerade dazu gab ihm die Biographie Wessels Gelegenheit.

Auf[1]) dem Braunschweiger Kreistage wurde, wie wir bereits berichtet haben, von Seiten der niedersächsischen Theologen besonders das Bild von der Sonne, dessen sich Hardenberg zur Verdeutlichung seiner Abendmahlslehre bedient hatte, angegriffen.

Man hatte von Seiten seiner Gegner freilich auch schon früher auf eine derartige Vergleichung hingewiesen, deren sich Hardenberg bedient haben sollte, aber die Angaben darüber waren zu unvollständig und die Entgegnung Hardenbergs auf diese unvollständigen Angaben so wenig gravirend, dass damals dieser Punkt in nichts zerfiel. Aut dem Kreistage dagegen lag die Sache klarer vor. Da sagte Hardenberg (in seiner summaria, datirt vom 17. December 1560) ganz bestimmt, wie die Sonne zwar am Himmel bleibe, dennoch aber mit ihrer leuchtenden, erwärmenden und belebenden Kraft auf Erden gegenwärtig sei, so sei auch Christi Leib im Himmel, aber mit seiner lebengebenden Kraft im Abendmahle gegenwärtig. Er giebt aber dabei zugleich an, dass das Bild nicht von ihm herrühre, sondern von vielen älteren und neueren Kirchenlehrern gebraucht worden sei, ohne dieselben namhaft zu machen.

Hier im Leben Wessels giebt er uns genügenden Aufschluss darüber. Da lesen wir in Betreff Wessels, als dieser sich zu Köln aufhielt: „Er ging oft über den Rhein hinüber in das Kloster zu Deutz und las dort die Werke des Abtes Rupert, die er sehr liebte. Er hatte aus dessen Schriften vielerlei Auszüge gemacht, denen er auch Andres aus den Schriften Andrer hinzufügte. Schliesslich hatte er alle seine gelehrten und heiligen Gedanken zu jenen Sammlungen vereinigt, die zuletzt ordentliche Commentare geworden sind und die er selbst das grosse

---

[1]) Vergl. hierzu meinen Aufsatz in Hilgenfelds Zeitschrift für wissenschaftliche Theologie Jahrg. 1868, Heft 1, S. 110 flg.

Meer (Mare magnum) zu nennen pflegte." Unter den Sentenzen aus Rupert von Deuz aber, so berichtet Hardenberg weiter, die Wessel ganz besonders angesprochen hatten, wäre auch die zu finden gewesen: „Wir empfangen die wahre Gottheit und die wahre Menschheit Christi, der im Himmel sitzt und dort regiert, gerade so, wie wir die wahre Substanz des Feuers von der Sonne durch eine kleine daruntergehaltne Kugel von Krystall fast täglich entlehnen können." — Unmittelbar darauf führt Hardenberg noch einen andern Satz aus Rupert an, der Wessel ebenfalls sehr zugesagt habe: „In denjenigen, der keinen Glauben hat, kommt ausser den sichtbaren Zeichen des Brotes und Weines nichts vom Sacrament, gleichwie der Esel, wenn er seine unverständigen Ohren auf die Leyer richtet, zwar den Schall hört, aber die Gesangesweise nicht vernimmt." —

Unverkennbar ist hiernach die Abendmahlslehre Ruperts von Deutz († 1135), Wessels und Hardenbergs wesentlich eine und dieselbe; alle drei nehmen an, nur der Gläubige geniesse das Sacrament, und bei allen dreien findet sich das Gleichniss von der Sonne. Rupert von Deutz ist der Erfinder, Wessel der Hüter und Fortleiter, Hardenberg der Vollender desselben.

Denn das ist allerdings anzuerkennen, dass Hardenberg dasselbe weiter gebildet hat. War es Rupert nur darum zu thun, anschaulich zu machen, wie Christus, obgleich im Himmel, doch mit seiner belebenden Kraft auf Erden sein könne, so kam es Hardenberg darauf an klar machen, dass Christus seinem Wesen nach im Abendmahle gegenwärtig sein könne, ohne dass man deshalb die ungeheuerliche Lehre von der Ubiquität herbeizuziehen nöthig hätte. Gerade diese in jener Zeit so mächtig empfohlene und heftig bestrittene Lehre brachte bei Hardenberg die Umgestaltung des Rupertschen Satzes zu Wege. —

Doch bei alle dem bleibt es dabei: Rupert von Deutz, Wessel und Hardenberg sind in der Abendmahlslehre wesentlich eins, und Wessel insonderheit eine von Luther höchst geachtete Persönlichkeit, d. h. gerade in dogmatischer Beziehung sehr anerkannt. Konnte Hardenberg diess geschichtlich nachweisen, — wozu ihm bereits reiches Material vorlag, — nun dann erschien sein Streit in einem andern, höhern Lichte. Seine Lehre war durch Jahrhunderte geheiligt, seine Lehre war in Wessel durch Luther anerkannt und seine dogmatischen Gegner erschienen nunmehr zugleich als Gegner Luthers, zum mindesten sanken sie zu persönlichen Feinden Hardenbergs herab.

Denken wir uns also, dass es Hardenberg vergönnt gewesen wäre, das angefangene Werk zu vollenden, so würden wir eine Selbstvertheidigung desselben im höhern Style vor uns haben; also nicht sowohl eine geschichtliche Arbeit, vielmehr eine Tendenzschrift.

Das letztere aber wird uns nur um so wahrscheinlicher, je genauer wir das vorhandene Material betrachten. Darin finden wir nämlich kaum Spuren, die darauf schliessen liessen, dass es Hardenberg um das Leben Wessels im strengsten Sinne des Wortes zu thun gewesen wäre, so dass er also als getreuer Porträtzeichner dastände. Das Ganze macht vielmehr den Eindruck, als habe er nur im Allgemeinen Wessels Bedeutsamkeit und die Anerkennung, die er deshalb gefunden, schildern, geeigneten Orts aber überall in kräftigen Zügen dessen Anschauung über das Abendmahl einfügen wollen. — Wir müssen es sehr bedauern, dass Hardenberg die Schrift nicht vollendet hat; sie würde jedenfalls die reifste Arbeit seines Lebens geworden sein und sicher über manchen Punkt in seinem Leben erst das rechte Licht geben, wie es schon bei dieser unvollendeten Gestalt in Betreff des Abendmahles geschehen ist.

Denn das dürfte doch wohl nach dem Gesagten nicht zu bezweifeln sein, dass Hardenbergs Auffassung vom Abendmahle seit langen Jahren, — vielleicht schon zur Zeit seines Aufenthaltes in Aduard, — dieselbe war, die er erst später im Gleichnisse von der Sonne kund gab und die er festhielt bis an sein Ende. Dass er aber, der Zögling des Bruderhauses, diese Lehre nur schüchtern und versteckt vortrug, das war es, was den Verdacht seiner Gegner weckte und reizte, ihn selbst aber stürzte. —

Doch schon oben hatte ich auf eine fernere Wirksamkeit Hardenbergs in Emden hingewiesen. Begleiten wir ihn jetzt an den dritten und letzten Aufenthaltsort in seinem Exil! —

Viertes Kapitel.

Hardenberg in Emden.
(1567—1574.)

Im Jahre 1567 kamen zwei Senatoren aus Emden, als Abgesandte des dortigen Rathes zu Hardenberg, um ihn als Geistlichen nach Emden zu berufen und den Herrn von Knyphausen um seine Einwilligung dazu zu bitten! Es geschah; — freilich erst nach Beseitigung nicht unerheblicher Schwierigkeiten.

Eine Schrift aus dem Ende des 16. Jahrhunderts, die „Studentenmissive"[1]) genannt, berichtet, es habe lange gedauert, „bis dass endlich die Kirche zu Emden mit gnädigem Belieben und Beförderung ihrer hohen Obrigkeit ihn nicht ohne grosse Mühe und Arbeit in die Stadt hineinbrachte."

So zog denn Hardenberg nach Emden und trat sein Amt am 16. Oktober 1567 an. Es mögen wunderbare Gefühle gewesen sein, die sich seiner bemächtigten, als er die Stadt betrat, die nunmehr die Stätte seiner Wirksamkeit sein sollte.

Mehrfach, und zwar noch recht nachdrücklich zwanzig Jahre früher, war ihm der Antrag gestellt worden, daselbst ein geistliches Amt anzunehmen; — er hatte dem Antrage keine Folge gegeben. Jetzt hatten die Geschicke den einst Widerwilligen mit unwiderstehlicher Macht dahingezogen! Hier war die Stätte, wo einst der grosse a Lasco, sein vormals lieber Freund, gewaltig

---

[1]) „Missive oder Sendbrief etlicher gutherziger und gelehrter Studenten sammt einer päpstlichen Bulle an Lic. Hermann Hamelmann" ohne Druckort und Jahresangabe.

geredet und kräftig gewirkt hatte und schliesslich entlassen war; hier fand er Medmann wieder, mit dem er in seinen ersten Mannesjahren dem alten frommen Herrn von Köln gedient; hier hatte er nach seinem Austritt aus dem Kloster zuerst ein Asyl gefunden und seine Mönchskutte zurückgelassen! Aber nicht er allein, auch seine nicht gerade mehr jugendliche Drusilla mochte wundersam im Innern bewegt sein! Welche bedeutsamen Jugenderinnerungen mussten in ihr aufwachen, als sie die Stadt betrat. Ihre freundliche Aufnahme bei a Lasco, ihre undankbare, verdachterregende Flucht von demselben; und wer weiss, was noch, das nicht in Büchern und Manuscripten verzeichnet steht, kam ihr jetzt ins Gedächtniss!

Man brachte in jenen Zeiten „Emden" nicht selten in Verbindung mit dem hebräischen Worte Eméth, zu deutsch: Wahrheit. Wohl ging Hardenberg dahin ab, um die Wahrheit des Evangeliums zu verkünden; aber sicher glaubte er auch, dass nunmehr in seiner eigenen Sache die Wahrheit zum völligen Siege kommen, er selbst nach Bremen zurückberufen und so auch in diesem Sinne Emden eine Stadt der Wahrheit werden würde.

Gleich das erste Lebenszeichen, das wir von Hardenberg aus Emden haben, ein Brief[1]) an den bereits seit 1563 als Rector nach Bremen zurückberufenen Johannes Molanus (vom 26. April 1568) giebt davon Zeugniss. Hardenberg sagt darin unverhohlen, er habe auf Zurückberufung gehofft, er, der auf so unwürdige Art und Weise verjagt worden sei. „Aber" — fährt er fort — „es vergass der Mundschenk seines Traumdeuters, nachdem er in seine frühere Stellung wieder eingesetzt war." In demselben Briefe aber schreibt er auch noch Folgendes: „Einige Male habe ich Briefe von Dir empfangen, auf die ich Dir nicht, wie es meine Pflicht war, geantwortet habe. Das ist theils meiner beschwerlichen Geschäfte wegen geschehen, theils weil ich vom Schreiben schon längst etwas entwöhnt bin und mir deshalb die Uebung darin fehlt. — — Am meisten ängstigt mich jene Sinnesänderung, die, wie ich höre, in Bremen vor sich gegangen ist, dass nämlich jetzt alle Kanzeln wiederum von dem Unsinn eines Flacius und Heshusius erdröhnen und dass man jetzt fast

---

[1]) Bremer Bibl. Mscr.

mit grösserer Gottlosigkeit die wahre Lehre vom Abendmahle verfolgt, als es alle die gethan haben, die bisjetzt an ihrer Wuth zu Grunde gegangen sind. Auch höre ich, dass diejenigen diesen traurigen Zustand begünstigen, die zuvor durch die wahre Lehre Christi über das Abendmahl emporkamen und glänzten. Was ich von solcher Unwürdigkeit denken soll, kann ich gar nicht sagen. Und abgesehen von dem allgemeinen Unglück, das damit über die Stadt kommt, dauerst Du mich vorzüglich, weil man Deiner treuen Arbeit auf so unwürdige Weise spottet und alle unsre zuvor erduldete mühevolle Arbeit so muthwillig vernichtet wird.

O du unglückseliges Bremen! das zwar die Tyrannei änderte, aber nicht zerstörte! — — Wozu war es nöthig, die ganze Stadt in solche Bedrängniss und Mittellosigkeit zu bringen, wenn nichts Andres geschehen sollte. Aber das sind jene gefahrdrohenden Geschicke der letzten Zeit, so dass wir mit dem Propheten sprechen dürfen: Unsre Väter haben Herlinge gegessen und den Kindern sind die Zähne davon stumpf geworden. — — Ich hoffe, dass Du in Kurzem zu uns kommen werdest. O möchte es doch dem braven Manne, unserm Gönner, Herrn Herbert von Langen, dem allein ich nächst Gott Alles verdanke, wohlergehen."

Wie überschwänglich auch die Worte Herbert von Langen betreffend genannt zu werden verdienen, so glaube ich doch denselben entnehmen zu müssen, dass derselbe sehr viel für Hardenberg und zwar im Stillen, — so dass es nicht auf die Nachwelt kommen konnte, — gethan habe. Was ferner die Sinnesänderung der Bremer anlangt, so ist diese jedenfalls nicht nachhaltig gewesen, wenn nicht vielleicht gar Hardenberg der Hauptsache nach falsch unterrichtet war! Jedenfalls steht als geschichtliche Thatsache fest, dass Bremen der hardenbergisch-melanchthonischen Ansicht treu blieb und bei solcher Ansicht sich später im Gegensatz zur flacianisch-lutherischen Partei reformirt nannte.

Wenn endlich Hardenberg in dem Briefe an Molanus von seinen beschwerlichen Geschäften redet, so ist diess nur dahin zu verstehen, dass dieselben, während er früherhin eine Unmasse von Geschäften bewältigen konnte, für Hardenberg jetzt zu drückend waren, wie wir denn überhaupt um diese Zeit eine Abnahme seiner Kraft wahrnehmen. So hatte er z. B. die Stelle in Emden nur unter der Bedingung übernommen, dass man ihn von Krankenbesuchen und von der Abhaltung damals üblicher Leichenpredigten dispensire. — In Betreff seiner Thätigkeit überhaupt theilen wir hier die Angaben Schweckendiecks[1]) wörtlich mit: „Hardenberg nahm unter ihnen — nämlich unter den drei damals in Emden angestellten Predigern, — sowohl wegen seines Alters als wegen seines Geistes den ersten Platz ein und wurde daher zum Vorsitzer des Kirchenrathes und des s. g. Cötus erwählt. In beiden Stellen entwickelte er eine grosse heilsame Thätigkeit. Bei der Prüfung der theologischen Candidaten, welche von dem Cötus geschah, sah er mit Ernst und Strenge darauf, dass nur Männer von tüchtiger theologischer Bildung das Zeugniss ihrer Befähigung für ein Predigtamt erhielten. Er strebte aber auch dahin, dass aus der Zahl der vorhandenen Prediger diejenigen entfernt würden, welche durch unsittlichen Lebenswandel ihren Gemeinden ein Aergerniss gaben; so setzte er 1568 im Namen des Kirchenrathes gegen einige Prediger im Lande eine Klageschrift auf und drang bei dem Grafen Edzard auf ihre Absetzung, falls die angestellte Kirchenvisitation ihre Schuld erweise. Auch verfasste er die Antwortschreiben auf eine grosse Menge von Anfragen und Gesuchen verschiedener auswärtiger, besonders niederländischer Gemeinden, die bei dem hiesigen [also Emdener], damals weit berühmten Kirchenrathe eingegangen waren.

Allen suchte er zu helfen, sei es, dass er ihnen Aufschluss gab über zweifelhafte Lehren und Gebräuche der Kirche, oder dass er ihre Bitten um tüchtige Geistliche möglichst bald erfüllte. Im eigenen Lande vertheidigte er die Emdener Kirche gegen Angriffe der strengen Lutheraner, wie er denn den Hofprediger Johann Franke zu Aurich bei dem Grafen Edzard im Namen des Kirchenraths wegen der Schmähungen und Lästerungen verklagte, welche derselbe gegen die emdische Kirche ausgestossen hatte. Uebrigens war der Streit zwischen Lutheranern und Reformirten zu der Zeit in Ostfriesland gering und brach erst später mit Heftigkeit aus. — Trotz der vielen Arbeiten, welche grösstentheils Hardenberg, als Präses des Kirchenrathes und des Cötus, auszuführen hatte, versah er dennoch seinen Dienst in der Gemeinde selbst mit dem grössten Eifer; er begnügte sich

---

[1]) a. a. O. S. 57 flg.

nicht damit, das Wort Gottes mit Eifer zu predigen und die Sacramente getreulich zu verwalten, sondern er übte auch die Seelsorge auf das Gewissenhafteste und hielt eine strenge Kirchenzucht aufrecht" —

Anfangs, als Hardenberg sein geistliches Amt in Emden antrat, gab es nur drei Geistliche daselbst. Aber im Jahre 1569 erhielt Emden durch niederländische Flüchtlinge einen bedeutenden Zuwachs, — man sagt von 6000 Seelen, und in Folge dessen musste noch ein vierter angestellt werden.

Es ist eine bekannte Thatsache, dass Herzog Alba im Jahre 1567 als Statthalter mit unumschränkter Gewalt nach den Niederlanden gesendet war, dort den sogenannten Blutrath einsetzte, viele, unter ihnen die Grafen von Egmont und von Hoorn, um des Glaubens willen hinrichten liess und viele Tausende der besten und strebsamsten Niederländer dadurch nöthigte, Haus und Hof zu verlassen und nach fremden Ländern auszuwandern. Solche Flüchtlinge waren es, die sich damals in Emden niederliessen, und die ausserdem vielfach in Deutschland umherirrten und bei dieser Gelegenheit auch nebenbei die zufälligen Briefboten der Gelehrten und Ueberbringer von Nachrichten abgaben. In dieser Hinsicht ist ein auch sonst nicht unbedeutender Brief[1]) Hardenbergs an den Bremer Rathsherrn Hermann Schumacher (Schomaker) vom 16. Februar 1569 von Interesse.

„Nach der Alba'schen Zerstreuung und Flucht" — so beginnt er, — „brachten mir nicht Wenige die Nachricht von Dir, dass Du Dich schon auf die Reise zu uns rüstetest. Ich habe bis jetzt gewartet und warte noch begierig auf Deine Ankunft." — Doch hören wir noch etwas von dem Inhalte des Briefes: „Ich bin sehr bekümmert, wenn ich daran gedenke, dass dort [in Bremen] sehr viele sind, die mich durch verschiedenartige Lügereien fälschlich beschimpfen und nach altgewohnter Weise meinen Ruf zu nichte machen; nicht weil ich es so verdiente, sondern lediglich in Folge ihrer angeborenen Bosheit und Frechheit. — — Diejenigen Leute, die dort bei Dir lebten, loben Deine Treue und Dein Wohlwollen sehr; auch ich sage Dir dafür Dank und biete dagegen denen, die davon Gebrauch machen können, meine

---

[1]) C. B. N. 69.

Dienste an. — Wir leben hier täglich in Furcht und Zittern [jedenfalls in Veranlassung der Inquisition in den benachbarten Niederlanden] und sind genöthigt, Alles Widerwärtige zu erwarten, was jedoch Gott nach seiner alten Treue und Gnade gegen uns abwenden kann, dem ich sammt meiner Frau Dich und Deine liebe Gattin, sowie Alle, die Dir theuer sind, von Herzen befehle." —

Die Antwort des Senator Schumacher auf diesen Brief ist uns nicht bekannt, wohl aber bekennt Hardenberg in einem andern Briefe[1]) an ebendenselben vom 12. März 1569, dass er dessen Erwiderungsschreiben erhalten und dadurch von einer grossen Gemüthsunruhe befreit worden sei. „Denn," — sagt er weiter, — „ich bekenne, dass ich in grosser Bedrängniss gewesen bin wegen des Neides und der Bosheit meiner Verleumder. Aber es ist gut, dass sie nicht Alles können, was sie wollen. Du machst mir wieder Hoffnung auf Deinen Besuch bei mir; ich warte mit Sehnsucht darauf und werde nicht aufhören zu warten, bis ich Dich mit Deiner lieben Gattin, wie ich hoffen will, hier sehe. Auch meine Frau bittet einzig diess, dass Du die Deinige mitbringst. Ich sitze lahm und matt daher und kann nirgends hingehen und werde ganz dahin schwinden, wenn mich niemand von den alten Freunden besucht, und diese scheinen Alle meiner längst vergessen zu haben; selbst die, die früher mir Alles zu Liebe thun zu wollen schienen. Aber ich bringe in Erfahrung, dass das alte Wort sehr wahr sei: Aus den Augen, aus dem Sinn[2]). Und ich höre, dass es dort jetzt zu Tage trete, was ich einmal an einen besonders theuern Freund im Geheimen schrieb: der Mundschenk hat seines Traumdeuters vergessen. Uebrigens fürchte ich, sie werden das schliesslich bitter bereuen und zwar ohne Erfolg und Erbarmen. Wie lärmten doch so Viele gleich nach meinem Weggang! wie schienen sie doch alles Mögliche daransetzen zu wollen, um mich zurückzuberufen. Aber wer hat inzwischen auch nur den Fuss deshalb gerührt? „„Die Berge kreisen, sie gebären — eine lächerliche Maus""[3]). Doch, wie komme ich

---

[1]) C. B. N. 70.
[2]) Qui procul est oculis, procul est a lumine cordis.
[3]) Horat. Ars poet. 139.

auf diese unglückselige Geschichte. Verzeihe mir und lebe wohl!" —

Hier spricht sich das erste Mal Hardenberg ganz offen dahin aus, dass er lange vergeblich auf eine Zurückberufung nach Bremen gehofft habe. Und in der That, es kann befremden! Man hatte Johannes Molanus, Grevenstein, Winkel und wer weiss, wen sonst noch, zurückberufen; nur den so ungerecht und schmachvoll vertriebenen Hardenberg liess man im Exil! Der Bürgermeister von Büren, dieser wohlwollende Mann im Allgemeinen, und dieser sonst so treue Freund Hardenbergs im Besondern, war jetzt die leitende Persönlichkeit im Bremer Senate, gleichsam die Seele desselben, — und doch that dieser nichts für Hardenberg. Das könnte uns allerdings an ihm irre machen. Aber urtheilen wir nicht vorschnell!

Hardenberg war nicht, wie Molanus und die Andern durch den ehemaligen Senat von Bremen hinweggemaassregelt, sondern durch einen Beschluss des Kreistages aus der Stadt entfernt! Hardenberg zurückberufen hiess einen neuen Conflict mit dem Kreistage heraufbeschwören. Aber gesetzt auch, von Büren hätte es auf diese Gefahr hin gewagt, so war die Frage, ob die Bremer jetzt noch in Hardenberg das gefunden haben würden, was sie in ihm verloren hatten. Hardenbergs selbsteigene Angaben über seinen körperlichen und über seinen Gemüthszustand lassen uns das Gegentheil vermuthen. Sie würden etwa dasselbe gesagt haben, was vor Zeiten Herwegh bei der Wiedereinsetzung Arndts sprach:

Ihr hattet einen starken Mann genommen,
Und gebt uns einen Greis zurück!

Leider besserte sich dieser obenbeschriebene Zustand Hardenbergs nicht. Ein Brief[1]) an denselben Senator Schumacher vom 12. August 1569 giebt uns ausser Anderem auch hierüber Kunde.

„Geliebter Sohn, hochachtbarer Herr," schreibt Hardenberg, „ich habe Dein geehrtes Schreiben erhalten. Dass ich jetzt etwas kurz darauf antworte, daran sind meine Mühen und Arbeiten Schuld. Ein andres Mal will ich umständlicher antwor-

---

[1]) C. B. N. 73.

ten. Ich freue mich, dass Du Dich um unsre Angelegenheiten bekümmert hast und weiss es Dir vom Herzen Dank, dass Du nicht nachlässig gewesen bist. Ich bitte Dich auch, dass Du mir durch diesen Schiffer sendest, wenn etwas zu übersenden da sein möchte. — — Ich bin so lahm, dass ich mich kaum bis zur Kirche fortschleppen kann und habe keine Hoffnung, dass mein Zustand sich bessern werde. Es geschehe Gottes Wille; nur gebe er, dass auch sein Name geheiligt werde." .

Wie aber so häufig in unsrer Zeit, so enthält die Nachschrift dieses Hardenbergschen Briefes noch einige wichtige, wo nicht die wichtigsten Bemerkungen. Sie lautet: „Meine Frau bittet, die Deine möge sich wegen des Verkaufs von dem Leinenzeug ernstliche Mühe geben, denn wir bedürfen sehr des Geldes. Grüsse Daniel [von Büren]. Ich bin der Meinung, dass ich mich um meine Wiedereinsetzung vergeblich bemühe. Daher wird es gerathen sein, sich des Bittens zu entschlagen, damit wir nicht für unsre Mühe Hohn davon tragen. Doch es sei diese Sache Deiner Vorsicht und Treue anheimgestellt!" —

Also auch hier wieder der alte Zweifel und im Hintergrunde doch auch wieder die alte Hoffnung. Der arme Mann! es war vergebliche Hoffnung! — Der Gruss an Büren giebt uns eine leise Kunde, dass zwischen diesem und Hardenberg wenigstens kein Bruch eingetreten war! — Einen wehmüthigen Eindruck aber macht besonders der erste Satz der Nachschrift. Also immer noch dieselbe Geldverlegenheit wie früher! Und Drusilla, das einst so reiche Gröninger Mädchen, hat wahrscheinlich nichts vom väterlichen Erbtheil erhalten! Wie konnte das auch nach Albas Schreckensherrschaft und Güterconfiscation in den Niederlanden anders sein? Auf ihre alten Tage muss sie am Spinnrad sitzen und arbeiten, um den nöthigen Lebensunterhalt zu gewinnen. Der Gehalt Hardenbergs betrug freilich auch damals nur 200 fl. und die Lebensbedürfnisse waren für damalige Zeit theuer! —

Noch besass freilich Hardenberg eine Vicarie St. Johannes des Evangelisten in Bremen. Ob und wieviel sie ihm einbrachte, ist nicht bekannt. Kurz er cedirte sie, — jedenfalls gegen ein Aequivalent, — am 23. März 1570 an „Herrn Euarde Kuelen" zum Behuf seines Bruders des Rathsherrn Johann Kuelen Sohne mit Namen Euert Kuelen. Die Cessionsurkunde[1]), von unbekannter Hand geschrieben, ist von Hardenberg unterzeichnet. Aber kaum kann man in der Unterschrift Hardenbergs Hand erkennen, so unsicher und zitternd sind die Züge geworden. —

Aber auch das Emolument, was ihm etwa durch diese Cession zu Theil wurde, erschien nicht hinreichend und so erklärt es sich, dass ihm sein Emdener Gehalt im Jahre 1571 von 200 auf 350 fl. erhöht wurde.

In demselben Jahre tagte auch die Synode der „niederländischen Kirchen, die unter dem Kreuze sitzen und durch Deutschland und Ostfriesland verspreiet sind" in Emden[2]). Es war eine Versammlung jener Niederländer und Wallonen, die in Folge von Albas Fanatismus aus der Heimath geflüchtet waren und jetzt die zuvor in Wesel provisorisch gefassten Beschlüsse nunmehr definitiv bestätigten. Die ganze Kirchengemeinschaft dieser Flüchtlinge ward in drei Provinzen vertheilt, in eine Deutsche, darunter gehörten Frankfurt, Wesel, Emden, in eine belgische, das war gerade die „unter dem Kreuz", in den Districten Brabant, Deutsch- und Welsch-Flandern und Holland und in eine englische erst noch zu organisirende.

Hardenberg nahm an dieser Synode keinen Antheil, wie denn auch, nach Schweckendiecks Angabe[3]), derselben kaum in den Kirchenprotokollen Erwähnung geschieht. Aber Hardenberg konnte auch kaum wirklichen Antheil daran nehmen. Die in Emden tagenden Exulanten gehörten dem kalvinischen Protestantismus an, Hardenberg und seine Gesinnungsgenossen dem deutschen Protestantismus und zwar insonderheit der melanchthonischen Richtung in demselben; jene gingen in erster Linie, wie wir uns erinnern, von einer Bekämpfung des Heidnischen im Christenthume aus, diese von einer Bekämpfung des Jüdischen. Bei aller innern Verwandtschaft zwisehen kalvinisch-schweizerischem und melanchthonisch-deutschem Protestantismus, bei allen freundschaftlichen Beziehungen, die beide mit einander unterhielten, blieb doch noch mancher trennende Punkt übrig, der es wenigstens damals noch nicht zu völliger Verschmelzung beider kom-

---

[1]) C B. N. 75.
[2]) s. Heppe, Geschichte des deutsch. Protest. II, 353 flg.
[3]) a. a. O. S. 59.

men liess. Erst als durch die Concordienformel vom Jahre 1579 die melanchthonische Richtung in Deutschland geradezu geächtet war und aus der lutherschen Kirche hinausgedrängt wurde, da fand eine solche Verschmelzung statt und so liesse sich wohl nachweisen, wie manche reformirte Gemeinde in Deutschland nicht sowohl dem schweizerischen Protestantismus, sondern dem deutschen Protestantismus melanchthonianischer Richtung angehöre. — Gerade aber in dieser Hinsicht mussten wir es als bedeutsam betrachten, dass Hardenberg an der Emdener Synode der Exulanten nicht Theil nahm. —

Inzwischen wurde Hardenberg immer älter und schwächer. Aus dieser Periode ist uns noch ein Brief von ihm übrig, datirt aus Emden vom 17. Januar 1572, wiederum an den uns früher nicht bekannten Bremer Rathmann Schumacher gerichtet[1]). Er lautet:

„Wenn es meine schwachen Hände gestatteten und Alles Nothwendige in entsprechendem Zustande wäre, so würde ich Viel an Dich schreiben, geliebter Sohn. Das aber ist gerade der Grund, weshalb ich mich schon so lange Zeit des Schreibens enthalten habe, in der Hoffnung, dass die Hände einige Gelenkigkeit wieder erhalten würden. Aber meine Hoffnung ist vergeblich gewesen, denn von Tage zu Tage werden die Glieder matter und inzwischen erweist sich jenes alte Wort nur als zu wahr, dass oft ein fortgehendes Stillschweigen enge Freundschaften löst. Ich werde forthin schreiben, nicht was ich müsste oder wollte, sondern was ich bei diesem körperlichen Zustande zu leisten vermag. Wenn diess weder meiner Pflicht, noch Deiner Erwartung entspricht, so schreibt diess meinem Befinden zu, mein lieber Sohn und in Christo zu ehrender Herr. Zuerst danke ich für Deine treue, mir werthvolle Willfährigkeit und Mühe. Denn auch der mir von Dir überschickte Ochse hat mir wohlgefallen und die Aepfel und Birnen waren mir ebenfalls sehr angenehm. Denn diess und alles Andre, jedes in seiner Art, war gut. Nun haben wir aber Mehl nöthig; wir haben davon gar nichts mehr übrig. Ich wünsche daher, Du mögest uns das so bald als möglich schicken. Ist Hoffnung da, dass es bald billiger werde, dann schicke uns nur ein Fass; meint man

---

[1]) C. B. N. 76.

aber, dass eine Steigerung im Preise eintreten werde, dann wird es gerathen sein, wenn Du uns jetzt einige Tonnen auf ein Mal schickest. Das will ich jedoch Deiner Discretion überlassen, in der Meinung, dass Du alle diese Dinge viel besser beurtheilen kannst, als ich, der ich gar kein Verständniss davon habe und einen Körper mit mir herumtrage, der einem Leichnam ähnlich ist. — Um das Eine aber bitte ich, dass wir unserer alten Treue gemäss Alles behandeln. Ich will, so gut ich kann, fleissig und treu handeln, aber auch Du, verharre in der Treue Deines guten Vaters, meines verdienten Freundes, dem ich in Gottes Händen die ewige Seligkeit wünsche. Dasselbe erflehe ich auch für Dich und Deine geliebte Gattin, mit dem Wunsche, dass Du mir diese schlechte Schrift zu gute hältst und mir wiederschreibst, sobald es Deine wichtigen Geschäfte erlauben. Lebe wohl!"

Beachten wir den Inhalt dieses seines letzten Briefes und betrachten wir dazu die Schrift, die mit zitternder und schon deshalb schwer zu lesender Hand geschrieben ist, so sehen wir einen körperlich gebrochenen und geistig niedergedrückten Mann lebendig vor uns stehen! —

Wir mögen, indem wir uns in seine Seele hineindenken, es beklagen, dass man ihm nicht die volle Gerechtigkeit zu Theil werden liess und nach Bremen zurückberief! Aber wir söhnen uns damit doch einigermaassen aus, wenn wir uns sagen müssen: ein solcher Mann konnte nicht mehr in Bremen an der Spitze der Bewegung stehen! —

Doch es währte auch nicht allzulange mehr, da ward er allen irdischen Beschwerden entnommen, indem er die Erwartung hegte, er werde nun in jene grosse Schule eintreten, für die die Schule Melanchthons ein ziemlich gutes Präludium (mediocre praeludium) gewesen sei. Er starb am 18. Mai 1574. Ist das Jahr seiner Geburt richtig auf 1510 gesetzt, so starb er, wie Melanchthon, im 64. Jahre seines Lebens.

Mit grosser Trauer und Ehrenbezeigungen wurde er am Himmelfahrtstage im Chore der „Grossen Kirche" zu Emden begraben. In derselben Kirche und zwar oben in dem Consistorienzimmer hängt nahe bei a Lascos Bild auch das Hardenbergs. Schweckendieck sagt über das letztere [1]: „Es stellt uns ihn in

---

[1] a. a. O. S. 59.

höherem Alter dar; in sein kräftig geformtes Gesicht haben Arbeiten, Kämpfe und Leiden ihre Furchen gezogen, die Stirn ist gerunzelt, über den Augen schwebt ein düsterer Zug. Das Ganze macht den Eindruck eines ruhigen, ernsten, beharrlichen und gewissenhaften Mannes, der es sich im Leben hat sauer werden lassen." —

Unten in der Kirche selbst aber befindet sich noch jetzt eine Metallplatte mit einer von Johannes Molanus in lateinischen Dystichen abgefassten Grabschrift. Dieselbe ist damals auch gedruckt worden und ein Exemplar davon, mit Holzschnitten reichlich verziert, findet sich noch in den „Funebribus" der Bremer Bibliothek. Das Epitaphium in Emden selbst enthält zur Linken die Worte aus Jes. 57, 1: Der Gerechte kommt um, und Niemand ist, der es zu Herzen nehme; zur Rechten: Im Jahre 1574 den 18. Mai starb D Albertus Hartenbergus, Pastor der Kirche zu Emden. Unmittelbar darunter und zwar in der Mitte zwischen beiden steht: „Leichengedicht auf den berühmten Doctor der Theologie Albert Rizäus Hardenberg." —

Schliessen wir dieses Kapitel mit einer Uebersetzung der Grabschrift:

Hier, o Wanderer, ruhen des Doctor Albert Gebeine,
　Ruhmvoll ruhet allhier Hardenbergs sterblicher Leib.
Er, der Hüter des Glaubens, ist Staub und Schatten geworden;
　Er, des germanischen Volks Licht, ist des Lichtes beraubt!
Reden hörte den Jüngling die grosse Sorbonne von Brabant,
　Und stand grimmigen Zorns, voller Verwunderung da.
Denn, wie schon aus der Tatze den Leu wir erkennen, so liess er
　Schon als Jüngling erschaun künftigen Geistes Gewalt!
Später begann er, ein Mann, zu prüfen die Männer und glänzte
　In der Gelehrten Verein ruhmesgekrönet hervor;
Ihn verehrte der fromme a Lasco, ihn liebte Bucerus,
　Und um Rizäus besorgt warst Du, Philippus, mit Recht!
Vater Luther auch sah den herrlich Begabten und sagte:
　Siehe da! Dieser wird sein einstens mein anderes Ich!
Und als Hermann, den Glauben der Väter vom Neuen belebend,
　Zu dem geheiligten Werk legte den sicheren Grund,
Da auch legt' er die Hand auf ihn und stärkte das Herz ihm.
　Gehe denn! sprach er, der Herr schütze Dein heiliges Thun.
Harte Kämpfe! sie stehn Dir bevor; sei stark denn und muthig!
　Oft wird das Herz Dir sein voll von beengendem Schmerz!
Ging, und trug die Last mit hocherhabenem Geiste,
　Glänzt' in das Elend versenkt strahlender immer hervor!

Und zerreissend die Bande des Feindes hiess er dem Volke,.
    Christi sanftes Joch tragen in frommer Geduld.
Bald drauf öffnet' ihm Christoph, der Graf, der noch nimmer Besiegte,
    Deines Domes Portal, Bremen, Du glänzende Stadt!
Dort mit grausamen Schnäbeln bedrohten des Kaukasus Vögel,
    Jene gefürchtete Schaar, schrecklich den trefflichen Mann.
Endlich sogar ins Exil entsandt' ihn Bremen voll Undank!
    Dass kein zweiter ihm gleich, hat es nicht selten bekannt!
Auf nahm ihn, den Verbannten, der Graf, half tragen die Noth ihm,
    War ihm ein günstiger Herr, war ihm ein Vater sogar!
Emden aber, das treu das Streben nach Wahrheit beschützet,
    Gab dem gebrochenen Mann Obdach und Recht und — ein Grab!
Aber Du, nur zu viel den tückischen Heuchlern vertrauend,
    Wehe! des Vaters Gebein, Bremen, erhieltest Du nicht!
Doch die heilige Lehre wird fort im Herzen Dir leben;
    Was in Dir sie begann, nimmer erstirbt es in Dir.
Und Albertus indess geniesst die Nähe des Ew'gen. .
    Ledig des Ruhmes jedoch steht das erstaunte Geschlecht! —

Ehrenvoll begraben am Tage der Himmelfahrt Christi, die er stets muthig verkündigt hatte. Seinem Gönner ruhmvollen Andenkens dichtete dieses dankbaren Sinnes

                            Johannes Molanus.

Fünftes Kapitel.

Umschau.

Das Leben unsers Helden liegt hinter uns. Viel Licht, aber auch viel Schatten! Fassen wir jetzt noch einmal die Züge, die sich uns in seinem Leben kund gaben, wiederholentlich in ein Gesammtbild zusammen!

Dass Hardenberg mit ganzer Seele Protestant war, unterliegt keinem Zweifel. Ihn als rückfällig in papistischen Aberglauben zu denken, ist uns eine Unmöglichkeit! Aber diese Hingabe an den Protestantismus hat doch ihre Schranken. Melanchthon schreibt [1]) einmal an den leipziger Professor Camerarius: „Hardenberg unterhält beharrlich die Verbindung mit unsern Kirchen und hat nicht nur einen Abscheu vor fanatischen Meinungen, sondern zürnt auch der Frechheit derer, die Lärmtrompeten der Aufstände sind und die Willkür im Volke befestigen." Nun Thatsache ist es, dass er nie auch nur Miene gemacht hat, sich zur Wiedertäuferei und sonstigen schwärmerischen und fanatischen Abirrungen hinzuneigen. Im Gegentheil, er hat stets dagegen gekämpft und alle dem entgegenstehenden Anklagen, die zu verschiedener Zeit von seinen Feinden erhoben worden sind, beruhen auf Unkenntniss oder — Verläumdung! Er zeigt vielmehr überall ein kluges Maasshalten. Selbst allen Schimpfreden gegenüber, die man wider ihn ausstiess, bewahrt er sich eine gewisse Ruhe. Nur höchst selten ein Anflug von Leidenschaftlichkeit; aber auch dieser nur verschwindend, wie der Hauch auf dem Spiegel. Um deswillen aber waren ihm auch hitzige Kämpfe in den Tod zuwider!

---

[1]) C. Ref. VIII, p. 317.

Einen tiefern Blick in die Stärke und Schranke seines Charakters lässt uns auch seine Eheschliessung thun. Niemals hätte er, wie a Lasco that, so recht selbstständig romantisch mit einem armen, wenig zuvor gekannten Mädchen eine heimliche Ehe eingehen, sich dabei über den Argwohn und das Gerede der Leute kühn hinwegsetzen und schliesslich die junge Frau mit sich in allen Ländern herumführen können! Aber ein achtbares Mädchen wider den Willen ihrer Verwandten heirathen: das vermochte er.

Der Widerwille gegen allen Zank und Streit, insbesondere das Streben, öffentliches Aergerniss zu vermeiden, trieb ihn leider in einen verhängnissvollen Fehler hinein. Er gab nicht selten seine Ansicht absichtlich, eben um des lieben Friedens willen, in mehrdeutigen Ausdrücken kund und suchte unter Umständen das ihm erspriesslich Scheinende heimlich und auf Umwegen zu erreichen. Das führte gerade zu dem Zusammenstoss zwischen ihm und a Lasco.

Seine Gelehrsamkeit, von der er selbst sehr bescheiden dachte, war gründlich; sein sittlicher Charakter ohne Makel; sein liebenswürdiges Wesen durchaus empfehlend. Nur etwas mehr Kühnheit und er würde bei seiner nicht geringen natürlichen Anlage wahrscheinlich Grösseres erreicht haben!

Aber wir wollen uns hier des Wortes wieder erinnern, das einst a Lasco gerade in Hinblick auf ihn an Drusilla schrieb: „Es ist unmöglich, dass nicht Etwas an uns zu wünschen bliebe: denn wir sind Menschen und keine Engel!"

Wenn er in Folge seiner allzufriedsamen Natur, in Verbindung mit zunehmender körperlicher Hinfälligkeit und in Folge einer nicht zu verurtheilenden Scheu seiner Freunde vor Conflicten mit dem Kreistage keine Zurückberufung nach Bremen, die er so sehnlichst wünschte, erfuhr, so tröstet uns, wie schon bemerkt, die Thatsache, dass der Geist seines Wirkens in Bremen fortlebte und schliesslich siegte. Unter denen aber, die eine fanatische Jüngerschaft Luthers zu Märtyrern machte, steht Hardenberg in erster Linie.

Soll ich sein Wesen noch einmal mit einigen Worten bezeichnen? Er war ein treuer, edler Jünger der Reformation; aber nicht kräftig genug, die nicht mehr berechtigten Einflüsse der Erziehung im Brüderhause von sich abzuthun! —

Doch sehen wir uns auch noch nach einigen andern Persönlichkeiten um, die uns auf unsern Wanderungen mit Hardenberg begegnet sind.

Da kommt uns zuerst a Lasco in Erinnerung.

Wir hatten bereits früher berichtet, dass er in Frankfurt a/M. eine neue Stätte seiner Wirksamkeit gefunden (1555). Wir hatten auch erwähnt, dass er mit Brenz in Stuttgart disputirt habe (1556). Verfolgen wir jetzt seinen Lebensgang in wenigen Zügen. Es hatten sich in den Jahren 1554 und 1555 drei Exulantengemeinden in Frankfurt niedergelassen[1]), eine wallonische, eine holländische und eine englische, denen auf Grund ihrer Erklärung, dass sie der Augsburgschen Confession angehörten, vom Magistrate zu Frankfurt der Aufenthalt gestattet und die Kirche zur weissen Frau für ihre Gottesdienste überlassen worden war. An diesen Gemeinden wirkte a Lasco, wie es scheint, in ziemlich unabhängiger Stellung! — Die Gemeinden waren jedoch noch gar nicht lange in Frankfurt, da suchte man sich von verschiedenen Seiten ihrer wieder zu entledigen. Zunächst waren die Zünfte darüber angethan, dass die Fremden ihnen an Kunstfertigkeit überlegen waren und ihnen dadurch Abbruch thaten. Von ungleich grösserer Bedeutung aber war es, dass der Hamburger Prediger Joachim Westphal gegen sie als „gotteslästerliche Rotte und als Märtyrer des Teufels" auftrat, das geistliche Stadtministerium hieraus Verdacht gegen dieselben schöpfte und gar bald ein Ketzergeschrei gegen sie erhob. Die Exulanten thaten alles Mögliche, um sich den Aufenthalt in Frankfurt zu sichern; insonderheit waren sie in den äussern Formen so nachgiebig als möglich. Dazu kam, dass im September 1556 Kalvin in Frankfurt erschien, — jedenfalls durch sie veranlasst, — es sich sehr angelegen sein liess, die Geistlichen zu mildern Gesinnungen zu bewegen und dieselben auf dem Römer sehr freundlich anredete und segnete. Vor Allem aber bewies sich hierbei a Lasco thätig. Er schrieb eine Vertheidigungsschrift[2]) der Gemeinde gegen die gehässigen Angriffe Westphals und bestimmte den Landgrafen von Hessen dahin, dass dieser den Frankfurter Magistrat bat, er möge den christlichen Kirchen der Fremden seinen Schutz nicht entziehen.

---

[1]) Vgl. Heppe, Gesch. des Protest. I, 454 flg.
[2]) Purgatio ecclesiae peregrinorum Francofordensis.

Indessen: das geistliche Ministerium in Frankfurt wüthete fort und griff besonders a Lasco als einen **Läugner** der wesentlichen Gegenwart des Leibes und Blutes Christi im Abendmahle an und schon hatte der Magistrat die Ausweisung der Fremden decretirt! Nur mit der Ausführung dieses Beschlusses hatte er noch gezögert. So aber gewannen die Fremden Zeit, bei den im Juli 1557 versammelten Fürsten in Frankfurt Schutz zu suchen. Schon der ihnen von dieser Stelle zugesagte Schutz, noch mehr aber ein Schreiben Melanchthons vom 13. Juli 1557 an den Magistrat zu ihren Gunsten verzögerten ihre Ausweisung noch um einige Jahre (bis 1562). So blieb denn auch a Lasco noch längere Zeit dort und stand mit seinen auswärtigen Freunden in fortdauernder Correspondenz. Erwähnenswerth erscheint es uns hierbei, dass er auch noch nach Emden correspondirte, wie aus einer Notiz, die einem Briefe[1]) von Hermann Brassius aus Emden an Hardenberg entnommen ist, ersichtlich wird: „Noch haben wir von Herrn a Lasco keinen Brief erhalten. Inzwischen sind wir benachrichtiget, dass schon ein Brief von Frankfurt durch einen besondern Boten abgesendet ist, den wir von Tage zu Tage erwarten."

Doch a Lasco wartete die immer drohendere Verjagung der Exulanten nicht ab, sondern ging nach seinem Heimathlande Polen, in der Erwartung, dort günstigere Erfolge seines reformatorischen Wirkens zu erzielen. Seine Kinder aber liess er in Deutschland zurück und es schien, als sollten sie dem uns früher bekannt gewordenen Regner Prädinius (s. S. 10) zur Erziehung übergeben werden. Diest Lorgion berichtet nämlich (bl. 91, note 3): Campins[2]) schrieb 1559 an Hardenberg: „Wegen der Söhne des Herrn a Lasco verhandle mit Molanus, ob es sich empfehle, dass dieselben zu Bremen oder Gröningen sind. Regner ist den ganzen Winter über am Wechselfieber schwer krank gewesen und noch nicht genesen. Wenn er wieder hergestellt wäre, dann würde ich nicht widerrathen, dass sie ein Jahr oder länger in Gröningen wären." Wahrscheinlich sind die Kinder in Bremen geblieben, da Prädinius bereits im Frühjahr 1559 starb. —

Sind wir zwar über den Verbleib dieser Söhne nicht unter-

---

[1]) C. M. IX. N. 147, datirt vom 11. Mai 1558.
[2]) Es wird Gerhard tom Campe, der Presbyter der Emdener Gemeinde, Sohn des dortigen Schlossvogts gewesen sein.

richtet, so wissen wir dagegen bestimmt, dass deren Vater aus seinem Heimathlande nicht wieder nach Deutschland zurückkehrte. Er starb vielmehr dort am 13. Januar 1560 und wurde in der Parochialkirche zu Pinczow in der Woiwodschaft Sendomir mit grosser Feierlichkeit begraben. Eine interessante Persönlichkeit, ein gelehrter Mann, ein feuriger, kühner Charakter, der Männerstolz vor Königsthronen bewies, ein im tiefsten Grunde seines Herzens reiner, fleckenloser Mensch, — wenn auch zuweilen in der Hitze der Leidenschaft das rechte Ziel überschreitend; kurz: ein polnischer Edelmann im besten Sinne des Wortes. Mit ihm war, — was uns besonders von Wichtigkeit ist, — ein guter Genius für Hardenberg völlig geschieden. Freilich war das Band zwischen Beiden schon zuvor sehr gelockert worden! —

Wir müssen uns übrigens unwillkürlich fragen: Was würde a Lasco gethan haben, wenn er von den wildern Kämpfen, in die Hardenberg verwickelt wurde, gehört hätte! Ob er ihm dann nicht wieder näher gekommen wäre, ihn zum zweiten Male gerettet hätte? Doch wir verlassen ein Gebiet, auf dem wir doch nichts wissen, sondern nur — träumen können! —

Aehnlich wie a Lasco war in dem letztern Theile unsrer Darstellung auch Paul Eber, der wittenberger Professor, so gut wie verschollen. Dieser „kleine höckerichte Schelm", wie man ihn nannte, scheint in den letzten Jahren vor Hardenbergs Tode gar nicht mehr mit diesem in Correspondenz gestanden zu haben; es sind wenigstens nicht die geringsten Spuren davon zu entdecken. Wir haben übrigens durchaus keine Veranlassung, den Grund davon tiefer zu suchen. Er lag jedenfalls in Hardenbergs Isolirung und Ebers sturmbewegten Lebensverhältnissen. Auch Eber war ja eine in ihrer Weise friedliebende Natur; und das war zu Zeiten ganz gut. Als aber gerade in Sachsen die Wogen des kirchlichen Lebens höher stiegen, als je zuvor; als es galt, zwisehen ubiquitistischer und melanchthonischer Anschauung vom Abendmahle sich zu entscheiden: da war eine Friedensliebe in der ihm eigenthümlichen Weise durchaus nicht am Platze. Er suchte nämlich eine Mittelstellung zwischen den Parteien einzunehmen und erklärte sich in einer Schrift dahin, dass er die lutherische Lehre von einer leiblichen Gegenwart und von einem mündlichen Genusse des Leibes Christi annehme, dagegen die

Rede: das Brot sei der wesentliche Leib Christi, verwerfe. Später freilich liess er eine Milderung eintreten! — Darf es uns da wundern, wenn ihn seine Gegner in die Klasse „der Weltfüchse und Zeitschwänze" setzten? Dazu aber gehörte er nicht. Er war vielmehr nur, wie Heppe sagt[1]), derjenige, an welchem die allgemeine Verwirrung der Geister in jener Zeit zuerst und am überraschendsten hervortrat. Trotz alledem hat er nie aufgehört, ein treuer Freund Melanchthons zu sein und dies mehrfach bewiesen. —

Ausser diesen Streichen, die er von Seiten der theologischen Welt empfing, trafen ihn auch im häuslichen Leben schwere Schläge. Sein Biograph Paul Sixt (S. 213 flg.) sagt darüber: „Während des Jahres 1561 hatte ihm Gott einen Sohn von zehn Jahren genommen; im Jahre 1563 aber hatte seine eigne Gesundheit gewankt, und als er anfing, sich wieder zu erholen, ohne sich dabei die ihm, als Reconvalescenten, so nöthige Schonung gönnen zu können, weil eine drückende Arbeitslast auf ihm lag, — waren zu gleicher Zeit seine ehrwürdige neunundsiebenzigjährige Schwiegermutter, seine Gattin, eine von seinen Töchtern und seine beiden Mägde an bösartigen Katarrhen erkrankt: ein Hauskreuz, welches nicht eher endete, als bis die Erstere, nach einem zwölfjährigen Aufenthalte im Hause ihres Schwiegersohnes, unterlegen war. Ein Jahr später hatte er wieder ein Söhnchen begraben müssen, und 1569, wo er, selbst leidend und der Pflege bedürftig, von Altenburg zurückgekehrt war und in dem stillen Glück seines häuslichen Lebens neue Erholung für sein herabgestimmtes Gemüth und Stärkung für seine sinkenden Kräfte hätte finden sollen, sah er fast zu gleicher Zeit drei Glieder seiner Familie, und unter ihnen auch seine treue Lebensgefährtin nach einer beinahe neunundzwanzigjährigen Ehe von seiner Seite gerissen. Dieser empfindliche Schlag und die traurige Leere, die er nun in seinem Leben fühlte, konnte Eber nicht mehr verschmerzen; denn noch vor Ablauf eines halben Jahres vereinigte ihn der Tod wieder mit der vorangegangenen Freundin seines Herzens."

So weit sein Biograph. Wir fügen aus dem dort Nachfolgenden hier nur noch bei, dass ein Katarrh, den sich Eber auf

---

[1]) A. a. O. II, 100.

einer Reise zugezogen hatte, eine höchst bedenkliche Wendung nahm und ihn auf ein längeres, schmerzvolles Krankenlager warf, bis er 10. December 1569 um 10 Uhr starb und bereits am folgenden Tage begraben wurde. — Seine Stellung zu den Reformatoren und zum Reformationswerke überhaupt ist auf seinem Grabmale, das ihm in der Pfarrkirche zu Wittenberg über dem Eingange in die Sacristei errichtet ward in sinniger Weise so bezeichnet worden. „Auf einer Tafel" — so berichtet Sixt[1]) nach Mencius — „erblickt man ein Gemälde von Lukas Kranach, den Weinberg des Herrn vorstellend, und in demselben die wohlgetroffenen Abbildungen von Luther, Melanchthon, Bugenhagen, Cruciger, Förster, Major, Froschel, Crell u. A. — Alle fleissig für sich arbeitend und den Weinberg bauend, und zwar so, dass Förster und Melanchthon Wasser aus dem Brunnen schöpfen, Luther mit der Reuthaue und dem Karst aufräumt, Pommer und Cruciger Pfähle einschlagen, **Eber die Reben anbindet**, Major Trauben liest, Crell dieselben zur Kelter trägt u. s. w."

Hiernach schlug Eber nicht neue Bahnen ein, wie Luther, oder räumte gar, wie dieser, schonungslos auf; er stellte auch nicht neue Kräfte in den Dienst der Reformation, wie Melanchthon die classische Bildung, — sondern er bemühte sich, zu befestigen, was ihm noch haltlos schien, vom Untergange zu retten, was demselben zu verfallen drohte.

Diese beiden Freunde seiner Jugend, a Lasco und Eber, hatte Hardenberg überlebt; Andre dagegen überlebten ihn. Wenden wir uns zunächst nach Bremen, so lebte dort noch bei Hardenbergs Tode der treffliche Lehrer **Johannes Molanus**, der obige Grabschrift auf ihn verfasste, als Rector der dortigen Schule sich um Bremen sehr verdient machte, und als solcher 1583 starb.

Ausser ihm müssen wir aber besonders den wackern Bürgermeister **Daniel von Büren** erwähnen. Seine Rechtlichkeit war sprichwörtlich geworden. Auf ihn scheint, nach Denekens Annahme, der zu dessen Zeit (1836) in Bremen noch bekannte Volksreim gedichtet zu sein:

Richter! richtet recht!
Richtet Ji, als Richter van Büren,
So werdet Ji den Himmel zieren.

---

[1]) S. 217.

Wie er sich aber um das Bremer Kirchenwesen unsterbliche Verdienste erworben hat, so nicht minder um die dortigen Schulen. Ihm[1]) ist, nebst den nach ihm folgenden Scholarchen die Errichtung eines Gymnasiums anstatt des frühern Pädagogiums zu verdanken und es war ihm beschieden, die solenne Einweihung des Gymnasiums am 14. Oktober 1584 noch zu erleben. Dabei hatte er die Freude, einen Verehrer Melanchthons, Joachim Meister aus Görlitz, an der Spitze desselben zu sehen, der leider bereits 1587 wieder starb. Büren selbst resignirte auf seine Bürgermeisterstelle 29. November 1591, nachdem er länger als 53 Jahre dem Rathe angehört und 26 Jahre dessen ältestes Mitglied gewesen war. Er starb am 8. Juli 1593 und wurde am 15. in der Liebfrauenkirche begraben. — Sein ehemaliger College Detmar Kenkel war ihm bereits vorangegangen. Dieser starb nämlich 19. Februar 1584 in Verden. —

Deneken berichtet uns noch in Betreff Bürens (S. 101): „An dem Tage dieser [nämlich von Bürens] Beerdigung kam der im Schulfache so sehr ausgezeichnete Lehrer und berühmte lateinische Dichter Nathan Chyträus in Bremen an. Er war Professor der Dichtkunst und Pädagogiarch in Rostock. Wie er daselbst wegen des Verdachts des Kryptokalvinismus sich in einer so unangenehmen Lage befand, dass er zum Auswandern schon entschlossen war, erhielt er durch die Vermittelung seines Freundes, Bürgermeisters von Büren, den Ruf zu dem nach Meisters Tode nur interimistisch besetzten Rectorate in Bremen, welchem Rufe er freudig gefolgt war."

Konnte aber, fragen wir da, sein Begräbnisstag durch irgend etwas Andres so sehr zu einem Ehrentage für ihn werden, als gerade dadurch, dass an demselben in Bremen ein trefflicher Schulmann, der um seiner freien religiösen Anschauungen willen verfolgt war, in Folge seiner Vermittlung ankam und daselbst ein Asyl, ja sogar eine einflussreiche Stellung erlangte?

Einen Biographen hat allerdings Daniel von Büren in Deneken gefunden. Ist auch die Biographie sehr kurz gerathen, so ist ihm doch damit ein geschichtliches Denkmal gesetzt; dess freuen wir uns. Bedauern müssen wir aber, dass noch kein Dramatiker ihn zum Helden seines Stückes gemacht hat. Lübecks Bürgermeister

---

[1]) S. Deneken, Daniel von Büren, S. 84.

Wullenwever hat durch Gutzkow eine dramatische Bearbeitung gefunden. Sie leidet freilich an vielen Mängeln. So ist es, — um nur einen derselben zu erwähnen, — jedenfalls ein entschiedener Missgriff, den prahlerischen und gemeinen Hauptmann Marcus Meyer als einen Repräsentanten der Hansa hinzustellen. Aber genug: Wullenwever hat seinen Dramatiker gefunden; von Büren bislang noch nicht. Und doch verdiente er es wahrlich mit nicht geringerem Rechte als jener. Seine Disputation mit Mörlin; die Scene auf dem Braunschweiger Kreistage, als er den Verweis empfängt und die Stelle in demselben, in der er vor Aufruhr gewarnt wird, in würdevoller Einfalt mit einem Hinweis auf die Manen seiner Voreltern beantwortet; sein entschiedenes und dabei doch höchst maassvolles, eine grosse aufgeregte Masse beherrschendes Auftreten auf dem Bremer Rathhause am 19. Januar 1562: das sind gewiss dramatische Momente, die, von der richtigen Hand bearbeitet, von höchster Wirkung sein müssten! —

In Betreff des mehrfach genannten Thomas Erastus erwähnen wir noch in aller Kürze, dass er wegen Verkehrs mit Läugnern der Dreieinigkeit excommunicirt wurde, nach Basel ging und seine Anhänglichkeit an die schweizerischen Anschauungen vom Abendmahle dadurch kund gab, dass er für arme Heidelberger Studenten ein Stipendium aussetzte, dafern sie in der reformirten Lehre unterrichtet würden. Er starb 1583. —

Doch kehren wir jetzt nach Emden zurück. Da lebte noch bei Hardenbergs Tode sein alter Freund aus den Zeiten seiner Wirksamkeit im Dienste des Kölnischen Erzbischofs: Petrus Medmann. Früher Secretär und Geheimer Rath beim Erzbischof, hatte er später, weil er seinem Glauben treu blieb, von dort weichen müssen, und eine Zuflucht in Emden gefunden. Man wusste ihn dort zu schätzen und erwählte ihn 1553 zum Bürgermeister daselbst. Er soll hauptsächlich die Veranlassung gewesen sein, dass Hardenberg in Emden angestellt wurde. Sein Bürgermeisteramt verwaltete er 31 Jahre; er starb 18. September 1584.

Auch Hardenbergs Wittwe, die alte Gertrud, ist nicht zu vergessen. Wie sie nach dem Tode ihres Gatten lebte, woher sie ihren Unterhalt bezog, das wissen wir nicht. Vielleicht, dass sie, wie schon bei ihres Mannes Lebzeiten, durch Spinnen Geld erwarb. So viel ist sicher: sie blieb in Emden, starb[1]) dort im Februar 1580 und wurde, wie man meint, ebenfalls, vielleicht an der Seite ihres Mannes, in der Grossen Kirche zu Emden begraben. Ihre Habe[2]), — sie wird nicht bedeutend gewesen sein, — soll sie an Tammo Coenders in Gröningen vermacht haben. —

Um nichts von ihr Ueberliefertes zu verschweigen, bemerken wir noch, dass Harkenroth berichtet, sie habe sich durch folgende Reime, die in den Trinkbecher des zu Hamburg geköpften Seeräubers Stortenbeker eingegraben seien, bekannt gemacht:

  Sissinga van Groninga
  Sloeg dese hensa
  in eener flensa
  door zyne kraga
  in zyne maga.

Doch bekannter und, wenn auch dieses nicht, jedenfalls verdient hat sie sich dadurch gemacht, dass sie, die kinderlose Witwe, die Bibliothek ihres Mannes der Grossen Kirche in Emden schenkte, die dadurch zu ihrer bereits von Gerhard tom Campe begründeten Büchersammlung einen werthvollen Zuwachs erhielt. Einzelne der geschenkten Schriften sind dadurch von Bedeutung, dass sie eigenhändig geschriebene Notizen Hardenbergs enthalten, — wir haben davon schon geredet; andre nehmen schon als Manuscripte ein gewisses Interesse in Anspruch. Der gedruckte Katalog der Emdener Bibliothek giebt darüber nähere Auskunft! Wir erwähnen hier nur, dass sich darunter auch ein von Hardenbergs Hand geschriebenes Glaubensbekenntniss in niederdeutscher Mundart, — wahrscheinlich aus den letzten Jahren seines Bremer Aufenthaltes — vorfindet, aus dem wir bereits oben bei Gelegenheit der beigebrachten Aeusserungen Hardenbergs über Luther eine Stelle citirten. Wir stehen am Schluss!

Doch wir dürfen bei unsrer Umschau der Feinde Hardenbergs nicht ganz vergessen oder uns damit begnügen, sie so kurz ahzuspeisen, wie wir es mit Kenkel gethan. Einen müssen wir unter allen Umständen noch näher betrachten, den streitfertigen und streitsüchtigen Tilemann Heshusius. —

Er ist in der That bis zum Schlusse dasselbe Prachtexemplar eines Streittheologen gewesen, als welches wir ihn schon oben

---

[1]) Bibl. Brem. VII, 310.
[2]) Ebenda: „Bona sua reliquisse videtur Tammoni Coenders Groningensi."

kennen lernten. Wir verliessen ihn, als er in Magdeburg war. Da dauerte aber die Herrlichkeit gar nicht lange. Er warf dort mit Scheltworten und Bannflüchen um sich, dass man sich bald seiner entledigen musste. Er war zwar, als man ihn über die Elbe gesetzt hatte, gleich darauf wieder über dieselbe hinweg zurückgekehrt. Aber es half nichts; er musste fort. Aehnlich ging es ihm später in Jena und Königsberg, bis er endlich 1577 die letzte Anstellung als Primarius der Theologie in Helmstädt fand. Mit besondrer Vorliebe zählt ihm sein Biograph, von Helmolt, sieben Exilia nach, und nennt ihn mit einem gewissen Wohlgefallen den Heisssporn unter den Theologen seiner Zeit. Aber auch er war nicht rein in der Lehre. Nicht nur, weil er sich mit der Ubiquitätslehre nie recht befreunden konnte, sondern auch weil er aus Convenienz gegen den Herzog mit Schuld daran war, dass die Concordienformel mit ihrer klappernden und steifen Lutherdogmatik in Braunschweig nicht eingeführt wurde! —

Er starb im September 1588! — Ein Heisssporn ist er gewesen; darin stimmen Freund und Gegner von ihm überein! Was sagt aber dieser Heisssporn in seinem Testamente? Ich hätte die Sünder härter strafen und die **Rottengeister eifriger widerlegen sollen.** — Die Rottengeister eifriger widerlegen! Man sollte denken, das hätte er gar nicht mit grösserem Eifer, als er bewiesen, thun können. Doch gleichviel, er sagt's. Liegt aber darin nicht das Bekenntniss, dass er zu wenig erreicht habe?

Das aber ist es gerade, was sich am Schlusse dieser Schrift uns noch recht lebendig aufdrängt. Die Anstrengungen einer gewissen Lutherjüngerschaft für Beseitigung der Rottengeister sind zu allen Zeiten sehr erheblich gewesen, dagegen die Resultate jämmerlich. Ein kurzer Kampf, wie der am 19. Januar 1562 auf dem Bremer Rathhause stattgefundene, und das ganze künstliche, durch Intriguen gefestete und durch Gehässigkeit gestützte Gebäude stürzt in Trümmer und lässt die, die sonst über Andre den Bann so gern aussprachen, sich selbst verbannen, weil es für sie nicht mehr geheuer ist an einer Stätte, da nicht Formeln, sondern die Wahrheit in Liebe herrschen soll. Und als eine Prophetie, die keine Zeitschranken kennt, hören wir noch einmal Hardenbergs Wort:

„Ein rauschendes Blatt wird meine Feinde verjagen."

Namen- und Sachregister.

A.
Aberglaube in Betr. der Taufe 68.
Aduard 11 flg. 23.
Agricola 130.
Alba 360.
Albrecht von Brandenburg 17 flg.
Alesius, Alexander 115.
Amsdorf 49.
Anna, Gräfin von Ostfriesland 87. 149. 246.
Anton, Graf v. Oldenburg 247.
Aepin 106 flg.

B.
Barns, Antonius 118.
Bartels 19.
Baur 112.
Begharden und Beghinen 5.
Belmer, Lüder von 164. 261.
„ Frau 154.
Berengar 285.
Bibelübersetzung 199.
Bibliothek in Rastede 327 flg.
Blaurer 47. 51 flg.
Bobert, Arend von 177 flg.
Bola Müllers 67.
Braunschweig 77. 232.
Brück 50.
Brüder des gemeinsamen Lebens (Brüderhäuser) 4. 6.
Bucheister 334. 340 flg.
Bugenhagen 52. 215.
Bullinger 46. 141.
Büren, Daniel von 164. 173. 177. 228 flg. 250 flg. 262 flg. 267. 279 flg. 295 flg. 308. 314 flg. 321. 331 flg. 375 flg.
Buschhofen 62.
Butzer, Martin 39 flg. 50 flg.

C.
Camerarius, Joachim 115.
Campanus, Johannes 73.
Campus 372.
Chorrock und Churrock 320.
Christian III. (Kön. von Dänemark) 210 flg.
Christoph, Erzbischof von Bremen 88. 228. 314.
Christoph, Graf von Oldenburg 79. 246. 314. 348.
Chyträus, David 116. 119 flg. 245. 296.
Claudius Buchlinus 321.
Collectivnote der Städte Hamburg, Braunschweig, Lübeck, Lüneburg 260 flg.
Colloquium in Worms 217, in Bremen 168. 252 flg.
Convent von Theologen in Celle 294; in Lüneburg 315. 317; in Möln 166. 294.

D.
Deneken 338 flg.
Diest Lorgion 10. 372.
Dietleben, Valentin 43.

Diller 241. 243.
Domgemeinde, Schrift der 280 flg.
Donia, Sextus 57.
Drakenburg 79.
Drusilla s. Gertrud.
Dryander 22.

E.
Eber, Paul 36 flg. 118. 156. 184. 215. 263. 284. 373 flg.
Edzard 359.
Einbeck 76.
Eitzen, Paul 248 flg. 296 flg.
Elverfeld 342.
Emden 34. 87. 356 flg. 373 flg.
Emptes 272 flg.
Enzinas 21 flg.
Erasmus 15. 20. 124.
Erastus, Thomas 243. 286 flg. 318 flg. 347 flg. 377.
Esich 200. 249. 264 flg. 295. 338 flg.

F.
Farrago 158 flg.
Flacius, Matthias 178 flg.
Florentius 6.
Frank 241.
Franke, Johann 359.
Frankfurt 17. 149 F. Recess 221 flg.
Franz von Waldeck 25. 59.
Freimaurerbund 77 flg.
Freudemann 305 flg.
Friderici s. Hieronymus.

G.
Gastmahl bei Hardenberg 164.
Gellius 146 flg.
Georg, Erzbischof von Bremen 228. 261 flg. 285 flg.
Gertrud Syssinge 91. 377 flg.; deren Bruder 97 flg.; deren Magd 101.
Glaubensbekenntniss Hardenbergs 126. 290.
Glaubensverhör 264 flg.
Goswin van Halen 11 flg.
Greifswald 45 flg.
Grevenstein 201. 332 flg. 340 flg.
Gröningen 4 flg.
Groot, Gerhard 5.
Gutachten der Wittenberger 203 flg.

H.
Hadrian VI. 3.
Halberstadt, Kreistag in 274. 288 flg.
Halen, Goswin van s. Goswin.
Hamelmann 347 flg.
Hansetag 234.
Häusliche Angelegenheiten s. Wirthschaftssachen.
Havemann (Hoffmann) 272 flg. 295.
Heidelberg 241 flg. 295.
Helmolt 237. 379.
Hemmerlein, Felix 5.
Herbert s. Langen.
Hermann von Wied 25. 38 flg. 73. 75. 77.
Heshusius, Tilemann 234 flg. 240 flg. 255 flg. 275 flg. 378 flg.; dessen Predigtweise 259 flg.
Hieronymus Friederici 102 flg.
Hildensum 233.
Höllenfahrt 106 flg.
Huno, Graf von Oldenburg 313.
Hyperius, Andreas 235 flg.

I.
Jeremias 116.
Interim 128 flg. 133.

K.
Kalvin 195. 371.
Karl V. 3. 73 flg. 83.
Karlstadt 47.
Karl von Geldern 15.
Katechismusstreit 146 flg.
Kemnitz, Martin 330 flg.
Kempen 65 flg.
Kenkel, Bürgermeister 90. 139. 172. 205 flg. 228 flg. 234. 246 flg. 376.
Kenkel, Conrad 215. 273.
Klöster im Kölnischen 58 flg.
Knipens 272.
Knyphausen, Tydo von 100 flg. 346.
Kölner Reformationsschrift 49 flg. 56.

Kreistag, der niedersächs. 268 flg.; zu Halberstadt 274. 288 flg.; zu Braunschweig 289. 295 flg.
Kuelen 363 flg.
Kuyper 19. 30.

L.
Langen, Herbert von 89. 115. 121. 169. 358.
Lasco, Johannes a 19 flg. 23. 30 flg. 44 flg. 52. 58. 62 flg. 99 flg. 127 flg. 137 flg. 212. 371 flg.
Linz 73. 75.
Lollharden 5.
Lose, Berend 234.
Löwen 14 flg. 21.
Lübeck 234.
Lüder Lüdersen 272.
Lüneburger Convent 315. 317.
Lüneburgsches Mandat 317.
Luther 35 flg. 49. 50 flg.

M.
Magdeburg 226.
Mainz 17.
Maria, die blutige 144.
Martyr, Petrus 245.
Mecklenburg 247.
Medmann 38. 43. 103. 146 flg. 175 flg. 357. 377.
Melanchthon 34 flg. 39 flg. 48. 77 flg. 118 flg. 125. 129 flg. 132. 156. 185. 214. 216. 238. 246.
Menno Simons 117.
Milichius 50.
Molanus 217 flg. 357 flg. 375.
Mönkhusen (Mönchhausen) 297.
Moritz, Herzog 132.
Mörlin 234. 239. 245. 252 flg. 296 flg. 317. 330 flg.
üllers 67.
säus, Simon 334 flg. 338 flg.
Musculus 172. 183.

O.
Osiander, Andreas 107 flg.

P.
Parker, Theodor 6.
Pasquille in Bremen 329 flg.
Pellican 46. 58.
Petrus in Rom 112.
Peucer, Kasper 284.
Pflug, Julius 132.
Planck 125.
Posselius 245.
Prädinius 10. 372.
Promotion Hardenbergs 18 flg.
Propst. Jakob 22. 84 flg. 171 flg. 218 flg.

R.
Rechtfertigungstheorie 107.
Recess, Frankfurter 220.
Reekamp 12 flg. 23.
Reformationsschrift, Kölner 49 flg. 56.
Reichstag zu Speier 41 flg.
Reidanus 316.
Reiskisi, Bernhard 163.
Rekatholisation des Erzbisth Köln 75.
Rengers, Franz 45.
Rollwagen 200. 234. 248. 295. 308. 331.
Rupert von Deutz 353 flg.

S.
Sagarus 14. 350.
Schildesorth, Arp 122.
Schmidt, Heinrich 170.
Schnedermann 339.
Schnepf 245.
Schöneberg 117.
Schumacher, Hermann 360 flg.
Schweckendieck 19. 91. 359 flg. 366.
Schweizer, Alexander 237.
Segebade 101. 153. 222. 295 342.
Sextus 57. 63.
Simons s. Menno.
Sissinghe 103 s. auch unter Gertrud.
Sixt 374 flg.
Sixtus IV. 8.
Slungrave 181.
Smedes 119.
Sokrates 122.
Strauss 33 flg.

Syburg 62.
Synode der niederl. Kirchen 364.

T.
Taufe in St. Stephani 272 flg.
Thraso 242.
Timann 85 flg. 121 flg. 158 flg. 173 flg. 208 flg.
Tydo von Knyphausen s. Knyphausen.

U.
Ubiquität 196. 240. 250. 253 flg. 321 flg.
Ullmann 5. 10. 47. 349.
Unzucht der Priester in Kempen 71.
Urkunde, Kölner 78.

V.
Vasmer 125. 272 flg. 340 flg.
Velenus 114.
Vertrag zu Verden 344.
Voranzeichen 134 flg.

W.
Wachmann 201.
Waldeck, Franz v. s. Franz.
Walther, Rudolf 46.
Wappen Hardenbergs 19.
Weimar, Fürsten von
Wessel, Johann 7 flg. 349 flg.
Westerberg 105.
Westphal 146.
Wiedertäufer 69. 109 flg.
Wilkens 237.
Wirthschaftssachen 92. 105. 142 flg. 363. 365.
Wittenberg 35; Wittenberger Gutachten 203 flg
Wrisberg 79.

Z.
Zoch, Laurentius 35.
Zütphen, Heinrich von 83 flg. 86.
Zwingli 20. 180 flg.

Druckfehler und Verbesserungen.

S. 26 Z. 11 v. u. statt mir lies: wir.
S. 119 Z. 20 v. u. statt mir lies: wir.
S. 119 Z. 15 v. u. lies: Corp. Ref. X, 649 vgl. VIII, 143: X, 618.
S. 132 Z. 14 v. o. nach Gerüchte lies: traute.
S. 142 Z. 12 v. o. lies: Wir sehen.
S. 156 Z. 18 v. u. lies: werd' um ein.
S. 222 Z. 6 v. u. statt er lies: es.
S. 258 Z. 16 v. o. statt Unzuträglichkeit lies: Unzulänglichkeit.
S. 259 Z. 2 v. u. lies: Kapernaiten.
S. 367 Z. 15 v. o. lies: Hardenbergus.

Druck der Hofbuchdruckerei (H. A. Pierer) in Altenburg.

II.
Erinnerungen aus der Zeit der Freiheitskriege.
Von J. H. W. Smidt.*)

1. Das Ende der Franzosenherrschaft in Bremen.

Während die hanseatische Legion schon längst im Felde stand und in den Reihen der Nordarmee, auch nach dem Rückfalle Hamburgs und Lübecks in die Hände der Franzosen, sich ehrenvoll am Freiheitskriege zu betheiligen fortfuhr, blieb der Bevölkerung Bremens vorerst noch jede Möglichkeit zu solcher Betheiligung benommen. An der grossen, auf Napoleon's Geheiss neu hergestellten Heerstrasse belegen, welche, von Wesel über Münster, Osnabrück und Nienburg auf Bremen, dann weiter über Rotenburg nach Hamburg führend, damals die Verbindungen zwischen Rhein und Elbe, zwischen dem alten Frankreich und den einverleibten neuen Departements der Oberems, der Weser- und der Elbmündungen, vermittelte, war unsere Stadt schon militärisch ein zu wichtiger Halt- und Sammelplatz für die fremden

---

*) Die folgenden Mittheilungen beruhen im Wesentlichen auf Aufzeichnungen, die von dem Herrn Verfasser zunächst für zwei Vorträge gemacht waren, mit denen die historische Abtheilung am 12. October und 30. November 1863 die Gedächtnissfeier der grossen Tage von 1813 bei deren fünfzigjähriger Wiederkehr auch ihrerseits beging. Mehrfache wichtigere und unwichtigere Mittheilungen, besonders auch Zeugnisse von Mitlebenden, über die bremische Geschichte jener Zeit haben die hiesigen Localblätter, namentlich der „Courier" und die „Bremer Morgenpost", in jenen Tagen, als hier wie in ganz Deutschland in der Erinnerung an die Freiheitskriege die Gemüther Aller besonders festlich erregt waren, gebracht. (Vergl. „Courier" vom 16., 18., 19., 20., 21., 22. October und 4. November und „Morgenpost" vom 16., 18., 20., 21., 25., 30. October, 4. und 5. November, sowie die Festnummer vom 18. October.) Auch erschien gleichzeitig anonym eine Schrift unter dem Titel „Bremens Befreiung vom französischen Joche. (Eine Denkschrift zur Jubelfeier der Schlacht bei Leipzig im Jahre 1863. Mit einem Verzeichniss der Bremer Freiwilligen von 1813, 14 und 15 und derjenigen Freiwilligen, welche gegenwärtig noch am Leben sind. Bremen,

Gewalthaber, um ohne Weiteres aufgegeben werden zu können. Sie war andrerseits zu weit seitab gelegen, als dass der erste jenseits der Elbe bis zu den Grenzen des neutralen Holstein vorgedrungene Befreiungsstrom des Frühjahrs 1813 seine Wellen bis hieher hätte erstrecken und ungehemmt auch Bremen hätte überfluthen können.

Die nächste Folge der Räumung Hamburgs wie überhaupt des rechten Elbufers in Hamburgs Nähe war vielmehr gewesen, dass gerade Bremen der Vereinigungspunkt sowohl der von dorther zurückgezogenen als der von Wesel her heranrückenden neuen Streitkräfte wurde. Am 21. März — drei Tage nach der ersten Befreiung Hamburg's — traf Carra St. Cyr mit der Hamburger Garnison, mit ihm zugleich der von Tettenborn über die Elbe gedrängte General Morand mit den Truppen aus Schwedisch-Pommern hier in Bremen ein; acht Tage später vom Rheine her der Generallieutenant der kaiserlichen Armee, Graf Vandamme, an der Spitze der seit Wochen angekündigten frischen Bataillone, die das Observationscorps der Elbe zu bilden bestimmt waren. Noch ehe dieser kam, hatten St. Cyr's mobile Colonnen den aufgestandenen Bauern der Unterweser die Schanzen an der Geeste und bei Blexen wieder entrissen, war Oldenburg und Varel beruhigt worden, und musste auch in Bremen selbst die stark hervorgetretene Unbotmässigkeit der Massen, mit ihr die planmässige Vorbereitung patriotischer Männer zu allgemeiner Bewaffnung für

---

Verlag von N. A. Ordemann. 1863)", die indess keinen höheren Anspruch machte, als dem Bedürfniss jener Erinnerungstage zu dienen. Wer sich mit der Geschichte Bremens in jener Zeit eingehend beschäftigt, wird diese verschiedenen Mittheilungen nicht ganz übersehen dürfen. Da sie die erwähnte Arbeit des Herrn Senator Smidt wohl hie und da ergänzen, aber kaum irgend welches Material herbeibringen, welches die Darstellung derselben abzuändern geeignet erscheinen könnte, so haben wir mit Erlaubniss des Herrn Verfassers geglaubt, seine damaligen Aufzeichnungen im Wesentlichen in ihrem ursprünglichen Gewande den Lesern des Jahrbuchs mittheilen zu sollen, in der Überzeugung, dass diese übersichtliche und durch den frischen Hauch der eigenen Erfahrung belebte Schilderung jener für Bremen stets denkwürdigen Tage ihren Werth noch jetzt und in Zukunft behalten werde. Den Anlass zu diesen Aufzeichnungen konnten wir schon deshalb nicht unerwähnt lassen, damit nicht der heutige Leser in ihnen Bezugnahmen auf die neuere rasche Fortentwickelung der Dinge in Deutschland vermisse, die im Herbst 1863 kaum geahnt werden konnte.

Die Redaction.

einen gelegentlichen Losbruch, wohl oder übel sich zur Ruhe geben. Von Erregung förmlicher Aufstände und damit verbundenen Werbungen, wie solches in der zweiten Hälfte März Tettenborn zu Lüneburg und Elbniederwärts bis Stade in Folge des Abzugs der Franzosen dort noch möglich machte, konnte bewandten Umständen nach um jene Zeit bei uns nicht mehr die Rede sein.

Was man in Bremen von Vandamme zu erwarten habe, das gab sofort bei seiner Ankunft hieselbst die Publication seines Tagesbefehls aus Wesel vom 26. März an die Einwohner der seinem Obercommando unterstellten Departements, und gaben ferner die Tagesbefehle aus dem Hauptquartiere Bremen vom 2. und 3. April, genugsam zu erkennen. „S. M. der Kaiser Napoleon „der Grosse, unser erhabener Monarch" — so beginnt der Tagesbefehl aus Wesel, „sendet mich an der Spitze einer beträchtlichen „Armee zu eurer Vertheidigung und zu eurem Schutze. Die „Truppen unter meinem Befehle sollen stets die strengste Manns-„zucht beobachten und nicht vergessen, dass sie sich in Frank-„reich befinden. Ihr werdet daher eurer Seits, wie ich hoffe, „ihnen beweisen, dass sie euch keine Fremdlinge sind." Nach einer Warnung „gegen jene sträflichen Verleitungen unserer „Feinde, die, indem sie das Land durchziehen, überall Unruhe „verbreiten" erwähnt er, dass er alle Massregeln getroffen habe, um jede bewaffnete Zusammenrottung durch die Gewalt der Waffen zu zerstören, und jeden, der als Störer der öffentlichen oder Privatsicherheit überführt werde, unverzüglich vor eine der vier Militär-Commissionen, die zu Wesel, Münster, Osnabrück und Bremen errichtet, zu ziehen, um dort gleich nach der Verurtheilung gerichtet zu werden. — „Einige Kosacken durchstrei-„fen das Land, berauben und misshandeln die Reisenden; es „wird daher Jedem verboten, wer es auch sei, sich an's rechte „Ufer gegen die Elbe hin zu begeben" — so heisst es in dem Tagesbefehl aus Bremen vom 2. April, und werden daran die weiteren polizeilichen Vorschriften und Strafandrohungen geknüpft. — In demjenigen vom 3. April endlich wendet sich Vandamme mit der Miene militärischer Freimüthigkeit speciell an die Einwohner unseres Departements und namentlich der Stadt Bremen, ihnen darzuthun, dass in der Lage, worin das ihm anvertraute Armeecorps sich befinde, er sich genöthigt sehe, ausserordentliche Massregeln zu ergreifen, — er werde dem Lande kein Leid anthun, als was er nicht werde umhin können ihm zuzufügen. — Was ihn beträfe, so habe er früh gelernt nichts zu fürchten und sich stets über die Ereignisse zu stellen; auch sei er bisher in allen seinen Unternehmungen glücklich gewesen und habe somit die feste Ueberzeugung, dass der Feind theuer das bezahlen dürfte, was er gegen ihn zu unternehmen wagen möge. — „Ich hoffe so sehr als ich es wünsche," fährt er fort, „dass die Obrigkeiten und Einwohner der Departements, deren „Obercommando mir anvertraut ist, sich mit aller Klugheit und „Umsicht betragen werden, welche ihre Lage erfordert. Ich „rechne besonders auf den Eifer und die Ergebenheit der guten „Stadt Bremen. Ich darf es nach dem Schwur, den ich darüber „durch das Organ ihres respectabeln Maire's empfangen habe. „Niemand wird hoffentlich das unsinnige Benehmen der Ham„burger nachahmen, welche von Wahnsinn ergriffen zu sein „scheinen." — Und dann zum Schlusse: „Gut und bieder von „Charakter, gerecht durch Gewohnheit, werde ich schrecklich „durch meine Pflicht. Ganz Soldat und den Pflichten dieses „Standes treu, schone ich nichts, wenn der Wille meines Herr„schers, das Wohl meines Vaterlandes und der Ruhm unserer „Waffen es erfordern."

Wie sehr bei uns Vandamme dann diesen Worten durch die That entsprochen hat, ist allbekannt, so dass an diesem Orte wenige Andeutungen hierüber genügen werden. Der 10. April, an welchem Finkh und Berger, weil einmal zum Voraus als Opfer bestimmt, ihr mit Ermächtigung des Unterpräfecten Frochot im Oldenburgischen unternommenes Friedenswerk mit dem Tode büssen mussten,*) und ebenso am 21. April die auf Vandamme's Geheiss mit empörender Grausamkeit vollzogene Einäscherung Lilienthals wegen angeblicher Betheiligung dortiger Einwohner an den Plänkeleien der bis dahin vorgedrungenen Kosacken, sind bleibende Gedenktage in der allgemeinen Geschichte jener Zeit geworden. Andere Schreckensthaten, deren Zeuge damals Bremen war, so am 5. April die Hinrichtung der letzten Vier von den unglücklichen in der Blexener Schanze gefangen genommenen Bauern, deren Gefährten schon

---

*) Das über sie und die Mitangeklagten gesprochene Urtheil des Kriegsgerichts ist in der „Bremer Morgenpost" vom 4. November 1863 (Nr. 65) vollständig abgedruckt.

unterwegs bei dem Heimzuge der mobilen Colonne zu kurzer Hand erschossen worden waren, — am 13. April von fünf Landleuten aus der Gegend von Brinkum, beschuldigt im März den Wagen unseres Präfecten, des Grafen Arberg, geplündert zu haben, als dieser seine Maitresse und mit ihr manche geraubten Kostbarkeiten in Sicherheit zu bringen gedachte, — am 18. April von Ernst Backenhaus, Schenkwirth und Fuhrmann zu Oldenburg, beschuldigt an der Beraubung der Douanen und Vertreibung der kaiserlichen Gensd'armerie Theil genommen zu haben, — ferner um eben diese Zeit die Abführung des Grafen Bentinck, Maire zu Varel, von hier aus nach Wesel, um dort wegen seines Insurrectionsversuchs gerichtet zu werden; die Abführung ebendahin wegen unvorsichtiger Äusserungen, die verrathen worden waren, eines friedlichen Mannes in unserer Stadt, des Procureur Reinbold, der später dort im Gefängnisse gestorben ist, — diese und ähnliche Vorgänge haben sich schon im Gedächtnisse der späteren Generationen verwischt. Ihr Gesammtbild aber und was über Vandamme's persönliches Benehmen bei diesen Anlässen von Zeitgenossen hinzugefügt wird, machen allein den Hass erklärlich, welchen diesem brutalsten aller französischen Generale, von dem selbst Napoleon gesagt hat: „Freilich zwei Vandamme's möchte ich nicht haben, den Einen müsste ich erschiessen lassen" — damals besonders auch wir Bremer nachgetragen haben. Bremen selbst, die Stadt und ihre Bewohner, haben vergleichsweise wenig von ihm gelitten; sein Regiment bei uns war gottlob von zu kurzer Dauer; gleichwohl hat — wie später Davoust in der vollen Bedeutung des Worts die Geissel Hamburgs wurde — so damals wegen jener Vorgänge in unsern Mauern Vandamme thatsächlich unter den Zeitgenossen als die Geissel Bremens gegolten. Unserem Abgeordneten zum Hauptquartiere der Verbündeten ist im December 1813 zu Frankfurt an der Tafel des Fürsten Hardenberg von Ohrenzeugen noch das Factum erzählt worden, dass als Vandamme, nach seiner Niederlage bei Kulm, von Prag aus in die Gefangenschaft nach Russland abgeführt wurde, das dortige Volk ihm immer nachgerufen habe: „Denk' an Bremen, denk' an Bremen!" — Die gleichzeitigen Leser von Freimund Reimar's kriegerischen Spott- und Ehrenliedern werden sich wohl erinnern, mit welchem rückhaltlosen Grimme das stets wiederkehrende „General Vandamme, welchen

"Gott verdamme!" in dem Spottliede auf den Genannten von Alt und Jung damals nachgesprochen wurde.

Am 23. April traf, von Magdeburg kommend, von wo aus in den nächsten Tagen sich seine Truppen unter Sebastiani über Lüneburg mit den Truppen Vandamme's, bei dessen Vorrücken gegen Hamburg, in Verbindung setzten, — auch noch Davoust bei uns in Bremen ein. Er blieb mehrere Wochen in unserer Mitte, bis die Kriegsarbeit unter Vandamme auf den Elbinseln nahezu beendigt war, und war dann dort zur Hand, als das von seinen Befreiern verlassene Hamburg ihm Ende Mai die Thore öffnen musste, um von da ab noch zwölf lange Monate unter seiner Zuchtruthe zu leiden. — Hieher nach Bremen war Davoust gekommen, um den ihm aufgetragenen Oberbefehl über das gesammte nach der Niederelbe bestimmte Corps zu übernehmen, und hatte als Generalgouverneur der hanseatischen Departements und als Inhaber der vermöge des kaiserlichen Decrets vom 10. April, welches diese Departements ausser dem Gesetz erklärte. ihm übertragenen höchsten Polizeigewalt, auch sonst bei uns nach Feuer und Licht zu sehen. Diese seine Autorität brachte er sofort zur vollen Geltung; indessen liess er, wie es scheint, uns seinen Druck mehr indirect durch seine Untergebenen empfinden, denen er selbst ein strenger Herr war, und fand zunächst für gut, den von Vandamme geübten und geduldeten Zügellossigkeiten ein Ende zu machen. Wie er übrigens gegen die Bewohner der guten Stadt Bremen gesinnt war und was er von ihnen verlangte — hierin in keiner Weise verschieden von seinem brutalen Vorgänger — das trat auch bei ihm schon bei Gelegenheit des ersten Empfangs der hiesigen Behörden, mit Einschluss der Geistlichkeit, zu Tage. In einer Rede voller Vorwürfe und Drohungen fertigte er ihre Ergebenheits-Versicherungen mit der höhnischen Bemerkung ab: „on ne change pas sitôt de souverain „que de chemise!" Und als ein Geistlicher sich ihm im Namen seiner Amtsbrüder zu sagen erlaubte, dass sie den Frieden predigten, fuhr er diesen zornig an: „Comment, la paix! qu'est ce „que vous avez à vous mêler de la paix? c'est l'affaire des „grandes puissances, pas la vôtre. Prêchez l'obéissance, la sou- „mission, c'est là votre devoir." — Ein gleichzeitiges Manuscript schildert drastisch genug, aber schwerlich übertrieben, den Eindruck seiner finsteren Persönlichkeit: „Wo sich sein rothbraunes

"Gesicht mit dem kahlen Schädel sehen liess, floh man wie vor "einem Ungeheuer." —

Von den inzwischen stattgefundenen Waffenthaten des bis in unsere Nähe vorgedrungenen russischen Streifcorps und der ihm eingereihten Hanseaten, dem glänzenden Gefecht bei Rotenburg vom 22. April und was dann weiter sich begab, konnte begreiflicherweise nur unvollkommene Kunde in unsere streng verschlossene Stadt gelangen, da sichere Nachrichten, wenn überall, nur auf verstecktem Wege zu erhalten waren. Ein Spiegelbild derselben und des dadurch bei uns erzeugten Eindruckes ist gleichwohl noch heute zu entnehmen aus den bewahrt gebliebenen fulminanten Erlassen jener Tage wider das Zusammenstehen auf den Strassen, wider das Passiren des Osterthores und dessen Nähe, — dass nach dem ersten Kanonenschuss von den Batterien der Stadt Niemand sein Haus verlasse,—dass wer nach $10\frac{1}{4}$ Abends sich noch ausser dem Hause sehen lasse, Gefahr laufe, von den Schildwachen erschossen zu werden, u. s. w. Nicht minder aus dem Präfecturbefehl vom 20. April wegen Ablieferung aller Waffen und des vorhandenen Pulvers, sowie andererseits aus der Aufforderung des Maire's vom 26. April zur Einlieferung von alter Leinewand und Charpie für die eingetroffenen Verwundeten.

Noch einmal und dringender wiederholte sich diese letztere Aufforderung, als um die Mitte Mai neue Transporte Verwundeter aus den Kämpfen auf den Elbinseln hier anlangten. Eben diese Kämpfe brachten uns dann auch den niederschlagenden Anblick von Zügen kriegsgefangener Brüder; — es ist geschichtlich bekannt, dass unter ihnen es zwei Offizieren des hamburgischen Contingents, dem Major von Glöden und dem Lieutenant Nodt, bei uns gelang, aus ihrer Haft im Pundsack'schen Hause am Domshofe, — dann mit Hülfe einiger früh ausgehender Frauenzimmer aus dem Thore zu entkommen und, unterstützt von treuen Landleuten, wieder über die Elbe zu ihren Waffengefährten zu gelangen. — In entgegengesetzter Richtung gab es gleichzeitig bei uns immer neue Durchzüge von Truppen, schwerem Geschütz und Kriegsvorräthen aller Art, zur Verstärkung des vorgerückten Davoust'schen Corps; im Uebrigen aber hatte mit der eingetretenen Beseitigung der ersten Kriegsgefahr das äussere Leben hier in Bremen schon zu Anfang Mai wieder den bisherigen

Charakter erzwungener Ruhe angenommen. Am 4. war der freie Ein- und Ausgang der Thore wiederhergestellt, am 7. die Stromschifffahrt auf der Weser wieder freigegeben worden; am 10. Mai konnte der Maire schon wieder erinnern, dass trotz der inzwischen angelegten Verschanzungen auf unseren Wällen die Wallanlagen selbst noch fortbestünden und nach wie vor geschont werden müssten. — Auf die Schlachtberichte von Lützen und von Bautzen in der hiesigen Departementszeitung — man kann sich denken, wie sehr im Siegestone gehalten — folgte am 3. Juni die Meldung von der Wiedereinnahme Hamburgs. Tettenborn und die Seinen werden darin kurzweg als „die Avantüriers" abgefertigt und es wird dann höhnisch bemerkt: „Die Städte, die „so wie Hamburg das Unglück haben, diese Befreier der Völker „zu besitzen, wissen wie viel ihnen dieses kostet." — Als vollends am 13. Juni die Nachricht von dem am 4. geschlossenen Waffenstillstand hier eingetroffen war, da schien mit der früheren Zuversicht unserer Herren einstweilen auch die volle Ruhe des Friedens in unsere Stadt zurückgekehrt zu sein. Ihre Bürger mussten es sich gefallen lassen, dass ein Rückblick auf die letzten Ereignisse, welche das Departementsblatt dem Moniteur entnahm, ruhmredig schloss: „Dem kraftvollen Benehmen des „General Vandamme verdankt man die Erhaltung von Bremen „und jetzt die Einnahme von Hamburg. — So ist also die 32. Militär„division und das ganze Gebiet des französischen Reichs völlig „vom Feinde befreit." — Von den heimathlos gewordenen Kriegern der Schwesterstädte aber, dem „Hansastaat im Feld" des Schenkendorf'schen Liedes, von denen französische Blätter bisher kaum irgendwie Notiz genommen, stand jetzt in eben dieser Zeitung ein langer Artikel aus Hamburg zu lesen, worin es u. a. heisst: „Man versichert, der Parteigänger Tettenborn habe „seine Finanzmission nach Hamburg damit beschlossen, dass er „die sogenannte hanseatische Legion an England verkauft habe. „Man nennt die Preise: der Preis eines berittenen, bewaffneten „und equipirten Cavalleristen ist auf 42 Guineen, und der eines „gleichfalls equipirten Infanteristen auf 12 Guineen festgesetzt. „— — Die für die Freiwilligen der Legion beabsichtigte Be„stimmung hat indess doch ihren wesentlichen Vortheil. Als „sie Hamburg verliessen, hatten sie Sibirien zur Aussicht oder die „Ufer des Weissen oder Caspischen Meers. Vielleicht kann es

„wünschenswerther scheinen, nach den Küsten von Africa oder „nach St. Helena (sic!) zu gehn."

Freilich war die Ruhe, welche nun für Bremen folgte, in Wirklichkeit die Ruhe des Gefängnisses. Geistig oder leiblich, jede Bewegung, jede Aeusserung des Einzelnen stand unter polizeilicher Controlle: wie sich aus einem noch heute auf unserem Archiv vorhandenen Exemplare ergiebt, war die gedruckte Liste der Höchstbesteuerten des Departements mit schriftlichen Randbemerkungen über Charakter, politische Gefährlichkeit oder Ungefährlichkeit der Einzelnen versehen. Wer unbelästigt bleiben wollte, musste heucheln; wer irgend Bedeutung hatte und sich schweigend zurückhielt, den machte schon diess blosse Schweigen und Fernbleiben verdächtig. — Von einem solchen hiess es: „qu'il semble se préparer sourdement à la sédition," und man ersann oder lauerte doch auf Vorwände, um ihm beikommen zu können. Als im August 1813 der gewesene Senator und damalige Notar Smidt, in Folge einer anonymen, auf ihn gedeuteten Decunciation, die an Davoust nach Hamburg berichtet worden war, auf persönlichen Befehl des Letzteren nach Wesel abgeführt werden sollte, gab dem deshalb nach Hamburg geeilten Dr. und nachmaligem Senator, Friedrich Wilhelm Heineken, der dortige Chef der hohen Polizei, d'Aubignose, unverhohlen zu erkennen: „Quant à la lettre qui vient de causer cette mesure, elle ne sig- „nifie rien; je suis fort persuadé qu'elle est totalement étrangère „au Sieur Smidt. Aussi, à ce qu'il me parait, ne veut on pas „personnellement à Mr. Smidt, mais à la personne qui a le plus „d'influence dans l'ancien Sénat de Brême; il sera regardé comme „une espèce d'otage, afin de garantir de la tranquillité du „reste. Il se peut que cela cause quelque inconvéniens à l'égard „de Mr. Smidt, mais ne croyez vous pas qu'on y ait réfléchi, „avant de prendre ce parti?" — Zum Glück gelang es Heineken, bei Davoust selber noch einen Aufschub des Abführungsbefehls zu erwirken; doch sollte Smidt jetzt selbst nach Hamburg kommen, um sich persönlich bei Davoust zu verantworten. Wie Smidt dahin kam, war der Krieg wieder ausgebrochen und Davoust hatte in's Feld gemusst. So blieb das Schwert über des Ersteren Haupte hängen, bis in den Octobertagen die Spitzen solcher Schwerter sich überhaupt von uns ab und gegen die Bedrücker selbst wandten.

Um in der allgemeinen Schilderung fortzufahren, — wer ferner damals unter uns nur klagte oder irgend Schritte that, den immer unerträglicher werdenden Anforderungen des nunmehr vollends willkührlich gewordenen Regiments der fremden Gewalthaber für seine Person zu entgehen, dem wurde auch dieses zum Vergehen gemacht und als „mauvaise volonté" gegen die geheiligte Person Sr. Majestät des Kaisers gedeutet. Es mag erlaubt sein, die französiche Art und Kunst, mit welcher dergleichen Ansinnen an den Patriotismus der Einzelnen stylisirt waren, durch Mittheilung eines vergleichsweise noch harmlosen Documents aus jener Zeit zu vergegenwärtigen, eines Circulars des Maire vom Februar 1813, als auf den von Paris aus in Scene gesetzten Vorgang einer Reihe anderer Städte im grossen Frankreich, auch die gute Stadt Bremen den Beschluss fassen musste, dem Cavalleriebedürfniss des Kaisers durch freiwillige Stellung einer bestimmten Anzahl Reiter entgegenzukommen:

„Bremen, den 5. Februar 1813.
„Mein Herr!
„Der Municipalrath dieser Stadt hat Sr. Majestät dem Kayser, Namens seiner Mitbürger, ein Geschenk von hundert montirten und equipirten Reutern angeboten, und die dazu erforderlichen Kosten durch freywillige Subscription unter dem wohlhabenderen Theil der Einwohner aufzubringen beschlossen. Seine Mitglieder haben darin selbst einen nachahmungswürdigen Anfang gemacht.

„Es ist gerade jetzt der Zeitpunct und dieses die Gelegenheit, unserm Monarchen einen Beweis der Gesinnungen ablegen zu können, die man ihm verdächtig zu machen bemüht gewesen zu seyn scheint; ich zweifle daher nicht, dass jeder brave Einwohner Bremens beydes gern benutzen wird, um sich und seine unschuldigen Mitbürger gegen einen Verdacht zu rechtfertigen, der die Stadt mit grossem Unheil bedrohet.

„Ich bitte Sie, Sich zu dem Ende am unten bezeichneten Tage auf der Mairie in dem Zimmer No. 1. in Person oder durch einen Bevollmächtigten einzufinden, und in das daselbst eröffnete Register die Summe verzeichnen zu wollen, womit Sie zu unserem Anerbieten beyzutragen gewillet sind. Ich brauche Ihnen nicht zu wiederholen, dass die Municipalität in diesem freywilligen Opfer den Ausdruck Ihrer Gesinnungen wieder zu erkennen, und es daher Ihren Kräften angemessen zu finden erwartet; jedoch glaube ich nicht unbemerkt lassen zu dürfen, dass, wenn wider Vermuthen die Subscription nicht reichlich genug ausfallen sollte, um die nöthigen Kosten zu bestreiten, man sich in die höchst unangenehme Nothwendigkeit versetzt sehen würde, die ganz oder in Verhältniss zu ihren Kräften Zurückgebliebenen nach ihrem Vermögen zu taxiren.

„Ich habe die Ehre, Sie meiner vollkommenen Hochachtung zu versichern

Der Maire
Wichelhausen.

„S. P. Für die Einwohner des Ost-Cantons ist am Dienstag, den 9ten d. M., für die des West-Cantons am Mittwochen, den 10ten, und für die der Neustadt am Donnerstag, den 11ten, das Register von 10 Uhr Morgens bis Nachmittags 4 Uhr eröffnet." *)

Von den schwerer eingreifenden Vorgängen in unseren Mauern während jener letzten Monate der Fremdherrschaft wird hier eine kurze Andeutung genügen. Sie sind in der Erinnerung aller Mitlebenden geblieben und bleibendes Eigenthum auch der Nachkommen geworden. So die Stellung unseres Contingents zur s. g. Ehrengarde des Kaisers; auch eines jener patriotischen Opfer, welche durch kaiserliches Machtgebot den wohlhabenderen Ständen Frankreichs auferlegt wurden, — in diesem Falle zu der bereits gezahlten Stellvertretungssumme den Zwang persönlicher Dienstleistung fügend. Die Unsrigen mussten am 15. August in ihrer schmucken Uniform die Feier des Napoleonstages im Dome und Abends den befohlenen Ball auf der Börse verherrlichen helfen und zogen am 5. Sept. nach Frankreich ab; thatsächlich in die dortige Gefangenschaft und bald darnach ihren hiesigen Angehörigen so gut wie verschollen, bis bei dem Einrücken der Verbündeten theils eigne Kühnheit, theils fremde Hülfe sie befreite. — So ferner der bei Weitem grössere Jammer, den die eigentliche Conscription unter den direct von ihr be-

---

*) In dem „Herrn Notaire Schmidt, Sögestrasse" adressirten Exemplare, welches dem obigen Abdruck zu Grunde gelegen hat, ist das Postscriptum durchstrichen und statt desselben schriftlich als Einzeichnungstermin hinzugefügt: „Am Montag, den 8. Febr. Vormittags."

troffenen Classen unserer Bevölkerung zur Folge hatte; die Unerbittlichkeit, mit welcher dieselbe durch Einziehung der Anwesenden, und mehr noch durch Executivbelastung und schliessliche Verhaftung der Eltern Abwesender, während die ganze Stadt für Bezahlung der Einliegerkosten aufzukommen hatte, noch bis zum letzten Augenblick betrieben wurde. — So endlich, neben dem sich täglich steigernden Druck von Steuern, Lieferungen und Leistungen jeder Art, was Alles jetzt der Krieg gegen die sehnlich erwarteten Befreier verschlang, die Härten und Gefahren des mit Beendigung des Waffenstillstandes um die Mitte Augusts wieder eingetretenen Belagerungszustandes. Erholung, Befriedigung, ein augenblickliches Sammeln zum Ertragen der Leiden und Lasten des nächsten Tages war in aller dieser Zeit hier nur im engsten Familienkreise oder in strenger Abgeschlossenheit mit langerprobten gleichgesinnten Freunden zu finden, und hier allein konnten die Hoffnungen ausgetauscht werden, welche mit Wiederausbruch des Krieges allmälig auch in unserer Mitte wieder wach geworden und welche besonders, seit das Treffen an der Göhrde vom 16. Septbr. die Nordarmee wieder zum Meister beider Elbufer gemacht hatte und Lüneburg das Hauptquartier ihrer leichten Vortruppen geworden war, durch mündliche Botschaften oder heimlich eingebrachte Flugblätter mit Nachrichten von den Siegen der Verbündeten mehr und mehr gesteigert wurden.

Denn freilich nur auf solche Weise konnte das geschehen. Das uns bescheerte legitime Organ der öffentlichen Meinung und Tagesneuigkeiten, die mehrgenannte Departementszeitung, blieb sich consequent, und in ihren, links französisch, rechts deutsch erscheinenden, Spalten hatte die officielle Lüge ihren Fortgang, mit allen dahin gehörigen Künsten des Übertreibens, Entstellens, Verkleinerns oder absichtlichen Verschweigens der Thatsachen. Der einzig namhafte Sieg Napoleon's seit Wiederausbruch des Kriegs, die Schlacht bei Dresden vom 27. August, wurde, mit immer neuen Versionen und nachträglichen Notizen, bis in den October hinein den bremischen Lesern vorgeführt, anderer angeblicher Siege, von denen die Geschichte nichts mehr weiss, hier nicht zu gedenken. Der Niederlagen dagegen geschieht nur dürftig und immer zögernd Erwähnung. So derjenigen bei Kulm (vom 30. August) zuerst am 14. Septbr.; an der Katzbach (vom

26. Aug.) erst am 19. Septbr., und sehr verschleiert; Grossbeeren's (vom 23. August) wird sogar erst hintennach und gleichzeitig mit der Niederlage bei Dennewitz (vom 6. Sept.), als diese letztere nicht mehr zu verschweigen war, in der Zeitung vom 29. Septbr. gedacht. Dann aber und in den ferneren Octobernummern ein auffallender Mangel an Nachrichten aus dem Dresdener Hauptquartier, mit beiläufigen Andeutungen in Betreff des Überläufers Thielemann, welcher die Communicationen unterbreche, u. dergl. m. Natürlich bleibt desungeachtet immer der Refrain bestehen, zu welchem eine Moniteur-Äusserung vom 21. Septbr. den Anstoss giebt: die einzelnen Vortheile, welche der Feind auf einzelnen Puncten erhalten habe, seien nicht bedeutend genug, um den Operationen der Hauptarmee, an deren Spitze sich der Kaiser selbst befände, irgend hinderlich zu sein. Die Bülletins aber, die der Feind bekannt gemacht, habe man wirklich nicht ohne Mitleiden lesen können, so sehr seien darin die Thatsachen entstellt und die Wahrheit verdreht. — Die letzte Nachricht aus dem Hauptquartier, welche noch die Zeitung vom 12. October brachte, war wie gewöhnlich über Paris hieher gekommen und reichte nicht weiter als bis zum 29. September. Von Demjenigen aber, was bis dahin und was seitdem in unmittelbarer Nähe unseres Departements sich zugetragen, so namentlich von dem kühnen Zuge Tschernitscheff's mit seinen 3000 Mann durch das Königreich Westphalen und der bereits am 1. October geschehenen Überrumpelung Cassels, wo seitdem freilich die Franzosen wieder eingerückt waren, — in unserem Blatte nicht die leiseste Spur.

Bei so bewandten Umständen werden wir es jetzt verstehen können und begreiflich finden: Wie sehr trotz alledem um die erwähnte Zeit des Anfangs October hier bei uns die Einen auch zu hoffen, die Anderen wieder unruhig zu werden längst begonnen hatten, — auf eine so complete Ueberraschung, wie sie schon am 13. desselben Monats auch dem abgelegenen Bremen zu Theil wurde, konnten doch in Bremens Mauern damals weder die Bedrängten noch die Dränger selbst gefasst sein.

„Am 13. October trat Morgens früh mein Sohn Gustav vor „mein Bett mit der Bitte: soll ich nur aus der Schule bleiben, „die Kosacken sind da." Mit diesen Worten leitet der Senator Pavenstedt, damals Präfecturrath in Bremen, in seinen „Erinne-

„rungen aus den Jahren 1810 bis 1815" die Schilderung der eignen Erlebnisse an jenem Tage ein, und beschreibt dann weiter, wie er aus seinen Fenstern den ersten Verlauf des Gefechtes vor dem Osterthore sich mit angesehen: das Zurückweichen der vorausgesprengten Kosackenspitze; das Hinaussenden einer Compagnie Voltigeurs zu ihrer Verfolgung; das Herantraben anderer Kosacken über den Eisenradsdeich, die dann den Verfolgern in den Rücken fallen und sie gefangen nehmen, als diese vor den unerwarteten Kartätschenschüssen der dicht vor Hastedt aufgestellten hanseatischen Batterie zurückgeprallt waren, u. s. w. — bis später dann die Kugeln der Befreier an der Hausmauer des harmlos zuschauenden Erzählers selbst anprallen und diesen mit den Seinigen nöthigen, sich in den Keller eines Hinterhauses zu flüchten. — Ähnliches wird ohne Zweifel fast jeder der noch lebenden und erinnerungsfähigen Zeugen jener Ereignisse von sich zu berichten haben, und zwar — weil bei der Mehrzahl das Jahr 1813 in die glückliche Zeit seiner Schuljahre gefallen sein wird — dann sicher auch mit dem heiteren Nebeneindruck der plötzlich eingetretenen Ferienzeit. Nur freilich in gewissen Puncten wesentlich verschieden, je nachdem der Berichtende mit Pavenstedt zu den eingeschlossenen Städtern oder aber zu der damals noch erheblich geringeren Zahl der Vorstädter gehörte. Als einer der Letzteren glaube ich um des Interesses willen, das sich an den Namen meines seligen Vaters knüpft, auch des damals meinerseits mit ihm Erlebten aus eigner Erinnerung kurz gedenken zu dürfen. Von unserem Gartenhause an der Osterthors-Contrescarpe, derzeit dem einzigen auf der ganzen Strecke vom Osterthore bis zum Eingang der Kohlhökerstrasse, mit meinem älteren Bruder frühmorgens auf dem Schulwege nach dem Osterthore begriffen, wurden wir von einem Begegnenden mit der Nachricht „die Kosacken kommen" eiligst heimgeschickt. Daheim sofort allseitige Rüstung zum raschen Aufbruch; denn in dem völlig exponirten, später sehr zerschossen wiedergefundenen Hause war unseres Bleibens nicht. Der in dem Stallgebäude daneben wohnende und zur Aufsicht zurückbleibende Gärtner ward mit Lebensmitteln für etwa sich im Hause einfindende Krieger versehen; dann ging es fort mit all den Unsrigen auf dem damals noch fast gänzlich häuserlosen Wege durch die Kohlfelder zu dem befreundeten Prediger an St. Remberti. Zunächst freilich geriethen wir damit aus dem Regen in die Traufe; denn bicher grade — weil die Russen in der Meinung gestanden, die Remberti-Kirche liege in der Altstadt, was später Hineilende berichtigten — waren die ersten Granatenschüsse gerichtet. In unmittelbarer Nähe war soeben im nachmals Drost'schen Hause an der Fedelhören einer 84jährigen Frau von einem solchen Schusse der Arm zerschmettert worden — sie starb wenig Tage darnach, das einzige Opfer jenes Kampfes aus der bremischen Bevölkerung; — kurz darauf ging ein anderes Haus an der nämlichen Strasse in Flammen auf; ebenso das Gartenhaus des Senator Horn an der Ecke der Kohlhökerstrasse und Wulwesstrasse. Inzwischen sassen im Predigerhause die vereinigten Familien beisammen in der Hausflur bei brennendem Lichte und verschlossenen Fensterläden, der Dinge harrend, die da weiter kommen würden, neben ihnen eine Wanne mit Wasser als möglicherweise taugliches Mittel zum Ersticken einer etwa auch hieher sich verirrenden Granate — bis, wie erwähnt, die Brandgeschosse sich der Altstadt zuwandten und den Vorstädtern freiere Bewegung gestattet war. Die nämliche Hausflur bot dann später, namentlich am 14., gelegentlich einkehrenden Lützowern, pulvergeschwärzten Gesichtern mit ebenso schwarzen Uniformen, deren Einer erzählte, wie er soeben seinen besten Kameraden verloren, eine besetzte Tafel zur Erquickung dar. Abends wurden vom nahen Pröven Bretter, Leitern u. s. w. geholt zum intendirten Sturm für den andern Morgen. — Am 15. dann auf die Nachricht von der geschlossenen Capitulation die jubelnde Heimkehr zum elterlichen Hause, dessen Balkon inmittelst allerdings zum Standpunct schwarzer Schützen gedient hatte, weshalb alsbald gestritten wurde, ob von hier aus Oberst Thullier die tödtliche Kugel empfangen habe oder, wie die besser verbürgte und später allgemein geglaubte Sage will, von der s. g. Matthäischen Ruine aus, einem damals unausgebaut gebliebenen Hause an der Contrescarpe weiter nach dem Osterthore hin. — Abends endlich ging es durch die offenen und gänzlich unbewachten Thore — ein Gefühl des Contrastes, das nur der begreifen kann, dem noch ein Bild der französischen Festungssperre und der grünen Douanen, mit ihren, jeden Kartoffelsack durchwühlenden langen Stangen, vor der Seele steht — zwischen freudig wogenden Mengen nach dem Stephanithorswalle zu einer Schwester meines Vaters, und dort in grosser Familienversammlung unendliches Frohlocken der Frauen neben beschwichtigenden Stimmen der mitnichten aller Sorgen schon enthobenen Männer.

Im Gegensatze zu den Vorstädtern hatten die Bewohner der Alt- und Neustadt allerdings zwei doppelt bange Tage durchzumachen, sowohl die Einheimischen als in gewiss nicht geringerem Grade die Nationalfranzosen oder französisch Gesinnten unter den fremden Angestellten. Es existirt ein bezeichnender Brief des Präfecten Arberg an den Maire vom 14. Morgens, worin er über die Anhäufung so vieler Neugieriger auf der grossen Weserbrücke klagt, die die Kosacken wollten durch die Weser schwimmen sehen. Das sei nichts Tadelnswerthes, gewiss nicht, aber er wünsche doch, dass dem gesteuert werde; nur möge es thunlichst ohne Gensd'armen geschehen; Einer von des Maire's Municipalagenten werde ja wohl genügen. — Der Maire verspricht sein Bestes, wiewohl sich grade auf der Brücke, als dem einzigen Communicationsmittel zwischen beiden Stadttheilen, dergleichen am wenigsten verhindern lasse; sucht übrigens zu beruhigen. — Am 13. früh hatte der Maire auf Thullier's fulminante Ordre sofort anschlagen lassen, es möge sich Jeder zu Hause halten; wer sich nach 11 Uhr Vormittags noch auf den Strassen sehen lasse, werde arretirt — eine Warnung, welcher fortwährende Gensd'armenpatrouillen den Tag über gehörigen Nachdruck gaben. Gegen Abend nochmals die gleiche Aufforderung, aber schon mit dem Beisatze: „es macht dem Maire Vergnügen, bei dieser Gelegen„heit, einem besondern Auftrage des Herrn Präfecten gemäss, „den Einwohnern von Bremen die besondere Zufriedenheit des„selben mit ihrem Betragen und dem guten Geiste, welcher die „Bürger der Stadt beseelt, zu erkennen zu geben." — Am 15. in der Frühe war bekanntlich die Capitulation zu Stande gekommen, unter dem vereinigten Drucke, wie es scheint, der wachsenden Aufregung im Innern der Stadt und der dem neuen Commandanten, Major de Valland, durch den zum Parlamentiren ausersehenen französischen Offizier, einen nachmals zum Kronprinzen von Schweden übergegangenen Lieutenant Vieilcastel absichtlich beigebrachten Täuschung über die Stärke des Belagerungscorps; — um 10 Uhr Morgens war das Osterthor den Reiche'schen Jägern übergeben worden; — alsdann zog Tettenborn an der Spitze seiner Kosacken in Bremen ein, und es erfolgten nun die

Scenen des jubelnden Begrüssens, Umarmens und Beschenkens dieser bärtigen Krieger auf ihren hochgesattelten Kleppern, welche man nur anzudeuten, nicht mehr zu schildern braucht, weil sich bei uns, wenn auch wohl minder stürmisch als im Frühjahr zu Hamburg, im Grunde nur das Nämliche begab, was damals aller Orten im Norden von Deutschland sich zugetragen hat und was in jedem Geschichtsbuche zu lesen ist. — Ebenso mag nur erinnerungsweise der nun sofort auch bei uns hervorgetretenen Züge des Entgegenkommens an diese bis dahin nie gekannten Freunde, der Ankündigung des kleinen russischen Dolmetschers und ähnlicher Hülfsmittel, durch welche Einem das „dobre" und „wodka" und „pascholl" geläufig wurde, des Kleidens der Knaben in faltige Kosackenhosen mit rothen Streifen und Lederbesatz, der „schönen Minka", welche kurz darnach im Freimarkt uns jede Drehorgel brachte, — wie überhaupt der anfänglichen Verherrlichung der Russen und ihres Kaisers Alexander, als des eigentlichen Befreiers von Deutschland, gedacht werden. Dass nicht in gleichem Maasse der Enthusiasmus unseres Volkes auch auf die damals mitwirkenden preussischen Truppen sich erstreckt zu haben, noch auch ihr Andenken so lebhaft haften geblieben zu sein scheint, ebensowenig dasjenige von Spooreman's hanseatitischen Kanonieren, wird sicher in der flüchtigen Erscheinung, die jene Truppentheile bei uns machten, seinen Grund haben. Die Infanterie musste unverzüglich nach der Elbe über Lüneburg zurück; die Batterie mit den schwarzen Husaren zunächst nach Ottersberg, um gegen Rotenburg hin Deckung zu gewähren; — ausserdem aber standen alle Theile unter russischem Oberbefehl. und da war ohnehin dafür gesorgt, nicht zu viel Licht auf diese Bundesgenossen, zumal auf die beim eigentlichen Fachsoldaten sehr wenig beliebten Lützower, fallen zu lassen.

Den eigentlich historischen Verlauf dieser Tettenborn'schen Waffenthat darf ich als jedem Bremer zur Genüge bekannt wohl ungeschildert lassen. Minder bekannt dürfte es sein, dass auch Tettenborn selber, so vieles Glänzende ihm sonst gelungen, doch diesen seinen Handstreich auf unsere Vaterstadt — der allerdings, so wie er begonnen und durchgeführt war, seinem Vorgänger. dem Tschernitscheff'schen Zuge gegen Cassel, kühnlich an die Seite gestellt werden darf — besonders hoch gehalten hat. Einen Beleg hiefür kann ich aus eigner Erfahrung geben, von einem Besuche her, den ich in Begleitung meines Vaters 1834 in Wien bei Tettenborn machte, wo dieser damals badischer Gesandter war; — er nannte meinen Vater dort scherzweise seinen Bürgermeister, in Anspielung auf das Ehrenbürgerrecht, welches er von Bremen erhalten hatte. — Genug, bei jenem Besuche strahlte uns von der Wand sein Bild in Lebensgrösse entgegen, er selber angethan in seiner Kosackenuniform von 1813 und ein Papier in der Hand haltend mit der Inschrift: Capitulation de Brême le 15. Octobre 1813; im Hintergrunde aber die Thürme unserer Stadt und vor derselben die russisch-preussischen Schaaren in der Ebene ausgebreitet. — Wie sonst in vielen Dingen, so hat bekanntlich Tettenborn auch darin grosses Glück gehabt, dass er einen Verherrlicher seiner Thaten in einem Manne von so eminenter Gabe der Darstellung, wie Varnhagen, gefunden hat. Dieser war damals als einer seiner vielen Adjutanten mit ihm in Bremen anwesend, und die ausführliche Darstellung des ganzen Hergangs im 4. Bande der Varnhagen'schen Denkwürdigkeiten ist in der That das Frischeste und Anschaulichste, was man zur Vergegenwärtigung der Thatsachen vom Standpunkte des Siegers sich nur wünschen kann.*) Nur freilich dürfen vor Allem wir Bremer bei Lesung dieses Berichtes neben der bekannten „Enthaltsamkeit des Varnhagen'schen Styls", wie man seine Schreibweise treffend bezeichnet hat, nicht vergessen, dass wir es hier mit einem Freunde und Untergebenen des Gefeierten und also in diesem Falle um so mehr mit einem geflissentlichen Schönfärber zu thun haben. Wovon z. B. bei Varnhagen nur eine leise Spur zu finden, ist anderweitig und auch bei uns bekannt genug geworden, — dass nämlich Tettenborn bei seinem Zuge gegen Bremen es nicht allein um neuen Ruhm, sondern ganz besonders auch um neue Beute zu thun war. Auf dergleichen konnten wir hier schon von Hamburg her gefasst sein Denn nicht nur die Franzosen haben, wie oben erwähnt, sein erstes Vordringen gegen Hamburg eine Finanzmission genannt, sondern den gleichen Vorwurf hatte man mehr oder minder bitter auch von den unglücklichen Hamburgern selbst wider ihn erheben hören. In einer Anmerkung des Senator Abendroth von 1814 zu einer später erschienenen Flugschrift über Hamburgs Untergang steht mit dürren Worten von Tettenborn zu lesen: „In Ber„lin, wo in hohen Stellen Angestellte ihm das Missliche seines „Unternehmens vorstellten, sagte er: Que voulez vous? Vous

---
*) Siehe die Anmerkung auf S. 412.

„connaissez mes finances." Und was von dem Chef galt, das war — all ihre Tapferkeit und sonstigen Verdienste in Ehren — in nicht geringerem Grade von seinen Untergebenen, besonders aber von der lockeren Mehrheit seiner zahlreichen Adjutanten, zu sagen.

Die ersten Tage nach dem 15. October und ebenso — nach kurzer Unterbrechung durch die unter Lauberdière wieder eingerückten Franzosen — diejenigen vom 26. October bis zum 6. November 1813, welche unter Tettenborn's und seiner Adjutanten Militärherrschaft dann noch für Bremen folgten — unter Beibehaltung im Übrigen der bisherigen Civilautoritäten, nachdem dieselben von ihren französischen Elementen gesäubert worden, — kann man füglich mit dem Ausdruck „gemüthliche Anarchie" bezeichnen, nur dass dieselbe stellenweise auch recht ungemüthlich wurde.

Das erste Geschäft der neuen Herren war selbstverständlich, sich der gewonnenen Kriegsbeute zu versichern. Art. 6 der abgeschlossenen Capitulation — ein Document, das merkwürdigerweise niemals veröffentlicht worden ist, während doch sonst zu jener Zeit die Capitulationen der in die Hände der Verbündeten gefallenen festen Plätze in allen Zeitungen, und so auch in der hiesigen, zu lesen waren — bestimmte: Die Cassen jeder Art, Magazine, confiscirten Gegenstände, überhaupt Alles, was der französischen Regierung gehört, werden im Laufe des Tages einem russischen Offizier übergeben. — Diese Bestimmung wurde sofort in thunlichster Ausdehnung zur Ausführung gebracht, und es wurden beispielsweise als dahin gehörig, laut Schreiben des neuen Platzcommandanten, Rittmeister von Schultz (vom Kasan'schen Dragonerregiment, wie uns Varnhagen belehrt), an den Maire vom 17. October, sämmtliche Lotteriecassen der Stadt bezeichnet und ausgeliefert verlangt, — daneben besonders eifrig auf Verwerthung des reichen Inhalts des kaiserlichen Tabacksmagazins Bedacht genommen, mit welchem Geschäfte unser Mitbürger und nunmehrige russische Rittmeister Backhaus beauftragt wurde. Dieser, offenbar in jenen Tagen die populärste Persönlichkeit unter Allen, welche am 15. October mit Tettenborn in Bremen einzogen — er war bekanntlich Besitzer des Schelle'schen Gutes in Hastedt und Maire daselbst gewesen, hatte als solcher wegen rücksichtsloser Vertretung der Interessen seiner Untergebenen bei Anlage der Hamburger Chaussee sich die Feindschaft des Präfecten zugezogen, demnächst, wegen Verheimlichung Conscriptionspflichtiger mit Haft bedroht, von Haus und Hof flüchten müssen, war dann unter die Russen gegangen, speciell unter Dörnberg als Parteigänger thätig gewesen und jetzt, dem Tettenborn'schen Corps bei dem Zuge nach Bremen wegen seiner Localkenntnisse zugeordnet, mit hieher gekommen — Backhaus also verfuhr bei Ausrichtung seines Auftrags mit soldatischer Ungenirtheit, zugleich aber, als Ersatz für die Härte, welche bei Einführung der Tabacksregie gegen die hiesigen Fabrikanten und Inhaber von Privatvorräthen geübt worden, mit schonender Rücksicht auf die Interessen seiner Mitbürger; er beschenkte die kleinen Fabrikanten mit entsprechenden Vorräthen und sorgte dafür, theils durch Bestechung der controllirenden Tettenborn'schen Adjutanten, theils durch Abreden mit den zahlungsfähigen Liebhabern, dass diese bei der s. g. Versteigerung sich nicht aufzubieten brauchten und Jeder zu civilem Preis sein Theil erhielt. Man kann sich denken, wie den glücklichen Besitzern der so erworbenen Regierungsvorräthe während der dann folgenden Lauberdière'schen Tage zu Muthe wurde. — Hand in Hand mit solchem selbstthätigen Zugreifen ergingen natürlich auf Befehl des Generals sofort am 17. October und noch einmal am 29. October die schärfsten Verfügungen des Maire, dass Alles, was unter den Begriff von Eigenthum der französischen Regierung zu bringen war, bis auf die geringste Kleinigkeit eingeliefert werden müsse.

Dass diesem militärischen Aneignungsverfahren gar manche Handlungen in bürgerlichen Kreisen correspondirten, dass der s. g. kleine Mann Pallisaden, Dielen von der Brücke, eiserne Thüren von der Bäckerei, Säcke mit Mehl aus dem Proviantmagazin und dergl. mitgehen hiess, kann nach dem Obigen nicht eben Wunder nehmen. Es gehörte mit zu der gemüthlichen Anarchie der ersten Tage und hatte glücklicherweise rasch ein Ende.

Ernsthafter war schon die Noth, die es machte, das freigewordene Volk an den Fortbestand der Abgaben, vor allen Dingen der unter dem Douanenregiment so verhasst gewordenen Octroi, zu gewöhnen. Dieser konnten weder Freund noch Feind, am allerwenigsten das bremische Gemeinwesen selbst, entbehren. Daher in dieser Beziehung sofort am 16. October und wiederholt bis zum 6. November erneuerte Mahnungen des Maire, begleitet von der Hinweisung auf die hierin liegende patriotische Pflicht. Selbstredend konnte ein solcher Hinweis nicht mehr benutzt werden, als nun auch Lauberdière am 22. October in eignem Namen das Gleiche forderte; — er drohte mit militärischer Execution und verlangte von den hiesigen Civilbehörden, dass sie in ihrer Weise zu diesem Zwecke mitwirken möchten. So sah der an Stelle Arberg's, des Heimgeschickten, augenblicklich die Geschäfte als Präfect wahrnehmende Dr. Pavenstedt sich veranlasst, am 23. October, als an einem Sonnabend, seinen Untergebenen, den Hrn. Maire, um den Erlass eines Schreibens an unsere Herren Prediger Behufs der Benutzung dieses Thema's bei der morgigen Predigt zu begrüssen; welchem Ersuchen auch wirklich noch durch folgendes charakteristische Circularschreiben des Maire, das letzte unter der französischen Herrschaft, entsprochen worden ist: — „Meine Herren: Die Menge und Stärke der weltlichen Antriebe zur Entrichtung der Steuern sind Ihnen ohne „Zweifel bekannt. Der provisorische Herr Präfect fordert mich „auf, Sie um Anwendung aller geistlichen Mittel zu ersuchen, „welche den Willen zum Bezahlen der Steuern stärken und erheben können. Indem ich diese seine Aufforderung mit Vergnügen befolge, ersuche ich Sie, Ihrer morgenden Predigt eine „zu diesem Zwecke dienliche Ermahnung anzuhängen. Genehmigen Sie etc." Ob und wie die Prediger dem nachgekommen sind, und was es solchenfalls gefruchtet hat, darüber schweigt die Geschichte.

Am ungemüthlichsten werden denen unter uns, die jener Zeit sich noch entsinnen können, die einzelnen Ausbrüche des Hasses und der Rache, welche leider neben der ungehemmten Freude auch ihrerseits in diesen ersten Tagen sich ungezügelt gehen lassen durfte, in der Erinnerung geblieben sein. Nicht zu gedenken der unglücklichen Douaniers, welche als die verhasstesten von Allen noch hie und da, wo sie sich blicken liessen, ein Opfer der Volkswuth geworden sind, ungenannt und unbetrauert; — auch mancher Deutsche und selbst Bremer, Beamte wie Privatpersonen, musste die Härten, Angebereien und sonstige Niedrigkeiten, welche er sich im Dienste der Franzosen hatte zu Schulden kommen lassen, mit Gewaltthätigkeiten gegen seine Person und Spoliirung seines Hauses büssen und musste, wenn nicht geflüchtet oder weggeführt, sich hier Tage oder Wochen lang verborgen halten. Dass selbst der wackere, trotz einzelner Ausschreitungen immer beliebt und jedenfalls gut bremisch gebliebene Maire, der nachmalige Postdirector Wichelhausen, sich und sein Haus vor solchen Avanien nur durch den persönlichen Schutz anerkannter Patrioten, wie Heinr. Böse u. A., gesichert sah, mehr als durch russische Sauvegarden, ist bekannt genug. Natürlich wurden im Namen unserer Befreier sofort auch gegen diese und ähnliche Excesse energische Bekanntmachungen erlassen; — ein Anschlag vom 16. October verfügte, dass Jeder, der nach 6 Uhr Abends betrunken oder unruhig auf den Strassen betroffen werde, sofort arretirt und exemplarisch bestraft werden, und dass nach 9 Uhr Abends sich Niemand mehr aus dem Hause begeben solle. Allein man darf nicht vergessen, dass die Truppen, mit denen Tettenborn damals operirte, zur Mitwirkung für einen ordentlichen Polizeidienst sich gar wenig eigneten, vielmehr selber „lebten und leben liessen", wie weiland Jetters brabantische Miliz. Wahrscheinlich war es nur dem gutmüthigen Charakter unseres Volks, in Verbindung mit den Bemühungen der wieder in Thätigkeit getretenen alten Bürgerwachen, beizumessen, vielleicht auch dem heilsamen Schreck bei Rückkehr der Franzosen am 21. October, wenn solche widrigen Seenen gottlob ein rasches Ende fanden. Ohne die historische Gerechtigkeit, welche gebietet, neben dem überwiegenden Lichte auch der flüchtigen Schatten jener Tage zu erwähnen, hätten sie ganz unberührt bleiben können.

Zu heiterern Bildern übergehend, muss ich hier zunächst noch des Getümmels gedenken, das auf Tettenborn's besonders eifrigen Betrieb vom 18. October an und dann, mit Unterbrechung durch die Lauberdière'sche Zwischenzeit, bis in den November hinein von früh bis spät auf unsern Wällen sich geschäftig zeigte, besonders auf der Strecke zwischen dem Heerden- und dem Osterthore. Zu Anfang eine Massenverwendung der irgend arbeitsfähigen Kräfte unserer Bevölkerung bis herab zum siebenjährigen Knaben, der seine kleine Schaufel mit dem stolzen Bewusstsein handhabte, auf diese Weise auch seinerseits mitwirken zu können zu den patriotischen Aufgaben des Tags. Es galt die Beseitigung der französischen Verschanzungen und mit ihr eine weitergehende Entfestigung der Stadt, als sie in friedlichen Zeiten zu

Anfang dieses Jahrhunderts schon einmal vorgenommen war. Von Tettenborn'scher Seite hiess die Losung: Abtragung der Wälle und Ausfüllung des Grabens, damit fortan kein Feind mehr hinter denselben Schutz finden könne! Mit Ausführung des Werks wurde der Oberdeichgräfe Dammert beauftragt, und so hitzig wurde mit demselben begonnen, dass beispielsweise am 21. October Morgens 3000 Arbeiter auf dem Platze waren — soviel hatte der Platzcommandant dem Maire zu stellen befohlen, bei Strafe sonst zu Tettenborn nach Verden abgeführt zu werden. Später wurde die Sache in mehr geregelter Weise, aber immer auf dem Requisitionswege, betrieben; dem bremischen Präfecturbezirke entsprechend mussten auch die Bauern aus den vormals oldenburgischen und hannoverschen Nachbardörfern dabei mithelfen. Damals entstanden die Dämme am Osterthore und am Bischofsthore, der letztere als ein völlig neuer Verbindungsweg; dazwischen auch ein später wieder weggeräumter Damm, der s. g. Küperdamm. — Gleichzeitig hiemit erging die Ordre zum Abbruch des Heerdenthors, d. h. des hohen Thorgewölbes am Eingang der Sögestrasse, vor welchem der geharnischte Mann — vom Volke irrig der General Wrangel geheissen — mit der Unterschrift: Bremen wes gedechtig, lat nich mer in, du syest örer mechtig, prangte. Dasselbe fiel zu Anfang Novembers und das Steinbild mit ihm; bekanntlich haben unsere Tage das letztere wieder an's Licht und auf dem Schützenhofe zu Ehren gebracht. — Im Beginn, wie gesagt, war all diess Niederreissen, Abtragen und Ausfüllen um des höheren Zweckes willen populär genug, allein pflichtmässig musste doch gar bald der Maire erinnern: wenn es mit dem Durchdämmen so fortgehe, wo dann die städtische Octroi bleiben solle? und als es gleichzeitig an ein rücksichtsloses Bäumefällen ging, da regte sich auch die Galle der guten alten Bremer wider diese „Davoustische Verwüstung" unserer schönen Wallanlagen. So nämlich hatte — wie unser bekannter Magister Müller in einem hinterlassenen Manuscript über jene Zeit berichtet — ein „sechzigjähriger Lehrer der Mathematik und Naturkunde", m. a. W. Müller selbst, die Sache in einer schriftlichen Gegenvorstellung an Tettenborn bezeichnet. Zum Lohn dafür musste er Nachts unter Kosackengeleit in der damals beliebten Manier nach Verden aufbrechen, um dort persönlich von Tettenborn abgekanzelt zu werden,

Die Bürger Bremens aber, in deren Namen geredet worden war, gingen auch nicht frei aus; sie fanden in der Bremer Zeitung vom 29. October sich so zu sagen wie Philister hingestellt, welche, „um eines müssigen Zeitvertreibes willen", nicht anstünden, „ihre Stadt den Verwüstungen des Krieges und der Zerstörung Preis geben zu wollen." Natürlich kam Tettenborn bei seiner wenige Tage später erfolgten Hieherkunft selbst zu besserer Einsicht, und dem unnöthigen Spoliiren der Promenaden ward Einhalt gethan.

Während alles Dieses sich in der Oeffentlichkeit begab, übte Hauptmann Varnhagen, das schriftkundige Mitglied des Tettenborn'schen Generalstabs, die ihm als solchem zugewiesene stille Thätigkeit aus. Er übernahm die Leitung, wo nicht die ausschliessliche Redaction, der unter den Auspicien seines Chefs an Stelle des bisherigen Departementsblatts sofort erschienenen „Neuen Bremer Zeitung". Offenbar, verglichen mit seinem Vorgänger und für die damaligen Zeiten und Zwecke, mit grossem Geschicke und ganz gewiss auch seinen bremischen Lesern damals wohl zu Danke. Denn welche Fülle der Geschichte trat unseren bis dahin absichtlich blind gehaltenen Mitbürgern nicht schon in den ersten Nummern dieser Zeitung vom 17. bis zum 21. October entgegen! Lauter neue und fröhliche Botschaften aus den Feldlagern der Verbündeten, nebst orientirenden Rückblicken auf die grossen Siege während der beiden letzten Monate — Alles gern und auf das Wort geglaubt von dem bis dahin jedes Mittels zur Kritik beraubt gebliebenen Leser, selbst wenn in ihnen auch der Kronprinz von Schweden noch als der eigentliche Held von Grossbeeren und von Dennewitz erschien. Dazwischen Herzstärkungen von anderer Art: ein Vaterlandslied von Musculus, dem Hauptmann der in unsern Mauern eingezogenen Reiche'schen Jäger, die Aufrufe Tschernitscheff's an die Bewohner des Königreichs Westphalen und Wallmoden's an unsere Nachbarn, die Hannoveraner. In der Nummer vom 21. October endlich stand auch der, offenbar von Varnhagen selbst verfasste, erste Waffenaufruf Tettenborn's an die Einwohner von Bremen, vom 17. d., zu lesen, in Verbindung damit ein Wiederabdruck des Güstrower Aufrufs unserer hanseatischen Brüder vom 16. August, mit den populären Unterschriften der Gries, Curtius, **Mettlerkamp** und Perthes. —

Am Tage darauf, den 22. October, hatte all dies fröhliche Treiben und Brausen des auch bei uns erwachten Völkerfrühlings ein plötzliches Ende genommen. Tettenborn, der nicht entfernt daran denken konnte, mit seiner Handvoll Leute Bremen dauernd zu behaupten, hatte schon am 18. sein Hauptquartier nach Verden zurückverlegt und so sich weislich der Gefahr entzogen, von seiner Rückzugslinie abgeschnitten zu werden. Als dann nach den Tagen des ersten Schreckens und Flüchtens, welches die Überrumpelung Bremens durch ein leichtes Streifcorps verursacht hatte, wieder reguläre französische Infanterie von Osnabrück her anrückte, — es waren 1500 Mann unter dem General Lauberdière — da blieb den entgegengesandten Kosackentrupps nichts Anderes übrig, als plänkelnd sich auf Bremen zurück- und durch die Stadt zum Osterthore hinaus die Strasse nach Verden weiter zu ziehen. Mit ihnen, was von Militärbehörden und sonstigem Anhang bis dahin noch in unserer Stadt geblieben war. Nicht zu vergessen die allerdings zur Zeit nur noch geringe Zahl von freiwilligen Kämpfern aus der bremischen Jugend, welche von dem ersten Aufruf entzündet und rasch entschlossen noch desselben Tags die nämliche Strasse zog. In ungleich grösserer Zahl hatten solche Freiwillige am 21. Morgens den Platzcommandanten bestürmt, mit ihnen vereint die Stadt zu halten; es war vom Durchstechen der Deiche, vom Abbrechen der Brücken die Rede. Allein es fehlte an allem Nöthigen, besonders auch an Waffen, und so konnte an ein ernstliches Eingehen auf solche Anforderungen nicht gedacht werden. Das Einzige, was unter diesen Umständen geschehen konnte, hatte glücklicherweise guten Erfolg: der vor das Buntethor beschiedenen Municipalität gab auf die Darstellung, dass die gute Stadt Bremen der Gewalt habe weichen müssen, Lauberdière den beruhigenden Bescheid, dass nicht geplündert werden solle, und nach nothdürftig am Abend beschaffter Illumination legte Jeder sich mit dem schwer zu beschreibenden Bewusstsein zu Bett, noch einmal wieder Unterthan des grossen Kaiserreichs geworden zu sein. Am andern Morgen lag zu dessen officieller Bestätigung wieder das leidige Departementsblatt auf dem Caffee-, oder besser gesagt, Cichorientische — denn Caffee war kaum mehr zu haben — und unter dem verwünschten „Empire français" an der Spitze des Blattes war eine schöne Relation der gestrigen Begebenheiten und der dabei bewiesenen Loyalität der Einwohner Bremens zu lesen.

Indessen, so trübe und dumpf die nächsten Tage für Bremens Bürger auch verstrichen, mit der Stimmung des französischen Befehlshabers und seiner Truppen sah es, wie man bald bemerkte, um nichts besser aus. Die letzteren, meistentheils wieder Schweizer, langten baarfuss und abgerissen an; 1000 Paar Schuhe und 500 Hemden sollten rasch geliefert werden, wurden aber nicht mehr fertig. Die nöthigen Mittel und Handhaben für einen kaiserlich französischen Organismus: Magazine, Kriegscommissäre, Douanen, hohe und niedere Polizei mit obligatem Gefolge von Gensd'armen und Spionen waren so gut wie nicht mehr da, auch nicht sofort wieder aufzutreiben. Von Hamburg oder auch von Rotenburg her keine Spur des hülfreichen Entgegenkommens; Tettenborn und die Seinen blieben in der Nähe und unterbrachen jede Verbindung. Genug, Lauberdière sass wie im Sack und rührte sich nicht von der Stelle.

Da fand im Laufe des 25. Octobers ein fliegendes Zeitungsblatt seinen Weg nach Bremen und gelangte binnen 24 Stunden zu allgemeiner Kunde: das war die Abschrift der vom Rittmeister von Herbert, dem Ueberbringer der Bremer Stadtschlüssel an den Kaiser Alexander, zurückgebrachten Depesche an Tettenborn mit der Meldung von der Schlacht bei Leipzig — abgedruckt zu finden in der „Neuen Bremer Zeitung" vom 28. October 1813. Wie dieses Blatt nach Bremen und wie es namentlich an Lauberdière gekommen, das mögen, wenn noch möglich, ältere Zeitgenossen entscheiden; ich selbst kann nur berichten, dass ich in jenen Tagen die Leute es auf der Strasse habe lesen sehen und mit gelesen habe. Backhaus hat behauptet, dass er mit Eelking's und eines Lehrers Baxmann Hülfe, der als Bote benutzt wurde, die Depesche nach Bremen geschafft habe, wo sie dann in der Nacht bei Schünemann gedruckt worden sei und andern Morgens an den Strassenecken angeschlagen gestanden habe. Er will sie auch mit einem begleitenden Briefe an Lauberdière persönlich übersandt haben. Nach Pavenstedt ist diesem jene Nachricht durch einen auf Kundschaft ausgeschickten Schlächter Ordemann von Verden mitgebracht worden. Sei dem inzwischen wie ihm wolle, soviel steht unbestritten fest: vom Augenblick des Eintreffens dieser Botschaft war für Lauberdière keines Bleibens mehr in Bremen; schon in der Nacht wurden alle Anstalten zum Aufbruch getroffen, am andern Morgen noch dem Maire mit der Ermächtigung, die Bürgergarde mit Waffen zu versehen, ein Brief gesandt, worin es heisst: „ich muss nach Nienburg wegen der dortigen Bewegungen des Feindes, komme aber in einigen Tagen wieder" — natürlich ohne dadurch irgend Jemand hier noch täuschen zu können, — und um 2 Uhr Nachmittags am 26. October war kein Franzose mehr in unsern Mauern. —

Mit jenem Tage hat denn auch die lange schwere Zeit der fremden Gewaltherrschaft für uns thatsächlich ihren Schluss gefunden. Der Leipziger Schlacht und ihrer unmittelbaren Wirkung bis in unsere Gegend verdankt unleugbar unsere Vaterstadt die dauernde Befreiung von dem ärgsten Jammer, den überhaupt ein Volk, oder Theile dieses Volks, die sich mit ihren Brüdern eins wissen, nur erleiden können. Daher demnächst mit vollem Recht die Feier des 18. October hier immer nicht bloss als ein deutsches Siegesfest, sondern wesentlich daneben als ein **bremisches Dankfest für die Erlösung vom Franzosenjoche** empfunden und begangen worden ist.

Indessen wird, wer unbefangenen Blicks sich in die Zeiten des Jahres 1813 zurückversetzt, sofort erkennen müssen, dass weder überhaupt zu solchem zukunftsfrohen Jubel die Stunde schon gekommen war, noch dass es mit der blossen Freude über die Erlösung und übrigens mit geduldigem Abwarten der irgendwie bevorstehenden Wiedergeburt damals schon gethan war. Am wenigsten für ein Gemeinwesen wie das unsrige, stolz auf lange Jahrhunderte einer wohlverdienten Selbstständigkeit, aber für den Augenblick sich gänzlich selber überlassen und ohne feste Anhaltspunkte im neuerwachten grossen Vaterlande. Der künstliche Verband, zu welchem Bremen mit seinen Nachbarstaaten, oder Theilen derselben, durch Napoleon's Machtgebot vor drei Jahren zusammengeschweisst worden war, ging rettungslos auseinander; rechts und links wandte Alles, was nicht unser war, sich wieder seinen früheren Centralpunkten zu und harrte auf die Rückkehr der angestammten Herrscher. Während Tettenborn noch bei uns regierte — er hatte sofort nach **Lauberdière's Abzug** in bisheriger Weise wieder die Zügel in unserer herrenlosen Stadt übernommen, — war, am 3. November, der Herzog von Cumberland in der Residenzstadt Hannover eingetroffen; am 27. November zog Herzog Peter Friedrich Ludwig in sein getreues Oldenburg ein. Was würde aus dem isolirten Bremen geworden sein, wenn dieses unterdessen nicht auch sich auf sich selbst besonnen und zu eigner Lebensthätigkeit sich aufgerafft hätte? Um seiner eigenen Zukunft willen und mehr noch, um zu jener Zeit mit Ehren vor Deutschland bestehen zu können, musste auf den 26. October ein 6. November folgen.*)

---

*) Neuerdings haben die Nachrichten über die Einnahme Bremens durch Tettenborn eine werthvolle Ergänzung erhalten durch Fr. Förster's „Gedenknisse", der sich als Lieutenant in Tettenborn's Corps befand und am 15. October den als Parlamentär zum Major Devallant in die Stadt gesandten Oberst v. Pfuel begleitete. Siehe das von ihm herausgegebene Buch „Der Rückzug der Franzosen aus Russland. Aus dem Nachlasse des königlich preussischen Generals der Infanterie Ernst v. Pfuel", (Berlin, 1867) S. 56—62.

2. Die Auferstehung des Bremischen Freistaats.

Die unmittelbar nach dem zweiten Abzuge der Franzosen wieder erschienene „Neue Bremer Zeitung" hat über diesen Abzug und die hiesigen Begebenheiten der nächsten Tage die folgenden gleichzeitigen Meldungen uns hinterlassen:

„Bremen, den 27. October.

„Unsere Stadt ist abermals von kaiserl. russischen Truppen occupirt. — Am 25. dieses des Abends traf hier die Nachricht der grossen Siege der hohen Verbündeten ein. — Die hier in Garnison liegenden etwa 2000 Mann Schweizer Infanterie und unberittener Cavallerie rüsteten sich gleich des Nachts zum schleunigen Abmarsche, welcher theils mit Tagesanbruch, theils späterhin erfolgte, sodass etwa um zwei Uhr Nachmittags die letzten Truppen abzogen. — Kaum eine Stunde später sprengten zwei bekannte kaiserlich russische Offiziere mit drei Kosacken in die Stadt zum Recognosciren, von lautem Jauchzen begleitet.

„Einige Stunden später rückten die Kosacken nach und eilten nach kurzem Aufenthalte zur Verfolgung des Feindes, dem auch das Hauptcorps des Herrn Generals Baron von Tettenborn, nachdem es bei Dörverden über die Weser gegangen, gefolgt sein soll. — Wir sehen stündlich den Resultaten des Nachsetzens entgegen.

„Heute früh erscholl hier das Gerücht, dass eine Anzahl feindlicher Cavallerie sich der Stadt nähere, doch verschwand ihre Spur sogleich.

„Die Stadt geniesst der vollkommensten Ruhe und freut sich des musterhaften Betragens der Truppen und ihrer Chefs.

„Viele Schweizer haben nach freiwilliger Rückkehr hier sogleich Dienste genommen; stündlich werden einzelne Gefangene eingebracht."

„Bremen, den 29. October.

„Der General Tettenborn hält fortwährend mit seinen Truppen Bremen und Verden besetzt. Eine französische Truppen-Abtheilung sollte von Rotenburg her anrücken, während die Besatzung von Nienburg sich gleichfalls in Marsch gesetzt hatte, um Bremen zu entsetzen. Die erstere aber stiess auf einige Kosacken-Partheien und wagte nicht weiter vorzudringen, die Besatzung von Nienburg hingegen wurde unterwegs durch die Nachricht von der Uebergabe unserer Stadt dergestalt in Schrecken gesetzt, dass sie sogleich umkehrte, sich selbst in Nienburg nicht sicher genug dünkte, und nach Sprengung der Weserbrücke bis Minden flüchtete. Der General Tettenborn hat hierauf auch Nienburg besetzen lassen, und Befehl zur Zerstörung der dortigen Festungswerke gegeben. Aus der ganzen Gegend umher werden noch immer Gefangene eingebracht, da selbst entlegene Posten des Feindes vor den Kosacken nicht sicher sind, sondern häufig überfallen und aufgehoben werden."

Auf diesen Artikel vom 29. October folgt in der nämlichen Zeitungsnummer „auf Befehl Sr. Excellenz des Herrn Generals Baron von Tettenborn", übrigens aber ohne Unterschrift und Datum, ein allgemein gehaltener „Aufruf an Bremens Männer und Jünglinge", als Erneuerung des Waffenrufs vom 17. October. Es wird darin gesagt, dass der durch das augenblickliche Erscheinen einer feindlichen Colonne gehemmt gewesene Wunsch nach gleicher Auszeichnung, wie sie unsere hanseatischen Brüder umstrahle, wieder frei sich äussern könne. — „Auf also," heisst es weiter, „sammelt euch alle unter die Fahne der Befreier Deutschlands!" — „Wer dem lauten Aufruf der Ehre folgen will, melde sich auf der ehemaligen Präfectur."

Im nächsten Zeitungsblatt, am 31. October, erging ein fernerer „Aufruf an die Bremer", unterzeichnet: „Max Eelking, Chef einer Escadron", worin sich dieser als von Tettenborn beauftragt ankündigt, aus den sich bei ihm Meldenden eine Escadron zu bilden und sie der hanseatischen Legion zuzuführen.

Wem jene ersten Tage nach Lauberdière's Abzuge hier in Bremen noch in lebendiger Erinnerung geblieben sind, der weiss auch, dass die vorstehenden Meldungen und Inserate in mancher Beziehung der Ergänzung, wo nicht der Berichtigung, bedürfen, und würde durch Beiträge hierzu sich ein Verdienst um unsere Specialgeschichte erwerben, da an sonstigen gleichzeitigen Notizen aus jenen Tagen bis zum 6. November ein grosser Mangel ist, und die späteren Bearbeiter des vorhandenen Stoffs mit weit mehr Phantasie als Kritik zu Werke gegangen zu sein scheinen. Diess gilt insbesondere von den oben angedeuteten Versuchen französischer Truppenabtheilungen, sich wieder unserer Stadt zu bemächtigen, und von dem Umfange, in welchem zur Abwendung dieser Gefahr die freiwillige Thätigkeit unserer Bürger sich mitwirksam erwiesen hat. — Wie nämlich Jeder weiss, dass die zwei „bekannten russischen Offiziere" des ersten Zeitungsartikels Niemand anderes waren, als unsere eigenen Mitbürger, der Rittmeister Backhaus und der bei Tettenborn's erstem Abzuge von Bremen ebenfalls davon und zu den Russen gegangene (wie man damals zu sagen pflegte) Max Eelking, unser nachmaliger langjähriger Generaladjutant, dann Oberst, der Bürgerwehr, ein Sohn des 1806 verstorbenen Syndicus Joh. Eelking, — ebenso ist festgestellt, dass die Stadt einige Tage lang ohne eigentliche Besatzung blieb; denn die am 26. Abends eingerückten Kosacken waren nur durch- und zur Verfolgung des Feindes weiter gezogen. In diesen Tagen nun wurde zwar der Wachtdienst an den Thoren unter Autorität des Maire von den nothdürftig bewaffneten Bürgercompagnien wahrgenommen; daneben aber übte der bei uns zurückgebliebene Backhaus und ihm zur Seite der vorzugsweise zur Aufrechthaltung der Verbindung mit dem Verdener Hauptquartier verwandte Eelking eine Art von militärischer Oberleitung aus; es fanden Recognoscirungen in der Richtung von Ottersberg u. s. w. statt, an denen ausser einzelnen Kosacken, gedienten oder neugeworbenen Lützowern auch manche junge Bürger freiwillig Theil genommen zu haben scheinen; Gefangene oder Ueberläufer wurden nach Verden escortirt u. dgl. m. Ob abgesehen von der oben berichteten Annäherung eines feindlichen Cavallerietrupps des unter Davoust commandirenden Generals von Osten von Ottersberg her am 27. Morgens, bei solchen Anlässen sonst noch Feinde erblickt worden sind, steht sehr dahin und muss bis auf weiteren Nachweis bezweifelt werden. Nur Backhaus selbst, in einer später eingereichten Denkschrift, spricht von wirklichen Waffenthaten, die unter seiner Leitung damals gegen nicht bloss von Ottersberg, sondern auch von Bassum und von Bremerlehe her anrückende Colonnen geschehen seien; von Böse's Mitwirkung hiebei, der eine Anzahl Leute auf den Thürmen postirt gehabt, von dort aus den Feind zu observiren; — und wenn es wahr ist, wie Backhaus hinzufügt, dass er Tettenborn von einer vorübergehend gehegten Absicht, Bremen von Neuem preiszugeben, zurückgebracht habe, so würde das unleugbare Verdienst, welches Ersterer in jenen Tagen sich um Bremen erworben, dadurch allerdings erheblich gesteigert werden — Am 29. October hat übrigens dieser Zwischenzustand nachweisbar schon ein Ende gehabt; denn an diesem Tage war der Tettenborn'sche Rittmeister von Schultz hier wieder zur Stelle als Platzcommandant, und Abends rückte eine grössere Kosackenschaar zum längeren Verweilen in Bremen ein. Sie bivouakirten dieses Mal nicht wieder auf den Plätzen in der Stadt, sondern wegen des, in jenem Jahre um 8 Tage verschobenen und erst am 4. November beendigten, Freimarkts in den Wallanlagen beim Osterthore, wo sie sich Strohhütten bauten und neben ihren Pferden schliefen. Die Spuren ihrer Anwesenheit haben sich bis auf den heutigen Tag durch das an jener Stelle aus den Wurzeln der damals abgehauenen Stämme neu hervorgeschossene Eichengestrüpp erhalten.

Aehnlich wie mit den Kriegsvorgängen jener Tage verhält es sich mit den ersten Erfolgen der mitgetheilten Waffenaufrufe mit der hiesigen Werbung für die hanseatische Legion, solange dieselbe noch im Auftrage Tettenborn's vor sich ging. Auch in dieser Beziehung bleibt z. B. für Denjenigen, der sich mit Abfassung einer Specialgeschichte unseres Contingents bemühen möchte, noch manches Dunkel aufzuhellen übrig. Die Militäracten des wiederhergestellten bremischen Staats beginnen natürlich erst mit dem 6. November und von diesem Tage datiren auch die Patente der schon vorher von Tettenborn für ihre Stellung bestimmt gewesenen, jetzt aber förmlich in dieser bestätigten und damit erst eigentlich in den bremischen Militärdienst getretenen Offiziere. Die näheren Nachweise, wie und durch wen die Annahme des am 6. November schon vorhandenen Stamms an Offizieren und der bis dahin angeworbenen Mannschaft geschehen, sind also nicht in unseren Acten zu suchen. Was insbesondere Eelking anlangt, über welchen ausnahmsweise sich Einiges aus den Mairieacten jener Tage erhalten hat, so nennt sich dieser in einem Schreiben an der Maire vom 27. October — es enthielt die Aufforderung Tettenborn's zur unverzüglichen Wiederaufnahme der Demolirungsarbeiten — „kaiserl. russischer Escadronschef in der hanseatischen Legion". Wunderlich genug, wenn man das heute liest; allein die hanseatische Legion, ohne Heimath und ihrer angestammten Kriegsherren beraubt, wie sie es damals war, hatte bekanntlich den russischen Fahneneid leisten müssen, und so konnte es nichts Auffallendes haben, wenn ein russischer Officier beauftragt wurde, für diese Legion eine frische Schwadron aus Bremer Kindern anzuwerben und solche selbst zu commandiren. Am 1. November — wie beiläufig hier noch mit erwähnt werden mag, weil es ein eigenthümliches Schlaglicht auf den Zustand völliger Wehrlosigkeit wirft, in dem sich gerade damals unsere Stadt befand — liess Eelking den Maire ersuchen, ihm zum einstweiligen Gebrauch für die Angeworbenen 12 Gewehre verabfolgen zu lassen. Darauf erging ein abschlägiger Bescheid, weil für sämmtliche Bürgercompagnien, welche täglich die Wachen bezögen, nur in allem fünfzig mit genauer Noth zusammengebrachte Flinten vorhanden seien, weshalb man sich mit eilig fabricirten Piken noch bis auf diesen Augenblick behelfen müsse. Die Bewaffnung der zur Aufrechthaltung der Ruhe so nöthigen Bürgergarde würde somit durch jene Abgabe um ein volles Viertel verringert werden, und das würde Eelking selbst gewiss nicht wünschen wollen.

Inzwischen blieben diese Tettenborn'schen Werbungen und was gleichzeitig damit zu seiner und zu Bremens Ehre unser Heinrich Böse auf eigne Hand betrieb, nicht für sich allein bestehen, sondern es that sich auch von anderer Seite hier vorübergehend eine Jenen keineswegs erwünschte Concurrenz auf, indem, von Verden herübergekommen, der königl preussische Rittmeister v. Petersdorf „Chef des Detachements freiwilliger Jäger zu Pferde im von Lützow'schen Freicorps" am 29. October hieselbst eine Aufforderung an alle Männer und Jünglinge Bremens, welche geneigt sein möchten, bei jenem Detachement in Dienst zu treten, erliess, sich solchenfalls bei ihm oder den mitgenannten Volontärs von Kursky und Buchsbaum zu melden. Freiwillige Beiträge an Geld, Pretiosen, Waffen, Kleidungsstücken, Material und Militäreffecten aller Art, zur Ausrüstung unbemittelter Freiwilliger, erwarte der Unterzeichnete von deutschgesinnten Männern und Frauen gleichfalls zur erwähnten Zeit in seiner Wohnung. Dass auch dieser Sonderaufruf damals bei uns seine Wirkung gethan hat, namentlich unter den Söhnen gebildeter Stände, die Körner's Lieder derzeit schon im Herzen trugen, wissen wir Alle; die

Liste der einige Dreissig Freiwilliger, welche schon im ersten Feldzuge auf eigne Kosten ausgerüstet von Bremen aus sich diesem Freicorps anschlossen, legt davon Zeugniss ab. Auch die beigefügte Bitte um freiwillige Beiträge hatte guten Erfolg, und dass darin zum ersten Mal bei solcher Veranlassung auch die deutsch gesinnten Frauen begrüsst wurden, war gewiss wohl angebracht; denn an deutscher Gesinnung standen bekanntlich die Frauen damals bei uns den Männern eher voran als hintennach. Nicht zu vergessen ausserdem des mitwirkenden Einflusses, welchen die persönlichen Beziehungen zweier derselben, aus Homburg gebürtiger Schwestern, zu der Prinzessin Wilhelm von Preussen, ihrer Landsmännin und Jugendbekannten, auf die dadurch gesteigerte Vorliebe der ihnen näher stehenden hiesigen Kreise für jenes Corps, als ein preussisches, bekanntermassen auszuüben vermocht haben. — Minder bekannt dürfte es geworden oder doch geblieben sein, wie wenig diese Concurrenz Tettenborn und den Seinen zu Danke war. Denn nur durch diese Petersdorf'sche Aufforderung, mit welcher freilich — wie nicht verschwiegen werden darf — ein dringendes Ersuchen an den Maire, 1000 Ellen schwarzes Tuch u. s. w. zur Equipirung gedachten Militärs an ihn abliefern zu lassen, Hand in Hand ging, findet ein sofort erlassenes Publicandum Tettenborn's aus Verden vom 30. October seine Erklärung, in welchem sämmtliche Autoritäten von Städten, durch welche die Truppen seines Corps marschiren oder welche sie besetzt halten, bedeutet werden, dass sie auf keine Art gehalten seien, irgend einer Requisition, die etwas anderes betreffe als Beköstigung und Fourage, Folge zu leisten, sobald solche Requisition nicht mit Tettenborn's specieller Erlaubniss geschehen sei. Ausserdem schrieb aber auch von Schultz dem Maire am 1. November: er bäte ihn zu untersuchen, ob jene angeblich durch freiwillige Beiträge gesammelten Effecten für das Lützow'sche Corps auch möglicherweise durch Erpressungen zusammengebracht worden seien. Im letzteren Falle habe er, Schultz, vom General den Auftrag erhalten, sofort die Rückgabe der Sachen zu verfügen. — Die Antwort des Maire lautet kurz dahin: Wenn Erpressungen vorgekommen seien, so würde er wohl Klagen der Verletzten gehört haben; dergleichen seien ihm aber nicht zu Ohren gekommen. Damit hatte die Sache ihr Bewenden.

Am 4. November fand endlich Tettenborn für gut, sein Hauptquartier von Verden wieder nach Bremen zu verlegen. Er hatte seit dem 19. October persönlich sich zu Verden aufgehalten und von dort aus, — wie Varnhagen berichtet, — obwohl unpässlich, alle Bewegungen seiner seitwärts das Herzogthum Bremen durchstreifenden und vorwärts in's Oldenburgische und nach Ostfriesland, sowie südlich bis nahe an Münster vordringenden leichten Schaaren geleitet. Auch die Bremer Zeitung vom 5. gedenkt der noch fortdauernden Unpässlichkeit Seiner Excellenz, durch welche mehrere vorbereitete Festlichkeiten zu dessen Empfang hätten verschoben werden müssen. Die Freude der guten Einwohner habe sich aber laut gezeigt durch eine sehr brillante freiwillige Illumination der ganzen Stadt. — Dieses Unwohlsein, in Verbindung mit der immerhin auch jetzt noch gebotenen Vorsicht, sich seine Rückzugslinie offen zu halten — namentlich stand das stark vom Feinde besetzt gebliebene Rotenburg im Wege — mögen hauptsächlich Veranlassung gegeben haben, dass Tettenborn auch nach dem 26. October noch volle 8 Tage von dem eigentlichen Centralpunkt seiner wo nicht militärischen, so doch politischen Thätigkeit, zu welcher er augenblicklich berufen war, sich fern gehalten hat. Denn dass unsere gänzlich herrenlose Stadt schon um der laufenden Geschäfte willen der persönlichen Anwesenheit ihres factischen Kriegsherrn dringend bedurfte, dafür gab jeder Tag neue Belege. Sodann aber war an Tettenborn, in Folge der wiedereingetretenen Besitznahme Bremens durch seine Unterbefehlshaber, die seit der Leipziger Schlacht vollkommen zeitgemässe Aufgabe gestellt, nunmehr auch unsere, von der Fremdherrschaft anscheinend auf die Dauer befreite, Stadt zu einer selbstständigen Theilnahme an der Sache der Verbündeten zu bewegen. Dass er nicht früher und schon bei der ersten Besitznahme hiezu geschritten war, dass er, wie Varnhagen sagt: „aus billiger Schonung den Wünschen vieler eifrigern und in „ihrem Muthe durch keine Furcht gehemmten Bürger, welche „sogleich die alte Verfassung wieder einführen wollten, kein Ge„hör gegeben, sondern sie mit ihren Hoffnungen auf eine Zeit, „deren schnelles Annähern Alles verkündigte, vertröstet hatte", war freilich nur zu sehr gerechtfertigt; das Gegentheil wäre grade von Tettenborn, nach Allem was er selbst damit in Hamburg und Lübeck bewirkt hatte und Angesichts der klar vorliegenden und gleich nachher erwiesenen Unmöglichkeit, Bremen schon behaupten zu können, mehr als Leichtsinn, es wäre Ruchlosigkeit gewesen. Jetzt allerdings stand es damit anders; Tettenborn musste und konnte füglich jetzt die Initiative ergreifen. Und zwar war es mit der bereits begonnenen Werbung, mit der Hergabe der waffenfähigen Söhne für den Befreiungskrieg, nicht allein gethan; auch sonst musste unsere Stadt zu Leistungen für die gemeinsame Sache des Vaterlandes, in gleicher Weise wie es anderer Orten beim Fortschritt der verbündeten Waffen geschehen, in Anspruch genommen werden. Hiefür aber, um anregend, leitend, regelnd und vertretend voranzustehen, bedurfte es mit Nothwendigkeit jetzt völlig neuer Localbehörden, wirklicher Organe des auch bei uns wieder frei gewordenen Nationalwillens; was hier bisher als Nothbehelf noch fortbestanden, die von der französischen Regierung eingesetzt gewesenen und dieser verpflichteten Beamten und Municipalitäten, konnte für solche Zwecke nicht mehr dienen. Zugleich aber konnte selbstverständlich in Bremen nicht so zu Werke gegangen werden, wie etwa in den freigewordenen Nachbarländern. In diesen konnten ohne Weiteres im Namen der gewaltsam verdrängten, aber keineswegs zum Aufgeben ihrer Rechte vermochten, Landesherren provisorische Regierungscommissionen sich bilden, um bis zur Rückkehr derselben und ihrer Befehle jederzeit gewärtig Land und Leute im deutschen Sinne zu verwalten, daneben auch das wieder wach gewordene eigne Staatsinteresse bestens mit in Acht zu nehmen. Im republikanischen Bremen dagegen, wo Behelfe solcher Art ausser Frage standen, war im vorliegenden entscheidenden Augenblicke nur zwischen zwei streng geschiedenen Möglichkeiten zu wählen. Entweder die definitive Ordnung der Staatsverhältnisse des jetzt in Rede stehenden Theils im aufgelösten Departement der Wesermündungen, welcher vor drei Jahren „freie Hansestadt Bremen" hiess, blieb bis nach dem Frieden noch ausgesetzt, wo in dieser Hinsicht seitens der Befreier dann erfolgen würde was Rechtens; einstweilen aber wurde derselbe für die Zwecke des Krieges von den verbündeten Mächten in Besitz genommen und unter die Verwaltung ihrer für ähnliche deutsche Landestheile neuerrichteten obersten Verwaltungs-Departements gestellt. Oder aber, mit Zustimmung der Befreier, erklärte Bremen selbst sofort sich frei und gab durch Wiederherstellung von Verfassung und Regiment, wie beides bis vor drei Jahren hier bestanden hatte, zu erkennen, dass es ebenso gut wie die Landesherren rechts und links die Einverleibung seines Staatsgebiets in das französische Kaiserreich als Usurpation betrachte, dem Usurpator jeden Gehorsam aufsage und durch freiwillige Leistung des zu Leistenden sein Anrecht auf selbstständigen Fortbestand im neuen Nationalverbande zu behaupten entschlossen sei. Im letzteren Falle freilich — das war vorherzusehen nach Allem, was sich seiner Zeit in den Schwesterstädten begeben hatte — würde Tettenborn für die Zwecke des Kriegs ein concentrirtes Regiment mit dazu gehörigem verfassungsmässigem Beistande aus der Bürgerschaft verlangen.

Von Bremens Seite — soviel war gewiss — konnte bei Stellung einer solchen Alternative nur der letztere Theil ergriffen werden. Der ganze Sinn der Bevölkerung stand dahin, der früheren Selbstbestimmung in vollem Umfange wieder theilhaftig zu werden. Ob hiermit für den Augenblick auch grössere Gefahren verbunden waren und grössere Opfer davon die unausbleibliche Folge sein mussten, das bremische Selbstgefühl würde dennoch sicher gegen den Eintritt in ein vorläufiges Schutzverhältniss in einem Augenblicke sich gesträubt haben, wo der monarchisch regierten Nachbarschaft die Rückkehr in die alten Rechtsverhältnisse vor der französischen Usurpation ohne Weiteres zufiel. Die Sorge vor der möglichen Gefährdung des Anspruchs auf staatliche Gleichberechtigung mit dieser Nachbarschaft nach hergestelltem Frieden musste vollends von der Annahme jenes Auskunftsmittels zurückhalten.

Inzwischen steht sogar dahin, ob bei den nunmehr stattgefundenen Verhandlungen mit Tettenborn am 4. und 5. November besagtes Auskunftsmittel überall noch mit zur Sprache gekommen und nicht vielmehr von vornherein als einzige Grundlage des weiteren Vorgehens nur die Wiederherstellung der alten Verfassung, wiewohl mit den durch die Zwecke des Kriegs einstweilen noch erforderten Modificationen, in Vorschlag gebracht und angenommen worden ist. Der eigentliche Verlauf jener Verhandlungen und was sonst in Beziehung auf dieselben an den gedachten beiden Tagen sich begeben hat, ist nämlich urkundlich nicht mehr festzustellen. Von gleichzeitigen schriftlichen Notizen hat sich, meines Wissens, weiter nichts erhalten, als ein Billet an den Maire von Varnhagen's zierlicher Hand, d. d. Hauptquartier Bremen den 5. Nov. 1813, in welchem dieser darum nachsucht, „ihm zum Behufe sehr wichtiger und keinen Aufschub leidender Geschäfte einen geschickten und verlässlichen Menschen, der die Tage hindurch bei ihm auf dem Zimmer abschreiben solle, anzuschaffen und zuzusenden, damit derselbe noch heute sein Geschäft antreten könne". Was ausserdem notorisch feststeht, ist, dass Tettenborn, als die ihm am geeignetsten erscheinenden unter den vormaligen Senatsmitgliedern, den damaligen Vicepräsidenten des hiesigen Tribunals Gondela und den damaligen Notar Smidt zu sich entbot, mit ihnen das Nöthige zu verabreden; dass diese dann zunächst sich mit dem vormaligen Bürgermeister C. A. Heineken, als dem nunmehr zur Uebernahme des Präsidiums Berufenen, in Verbindung setzten; dass schon am 5. Abends der Senat zum ersten Mal zusammen trat und wesentlich alles Dasjenige schon vornahm, erwog und beschloss, was dann am anderen Morgen nochmals förmlich zum Protokoll beschlossen wurde und mit dem weiter Hinzugekommenen vereinigt unter dem Datum des 6. November im Senatsprotokolle sich eingetragen findet; dass endlich an dem nämlichen Abende auch die Mitglieder Einer Ehrliebenden Bürgerschaft in altgewohnter Weise zum Convent auf den folgenden Morgen, Vormittags 10 Uhr, eingeladen wurden. Smidt hat aus diesem Grunde es sich nicht nehmen lassen, jenen seinen Geburtstag — er hatte am 5. November 1813 sein 40. Jahr vollendet — seitdem immer auch als den eigentlichen Auferstehungstag der bremischen Republik zu betrachten und so doppelt zu feiern. Zur Bezeichnung der Stimmung, mit welcher jener erste äusserliche Act des wiederangetretenen bremischen Regiments, die förmliche Einladung zum Bürgerconvente, damals aufgenommen wurde, mag die Anekdote dienen, die unter ähnlichen Zügen der ausgelassenen Freude wohl am längsten sich erhalten hat, dass als am 5. Abends der Silberdiener Knust in vollem Ornat, mit rothem Rock und Mantel, in das wiedereröffnete Clublocal der „Erholung" eingetreten war und seinen üblichen Sermon gehalten hatte, die dort Versammelten ihn aufgehoben und mitten auf den Tisch gestellt haben, um an den auferstandenen Farben und Formen des alten Bremen so recht ihre Augenweide zu haben.

Um zu den Vorverhandlungen mit Tettenborn zurückzukehren, so ist von dem ferneren Inhalt derselben noch Zweierlei als keinem

Zweifel unterliegend hervorzuheben. Sieben Senatsmitglieder (die Senatoren Gondela. Smidt, Vollmers, Horn, Nonnen, Duntze, Lameyer und Syndicus Heinr. Gröning) und 26 Mitglieder der Bürgerschaft wurden bekanntlich von Tettenborn in Vorschlag gebracht, Erstere, um als provisorische Regierungs-Commission des Senats und mit aller erforderlichen Vollmacht versehen, bis auf Weiteres die Regierungs- und Finanzgeschäfte der Stadt und ihres Gebiets zu verwalten — Letztere, die nachmals s. g. „Repräsentanten der Bürgerschaft", um als deren beigeordneter Ausschuss zu diesen Geschäften in den constitutionsmässigen Fällen die Rechte der Bürgerschaft mit gleicher Vollmacht provisorisch zu vertreten. Es steht nun fest, dass sowohl die Namen dieser „nach eingezogenen Erkundigungen als patriotische und der guten Sache anhängige Männer zu dem angeregten Zweck empfehlenswerthen Herren", — wie es in Tettenborn's Schreiben vom 6. November heisst — ihm von den beiden Unterhändlern aufgegeben wurden, als auch die Begrenzung der erwähnten Geschäfte mit ihm vorab so wie geschehen concertirt worden ist. Sodann aber war es sicher ebenfalls ein Gegenstand vorgängiger Abrede, dass diese thatsächlich aus eignem Entschluss hervorgegangene und durchgeführte Wiedergeburt des bremischen Staats zunächst doch äusserlich als das Werk der verbündeten Mächte und ihres Organs, des General von Tettenborn, in die Erscheinung trat. Allen öffentlichen Erlassen des wiederhergestellten Senats ist nämlich, wie bekannt, ein Publicandum Tettenborn's vom 6. November des folgenden kurzen Inhalts vorangegangen: „Auf Befehl Sr. M. „des Kaisers aller Reussen, meines Herrn, und Sr. Kgl. H. des „Kronprinzen von Schweden, sind von heute an die bestehenden „Französischen Autoritäten der Stadt Bremen und ihres ehemaligen „Gebiets aufgelöset, und ist die alte Verfassung der freien Hanse„stadt Bremen hiemit wieder hergestellt". — Dass dieses „Auf Befehl" im Grunde nichts weiter war, als die persönliche Ueberzeugung des Verkündigers von den Intentionen der genannten hohen Herren, dass jedenfalls der russische Reitergeneral keine nachweisbare Autorisation seines Souveräns zu einer soweit gebenden politischen Handlung in Händen hatte, dass überhaupt, selbst wenn dieses der Fall, daraus keine bündigen Garantien für Erhaltung der Selbstständigkeit beim Friedensschlusse oder auf dem künftigen Congresse zu entnehmen waren, konnte tiefer

Blickenden schon damals schwerlich entgehen. Allein für den Augenblick kam es nicht sowohl auf solche weitere Folgen, als zunächst nur auf den moralischen Eindruck und auf die unmittelbaren Rückwirkungen des hiemit beigebrachten Nachweises an, dass die Erhebung Bremens auf den Anstoss und mit Unterstützung der Verbündeten selbst geschehen sei. Im Innern musste diese Initiative Tettenborn's ermuthigend wirken; ihn selbst und die von ihm genannten Kriegsherren musste sie, moralisch wenigstens, zu fernerem militärischen Beistande verpflichten; im schlimmsten Falle konnte der Nachweis, dass die Lossagung Bremens von Frankreich nicht ohne Mitwirkung der Alliirten erfolgt sei, der Stadt bei dem Wiedervordringen des Feindes eine schonendere Behandlung als ausserdem zu Wege bringen.

Wenn das zuletzt erwähnte Motiv auch damals bremischerseits wohl wenig mehr in Anschlag gebracht worden sein wird; die Nothwendigkeit, selbst jetzt noch eines ferneren militärischen Beistandes versichert zu sein, war jedenfalls, zumal nach jenem Schritte, in vollem Masse vorhanden und musste fortwährend ein Gegenstand ernster Sorge bleiben. Man darf die Dinge heute nicht leichter nehmen, als sie damals wirklich waren. Was die jetzt vollends abgefallenen Bremer, was insbesondere die Mitglieder des Senats — fast ohne Ausnahme in der französischen Zeit zu neuen Anstellungen gelangt und somit der französischen Regierung doppelt verpflichtet geworden — in den Augen der Franzosen waren, bedarf keiner Ausführung. Hatte doch selbst Lauberdière, der schonend aufgetreten, noch bei seinem Abzuge am 26. October es nicht lassen können, dem Maire gegenüber die Phrase zu gebrauchen: „l'Empereur ne doit trouver dans les fidèles Brêmois que des sentimens d'attachement, de patriotisme et de dévouement pour son service!" — Dieser freilich, und was sonst im deutschen Westen oder Süden von französischen Streitkräften noch zu finden war, konnte nicht mehr schaden; aber vom Norden her sass Davoust mit seinen Zwanzigtausend in Hamburg und Harburg uns im Nacken, — Elbabwärts bis Cuxhaven Meister des Terrains und von Stade aus über Horneburg und Bremervörde seine Verbindungen bis zu den Unterweserschanzen bei Bremerlehe und Blexen erstreckend; — auf seiner Durchbruchslinie nach Holland aber, welche Bremen mit umfasste, durch das fortwährend besetzt gehaltene Rotenburg thatsächlich nur wenige Meilen entfernt. Alle diese Aussenposten fielen erst mehrere Wochen später vor den von Süden her über Bremen herangerückten neuen russischen Truppen, mit regelmässiger Infanterie und Artillerie; — so z. B. die Carlsburg und Blexen am 24. und 25. November; Stade am 29. Nov.; Fort Rotenburg erst am 5. December*). Erst mit dem am 12. Nov. und in den nächsten Tagen erfolgten Eintreffen dieser etwa 5000 Mann neuer Truppen unter Wintzingerode, Abtheilungen der Nordarmee, welche bei deren Zuge von Leipzig aus gegen Westen und dann in unsere Gegend verwendbar geworden waren, durfte man hier in Bremen sich wirklich sicher fühlen und konnte man immerhin am 17. Nov. in der Bremer Zeitung das Bülletin des Kronprinzen von Schweden vom 10. dess. Monats mit voller Ruhe lesen, worin es u. a. heisst: „Der Marschall Davoust behauptet noch seine alte Position an der Stecknitz und kann seine Rückkehr nach Frankreich nicht mehr bewirken". — Am 6. November dagegen standen diese ersten zuverlässigen Hülfskräfte noch manchen Tagemarsch im Süden von Bremen entfernt, und hatte ihnen voraus der Kronprinz selber so eben erst sein Hauptquartier in Hannover aufgeschlagen; bei uns in Bremen aber blieb an jenem Tage die Zahl der hülfsbereiten Freunde noch immer auf die einige Hundert Kosacken und Lützower von bekannter leichter Beweglichkeit des Tettenborn'schen Corps beschränkt.

Indessen versteht es sich wohl von selbst, dass in der gehobenen Stimmung, welche bei der nun am 6. November einmüthig vom Senat und Bürgerschaft beschlossenen Wiederherstellung ihrer selbst und der alten bremischen Verfassung, als der Grundlage für das damit auch für unser Bremen wachgewordene neue Leben in und mit dem übrigen Deutschland, alle patriotischen Gemüther bei uns erfüllte, solchen bänglichen Gedanken nicht Raum gegeben wurde. Oder wo es dennoch hier und da geschah — denn freilich was zu Hamburg sich begeben und ganz besonders Finkh's und Berger's blutige Schatten sind auch an jenem unseren Erhebungstage noch Manchem warnend vor die Seele getreten — da war gleichwohl der sorgenden Brust die Wahrheit des Spruches lebendig geworden: Und setzet ihr nicht das Leben ein, nie wird euch das Leben gewonnen sein. —

---

*) Andere Nachrichten nennen den 7. December.

Was nun so Inhalt als Verlauf der eigentlichen Staatshandlung an diesem Tage betrifft, die feierliche Annahme des vorgelegten Programms durch gemeinsamen Beschluss vom Senat und Bürgerschaft, so ist dasselbe im Wesentlichen zwar den Bremern von heute nicht unbekannt. Wie es indessen so häufig mit dem Buchstaben geht, der der Nachwelt überliefern soll, was die Mitwelt auch ohnediess im Gedächtniss bewahrt — der buchstäbliche Inhalt jener damals ausgetauschten Erklärungen ist merkwürdigerweise niemals vollständig und, sagen wir es frei, mit allen dazu gehörigen Schnörkeln einer längst für uns entschwundenen Vergangenheit in der amtlichen Darstellung jenes Hergangs durch den Druck veröffentlicht worden*). Die Jahre der Gewaltherrschaft sollten ausgetilgt sein wie ein böser Traum; das bremische Staatsleben sollte, als wäre es gestern gewesen, da wieder anknüpfen, wo es vor drei Jahren stillestehen musste; was inzwischen bei uns geschaffen, bedurfte — wie diess thatsächlich auch mit manchen Guten und Zweckmässigen demnächst geschah — zu seinem Fortbestande der ausdrücklichen Anerkennung der bremischen Staatsgewalt. Diess war die Rechtsanschauung, von der man ausging, ja um der politischen Zukunft unseres Staates willen in diesem Augenblicke ausgehen musste. Es begreift sich also vollkommen, wenn bei jener ersten feierlichen Action das alte Bremen, wie es vor drei Jahren leibte und lebte, auch in den äusseren Formen wieder zur Erscheinung kam. Die vor den Rath entbotene Bürgerschaft, nachdem derselbe sich in seinen Stühlen niedergelassen, nahm demnach um 11 Uhr Morgens aus dem Munde des Syndicus Schöne die von Smidt entworfene Anrede des Senats, welcher Tettenborn's Proclam und dessen Schreiben in Betreff des zu bestellenden provisorischen Regierungs-Ausschusses als Anlagen beigefügt waren, entgegen, um demnächst abgesondert darüber zu berathen Als Einleitung zu der Anrede wurde der Bürgerschaft sowenig das herkömmliche: „Wohledle, Veste, Hochgelahrte u. s. w." erspart, wie am Schlusse die praktische Hinweisung: „nunmehr über den Inhalt des gegenwärtigen Vortrags und seiner Anlagen, wie herkömmlich, Kirchspielsweise

---

*) Auch in der angeführten Schrift „Bremens Befreiung vom französischen Joche" sind sie nicht vollständig mitgetheilt und ist namentlich die Anrede des Senats verstümmelt.

zu berathen, wozu ihr der Allmächtige seinen segensvollen Beistand verleihen wolle". — Eine freie Rede, mit welcher Dr. Wilmaus hierauf im Namen Aller hervortrat — aussprechend ihren Dank gegen Gott, gegen das goldene Moskau, welches sich freiwillig zum Brandopfer für die Freiheit Europa's geweiht, gegen den herrlich hervorgetretenen Fürsten- und Völkerverein und gegen die Freiheitskämpfer selbst, und schliessend mit einem Lebehoch auf die Befreier und mit einem zweiten auf die freie Hansestadt Bremen, in welche Rufe selbstverständlich alle Anwesenden mit einstimmten — gehörte streng genommen nicht mit zur Sache und wird daher in der officiellen Ausfertigung auch nur andeutungsweise erwähnt. In gleicher hergebrachter Weise wurde denn auch die später 2 Uhr Nachmittags durch den Bürgerworthalter, Dr. J. F. Schultz, vorgetragene förmliche Erklärung der Bürgerschaft, desgleichen die um 3 Uhr erfolgte Schlussantwort des Senats mit den vormals üblich gewesenen Curialien eingeleitet und ebenso mit Hinweisungen auf den Schutz des Höchsten und Segenswünschen für unseren Freistaat geschlossen Ein solches Wiederaufleben altehrwürdiger Gebräuche und Formen, im Gegensatz zu Pomp und Phrase des Napoleonischen Scheinconstitutionalismus, wird übrigens auch der bremischen Generation von damals sicher nicht zum Anstoss gereicht haben — gehörten doch die Besten und Freiheitsdurstigsten hier wie überall in Deutschland dem Zeitalter der Romantik an[*]). Anders freilich verhielt es sich mit der praktischen Consequenz, dass in Ermangelung neuerer Fundamentalgesetze auch die „Neue Eintracht", mit ihr der „Vollmächtige Rath", dem Buchstaben nach in Bremen wieder aufgelebt war. Begreiflicherweise bemerkt denn auch die Bürgerschaft in ihrer Antwort mit Vergnügen, „dass Ein Hochweiser Rath die Nothwendigkeit einsehe, unsere Verfassung von ihren früheren Mängeln zu reinigen", und wünscht die Vorschläge hierzu in einem anderweitigen Convente baldmöglichst eröffnet zu erhalten. Die damalige Opposition, natürlich von anderen Verfassungsidealen durchdrungen, als es die späteren gewesen sind, hat ihre desfallsige Ungeduld schon bald darnach im Früh-

---

[*]) Vergl. auch die Tagebuchsnotiz Fr. Schröder's, eines der 26 Repräsentanten der Bürgerschaft, zum 6. November, in den Abhandlungen des naturwissenschaftlichen Vereins zu Bremen I. S. 332.

jahr 1814, mitten in der Ueberbürdung des Staats mit den Arbeiten für die Zwecke, des Kriegs, sonach freilich doppelt unbequem, in heftiger Weise zu erkennen gegeben. — Im Uebrigen bleibt von dem Inhalte der beiderseits ausgetauschten Erklärungen, deren Hauptgegenstand sofort einmüthig erledigt war, nur noch zu erwähnen, dass auf den Antrag der Bürgerschaft eine gemeinsame Deputation des Dankes an Tettenborn beliebt wurde, deren Sprecher Senator Smidt gewesen ist. Seinerseits sah dann in gleicher Weise der Senat sich gedrungen, in seiner Schlussantwort auch den nunmehr abgegangenen Maire (dieser hatte gleichfalls von Tettenborn um 9 Uhr Morgens die Anzeige von dem Aufhören seiner Existenz als solcher erhalten und damit seine Acten geschlossen), nebst Maire-Adjuncten und sämmtlichen Municipalräthen, seinen Dank für Alles, was in ihrem peinlichen Berufe sie Gutes für die Stadt geschaffen und Nachtheiliges von ihr abgewendet, öffentlich zu bezeugen, nicht minder ebenso allen im Rathhause anwesenden sowohl als abwesenden Bürgern, die sich bisher dem beschwerlichen Wachtdienst so unverdrossen unterzogen und darin hoffentlich mit gleichem Eifer noch eine Weile ausharren würden, auf das Lebhafteste zu danken.

Als ein Document von bleibend historischem Werthe darf unter allen diesen Erklärungen mit Recht wohl die Ansprache hervorgehoben werden, mit welcher der Senat die gemeinsame Versammlung eröffnete. Von einem der beiden Unterhändler mit Tettenborn verfasst, im Augenblicke der tiefsten Erregung niedergeschrieben, vom Senate ohne Aenderung so gutgeheissen, darf sie zugleich als Ausdruck der eigensten Gesinnungen gelten, welche den Verfasser selbst beseelten und die ihn bei seinem späteren staatsmännischen Wirken für Bremen jederzeit begleitet haben. Sie mag darum vollständig hier wieder in Erinnerung gebracht werden. Als Erläuterung nur noch die Vorbemerkung, dass der im Eingange derselben erwähnte Vorgang im letzten Bürgerconvent vor der französischen Usurpation am 22. December 1810 stattgefunden hat, und dass der inzwischen verstorbene damalige Sprecher der Bürgerschaft der ebenso als bremischer Patriot wie um die Wissenschaft verdiente und in Aller Andenken verbliebene Dr. Joh. Friedr. Gildemeister gewesen war.

„Nicht zum letzten Male hoffe er an dieser Stätte mit seinen geliebten Mitbürgern das Wohl unseres theuren Gemeinwesens zu berathen, diess waren die Aeusserungen, womit der Senat vor ungefähr drei Jahren der Ehrliebenden Bürgerschaft seinen letzten leisen Scheidewunsch einer künftigen besseren Zukunft nachzurufen wagte, und es sind ihm die Worte noch unvergesslich, mit denen sie durch den Mund ihres damaligen würdigen Sprechers (vielleicht in diesem Augenblick unseres unsichtbaren Zeugen aus einer besseren Welt), erklärte und gelobte, die Gesinnungen im Herzen zu bewahren, welche sie einer Verfassung verdankte, die der Strom der Zeiten in jenen Tagen gewaltsam und für immer zu vernichten schien.

„Die Stunde ist gekommen, werthe Freunde, wo wir frei und fröhlich wieder aussprechen dürfen, was man in das Innerste unserer Gemüther zurückzudrängen wusste, und was ein dreijähriger Zwang dennoch nicht aus denselben zu vertilgen vermochte. Wir haben auch im Aeusseren aufgehört einer Nation anzugehören, deren Sprache, deren Sitten und Gesetze uns fremd waren, deren ganze Tendenz mit der unsrigen im lautesten Widerspruche stand. — Wir haben aufgehört, Franzosen zu heissen. Wir sind wieder Deutsche, und Bremen erfreut sich auf's Neue seiner freien deutschen Verfassung.

„Die glorreichen Siege der hohen verbündeten Mächte haben in diesen Tagen die tapfern Schaaren Sr Majestät des Kaisers aller Reussen unter der Anführung Sr. Excellenz des Herrn General Baron von Tettenborn in unsre Mauern geführt Die humanen Rücksichten, welche dieser treffliche General auf unsere individuelle Lage zu nehmen wusste, veranlassten ihn, uns die günstigen Intentionen, welche die hohen Verbündeten gegen Bremen hegten, erst in dem Augenblicke zu verkündigen, wo wir, durch die Annäherung zahlreicher befreundeter Heere gesichert vor schleunigem Rückfall in fremde Hände, die dargebotene Freiheit zutrauensvoll zu ergreifen vermochten.

„Am gestrigen Nachmittage wurden zwei Mitglieder des Senats schriftlich zu Sr. Excellenz eingeladen. Der General eröffnete ihnen, wie er von Sr. Majestät dem Kaiser von Russland und von Sr. königlichen Hoheit, dem Kronprinzen von Schweden, beauftragt sei, die französische Verfassung der Stadt Bremen und ihres Gebiets völlig aufzulösen und denjenigen Zustand wieder herzustellen, worin sich dieselbe vor der französischen Besitzergreifung befunden. — Er forderte den Senat zugleich auf, die

Bürgerschaft am heutigen Tage auf die gesetzmässige Weise zu versammeln und derselben diese grossmüthige Entschliessung der hohen Alliirten zu verkündigen, welche er zugleich durch eine öffentliche Proclamation dem ganzen Publiko mittheilen werde. Dieses Proclam ist erfolgt und der Senat hat am heutigen Morgen zugleich ein Schreiben Sr. Excellenz erhalten, welches er der Ehrliebenden Bürgerschaft in der Anlage zu verfassungsmässiger Berathung über dessen Inhalt mittheilt.

„Die Bande sind gelöst, welche der Sieger uns aufdrang. — Der Boden, auf dem wir geboren sind, oder der in einer Zeit, wo wir mit Freiheit unsern Wohnsitz wählen konnten, unsere Heimath und unser Vaterland ward, ruft uns zu keinen Verpflichtungen gegen Frankreich. Die Vorschriften des Christenthums selbst begehren keinen Gehorsam von uns gegen eine Obrigkeit, die keine Gewalt mehr über uns hat. Wir sind deutschen Stammes und deutscher Nation. Wir und unsere Väter vor uns haben Jahrhunderte und Jahrtausende lang Wohl und Weh mit unsern deutschen Brüdern getheilt und getragen. — Durch die beispielloseste Aufopferung ihres Blutes und des Blutes der mit ihnen verbündeten, zu ihrem Heile aus dem fernsten Norden zu uns eilenden Völker sind wir gewonnen und befreit. — Was sollte uns denn abhalten, in glaubensvollem Aufblicke zu dem Regierer der Welten, der die Schicksale der Völker lenkt, mit Dank und mit Freude die Hand des Retters zu ergreifen? Was sollte uns hindern können, Gut und Blut einzusetzen für das, was wir als das theuerste Kleinod unseres Lebens erkannt haben? — Nein, unsere Enkel sollen nicht erröthen dürfen über ihre Väter, wir wollen zeigen, dass wir es werth waren, frei geboren und der Freiheit wiedergegeben zu sein.

„Zu thun, was an uns ist, die deutsche Freiheit sichern zu helfen, sei unsere nächste Sorge, und nach beendigter Befreiung die zweite, durch eine sorgfältige Reinigung unserer Verfassung von ihren früheren Mängeln, den Völkern Europas zu zeigen, dass Bremen würdig sei, als selbstständiger Staat ein Glied des deutschen Völkerbundes zu heissen."

Was nun nach aufgehobenem Bürgerconvent und schon vorher an diesem Tage und bei der Nachfeier am 7. November, einem Sonntage, als Festjubel sich in der Oeffentlichkeit bei uns begab, mag in den Geschichtsbüchern näher nachgelesen werden.

Auch die beste Schilderung wird niemals das eigenthümliche Gepräge einer längstverklungenen Zeit, noch weniger die Stimmung, in welcher damals gejubelt wurde, wiedergeben können. Nur Einzelnes zur Bezeichnung etwa der Unterschiede, neben dem Gleichartigen, zwischen dem Damals und dem Heute sei hier anzuführen noch erlaubt. Das Fest hatte begreiflicherweise eine vorwiegend, wo nicht ausschliesslich bremische Färbung; die langverborgene Bremer Flagge flatterte aller Orten, auch an Roland's starker Seite, des eigentlichen Bannerträgers der Republik. Zur französischen Zeit hatte man neben andern Veränderungen des Marktplatzes auch die Entfernung dieses bedenklichen Symbols der bremischen Freiheit nach Paris hin in Vorschlag gebracht; zum Glück entschieden dort andere Gründe für die Beibehaltung: „approuvé," hiess es im Uebrigen, „mais la statue sera conservée." So wurde denn unser Schutzheiliger heute verdientermassen doppelt geehrt; er fand sich auch zum ersten Male mit Eichenkränzen umwunden und hat bekanntlich in dieser Weise noch manches Jahr nachher am 6. November seinen Ehrentag gehabt, so lange der eifrige Blechenschläger Kruse, bürgerschaftlichen Andenkens aus der Zeit vor 1848, noch lebte und wirkte. Neben der Bremer Flagge kam aber heute auch, von aller Welt getragen, die hanseatische Kokarde erst recht bei uns zu Ehren, das rothe Kreuz im weissen Felde, welches Speckter und Cons. in den Hamburger Frühlingstagen als Bundeszeichen der neuen Hansa ersonnen hatten, und welches seitdem, wie beim Militär, so auch in der auswärtigen Vertretung bei Diplomaten und Consuln als Bundeszeichen ihr verblieben ist. — Von Umzügen ist weiter nicht die Rede, als dass das Amt der Küper mit Fahnen und Musik durch die Stadt jubilirt habe; sie batten's in der That auch Ursache, denn endlich war für sie auch wieder einmal ein Frühling zur Erndte des täglichen Brodes erschienen. Vierzehn Tage später kamen die ersten Schwalben, Seeschiffe mit Colonialwaaren von Helgoland; bald hernach dann die Hülle und Fülle von England und weiter, nachdem der Commandant der englischen Kriegsschiffe vor der Weser, Capt. Arthur Farquhar, auf die Meldung von der Einnahme der beiden Unterweserschanzen auch die Anzeige an die Regierungscommission von der Aufhebung der englischen Blokade der Weser hatte folgen lassen. Seinen Dank für solche frohe Botschaften hatte er schon zum Voraus in Gestalt einer

Ohm Rheinwein zugesandt erhalten. — Die Vivats jenes Tages galten neben Tettenborn namentlich den wiedererstandenen Bürgermeistern und dem Senator Gondela, als Präsidenten der neuen Regierungscommission; aus einer gleichzeitigen Tagebuchsnotiz entnehmen wir, dass beim Ausbringen solcher Vivats unsere nengeworbenen Lützower sich lebhaft betheiligt haben, und darf deshalb ein Gleiches als auch von Eelkings Legionären geschehen wohl angenommen werden, es sei denn, dass dieselben dienstlich anderweit in Anspruch genommen gewesen wären. Am 7. war diess Letztere schon der Fall; da haben unsre Rekruten im Verein mit Bürgerwachen Gefangene weiter führen müssen, den Rest von Gensdarmen, Douaniers und sonstigen französischen Employé's aus dem Oldenburgischen, welchen die Kosacken in Westerstede aufgehoben und in 14 Wagen am 6. Nov. nach Bremen gebracht hatten. — Tettenborn war natürlich in diesem Festjubel wieder der eigentliche Held des Tags; auch am Abend des 7. im überfüllten Schauspielhause wurde er mit vielen Hurrah's empfangen; das Orchester spielte God save the king und das ganze Publikum sang mit — ob nur den altbekannten englischen Text, oder, wie zu hoffen, die neue deutsche Version des „Heil Dir im Siegerkranz", welche die Bremer Zeitung vom 5. November so eben zu Jedermanns Kunde gebracht hatte, muss dahin gestellt bleiben. — Um schliesslich auch das Gleichartige zwischen dem Damals und dem Heute in Einem Punkte hervorzuheben, mag noch erwähnt werden, dass auch das leidige Schiessen der lieben Jugend, was wohl zu keiner Zeit ärger bei uns betrieben worden ist, als in jenem pulverreichen Winter $18\frac{13}{14}$, zur Erhöhung, beziehungsweise Störung der Festfreude, am 6. November wenigstens, nicht gemangelt hat, — ein Stein des Anstosses nicht bloss für den friedlichen Bürger, sondern ebensowohl für die Militärbehörde. Die erste Zuschrift, mit welcher der Präsident der neuen Regierungscommission von dem Capitain-Commandanten der Stadt, unserem bekannten Rittmeister von Schultz, schon am 6. Nov. behelligt worden ist, enthält das Ersuchen, „den Einwohnern der Stadt sofort andeuten zu lassen, dass sie die Freude des heutigen Tags auf eine ruhige Weise äussern und das nur gar zu leicht zu mancherlei Unfug Anlass gebende Schiessen einstellen". Es wurde sofort erwiedert: dem Unfug solle möglichst Einhalt geschehen und morgen desfalls ein Publicandum erlassen werden. Hoffentlich wird diess geholfen haben.

Mit diesen Tagen des Wiedergeburtsfestes beginnt nun eine bis tief in den Sommer 1814 verlängerte Periode, von welcher sich sagen lässt, dass sie den Göthe'schen Spruch: „Tages Arbeit, Abends Gäste — saure Wochen, frohe Feste" auf unser ganzes Bremen und insbesondere auf die Mitarbeiter am neuverjüngten Staat in der vollen Bedeutung des Worts zur Anwendung gebracht hat. Nur um das, was in dieser Beziehung bevorstand, anzudeuten, mögen hier noch einige Vorgänge der nächsten Zeit Erwähnung finden.

Eine der ersten Sorgen des Senats war, Schreiben an die hohen Alliirten, namentlich an Oesterreich, Russland, Preussen, England, Schweden und den Kronprinzen von Schweden noch besonders, desgleichen an die befreundeten Nachbarn, soweit schon wieder hergestellt, zu erlassen, zur Ankündigung unserer selbstständigen Existenz; alle ungefähr gleichlautenden Inhalts: Glückwunsch, Dank, Empfehlung nebst Anzeige, was wir bereits durch Stellung von Truppen gethan und wie wir bereit seien, ferner für die allgemeine Sache des Vaterlandes zu wirken Mit dem Schreiben an den Kronprinzen wurden die Senatoren Smidt und Post am 10. November zu diesem persönlich in's Hauptquartier nach Hannover gesandt; er war der Oberbefehlshaber so Tettenborn's als des zu unserem Schutz heranrückenden Wintzingerode, desgleichen derjenige unserer Brüder von der hanseatischen Legion und somit factisch auch der Truppen, welche Bremen jetzt seinerseits zu stellen und dieser zuzuführen hatte. Auf seinen Abstecher nach Bremen, wo er vom 17. bis 20. November verweilte, wie überhaupt auf seine eigenthümlichen Beziehungen zu uns und den Schwesterstädten soll hier nicht näher eingegangen werden. In Hannover wurden von den Abgesandten selbstredend auch der Herzog von Cumberland und das wiedereingesetzte Ministerium begrüsst; nach wenig Tagen traf von dort ein erwiederndes Glückwunschschreiben ein, daneben aber auch die Anzeige, dass unverweilt ein Commissar nach Bremen gehen werde zur Regelung der Postverhältnisse auf Grund der wiederaufgelebten Gerechtsame Hannovers in Bremen und dessen Gebiet. — Kaum hatte der Kronprinz von Schweden unsere Stadt wieder verlassen, um jetzt in Holstein sich Norwegen zu erobern, so wurden von völlig anderer Seite gleichartige Anforderungen, wie Jener sie erhoben, an uns gestellt. Unser Mitbürger, der preussische Consul und Commerzienrath F. Delius, producirte ein Schreiben des Frhrn. von Stein vom 17. November, laut welchem Jener zum Agenten des Centraldepartements zur Leitung der Verwaltung der von den Alliirten besetzten Länder bei der Stadt Bremen ernannt worden war, um für Militärkräfte und Bedürfnisse das Erforderliche zu besorgen und zu verhandeln; auch sei derselbe autorisirt, sofort den Elsflether Zoll wiederherzustellen und zwar bis zum Frieden für Rechnung der alliirten Mächte. Diess waren die ersten amtlichen Beziehungen, in welche das verjüngte Preussen, oder richtiger, in welche das Deutschland der Zukunft, wie es Stein und seine preussischen Gesinnungsgenossen erstrebten, zu dem damals kaum von ihnen schon gekannten Bremen getreten ist. — Als dann bei der Durchreise des in seine Staaten zurückkehrenden Herzogs von Oldenburg, am 26. November, auch von diesem vertrauliche Winke über dieses Centraldepartement und dessen Bedeutung erfolgt waren, als ferner um die nämliche Zeit von jenseits der Elbe Officiere der hanseatischen Legion sowie Mitglieder des hanseatischen Directoriums hierherkamen, die alte Gemeinschaft wieder aufzufrischen und fester zu knüpfen; — da wurde dem Senate klar, wo eigentlich die Zukunft Bremens und der Schwesterstädte zu suchen und zu sichern sei. Demzufolge wurde unverweilt aus seiner Mitte Senator Smidt in das Hauptquartier der Verbündeten nach Frankfurt abgeordnet, um gegen die ursprüngliche Erwartung erst von Paris aus nach geschlossenem Frieden wieder heimzukehren.

Auf diesen diplomatischen Feldzug folgte später der militärische unserer jungen Mannschaft, der aber erst im Februar 1814 eröffnet werden konnte.

Inmittelst hatte sowohl für die Ausrüstung unseres Contingents wie für eine Menge anderer Aufgaben, alle zu der vielumfassenden Rubrik der „Zwecke des Krieges" gehörig, die häusliche Arbeit der Regierungscommission und der bürgerschaftlichen Repräsentanten bei derselben sofort nach Einsetzung dieser Behörde begonnen, und es war, wie schon erwähnt, dafür gesorgt, dass bis lange nach dem Frieden der Stoff zu solcher Thätigkeit uns hier nicht ausging. Auf diese Weise hat unser Bremen, obschon vom Kriege selbst, seinen unmittelbaren Schrecken und Leiden, fortan verschont geblieben, gleichwohl als Preis für die wiedergewonnene Selbstständigkeit und als die eigentliche Grundlage für die ihm später zu Theil gewordene Stellung im deutschen Staatenbunde, noch eine lange, mit schweren Opfern und Anstrengungen verknüpft gewesene, Arbeit des Krieges leisten müssen, — eine Arbeit zu Hause und eine andere, nicht minder wichtige, im Felde. Beides eingehend zu schildern, wie es die Bedeutung jenes Uebergangsstadiums für die nachmalige Gestaltung unseres Staatslebens verdient — und es lohnte sich wohl der Mühe, da in unseren s. g. Specialgeschichten hierüber so gut wie nichts zu finden ist — bleibt besser einer besonderen Darstellung vorbehalten. Nur mit der Versicherung möchte ich die gegenwärtige schliessen, dass, wer jene Zeit und das mit Recht aus eigner Erinnerung eine köstliche nennt, auch mit dem Psalmisten wird hinzufügen müssen, dass sie Mühe und Arbeit gewesen ist!

III.

Ueber die

Spuren einer alten Schifffahrts- und Handels-Verbindung Bremen's mit dem Norden Europa's und mit Amerika
im 11. Jahrhundert.

Von J. G. Kohl.

Schon lange vor der Zeit Karls des Grossen sind vermuthlich mancherlei Reisen, sowohl Land- als Seefahrten von Bremen und der Weser aus zu verschiedenen Zwecken unternommen worden. Doch wissen wir von ihnen, sowohl von den Kriegs- und Seeräuberzügen, deren Tacitus und andere Römer als von unsern Küsten ausgehend gedenken, als auch von den Unternehmungen der sächsischen Häuptlinge Hengist und Horsa, und den anderen alten Auswanderungen von der Weser, Elbe und Eider nach England wenig Genaues.

Etwas bestimmtere Kunde über die von unseren Gegenden aus gemachten Expeditionen und Reisen erhalten wir erst, nachdem am Ende des achten Jahrhunderts das Christenthum und ein Bischofssitz an der Weser begründet worden war, und namentlich nachdem dieses Bisthum in der Mitte des neunten Jahrhunderts mit dem Hamburger Erzbisthum, für das man weitgehende Pläne hatte, verschmolzen war.

Der Mann, der zum ersten hamburgisch-bremischen Erzbischof erkoren wurde, der berühmte Apostel des Nordens, der heilige Anscharius, residirte anfänglich eine Zeitlang in seinem Kloster Neu-Corvey an der Weser, dann einige Jahre in Hamburg, wurde aber bald von dort durch verwüstende Einfälle der Dänen und Slaven vertrieben und schlug im Jahre 848 seine Residenz in Bremen auf. Da Hamburg wegen seiner unruhigen Nachbarschaft auch in der Folgezeit noch lange ein sehr unsicherer und zugleich auch unbedeutender Ort blieb, — (es wurde im ersten Jahrhunderte seiner Existenz fünf Mal von Normannen und Slaven verbrannt und bis auf den Grund zerstört) — so behielten auch die Nachfolger des heiligen Anschar, alle sogenannten hamburgisch-bremischen Erzbischöfe, Bremen als ihren bleibenden Wohnsitz bei. Hier in Bremen war der Mittelpunkt der meisten Verhandlungen für den weit reichenden Sprengel dieses grossen Erzbisthums, und von hier gingen fast alle die merkwürdigen Unternehmungen, Gesandtschaften und Missionsreisen aus, welche die Erzbischöfe zur Ausbreitung der christlichen Religion im Norden anordneten. Nur ausnahmsweise residirten und agirten unsere Erzbischöfe in Hamburg, z. B. Erzbischof Unwan, wie es heisst, „recht oft", Erzbischof Adalbert „zuweilen im Sommer".*) Die Mutterkirche in Hamburg war die Residenz und das Herz des Erzbisthums de jure, Bremen de facto.

Schon gleich bei der ersten Begründung eines Erzbisthums an den Mündungen der Elbe und Weser hatte man alsbald die nördlicher liegenden Länder, ja den ganzen weiten heidnischen Norden in's Auge gefasst, und der Pabst Sergius II. hatte bereits im Jahre 846 dem ersten Erzbischofe, dem Auscharius zugestanden, dass „so viel als er von den nördlichen Völkern, den „Dänen, Norwegern und Schweden durch seine Predigt unter das „Joch des Glaubens bringen könne, auf ewige Zeiten mit seinem „Erzbisthume verbunden sein und bleiben solle."

Anschar machte schon während der Jahre, in denen er noch in Neu-Corvey an der Weser und darauf in Hamburg residirte, von diesen Orten aus einige Missionsreisen nach Dänemark und Schweden. Als er aber 848 nach Bremen übersiedelte und dann dort noch 18 Jahre bis zu seinem Tode lebte, so wurden alsdann

---

*) Nach Adam von Bremen.

seine ferneren Reisepläne zum Norden in Bremen entworfen und von da aus auch ausgeführt. Naeh Dänemark machte Anschar von Bremen aus noch mehrere Reisen, zuweilen als Gesandter des Kaisers Ludwig des Frommen mit politischen und diplomatischen Aufträgen. Auch ging er von Bremen aus im Jahre 852 noch ein Mal in Glaubens- und Kirchen-Angelegenheiten über Schleswig nach Schweden und wanderte dann noch zwei Jahre lang in diesem Lande umher.

Der nächste Nachfolger des heiligen Anscharius auf dem erzbischöflichen Stuhle, Rimbert, war ein fast eben so rühriger Wanderer wie jener. Von ihm wird erzählt, dass auch er sowohl als Erzbischof wie auch schon früher als Missionar seines Lehrers Anschar verschiedentlich zu Lande wie zu Wasser nach dem Norden, nach Dänemark und Schweden gereist sei, dass er dabei viele Gefahren bestanden, ein Mal das tobende Meer und den wüthenden Sturm durch ein Wunder beschwichtigt, aber mehrere Male auch Schiffbruch erlitten habe. Endlich, so sagt Adam von Bremen, bekam Rimbert bei vorgeschrittenem Alter schwache Füsse, die ein damaliger Erzbischof von Bremen gar nicht haben durfte, — ein Papst sagte ein Mal selbst in einer seiner Bullen, zu einem Erzbischofe von Bremen dürfe nur ein „strenuus vir tantoque officio aptus" (ein rüstiger und für ein so rauhes Geschäft geeigneter Mann gewählt) werden — und so wurde denn dem Rimbert Adalgarus zum Gehülfen gegeben, damit er die so nöthigen apostolischen Reisen besorge. Dieser Adalgar wurde darnach Rimberts Nachfolger auf dem Erzbischöflichen Stuhle.

Die nächsten beiden Erzbischöfe Hoger und Reginward regierten nur wenige Jahre, und wir hören daher auch nicht viel von grossen nordischen Unternehmungen, die sie gemacht hätten.

Aber der ihnen folgende Erzbischof Unno oder Unni (916 bis 936) ahmte wieder dem Beispiele Anschars nach, wurde ein rastloser Wanderer, reiste nach Dänemark und Schweden weit hinauf und starb auch in der Fremde auf einer Missionsreise im Jahre 936 in der grossen schwedischen Handelsstadt Birka am Mälarsee, unfern des jetzigen Stockholm. Sein Körper wurde daselbst begraben, sein Kopf aber nach Bremen zurückgebracht und hier im Dom beigesetzt.

Unter dem siebenten Erzbischofe Adaldag, der sehr lange regierte (von 936—988), scheint das Missionswerk eine Zeitlang geruht zu haben, entweder weil Adaldag für weite Reisen nicht schwärmte, oder weil es, wie Adam von Bremen sagt, im Norden gar zu wild herging, langwierige und grausame Verfolgungen der Christen unter den Heiden wütheten und viele christliche Pflanzungen wieder zerstört wurden.

Unter Libentius I., dem achten hamburgisch-bremischen Erzbischofe (988—1013) kamen die Missionen nicht nur wieder besser in Schwung, sondern sie dehnten sich auch weiter nach Norwegen aus, wo damals ein dem Christenthum günstiger Fürst Olaf Trygweson sich zum König aufgeschwungen hatte. Da jedoch unsere Erzbischöfe jetzt schon viele Gehülfen im Norden selber hatten, so durften sie es sich etwas bequemer machen, hatten es nicht so nöthig, sich selber zu bemühen, sondern konnten geeignete Missionäre auswählen, sie mit ihren Aufträgen aussenden und sie auch zu Besprechungen wieder zu sich nach Bremen kommen lassen. Die drei grössten selbstreisenden Apostel unter unsern Erzbischöfen sind gewesen und geblieben die oben genannten: Anschar, Rimbert und Unni.

Libentius I. schon expedirte, wie ich sagte, einige Missionäre nach Norwegen. Aber Unwan, der neunte Erzbischof (1013 bis 1029), der Zeitgenosse des norwegischen Königs Olafs des Heiligen, ordinirte noch mehrere gelehrte Männer für Norwegen. „Er „sandte sie," sagt Adam, „dahin und stattete alle Abreisenden „reichlich aus, indem er sie dadurch sich und der Kirche ergeben „machte. Er hielt die gesammelten Schätze seines bremischen „Doms nicht unter dem Schloss, sondern verwendete sie zum „Besten seiner Legation und beschenkte die Fürsten des Nordens „damit." Erzbischof Unwan, sagt Adam von Bremen, war um Ostern und an andern hohen Festtagen wohl von sieben fremden Bischöfen und ausserdem von zahlreichen Aebten umgeben. Auch die Herzöge von Sachsen und die Grafen aus den Provinzen waren dann um ihn.

Er schickte nach Adam's Zeugniss auch Gesandte mit Geschenken nach England an den König Knut, der damals nicht nur England, sondern auch Dänemark, eine Zeit lang auch fast ganz Norwegen in seiner Gewalt hatte. Und König Knut schickte wiederum Gesandte und Geschenke nach Bremen zum Erzbischof Unwan und forderte ihn auf, noch mehr Missionäre und Bischöfe nach Norwegen zu senden.

Auch Libentius II., der noch zu König Knut's Zeiten regierte (1029—1032), sandte viele Bischöfe nach Norden. Auch kam der Bischof Rudolf aus Nordmannia (Norwegen) zu ihm nach Bremen und berichtete, was dort unter den Heiden geschehen sei. Der Erzbischof behielt ihn eine Zeitlang, entliess ihn dann und schickte ihn von Bremen nach Norwegen zurück. Auch der Bischof Thurgott kam aus Skandinavien zu ihm nach Bremen, erkrankte, starb daselbst und wurde in der Domkirche begraben. Daselbst waren auch schon früher viele andere nordische Missionäre, die aus Scandinavien nach Bremen heimgekehrt und dann daselbst gestorben waren, neben dem alten sächsischen Reisenden und Missionar, dem heiligen Willehadus, beigesetzt worden. Adam nennt den Folquart und Harich, den Odinkar den Jüngern und Poppo. —

Diesem allem nach war also, wie gesagt, Bremen schon lange vor dem elften Jahrhundert der Ausgangspunkt sowohl als auch das Ziel vieler Expeditionen und Reisen gewesen. Alle jene Unternehmungen werden uns von den mönchischen und priesterlichen Historikern der Zeit nur aus einem Gesichtspunkte und von einer Seite geschildert, nämlich von der Seite ihrer kirchlichen Bedeutung und aus dem Gesichtspunkte ihrer Erfolge für die Verbreitung des christlichen Glaubens. Ueber ihre wissenschaftliche, geographische und commercielle Bedeutung, über ihre Einwirkung auf Handel und Schiffahrt sprechen diese Autoren kaum. Ja sie geben uns nur selten ein Mal Andeutungen darüber, welche Vortheile ihre Missionäre von Handel und Schiffahrt genossen, welcher schon vorhandenen Transportmittel sie sich bei ihren Reisen bedienten oder auf welchen Wegen und Stegen und in welchen Richtungen sie wanderten. Sie überlassen es uns, dies Alles zu errathen oder durch Combination herauszubringen.

Da die Reisen des Anschar, des Rimbert, des Unni und ihrer Nachfolger in fast völlig unbekannte Gegenden gingen, und da die Reisenden selber gebildete und gelehrte Leute waren, so hatten sie vor allen Dingen zunächst den Charakter wahrer Entdeckungsreisen, welche die Länderkenntniss der Zeit vermehrten. „Besser, als an des Erzbischofs von Bremen Sitze," sagt ein deutscher Historiker (Prof. Giesebrecht), „war man im „zehnten und elften Jahrhundert wohl in keiner deutschen Stadt

„über die weite nordische Welt unterrichtet. Und wer nur die „in Bremen vorhandenen Nachrichten zusammentrug, musste für „Deutschland der tüchtigste Historiker und Geograph des Nor- „dens werden." Adam von Bremen ist dies am Ende des elften Jahrhunderts in der That geworden, und hat es eben nur werden können in Folge aller der von seiner Stadt aus bereits angesponnenen Verbindungen.

Noch ehe die Dänen, Normannen und Schweden schreiben konnten, zeichnete unser Bremer Domherr ihre Traditionen auf. Er steht an der Spitze aller geschriebenen Quellen der nordischen Geschichte. Auch anderswo — diess mag ich nebenher bemerken — haben ähnliche Missionsarbeiten und Reisen auch ähnliche Geographen und Historiker von Bedeutung und ähnliche wichtige Werke erzeugt, z. B. die Missionen der Irländer das Werk „De mensura orbis terrae" (über die Grösse des Erdkreises) von Dicuil, so die früher von England aussetzenden Missionen und Reisen das Werk von Beda dem Ehrwürdigen: „Die Kirchengeschichte der Anglosachsen", welches mit der Schrift unseres Adam eine so grosse Aehnlichkeit hat.

Wie gut man in Bremen in Folge der zahlreichen von hier aus gemachten Reisen schon damals über viele wichtige geographische Fragen, z. B. über die Frage von der Abrundung der Erde nach dem Pol, über die Kugelgestalt der Erde und über die Ursache der verschiedenen Länge der Tage und Nächte im Norden und Süden unterrichtet war und wie richtig man darüber dachte, beweisen die vortrefflichen Bemerkungen Adam's über diese und verwandte Gegenstände.

Vor allem bedeutend mussten jene Reisen auf Belebung des **Handels und der Schiffahrt** hinwirken. Es leidet zwar keinen Zweifel, dass Handel und Schiffahrt im hohen Norden, schon bevor das Christenthum dahin gelangte, längst im Gange gewesen waren, und dass die Missionäre früher von den Kaufleuten, als diese von jenen gefördert wurden. Schon die Berichte der Römer zeigen uns Schiffahrt und Handel in den skandinavischen und nordgermanischen Gewässern in voller Thätigkeit. Und so wird uns denn auch gleich von der ersten Reise des Anschar nach Schweden ausdrücklich gesagt, dass er sie in Begleitung und mit Hülfe einiger dahin reisender Kaufleute in ähnlicher Weise angestellt habe, wie später so viele christliche

Missionäre mit den Handels-Karawanen in's Innere von Asien, die dort seit uralten Zeiten in Bewegung waren, vorgedrungen sind. Allein die christlichen Missionäre vermehrten doch durch die von ihnen eingeführte Cultur die Bedürfnisse, schufen Luxus und erweiterten auch die friedlichen Beziehungen und Verbindungen mit entfernten Gegenden. Und was insbesondere unsere Stadt Bremen betrifft, so kann man von ihr wohl sagen, dass die christliche Kirche hier gerade zuerst einen Markt begründete, und dass Handel und Schiffahrt unserer Stadt vorzugsweise unter und mit der Herrschaft unserer Erzbischöfe gefördert und ausgebildet worden sind. —

Zur Ausrüstung der vielen Missionäre waren mancherlei Dinge erforderlich. Namentlich mussten sie vor Allen solche Gegenstände mitnehmen, die man zur Einrichtung einer Kirche und des christlichen Gottesdienstes bedurfte. Denn von allem Dem gab es ja in dem ganzen heidnischen Norden gar nichts. Die christliche Kirche selbst machte also eine Menge Handelsgegenstände nöthig. Gleich bei den ersten Reisen des heiligen Anschar nach Schweden vernehmen wir mithin, dass er Messgewänder, Abendmahlskelche, eine ganze kleine Bibliothek von dreissig oder vierzig Büchern und andere Dinge mit sich genommen habe. Unter diesen „andern Dingen" werden nun, wenn auch noch nicht beim heiligen Anschar, doch später, Reisezelte, Kirchenglocken, Abendmahl-Wein, Räucherwerk, Altardecken und auch gewisse schöne weisse Taufkleider erwähnt, welche letzeren die nordischen Barbaren so gerne hatten, dass sie sich zuweilen wiederholt taufen liessen, um von den Missionären mehrere Male dergleichen Kleider zu erhalten, von denen diese daher vermuthlich immer einen guten Vorrath bei sich haben mussten. Manche der oben genannten Dinge wurden mit der Zeit sehr wichtige Handels-Artikel. So z. B. das in grossen Quantitäten verbrauchte Räucherwerk, welches den Handel mit dem Oriente über Flandern und Italien förderte. So auch der Wein, den zuerst die deutschen Missionäre zum Norden brachten und bei dessen Verbreitung wir auch später immer die deutschen Kaufleute vor Allen thätig sehen. Auch reiche Geschenke, welche die christlichen Sendboten für die nordischen Könige mitnahmen, werden häufig von den Berichterstattern erwähnt, ohne dass sie jedoch leider specificirt hätten, worin denn eigentlich diese „reichen Geschenke" bestanden haben. Vermuthlich waren es goldene und silberne Schmucksachen aus den Werkstätten der Künstler des Südens, kostbar gebundene Bücher, dazu wahrscheinlich auch Reliquien aus Rom und dem heiligen Lande. — Natürlich musste diess Alles an dem Haupt-Ausrüstungs-Orte der Expeditionen d. h. in Bremen, entweder in den dortigen Werkstätten fabricirt oder aus anderen Werkstätten und Orten durch den Handel dahin beschafft werden, und es mussten so schon damals sehr bald mancherlei Handels- und Industriezweige aufblühen. Dass diese Industriezweige sich in Bremen, wie anderswo unmittelbar an die kirchlichen Stiftungen anschlossen, wird unter andern durch die „officinas" (Werkstätten) bestätigt, die Adam von Bremen als bei unserm Bremer Dome befindlich erwähnt. In diesen „officinis" arbeiteten nicht nur besoldete Künstler und Handwerker unter der Aufsicht der Geistlichen, sondern auch diese Geistlichen selbst. Ja, so intim war Handel, Kirchen- und Missionswesen verbunden, dass die Worte Messe und Jahrmarkt gleich bedeutend wurden und dass schon Karl der Grosse sich einmal darüber beklagt hatte, dass seine Priester und Missionäre selbst Handel betrieben und auf den Märkten weltlichen Gewinn suchten.

Noch heutiges Tages finden wir unter den Indianern Nord-Amerika's in ganz ähnlicher Weise christliche Mission mit Handel und Gewerbe Hand in Hand gehen. Auch da trägt noch jetzt der Jesuiten-Missionar, wie ehemals in Schweden die heiligen Anschar und Rimbert die Bücher, die Priesterkleider, die Abendmahlskelche und die Glocken, die er für seine kleinen Holz- und Waldkirchen nöthig hat, in seinem oder seines canadischen Trägers Sack mit sich auf dem Rücken.*) Und auch diese modernen amerikanischen Missionäre findet man immer, wie die des Mittelalters, in Begleitung des Handwerkers und Kaufmannes, des sogenannten „Indian traders", der ihnen mit Rath und That und mit seinem Vorrath von Waaren und Geschenken, wie sie bei den indianischen Häuptlingen begehrt sind,

---

*) Ich habe selbst einmal einem solchen Missionäre, einem frommen Bischof, dem der Papst einen wüsten Sprengel viel grösser als das Erzbisthum Bremen gegeben hatte, seine heiligen Sächelchen schleppen helfen.

zur Hand geht. Sogar die oben erwähnten weissen Taufkleider für die im Norden Bekehrten finden ihre Parallele in den weissen wollenen Blankets (Mänteln oder Decken), die bei den Indianern so allgemein beliebt sind, und die man ihnen, wenn sie sich zur Taufe und zu Friedensschlüssen heranlassen, umhängt, oder an sie verhandelt. Auch sind beide, amerikanische Missionäre und die Indian-Traders, eben so wie ehemals unsere bremischen Kirchenboten es waren, grosse Politiker, die den Sinn und die Sitten der Barbaren, ihre Häuptlinge und einflussreichen Männer vorzugsweise gut kennen und ihre Streitigkeiten und Kriege am besten zu benutzen wissen, und deren man sich daher zuweilen gern zu diplomatischen Missionen bedient hat, wie sich nach Dem, was ich oben sagte, Kaiser Ludwig der Bischöfe und Missionäre von Bremen bei den Königen von Dänemark in ähnlicher Weise bediente.

Wie mit den unentbehrlichen Reise-Effekten und Waaren, so wurden die nordischen Missionäre auch mit den ihnen nöthigen Vorkenntnissen in Bremen ausgestattet. Wie anderswo, so war auch bei unserm Bischofssitze und bei unserer Kathedrale von Anfang herein, — wie es heisst schon auf Anordnung Kaiser Karl's des Grossen — eine Schule gestiftet worden. Diese alte Bremer Domschule wurde den Umständen gemäss bald ein Erziehungs-Institut und eine Pflanzschule für nordische Missionäre, und zwar, wie es scheint, eine recht blühende, namentlich als sie zur Zeit des Erzbischofs Adaldag unter der Leitung eines gewissen sehr hoch gepriesenen Rectors Tiadhelm (oder Triadhelm) stand. Nicht nur einheimische Deutsche, sondern auch Ausländer wurden auf dieser Schule für ihre Mission im Norden ausgebildet. Junge Dänen, Schweden und Norweger kamen dahin, um die neue Lehre, die Satzungen und Ceremonien der christlichen Kirche an der Quelle kennen zu lernen, und sich das geistige Rüstzeug für die Bekehrung ihrer Landsleute zu verschaffen. Wir hören sogar von nordischen Fürstensöhnen und Prinzen, welche damals die bremische Schule besucht haben. So förderte unsere Kirche denn auch hierdurch einen regen Fremdenverkehr in der Stadt und gab auch so wieder Veranlassung zur Anspinnung mannigfaltiger weiterer Verbindungen mit dem Norden. Eben dahin wirkte auch der Ruhm, der in der Bremer Domkirche immer zahlreicher sich sammelnden Gräber der wunderthätigen Märtyrer und Heiligen und der in ihr deponirten Reliquien. Nicht nur aus dem erzbischöflichen Sprengel, sagt Adam von Bremen, sondern auch aus weiter Ferne kamen die Leute nach Bremen herbei, um Heilung und Segen an dem Grabe des Willehad und Anschar zu erlangen. Wie diese Pilger, wie jene nordischen Prinzen und Könige, so kamen bald nachher sogar auch kaiserliche Gäste auf Besuch nach Bremen, Kaiser Heinrich III., die Königin Gisela und andere.

Wie und mit welchen Reise-Gelegenheiten alle jene Reisenden, Pilger und Missionäre nach und von Bremen aussetzten, ob zu Fuss, ob zu Pferde, ob mit Schiffen wird uns leider auch nur selten oder nie gesagt, und wir können ebenfalls über diesen so interessanten Punkt nur Muthmassungen hegen. Manche Wanderungen mochten, — wie schon die oben mitgetheilte Anspielung auf die krankgewordenen Füsse des alternden Erzbischofs Rimbert und andere Angaben glaublich machen — zu Fusse geschehen. Aber Reit- und Packpferde waren natürlich auch längst in Gebrauch.

Zwischen den dänischen Inseln und der skandinavischen Halbinsel und auf der ganzen Ostsee gab es Schiffahrt und uralte Verbindungen auf dem Wasser, die von unseren Missionären über die cimbrische Halbinsel hinweg von dem alten Hafen Schleswig und andern benachbarten Häfen aus benutzt wurden.

Auch die für Norwegen bestimmten und von da nach Bremen kommenden Reisenden benutzten anfänglich wohl den Weg über Jütland und Dänemark. Ripen wird auf der Westküste Jütlands als der älteste Ein- und Ausschiffungshafen genannt und Aarhuus als ein eben so alter Fährort im Norden zum Ueberfahren nach Norwegen. Aber allmählig spann sich von Bremen aus auch wohl eine directe Schiffahrt nach Norwegen an. Wenn die friesischen und bremischen Seefahrer von der Weser den directen Wasserweg um Jütland herum nach Norwegen nicht etwa schon vor der christlichen Zeit gefunden hatten, so müssen später die Normannen selbst ihnen diese Wege gezeigt und gelehrt haben.

Die wilden normannischen Seeräuber machten seit Karl's des Grossen Zeiten häufige Einfälle zu den Elbe- und Weser-Mündungen. Sie selber kannten den Seeweg dahin, vom Kattegat, von der Wyk, von Tunsberg, von Stavanger, von Nidarosien und von ihren andern alten und frühesten norwegischen Häfen recht gut. Sie zerstörten und mordeten bei diesen Einfällen nicht bloss, sondern sie plünderten und raubten auch und nahmen manche südländische Geräthschaften und Luxus-Gegenstände mit sich, an deren Gebrauch sie sich dann gewöhnten.

Wir wissen mit Bestimmtheit, dass sie auch Menschen mit sich nahmen. In den Berichten unserer Missionäre werden häufig die zahlreichen Gefangenen und Sklaven aus Sachsen erwähnt, welche dieselben im Norden vorfanden, und die sie aus den Händen der Heiden zu ranzoniren bestrebt waren. Diese gefangenen Christen sind wohl eigentlich die allerersten Missionäre und Verbreiter des Christenthums im Norden gewesen. Sie kamen schon früher dahin als Ebbo, Autbert und Anschar. Manche dieser deutschen Gefangenen, wenn sie ranzonirt wurden, kehrten dann zuweilen in ihr Vaterland zurück. Viele aber mögen im Norden auch nützliche Beschäftigung gefunden und sich mit ihren Gewerben und Künsten unter den Barbaren des Nordens etablirt haben, ähnlich wie ja auch in neuerer Zeit im Jahre 1812 so viele Kriegsgefangene der französischen und deutschen Armee bei den Russen und Sibiriaken geblieben sind und dort in behäbigen Stellungen Cultur und Kunst verbreitet haben. Es wäre wunderlich, wenn die Normannen, die immer so viele Fahrzeuge nöthig hatten und consumirten, bei ihren Einfällen nicht auch zuweilen brauchbare Schiffe, die sie auf der Weser und Elbe fanden, **mit sammt ihrer Bemannung mit sich genommen hätten.**

Uebrigens kamen auch die Normannen keineswegs jedes Mal bloss in böser Absicht zur Weser und Elbe. Es gab mitten zwischen den Stürmen Schönwetter-Perioden, wo im Norden ein dem Christenthum freundlicher König waltete. Dieser schickte dann wohl Schiffe mit Geschenken für den bremischen Erzbischof zur Weser, oder mit Bitten um Zusendung eines Missionars oder Bischofs. Da mochte dann wohl auch zu Zeiten ein erzbischöflich-bremisches Schiff von der Weser oder Elbe mit den heimkehrenden Normannen zum Norden hinaufsegeln, in ähnlicher Weise wie wir auch in der Handelsgeschichte Italiens amalfitanische und pisanische Schiffe die an ihre Städte gesandten Botschafter aus Byzanz auf der Heimkehr begleiten und die Wege nach dem Oriente auskundschaften sehen.

Der Art oder ähnlich, sage ich, mochten die Gelegenheiten sein, bei welchen die deutschen und namentlich die Matrosen von den Mündungen unserer Weser und Elbe die nassen Wege zu den norwegischen Häfen kennen lernten. — Vermuthlich fing diese bremische Schiffahrt mit Norwegen zuerst mit dem südlichen Norwegen an. Da lag am Ufer der sogenannten Wik, des jetzigen Christianiafjord's, der Nordspitze Jütlands gegenüber, die Stadt „Tunsberg" oder Tönsberg, welche von den Norwegischen Schriftstellern als die allerälteste Handelsstadt von Norwegen bezeichnet wird. Sie existirte schon lange vor der Zeit Harald Harfagars, des ersten allgemeinen Königs von Norwegen, also vor dem Jahre 900 und gelangte unter ihm und seinen Nachfolgern durch den Handel zu grossem Reichthum („ad ingentem magnitudinem opesque pervenit." Torfaeus.). Von Biörn, einem der vielen Söhne dieses Königs, sagt die Heimskringla*), er habe (vermuthlich als ein Gouverneur seines Vaters) in Tunsberg residirt, sei wenig auf Heerung (auf Kriegszügen) gewesen, sondern habe sich mit Handel und Schiffahrt beschäftigt. „Den Hafen von Tunsberg," setzt die Heimskringla hinzu, „besuchten damals viele Kaufschiffe, theils von Norden aus dem Lande, theils von Süden aus Dänemark und von Sachsenland." „König Biörn," sagt die Heimskringla, „hatte selbst Kauf-„schiffe auf Fahrten zu andern Ländern und erwarb sich auf „diese Weise theure Kostbarkeiten und vielerlei Güter, deren er „bedürftig zu sein glaubte. Seine Brüder nannten ihn deshalb „auch „Färmann" oder „Kaupmann" (den Schiffer oder Kaufmann). — Die Heimskringla sagt nicht genau, in welche Jahre diese Handelsthätigkeit Biörn's und des Hafens Tunsberg zu setzen sei. Da sie indess bald darauf von König Harald Harfagar's Tode spricht, und dieser im Jahre 930 starb, so muss es wohl etwas vor diesem Jahre gewesen sein.

Aus welchen Häfen von Sachsenland die Schiffe nach Tunsberg gekommen seien, wird auch von Snorri Sturleson in der Heimskringla nicht specificirt. Die Häfen Schleswig-Holsteins können nicht gemeint sein, weil die Schiffe von da bei den nordischen Schriftstellern nie sächsische, sondern „sembrische" oder

---

*) Im 38. Capitel des 2. Buchs oder der Geschichte Halfdan's des Schwarzen.

"cimbrische" oder "jütische" Schiffe genannt werden. Lübeck war im Anfange des zehnten Jahrhunderts nur noch höchstens ein wendisches Dorf. Hamburg war zu derselben Zeit ebenfalls noch sehr unbedeutend. Ohne diess wird auch unsere Schwesterstadt Hamburg von den alten nordischen und namentlich isländischen Historikern vor dem dreizehnten Jahrhundert nur selten oder fast gar nicht erwähnt.*) Nicht Hamburg, sondern Bardowyk war damals der Haupthandelsplatz in den Unterelbe-Gegenden. An einem kleinen Nebenflusse der Elbe gelegen, hat es aber vermuthlich mehr Land- als Seehandel betrieben. Auch scheint sein Handel mehr ostwärts zu den Ländern der Slaven als nordwärts zu denen Norwegens gegangen zu sein. Vergebens suchte ich auch bei vielen alten nordischen und isländischen Schriftstellern nach einer Erwähnung des Ortes Bardowyk.

Es bliebe daher im "Sachsenlande" kein anderer bedeutender Hafen übrig als Bremen, das gerade im Anfange des zehnten Jahrhunderts, der Zeit, von welcher hier bei Tunsberg die Rede ist, wieder einen Kirchenfürsten, nämlich den Erzbischof Unno besass, welcher als einer der drei eifrigsten Apostel des Nordens und als ein grosser skandinavischer Reisender genannt wird, und der auch das Missionswerk dahin wieder lebhaft in Gang brachte. Ich glaube daher, dass mit jenen in der Heimskringla erwähnten Schiffen, die "aus Sachsen" nach Tunsberg in Norwegen kamen, vorzugsweise bremische oder doch Weser-Schiffe gemeint sind, und muthmasse, dass man daher die Existenz einer Schiffahrt von Bremen nach der südlichen Küste von Norwegen im Anfange des zehnten Jahrhunderts in jener Aeusserung der Heimskringla als nachgewiesen betrachten dürfe.

Während wie ich sagte, Hamburg, Lübeck und Bardowyk bei vielen der ältesten nordischen d. h. isländischen Geschichtschreiber selten oder gar nicht erwähnt werden, erscheint Bremen bei ihnen dagegen sehr häufig. Sie nennen es gewöhnlich "Brima" oder

---

*) Zum Beispiel gar nicht in den 12 Bänden der von der Gesellschaft der nordischen Alterthumskunde in Kopenhagen herausgegebenen Scripta historica Islandorum. Es giebt freilich oder es hat gegeben eine ungeheure Masse von isländischen Schriften. Der berühmte und gelehrte Isländer Arne Magnussen soll deren etwa 5000 gesammelt haben. Zwei Drittel davon sollen ihm durch Feuer zerstört worden sein. 1800 blieben übrig und von diesen sind noch bei weitem nicht alle edirt.

„Brimar", oder auch „Brimon", oder „Brimum", auch „Brimaborg", eben so wie bei ihnen Rom in Italien häufig auch „Romaborg" und London „Lundunaborg" genannt wird. Fast nie vergessen sie auch bei Bremen des Sachsenlandes zu gedenken und sprechen beinahe immer so „Brimon à Saxlandi" (Bremen im Sachsenland). Auch dieser letztere Umstand macht mich glauben, dass wir, wenn wir bei ihnen im neunten oder zehnten Jahrhunderte „Schiffe aus Sachsenland" erwähnt finden, dies vorzugsweise als „Schiffe von Bremen" nehmen können.

Und hierbei mag ich denn auch gleich die Bemerkung, obwohl sie einer spätern Zeit angehört, einfügen, dass die alten isländischen Annalen wie von Bremen überhaupt, so auch namentlich von dem „Erkibiskup af Brimum" (von dem Erzbischof von Bremen) recht fleissig Notiz nehmen. In einer von einem Isländer entworfenen und bis zum Iahre 1313 fortgeführten und in den Scriptores rerum Danicarum medii aevi von Langebeck*) publicirten chronologischen Verzeichnisse aller merkwürdigen Welt-Begebenheiten und insbesondere aller für Island wichtigen Ereignisse, finde ich neben den Geburts- und Todestagen und Regierungsantritten der nordischen Könige, der römisch-deutschen Kaiser und der Päpste auch angegeben, in welchem Jahre der „Bischof Friedrich aus Sachsenland" auf Island angekommen, und in welchem Jahre der „Erzbischof Adelradus in Bremen in Sachsenland" gestorben sei, und wie lange derselbe regiert habe, u. s. w. Und dabei stehen diese Zeitangaben bei jenem Isländer eben so richtig, wie bei unsern bremer Historikern Adam und Renner. Es ist freilich schwer zu bestimmen, wann jenes Verzeichniss niedergeschrieben wurde. Allein Langebeck, der dänische Herausgeber desselben, bemerkt, dass es in Island eine ganze Menge solcher Verzeichnisse gegeben habe, und dass einige derselben im zwölften Jahrhundert abgefasst seien. Manche wurden von einem Autor begonnen und von einem andern fortgeführt. Solche bis zum vierzehnten Jahrhundert fortgeführte Jahrbücher schöpften daher ihre Kunde aus viel älteren Aufzeichnungen, und namentlich mochten sie das, was den Erzbischof von Bremen anging, diesen ersten Schriften entnehmen, da man sich auf Island später, als man seinem Krummstabe entschlüpfte,

---

*) Tomus II. p. 177.

wohl nicht mehr so viel um ihn bekümmert haben wird. Diese Bemerkung greift aber, wie gesagt, meinem Thema etwas vor, und ich kehre zu diesem zurück.

Aus allem, was ich oben bemerkte, scheint mir hervorzugehen, dass wir uns mit ziemlich grosser Sicherheit schon gegen die Mitte des zehnten Jahrhunderts den ganzen Norden mit mancherlei deutschen Elementen, Ansiedlern, Waaren, Kunstprodukten u. s. w. versehen denken müssen. Von unseren deutschen Missionären waren beständig einige, ja viele im Norden anwesend. Auch von unsern mit den Geistlichen ziehenden Kaufleuten sind manche gewiss schon im zehnten Jahrhundert, wahrscheinlich auch schon früher, als Agenten im Lande geblieben. Von unsern Handwerkern und Handelsleuten hatten die Normannen ohne Zweifel viele brauchen können und bei sich behalten. Ihre Schiffsmannschaften waren mit friesischen und sächsischen Matrosen und Steuerleuten gemischt. War doch schon in der Schlacht von Brawalla (im Jahre 770) ein grosser und häufig genannter friesischer Seekämpe und Held aus Deutschland, Namens Ubbo, anwesend gewesen. Da die Mannschaften der Normannen nicht nur an der Weser, sondern in ähnlicher Weise auch in vielen andern Ländern rekrutirten, so waren natürlich auch wohl andere Nationale, Schottländer, Engländer, Irländer u. s. w darunter, wie denn ja auch in dem nordischen Weinberge der Kirche neben den bremischen viele englische Missionäre arbeiteten. Allein die Deutschen waren jedenfalls die vornehmsten Einwanderer aus dem Süden und Westen, wie denn Skandinavien ja immer auch noch später seine Bildung, den Handel, die Kunst, die Kirchen-Reform, Gelehrsamkeit und Literatur aus Deutschland bekommen hat.

Bei ihrem Vordringen über den Ocean zum Westen hatten die Normannen bereits im Verlaufe des neunten Jahrhunderts die westwärts von Norwegen liegenden Inselgruppen eine nach der andern in Besitz genommen und colonisirt, zunächst die Shetland's, dann die Orkney's, darauf die Färöer und endlich in der zweiten Hälfte dieses Jahrhunderts Island, wo bald eine merkwürdige und einflussreiche Republik emporblühte. Von Island hatten sie unter dem Wiking Erich dem Rothen im Jahre 986 ihre Viehheerden auch nach dem südlicheren Lande, das sie „das grüne Land" oder Grönland nannten, hinübergeführt, und daselbst den Grund zu einer Reihe kleiner Colonieen gelegt. Stürme aus Nordwesten verschlugen von da einen ihrer Schiffer noch weiter nach Südwesten und brachten ihm die Küsten des amerikanischen Continents in Sicht. Leif, der Sohn des eben genannten Erich des Rothen, ein so unternehmender Seefahrer wie sein Vater, untersuchte diese Küsten um das Jahr 1000 etwas näher, und gab ihnen norwegische Namen. Er nannte unser jetziges Neufundland „Helluland" (das Land der Felsen), Neu-Schottland erhielt von ihm den Namen „Markland" (das Waldland), und unser heutiges Neu-England endlich den Namen „Vinland" (das Weinland). In diesem letzteren segelte er etwas über die jetzigen Häfen von Boston und New-York südwärts hinaus, und liess sich für einige Winter in dem Lande nieder. Man glaubt, dass er seine Hütten und Blockhäuser in der Nähe des jetzigen Newport im Staate Rhode-Island gehabt habe. Dem Leif folgte nach Vinland ein anderer berühmter grönländischer Wiking, Thorfin Karlsefne, und diesem noch mehrere andere unternehmende Seefahrer. Sie überwinterten und wohnten daselbst, führten auch ihre Frauen und ihr Vieh hinüber, handelten mit den eingebornen Indianern und sammelten die Producte des Landes: getrocknete Weintrauben verschiedene Holzarten, Häute, Pelzwerk, Fische und andere Waaren, die sie nach Grönland und von da auf den norwegischen Markt brachten. Aus dem Umstande, dass im Anfange des zwölften Jahrhunderts (im Jahre 1120) ein grönländischer Bischof Erik genannt wird, der von Grönland aus eine Missionsreise nach dem fernen Mark- und Vinland unternahm, sollte man zu folgern geneigt sein, dass die Normannen dort in diesen amerikanischen Ländern auch Kirchen gebaut haben, indess wohl, wie in Norwegen, nur hölzerne, von denen uns keine Spur geblieben ist.

Diese ganze merkwürdige Reihe der Entdeckungs- und Colonisations-Expeditionen der Normannen von Norwegen zu den Färöer, nach Island und von da nach Amerika, war nicht nur eine Vergrösserung der normännischen Macht, sondern zugleich auch eine Erweiterung des Metropolitan-Sprengels des Erzbischofs von Bremen.

Die ersten Wikinger, die zu den genannten Inseln übersetzten, waren zwar noch Heiden. Doch folgten ihnen die christlichen Missionäre zu den genannten Ländern bald auf dem Fusse nach. Unter ihnen waren mehrere aus Sachsenland und Bremen, so z. B. höchst wahrscheinlich gleich einer der ersten, ein Geistlicher, den die nordischen Geschichtschreiber „Bischof Friedrich" nennen und den der Isländer Thorwald Kodranson mit nach Island nahm.

Dass dieser erste isländische Missionar der sogenannte „episcopus Fridericus" aus Sachsen war, bezeugen die isländischen Autoren in verschiedenen ihrer Schriften, so z. B. der isländische Mönch Gunlögus in seiner vortrefflichen und so äusserst interessanten Geschichte des Königs Olaf Trygweson, einem Werke, das von der kopenhagener Gesellschaft der Alterthumsforscher in drei Bänden publicirt ist. Er nennt ihn einen „biskup a Saxlandi" (Bischof aus Sachsen). Wenn nun, wie ich oben glaublich gemacht habe, überall da, wo bei Gelegenheit von Handels- und Schifffahrtssachen die isländischen Schriftsteller von „Sachsenland" sprechen, zunächst Bremen zu verstehen ist, so kann man wohl noch mit mehr Recht annehmen, dass überall da, wo sie in kirchlichen Angelegenheiten „Sachsenland" erwähnen, vorzugsweise das Erzbisthum Hamburg-Bremen gemeint sei, der vornehmste kirchliche Staat an der Südküste der Nordsee, der den grössten Theil des alten Sachsenlandes *) begriff. Ich glaube daher nicht zu irren, wenn ich in dem vorliegenden Falle den Ausdruck „sächsischer Bischof" mit Missionar aus Bremen gleich bedeutend annehme. Der besagte isländische Mönch Gunlögus, nachdem er die überaus merkwürdigen Fahrten und Abenteuer seines oben genannten Landsmannes Thorwald, Sohnes des Kodran, in verschiedenen Ländern geschildert hat, sagt weiter: Thorwald sei auf diesen Reisen, auf welchen er so viele christliche Orte besucht habe, allmählig der christlichen Religion geneigt geworden und habe sich endlich, — vermuthlich auf einem Ausfluge zur Weser — von dem sächsischen (bremischen?) Priester Friedrich taufen lassen, und darauf habe er diesen Sachsen (Bremer?) inständig gebeten, mit ihm nach Island zu reisen, um dort auch seinem Vater Kodran, seiner Mutter und seinen Verwandten die göttliche Religion zu verkünden und sie zu bekehren. „Der Bischof," heisst es ferner, „gestand diess gern „zu, und segelte nach Island hinüber. Seine Schifffahrt war „sehr glücklich und leicht. Und der Vater Kodran nahm dort „seinen Sohn und dessen christliche Begleiter aus Sachsen hoch

---

*) Uebrigens ist bekannt genug, dass im weiteren Sinne „Sachsenland" bei den Normanen auch ganz Deutschland bezeichnete.

„auf." Da der letztere die Sprache des Landes nicht verstand, so übernahm Thorwald selbst das Reden und setzte den Seinigen die Grundsätze der neuen Religion auseinander. Darauf aber wurde ein feierlicher Gottesdienst veranstaltet, dem der Vater Kodran und die heidnischen Verwandten beiwohnten. Sie sahen den Bischof Friedrich mit seinen prachtvollen Festkleidern geschmückt, umgeben von mehreren anderen Priestern und Chorknaben, alle mit so viel Ernst und Gottesfurcht im Antlitze („vultu lucido conspicuos"). Sie vernahmen den süssen Gesang der Geistlichen, den sanften Klang der Glocken. Und das Alles imponirte ihnen sehr. Auch gefiel ihnen ungemein der Wohlgeruch der Rauchfässer und das helle Licht in der Kirche, das von zahlreichen Wachskerzen ausstrahlte etc. etc. *).—Kurz also, man sieht, Friedrich hatte einen ganzen kirchlichen Fest- und Gottesdienst-Apparat mitgenommen, und dazu auch noch mehre andere Geistliche. Höchstwahrscheinlich entnahm er diess Alles von Bremen, wo damals — es war im Jahre 981 — der alte Erzbischof Adaldagus seit 45 Jahren auf dem Stuhle sass. Es scheint, dass die glückliche Reise Thorwalds und Friedrichs mit seinem ganzen besagten kirchlichen Staate und mit seinen christlichen Unterpriestern und Chorknaben, unter denen natürlich wohl auch noch andere Sachsen oder Bremer waren, direct von der Weser ausgeführt wurde. Und wir könnten diese Expedition mithin mit einiger Wahrscheinlichkeit als die erste nachweisbare von Bremen und von der Weser aus direct nach Island veranstaltete Seereise ansehen. Thorwald und sein sächsischer (bremischer?) Missionar reisten vier Jahre lang in Island taufend und predigend umher. Sie konnten aber natürlich nicht gleich mit ihrer neuen Religion durchdringen, hatten Widerstand der Heiden und Verfolgungen zu erleiden, und segelten am Ende, ohne mehr bewirkt zu haben, als eine Auflockerung des Bodens im Jahre 985 nach Europa zurück, zuerst nach Norwegen. Von da kehrte der erschöpfte Bischof Friedrich aber nach Sachsen heim „und dort," sagt Gunlögus, „hat er sein frommes Leben „eine Zeit lang fortgeführt und hat dann vom allmächtigen Gotte „für seinen guten Willen und seine irdische Arbeit den himm„lischen Lohn empfangen," d. h. wohl: er ist in Bremen selig gestorben. Sein Freund Thorwald dagegen, der rastlose und

---

*) Vergl. Scripta historica Islandorum. Curante societate regia antiquariorum septentrionalium. Hafniae 1828. Vol. I. p. 285 sqq.

unternehmende Normanne, einer der grössten Reisenden seiner Zeit, hat nachher noch weitere Fahrten unternommen. ist nach Jerusalem gepilgert und zum Kaiser von Byzanz und nach andern Ländern gesegelt. — Durch den heimgekehrten Bischof Friedrich aber wird damals Island in Bremen wohl etwas mehr bekannt geworden sein. Er kann vielleicht für Bremen als der Entdecker Islands gelten.

Der Samen, den Thorwald Kodran's Sohn und der Missionar Friedrich in Island ausgestreut hatten, war indess natürlich nicht verloren und nicht lange nach ihrer Tauffahrt nahm ein anderer und kräftigerer Mann, der König von Norwegen, Olaf Trygweson, die Mission in Island wieder auf und zwar ebenfalls mit Hülfe eines Geistlichen aus Sachsen und diess Mal bestimmt aus Bremen, des von den nordischen Historikern häufig genannten Thangbrand. Die Geschichte dieses Bremers Thangbrand, die ich, nebenher sei es gesagt, in unsern bremischen Chroniken nirgends erwähnt gefunden habe, scheint mir theils von so grossem allgemeinen Interesse, theils für unsern Gegenstand, den allmähligen Fortschritt unserer Kenntniss des Nordens und der bremischen Schifffahrt dahin so bemerkenswerth, dass ich versuchen will, sie aus den Angaben der Isländer und namentlich der schon citirten Olaf Trygweson-Sage des Mönchs Günlögus, aus Snorre Sturleson's Heimskringla und aus Torfaeus in der Kürze vollständig zusammen zu stellen. *)

Olav, der Sohn des Trygwe, war, ehe er sich auf den norwegischen Thron schwang, ein unternehmender und rastloser Seekönig und Reisender. Er führte zahllose und höchst abenteuerliche Seefahrten, Raubzüge und Einfälle in die Ost- und Nordsee aus, nach England, Schottland, Irland, Frankreich, Flandern und Sachsen. Zu seiner Zeit, sagt Gunlögus, d. h. in der zweiten Hälfte des zehnten Jahrhunderts, war „Adalbert" oder

---

*) Siehe über Thangbrand: 1) die Olaf Trygveson Saga in: Scripta historica Islandorum, curante societate regia antiquariorum septentrionalium. Hafniae 1829. Vol. I. p. 158—59, 174—75, 306. Vol. II. p. 109—111, 182—194, 197. 2) Heimskringla Ed. Peringskiöld. Stockholmiae 1697. Vol. I. p. 233, 239, 296, 310, 311. — 3) Thorm: Torfaei historia rerum Norvegicarum. Hafniae 1711. Vol. II. p. 337, 341, 397, 417, 418

„Albert" Bischof von Bremen in Sachsen („biskup i Brimum á Saxlandi" und Thaugbrand, der Sohn von Vilbald, eines Grafen der Stadt Bremen („comitis de urbe Bremorum", oder wie es im Isländischen heisst: „Vilbaldi greifa af Brimaborg").*) „Thangbrand war", sagt Gunlögus weiter, „der Schüler des Bischofs Albert" und dasselbe sagt die Heimskringla. Einen Bischof oder Erzbischof „Albert" oder „Adelbert" finden wir um diese Zeit nicht in Bremen, wohl aber einen Erzbischof Adaldag. Der Name Albert ist also wohl ein Irrthum der isländischen Historiker. Doch werden sie jedenfalls unseren Erzbischof Adaldag gemeint haben. Die Verwechselung des Namens Adaldag mit Adelbert oder Albert scheint nicht schwer. Ich bemerke dabei, dass die Isländer den Namen unseres Adaldag mehrfach entstellt und verkehrt wieder gegeben haben, z. B. schreibt ihn ein isländischer Annalist ein Mal „Adelrad" obgleich er sonst ganz genau die Zeit seines Regiments in Bremen angiebt. Zwischen allen unsern erzbischöflichen Adelgars, Adeldags, Adelberts, Adelberos mochten sie sich begreiflich nur schwer zurecht finden. Auch unseren Unni machen sie zu einem „Huno". Auch Torfaeus bemerkt schon, dass „Adaldag" für „Adelbert" zu substituiren sei. —

Der bremische Bischof „Adelbert" (oder dem Gesagten nach richtiger Adaldag), so erzählen unsere Irländer weiter, wurde einst vom Erzbischof Hugbertus von Canterbury nach England eingeladen. Er ging (segelte?) dahin und nahm unter andern Begleitern auch seinen Schüler, jenen bremischen Grafensohn Thangbrand mit sich. Derselbe war von Statur gross, von gewaltigem Körperbau, ein mächtiger Athlet („magnus athleta"), von ausgezeichneter Tapferkeit und Energie des Geistes, obgleich dabei zugleich ein grosser Gelehrter und Doctor der Religion („doctor religionis") und sehr beredt („ore deserto"). Er mochte dem Erzbischof von Canterbury auffallen uud gefallen haben, und als dieser nach dem Feste, welches er dem Bremer Erzbischofe gegeben hatte, zum Abschiede die Geschenke vertheilte, sagte er zu Thangbrand: „Du bist hier aufgetreten, wie ein Ritter, obgleich du ein „Geistlicher bist. Und daher schenke ich dir ein Schild, in dessen „Mitte ein Kreuz angebracht ist mit dem Bildnisse unseres Herrn."

---

*) Dieser „Graf" Vilbald mag ein königlicher Beamter, ein Potestat oder wie man damals in Bremen sagte, ein „koniklike Wolt" gewesen sein.

Thangbrand nahm dieses Geschenk mit Dank an, und reiste darauf mit seinem Erzbischof „Adelbert" (Adeldag) wieder ab. Als sie nach Sachsen zu Hause kamen, war da Olaf Trygweson, der normannische Seefahrer, anwesend. Mit ihm traf Thangbrand zusammen, den Schild, welchen ihm der Erzbischof von Canterbury geschenkt hatte, in der Hand. Nachdem Olaf den Schild bemerkt und genau betrachtet hatte, was auf ihm dargestellt war, fragte er den Thangbrand verwundert: „Wer ist denn „der Gekreuzigte, den ihr Christen verehrt?" Thangbrand antwortete: „Es ist unser Herr Jesus Christus, den wir anbeten." Olaf fragte: „Was hat er begangen, dass er so gekreuzigt „wurde?" Darauf erzählte ihm Thangbrand ganz genau die Leidensgeschichte des Herrn und die Wunder des Kreuzes. Nun wollte Olav den Schild kaufen. Thangbrand aber bot ihm denselben zum Geschenk an. Olaf sagte: „Diess Geschenk gefällt mir „sehr und wenn du ein Mal Schutz oder Hülfe nöthig haben „wirst, so komm zur mir. Ich will dir dann deine Gabe vergel„ten. Inzwischen will ich aber doch, dass du etwas Geld von „mir dafür annehmest." Thangbrand stimmte zu, und Olaf befahl, ihm den Preis des Schildes zuzuwägen, worauf sie als Freunde von einander schieden. Olaf fuhr darauf nach Hause und blieb in Norwegen drei Winter. Thangbrand aber kaufte sich mit dem Gelde, das er von Olaf für seinen Schild empfangen, in Irland eine sehr schöne Jungfrau, die dort in der Sklaverei war und die er ranzionirte, und kam mit dieser Jungfrau nach Bremen zurück („han for da heim i Brimaborg", heisst es im Isländischen). Bald darauf wollte ihm ein kaiserlicher Edelmann in Bremen die schöne Jungfrau rauben. Thangbrand aber leistete Widerstand und wollte sie sich nicht nehmen lassen. Die Heimskringla sagt, „weil er sie ihrer Heimath und ihren Eltern wieder zuzusensenden wünschte". Der Kaiserliche war ein starker Mann und ein grosser Raufbold („fortissimus athleta et duellator") und forderte den Thangbrand zum Duell auf. Thangbrand nahm an. Sie kämpften und Thangbrand schlug als Sieger seinen Gegner nieder. Des Todschlags wegen aus Sachsen und Bremen verbannt, wandte er sich nach England, wo dazumal sein Freund Olaf Trygweson weilte. Dieser, der unterdess dem Christenthum völlig zugethan geworden und getauft war, nahm ihn gütig auf und führte ihn mit sich nach Norwegen, wo er ihn zur Bekehrung seiner Landsleute und als Missionar gebrauchte, und darnach, nachdem er König von ganz Norwegen geworden war, zu seinem Hofkaplan („sacerdotem aulicum") machte. Hier in Norwegen taufte Thangbrand zwar viele Leute, aber er zwang die Bekehrten auch, tüchtig für die neuerbauten Kirchen beizusteuern. Als reichliche Beiträge einliefen, fing er an, ein grossartiges und prunkendes Leben zu führen, erlaubte sich Gewaltthaten gegen seine Untergebenen, und plünderte sie für die Kirche mit gewappneter Hand. Diess nahm ihm König Olaf, der in seinem ganzen Reiche Frieden haben wollte, sehr übel und berief ihn zu sich nach Drontheim. Da liess er den Thangbrand hart an, schalt ihn und sagte: „Du führst einen „schlimmen Wandel, verfährst gegen die Christen nach Sitte der „Heiden wie ein Seeräuber und lebst mit den Deinen von Raub „und Beutemachen, da du Gott dienen und als ein göttlicher „Lehrer dich geriren solltest. Wisse, du sollst dafür alle deine „Beneficien verlieren, und aus meinem Reiche verbannt werden." — „Ja, schwer habe ich gesündigt," antwortete Thangbrand. „Aber ich beschwöre dich, Herr, dass du dich meiner erbarmest, „und dass du mir lieber irgend eine Strafe oder ein schwieriges „Geschäft auferlegest, als dass du mich durch Exil aus deiner „Gegenwart vertreibest. Denn lieber will ich alles Andere auf mich nehmen, als deine Ungnade." Worauf der König antwortete: „Nun denn, wenn dir meine Gnade so viel gilt, so begieb „dich nach Island und bekehre dort mit Gottes Hülfe das ganze „Volk zum rechten Glauben. Wenn du das verrichtest, kannst „du hoffen, in deine früheren Ehren und Beneficien wieder eingesetzt zu werden, ja noch grössere zu erhalten." — Thangbrand nahm dies mit Freuden an, und der König gab ihm ein geeignetes Schiff und eine Anzahl von Klerikern und Laien zur Begleitung, und befahl, seine Ausrüstung so vollständig als möglich zu machen, worauf Thangbrand mit günstigem Winde von Norwegen absegelte. Und zwar geschah diess im Frühlinge des Jahres 997.

Die Unternehmungen, Reisen, Tauf-Expeditionen und Predigten des Bremers Thangbrand in Island sahen denen seines sächsischen Vorgängers Friedrich ziemlich ähnlich, nur dass der leidenschaftliche Thangbrand viel gewaltsamere Massregeln dabei anwandte. Er rief dadurch den Zorn und die Rache der Heiden gegen sich wach und kehrte nach einigen an Abenteuern und Kämpfen reichen Jahren nach Norwegen zurück, wo er beim König Olaf die störrischen Isländer verklagte, während auch diese es nicht unterliessen, ihrerseits das rücksichtslose Verfahren ihres Missionars in's rechte Licht zu setzen. Der weise König Olaf wusste indess beide Parteien zu versöhnen. Die Isländischen Sendboten beredete er zur Annahme des Christenthums, und gab ihnen als Missionar den Stefner, einen eingeborenen Isländer, der schon früher in Island als Prediger thätig gewesen war, mit, behielt aber seinen unverbesserlichen Freund Thangbrand bei sich. Das Christenthum drang in Island noch zu König Olaf Trygweson's Zeit, bald nach dem Jahre 1000, siegreich und ziemlich allgemein durch. Was aber aus seinem Bremer Freunde und Hofkaplan Thangbrand schliesslich geworden sei und wie derselbe geendet, habe ich bisher noch nirgends verzeichnet finden können. Interessant wäre es zu wissen, ob er, wie sein Vorgänger Friedrich je wieder nach Bremen gekommen sein und daselbst die Kunde von Island und den Seewegen dahin weiter verbreitet haben mag. Jedenfalls ist seine Lebensgeschichte, selbst so weit wir sie kennen, mit ihren vielen Fahrten über die Nordsee nach und von der Weser, und mit ihren Reisen in Norwegen und Island interessant für uns und diese unseres Landsmannes Reisen sind schwerlich ohne Einfluss auf die Förderung der Verbindung unserer Stadt mit Norwegen und Island geblieben. — Sollten nicht auch unter den Begleitern Friedrichs und Thangbrands, unter ihren „Unterpriestern, Chorknaben" u. s. w., von denen uns gemeldet wird, noch manche andere Sendboten des Bremer Bischofs gewesen sein, und mögen nicht auch von ihnen Manche zu ihrem Erzbischofe und nach Bremen zurückgekehrt sein, wie schon früher so viele Missionäre, die im Heidenlande nicht glücklich gewesen oder alt und mürbe geworden waren?

Dass nicht nur nach Island, sondern auch nach Grönland und Amerika gleich von vornherein mit den normannischen Heiden deutsche Christen gekommen sind, und dass diese Deutschen bei jener ersten Entdeckung Amerika's mitwirkten, kann man wenigstens durch ein ganz authentisches und in letzter Zeit ziemlich bekannt gewordenes Beispiel beweisen. Die Isländischen Annalen erzählen von einem Deutschen, Namens Tyrker, der mit dem oben genannten Leif Erikson nach Amerika gesegelt sei.*) Besagter Tyrker war, — es wird leider nicht gesagt, wie und auf welchem Wege, — aus Deutschland nach Island in das Haus des Heiden Erik des Rothen, des Vaters von Leif, gekommen und mit ihm nach Grönland übergesiedelt. Erik's Sohn Leif lernte ihn im Hause seines Vaters kennen, liebte ihn seit seiner Jugend und machte ihn zu seinem Gefährten auf seinen Zügen und Seefahrten. Als Leif im Jahre 1000 seine oben erwähnte Entdeckungsreise zu den Westländern unternahm und sich an der Küste des jetzigen Neu-England ansiedelte, da hatte er auch wieder seinen Deutschen Jugendfreund Tyrker bei sich, und dieser gab denn da die Veranlassung dazu, dass Nord-Amerika seinen ersten und ältesten Namen erhielt, unter dem es in der Geschichte bekannt geworden ist.

Eines Tages nämlich, so erzählen die alten isländischen Schriften, vermisste Leif seinen Deutschen. Tyrker war nicht im Lager zu finden, und auch nicht in der Nähe der von den Normannen erbauten Blockhäuser. Der um ihn besorgte Leif, in der Furcht, dass er den wilden Eingebornen in die Hände gefallen sein möchte, zog mit einigen Gefährten aus, ihn zu suchen. Sie waren noch nicht weit marschirt, als sie ihren Deutschen aus dem Gebüsche hervortreten und am Rande eines Waldes erscheinen sahen. Er kam hastig und eifrig herbei, indem er einen grossen Büschel mit Früchten behangenen Laubwerks hoch und triumphirend in der Hand hielt. Leif war sehr erfreut, ihn wieder zu haben, bemerkte aber, dass sein Freund nicht in seiner gewöhnlichen ruhigen Stimmung, vielmehr augenscheinlich ein wenig aufgeregt sei. Auf die Frage, was er habe, redete er erst, indem er sich ganz vergass und als wenn er mitten in Deutschland wäre, etwas in seiner eigenen deutschen Muttersprache, was die Normannen nicht verstanden. Dann aber erzählte er ihnen auf gut Norwegisch, dass er in den Wäldern umhergestreift sei und dabei eine ganz neue und wundervolle Entdeckung gemacht habe. „Druer! druer! (Weintrauben, Weintrauben) fand ich! und hier sind sie!" rief er aus, indem er dem Leif die Blätter, Zweige und dicken, süssen, blauen Beeren, welche er in der Hand hielt, präsentirte. Leif und die Seinen, die nie frische Wein-

---
*) Siehe über diesen Tyrker: Antiquitates Americanae. Edidit societas regia antiquariorum septentrionalium. Hafniae. 1837, p. 28, 31—36, 38, 405, 440.

trauben gesehen hatten, besahen die Früchte und fragten den Tyrker, ob er denn sicher sei, dass das Weintrauben seien. Er aber antwortete ihnen, dass er diess recht wohl wissen könne, da er in Deutschland in einem Weinlande geboren und erzogen sei. Was er ihnen da gebracht habe, das seien in der That ächte Trauben, die süss schmeckten, und von denen man das schöne Getränk, den Wein, bereite. Hierauf gingen dann die Normannen mit dem Tyrker wieder in den Wald, schmückten sich wie Bacchanten mit Weinlaub, und sammelten eine so grosse Menge von reifen Trauben, dass sie damit ein ganzes Schiffsboot anfüllen konnten. Leif Erikson aber fand diese Entdeckung seines deutschen Reisegenossen so ausserordentlich, dass er beschloss, diess südliche Land „Vinland" (Weinland) zu nennen. Und dieser Name blieb lange Zeit für die Länder im Südwesten von Island und Grönland, namentlich für die Gegenden, die wir jetzt Neu-England nennen, sowohl bei den skandinavischen, als auch bei andern Historikern der Zeit in Gebrauch. Die Isländer, die ein so armseliges Land bewohnten, sagten auch wohl „Vinland hed goda" (das gute Weinland). Auch hiessen die Expeditionen der Normannen zu diesen amerikanischen Gegenden hinfort: „Vinlands ferdum" (profectiones Vinlandicae. Weinlands-Fahrten).

Der gute Tyrker, vermuthlich ein Rheinländer, der vielleicht bei einem Einfalle der Normannen geraubt worden war, ist, so viel ich weiss, der einzige Deutsche, den die isländischen Annalen als bei der ersten Entdeckung Amerika's betheiligt, ausdrücklich namhaft machen. Weil von ihm die älteste Benennung des Landes herrührte, konnten sie ihn wohl nicht übergehen. Aber wie viele andere deutsche Matrosen und Krieger mögen sie noch ausserdem an Bord gehabt haben, deren Namen, als minder bemerkenswerth, sie verschwiegen!

Natürlich war Tyrker, wie auch die andern Deutschen, die etwa noch bei Leif waren, christlich. Wie die Deutschen selbst, so mochte Leif auch ihre Religion lieb gewonnen haben, und als er im Jahre 999 nach Norwegen fuhr, um von seinen Entdeckungen im Westen Kunde zu geben, da liess er sich leicht vom Könige Olaf Trygweson bewegen, mit sammt seiner Schiffsmannschaft das Christenthum anzunehmen und bei seiner Heimkehr nach Grönland brachte er um das Jahr 1000 die ersten christlichen Priester dahin und beredete auch viele grönländische Colonisten, dem neuen Glauben beizutreten.

Auch unter diesen ersten Missionären in Grönland hat es gewiss nicht an Deutschen und an Sendboten des bremischen Erzbischofs gefehlt. Damals sass auf dem erzbischöflichen Stuhle Libentius I., der, wie ich oben sagte, für das Missionswerk besonders thätig war. — Er hatte bei Allem, was im Norden für die Ausdehnung der Herrschaft des Kreuzes geschah, seine Hand im Spiele, und nach der Zeit des heiligen Anscharius, dem schon im Jahre 846 der Papst Sergius II. den ganzen Norden als zu seinem Metropolitan-Sprengel gehörig unterworfen hatte, waren jedem neuen Erzbischof von Bremen diese weit bis an die Gränzen der Erde reichenden Metropolitan-Rechte bestätigt worden In allen den von den Päpsten hierüber ausgestellten Briefen waren bis zum Anfange des ersten Viertels des elften Jahrhunderts immer nur die Dänen, Schweden und Norweger speciell genannt. Im Jahre 1022 aber, in dem Schreiben des Papstes Benedict VIII. an den Erzbischof Unno, traten auch und zwar zum ersten Male die neuen Länder im Nordwesten, namentlich Island und die umliegenden Inseln hinzu.

In dieselbe Zeit, in das erste Viertel des elften Jahrhunderts, fällt denn nun auch die früheste, wohl verbürgte und gut nachgewiesene Erwähnung eines auf der westlichen und nördlichen Küste Norwegens angesiedelten und mit den normannischen Entdeckern Amerika's handelnden Kaufmannes aus Bremen. Diese für Bremen's alte Handelsgeschichte und seine allerfrühesten Beziehungen zu Island, Grönland und Amerika besonders interessante Sache verhält sich den isländischen Berichten zufolge *) so.

Thorfin Karlsefne, jener schon oben von mir kurz erwähnte isländische Pflanzer oder Häuptling, hatte, indem er der Fährte des Leif's folgte, im Jahre 1006 „eine Winlands-Reise" unternommen und in dem südlichen Lande mehrere Jahre gehaust und gehandelt. Er kam im Jahre 1011 mit einem ganzen Schiffe voll von amerikanischen Waaren, Häuten, Pelzen von mancherlei Thieren, getrockneten Trauben, gefälltem Holze von verschiedenen Gattungen von Bäumen und vermuthlich noch anderen nicht

---
*) Siehe diese Berichte in: Antiquitates Americanae. Ed. Rafn. Hafniae 1837. p. 37, 74, 118, 441—442.

näher angeführten amerikanischen Produkten nach Grönland zurück, wo die Leute sagten, dass diess die reichste Ladung sei, die bisher je von „Vinland dem Guten" gekommen. Thorfin beschloss, dieselbe auf den europäischen Markt zu bringen und segelte mit ihr nach einem Hafen von Norwegen, um alle seine Beute daselbst zu verkaufen. Der Hafen, den er dazu wählte, wird zwar nicht näher genannt. Aber höchst wahrscheinlich war es „Nidarosia" oder Nidaros, später Drontheim, von unserem Adam „Trendemne" genannt. Denn die älteste Handelsstadt Norwegen's Tunsberg am Christianiafjord lag zu entfernt, zu südlich und zu versteckt für die von Grönland und von Island heransegelnden Schiffe, und die Stadt Bergen wurde erst im Jahre 1070 begründet und erlangte ihre Bedeutung für den nordischen Handel viel später. Sie blühte mit der Hansa auf. Nidaros*) aber oder Drontheim existirte schon damals um das Jahr 1000 als ein vielbesuchter Handelsort und Hafen. Es war mit den Expeditionen der Normannen nach Island und dem weiteren transoceanischen Nordwesten aufgeblüht Namentlich hatte der von mir oft erwähnte König Olaf Trygweson, der Patron jenes Bremer Missionars Thangbrand, viel für diesen Ort gethan, hatte gewöhnlich daselbst residirt, so dass ihn Torfaeus sogar für den eigentlichen Gründer von Nidaros ausgiebt. Sein Hofkaplan, der Bremer Thangbrand, und die denselben umgebenden Missionäre und Priester mögen mit dem Könige daselbst residirt und so auch bremer Kaufleute dahin gezogen haben. — Hier also in diesem norwegischen Hafen, so erzählen die isländischen Annalen weiter, kam an Bord von Thorfin's Schiff ein Mann aus dem Süden, ein Kaufmann aus Bremen in Sachsenland („aliquis Sudmannus Bremis Saxoniae oriundus"). Die isländische Urschrift nennt den Kaufmann einen „Sudrmandr" (Süd-Mann). Es mag bei den Norwegern die allgemeine Bezeichnung der Kaufleute aus Sachsen gewesen sein. Und unsere Stadt nennt sie „Brimum a Saxlandi" (Bremen in Sachsenland). Dieser Bremer sah sich ein Stück Holz, welches er an Bord des amerikanischen Schiffes fand, an und bat den Thorfin, er möchte ihm

---

*) Der Ort hatte diesen Namen von „Nidar", dem Genitivum des Namens des bei Drontheim mündenden Flusses, und von „Os" = Mündung, Nidaros also = Nidarmünden.

dasselbe verkaufen. „Das will ich nicht verkaufen," sagte Thorfin. „Ich will dir eine halbe Mark Goldes dafür geben," sagte der deutsche Mann. Und da Thorfin fand, dass das ein sehr gutes Angebot sei, so ging er auf den Handel ein. Der Bremer zahlte, und zog mit seinem Holze davon.

„Thorfin wusste nicht, was für Holz es war. Es war aber Mausur aus Winland (Amerika) gekommen." — Diess Maurur oder Mösur war eine Holzgattung, die damals in Deutschland und im Norden so kostbar gehalten wurde, dass Fürsten und Könige zuweilen Becher und Trinkschalen daraus schnitzen und dieselben in Silber und Gold einfassen liessen. Es wurden diesem Holze auch wunderbare Eigenschaften zugeschrieben. „Wo das Mausur-Holz im Hause ist," spricht Hieronymus Tragus in seinen „Kräuterbuche", „dahin kommen niemals Mäuse, Ratten und Fledermäuse. Daher werden die Böden gerne mit Borstwischen von diesem Holze gefeget". Es soll dieses wundersame und dabei schön geäderte Holz auch seit alten Zeiten von einigen Bäumen in Europa gewonnen sein und bereits zu des Plinius Zeiten sollen römische Kaufleute es aus den deutschen Wäldern geholt haben. Es wird auch in der Heimskringla*), die überhaupt auch den ganzen oben mitgetheilten Vorfall beinahe ganz eben so erzählt, erwähnt. Aber kein Baum soll es so ausgezeichnet geliefert haben, wie diejenige in Amerika wachsende Ahorn-Gattung, welche man (nach Rafn) jetzt in Neu-England „the Birdseye" oder „Curled Maple" nennt. Der Kaufmann aus Bremen, der vermuthlich ausser dem Stück Ahorn oder Mansur-Holz doch wohl auch noch andere amerikanische Waaren bei Thorfin kaufte, verhandelte ohne Zweifel seinen Erwerb wieder in Deutschland, in Bremen. Und da er in Nidaros oder Drontheim wohl schwerlich der einzige seiner Gattung war, und da auch Thorfin's Schiff wohl nicht das einzige Fahrzeug mit einer Ladung aus Vinland blieb, so entsteht aus diesen Umständen eine starke Vermuthung dafür, dass schon im Anfange des elften Jahrhunderts amerikanische Waaren nach Deutschland verschleppt und namentlich auch auf dem Markt von Bremen feil geboten wurden. Weil der besagte Bremer Kaufmann, der mit Thorfin, einem der vornehmsten Vinlands-Fahrer, verkehrte, vermuthlich auch Manches aus dem neuen Wunderlande jenseits des Oceans in Erfahrung brachte und weil er davon

---

*) Siehe: Heimskringla. Ed. Peringskiöld. Stockholmiae 1697, p. 349.

dann natürlich wieder in Bremen erzählte, um seine halbe Mark Goldes mit Procenten zurückzuerhalten, so ist auch gewiss schon damals Amerika (Vinland) in Bremen unter den Kaufleuten besprochen und bekannt geworden. Diess, sage ich, ist, so viel ich weiss, das erste Mal, dass wir einen Bremer „negociator" (Seefahrer oder Handelsmann) als in einem Hafen des westlichen und nördlichen Norwegens anwesend, ausdrücklich erwähnt finden, und dass wir einen für Bremen über nordische und zwar amerikanische Producte abgeschlossenen Handel nachweisen können. Dass aber bremer Schiffe und Kaufleute in andern südlicheren norwegischen Häfen, namentlich in Tunsberg viel früher erschienen seien, machte ich schon oben wahrscheinlich.

Dass der im Jahre 1016 in Drontheim anwesende und dort nordische und amerikanische Produkte einkaufende bremische Kaufmann seine Waaren auf dem höchst beschwerlichen und unbequemen Landwege von Drontheim quer durchs Land nach dem Busen von Christiania, dem alten Tunsberg und dann von da über's Kattegat nach Jütland und auf dem alten Handelswege über Aarhuus und Ripen nach Bremen befördert habe, scheint mir im höchsten Grade unwahrscheinlich. Adam von Bremen oder sein Scholiast sagt zwar, dass ein solcher Landweg von Drontheim quer durch Norwegen zum Kattegat schon damals existirt habe, setzt aber gleich hinzu, dass derselbe wegen seiner Beschwerlichkeit selten benutzt werde, und dass man allgemein die viel schnellere und leichtere Seefahrt um die südliche Halbinsel von Norwegen herum vorzöge. Dass überhaupt sowohl in den Baltischen als in den Nordsee-Gegenden das Meer eine viel raschere, glattere und häufiger benutzte Grundlage für den Transport war, geht aus vielen in Adam von Bremens Werk sowohl im Text als in den Scholien enthaltenen Anmerkungen hervor: „Vom dänischen Schonen (also vom Sunde) haben die nach „Birka (nach Stockholm) zu Wasser Reisenden eine Fahrt von „fünf Tagen. Zu Lande braucht man fast einen Monat. Von Ripen „in Jütland nach Sindfall an der Mündung der Maas in Flandern „kann man mit günstigem Winde in zwei Tagen und zwei Näch- „ten segeln. Von St. Mahé in der Bretagne fährt man über den „Golf von Biscaya nach St. Jakob in Spanien in drei Tagen und „drei Nächten." — Man ist erstaunt, die damaligen Schiffe, die wir uns so unvollkommen denken, so rasche Fahrten ausführen zu sehen.

In dem auf der Landseite durch Berge verbarrikadirten und nach der Seeseite überall geöffneten Norwegen werden bekanntlich noch jetzt fast alle Transporte von einem Orte zum andern weit lieber zu Wasser als zu Lande bewerkstelligt. Da alle Waaren, die man in Norwegen für den ausländischen Markt aufkaufen konnte, von jeher sehr plumper und schwerfälliger Natur waren, so haben namentlich auch alle fremden Handelsleute dieses Land von jeher häufiger auf dem nassen als auf dem trockenen Wege erreicht. Es ist in dieser Hinsicht nicht unwichtig, den wahrscheinlichen Umfang und das Gewicht des Stückes Holz, das unser Bremer in Nidaros kaufte, etwas näher zu untersuchen. War es etwas leicht zu transportirendes, so wäre es nicht unmöglich, dass der Käufer es zu Lande über die Berge schleppte. War es dagegen etwas Schwerfälliges und Plumpes, so ist diess unwahrscheinlich, beinahe unmöglich, und eine directe Schifffahrt von Drontheim nach Bremen wäre dann erwiesen. Die isländischen Nachrichten sagen nun, es sei ein „husasnotra" von Maserholz gewesen, und es frägt sich, was unter diesem „husasnotra" eigentlich zu verstehen ist. Die dänischen Commentatoren der Isländer sind darüber verschiedener Meinung. Rafn hat in seinen Antiquitates Americanae dieses Wort anfänglich mit „feiekost" oder mit „scopae" (Besen) übersetzt. Finn Magnusen dagegen hat geglaubt, es sei ein „ventilogium", eine Windfahne, wie man sie wohl auf den Häusern habe, darunter zu verstehen. Das von der kopenhagener Gesellschaft herausgegebene altnordische Wörterbuch interpretirt das Wort mit „etwas auf dem „Schiffe, das eine Zeltstange gewesen zu sein scheint", kommt aber dann im „Anhange" noch ein Mal auf das Wort zu sprechen und sagt da, dass es in Issland so viel als eine „tridse" (Rolle, Spille, Winde, Flaschenzug) bedeute. Der schwedische Herausgeber und Commentator der Heimskringla Ioh. Peringskiöld übersetzt das Wort „husasnotra" mit „statera" lignea (Waage von Holz). Aber mit allen diesen Deutungen des „husasnotra" streitet der hohe Preis, den der Bremer dafür bezahlte, nämlich eine halbe Mark Goldes. Dieser Preis steht sowohl in der Heimskringla als in dem von einem Nachkommen Thorfin Karlsefne's geschriebenen Bericht über die Entdeckungen und Reisen dieses isländischen Seefahrers. Rafn bestimmt den damaligen Goldwerth jener Summe zu 34 Speciesdukaten. Es war wohl allermindestens so viel. Im Anfange des 11. Jahrhunderts stellten 34 Dukaten ein nicht unbedeutendes kleines Capital vor. Schwerlich mochte der Bremer für einen blossen „Besenstiel", oder eine „Zeltstange", oder eine „Windfahne", oder eine „Spille", oder eine „Waage" von Mansur, so kostbar wir uns auch dieses Holz denken mögen, so viel zu bezahlen geneigt sein. Denn aus solchen Dingen konnte er ja weder einige Becher für Fürsten und Erzbischöfe, noch viele Besenquaste gegen Mäuse und Ratzen anfertigen lassen. Dabei scheint auch aus der Darstellung der Begebenheit in den isländischen Berichten hervorzugehen, dass der Bremer nicht einen blossen Phantasie- oder Eigensinnigkeitspreis, sondern den wirklichen Werth des Dinges bezahlen wollte. Der isländische Bericht fügt nämlich, nachdem er gesagt hat, dass Thorfin mit dem Angebot des Bremers sehr zufrieden gewesen wäre, noch hinzu: Thorfin habe aber nicht gewusst, dass es Mansur aus Winland war und der Bremer sei sehr vergnügt mit seinem Holze abgezogen. Hieraus scheint hervorzugehen, dass auch unser Landsmann, eben so wie der Normanne Thorfin einen guten Handel abgeschlossen, den Normannen wohl gar noch ein wenig übervortheilt und einen mässigen Preis bezahlt zu haben glaubte. Dies Alles aber scheint es ausser Zweifel zu setzen, dass das für 34 Dukaten gekaufte Stück Holz ein recht bedeutender Block, vielleicht ein ganzer Balken oder Stück von einem Baumstamm gewesen sein muss, aus dem ein Drechsler recht viel machen konnte. Es ist sehr wohl möglich, dass es auch gar kein Mansur, sondern ein grosser Block von Mahagony oder von einem andern kostbaren südamerikanischen Holze gewesen ist, wie dergleichen zuweilen in Grönland oder Canada vom Golfstrom herbeigeführt antreibt. Die Normannen und Bremer mochten alle solche kostbare fremde Hölzer, die sie noch nicht kannten, unter dem Namen „Mansur" begreifen. Herr Rafn kommt daher auch in einem Anhange zu seinen Antiquitates Americanae, in welchem er mehre schwere isländische Wörter erklärt, noch ein Mal auf „husasnotra" zurück und spricht sich nun, indem er seine Uebersetzung „Besenstiel" widerruft, dahin aus, dass es ihm, dem dafür gebotenen Preise zufolge, doch scheinen wolle, dass es etwas Grosses und Umfangreiches gewesen sein müsse. — War also der für Bremens Markt gekaufte „husasnotra" ein plumper schwerfälliger, umfangreicher Block, so konnte es dem bremer Kaufmann gewiss nicht einfallen, ihn auf dem oben beschriebenen schwierigen Landwege nach Bremen zu transportiren. Er hatte für solche Waaren ohne Zweifel sein Schiff zur Hand, und es wäre daher aus diesem Allen für den Anfang des 11. Jahrhunderts die Existenz eines directen Schifffahrts- und Handelsverkehrs zwischen Bremen und Drontheim, wo nicht erwiesen, doch wenigstens äusserst wahrscheinlich gemacht. Hundertfünfzig Jahre später, im Jahre 1186, d. h. immer noch 50 Jahre vor der Errichtung des hansischen Bundes und noch beinahe hundert Jahre vor der Etablirung eines hansischen Comptoirs in Bergen, sehen wir den Handel Norwegens mit Deutschland schon in voller Blüthe. Denn in diesem Jahre kam König Sverrer nach Bergen und fand diesen Hafen ganz voll mit einer Menge von Handelsleuten und Schiffen (ingentem peregrinorum naviumque copiam). Auch hatten die Deutschen damals schon so viel Wein daselbst eingeführt, dass dieses edle Getränk zum Preise des Bieres verkauft wurde (tantaque vini copia a Germanis invecta est, ut cerevisiae pretio veniret) und dass Streitigkeiten, Schlägereien und Fehden zwischen den Germanen und Normannen daraus entstanden.*)

In diesen späteren Zeiten werden uns von dem frühesten Beschreiber Bergens, Herrn Ludwig von Holberg, unter den Waaren, welche die Kaufleute der Hansestädte, unter ihnen auch die Bremer, von da holten, besonders folgende genannt: vor Allem Pelzwerk von Luchsen, Wölfen, Bären, Bibern, Rennthieren u. s. w ; alsdann allerlei getrocknete und gedörrte Fische; ferner von Fettwaaren Thran, Wallfischspeck; geräuchertes gesalzenes Fleisch in Tonnen eingepackt; und endlich sehr verschiedene Sorten von Holz. Unter den Waaren, welche die hansischen Kaufleute, und namentlich die besonders genannten Bremer, dahin brachten, werden Zinn, Kupfer, Messing, Arbeiten von Silber und Eisen, Ziegelsteine, allerhand Gefässe, Pfeifen, Hüte, Puppen, Leinen, Grütze und dann natürlich auch Bier und Wein genannt.**) Niemand sagt uns genau, wie eine so bedeutende Schifffahrt von Deutschland nach Norwegen entstanden sei. Aber der Vorfall mit Thorfin und seinem Bremer mag etwas Licht darauf werfen und zeigen,

---

*) Siehe: T. Torfaei Historia Norvegica. Pars IV. cap. III.
**) Siehe: L. von Holberg, Beschreibung von Bergen. Copenhagen und Leipzig 1753. Theil II. S. 80 ff.

wie der Handel allmählig in Gang kam, und dass seine Anfänge weit in die Vorzeit zurückreichten. — Auch mögen die damals (im Jahre 1016) geholten und gebrachten Waaren schon einigermassen mit denen aus späterer Zeit (aus dem Jahre 1186 und dann aus der Zeit der Hanse) gestimmt haben.

In einer so dunklen Zeit, wie es für die Geschichte unserer Stadt, ihres Handels und ihrer Schifffahrt das zehnte und elfte Jahrhundert sind, müssen dergleichen verstreute Facta und Andeutungen als besonders willkommen erscheinen. Die Erwähnung eines einzelnen kleinen Vorfalls, eines einzigen abgeschlossenen Handels, muss uns als Wegweiser oder als Leuchtfeuer dienen, das sein Licht zuweilen weit hinaus und in die Vergangenheit zurück wirft. Ich freue mich, dass ich hier wenigstens einige solcher Andeutungen, Vorfälle und Leuchtfeuer — in den in Tunsberg zur Zeit Harald Harfagar's verkehrenden „Schiffen aus Sachsen", — in den im zehnten Jahrhunderte mit den Normannen nach Island reisenden „sächsischen und bremischen Missionären Friedrich und Thangbrand", — in dem mit Leif in Amerika anwesenden „Deutschen Tyrker", — in dem im Jahre 1016 in Drontheim in Norwegen amerikanische Waaren einhandelnden „Kaufmann aus Bremen", — und in einigen anderen Begebenheiten und Verhältnissen habe nachweisen können. Ich glaube sie alle so mit einander in Verbindung gesetzt zu haben, dass daraus als ziemlich gewiss hervorgeht, dass gegen die Mitte des elften Jahrhunderts Verkehr und Schifffahrt von der Weser mit Norwegen, mit Island bereits im Gange war, und dass mithin auch die Wege von Bremen zu den zwischen liegenden Jnseln, den Shetlands, Orkneys und Färöer von unsern Weserschiffen längst gefunden waren.

Ein bremer Historiker mag es wohl schmerzlich bedauern, dass wir aus so schwachem und dürftigem Material die alte Geschichte unserer Schifffahrt und noch dazu oft nur hypothetisch aufbauen müssen. Indess ist es ein gewisser Trost, dass es auch andern viel berühmteren Handelsstädten, z. B. Venedig, nicht viel besser geht. Auch der treffliche Forscher und Verfasser des Buchs: „Le colonie commerciali degli Italiani in Oriente nel medio evo"[*)] hat für die erste Anspinnung des venezianischen

---

[*)] Verfasst von Guglielmo Heyd in zwei Bänden, Venezia 1868.

Handels im Orient keine besseren und zuverlässigeren Nachweise aufspüren können. Auch er findet in Constantinopel schon eine ganze Colonie von Venetianern, ähnlich der unserer Hansestädter in Bergen, fertig, ehe er nur im Stande ist, eine einzige Schifffahrt und Waarenfuhr dahin oder ein einziges abgeschlossenes Handelsgeschäft aus Documenten authentisch nachzuweisen und zu zeigen, wie es Schritt vor Schritt so wurde.

Nicht lange nach der angegebenen Zeit, nämlich als der bremische Erzbischof Bezelin oder Alebrand regierte, d. h. zwischen den Jahren 1035—1043, fand denn nun auch jene bekannte und merkwürdige Expedition der Weser-Friesen nach dem Norden statt, welche dann die erste unzweifelhaft nachgewiesene und uns genau überlieferte Expedition von der Weser oder von Bremen nach Island ist.[*]) Die Art und Weise, wie diese Expedition dem uns von Adam von Bremen darüber gegebenen Berichte nach ausgeführt wurde, ist selbst der beste Beweis dafür, dass sie schon Vorläufer gehabt haben müsse, und sie beleuchtet die Vergangenheit noch deutlicher als Alles, was ich sonst so eben anführte. Wären nämlich die Friesen und Bremer von den Entdeckungen der Normannen im Norden nicht gut unterrichtet gewesen, und wären diese Entdeckungen nicht oft unter ihnen besprochen worden, wären nicht geographische Ideen und Kenntnisse schon in die Köpfe unserer Seefahrer eben so gut wie in die der Priester und Schulmeister eingedrungen, so wären sie gewiss gar nicht auf die Fragen und Zweifel über die Beschaffenheit des Meeres im Norden und zu dem Plane einer Forschungsreise dahin gekommen. Hätten ferner die Friesen und Bremer in der Mitte des elften Jahrhunderts nicht schon die Fahrt nach dem Norden gekannt und hätten sie nicht Leute an Bord gehabt, welche mit dem Seewege dahin bereits vertraut waren, so würden sie bei dem Versuche zu einer solchen Entdeckungsreise nach dem Norden gleich von Anfang an in der Nordsee herumgetastet und vermuthlich geirrt haben. Aber von einem solchen Suchen und Irren kommt in unserm Berichte keine Spur vor. Vielmehr lässt er die Sendlinge unseres Erzbischofs sofort auf der rechten Fährte segeln zwischen Dänemark und Grossbritan-

---

*) Diese Expedition habe ich in einer kurzen Abhandlung besonders darzustellen und zu beleuchten versucht. Siehe dieselbe in Petermann's Geographischen Mittheilungen, Jahrgang 1869, Januar-Heft.

nien hindurch zu den Orkadischen Inseln, und dann weiter diese zur Linken und Norwegen zur Rechten nach Norden direct auf Island zu, das einzige Land, das ihnen bei einer Nordpolreise als Stützpunkt und Stationsplatz dienen konnte, und das sie auch richtig erreichen. Erst bei Island fangen sie an „zu Gott zu „beten und sich dem bremischen Heiligen Willehadus zu em-„pfehlen," weil nun erst die unbekannten und gefährlichen Regionen beginnen. Wie die Hinfahrt, so scheint auch die Rückreise zur Wesermündung ohne Irrung und schlank bewerkstelligt zu sein. Und so schliesse ich denn auch hieraus wiederum, dass in der ersten Hälfte des elften Jahrhunderts die Wege in der Nordsee unseren Weserschiffen bekannt und geläufig geworden waren.

Dem Erzbischof Alebrand, der diese Weserfriesen aussandte, folgte nach seinem Tode der trotz seiner Fehler und Schwächen grossartige Erzbischof Adalbert, und das Bild, welches uns von den Zuständen und der Verkehrsblüthe in Bremen unter diesem merkwürdigen Manne entworfen wird, kann uns wiederum als Beweis dafür dienen, dass sie nur nach einer langen Vorbereitung und nach mehren vorläufigen Versuchen gereift sein konnte.

Dem ehrgeizigen und herrschlustigen Erzbischof Adalbert wurde, wie seinen Vorgängern, vom Papste das Pallium übersandt, die Legation und die Metropolitan-Rechte über den ganzen Norden ertheilt. Dabei machte aber der Papst diesmal, es war Leo IX., im Jahre 1053 wieder einen Zusatz, der auf eine Erweiterung der erzbischöflichen Macht hindeutete, und der eine Folge der eingetretenen Erweiternng der Entdeckungen und Colonien der Normannen war. Während nämlich in den früheren päpstlichen Bestätigungs-Briefen der bremischen Metropolitan-Rechte nur die Dänen, Schweden und Norweger erwähnt wurden, und während, wie ich oben sagte, im Jahre 1022 in ihnen zum ersten Male auch Jsland (Hislandici) hinzugekommen, wurde nun im Jahre 1053 für den Bischof Adalbert auch noch Grönland beigefügt und die ganze Phrase lautete überhaupt viel prächtiger und entschiedener, nämlich so: „Episcopos in omnibus gentibus Sueonum seu Danorum, Noruuechorum, Islant, Scridevinnum, Gronlant et universalium septentrionalium nationum, ita ut sub tua tuorumque successorum maneant potestate, vel quicquid tuo tuorumque successorum laboris certamine, divina favente gratia — ad religionem christianam acquiri potestis, tibi, tuisque successoribus perpetualiter tenere censemus." („Wir beschliessen und wollen, dass die Bischöfe aller Völker, der Schweden, Dänen, Norweger, auch die von Island, Scritfinnland, Grönland und der gesammten nördlichen Nationen auf ewig dir und deinen Nachfolgern zugeschrieben werden sollen, so dass sie unter deiner und deiner Nachfolger Gewalt bleiben, und dazu ebenso auch Alles, was ihr durch eure Anstrengungen, Kampf und Arbeit mit Gottes Hülfe noch ferner zur christlichen Religion bringen werdet.")*)

Erzbischof Adalbert sah mithin von Bremen aus den ganzen Norden auf der einen Seite bis zu den Gränzen Russlands und auf der andern bis nach Amerika hin, — bis zu jenen oben von mir erwähnten kleinen hölzernen Kirchen, welche die Grönländer vermuthlich in Winland gebaut hatten, — seinem Krummstabe unterworfen.

„Fide fulget gens Danorum
„Suéonumque Norwegorum
„Gronlandorum Islandorum
„Sub Bremensi praesule."

heisst es in dem bekannten Hymnus: „Jocundare plebs Bremensis." Weil die nordischen Völker, die damals noch keinen Erzbischof besassen, selbst ihn als ihr kirchliches Oberhaupt anerkannten so kamen zu seiner Zeit allerlei Gesandtschaften in geistlichen Angelegenheiten, Bischöfe, die ordinirt und bestätigt sein wollten, Missionäre, die Bericht abzustatten hatten, Boten von Königen, die dieses oder jenes bei den Kirchen ihrer Länder geordnet oder geändert zu haben wünschten, nicht nur aus Schweden und Norwegen nach Bremen herbei, was auch schon früher oft genug geschehen war, sondern nun kamen auch häufig dergleichen Ge-

---

*) Lappenberg hat die Urkunde, in welcher diese Phrase vorkommt, in seinem Hamburgischen Urkundenbuche noch als ächt aufgenommen. Dr. Karl Koppmann hält sie freilich in seiner gelehrten Schrift „Die ältesten Urkunden des Erzbisthums Hamburg-Bremen. Hamburg 1868" wie die meisten dieser Urkunden für gefälscht. Es sind mir zwar noch einige Bedenken an den kritischen und scharfsinnigen Bemerkungen des Dr. Koppmann aufgestossen. Allein ich habe nicht nöthig, mich hier darauf einzulassen, da es mir hier ziemlich einerlei ist, ob die Urkunde gefälscht wurde oder nicht. Denn wurde sie gefälscht, wurden die Worte: „Islant, Grönlant" etc. eingeschoben, so geschah diess doch wohl nur durch den ehrgeizigen Erzbischof Adalbert oder durch andere in seinem Interesse, und jedenfalls wurden dann doch um die Mitte des elften Jahrhunderts diese Länder in Bremen in einem Schriftstück genannt, und es wird dadurch bewiesen, dass man sie damals in Bremen kannte, berücksichtigte und in Anspruch nahm

sandtschaften aus dem entlegenen Island, aus den Orkadischen Inseln, ja sogar aus Grönland, welche baten, dass der bremer Erzbischof ihnen Prediger zusenden möge. (Ab omnibus terrarum partibus Brema petebatur, maxime a septentrionalibus nationibus, inter quos extremi venerant Islani, Gronlani, Gothorumque et Orchadum legati, petentes ut illuc praedicatores dirigeret." „Quod et statim fecit" (und er that diess alsbald), setzt Adam hinzu.

Er sandte viele Bischöfe nach dem Norden und zu den Inseln des Meeres. Unter andern schickte er (nach des Schweden Messenius Zeugniss) im Jahre 1055 nach Island den Bischof Johann und etwas später ebendahin den Isleif, nach den Orkadischen Inseln den Bischof Turolph und nach Grönland den Bischof Albert. Und er selbst pflegte in Beziehung auf alle diese Begebenheiten und Verrichtungen zu sagen: „Wie gross ist die Ernte, „aber leider wie gering ist die Zahl der Arbeiter. Betet, dass „der Herr der Ernte mir noch mehr Arbeiter und Gehülfen sende."

Da Adalbert prachtliebend, freigebig und gastfreundlich war, und da er sich gern von vielen Leuten umgeben sah, so dass er ein Mal sogar erklärte, es sei ihm nie recht wohl zu Muthe, wenn er nicht wenigstens vier oder fünf Bischöfe aus der Fremde bei sich habe, so glich sein Leben und sein Hof dem eines grossen Fürsten und sein kleines Bremen erlangte den Ruhm eines nördlichen Roms. Er selber aber, der Erzbischof Adalbert, der zuletzt, wie Adam sich ausdrückt, so stolz geworden war, dass er wie König Xerxes glaubte, über das Meer hinwandeln und über das Land hinschiffen zu können, ging im Hinblick auf ein so weites ihm eröffnetes Feld und ihm unterthäniges Kirchenregiment mit der Idee um, sich vom blossen Erzbischof zum Patriarchen des Nordens aufzuschwingen.

Vermuthlich zu diesem Ende fasste er zunächst den Plan, ein Concilium aller nördlichen Bischöfe zu berufen („concilium fieri voluit omnium aquilonalium episcoporum"). Und dann hegte er auch lange die Absicht, eine grosse apostolische Reise durch den ganzen Norden von Europa zu machen. Er pflegte zu sagen, es habe unter seinen Vorgängern drei grosse Reisende und Evangelisten gegeben: den heiligen Anschar, den Rimbert und den Unni. Die übrigen seiner Vorgänger hätten nicht sowohl in ihrer eigenen Person, als vielmehr durch die von ihnen ausgesandten

Suffragene unter dieser Last der Mission geschwitzt (caeteros praedecessores suos per suffraganeos non per se tanto oneri insudasse). Er wolle nun der vierte Evangelista Bremens werden. Nicht bloss Skandinavien wolle er besuchen, sondern auch zu den Orkadischen Inseln und zu dem entlegenen Thule oder Island segeln, wie die friesischen Edelleute zur Zeit seines Vorgängers Alebrand.

Alle diese grossartigen Pläne gelangten zwar nicht zur Ausführung. Die weite Reise zu den nordischen Ländern und Meeren, die er schon öffentlich proclamirt hatte, rieth ihm der kluge König von Dänemark — es war Svend Estrithson — ab, der ihm vorstellte, dass die heidnischen Nationen viel leichter durch ihre eigenen Landsleute zu bekehren seien, als durch solche, welche mit ihrer Sprache und ihren Sitten unbekannt wären, und dass der Erzbischof nichts besseres thun könne, als sie sich von seinem Sitze aus durch Freigebigkeit und Freundlichkeit ergeben zu machen. Das grosse Concil aller nordischen Bischöfe verzögerte sich und kam nicht zu Stande, weil die transoceanischen Bischöfe („transmarini episcopi", d. h. hier vermuthlich die von den Orkaden, Färöer, Island, Grönland etc.)*) vergebens auf sich warten liessen und nicht herbeikamen. Und das grosse nordische Patriarchat gelangte nicht zur Existenz, weil Adalbert's Hauptgönner Kaiser Heinrich III. und der Pabst Leo IX., die ihn bei seinen hochfliegenden Plänen begünstigt hatten, zu früh, dieser im Jahre 1054, jener im Jahre 1056 starben und nachher andere ungünstige Verhältnisse eintraten. Dass aber überhaupt nur solche weitschichtige Pläne in Bremen damals ausgesponnen werden und ans Tageslicht treten konnten, beweist wiederum, wie stark und innig die Beziehungen dieses „kleinen Roms" des Nordens zu der borealischen Welt, wie geläufig die trockenen und nassen Wege dahin geworden sein mussten, sogar zu dem entfernten Island und Grönland, wohin sich Bischof Adalbert die Fahrt so leicht denken konnte. Directe und positive Bestätigung einer solchen weitgehenden Schifffahrt und Handelsbewegung Bremens in der Mitte des elften Jahrhunderts giebt es aber leider weiter nicht bei dem Geschichtschreiber dieser Zeit (Adam von Bremen),

---

*) In älterer Zeit wurden auch schon die Bischöfe von Schweden und Norwegen in Bremen „transmarini" genannt.

ausser der schon oft erwähnten, genau beschriebenen Reise der Friesen, keine Nachweise über von dem bremischen Hafen ausgelaufene Expeditionen oder Schiffe, keine Angaben über Ziel und Zweck solcher Reisen, oder gar über Qualität und Quantität der versandten Waaren, nur noch einmal die allgemeine, allerdings aber bedeutsame und ins Gewicht fallende Phrase, dass zur Zeit des Bischofs Adalbert aus **allen Theilen der Erde** Kaufleute mit ihren **gewohnten** Waaren nach Bremen zu kommen pflegten („negotiatores, qui ex omni parte terrarum Bremam „**solitis** frequentabant mercibus"), und ferner die allgemeine Bemerkung, dass Adalbert häufig sowohl Ermahnungschreiben als auch Boten durch ganz Dänemark, Nordmannien und Schweden bis an die äussersten Gränzen der Erde versandt und verbreitet habe. Ohne Angabe des Wie und auf welchen Postwegen.

Ich will hier indess diese freilich noch oft gestörte Blüthezeit der Schifffahrt und des Handels Bremens zur Zeit des Erzbischofs Adalbert nicht weiter verfolgen, da eine allseitige Darstellung derselben hier nicht mein Zweck war, und da ich vielmehr nur desswegen auf sie anspiele, um durch sie zu einem Rückschlusse auf frühere Zustände in Stand gesetzt zu werden und zu beweisen, dass einer solchen Blüthezeit und einer so weit gehenden Expedition, wie es die Nordfahrt unserer Weser-Friesen war, eine lange Reihe von Vorarbeiten und Versuchen vorangehen musste.

Nur dieses will ich zum Schlusse noch bemerken, dass in der Folgezeit bald nach Bischof Adalbert unsere Erzbischöfe ihren grossen Metropolitansprengel im Norden und in Amerika gänzlich verloren. Dreissig Jahre nach Adalbert's Tode, im Jahre 1104, wurde in Lund ein Erzbisthum gegründet und ein Primat für den Norden eingesetzt, und in Folge dessen auch schon gleich im Jahre 1106 auf des Pabstes Paschalis Befehl der neue Bischof von Island (für Holum) nicht durch den Erzbischof von Bremen, sondern durch den von Lund ordinirt. Fünfzig Jahr später machten sich auch Schweden und Norwegen vom bremischen Metropoliten und eben so von dem vo Lund gänzlich frei, indem im Jahre 1152 in Drontheim für Norwegen und im Jahre 1163 in Upsala für Schweden eigene Erzbisthümer organisirt wurden Unsere hamburgisch-bremischen Erzbischöfe protestirten zwar noch lange und häufig gegen solchen Abfall der nordischen Kirchen und mehrere Päpste versuchten es auch. sie in ihre alten Rechte wieder einzusetzen. Aber vergebens. Dem norwegischen Erzbischofe von Drontheim wurden denn auch die transoceanischen Kirchen, die von Island, Grönland und Vinland unterworfen. Und damit hörte die Oberhoheit Hamburg-Bremens und seiner Erzbischöfe über diese halb oder ganz amerikanischen Provinzen ihres ehemaligen Reiches auf und mit ihr auch die Missionen, Botschaften und kirchlichen Expeditionen dahin. Die Kaufleute und Seefahrer dagegen behaupteten ihr mit Hülfe der Missionäre erobertes Feld, führten auch in dem auf Adalbert folgenden Jahrhunderte mehre grosse Expeditionen nach Lissabon und dem heiligen Lande und die noch viel folgenreicheren nach Livand aus, und nachdem abermals ein hundert Jahre später Bremen ein Mitglied des hansischen Bundes geworden war, blühte dann ein noch weit lebhafterer Handel mit dem Norden, mit Bergen, Island und Grönland auf, dessen Betrachtung und Geschichte aber nun zugleich jenseits des Horizonts unserer Untersuchung liegt.

IV.
Friedrich Pletzer.

Der Bericht am Eingange dieses Jahrbuchs hatte den jüngst erlittenen Verlust eines Mannes zu verzeichnen, in welchem unser Verein eines seiner regsten und ausgezeichnetsten Mitglieder, unser staatliches Gemeinwesen einen seiner edelsten Bürger verehrte; der durch Reinheit des Gemüthes, durch reiche geistige Begabung, durch rastlose aufopfernde Arbeiten für die idealen Interessen der Menschheit nicht nur die allgemeine Liebe und Achtung seiner Genossen und Mitbürger sich erworben, sondern es auch verdient hat, ausserhalb der Grenzen unseres kleinen Freistaates im Gedächtniss aller derjenigen fortzuleben, welche der Entwickelung desselben ihre Aufmerksamkeit schenken.

Dr. Friedrich August Pletzer, der am 9. Juni 1868 in der Blüthe seiner Jahre und seiner männlichen Geisteskraft aus unserer Mitte schied, war am 25. Januar 1823 zu Bremen geboren, der Sohn eines Predigers an der hiesigen Stephanikirche. Eine sorgfältige häusliche Erziehung und der Besuch der hiesigen Gelehrtenschule bereiteten ihn zu den Universitätsstudien vor, die er im Jahre 1841 zu Leipzig antrat.

Er hatte sich anfänglich der Theologie gewidmet, weniger aus einem inneren Zuge seiner Natur, als weil er dadurch dem Wunsche seines früh verstorbenen Vaters zu entsprechen glaubte.

Aber er erkannte bald, dass sein ganzes Wesen weniger auf die abstracte Erfassung und dogmatische Formulirung der Idee, als auf die Verarbeitung derselben in die bunte Mannichfaltigkeit der concreten Lebenserscheinungen angelegt war. Er wandte sich daher schon in Leipzig, wie nachmals in Halle und Berlin, mit Vorliebe den philologischen und historischen Studien zu und pflegte daneben in seinen Mussestunden besonders des

Genusses und der Uebung der Musik, für die er schon als Knabe eine innige Neigung und seltenes Verständniss gezeigt hatte. Nach seiner Promotion in Halle und seiner Rückkehr in die Heimath suchte er zunächst Beschäftigung an Privatlehranstalten und als Mitredacteur der „Weser-Zeitung". Aber in beiden Thätigkeiten genügte er sich selber nicht. Die einseitige Verfolgung eines politischen Principes war ihm nicht gegeben und in den hochgehenden Wogen der widerstrebenden Zeitrichtungen konnte und mochte er nicht die Stellung eines Parteimannes oder Parteiführers einnehmen. Seine Natur war bei aller Festigkeit seiner sittlichen Grundsätze eine biegsam anschmiegende, vermittelnde; viel mehr elastisch als starr; das Gute und Schöne überall anerkennend und verehrend, das Gemeine und Hässliche überall verschmähend und von sich stossend. Andererseits hatte er die eminente pädagogische Begabung, die in ihm schlummerte, noch nicht erkannt. Sein reiches historisches Wissen, seine wunderbare Fähigkeit, das Material zu gruppiren, zu beleben und vor den Hörenden ihnen fast unbewusst die leitende Idee daraus zu entbinden, der glänzende Vortrag, der mit der Anmuth seiner äusseren Erscheinung sich auf das Wohlthuendste paarte — dies alles waren Eigenschaften, die ihn zu einem academischen Lehrer in höchstem Grade betähigt hätten. Was Wunder also, dass den strebsamen Mann die Beschäftigung mit dem eben heranwachsenden Geschlecht zunächst nicht befriedigen konnte. Aber bald sollte er an sich gewahren, dass die Fähigkeit, sich an fremde Bedürfnisse und Auffassungen anzuschmiegen, zur liebenden Hingebung auch in dieser Richtung wurde, und wie die Jugend jeder Altersstufe von dem Zauber seiner Rede und seinem liebenswürdigen, freundlich-ernsten Wesen gefesselt, ihn schwärmerisch zu verehren begann, so gewann er selbst ein täglich tieferes und innigeres Interesse an der Entwickelung der zarten Keime des Wahren, Guten und Schönen in den kindlichen Gemüthern; sein Beruf wurde ihm lieb, wurde ihm Herzens- wie Gewissenssache, er selbst ward einer der vortrefflichsten Lehrer, deren sich je unsere höheren Unterrichtsanstalten zu erfreuen gehabt haben.

In diesem Geiste und mit dem ihm entsprechenden Erfolge wirkte Pletzer dann an der Handelsschule, an welcher er bei der Reorganisation der Hauptschule im Herbst 1857 zuerst als Hülfslehrer, alsdann seit dem 1. April 1859 als ordentlicher Lehrer thätig war. Im Frühjahr 1866 übernahm er darauf an Stelle seines vortrefflichen Freundes und ehemaligen Lehrers, Ruperti, der damals schwer erkrankt, ihm bald in die Ewigkeit vorangehen sollte, die geschichtlich-geographischen Lectionen in den oberen Classen des Gymnasiums. Aber leider sollte er sich dieser Stellung, die so ganz seinem Studiengange und seinen innersten Neigungen entsprach, nur auf kurze Zeit erfreuen. Denn schon im November desselben Jahres musste er seinen zweiten Urlaub antreten, von dem er nicht wieder in seine amtliche Thätigkeit zurückgekehrt ist.

Aber wir haben aus dem Dasein des verewigten Freundes nur einen Faden zu Ende gesponnen, der, wenn er von Anfang an ihm genügt hätte, wie er zuletzt — zu spät — sein ganzes Genüge war, ihn wohl noch manches Jahr zum Segen kommender Geschlechter an das Diesseits gefesselt hätte. Aber dann wäre Pletzer eben nicht der geworden, der er für uns gewesen ist und als der er in den Herzen seiner Zeitgenossen in dankbar bewusster Erinnerung, in den Erfolgen seines Wirkens aber für alle Zukunft unserer Vaterstadt, wenn auch unerkannt, so doch unvergänglich fortleben wird.

Wenn wir im Beginn dieser Skizze als den Grundzug seines Charakters das Streben hingestellt haben, die Idee in die Welt der concreten Erscheinungen zu verarbeiten, so liegt darin die Bezeichnung seiner Natur als einer wesentlich **künstlerischen**. Nicht als ob er eine besondere Kunst zu seiner Lebensaufgabe gemacht hätte oder hätte machen können, wennschon er auf mehr als einem Gebiet formeller Technik nahe daran streifte — in der musikalischen, rednerischen und was Wenige je erfuhren — auch poetischen Begabung. Aber er war in einer anderen Beziehung mehr als ein Künstler. Die Grazie und der milde, feine Humor, die sein ganzes Wesen umschwebten, theilten sich seinen Umgebungen mit. Er stiess nicht nur das Rohe und Gemeine von sich ab; er durchdrang mit seinem Geist und Schönheitssinn die geselligen Kreise um ihn her, ja diese **Vergeistigung unseres gesellschaftlichen Lebens**, sie wurde ihm seine eigentliche mit Bewusstsein ergriffene Lebensaufgabe. Er war ein Künstler der Geselligkeit. In wie unzähligen kleineren Cirkeln er in diesem Sinne anregend und veredelnd gewirkt hat, was namentlich unsere für solche Bestrebungen empfängliche Frauenwelt in dieser Beziehung ihm verdankt, wie er selbst durch diese Wirksamkeit seine Kräfte zersplittert und aufgerieben hat, das ist seinen warnenden Freunden noch in frischer — zwar anerkennender aber doch schmerzlicher Erinnerung. Ihm genügte, so wenig er sie aufgeben mochte, dieses vereinzelte Wirken nicht. Er wollte in demselben Sinne, aber in einem grösseren Massstabe, das gesammte gesellschaftliche Leben Bremens regeneriren. Dafür bot unsere Stadt noch im Beginne der fünfziger Jahre einen schwierigen Boden. Die Stände und Berufsarten waren scharf gesondert. Ein leichter geselliger Verkehr aller gebildeten Schichten an gemeinsamen Versammlungsorten, wie das „Oberland" ihn längst geübt, war in Bremen unbekannt. Einen solchen Versammlungsort, wenigstens für die Männerwelt. sollte Bremen gewinnen. Aber mehr als das. Die Vereinigung sollte bei aller Freiheit des Zutritts enger gezogen werden durch einen idealen Mittelpunkt; wissenschaftliche und künstlerische Vorträge sollten wöchentlich die Mitglieder in grösserer Zahl zusammenführen, zuweilen, so weit es der Raum zuliesse, auch die Frauen.

Dies war die Idee des Künstlervereins, die von Pletzer gefasst, festgehalten und trotz des ungläubigen Kopfschüttelns manches wohlmeinenden Freundes im Jahre 1856 wirklich durchgeführt ist.

Welche Dimensionen die grosse Vereinigung angenommen, wie sie gewirkt hat, das gesellige Leben Bremens umzugestalten, Vorurtheile zu beseitigen, schlummernde Interessen anzuregen, literarische und künstlerische Capacitäten von fernher uns zuzuführen, die Studien der heimischen für unsere Vaterstadt in populärer Weise zu verwerthen, wie Pletzer selbst als Präsident des Vereins (1858—1864) die ganze Fülle seines gesellschaftlichen, rednerischen, wissenschaftlichen Talents zu entfalten gewusst, das lebt noch in unserer frischesten Erinnerung.

Schon einige Zeit vor der Gründung des Künstlervereins, im Jahre 1854, hatte Pletzer ein anderes Unternehmen in das Leben gerufen, das in seiner Durchführung schon allein hingereicht hätte, die ganze Energie eines gewöhnlichen Sterblichen in Anspruch zu nehmen. Es war das Sonntagsblatt, in welchem die literarischen und künstlerischen Bestrebungen des nordwestlichen Deutschlands auch nach aussen hin eine Vertretung und einen Ausdruck finden sollten. Dies Unternehmen hatte seine ganz besonderen Schwierigkeiten; zunächst schon in Bezug auf den Vertrieb nach aussen durch die den Mittelpunkten des Büchermarktes so weit entrückte geographische Lage Bremens. Dann in noch höherem Grade wegen der Unsicherheit, stets geeignete Mitarbeiter zu gewinnen. Unser kleines Staatswesen nimmt seine Gelehrten in so vielfacher und gebietender Weise in Anspruch, dass kaum einem oder dem andern die Zeit zu einer eigentlich literarischen Thätigkeit übrig bleibt. Nur dieser oder jener Abfall kurzer Mussestunden kann gelegentlich in ein derartiges Blatt seinen Weg finden. Hier war nun die redactionelle Umsicht und Emsigkeit Pletzer's bewundernswerth. Hier und dorthin richtete er zugleich seine Blicke, gewann durch freundliches Zureden Versprechungen ab, stachelte die Säumigen an, liess sich nicht Worte noch Wege noch Briefe verdriessen. Von aussen her durfte er noch weniger erwarten. Lockende Honorare konnte er nicht bieten; er selbst arbeitete ohne allen pecuniären Gewinn. So blieben denn oftmals Lücken, die er selbst schriftstellerisch ausfüllen musste. Und hier weiss man nun wieder nicht, ob man mehr die zähe Arbeitskraft, die rasche Productivität oder die stilistische Gewandtheit bewundern soll, von der alle die Aufsätze Kunde geben Aber mehr will es sagen, dass es bei der Eleganz ihrer Fassung keinem an Gediegenheit, keinem an Tiefe mangelt und dass besonders in den referirenden und kritischen Artikeln jene Fähigkeit sich bewährte, sich in die fremden Anschauungen liebevoll zu versenken und aus ihren Umhüllungen den werthvollen und bedeutungsvollen Kern klar und anerkennend herauszuschälen. Und wo denn des Anerkennenswerthen absolut gar nichts zu finden war und das Buch doch besprochen sein musste, da verstand es der Referent mit leichtem und sauberem Humor die Nichtigkeit hinwegzulächeln, sein Urtheil für den Leser anziehend und für den Betroffenen kaum schmerzlich zu machen.

Dass nun in allen den von uns zuletzt dargestellten Beziehungen seine musikalische Begabung theils als Schmuck der edlen Geselligkeit, theils als Stoff für seine literarischen Arbeiten als ein bedeutendes Element hervortreten musste, ergiebt sich im Grunde von selbst. Pletzer's Einfluss auf die Gestaltung des musikalischen Lebens in Bremen ist in der That ein sehr folgenreicher gewesen. Ein Meister des Fachs versichert uns, dass Pletzer zu den kenntnissreichsten und urtheilsfähigsten Freunden dieser Kunst gehörte, dass er ausgehend von seiner persönlichen Neigung zur Kammermusik ein umfassendes Wissen von der musikalischen Literatur mit dem freisten Blick im Aufsuchen des hervorstrebenden Neuen, wie im Wiederauffinden des gediegenen Alten verbunden habe. „Er liess es — namentlich im Künstlerverein — nicht allein dabei bewenden, dass er unaufhörlich zur Pflege der classischen Musik anfeuerte und alle Kräfte dafür in Bewegung setzte; nein, als die neue Ausgabe der Bach'schen und Händel'schen Werke ungehobene Schätze der deutschen Kunst ans Tageslicht brachten, da war er es vor allem, der unermüdlich Aufführungen seltener Sachen ins Werk setzte, und dann in klaren Vorträgen das Kunstwerk durch das lebendige Wort dem Verständniss nahe brachte. Nicht minder führte er in diesem Verein die bedeutendsten Erscheinungen der musikalischen Gegenwart in einer Reihenfolge von Abenden in ihren Compositionen, begleitet von einer persönlichen Charakteristik, vor, an welche er zugleich die Erläuterung des Verhältnisses der modernen zur classischen Periode knüpfte. Fügt man hierzu das gründliche Wissen, den Scharfblick des musikalischen Urtheils, das in seinen literarischen Kritiken sich stets mit der mildesten Humanität zu paaren wusste, so erhält man das Bild eines Mannes, der ganz mit dem musikalischen Leben der Gegenwart vertraut, ganz darin aufzugehen schien und der, wenn ihn weiter nichts ausgezeichnet hätte, schon durch diese Seite seines Lebens und Wirkens eine hervorragende Stellung in der Achtung seiner Zeitgenossen eingenommen haben würde. Er stand im regsten Verkehr mit den bedeutendsten Musikern Deutschlands, die sich alle wohl in Bremen fühlten, wo er ihr geistiger Magnet war; und wenn man jetzt im künstlerischen Vaterland auch unsere Stadt als einen Sitz echt deutscher Musenkunst bezeichnet, so hat unser Freund einen grossen Antheil an diesem Ruhm."

Dass nun einer solchen Fülle und Mannichfaltigkeit der Bestrebungen und Arbeiten, wozu dann Pletzer auch noch die Betheiligung an den Verhandlungen der Bürgerschaft fügte, keine, auch die zäheste und dauerhafteste Menschenkraft lange gewachsen bleiben konnte, war wohl vorauszusehen. Pletzer brach den

Nächten ab, was ihm die Tage nicht an Zeit mehr gewähren konnten. Warnungen der Seinigen, Warnungen der Freunde setzte er im Gefühl seiner Arbeitskraft und in der Lust, soviel Stoffe zugleich zu bewältigen, ein ungläubiges Lächeln entgegen.

Da ergriff ihn zuerst im Frühjahr 1864 ein bedenkliches Nervenleiden. Jetzt erst gab er — wiewohl auch da noch zögernd — dem ernsten Andringen seines Bruders, der als Arzt das Kommende längst geahnt hatte, nach, sich eines Theiles seiner selbstgewählten Pflichten zu entledigen. Zuerst gab er das Präsidium des Künstlervereins, dann am Ende des Jahres 1864 die Redaction des Sonntagsblattes auf, das, in andere Hände übergehend, bald zu erscheinen aufhörte. Aber es war zu spät. Schon im Winter 1864—65 stellte sich ein chronischer Katarrh bei ihm ein, der allerdings im Sommer desselben Jahres so weit gewichen schien, dass er sich kräftig genug glaubte, sich bei dem allgemeinen deutschen Schützenfest an den während der furchtbaren Hitze jener Tage doppelt anstrengenden Arbeiten des Comité's betheiligen zu dürfen.

Seit dieser Zeit ging seine Gesundheit sichtlich rückwärts. Schon im December 1865 erkannte es sein Bruder für nothwendig, dass, wenn er auf Genesung rechnen wollte, er von allen Geschäften entbunden den Winter über in einem wärmeren Klima zubringen müsste. Er sandte ihn nach der Riviera di Ponente. Aber weder der milde Himmel Italiens noch der subtropische Madeira's, wohin er nach kurzer Wiederaufnahme seiner amtlichen Thätigkeit im November 1866 entsandt wurde, konnten den sichern Gang seines Uebels aufhalten. Er kehrte im Sommer 1867 auch von dorther siech zurück. Allmählich schien ihn selbst die Hoffnung su verlassen, je wieder seinem Berufe sich wiedergegeben zu sehen. Aber seine geistige Frische, seine Lust und seine Fähigkeit in den Grenzen, die das Krankenzimmer gestattet, nützlich thätig zu sein, verliess ihn nicht bis zum letzten Augenblick. Ebenso wenig sein milder Humor.

Wie er von Mentone aus noch hoffnungsvoll, ja, unter dem Einfluss der erquickend elastischen Seeluft fast frohlockende Briefe an seine Freunde sandte, so bereicherte er das Feuilleton der „Weser-Zeitung" durch einige vortreffliche landschaftliche Skizzen und Bilder aus dem Volks- und Badeleben jenes entzückenden Meeressaums.

Bedeutendere, ernstere Schilderungen von Land und Leuten sandte Pletzer im folgenden Jahre an dasselbe Blatt aus Spanien ein; schrieb nach seiner Rückkehr im Sommer wieder einige Aufsätze und übernahm vom Herbste 1867 an die regelmässige Besprechung literarischer Novitäten. Auch manche geistvoll gefasste Notiz über Kunst und Wissenschaft verdankt die Zeitung diesem letzten Lebensabschnitt Pletzers. Und wunderbar, es hat keinem, der diese letzten Arbeiten genauer las, entgehen können, dass sie eine Reife und Abrundung, eine wohlthuende Aequabilität des Ausdrucks zeigten, wie kaum eine der früheren und eine Frische und einen Humor, der nicht ahnen liess, wie schwer Pletzer damals schon litt. Daneben hing er, und selbt mit noch gesteigertem Interesse, seinen musikalischen Studien nach, suchte und fand neue Opernstoffe, machte Entwürfe nach dieser Richtung hin und stand noch in den letzten Wochen mit Künstlern in arbeitsvollem Verkehr über diese Angelegenheit. Diese Arbeiten erquickten ihn und er betrieb sie mit rührendem Eifer.

So war er bis zum letzten Tage. Und wie er dieselbe reine und aufopfernde Liebe, die er seinen Mitbürgern und Freunden zuwandte, noch inniger und gesteigerter in seinem Familienkreise entfaltete, so starb der gute Sohn, wie er es gewünscht, wie er es in seinen Briefen aus Madeira den Freunden zugeflüstert hatte, dass er es wünsche, auf heimischer Erde, im mütterlichen Hause, in den Armen der Seinigen.

Zu Weihnachten 1868 sind Pletzers Freunde durch den Bruder desselben mit einem Gedenkbuch erfreut worden, das eine Reihe von Arbeiten Pletzers enthält, die grösstentheils noch ungedruckt waren. Aus Mentone, wie Madeira enthält die Sammlung Briefe, Gedichte nnd Feuilletonartikel; ausserdem Abbandlungen über Hans Holbein uud Franz Schubert, humoristische Vorträge und dergleichen mehr. Als Manuscript gedruckt, entzieht das Buch sich öffentlicher Besprechung, allein es mag hier doch constatirt werden, dass dasselbe allen Freunden Pletzers ein werthes Angedenken ist und bleiben wird

Der Aufschwung, welchen das geistige und sociale Leben Bremens in den letzten zwanzig Jahren genommen hat, ist nicht das Werk Eines Mannes gewesen, so wenig vie das gleichzeitige materielle Aufblühen dieser Stadt sich an Einen Namen knüpfen lässt. Aber ein hervorragender Antheil an jenem Aufschwunge gebührt Friedrich Pletzer und vor Allem das Verdienst, die verschiedenen vorhandenen Kräfte für die Aufgabe der Pflege des geistigen Lebens ihrer Stadt, mochte sie den Einen die angeborene, den Anderen die erwählte Heimath sein, zu erwärmen und in dieser Idee zu gemeinsamem fruchtbringenden Streben zu vereinigen. In der Geschichte Bremens wird daher sein Name bleiben und mit den besten seiner Söhne genannt werden.

Druck der Hofbuchdruckerei (H. A. Pierer) in Altenburg.

University of Toronto Library

DO NOT
REMOVE
THE
CARD
FROM
THIS
POCKET

Acme Library Card Pocket
LOWE-MARTIN CO. Limited